Grundkurs deutsche Militärgeschichte • Band 3

Grundkurs deutsche Militärgeschichte

Drei Bände mit interaktiver DVD
für die historische und politische Bildung
in der Bundeswehr

Im Auftrag des Militärgeschichtlichen Forschungsamtes
herausgegeben von

Karl-Volker Neugebauer

Band 3

Grundkurs deutsche Militärgeschichte

Band 3

Die Zeit nach 1945

Armeen im Wandel

mit Beiträgen von
Manfred Görtemaker, Reiner Pommerin,
Rüdiger Wenzke und Irmgard Zündorf

sowie Helmut R. Hammerich, Jörg Hillmann,
Bernd Lemke und Bruno Thoß

R. Oldenbourg Verlag München 2008

Projektkoordination: Knud Neuhoff
Redaktion: Knud Neuhoff, Carmen Winkel
Bildredaktion: Gunnar Lucke, Daniela Morgenstern, Hubertus von Prittwitz
Lizenzen: Marina Sandig
Nebentextautoren: Nils Hendrik Hesberg, Dorothee Hochstetter, Agilolf Keßelring, Alexander Kranz, Gunnar Lucke, Karl-Volker Neugebauer, Knud Neuhoff, Reiner Pommerin, Hubertus von Prittwitz, Martin Riemann, Christian Senne, Sebastian Szelat, Stephan Theilig, Aleksandar-S. Vuletić, Carmen Winkel, Irmgard Zündorf
Lektorat: Eva Besteck, Dorothee Hochstetter, Alexander und Lisa Kranz, Knud Neuhoff, Carmen Winkel
Karten/Grafiken: Bernd Nogli, Christopher Volle, Harald Sylvester Wolf
Texterfassung/Satz: Carola Klinke, Antje Lorenz, Christine Mauersberger, Christine Nemitz, Inge Uebachs

Umschlagabbildungen:
Die ersten Wehpflichtigen der Bundeswehr in Marschkolonne auf dem Kasernengelände in Andernach.
  Foto vom 3. Januar 1956 (SKA/IMZBw)
Soldaten des deutschen UNOSOM-Kontigentes in Somalia.
  Foto von Detmar Modes, 18. Dezember 1993 (SKA/IMZBw)

Bibliografische Information der Deutschen Nationalbibliothek
Die Deutsche Nationalbibliothek verzeichnet diese Publikation in der Deutschen Nationalbibliografie; detaillierte bibliografische Daten sind im Internet über http://dnb.d-nb.de abrufbar.

© 2008 Oldenbourg Wissenschaftsverlag GmbH, München
Rosenheimer Straße 145, D-81671 München
www.oldenbourg.de

Das Werk einschließlich aller Abbildungen ist urheberrechtlich geschützt. Jede Verwertung außerhalb der Grenzen des Urheberrechtsgesetzes ist ohne Zustimmung des Verlages unzulässig und strafbar. Dies gilt insbesondere für Vervielfältigungen, Übersetzungen, Mikroverfilmungen und die Einspeicherung und Bearbeitung in elektronischen Systemen.

Satz: MGFA, Potsdam
Layoutkonzeption: Knud Neuhoff (Berlin)/Maurice Woynoski, MGFA (Potsdam)
Layout: Marc Berger (Berlin)/Knud Neuhoff (Berlin)/Maurice Woynoski, MGFA (Potsdam)
Umschlaggestaltung: Maurice Woynoski, MGFA (Potsdam)
Druck und Bindung: LVDM Druck und Medien GmbH, Linz

Inhalt

Einleitung VI
Einführung IV

»Ein Eiserner Vorhang ist niedergegangen.« –
Militärgeschichte im Kalten Krieg 1945–1968/70
Rüdiger Wenzke und Irmgard Zündorf 1

Zwischen Konfrontation und Entspannung –
Militärgeschichte von 1969/1970 bis zur Wiedervereinigung
Manfred Görtemaker und Rüdiger Wenzke 152

Vom »Kalten Krieg« zu globaler Konfliktverhütung und Krisenbewältigung –
Militärgeschichte zwischen 1990 und 2006
Reiner Pommerin 272

Anhang
    Abkürzungsverzeichnis 397
    Verzeichnis der Sachtexte 408
    Personenregister 411
    Gesamtliteraturverzeichnis 413
    Abbildungsnachweis 458
    Autoren 460

Einleitung

Vorstellung   Der »Grundkurs deutsche Militärgeschichte« ist die neu erarbeitete Folgeauflage der 1993 erschienenen zweibändigen »Grundzüge der deutschen Militärgeschichte«. Ähnlich wie der Vorgänger ist das Folgewerk ein facettenreiches und multiperspektivisches Lehr- und Studienbuch für die Offizieranwärter/innen der Bundeswehr, eine Leserschaft, in deren Ausbildung das Hochschulstudium integraler Bestandteil ist. Zudem soll die Publikation, ähnlich der Erstauflage, eine breite militärhistorisch interessierte Öffentlichkeit ansprechen.

Neuerungen   Eine wesentliche Neuerung stellt die Ergänzung des Printteils mittels einer interaktiven, multimedialen Lernsoftware dar. Die Lernsoftware ist zwar einerseits den Lehr- und Studienbüchern als ergänzendes Begleitmedium beigeordnet, andererseits ist sie in ihrer Hauptfunktion eigenständig nutzbar und erfüllt jegliche Anforderungen an Interaktivität, die ein »forschendes Lernen« ermöglicht, sei es im Selbststudium oder unter Anleitung im Unterricht.

Konnten in den alten »Grundzügen« der Geschichte der NVA sowie der sicherheitspolitischen Entwicklung nach 1989 auf Grund des noch unzureichenden Forschungsstandes nur wenige Seiten gewidmet werden, so betrachten wir es als einen großen Schritt nach vorne, dass der Zeitraum nach 1945 jetzt einen eigenen Band füllt. Allerdings werden die westdeutschen und die ostdeutschen Streitkräfte darin bewusst nicht äquivalent behandelt, vielmehr hat die Bundeswehr ein deutliches Übergewicht, das auch die unterschiedliche Größe der beiden deutschen Staaten und ihrer Armeen andeutungsweise widerspiegeln soll.

Zielsetzung   Der »Grundkurs deutsche Militärgeschichte« bietet breite Grundlagen für einen Lernprozess des »(sich) informierenden Lernens«, aber nunmehr durch das digitale Medium auch verbesserte Vorbedingungen für ein »entdeckendes Lernen«. Durch die Verbindung eines Druckerzeugnisses mit einem Digitalmedium werden die Voraussetzungen entscheidend verbessert, die drei didaktischen Zentralaufgaben des Geschichtsunterrichts zu erfüllen: das notwendige historische Orientierungswissen zu vermitteln, zu verdeutlichen, wie die Wissenschaft zu historischen Erkenntnissen und Urteilen gelangt, und Kritikfähigkeit zu wecken gegenüber jenen Darstellungsformen von Geschichte, wie sie uns in der Öffentlichkeit alltäglich begegnen.

Struktur   Der erste Band umfasst den Zeitraum vom Mittelalter bis zum Vorabend des Ersten Weltkrieges 1914, Band 2 das »Zeitalter der Weltkriege« 1914 bis 1945 und Band 3 die Epoche von 1945 bis zum Anfang des 21. Jahrhunderts.

Aufbau   Das Werk gliedert sich nach einem grobchronologischen Schema in zwölf schärfer konturierte, überschaubarere »Epochenabschnitte«, wobei die Leitfragen für alle Epochenabschnitte seit der ersten Auflage der »Grundzüge« nahezu unverändert geblieben sind und gleichzeitig die Kapitelstruktur bilden:

Einleitung

Überblick — Im Kapitel »Überblick« werden die wichtigsten historischen Ereignisse der Epoche schlaglichtartig beleuchtet, um dem Leser einen kompakten Einstieg in den behandelten Zeitabschnitt zu ermöglichen. Die vorangestellte Zeittafel gibt eine tabellarische Orientierungshilfe über die wichtigsten Daten und wird durch Literaturtipps nebst Hinweisen auf Themenschwerpunkte der Lernsoftware ergänzt.

Umfeld — Im Kapitel »Umfeld« wird das komplexe und mitunter spannungsreiche Wechselverhältnis von Militär, Politik, Staat und Gesellschaft thematisiert.

Strukturen — Das Kapitel »Strukturen« beinhaltet die Organisation der Streitkräfte in umfassendem Sinne, aber auch verstärkt die »Lebenswelt« der Soldaten.

Konflikte — Im Kapitel »Konflikte« stehen die militärischen Auseinandersetzungen im Mittelpunkt, sofern sie für die deutsche Militärgeschichte von Bedeutung waren.

Die Gliederung des ersten Epochenabschnitts »Die Ursprünge: Ritter, Söldner, Soldat – Militärgeschichte bis zur Französischen Revolution 1789« weicht von diesem Schema insofern ab, als darin ein chronologischer Überblick dieses Zeitraums behandelt wird.

Zentraler Kern der Bände sind die erzählend-analytischen Autorentexte, die »Fließtexte«. Sie werden ergänzt durch vielfältige »Medien«: neben Abbildungen, Karten und grafischen Darstellungen zahlreiche »Nebentexte« wie

 Biogramme    Sachtexte    Primärquellen    Sekundärliteratur

Auf diese parallelen Ergänzungen wird im »Fließtext« mittels ▶ hingewiesen. Ferner ermöglicht das Sachtext- und Personenregister die lexikalische Nutzung der Bände.

Literatur — Unter den »Tipps« am Anfang jedes Epochenabschnitts findet derjenige Leser, der sich intensiver mit der einen oder anderen Thematik befassen möchte, eine knappe Auswahl weiterführender, aber möglichst nicht zu spezialisierter Literatur. Umfangreichere Angaben zu der von den Autoren benutzten wissenschaftlichen Literatur befinden sich am Ende des dritten Bandes. Um die für alle Epochenabschnitte grundlegenden Werke nicht immer wieder anführen zu müssen, wird als »Standardliteratur«, die man als Erstes heranziehen sollte, an dieser Stelle benannt:

- Handbuch zur deutschen Militärgeschichte 1648–1939. Hrsg. vom Militärgeschichtlichen Forschungsamt, München 1979
- Carl Hans Hermann, Deutsche Militärgeschichte. Eine Einführung, Frankfurt a.M. 1966
- Siegfried Fiedler und Georg Ortenburg, Heerwesen der Neuzeit, Augsburg 2005

Einleitung

Obwohl der »Grundkurs« an Umfang zugenommen hat, ist es, wie schon in der ersten Auflage, unmöglich, alle wünschenswerten Themen, die das weite Feld der Militärgeschichte bietet, zu behandeln. Bei der Auswahl der Lerninhalte hat der Herausgeber auch bewusst den einzelnen Autoren als Fachleuten für die jeweilige Epoche weitgehende Freiheiten eingeräumt.

Die DVD Die Struktur und Gliederung der Lernsoftware ist mit der des Printmediums identisch, erweitert jedoch die Möglichkeiten der Wissensgewinnung um einen multimedialen Bereich und ist somit analog zum durchweg jungen Zielpublikum auch didaktisch »auf der Höhe der Zeit«.

Umfeld Hier handelt es sich um »Quellen« und »Materialien« im weitesten Sinne, die vor dem Hintergrund einer konkreten Fragestellung wie in einem Seminar zusammengestellt worden sind. Dies dient verstärkt dem Kennenlernen des »Werkzeugs« des Historikers, also der historischen Methode, dem Unterscheiden verschiedener Quellengattungen und dem Erlernen des kritischen Umgangs mit ihnen sowie mit Sekundärliteratur.

Strukturen/ Konflikte Im Gegensatz zum »forschenden Lernen« im Bereich Umfeld bietet die Software innerhalb der Abschnitte »Strukturen« und »Konflikte« eine informationsorientierte Vertiefung in Themenschwerpunkten.

Ausblick Das Vermitteln von historischer Bildung kann in der Bundeswehr schon wegen der Stundenansätze zunächst nur aus einem Angebot von Grundkenntnissen bestehen. Sie beinhalten das, was der Soldat zwingend braucht, um sich in einer komplexen Umwelt zurechtfinden zu können. Die Grundlagen dafür bietet der »Grundkurs«. Seine Inhalte reichen aber weit über jenen kleinen Teil hinaus, der im Unterricht behandelt werden kann. Insofern hoffen alle an diesem modernen Werk Beteiligten, dass es die Soldatinnen und Soldaten dazu »verführt«, sich selbstständig mit unserer Militärgeschichte zu befassen und tiefer in den im Unterricht angebotenen Stoff einzudringen. Die Zahl der am Gelingen des Projekts Beteiligten ist groß – deshalb gilt mein Dank dem gesamten Team.

Karl-Volker Neugebauer

Eine Welt im Wandel 1945–2006

Vom Kalten Krieg zu den neuen globalen Herausforderungen

In der Nacht vom 8. auf den 9. Mai 1945 schwiegen die Waffen an allen europäischen Fronten des Zweiten Weltkrieges; in Ostasien sollten die Kämpfe noch bis zum 2. September andauern. Weltweit überwog die Erleichterung darüber, dass die Kampfhandlungen zu Ende und der Weg in die Nachkriegszeit frei war. Wohin sich der Einzelne, seine Familie, seine Gesellschaft und die internationale Staatenwelt bewegen würden, war freilich alles andere als klar. Zunächst galt es die unmittelbarsten Folgen des Krieges zu verarbeiten: den Verlust an Toten und Vermissten, die Versorgung von Kriegsopfern aller Art, die Kriegsgefangenschaft der Männer und den Rollenwandel für die »Trümmerfrauen«, den täglichen Kampf ums Überleben im Hungerwinter 1945/46, den Wiederaufbau von Wohnungen, öffentlicher Infrastruktur und Arbeitsstätten. Bei den Besiegten stand aber noch weit mehr ins Haus, ein grundlegender politischer Wandel nach Zusammenbruch und Kapitulation. Dabei konnte man sich nicht mehr nur auf die Überwindung der materiellen Not beschränken. Parallel dazu waren die gesellschaftlichen und moralischen Folgen aus den Diktaturerfahrungen vor 1945 zu verarbeiten. Außerdem mussten die inneren Strukturen nach den Maßstäben einer von den Siegern verordnete Demokratisierung verändert werden. Über deren Inhalte herrschten freilich zwischen West und Ost ganz unterschiedliche Vorstellungen. Und schließlich verlangte die Frage nach einer stabileren internationalen Ordnung als nach dem Ersten Weltkrieg nach einer überzeugenden Antwort. Immerhin hatten die Sieger versprochen, nach zwei Weltkriegen nunmehr eine dauerhafte Friedensordnung auf den Weg zu bringen.

Ein Traum sollte sich allerdings schon vor Kriegsende als unrealistisch erweisen: die Utopie des amerikanischen Außenministers Cordell Hull (1933–1944) von der *einen Welt* (engl., one world) der Zukunft. In ihr wollte man Krieg als Mittel der Politik ein für allemal aus dem Völkerleben verbannen. An seine Stelle sollte eine die Völker verbindende Weltordnung treten, in der Konflikte zwischen den Einzelstaaten auf friedlichem Wege und nach den Regeln des Völkerrechts ausgetragen würden. Noch vor Kriegsende hatten jedoch auf allen Seiten die Realpolitiker das Heft wieder fest in die Hand genommen. In San Francisco konnte zwar noch am 26. Juni 1945 von 50 Gründungsmitgliedern die Charta der Vereinten Nationen (UNO) für eine verbesserte Neuauflage des Völkerbundes von 1919 unterzeichnet werden. Wenige Wochen später führte dagegen die Konferenz von Potsdam (17. Juli bis 2. August 1945) aller Welt vor Augen, worüber sich die Siegermächte schon jetzt nicht mehr einigen konnten. Im Krieg hatte letztlich nur der gemeinsame Feind, aber eben nicht ein gemeinsamer Zukunftsentwurf die Anti-Hitler-Koalition zusammen gehalten. Die grundsätzlichen und langfristigen Gegensätze zwischen den liberal-demokratischen und den sozialistischen Herrschafts- und Gesellschaftsmodellen in West und Ost waren unter gemeinsamer Bedrohung nur zeitweilig überbrückt worden. Von einem »seltsamen Bündnis« sprach der Chef der US-Militärmission in Moskau deshalb in seinen Erinnerungen an die Kriegszeit. Mehr als eine

Einführung

Verständigung zwischen den Westmächten und der Sowjetunion über je eigene Einflusszonen war denn auch danach auf der Konferenz von Potsdam nicht zu erreichen. In ihnen sollten künftig die Siegermächte USA, UdSSR, China und Großbritannien als »Weltpolizisten« regional für Ordnung sorgen. Der zur Steuerung von Konflikten geschaffene Weltsicherheitsrat als oberstes Schiedsorgan der UNO konnte dagegen jederzeit durch ein Veto seiner ständigen Mitglieder lahm gelegt werden. Dies sollte im Kalten Krieg nur zu bald zum Regelfall werden.

Schneller als ursprünglich erhofft begann das Kriegsbündnis denn auch schon 1946/47 an seinen Schnittstellen auseinander zu brechen. Bereits 1946 hatte Winston Churchill die USA davor gewarnt, sich wie nach dem Ersten Weltkrieg aus Europa zurückzuziehen. Schon jetzt trenne nämlich von der Ostsee bis zur Adria ein »Eiserner Vorhang« den Kontinent. Die Sowjetunion blieb wohl zunächst noch an entspannten Beziehungen zu ihren bisherigen Verbündeten interessiert, um ihren Wiederaufbau voran zu bringen und ihre territorialen Zugewinne in Osteuropa abzusichern. Langfristig erschien ihrer Führung jedoch ein Austragen des Systemkonflikts zwischen den unvereinbaren Wirtschafts- und Gesellschaftsformen unvermeidlich. Der atomare Rüstungsvorsprung und das sicherheitspolitische Zusammenrücken des Westens – 1947 im britisch-französischen Vertrag von Dünkirchen, 1948 im Brüsseler Pakt der westeuropäischen Staaten, 1949 im transatlantischen Verbund der NATO – untermauerten für die östliche Supermacht ihre Annahme von einer grundsätzlichen Aggressivität des westlichen Lagers. Selbst der Plan von US-Außenminister George C. Marshall (1947–1949) für umfassende amerikanische Finanzhilfen zum europäischen Wiederaufbau erschien aus dieser Sicht weniger als Hilfsangebot denn als Versuch zur wirtschaftlichen Durchdringung ganz Europas. Sobald sich Präsident Harry S. Truman deshalb im Frühjahr 1947 mit seinem Angebot zur politisch-wirtschaftlichen Unterstützung bedrohter Länder erstmals offen für eine gemeinsame westliche Politik zur Eindämmung (engl., Containment) des Kommunismus in seinem Machtbereich aussprach, riegelte Moskau seinerseits im Herbst des Jahres sein osteuropäisches Vorfeld endgültig gegen den Westen ab. Die zwischen 1945 und 1947 eingeleitete Spaltung Europas weitete sich damit weltweit zum Kalten Krieg und zur Herausbildung prinzipiell verfeindeter Lager aus.

War der Kalte Krieg also unvermeidlich, wie dies seine Kontrahenten über Jahrzehnte hinweg glauben machen wollten? Mit ihrer Theorie von Kampf zwischen offenen und totalitären Systemen reihten sich Historiker, Politologen und Publizisten zunächst ein in diese Sicht der Dinge. Die deutsch-amerikanische Soziologin Hannah Arendt sah mit dem Sieg über den Faschismus nur eine kurze internationale Atempause nach 1945 angebrochen. Im Zeichen eines weltumspannenden Kalten Krieges stehe die Freie Welt jetzt einer noch weit grundsätzlicheren Herausforderung durch ein in sich fest gefügtes kommunistisches Lager gegenüber. Dessen Bestreben sei auf totale Kontrolle seiner Bürger im Innern und auf das Streben nach Weltherrschaft in den internationalen Beziehungen ausgerichtet. Dem entsprach auf der Gegenseite die Zwei-Lager-Theorie des sowjetischen Chefideologen Andrei Schdanow, der die Welt in grundsätzlich verfeindete Blöcke zerfallen sah. Erst die »Befreiung der Völker vom Joch kapitalistischer Ausbeutung« werde eine Weltgesellschaft des Friedens und der sozialen Gerechtigkeit möglich machen. Wechselseitige Bedrohungsannahmen und davon abgeleitete umfassende Sicherheitsdoktrinen, die alle Bereiche von Politik, Wirtschaft, Gesellschaft und Kultur durchdrangen, führten seit Ende der vierziger Jahre in West wie Ost zur Schaffung hoch gerüsteter Militärblöcke schon im Frieden.

Mit dem Nachlassen der Spannungen im Ost-West-Verhältnis einerseits, der Verstrickung der westlichen Führungsmacht in den Vietnam-Krieg andererseits begann sich während der sechziger Jahre der Blick auf die Strukturen des Kalten Krieges zu verändern. Westinterne Kritiker in Politik, Wissenschaft und Medien begriffen den Konflikt jetzt nicht mehr vorrangig als Auseinandersetzung um Werte, sondern als klassischen Machtkampf zweier rivalisierender Weltmächte. Ihre radikalen Vertreter drehten die Beweislast für die Gründe des Kalten Krieges sogar um zu der These, dass es wesentlich amerikanisches Weltmachtstreben gewesen sei, das den ideologischen Konflikt der Systeme unlösbar gemacht habe. Dabei seien zwar unter den Bedingungen eines nuklearen Gleichgewichts die Konfliktlinien in Europa unterhalb eines neuen Weltkrieges eingefroren worden. Dafür habe aber die so genannte Dritte Welt in einer ganzen Serie von »Stellvertreterkriegen« – von Korea über den Nahen Osten bis Vietnam – einen hohen Blutzoll entrichten müssen. In der Forschung setzte sich dagegen mit der Öffnung der Archive eine differenziertere Sicht durch. Zwar ging man nun nicht mehr von einer Zwangsläufigkeit zum Ausbruch des Kalten Krieges aus. Gegensätzliche Systeme und konkurrierende Interessen hatten die internationalen Beziehungen jedoch immer wieder in ein Wechselbad aus Herausforderungen und Antworten versetzt. Phasen der Konfrontation bis hart an den Rand eines allgemeinen Atomkrieges wie in der Kuba-Krise vom Herbst 1962 lösten sich dabei ab mit Ansätzen zur Suche nach einem entspannteren Nebeneinander der Systeme im Sinne einer friedlichen Koexistenz.

Im Zuge dieser Entwicklung verlor auch die strikte Bipolarität mit ihren tonangebenden Supermächten USA und UdSSR allmählich an Wirkung. Neue regionale Einflusszentren wie die Volksrepublik China, die ostasiatische Wirtschaftsmacht Japan und das zusammenwachsende Westeuropa veränderten das internationale Kräftespiel in und außerhalb der UNO hin zu neuer Multipolarität. Die Entkolonialisierung in Afrika und Asien beendete die bisherige Vorherrschaft Europas in der Welt. Zwischen den verfeindeten Militärblöcken meldeten sich in der Bewegung Blockfreier Staaten vermittelnde Stimmen in der Weltpolitik zu Wort. Die Konferenz in Helsinki 1975 über Sicherheit und Zusammenarbeit in Europa (KSZE) überwand den Kalten Krieg zwar noch nicht, schlug aber erste Brücken über die Blockgrenzen hinweg. Verhandlungen zwischen den Supermächten über die Kontrolle strategischer Waffen (SALT) seit Anfang der siebziger Jahre konnten schließlich auch auf die Begrenzung konventioneller Streitkräfte in Europa (MBFR) ausgedehnt werden. Flankiert wurde die zunehmende Entspannung (franz., Détente) in den internationalen Beziehungen in den siebziger und achtziger Jahren von einem System vertrauensbildender Maßnahmen zwischen den Militärblöcken.

Gegen die bis dahin dominierende Sicht des Kalten Krieges als eines Konflikts, der jederzeit zu einem neuen Weltkrieg umkippen konnte, suchte der amerikanische Strategieforscher John Lewis Gaddis deshalb die prägenden Entwicklungen nach 1945 auf den Begriff eines »langen Friedens« (engl., long peace) zu bringen. Immerhin blickte man in den achtziger Jahren bereits auf über vier Jahrzehnte des Nichtkrieges zurück. In dieser Sicht blieben bei aller Veränderung in den internationalen Beziehungen nach wie vor die beiden Supermächte die eigentlichen Stabilitätsanker. Zwischen ihnen funktionierte die Kriegsverhinderung durch nukleare Abschreckung schon deshalb, weil sie beide Seiten wegen der unannehmbaren Schäden eines Atomkrieges zur Vorsicht in der Verfolgung ihrer Interessen zwang. Eine geradezu revolutionäre Entwicklung in den Möglichkeiten zur Nachrichtengewinnung eröffnete zudem jederzeit Einblicke in die sicherheitspolitischen Absichten und militärischen Vorbereitungen der Gegenseite. Dies verminderte die Gefahr von Überraschungsangriffen, wie sie bis in den Zweiten Weltkrieg jederzeit möglich gewesen waren. Freilich blieb auch in dieser Perspektive nicht auszublenden, dass die relative Stabilität zwischen den beiden Militärblöcken erkauft wurde mit einer Vielzahl militärischer Konfrontationen in den Übergangszonen zur Dritten Welt. Mehr als labile Sicherheit an den Hauptfronten des Kalten Krieges war also selbst unter den Bedingungen dieses »langen Friedens« nicht zu erreichen.

Alles das war Ende der vierziger Jahre freilich noch ferne Zukunftsmusik. Bis 1947 konnten zwar Friedensverträge mit der Mehrzahl der besiegten Staaten geschlossen werden, nicht aber mit Deutschland. Auf deutschem Boden hatte die Teilung des Landes in Besatzungszonen und die Übernahme der Regierungsgewalt durch den Alliierten Kontrollrat nur kurzzeitig zu gemeinsamen Maßnahmen der Siegermächte für den Wiederaufbau und die demokratische Neugestaltung geführt. Ganz nach dem Diktum des sowjetischen Diktators Josef Stalin, dass jede Seite in ihrer Einflusszone auch die Grundlinien für die Nachkriegsentwicklung nach ihren eigenen Vorstellungen vorgeben werde, entwickelten sich die Verhältnisse hier an der Nahtstelle zwischen Ost und West schon ab 1945/46 unübersehbar auseinander. Mit Blick auf die innere Neugestaltung Deutschlands, dem als Hauptschuldigen angesehenen Verursacher des Zweiten Weltkrieges, hatte man sich in Potsdam 1945 nur auf die Formelkompromisse der von den Siegern verfügten vier »D« (**D**enazifizierung, **D**emilitarisierung, **D**ekartellisierung, **D**emokratisierung) verständigen können. Diese von außen auferlegten Vorgaben bedurften freilich erst noch der Auslegung durch die jeweiligen Besatzungsmächte. Denn auf eines hatte man sich von vornherein verständigt: dass man den Deutschen anders als nach dem Ersten Weltkrieg die Einhaltung ihrer Verpflichtungen aus der bedingungslosen Kapitulation nicht mehr selbst überlassen, sondern ihre Nachkriegsordnung streng kontrolliert halten würde.

Das galt zunächst insbesondere für die strikte Entmilitarisierung des gesamten politischen, wirtschaftlichen und gesellschaftlichen Lebens in allen vier Besatzungszonen. In dem Maße, wie sich Europa in zwei unversöhnliche Lager spaltete, gewannen jedoch auch die deutschen Potenziale seit 1947/48 wieder an sicherheitspolitischem Gewicht für beide Seiten im Ost-West-Konflikt. Der Übertragung der gegensätzlichen Wirtschafts- und Gesellschaftsmodelle auf die Westzonen und die Sowjetisch Besetzte Zone (SBZ) folgte deren politische Umformung zu zwei deutschen Staaten und schließlich deren Integration in die Militärblöcke der NATO wie des Warschauer Pakts. Dabei sorgten aber beide Seiten dafür, dass den teilsouveränen deutschen Staaten der Bundesrepublik und der DDR auch weiterhin keine nationalen sicherheitspolitischen Eigenwege möglich waren. Sicherheit zusammen mit den Deutschen war und blieb im Gesamtzeitraum des Kalten Krieges durchgängig gekoppelt an deren militärische Kontrolle im jeweiligen Bündnisrahmen. Bundeswehr wie Nationale Volksarmee (NVA) wurden dazu gleichermaßen fest in ihren Bündnissen verankert und in den jeweiligen Verfassungssystemen unter strikte politische Kontrolle gestellt. In ihrem Innenleben wie in ihrem Traditionsverständnis hoben sich beide Armeen strikt vom deutschen Militärwesen vor 1945 ab.

Solche Ähnlichkeiten in der Entwicklung beider deutscher Staaten und ihrer Armeen dürfen jedoch nicht missverstanden werden als eine Gleichsetzung ihres Selbstverständnisses und ihrer Rollen. Die Wesensmerkmale der Bundeswehr als einer in die Ordnung des Grundgesetzes und in eine parlamentarische Demokratie integrierten Verfassungsarmee unterschieden sich von Anfang an grundlegend von den Festlegungen der NVA als einer Parteiarmee auf den Führungsanspruch der einen Staatspartei SED. Aber auch die sicherheitspolitischen Absichten und Ziele wie die davon abgeleiteten militärischen Rollen beider deutscher Armeen weisen in deutlich voneinander geschiedene Richtungen. Im Westen war nur genau so viel an relativer Sicherheit zu organisieren, wie die Bündnismitglieder an Verteidigungskosten aufzubringen bereit waren. Die Verteidigungsausgaben mussten sich so in die Staatshaushalte einbetten, dass mit dem Streben nach äußerer Sicherheit nicht die Voraussetzungen der inneren und wirtschaftlichen Stabilität der NATO-Staaten gefährdet wurden. Dem stand im Bereich des Warschauer Paktes eine umfassende Sicherheitsdoktrin gegenüber, die innere und äußere Sicherheit in einem untrennbaren Zusammenhang sah und deshalb militärische wie halbmilitärische Strukturen schuf, die das gesamte staatliche wie gesellschaftliche Leben durchdrangen.

In dem Maße, wie der Aufbau der Streitkräfte und ihre rüstungstechnische Modernisierung in den sechziger und siebziger Jahren in beiden deutschen Staaten voran kamen, stieg auch ihr sicherheitspolitisches Gewicht in NATO und Warschauer Pakt. Die wachsende Wirtschaftskraft Westdeutschlands und die auf Gleichberechtigung angelegten Strukturen des westlichen Allianzsystems boten dabei der Bundesrepublik naturgemäß wesentlich größere Spielräume, als dies der DDR im vorrangig auf die Interessen der Führungsmacht Sowjetunion ausgerichteten Warschauer Pakt möglich war. Gerade weil beide deutsche Staaten andererseits in einem europäischen Krieg die vorgeschobenen Schlachtfelder beider Allianzen gewesen wären, blieben beide Seiten während des Kalten Krieges am Vorrang von Kriegsverhinderung durch Abschreckung orientiert. Die atomare Revolutionierung der Waffentechnik und deren Integration in die Streitkräfte beider Bündnisse ließen Krieg auf deutschem Boden letztlich nur noch um den Preis unannehmbarer Schäden zu. Die Insellage Westberlins auf dem Gebiet der DDR bot freilich einen ständigen Druckpunkt für die östliche Seite, an dem sie mehrfach – so vor allem während der Berlin-Blockade von 1948/49 und erneut während der Berlin-Krise von 1958–1961 – das Stehvermögen des Westens zu testen suchte. Bei aller kalkulierten Konfrontation in den Ost-West-Beziehungen entstanden daraus immer wieder Situationen, die bis an den Rand eines militärischen Konflikts zu führen drohten. Die offenen Konfrontationen an den Rändern beider Bündnisse zur so genannten Dritten Welt spiegelten sich also auch in der Mitte Europas in einer äußerst labilen Sicherheitslage wieder, begleitet von entsprechend hohen militärischen Vorkehrungen für den denkbaren Verteidigungsfall.

Die Unvereinbarkeit ihrer Gesellschaftssysteme und die gegeneinander gerichtete Suche nach Sicherheit in ihren Bündnissen ließen beide deutsche Staaten trotz aller Konfrontation jedoch nicht am militärischen Konfliktaustrag interessiert sein. Als die NATO deshalb nach dem Abflauen

Einführung

der internationalen Spannungen seit Mitte der sechziger Jahre an eine Strategiereform ging, die fortdauernde militärische Sicherheit mit anzustrebender politischer Entspannung verband, war dies ganz in deutschem Interesse. Mit ihrer Neuen Ostpolitik ging die sozial-liberale Koalition (1969-1982) darin in den siebziger Jahren sogar ein Stück weit voran, wohl wissend, dass dies nicht ohne heftige Opposition im Innern und manche skeptische Nachfrage bei den Bündnispartnern zu haben war. Letztlich reihte sich deutsches Bemühen um Entspannung an der Nahtstelle zwischen Ost und West aber fördernd ein in den Prozess einer globalen Détente, der regional abgefedert wurde durch die auf blockübergreifende Kooperation angelegte Konferenz von Helsinki 1975 über Sicherheit und Zusammenarbeit in Europa.

Bis zur Abrüstung sollte allerdings noch ein erhebliches Stück Weges zurückzulegen sein. Das forcierte Ausgreifen der sowjetischen Marine auf die Weltmeere, die Intervention sowjetischer Streitkräfte in den afghanischen Bürgerkrieg und die Einführung eurostrategischer Raketen vom Typ SS-20 im Warschauer Pakt Ende der siebziger Jahre sorgten noch einmal für »Vereisungen« an den Fronten des Kalten Krieges. Bündnispolitik und Streitkräfte der Bundesrepublik sahen sich in der Debatte um eine so genannte westliche Nachrüstung sicherheitspolitisch und psychologisch zeitweilig zurückgeworfen auf ihre Ausgangssituation in den fünfziger Jahren, als eine skeptische Öffentlichkeit den Bündnisbeitritt und die gemeinsame westliche Verteidigungsplanung grundsätzlich in Frage gestellt hatte. Erst die Einsicht der neuen Kremlführung seit Mitte der achtziger Jahre, dass die Sowjetunion und ihre Verbündeten die neue Welle internationaler Hochrüstung nur um den Preis überhöhter ökonomischer Risiken für ihre Systeme bestehen konnten, brachte schließlich die dauerhafte Wende. Das ließ im Dezember 1987 in Washington den längst überfällige Vertrag über die weltweite Beseitigung landgestützter nuklearer Mittelstreckenraketen (INF-Vertrag) zwischen Präsident Ronald Reagan und dem sowjetischen Staats- und Parteichef Michail Gorbatschow abschließen. Der über Jahre von den Kabinetten Schmidt (1974-1982) wie Kohl (1982-1998) in Bonn verfolgte Weg zu einer Krisenlösung hielt dabei nicht nur drei durchgängige sicherheitspolitische Ziele der Bundesrepublik vereinbar: fortdauernde Verklammerung der deutschen mit der transatlantischen Sicherheit im NATO-Rahmen, Risikominderung durch Verbesserung der Ost-West-Beziehungen und Sicherheitsbefriedigung auf der Basis einer koordinierten globalen wie eurostrategischen Rüstungsminderung. Er trug auch wesentlich mit dazu bei, dass sich im Zuge des Umbruchs in Osteuropa 1989/90 der Kalte Krieg beenden und die beiden Teile Deutschlands vereinigen ließen.

Hatte das Ende des Kalten Krieges, wie dies der amerikanische Analytiker Francis Fukuyama in seinem Bestseller annahm, auch das »Ende der Geschichte« eingeläutet? Über ein Jahrzehnt später wird man Skepsis gegenüber solchem Zukunftsoptimismus anmahnen müssen. Zweifellos hat sich die Sicherheitslage in Mitteleuropa nachhaltig verändert, seit das vereinte Deutschland nur noch von Freunden umgeben ist. Schon die im Zusammenhang damit eingeleiteten Strukturreformen der Bundeswehr konnten 1994 zwar zu einem vorläufigen Abschluss gebracht werden. Die neuen sicherheitspolitischen Herausforderungen auf dem Balkan und durch den Internationalen Terrorismus haben für die deutschen Streitkräfte aber mittlerweile ihren Niederschlag in einem auf Permanenz angelegten Prozess der Transformation gefunden. Vor solchem Hintergrund sind weder die deutsche Geschichte insgesamt noch ihre Militärgeschichte mit den Veränderungen nach dem Kalten Krieg am Ende angekommen. Die historische Entwicklung der Bundeswehr im zurückliegenden halben Jahrhundert bleibt vielmehr mit ihrer Prägung der innermilitärischen Strukturen, aber auch über den Zusammenhang der handelnden Generationen unverzichtbarer Bestandteil einer auf historischer Erinnerung und Erfahrung aufbauenden Gestaltung von Gegenwart und Zukunft.

Bruno Thoß

Der 19-jährige Volkspolizist Conrad Schumann springt am 15. August 1961 an der Bernauer Straße im Bezirk Wedding in voller Uniform über den Stacheldraht.

»Ein Eiserner Vorhang ist niedergegangen.« – Militärgeschichte im Kalten Krieg 1945–1968/70

von Rüdiger Wenzke (NVA) und Irmgard Zündorf (Bundeswehr)

Überblick:
- Zeittafel 2
- Tipps 4
- Epochenquerschnitt 5

Kapitel I – Umfeld:
Die heiße Phase des Kalten Krieges
1. Politische Frontstellung und die Gründung der Bundesrepublik Deutschland (1945–1949) 20
2. Von der Entmilitarisierung zur verdeckten Aufrüstung in der SBZ/DDR (1945–1952)
   a) Besatzungsmacht und Aufbau von Polizeiorganen 26
   b) Die Anfänge der verdeckten Aufrüstung 32
3. Die »getarnte Armee« – Streitkräfteaufbau und gesellschaftliche Militarisierung in der DDR (1952–1955)
   a) Die Kasernierte Volkspolizei und die innere Mobilmachung 38
   b) Die Bildung des Warschauer Paktes 44
4. Die Integration der Bundesrepublik in den Westen (1949–1957) 50
5. Die Diskussion um die »Wiederbewaffnung« in der Bundesrepublik 56
6. Die Integration der Bundeswehr in die NATO (1954–1968) 63
7. Militär und Landesverteidigung in der Ulbricht-Ära (1956–1970) 70
   a) Die Gründung der NVA 70
   b) Der Mauerbau 1961 und das DDR-Grenzregime 70
   c) Die Schaffung einer »sozialistischen Landesverteidigung« 72

Kapitel II – Strukturen:
Aufbau und Festigung beider deutscher Streitkräfte
1. Die Wehrverfassung der Bundesrepublik Deutschland 76
2. Die »Innere Führung« 84
   a) Das Konzept 84
   b) Zwischen »Reformern« und »Traditionalisten« 86
3. Die NATO-Strategien 90
4. Die Spitzengliederung der Bundeswehr 96
5. Die Gesamtstreitkräfte 104
6. Das Heer 112
7. Die Luftwaffe 118
8. Die Bundesmarine (Jörg Hillmann) 126
9. Die NVA im Aufbau 134
10. Die Konsolidierung der NVA als Bündnisarmee 140

Der Kalte Krieg

1945	7./9. Mai	Bedingungslose Kapitulation der Wehrmacht	
	17. Juli	Beginn der Potsdamer Konferenz (bis 2. August)	
	6. August	Abwurf der ersten Atombombe über Hiroshima	
1947	12. März	Truman-Doktrin	
1948	18. März	Unterzeichnung Brüsseler Vertrag	
	20. März	Auszug der UdSSR aus dem Alliierten Kontrollrat	
	21. Juni	Währungsreform in den drei Westzonen	
	24. Juni	Beginn der Berliner Blockade (bis 12. Mai 1949)	
	Juli	Bildung von kasernierten Bereitschaften der Volkspolizei	
	1. September	Konstituierung des Parlamentarischen Rates in Bonn	
1949	4. April	Vertrag zur Gründung der NATO	
	23. Mai	Inkrafttreten des Grundgesetzes/Gründung der Bundesrepublik	
	7. Oktober	Gründung der DDR	
1950	25. Juni	Beginn Koreakrieg (bis 22. Juni 1953)	
	24. Oktober	Pleven-Plan	
1951	18. April	Unterzeichnung EGKS/ Montanunion-Vertrag	
1952	27. Mai	Unterzeichnung des EVG-Vertrages	
	1. Juli	Schaffung der Kasernierten Volkspolizei	

002 Gesamtkapitulation der Deutschen Wehrmacht am 7. Mai 1945 im Hauptquartier General Eisenhowers in Reims.

003 Straßensperre zwischen amerikanischem und sowjetischem Sektor während der Berliner Blockade. Foto, 17. Februar 1949.

004 Verkündung des Grundgesetzes am 23. Mai 1949.

Überblick

005 Berlin während des Aufstandes am 17. Juni 1953. Ein Sowjet-Panzer im Einsatz gegen Demonstranten auf dem Potsdamer Platz.

006 Pressekonferenz nach der Unterzeichnung der Pariser Verträge am 5. Mai 1955.

007 Kampfgruppen der DDR sperren das Brandenburger Tor. Foto, 13. August 1961.

1953	5. März	Tod Stalins
	17. Juni	Volksaufstand in der DDR
1954	30. August	Scheitern der EVG
	23. Oktober	Unterzeichnung der Pariser Verträge
1955	5. Mai	Souveränität der Bundesrepublik
	9. Mai	Beitritt der Bundesrepublik zur NATO
	14. Mai	Gründung des Warschauer Paktes
	12. November	Ernennung der ersten 101 Freiwilligen der Bundeswehr
1956	18. Januar	Schaffung der NVA
	21. Juli	Wehrpflichtgesetz Bundesrepublik
	23. Oktober	Beginn des Volksaufstandes in Ungarn
1958	27. November	Berlin-Ultimatum von Chrustschow
1961	13. August	Bau der Berliner Mauer
1962	24. Januar	Allgemeine Wehrpflicht in der DDR
	Oktober	Kuba-Krise
1966	1. Dezember	Bildung einer Großen Koalition unter Bundeskanzler Kiesinger
1967	14. Dezember	Flexible Response (MC 14/3)
1968	1. Juli	Unterzeichnung des Atomwaffensperrvertrages
	21. August	Niederschlagung des »Prager Frühlings«

Der Kalte Krieg

1. Literaturauswahl

Überblick

Görtemaker, Manfred, Geschichte der Bundesrepublik Deutschland. Von der Gründung bis zur Gegenwart, München 1999

Kielmansegg, Peter, Nach der Katastrophe. Eine Geschichte des geteilten Deutschland, Berlin 2000

Klessmann, Christoph, Die doppelte Staatsgründung. Deutsche Geschichte 1945–1955, 5. Aufl., Bonn 1995

Stöver, Bernd, Der Kalte Krieg. Geschichte eines radikalen Zeitalters 1947–1991, München 2007

Wolle, Stefan, DDR, Frankfurt a.M. 2004

Umfeld

Bald, Detlef, Militär und Gesellschaft 1945–1990. Die Bundeswehr der Bonner Republik, Baden-Baden 1994 (= Militär und Sozialwissenschaften, 13)

Diedrich, Torsten, und Rüdiger Wenzke, Die getarnte Armee. Geschichte der Kasernierten Volkspolizei der DDR 1952–1956, 2. Aufl., Berlin 2003 (= Militärgeschichte der DDR, 1)

Entschieden für Frieden. 50 Jahre Bundeswehr 1955 bis 2005. Im Auftrag des Militärgeschichtlichen Forschungsamtes hrsg. von Klaus-Jürgen Bremm, Hans-Hubertus Mack und Martin Rink, Freiburg i.Br. 2005

Kowalczuk, Ilko-Sascha, und Stefan Wolle, Roter Stern über Deutschland. Sowjetische Truppen in der DDR, Berlin 2001

Volksarmee schaffen – ohne Geschrei! Studien zu den Anfängen einer ›verdeckten Aufrüstung‹ in der SBZ/DDR 1947 bis 1952. Im Auftrag des Militärgeschichtlichen Forschungsamtes hrsg. von Bruno Thoß, München 1994 (= Beiträge zur Militärgeschichte, 51)

Strukturen

Anfänge westdeutscher Sicherheitspolitik, 4 Bde, München 2001

Greiner, Christian, Klaus A. Maier und Heinz Rebhahn, Die NATO als Militärallianz. Strategie, Organisation und nukleare Kontrolle im Bündnis 1949 bis 1959. Im Auftrag des Militärgeschichtlichen Forschungsamtes hrsg. von Bruno Thoß, München 2003 (= Entstehung und Probleme des Atlantischen Bündnisses bis 1956, 4)

Hammerich, Helmut R., Dieter H. Kollmer, Martin Rink und Rudolf Schlaffer, Das Heer 1950 bis 1970. Konzeption, Organisation und Aufstellung. Unter Mitarb. von Michael Poppe, München 2006 (= Sicherheitspolitik und Streitkräfte der Bundesrepublik Deutschland, 3)

Heinemann, Winfried, Vom Zusammenwachsen des Bündnisses. Die Funktionsweisen der NATO in ausgewählten Krisenfällen 1951–1956, München 1998 (= Entstehung und Probleme des Atlantischen Bündnisses bis 1956, 1)

Im Dienste der Partei. Handbuch der bewaffneten Organe der DDR. Im Auftrag des Militärgeschichtlichen Forschungsamtes hrsg. von Torsten Diedrich, Hans Ehlert und Rüdiger Wenzke, Berlin 1998

Kopenhagen, Wilfried, Hans Mehl und Knut Schäfer, Die NVA. Land-, Luft- und Seestreitkräfte, Stuttgart 2006

Lemke, Bernd, Dieter Krüger, Heinz Rebhan und Wolfgang Schmidt, Die Luftwaffe 1950 bis 1970. Konzeption, Aufbau, Integration. Mit Beitr. von Hillrich von der Felsen [et al.], München 2006 (= Sicherheitspolitik und Streitkräfte der Bundesrepublik Deutschland, 2)

Sander-Nagashima, Johannes Berthold, Die Bundesmarine 1955 bis 1972. Konzeption und Aufbau. Mit Beiträgen von Rudolf Arendt, Sigurd Hess, Hans Joachim Mann und Klaus-Jürgen Steindorff, München 2006 (= Sicherheitspolitik und Streitkräfte der Bundesrepublik Deutschland, 4)

Schmidt, Wolfgang, Integration und Wandel. Die Infrastruktur der Streitkräfte als Faktor sozioökonomischer Modernisierung in der Bundesrepublik 1955 bis 1975, München 2006 (= Sicherheitspolitik und Streitkräfte der Bundesrepublik Deutschland, 6)

Thoß, Bruno, NATO-Strategie und nationale Verteidigungsplanung. Planung und Aufbau der Bundeswehr unter den Bedingungen einer massiven atomaren Vergeltungsstrategie 1952–1960, München 2006 (= Sicherheitspolitik und Streitkräfte der Bundesrepublik Deutschland, 1)

Tuschhoff, Christian, Deutschland, Kernwaffen und die NATO 1949–1967, Baden-Baden 2002

2. Themenschwerpunkte DVD

Soldatenbilder in Ost und West (Irmgard Zündorf)
    Der Atomkrieg als Schreckensszenario im Kalten Krieg
    Strategiewandel im Kalten Krieg

Überblick

Epochenquerschnitt

Die ▸ bedingungslose Kapitulation der Wehrmacht am 7./9. Mai 1945 beendete den Zweiten Weltkrieg in Europa und markiert einen grundlegenden Einschnitt der deutschen und der europäischen Geschichte. Sie besiegelte das Ende des Nationalsozialismus und des bisherigen politischen Systems in Deutschland. Die neue Ordnung ging von den Siegermächten und ihren in Deutschland installierten Militärregierungen aus.

Das ehemalige Deutsche Reich lag in Trümmern. Die Kriegszerstörungen, die anders als im Ersten Weltkrieg dieses Mal auch Deutschland selbst betrafen, waren so verheerend, dass ein Wiederaufbau aus eigener Kraft auf absehbare Zeit unmöglich schien. Mehr als 50 Millionen Menschen – Zivilisten und Soldaten – waren in diesem von Deutschland ausgegangenen Eroberungs- und Vernichtungskrieg umgekommen. Millionen Menschen, darunter vor allem die europäischen Juden, waren von Deutschen ermordet worden. Millionen Menschen waren als Kriegsgefangene oder Zwangsarbeiter in das Gebiet des ehemaligen Deutschen Reiches verschleppt worden. Zusammen mit den Überlebenden der Konzentrationslager bildeten sie ein Heer von *Displaced Persons* (engl.; verschleppte Personen), die in ganz Europa auf der Suche nach ihrer alten oder einer neuen Heimat waren. Hinzu kamen Millionen Menschen besonders aus Osteuropa und den Ostgebieten des ehemaligen Deutschen Reiches, die geflohen oder vertrieben worden waren.

Die Versorgungslage der Bevölkerung, der Einheimischen, der Flüchtlinge und der Displaced Persons war in ganz Europa, und vor allem in den deutschen Besatzungsgebieten

008 Das vom Luftkrieg völlig zerstörte Köln. Foto, 1945.

dramatisch. Den Menschen fehlte es am Notwendigsten, an Nahrung, Wohnraum und Kleidung. Ohne die wohltätige Hilfe der bisherigen Kriegsgegner drohte den Deutschen eine Katastrophe.

Die deutsche Kapitulation markiert aber nicht nur einen politischen und wirtschaftlichen, sondern auch einen moralischen Zusammenbruch. Die Elemente der nationalsozialistischen Gewaltherrschaft: Diktatur, Rassenideologie, Militarismus und aggressiv-nationalistische Außenpolitik, stellten die Fortführung deutscher Politik grundsätzlich in Frage. Ein Neuanfang musste somit von Außen bestimmt werden. Die Besatzungsmächte übernahmen daher am 5. Juni die ▸ Regierungsgewalt in Deutschland.

In übergeordneten Angelegenheiten sollten die Oberkommandierenden der Besatzungstruppen gemeinsam entscheiden. Dafür richteten sie den Alliierten Kontrollrat in Berlin ein. Wie bereits auf den Konferenzen von Teheran (28. November bis 1. Dezember 1943) und Jalta (4. bis 11. Februar 1945) beschlossen worden war, wurde Deutschland in Besatzungszonen aufgeteilt. Nur für Berlin war eine gemeinsame alliierte Verwaltung vorgesehen. Die Gebiete östlich der Flüsse Oder und Neiße sollten von

---

Am 7. Mai 1945 unterzeichnete Generaloberst Jodl die bedingungslose Kapitulation der deutschen Streitkräfte in Reims. Entgegen der Hoffnung der Reichsregierung, die Westalliierten für eine Teilkapitulation zu gewinnen und somit das bestehende Bündnis mit der UdSSR zu spalten, hatte sich General Eisenhower diesbezüglich auf keinerlei Verhandlungen eingelassen. Jodl wurde jedoch lediglich eine rein militärische bedingungslose Gesamtkapitulation vorgelegt. Obwohl diese vom sowjetischen Generalstab gebilligt worden war und ein Vertreter Moskaus bei der Unterzeichnung zugegen war, misstraute Stalin den Westmächten und bestand auf eine Wiederholung der Zeremonie. Somit fand am 9. Mai 1945 eine weitere Unterzeichnung durch Generalfeldmarschall Keitel im Hauptquartier Marschall Schukows in Berlin-Karlshorst statt. Da das erste Abkommen bereits eine Waffenruhe für den 8. Mai vorgesehen hatte, wurde die zweite Kapitulationsurkunde vom 9. auf den 8. Mai zurückdatiert.

Der Kalte Krieg

009 Verhaftung der »Regierung Dönitz« am 23. Mai 1945 in Flensburg-Mürwik. V.l.: Albert Speer, Karl Dönitz und Alfred Jodl.

Deutschland abgetrennt und teils unter polnische, teils unter sowjetische Verwaltung gestellt werden.

Auf der ▸ Potsdamer Konferenz (17. Juli bis 2. August 1945) beschlossen die USA, Großbritannien und die Sowjetunion zudem, dass sämtliche Maßnahmen ergriffen werden sollten, »damit Deutschland niemals mehr seine Nachbarn oder die Erhaltung des Friedens in der ganzen Welt bedrohen kann«. Deutschland sollte entmilitarisiert, entnazifiziert, demokratisiert und wirtschaftlich wie politisch dezentralisiert werden. Die Alliierten, darunter vor allem die Sowjetunion, die durch den Zweiten Weltkrieg die größten Verluste erlitten hatte, wollten Deutschland als Aggressor bestrafen und zur Wiedergutmachung zwingen. Zugleich ging es den Großmächten aber von Anfang an auch darum, die eigenen Sicherheits- und Machtinteressen durchzusetzen.

Auf eine konkrete gemeinsame Besatzungspolitik konnten sich die vier Mächte nicht einigen. Vor allem die französische Regierung verhinderte zunächst das Zustandekommen gesamtdeutscher politischer Einrichtungen. Aber auch die sowjetische Regierung trug mit ihren Forderungen nach umfangreichen Reparationen und nach Beteiligung an der Aufsicht über die strategisch wichtige Ruhrindustrie zum besatzungspolitischen Auseinanderdriften der Siegermächte bei. Noch stärkeren Einfluss auf die unterschiedliche Besatzungspolitik hatte aber die Entwicklung der internationalen Mächteverhältnisse, denn gleichzeitig mit dem Untergang des Deutschen Reiches war auch das alte System des Mächtegleichgewichtes unter europäischer Führung endgültig zusammengebrochen. Die einstigen »Flügelmächte«, die USA und die Sowjetunion, wurden zu den maßgebenden »Schwergewichten« der internationalen Beziehungen nach 1945. Die Rahmenbedingungen internationaler Politik nach dem Ende des Zweiten Weltkrieges wurden somit vom bipolaren Kräftemessen der Supermächte USA und UdSSR geprägt. Durch den Abschluss der beiden von ihnen geführten Militärbündnisse, der 1949 gegründeten »North Atlantic Treaty Organization (NATO)« und des 1955 unterzeichneten Warschauer Pakts, entwickelte sich dieses Kräfteverhältnis zur Blockkonfrontation.

Die ideologisch-gesellschaftlichen Gegensätze sowie die politische und militärische Frontstellung zwischen den Konkurrenten USA und Sowjetunion markierten eine Trennlinie, die 1946 von dem ehemaligen britischen Premierminister Winston S. Churchill treffend als »Eiserner Vorhang« bezeichnet wurde. Die Konfrontation am Eisernen Vorhang schürte einen »Kalten Krieg«, innerhalb dessen sowohl die USA als auch die UdSSR ihren Bündnispartnern Schutz zusicherten und dafür Gefolgschaft forderten. Die Bündnisstaaten schlossen sich schrittweise den Prinzipien politischer und wirtschaftlicher Organisation der jeweiligen Ordnungsmächte an. Auf Störungen des eigenen, aus hegemonia-

Am 1. Mai 1945, nur einen Tag nach Adolf Hitlers Freitod, bildete sich in Flensburg die neue »Regierung Dönitz«. In seinem Testament sah Hitler den ihm loyal ergebenen Großadmiral Karl Dönitz als seinen direkten Nachfolger vor. In der Annahme, dass das gegnerische Bündnis angesichts seiner inneren Spannungen zerbrechen könnte, versuchte die »Regierung Dönitz« den durch die Fortsetzung des Kampfes erwirkten Zeitgewinn für Verhandlungen mit den Westalliierten zu nutzen. Zwar gelang es, die Masse des Ostheeres in westliche Gefangenschaft zu führen, doch die Hoffnung, dass sich die Westmächte gegen die Sowjetunion wenden könnten, erfüllte sich nicht. Nach der deutschen Kapitulation duldeten die Westalliierten die »Regierung Dönitz« lediglich als »Notverwaltung«. Da sie jedoch nicht als Verhandlungspartner für die Neuordnung der Verhältnisse in Deutschland angesehen wurde, ließ Eisenhower die Mitglieder der »Regierung Dönitz« nach mehrmaligem sowjetischen Drängen am 23. Mai 1945 verhaften.

Überblick

010 Winston S. Churchill (GB), Harry S. Truman (USA) und Josef W. Stalin (UdSSR) während einer Verhandlungspause der Potsdamer Konferenz im Garten des Schlosses Cecilienhof.

Die Potsdamer Konferenz war eine Zusammenkunft der drei Siegermächte des Zweiten Weltkrieges. Basierend auf den Vereinbarungen der Konferenz von Jalta, regelte das Potsdamer Abkommen vom 2. August 1945 die Entmilitarisierung, Entnazifizierung, Demokratisierung, Dezentralisierung und Deindustrialisierung Deutschlands sowie seine Aufteilung in vier Besatzungszonen. Weiterhin traf man eine Regelung bezüglich der geforderten deutschen Reparationsleistungen, von denen der größte Anteil an die Sowjetunion gehen sollte. Zudem wurde die von Stalin bereits eingeleitete Westverschiebung Polens bis an die Oder–Neiße-Linie von den Alliierten anerkannt. Dies hatte die zwangsläufige Aussiedlung Millionen Deutscher aus den Ostgebieten zur Folge. Obwohl es den Westmächten gelang, Stalin zum Kriegseintritt gegen Japan zu bewegen, war die Potsdamer Konferenz bereits von einem tiefen gegenseitigen Misstrauen geprägt und legte in vielerlei Hinsicht den Grundstein für die Konflikte des kommenden Kalten Krieges.

Informationen

Von den insgesamt 18 Millionen deutschen Soldaten, die während des Zweiten Weltkrieges in der Wehrmacht dienten, gerieten 11 Millionen in Kriegsgefangenschaft. Rund eine Million der Gefangenen überlebte den meist mehrjährigen Aufenthalt in den Lagern der westlichen Alliierten und der Sowjetunion nicht.

Die Grundlage für die Behandlung aller Kriegsgefangenen wurde 1907 in der Haager Landkriegsordnung erstmals schriftlich fixiert. Die Erfahrungen des Ersten Weltkrieges hatten gezeigt, dass die Regelungen präzisiert werden mussten. 1929 wurde das »Genfer Abkommen über die Behandlung der Kriegsgefangenen« und das »Genfer Abkommen zur Verbesserung des Loses der Verwundeten und Kranken der Heere im Felde« beschlossen.

Diese drei Abkommen waren von allen am Zweiten Weltkrieg teilnehmenden Staaten außer Japan und der Sowjetunion anerkannt worden.

Eigentlich sahen die Abkommen vor, die Kriegsgefangenen Soldaten nach der Beendigung des Kriegszustandes wieder freizulassen, tatsächlich verbrachten viele deutsche Soldaten noch Jahre nach der bedingungslosen Kapitulation der Wehrmacht in Gefangenschaft.

Die Kriegsgefangenschaft verlief, je nach Zeit und Ort der Inhaftierung, höchst unterschiedlich. Während die POW, der Prisoners of War, in den Vereinigten Staaten sehr gut versorgt wurden, erging es den Gefangenen in den alliierten Lagern auf deutschem Boden wesentlich schlechter. Die Alliierten standen unmittelbar nach der bedingungslosen Kapitulation der Wehrmacht vor der schweren Aufgabe, zahllose deutsche Kriegsgefangene unterzubringen. In den hastig errichteten Lagern vegetierten die Gefangenen häufig unter freiem Himmel und ohne ausreichende Verpflegung. Bei den Soldaten gefürchtet war, angeheizt von der NS-Propaganda und den Erfahrungen des Ersten Weltkrieges, die sowjetische Kriegsgefangenschaft. Viele wählten lieber den Freitod oder versuchten möglichst in westalliierte Hände zu fallen.

Auf der Konferenz von Jalta im Februar 1945 hatten die Alliierten beschlossen, deutsche Kriegsgefangene nach dem Kriegsende den westeuropäischen Ländern für Reparationsarbeiten zur Verfügung zu stellen. Für die in der Sowjetunion inhaftierten Wehrmachtsoldaten sah die Lage anders aus. Allgemein war die Verpflegung

011 Postkarte aus sowjetischer Kriegsgefangenschaft.

012 Selbstgeschnitzter Löffel aus sowjetischer Kriegsgefangenschaft.

013 Deutsche Soldaten auf dem Weg in sowjetische Kriegsgefangenschaft, Stalingrad 1943.

Deutsche Kriegsgefangene

und Unterbringung, meist in sibirischen Arbeitslagern, völlig unzureichend, hinzu kamen die extremen klimatischen Bedingungen. Aber es bestand auf sowjetischer Seite zu keinem Zeitpunkt ein Interesse an der systematischen Vernichtung der Kriegsgefangenen. Doch spielten auch Rachegefühle seitens der Sowjetunion, die während des Krieges die meisten Opfer zu beklagen hatte, eine Rolle bei der Behandlung der Inhaftierten.

Das Land besaß aber in erster Linie nicht die Ressourcen, um die Gefangenen ausreichend ernähren und versorgen zu können. Die Ausbeutung der Arbeitsleistung der Männer stand nach dem Kriegsende für die Sowjetunion im Vordergrund. Die ehemaligen Soldaten sollten ihren Teil am Wiederaufbau des Landes leisten.

Im Frühjahr 1947 wurde auf der Moskauer Außenministerkonferenz beschlossen, die Rückführung der Inhaftierten bis 1948 abzuschließen. Von den rund zwei Millionen der in der Sowjetunion inhaftierten Soldaten konnte rund ein Viertel bis 1949 die Heimreise antreten. Der Großteil der Kriegsgefangenen in Ost und West wurde in diesem Jahr freigelassen.

Die letzten Kriegsgefangenen aus der Sowjetunion betraten erst 1956 wieder heimischen Boden. Sie gehörten zu den von den UdSSR verurteilten »Kriegsverbrechern«. Die Kriegsverbrecherprozesse entsprachen allerdings keineswegs den rechtsstaatlichen Normen und hatten zudem nicht das Ziel, die individuelle Schuld der Angeklagten festzustellen, sondern zielten allein auf die öffentliche Anklage deutscher Verbrechen.

014 Zug deutscher Kriegsgefangener nach der Kapitulation der deutschen Truppen am 31. Januar 1943 in Stalingrad.

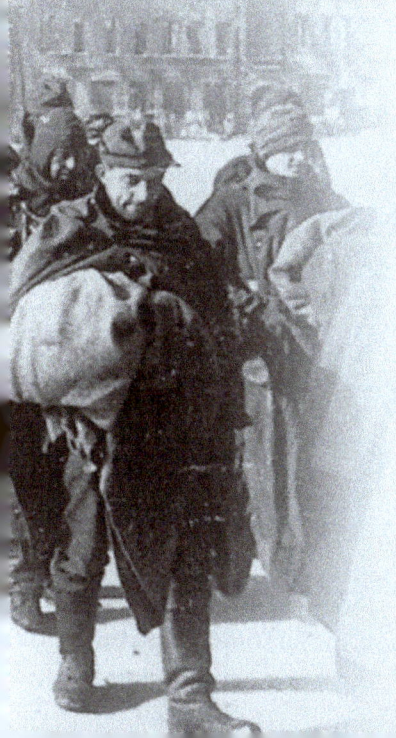

015 Flugblatt des Suchdienstes des Deutschen Roten Kreuzes.

016 Plakat zum Gedenken an die noch in Kriegsgefangenschaft befindlichen deutschen Soldaten, 1955.

Der Kalte Krieg

ler Position eingeforderten Führungsanspruchs reagierte insbesondere die Sowjetunion mit offenem Einsatz militärischer Mittel, während die westliche Führungsmacht eher wirtschaftliche und sicherheitspolitische Instrumentarien der Diplomatie anwandte.

Im Zuge der sich verstärkenden Interessengegensätze der politischen Systeme in West und Ost gewann Deutschland als Bündnispartner des jeweiligen Blocks wieder an Bedeutung. Nachdem in der ersten Nachkriegszeit die Zerschlagung und ▸ Bestrafung des nationalsozialistischen Systems im Vordergrund der alliierten Politik gestanden hatte, trieben vor allem die beiden neuen Großmächte ab 1947 den politischen ▸ Wiederaufbau in ihren Besatzungszonen voran. Während in der sowjetisch besetzten Zone der Umbau zu einem von Kommunisten geführten Zentralstaat angestrebt wurde, unterstützten die Westalliierten den Aufbau eines demokratischen Mehrparteienstaates mit bundesstaatlichen Strukturen. 1949 wurden zwei neue deutsche Staaten gegründet, die Bundesrepublik Deutschland (BRD) und die Deutsche Demokratische Republik (DDR). Die neuen Staaten waren jedoch nicht souverän, sondern standen unter der Kontrolle der jeweiligen Besatzungsmächte. Die Bundesrepublik Deutschland erlangte 1955 ihre außenpolitische Hoheitsgewalt. Noch im gleichen Jahr trat sie der NATO bei und begann mit dem Aufbau der Bundeswehr. Zeitgleich trat die DDR, die bereits Ende der 1940er Jahre verdeckt aufgerüstet hatte, 1955 dem Warschauer Pakt bei.

Im Schatten des Ost-West-Konflikts wurde die bereits während des Zweiten Weltkrieges entstandene Idee einer europäischen Einigung vor allem von Westeuropa verstärkt verfolgt. Diese Einigungsbestrebungen können auch als funktionaler Bestandteil der westlichen Selbstbehauptung zwischen den beiden Supermächten verstanden werden. Anders als im Machtbereich der Sowjetunion wurde die Blockbildung im Westen institutionell durch den europäischen Integrationsprozess unterstützt. Dieser hatte neben dem Ziel wirtschaftlichen Wohlstands und politischer Stabilität auf demokratischer Grundlage auch eine sicherheitspolitische Dimension. Auch wenn die Bildung einer Europäischen Verteidigungsgemeinschaft (EVG) 1954 am Veto Frankreichs scheiterte, konnte 1958 mit der Gründung der Europäischen Wirtschaftsgemeinschaft (EWG) ein stabiles westeuropäisches Fundament zumindest auf der wirtschaftlichen Ebene geschaffen werden.

Insgesamt war die Zeit von 1945 bis 1968/70 durch einen allgegenwärtigen Konflikt der Machtblöcke geprägt, den Kalten Krieg, in dem die beiden deutschen Staaten ebenso wie ihre 1955/56 neu gegründeten Streitkräfte, die Bundeswehr und die Nationale Volksarmee, zugleich Produkte und Akteure waren. Von den »klassischen« machtstaatlichen Vormachtbestrebungen unterschied sich die neue Situation dadurch, dass sich bei der Behauptung und Erweiterung des Einflussgebiets zwei militärisch gleichrangige, weltweit handelnde Gegner gegenüberstanden. Jegliche nationale Außenpolitik musste sich weitgehend an derjenigen des jeweiligen Bündnisses ausrichten. Umgekehrt konnten nationale Probleme durch eine Zuspitzung auf der sicherheits- und verteidigungspolitischen Ebene zu internationalen Krisensituationen führen. Zudem war der Gegensatz der Machtblöcke durch die Ausrüstung mit atomaren Waffensystemen ge-

Überblick

017 Die Hauptangeklagten des Nürnberger Kriegsverbrecherprozesses.

Die Nürnberger Prozesse gegen die Eliten des »Dritten Reiches« sollten nicht nur Verbrechen sühnen, sondern zugleich neues Völkerrecht schaffen. Seit dem Ende des Dreißigjährigen Krieges und dem Westfälischen Frieden von 1648 galt die Führung von Kriegen als legitimes Vorrecht souveräner Staaten. Der vom »Dritten Reich« geführte Krieg hatte jedoch mit den begrenzten »Kabinettskriegen« der Frühen Neuzeit wenig gemeinsam. Das humanitäre Kriegsrecht der Haager Landkriegsordnung und der Genfer Konvention, die Verpflichtung zum Schutz der Zivilbevölkerung sowie zur Unterscheidung zwischen Soldaten und Zivilisten waren bewusst verletzt worden. Das alte Kriegsvölkerrecht hatte seine einhegende Kraft verloren. Vor allem die USA wollten deshalb den Internationalen Prozess gegen die »Hauptkriegsverbrecher« und die zwölf Nürnberger Nachfolgeprozesse zum Ausgangspunkt eines zeitgemäßen Völkerrechts machen. Zum ersten Mal wurde hier die Planung und Durchführung eines Angriffskrieges als »Verschwörung« zu einem »Verbrechen gegen den Frieden« unter Anklage gestellt. Doch nur 12 der 22 Angeklagten im Prozess gegen die Hauptkriegsverbrecher wurden deswegen verurteilt. Weitere Punkte der Nürnberger Anklageschriften betrafen die Verletzung des herkömmlichen Kriegsrechts und Verbrechen gegen die Menschlichkeit, soweit die Taten im Zusammenhang mit Kriegsverbrechen standen. Mit dem letzten Punkt geriet das ungeheuerliche Verbrechen des Holocaust zu einem Nebenaspekt der Anklage. Der Völkermord an den Juden wurde von den Juristen lediglich als Kriegsmittel zum »Endsieg« interpretiert, obwohl die Massenmorde ideologisch motiviert waren. Der Terror einer Regierung gegen das eigene Volk wurde weiterhin als Ausübung staatlicher Souveränität gedeutet. Erst mit dem Jugoslawien-Tribunal in Den Haag wurde dieses Versäumnis 50 Jahre später beseitigt.

018 Plakat von Jürgen Freese, 1946.

019 Schlagzeile der »Hannoverschen Presse« vom 2. Oktober 1946.

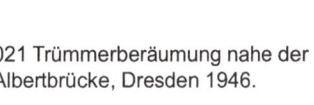

020 Kanne gefertigt aus einem Gasmaskenbehälter.

021 Trümmerberäumung nahe der Albertbrücke, Dresden 1946.

Der Kalte Krieg

prägt, deren Einsatz wegen seiner verheerenden Folgen möglichst vermieden werden sollte.

Der betrachtete Zeitraum lässt sich in drei Abschnitte untergliedern. Nach dem Ende des Zweiten Weltkrieges ließen machtpolitische Auseinandersetzungen zunächst die anglo-amerikanisch-sowjetische Koalition, die sich im Kampf gegen das Hitler-Regime zusammengefunden hatte, auseinanderbrechen. Den Höhepunkt dieser ersten Konfrontation bildete der Korea-Krieg, der im Juni 1950 begann und erst nach dem Tod Stalins (5. März 1953) am 27. Juli 1953 beendet wurde. In der zweiten Phase von 1953 bis 1962 verfestigte sich der Konflikt und war vor allem durch die fortschreitende Aufrüstung der beiden Großmächte im Rahmen der von ihnen geführten Sicherheitsbündnisse NATO und Warschauer Pakt geprägt. Der dritte Abschnitt von 1962 bis 1968/70 stand im Zeichen der gegenseitigen Bemühungen um »Entspannung«. Das militärische »Gleichgewicht des Schreckens« führte spätestens seit der Kuba-Krise 1962 auf beiden Seiten zu der Einsicht, dass auseinanderstrebende Interessen politisch und nicht militärisch ausgetragen werden sollten. Die US-amerikanische und die sowjetische Regierung versuchten in einer Situation des atomaren Patts, die gegenseitigen Beziehungen auf eine neue Grundlage zu stellen. Dabei blieb die »friedliche Koexistenz« allerdings weiterhin durch den Wettkampf der unterschiedlichen Gesellschaftsentwürfe und fortgesetzte Aufrüstung geprägt. Ein Teil der Spannungen wurde schließlich in die ▸ »Dritte Welt« verlagert, die verstärkt in die weltpolitische Auseinandersetzung einbezogen wurde.

Die stete Gefahr, dass aus einem politisch geführten und nach Möglichkeit kontrollierten Kalten Krieg ein »heißer« wurde, führte in den drei beschrieben Zeitabschnitten zu unterschiedlichen Ansätzen der Sicherheitspolitik. Die verschiedenen politischen Handlungsmöglichkeiten lassen sich mit den Begriffen »Konfrontation«, »Kooperation« und »Integration« beschreiben. Dabei überwog allerdings das Modell der konfrontativen Sicherheitspolitik. Beispielhaft standen hierfür die verfeindeten Militärbündnisse NATO und Warschauer Pakt.

Deren militärische Strategien waren nicht nur durch die politische Situation beeinflusst, sondern auch durch neue Waffentechnologien. Mit dem ersten erfolgreichen Test einer Atombombe im Sommer 1945 verfügten die USA anfänglich über eine nukleare Überlegenheit, die zu der Strategie der *Massiven Vergeltung* (engl.; »massive retaliation«) führte. Die verheerende Wirkung der neuen Waffen demonstrierten die USA mit dem Abwurf zweier Atombomben über ▸ Hiroshima und Nagasaki im August 1945. Bereits im August 1949 konnte allerdings auch die erste sowjetische Atombombe gezündet werden. Trotzdem erschütterte erst der erfolgreiche Start des Erdsatelliten »Sputnik« durch die UdSSR im Oktober 1957 die US-amerikanische Illusion kontinentaler Unverwundbarkeit und bewies sogar einen Vorsprung der sowjetischen Raketentechnik. In der Folge erreichte das rüstungspolitische ▸ Wettrennen bis dahin nicht geahnte Dimensionen, die jedes Eingreifen in interne Entwicklungen und Entscheidungen des jeweils anderen Machtblocks zu einem für alle Beteiligten äußerst riskanten Unternehmen werden ließ. Daher griffen die Westmächte offiziell nicht in den Volksaufstand vom 17. Juni 1953 in der DDR oder den Ungarn-Aufstand von 1956 ein. Auch der Mauerbau im August 1961 blieb ohne eine militärische Reaktion der USA. Erst der Versuch, sowjetische Mittelstreckenraketen

---

S Der Begriff »Dritte Welt« wurde 1952 von Alfred Sauvy in Anlehnung an den »Dritten Stand« der Französischen Revolution geprägt. Im Jahre 1955 nannten sich die blockfreien Staaten »Dritte Welt«, um sich von der »Ersten Welt« des Westblocks und der »Zweiten Welt« des Ostblocks abzugrenzen. Seit dem Ende des Ost-West-Konflikts wird der Begriff meist benutzt, um Entwicklungsländer zu bezeichnen, die kaum industrialisiert und technologisch wenig fortgeschritten sind. Die ärmsten Staaten der Welt werden zuweilen »Vierte Welt« genannt.

Überblick

 Bericht eines japanischen Arztes, »Hiroshima« (1945)

Nach dem Abwurf von Atombomben auf die japanischen Städte Hiroshima und Nagasaki erklärte Japan seine bedingungslose Kapitulation. In beiden Städten starben zehntausende Menschen an den direkten Folgen der Bombe. Noch Jahrzehnte später kostete die radioaktive Strahlung vielen Menschen das Leben.

»Die von uns aufgenommenen Verwundeten sahen grauenhaft aus. Ihre versengten Haare waren gekräuselt, die Kleidungsstücke in Fetzen gerissen, die Haut der unbedeckten Körperteile fast ganz verbrannt, die Wunden entsetzlich verschmutzt. Die meisten der Verwundeten waren durch zahllose Glassplitter, Holzstückchen oder Eisenteilchen, die sich in Gesicht und Rücken gebohrt hatten, derart entstellt, daß sie nicht leicht als Menschen zu erkennen waren. [...] Später stellten wir fest, daß manchen Patienten so viele Glasstückchen in die Lunge gepreßt worden waren, daß wir bei stethoskopischen Untersuchungen jedesmal ein Knirschen vernahmen, wenn sie atmeten. [...]
Ein 19jähriger Arbeiter war 1 km vom Explosionszentrum entfernt gewesen und wurde an beiden Händen verbrannt. Seine Brandwunden besserten sich zusehens. Nach 15 Tagen verließ er das Lazarett. Aber einen halben Monat später begann er zu fiebern. Er klagte über schlechten Appetit, allgemeines Müdigkeitsgefühl und Haarausfall. Unter der Haut tauchten blaue Flecke auf, unstillbare Darmblutungen kamen hinzu, und nach kurzer Zeit starb der Patient.«

Zit. nach: Der Zweite Weltkrieg in Bildern und Dokumenten, Bd 10. Hrsg. von Hans-Adolf Jacobsen, München 1968, S. 118 f.

022 Verwundete und Tote nach den Atombombenangriffen auf Hiroshima am 8. August 1945.

023 US-Atombombentest 1952 auf den Marschall-Inseln.

024 Familie im Atombunker. New York, 19. Mai 1955.

Die atomare Zweitschlagfähigkeit bezeichnet die Fähigkeit eines Staates oder Bündnisses, selbst nach einem erlittenen nuklearen Erstschlag über die notwendigen Kernwaffenreserven für einen verheerenden Vergeltungsschlag zu verfügen, der die gesicherte Vernichtung des Angreifers zur Folge hat. Durch die Verteilung der Kernwaffen auf zahlreiche Trägersysteme, wie beispielsweise strategische U-Boote und Bomber sowie Interkontinentalraketen, wird es einem Angreifer nahezu unmöglich gemacht, das Rückschlagspotential durch einen präventiven Atomschlag vollends zu zerstören. In der Logik der Nuklearstrategie dient eine gewährleistete Zweitschlagfähigkeit der Abschreckung vor einem Erstschlag, da der Gegner mit ihm zwangsläufig seine eigene Vernichtung riskiert.

Informationen

025 Szene aus dem Film »Die Brücke« von Bernhard Wicki, 1959.

026 Szene aus dem Film »Haie und kleine Fische« von Frank Wisbar, 1957.

027 Szene aus dem Film »Canaris« von Alfred Weidenmann, 1954.

In den vom Wiederaufbau und wirtschaftlichen Aufschwung geprägten 1950er Jahren setzte in der Bundesrepublik die verstärkte mediale Auseinandersetzung mit den Ereignissen des Zweiten Weltkrieges ein. Diese Beschäftigung mit der jüngsten deutschen Vergangenheit gestaltete sich aber nur in Ausnahmefällen selbstkritisch, statt dessen herrschte die Sichtweise vor, dass die Wehrmacht und der NS-Staat zwei von einander getrennte Sphären gewesen seien. Die Verantwortung für den Krieg wurde entweder nicht thematisiert oder dem Nationalsozialismus meist in Gestalt der SS oder des »Führers« angelastet.

Eine Vorreiterrolle nahmen dabei die veröffentlichten Memoiren ehemals führender Offiziere der Wehrmacht ein. Hier sind zu nennen »Hitler als Feldherr« (1949) von Generalstabschef Franz Halder, »Erinnerungen eines Soldaten« (1951) von General Heinz Guderian, »Zehn Jahre und zwanzig Tage« (1958) von Großadmiral Karl Dönitz oder »Verlorene Siege« (1955) von Generalfeldmarschall Erich von Manstein. Hinzu kamen in der Zeit von 1953 bis 1960 rund 1000 Kriegsromanhefte, wie »Der Landser«, »SOS Schicksale deutscher Schiffe« oder »Fliegergeschichten«, deren Auflagen in die Hunderttausende gingen.

Neben der literarischen Rezeption spielten Kinofilme bei der Auseinandersetzung mit dem Krieg eine entscheidende Rolle. Den Anfang machte die auf der Romanreihe von Hans Hellmut Kirst basierende Film-Trilogie »08/15«. Die »Kriegsabenteuer« des Soldaten Asch, dargestellt von Joachim Fuchsberger, sahen in den Jahren 1954 bis 1956 etwa 15 bis 20 Millionen Bundesbürger. Ähnlich erfolgreich waren beispielsweise auch die deutschen Kriegsfilme »Canaris« (1954), »Haie und kleine Fische« (1957) oder die »Die Brücke« (1959). Die westdeutschen Kriegsfilme der 1950er trugen mit ihren romantisierenden und idealisierenden Darstellungen der Kriegs- und Soldatenbilder zur Legendenbildung um die Wehrmacht bei.

In der DDR gab es keine mit der westdeutschen vergleichbare »Kriegsfilmwelle«. Das sozialistische Regime in Ostdeutschland sah sich in der proletarisch-antifaschistischen Traditionslinie der Widerstandskämpfer gegen den Nationalsozialismus. Transportiert wurde diese offizielle Erinnerungskultur von dem Film »Ich war neunzehn« (1968). Die dargestellte Geschichte des in der Sowjetunion aufgewachsenen deutschen Emigranten Georg Hecker, der im Frühjahr 1945 mit der Roten Armee in das zerstörte Berlin zurückkehrt, gehörte in der DDR bis in die 1980er Jahre zum pädagogischen Pflichtprogramm.

Der Zweite Weltkrieg in Literatur und Film

 1 Wolfgang Borchert, »Draußen vor der Tür« (1946)

Neben vielen unkritischen Auseinandersetzungen mit dem Zweiten Weltkrieg entstanden auch eine Reihe von Werken, die unbequeme Fragen an die Nachkriegsgesellschaft stellten. Borcherts Heimkehrerdrama gehört zu den bekanntesten dieser Stücke.

028 Einband und Vorsatzblatt der Erstausgabe von »Erinnerungen eines Soldaten«, 1951.

029 Plakat der Uraufführung von Wolfgang Borcherts Anti-Kriegsdrama, 1947.

»Wie wir noch ganz klein waren, da haben sie Krieg gemacht. Und als wir größer waren, da haben sie vom Krieg erzählt. Begeistert. Immer waren sie begeistert. Und als wir dann noch größer waren, da haben sie sich auch für uns einen Krieg ausgedacht. Und da haben sie uns dann hingeschickt. Und sie waren begeistert. Immer waren sie begeistert. Und keiner hat uns gesagt, wo wir hingingen. Keiner hat uns gesagt, ihr geht in die Hölle. O nein, keiner. Sie haben Marschmusik gemacht und Langemarckfeiern. Und Kriegsberichte und Aufmarschpläne. Und Heldengesänge und Blutorden. So begeistert waren sie. Und dann war der Krieg endlich da. Und dann haben sie uns hingeschickt. Und sie haben uns nichts gesagt. Nur – Macht's gut, Jungens! haben sie gesagt. Macht's gut, Jungens! So haben sie uns verraten. So furchtbar verraten. Und jetzt sitzen sie hinter ihren Türen. Herr Studienrat, Herr Direktor, Herr Gerichtsrat, Herr Oberarzt. Jetzt hat uns keiner hingeschickt. Nein, keiner. Alle sitzen sie jetzt hinter ihren Türen. Und ihre Tür haben sie fest zu. Und wir stehen draußen. Und von ihren Kathedern und von ihren Sesseln zeigen sie mit dem Finger auf uns. So haben sie uns verraten. So furchtbar verraten. Und jetzt gehen sie an ihrem Mord vorbei, einfach vorbei. Sie gehn an ihrem Mord vorbei.«

Zit. nach: Wolfgang Borchert, Draußen vor der Tür und andere ausgewählte Erzählungen. Mit einem Nachwort von Heinrich Böll, Hamburg 1998, S. 49

030 Filmplakat einer der erfolgreichsten westdeutschen Nachkriegsfilme der 1950er Jahre.

Der Kalte Krieg

auf Kuba zu stationieren und damit die USA der Gefahr eines direkten Atomwaffenangriffs auszusetzen, brachte die westliche Supermacht dazu, den Einsatz ihrer Atombomben ernsthaft zu erwägen. Die Kuba-Krise im Oktober 1962 war die wohl dramatischste Krise des Nuklearzeitalters und verdeutlichte gleichzeitig die erreichte atomare Patt-Situation. Die USA wurden durch eine gesicherte ▶ Zweitschlagfähigkeit der Sowjetunion davon abgeschreckt, ihr interkontinental-strategisches Kernwaffenarsenal einzusetzen – und umgekehrt.

Die militärstrategische Folge der Patt-Situation waren beiderseitige Anstrengungen einen von allen akzeptierten Umgang mit bedrohlichen Szenarien zu entwickeln. Die ideologischen Auseinandersetzungen und die Rivalität der beiden Großmächte hatten sich den Spielregeln des Nuklearzeitalters anzupassen. Das zentrale gemeinsame Anliegen – die Wahrung des Friedens – wurde zum Mittelpunkt politischer und sicherheitspolitischer Strategie. Friedlicher Ausgleich und wechselseitige Vertrauensbildung sollten über abrüstungspolitische und wirtschaftspolitische Maßnahmen zur tragenden Struktur der Ost-West-Beziehungen werden. Erste Maßnahmen waren der im Juni 1963 eingerichtete ▶ »Heiße Draht«, also eine direkten Verbindung zwischen den Regierungen der USA und der UdSSR, sowie die Unterzeichnung des Atomteststoppabkommens im August 1963. Hinzu kamen das Verbot für oberirdische Kernwaffenversuche und der Atomwaffensperrvertrag vom Juli 1968. Einen Rückschlag erhielten diese ersten Schritte der Annäherung im August 1968, als Truppen des Warschauer Paktes gewaltsam den »Prager Frühling« beendeten. Damit war der Versuch des kommunistischen Reformers Alexander Dubcek, in der Tschechoslowakei einen »Sozialismus mit menschlichem Antlitz« einzuführen, gescheitert. Die westlichen Länder griffen nicht ein und auch die Bundesregierung reagierte sehr zurückhaltend. Hinter der militärischen Intervention des Warschauer Paktes stand die so genannte Breschnew-Doktrin. Danach war, auch bei Gefahr des Verlustes der »sozialistischen Errungenschaften«, nicht nur eine permanente Kontrolle der Ostblocksatellitenstaaten im Sinne moskautreuen Verhaltens erlaubt, sondern notfalls auch ein als »brüderliche Hilfe« ausgegebener direkter Eingriff geboten.

Die Bundesrepublik Deutschland und die Deutsche Demokratische Republik bildeten innerhalb der West-Ost-Konfrontation den Kristallisationspunkt, an dem der Grad der Auseinandersetzung besonders deutlich wurde. Erster Höhepunkt war die sowjetische Blockade West-Berlins 1948/49, der die Westalliierten mit der Luftbrücke entgegen traten. Daran schloss sich die Gründung der beiden deutschen Teilstaaten an. Der Aufbau eigener, in die jeweiligen Militärblöcke eingebundener Streitkräfte spiegelte die Konfrontation direkt wider. Der Bau der Berliner Mauer versinnbildlichte schließlich den »Eisernen Vorhang« und die scheinbare Unüberwindlichkeit der Gegensätze, die den Kalten Krieg prägten.

> Der »Heiße Draht« (»Rotes Telefon«) war eine Kommunikationsverbindung zwischen dem Weißen Haus und dem Kreml im Kalten Krieg. Sie wurde 1963 vereinbart, nachdem die Kubakrise die Notwendigkeit einer verlässlichen, direkten Kommunikation zwischen den Regierungen der Nuklearmächte verdeutlicht hatte. Nachrichten wurden mit dem absolut sicheren One-Time-Pad verschlüsselt. Anstelle der ursprünglichen Fernschreiberverbindung wurden in den 1970er Jahren Telefone verwendet. Zum ersten Einsatz gelangte der »Heiße Draht« im israelisch-arabischen Sechs-Tage-Krieg 1967.

031 Werbeplakat der Bundeswehr. 1960er Jahre.

Überblick

Die Weltmächte USA und UdSSR um 1960

Quelle: dtv-Atlas Weltgeschichte, Bd 2.

Eine der spektakulärsten Erscheinungen des Kalten Kriegs war der so genannte Wettlauf in den Weltraum zwischen den USA und der Sowjetunion. Dabei bestand das eigentliche Ziel darin, in der Raketentechnologie immer größere Reichweiten zu erlangen, um so den jeweiligen Gegner zu demoralisieren. Dafür griffen beide Seiten intensiv auf Erkenntnisse zurück, die deutsche Wissenschaftler während des »Dritten Reichs« gesammelt hatten. Unter der Leitung Wernher von Brauns hatte man in Peenemünde schubstarke Raketen wie die A4 (später V2) entwickelt, mit denen man 1945 erstmals den Weltraum erreichen konnte. Ungeachtet seiner vormaligen Mitgliedschaft in der NSDAP und seiner Position als Sturmbannführer der SS, wurde von Braun deshalb direkt nach dem Krieg als Berater des US-amerikanischen Raketenprogramms eingesetzt und konnte später als Direktor der NASA die Raumfahrt entscheidend mitgestalten. Auch die Sowjetunion sicherte sich für einen begrenzten Zeitraum die Mitarbeit deutscher Raketentechniker, wie etwa Helmut Gröttrup, den ehemaligen Assistenten von Brauns. Der UdSSR gelang es 1957 unter der Leitung des Raketenkonstrukteurs Sergei Pawlowitsch Koroljow den Satelliten Sputnik in die Weltumlaufbahn zu transportieren. Der »Sputnikschock« intensivierte das Ringen um die Vorherrschaft im Weltraum erheblich, zumal Koroljow schon vier Jahre später den Flug eines bemannten Raumschiffs durch das Weltall ermöglichte. Als es der NASA 1969 schließlich gelang zwei Menschen auf dem Mond landen zu lassen, bedeutete dies das vorläufige Ende dieses äußerst kostenintensiven Wettbewerbs.

032
Sowjetische Briefmarke zum Gedenken an die Erdumrundung des Satelliten Sputnik.

Der Kalte Krieg

Überblick

Der Kalte Krieg

Kapitel I – Umfeld:

Die heiße Phase des Kalten Krieges

1. Politische Frontstellung und die Gründung der Bundesrepublik Deutschland (1945–1949)

033 Sowjetische und US-amerikanische Panzer am Berliner Sektorenübergang Checkpoint Charlie. Foto, 28. Oktober 1961.

Der »Eiserne Vorhang« teilte Deutschland, Europa und große Teile der Welt in zwei Einflussgebiete. Nur wenige neutrale Staaten konnten sich dieser Blockbildung entziehen. Die beiden ▸ Hegemonialmächte ordneten in unterschiedlicher Intensität den Großteil der formal souveränen Staaten in ihrem Einzugsbereich ihren ordnungspolitischen Vorgaben unter. Wichtige politische Entscheidungen wurden in Washington und Moskau getroffen. Der Handlungsspielraum der anderen Akteure und ganz besonders der beiden deutschen Teilstaaten blieb daher begrenzt. Dabei war der Einfluss der Sowjetunion in Deutschland ungleich präsenter als der der USA. Während von den 3,1 Millionen US-amerikanischen Soldaten, die bei Kriegsende in Europa stationiert waren, im Jahr darauf nur noch 391 000 Soldaten auf dem Kontinent eingesetzt waren, hielt die Sowjetunion ihre Truppenpräsenz fast unverändert auf dem Niveau der letzten Kriegsmonate.

Bereits kurz nach Kriegsende wurden die unterschiedlichen Interessen der ehemaligen Alliierten deutlich. Allerdings blieben die Grenzen politischer Machtausübung zunächst noch fließend. Für die ▸ Sowjetunion kam es vordringlich darauf an, ihren Sicherheitsbereich in Osteuropa zu festigen und durch die Errichtung kommunistischer Regime zu stabilisieren. Die ▸ USA bemühten sich ebenfalls, ihren Einfluss in Westeuropa auszubauen. So fiel Deutschland in der Auseinandersetzung der neuen Großmächte eine strategisch wichtige Rolle zu. Beide Seiten beabsichtigten ein neues Deutschland, eingebunden in das jeweilige Bündnis, aufzubauen. Dabei gingen die anfänglichen Planungen allerdings noch von einem Gesamtstaat aus. Erst nachdem deutlich wurde, dass weder die westlichen Alliierten noch die UdSSR ihre Besatzungszonen aus ihrem Einflussbereich entlassen würden, verstärkten beide Seiten ihren Druck zum Aufbau eines neuen Staates nach eigenem Vorbild.

Bereits am 6. September 1946 signalisierte der US-Außenminister James F. Byrnes in seiner Stuttgarter Rede den Willen der US-Regierung, von ihrer Besatzungszone ausgehend ein bundesstaatliches Deutschland aufzubauen. Wirtschaftliche Zwänge und der sich verfestigende politische Wille, einen demokratischen deutschen Staat zu errichten, führten zunächst zur Zusammenlegung der US-Zone und der

---

Hegemonie ist das griechische Wort für Führung. Hegemonialpolitik ist auf die internationale Vormachtstellung eines Staates ausgerichtet. Dabei sollte der erwünschte Einfluss auf andere Staaten nicht auf einer Gewaltherrschaft, sondern auf einer politischen, wirtschaftlichen und kulturellen Überlegenheit beruhen. Der Konflikt des Kalten Krieges war beispielsweise wesentlich durch die Hegemonialbestrebungen der UdSSR und der USA geprägt.

Die Außenpolitik der UdSSR innerhalb des Warschauer Pakts war vor allem unter der Führung Stalins von repressiven und strikten Kontrollmechanismen geprägt. Durch die erhebliche Einflussnahme, die sich dabei selbst auf höchste Regierungskreise erstreckte, waren die Mitgliedsländer stark in ihrer Souveränität eingeschränkt und erfüllten viel mehr die Rolle sowjetischer Satellitenstaaten. So setzte man im sowjetisch besetzten Teil Deutschlands zunächst den Zusammenschluss der SPD mit der KPD zur SED durch und verringerte dabei den Einfluss der SPD auf ein Minimum. Führungspositionen wurden mit deutschen Kommunisten (z.B. die so genannte Gruppe Ulbricht) besetzt, die während ihres Exils in Moskau politisch und ideologisch auf eine Linie mit der KPdSU gebracht worden waren. So konnte man in der DDR ein Regime installieren, das sich eng an dem totalitären Modell des stalinistischen Sowjetregimes orientierte. Zusätzlich wurde mit der Volkspolizei rasch eine bewaffnete Exekutive gegründet. Falls diese, wie beim Volksaufstand am 17. Juni 1953, die innere Ordnung nicht mehr gewährleisten konnte, übernahm die UdSSR die Regierungsgewalt und konfrontierte die aufständische Bevölkerung mit militärischer Gewalt. Die Aufhebung staatlicher Souveränität im Warschauer Pakt wurde noch 1968 mit der so genannten Breschnew-Doktrin gerechtfertigt. Erst mit der Reformpolitik Michail Gorbatschows löste sich der politische Druck der Sowjetunion auf seine »Verbündeten« weit gehend auf.

034 Parade der Sowjetarmee zur Verabschiedung der Siegesfahne nach Moskau. Foto, 20. Mai 1945.

Nach den immensen Opfern die der Zweite Weltkrieg gefordert hatte, stellte sich nach dem Sieg der Alliierten über das »Dritte Reich« die Frage, in welcher Weise das zerstörte Deutschland wieder aufgebaut werde sollte – dies mit der Maßgabe, dass von Deutschland kein neuer Krieg ausgehen durfte. Der bereits 1944 vorgelegte Morgenthau-Plan setzte unter anderem auf eine Verkleinerung bzw. Aufteilung Deutschlands in einen Nord- und einen Südteil bei völliger Demontage der Industrieanlagen zu Gunsten einer flächendeckenden Landwirtschaft. Da man aber von der Deindustrialisierung Deutschlands eine Verschlechterung der gesamteuropäischen Wirtschaft erwartete, stieß der Plan schnell auf breite Ablehnung. Stattdessen entschied man sich dafür, den von den Westmächten besetzten Teil Deutschlands in ein umfangreiches »Europäisches Wiederaufbauprogramm« miteinzubeziehen. Gemäß dem Marshall-Plan wurde Deutschland infolgedessen zwischen 1947 und 1951 von den USA mit Rohstoffen, Lebensmitteln, Waren und finanziellen Mitteln erheblich unterstützt.

035 Westdeutsches Propagandaplakat, 1948.

036 Im Rahmen des Marshall-Plans wurden auch Eisenbahnwaggons an die Deutsche Reichsbahn geliefert. Foto, November 1948.

britischen Besatzungszone am 1. Januar 1947. In der so genannten Bizone wurde zudem mit der Einrichtung des »Frankfurter Wirtschaftsrates« als einer Art Parlament die deutsche Selbstverwaltung gestärkt.

Parallel zur innerdeutschen Entwicklung vertraten die USA gegenüber der als immer bedrohlicher wahrgenommenen, expansiven sowjetischen Außenpolitik ab März 1947 eine global ausgerichtete Eindämmungspolitik. Teil dieser Politik war ein europäisches Wiederaufbauprogramm, das zur politischen und wirtschaftlichen Stabilisierung Europas beitragen sollte. Der amerikanische Außenminister George C. Marshall führte in seiner berühmten Rede am 5. Juni 1947 in Harvard seine Pläne für ein European Recovery Program aus, das später unter der Bezeichnung Marshall-Plan bekannt wurde. Es sollte zwar offiziell »nicht gegen irgendein Land oder irgendeine Doktrin, sondern gegen Hunger, Armut, Verzweiflung und Chaos« gerichtet sein, zielte jedoch auf die Überwindung der die USA mitbedrohenden Schwäche Europas. Vor allem der wirtschaftliche Erfolg sollte die Bevölkerung gegenüber kommunistischer Einflussnahme immunisieren. Darüber hinaus diente der Aufbau eines europäischen Absatzmarktes aber auch dem Ausbau des von den USA beherrschten Weltwirtschaftssystems. Westdeutschland sollte in das Europäische Wiederaufbauprogramm einbezogen werden, um nicht auf Dauer ein wirtschaftliches Zuschussgebiet zu bleiben und wieder aktiv am europäischen und internationalen Handel teilnehmen zu können. Dafür mussten aber auch die anderen westeuropäischen Mächte einer deutschen Wiederaufbaupolitik zustimmen. Auf der Londoner Sechsmächte-Konferenz vom 23. Februar bis 6. März 1948 verständigten sich die USA, Großbritannien, Frankreich und die Benelux-Staaten auf eine gemeinsame Deutschlandpolitik. Dies wurde von der sowjetischen Seite am 20. März 1948 zum Anlass genommen, den Alliierten Kontrollrat in Berlin zu verlassen. Damit war der Weg frei zum Aufbau eines westdeutschen Teilstaates.

Mit der westdeutschen ▸ Währungsreform am 20./21. Juni 1948 wurde die nicht für endgültig gehaltene Teilung Deutschlands in Kauf genommen und schließlich auch nach außen hin offensichtlich. Zudem wurden die Bizone und die französische Besatzungszone im Juli 1948 Mitglieder der kurz zuvor gegründeten Organization for European Economic Cooperation (OEEC), der gemeinsamen Organisation der Marshall-Plan-Länder.

Von sowjetischer Seite wurde diese Entwicklung äußerst kritisch beobachtet und die Einführung der neuen Währung in West-Berlin mit der ▸ Blockade der Zufahrtswege zwischen den westlichen Besatzungszonen und den Westsektoren Berlins beantwortet. Die West-Alliierten antworteten ihrerseits mit der Versorgung der Bevölkerung in den Westsektoren Berlins über die so genannte Luftbrücke. Dieser erste Höhepunkt des Kalten Krieges verdeutlichte die Spaltung der einstigen Siegermächte. Darüber hinaus aber führte er in Westdeutschland zu einer wachsenden Anerkennung der Besatzungsmächte. Aus einstigen Feinden wurden Verbündete.

Am 1. Juli 1948 überreichten die Militärgouverneure der ▸ drei Westzonen den Regierungschefs der elf westdeutschen Länder in Frankfurt am Main die auf den Londoner Empfehlungen basierenden »Frankfurter Dokumente«. Darin wurde die Bildung einer verfassunggebenden Versammlung und einer Regierung in Auftrag gegeben sowie der

---

Am 20. Juni 1948 wurde in den Westzonen die Währungsreform durchgeführt. Die Preise, Löhne und Mieten wurden zunächst im Verhältnis 1:1 auf die neue Währung umgestellt. Jeder Bewohner der Westzonen erhielt 60 DM als Erstausstattung. Für Reichsmarkguthaben ergab sich eine Umstellungsquote zur DM im Verhältnis 100:6,5, wobei die Guthaben allerdings nicht sofort vollständig verfügbar waren. Zudem wurde ein Großteil der Rationierungsmaßnahmen beendet. Die SBZ war durch diese Maßnahmen im Zugzwang, da durch den Zufluss der nun in den Westzonen wertlos gewordenen Reichsmark Störungen der eigenen Wirtschaft zu erwarten waren. Am 24. Juni 1948 wurde ebenfalls eine Währungsreform durchgeführt. Der Währungsumstellung folgte hier allerdings keine Freigabe der Bewirtschaftung. Die Reform war somit weniger konsequent und führte nicht zu dem im Westen einsetzenden enormen Wirtschaftsaufschwung.

Umfeld

Die Berlin-Blockade führte zu einer von der Sowjetunion herbeigeführten Krise, welche die westlichen Besatzungsmächte dazu zwingen sollte, ihre jeweilgen Sektoren in Berlin endgültig aufzugeben. Dafür wurde der gesamte Versorgungsverkehr für Berlin unterbrochen und die Energieversorgung der Stadt so weit wie möglich unterbunden. Der Grund für dieses strikte Vorgehen des Sowjetregimes waren von den Westmächten durchgeführte Reformen, die zu einer Vereinigung der Sektoren in Berlin und zur Einführung der Deutschen Mark geführt hatten. Vor allem die ohne die Beteiligung der Sowjetunion beschlossene Währungsreform wurde als Verstoß gegen das Potsdamer Abkommen interpretiert und drohte den Ostteil der Stadt mit der nun wertlosen Reichsmark zu überschwemmen. Die Blockade hatte gravierende Auswirkungen auf das zerstörte West-Berlin, das von Lieferungen aus dem Westen vollkommen abhängig war.

Die USA und Großbritannien begannen daraufhin, die Stadt über den Luftweg zu versorgen. Diese Operation hatte zwar zunächst eine beträchtliche Erhöhung der sowjetischen Truppenstärke in Ost-Berlin zur Folge, führte aber nach 11 Monaten zur Aufhebung der Blockade. In diesem Zeitraum hatten sich die Fronten im Ost-West-Konflikt so stark verhärtet, dass von keiner Seite mehr an eine Vereinigung Deutschlands zu denken war und die deutsch-deutsche Teilung für unbestimmte Zeit als unumgänglich betrachtet wurde. Durch die aufwändige Unterstützungsaktion konnten sich die Westmächte im Bewusstsein der deutschen Bevölkerung als Schutzmacht etablieren.

037 Lucius D. Clay, Militärgouverneur der US-amerikanischen Zone in Deutschland (1947–1949).

038 Berliner verfolgen die Landung einer US-Militärmaschine auf dem Flughafen Tempelhof. Foto, 1948.

039 Das von Eduard Ludwig 1951 entworfene Luftbrückendenkmal – im Berliner Volksmund »Hungerkralle« genannt – vor dem Flughafen Tempelhof.

Karl Berbuer, »Wir sind die Eingeborenen von Trizonesien« (1948)
Das Karnevalslied erfreute sich damals großer Beliebtheit, spiegelte es doch wie kaum sonst ein Dokument der Zeit die Befindlichkeit der Deutschen in den drei westlichen Besatzungszonen wider.

»Wir sind die Eingeborenen von Trizonesien./ Mein lieber Freund, mein lieber Freund. / Die alten Zeiten sind vorbei. / Ob man da lacht, ob man da weint, die Welt geht weiter, eins, zwei, drei. / Ein kleines Häufchen Diplomaten / macht heut' die große Politik. / Sie schaffen Zonen, ändern Staaten, / Und was ist hier mit uns im Augenblick? / Wir sind die Eingeborenen von Trizonesien, [...]. Wir haben Mägdelein mit feurig-wilden Wesien. [...] Wir sind zwar keine Menschenfresser, / doch wir küssen um so besser. / Wir sind die Eingeborenen von Trizonesien, [...]. Ein Trizonesier hat Humor. / Er hat Kultur, er hat auch Geist, / Darin macht keiner ihm was vor. / Selbst Goethe stammt aus Trizonesien, / Beethovens Wiege ist bekannt. / Nein, so was gibt's nicht in Chinesien, / Darum sind wir auch stolz auf unser Land. / Wir sind die Eingeborenen von Trizonesien.«

Zit. nach: Von Trizonesien zur Starlight-Ära. Unterhaltungsmusik in Nordrhein-Westfalen. Hrsg. von Andreas Vollberg, Münster 2003, S. 26

040 Die mit der Währungsreform in Umlauf gebrachten neuen Geldscheine.

Der Kalte Krieg

Konrad Adenauer (1876–1967)
B Politiker – Der ehemalige Oberbürgermeister von Köln prägte während seiner langen Amtszeit als erster Bundeskanzler (1949–1963) die Geschichte der Bundesrepublik entscheidend. Er engagierte sich vor allem in der Außenpolitik für die Westintegration der Bundesrepublik und erreichte mit großem Verhandlungsgeschick bei den Pariser Verträgen die Souveränität Westdeutschlands. Den dafür erforderlichen Beitritt zur NATO und die daraus resultierende Wiederbewaffnung setzte er gegen große innenpolitische Widerstände durch. Eines seiner wichtigsten Politikziele war die Aussöhnung mit Frankreich. Innenpolitisch gelang mit Adenauers Unterstützung die Einführung der Sozialen Marktwirtschaft durch Ludwig Erhard. Gleichzeitig stieß Adenauer wegen seines konservativen Führungsstils auf stetig wachsende Kritik und büßte mit zunehmendem Alter stark an Autorität ein. Trotzdem gelang es ihm immer wieder seine Machtposition zu behaupten, bis ihn die Regierungskrise infolge der Spiegelaffäre (1962) dazu zwang, auf eine weitere Kandidatur als Bundeskanzler zu verzichten. Unzufrieden mit der Wahl seines Nachfolgers Ludwig Erhard, blieb er aber bis zu seinem Tod politisch aktiv und war mit über 91 Jahren der bisher älteste Bundestagsabgeordnete.

041 Konrad Adenauer. Foto, 1958.

Erlass eines »Besatzungsstatuts« skizziert. Insbesondere die Ausarbeitung einer Verfassung lehnten die Länderregierungschefs jedoch ab, da dies die Zementierung der deutschen Teilung bedeutet hätte. Alternativ wurde daher ein Grundgesetz verfasst, das den Charakter eines »Provisoriums« für die dann geschaffene Bundesrepublik Deutschland haben sollte.

Der vorbereitende »Verfassungskonvent« erarbeitete vom 10. bis zum 23. August 1948 in Herrenchiemsee die »Richtlinien für ein Grundgesetz«, die als Arbeitsgrundlage für die Beratungen des am 1. September 1948 zusammengetretenen Parlamentarischen Rats dienten. Der Rat wählte den ehemaligen Kölner Oberbürgermeister ▸ Konrad Adenauer zu seinem Präsidenten und verabschiedete am 8. Mai 1949 das ▸ Grundgesetz. Nachdem sowohl die westalliierten Militärregierungen als auch die westdeutschen Länderregierungen zugestimmt hatten, trat das Grundgesetz am 23. Mai 1949 in Kraft. Das als Provisorium verabschiedete Gesetzeswerk sah eine auf Gewaltenteilung und freiheitlicher Demokratie aufbauende ▸ föderale Ordnung der Bundesrepublik Deutschland vor. Eigene Streitkräfte waren nicht grundgesetzlich verankert.

Am 14. August 1949 fanden die Wahlen zum ersten Deutschen Bundestag statt. Am 12. September 1949 wurde ▸ Theodor Heuss zum ersten Bundespräsidenten (1949–1959) und am 15. September Konrad Adenauer zum ersten Bundeskanzler (1949–1963) gewählt. Er leitete eine bürgerliche Koalitionsregierung aus CDU/CSU, FDP und DP, der die SPD als größte Oppositionspartei gegenüberstand. Mit der Überreichung des Besatzungsstatuts an die neue Regierung endete formal die alliierte Militärregierung über Westdeutschland. Die neu gegründete Bundesrepublik Deutschland war jedoch außenpolitisch nicht souverän. Im Besatzungsstatut behielten sich die drei Westmächte zahlreiche Befugnisse und Zuständigkeiten vor. So hatten die Hohen Kommissare, die die Militärgouverneure als Vertreter der Westalliierten in der Bundesrepublik ablösten, das Recht, in die Bereiche Außenpolitik, Abrüstung und Entmilitarisierung, Reparationen, Dekartellisierung und Devisenwirtschaft ohne deutsche Zustimmung einzugreifen.

Theodor Heuss (1884–1963)
B Politiker – Heuss war 1924 bis 1928 und 1930 bis 1933 Mitglied des Reichstags. Nach 1945 war er am politischen Wiederaufbau Deutschlands beteiligt und übernahm das Amt des Kultusministers von Württemberg-Baden. Wenig später wurde er Fraktionsvorsitzender der FDP im Deutschen Bundestag und schließlich 1949 zum ersten Bundespräsidenten der Bundesrepublik gewählt. Er nutzte dieses Amt, um an die, durch das NS-Regime unterdrückten, kulturellen und geisteswissenschaftlichen Traditionen Deutschlands anzuknüpfen, was eine positive Wirkung auf das außenpolitische Ansehen der Bundesrepublik hatte.
042 Theodor Heuss. Foto, um 1949.

Das Grundgesetz der Bundesrepublik Deutschland

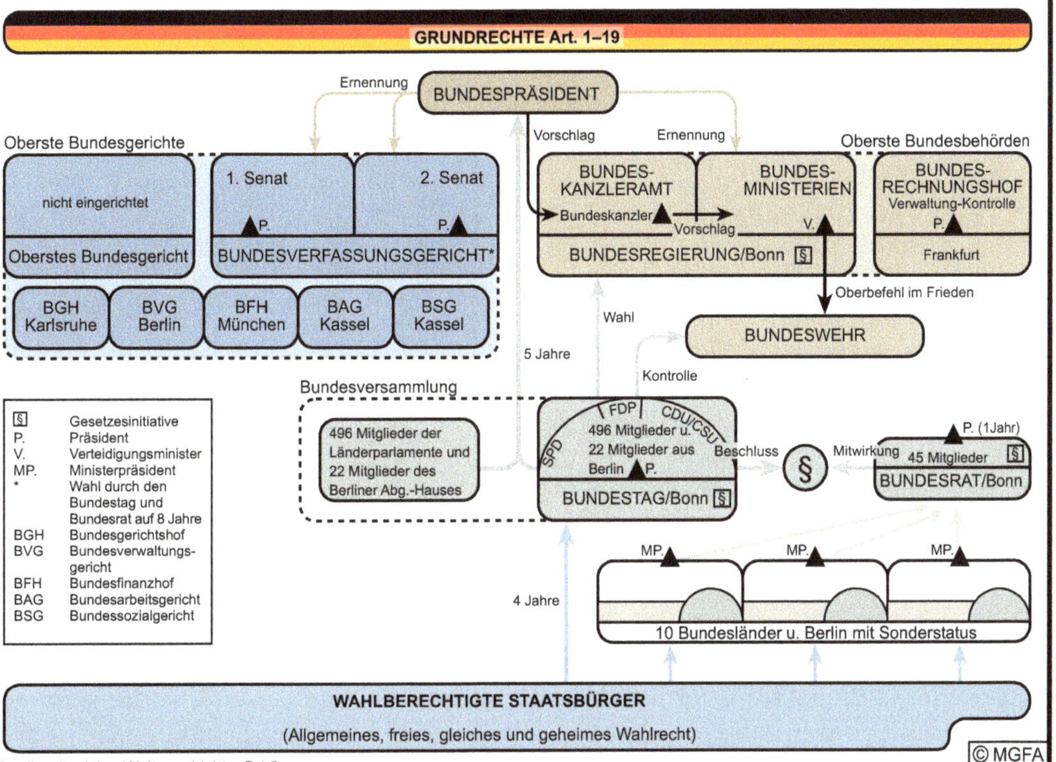
GRUNDRECHTE Art. 1–19
Ernennung
BUNDESPRÄSIDENT
Vorschlag
Ernennung
Oberste Bundesgerichte
Oberste Bundesbehörden
nicht eingerichtet
Oberstes Bundesgericht
1. Senat
2. Senat
P.
P.
BUNDESVERFASSUNGSGERICHT*
BUNDES-KANZLERAMT
Bundeskanzler
BUNDES-MINISTERIEN
Vorschlag
V.
BUNDESREGIERUNG/Bonn §
BUNDES-RECHNUNGSHOF
Verwaltung-Kontrolle
P.
Frankfurt
BGH Karlsruhe
BVG Berlin
BFH München
BAG Kassel
BSG Kassel
Oberbefehl im Frieden
Wahl
BUNDESWEHR
5 Jahre
Kontrolle
Bundesversammlung
496 Mitglieder der Länderparlamente und 22 Mitglieder des Berliner Abg.-Hauses
FDP
CDU/CSU
SPD
496 Mitglieder u. 22 Mitglieder aus Berlin
P.
BUNDESTAG/Bonn §
Beschluss
§
Mitwirkung
P. (1Jahr)
45 Mitglieder §
BUNDESRAT/Bonn
§ Gesetzesinitiative
P. Präsident
V. Verteidigungsminister
MP. Ministerpräsident
* Wahl durch den Bundestag und Bundesrat auf 8 Jahre
BGH Bundesgerichtshof
BVG Bundesverwaltungsgericht
BFH Bundesfinanzhof
BAG Bundesarbeitsgericht
BSG Bundessozialgericht
MP.
MP.
MP.
4 Jahre
10 Bundesländer u. Berlin mit Sonderstatus
WAHLBERECHTIGTE STAATSBÜRGER
(Allgemeines, freies, gleiches und geheimes Wahlrecht)
© MGFA 05367-04

Quelle: dtv-Atlas Weltgeschichte, Bd 2.

1 »Präambel des Grundgesetzes« (1949)

Das Grundgesetz trat 1949 als provisorische Verfassung für Westdeutschland in Kraft. Seit der Wiedervereinigung 1990 gilt es für Gesamtdeutschland.

»Im Bewußtsein seiner Verantwortung vor Gott und den Menschen, von dem Willen beseelt, seine nationale und staatliche Einheit zu wahren und als gleichberechtigtes Glied in einem vereinten Europa dem Frieden der Welt zu dienen, hat das Deutsche Volk in den Ländern Baden, Bayern, Bremen, Hamburg, Hessen, Niedersachsen, Nordrhein-Westfalen, Rheinland-Pfalz, Schleswig-Holstein, Württemberg-Baden und Württemberg-Hohenzollern, um dem staatlichen Leben für eine Übergangszeit eine neue Ordnung zu geben, kraft seiner verfassungsgebenden Gewalt dieses Grundgesetz der Bundesrepublik Deutschland beschlossen. Es hat auch für jene Deutschen gehandelt, denen mitzuwirken versagt war. Das gesamte Deutsche Volk bleibt aufgefordert, in freier Selbstbestimmung die Einheit und Freiheit Deutschlands zu vollenden.«

Zit. nach: Soldatengesetz – Grundgesetz. Mit den Berichten des Verteidigungsausschusses und des Rechtsausschusses des Deutschen Bundestages, Köln 1956, S. 7

S Unter Föderalismus versteht man ein politisches Organisationsprinzip, in dem teilweise selbstständige Glieder (Länder, Provinzen) zu einem *Bund* (lat.; foedus) zusammengeschlossen sind. Die Aufgaben der Einzelstaaten und des Bundes sind in der Regel in der Verfassung festgeschrieben und können nicht einseitig durch den Bund verändert werden. Im Gegensatz dazu wird im Zentralismus ein Einheitsstaat zentral regiert. Politische Kompetenzen können auf lokale Behörden übertragen, aber von der Zentralregierung auch wieder entzogen werden.

Der Kalte Krieg

2. Von der Entmilitarisierung zur verdeckten Aufrüstung in der SBZ/DDR (1945–1952)

a) Besatzungsmacht und Aufbau von Polizeiorganen

Die endgültige Einrichtung der amerikanischen, britischen, französischen und sowjetischen Besatzungszone, so wie sie in ▸ Jalta festgelegt worden waren, erfolgte Anfang Juli 1945. Vereinbarungsgemäß zogen sich die anglo-amerikanischen Truppen aus einigen Regionen Sachsens, Thüringens und Mecklenburgs zurück. Die Rote Armee rückte bis zur späteren deutsch-deutschen Grenze vor. Ab Juli 1945 unterstand das gesamte Gebiet der späteren DDR der sowjetischen Besatzungshoheit – rund 107 000 Quadratkilometer mit mehr als 17,5 Millionen Menschen. Groß-Berlin mit seinen 4,4 Millionen Einwohnern wurde in vier Sektoren aufgeteilt und sollte von den Alliierten gemeinsam verwaltet werden.

Die oberste Regierungsgewalt in der Sowjetischen Besatzungszone (SBZ) lag in den Händen der Sowjetischen Militäradministration in Deutschland (SMAD), die Anfang Juni 1945 mit Sitz in Berlin-Karlshorst eingerichtet worden war. Sie erhielt ihre Befehle aus Moskau, wo alle sicherheits- und militärpolitischen Angelegenheiten von ▸ Stalin in seiner Eigenschaft als Generalsekretär der Kommunistischen Partei der Sowjetunion (KPdSU), Vorsitzender des Rates der Volkskommissare und Volkskommissar für Verteidigung (bis 1947) im engsten Führungszirkel der Partei behandelt und entschieden wurden. Ausgestattet mit allen Machtbefugnissen war es die Aufgabe der

043 Das Offizierkasino der ehemaligen Pionierschule 1 der Wehrmacht in Berlin-Karlshorst. In der Nacht vom 8. zum 9. Mai 1945 Ort der deutschen Kapitulation.

SMAD, die Erfüllung der Deutschland durch die Kapitulation auferlegten Bedingungen in ihrer Zone zu kontrollieren und die SBZ zu verwalten. Auf Länder- und Provinzebene, in Kreisen, Städten und Ortschaften entstanden entsprechende sowjetische Besatzungsverwaltungen, die Kommandanturen. Sie überwachten, dirigierten und reglementierten das öffentliche Leben in der SBZ.

An der Spitze der im Jahre 1946 rund 50 000 militärischen und zivilen Mitarbeiter der SMAD stand der Oberste Chef, der auch als höchster Vertreter im Alliierten Kontrollrat fungierte. Er war gleichzeitig Oberkommandierender der Gruppe der sowjetischen Besatzungstruppen (GSBT), die im Jahr 1946 immerhin noch eine geschätzte Stärke von fast 750 000 Soldaten hatten. In der SBZ waren darüber hinaus Einheiten der so genannten Inneren Truppen des sowjetischen Innenministeriums sowie operative Gruppen des sowjetischen Ministeriums für Staatssicherheit stationiert. Ein Jahr nach Kriegsende kam somit – rein rechnerisch – auf

044 Josef Stalin um 1940.

B Josef Stalin (1879–1953)
Sowjetischer Politiker – In Georgien geboren unter dem Namen Jossif Wissarionowitsch Dschugaschwili. Er trat bereits als Jugendlicher der sozialistischen Arbeiterpartei bei und wurde wenige Jahre später als »Bolschewik« nach Sibirien verbannt. Nach seiner Flucht lernte er Lenin kennen, der fortan seine politische Karriere bis in das Zentralkomitee (ZK) der bolschewistischen Partei begleitete und förderte. Es folgten weitere Verhaftungen, bis er schließlich nach der Oktoberrevolution von 1917 bis 1923 als Volkskommissar für Nationalitätenpolitik und ab 1922 als Generalsekretär des ZK der KPdSU fungierte. Nach dem Tod Lenins schaltete er brutal seine Konkurrenten in der Staatsführung aus und festigte dadurch seine Machtposition. Er

Kurz vor Kriegsende treffen sich Stalin, Churchill und Roosevelt vom 4. bis 11. Februar 1945 auf der Krim zur Konferenz von Jalta, um sich über das weitere gemeinsame Vorgehen zu verständigen. Da die Rote Armee große Gebiete Osteuropas eingenommen hatte, befand sich Stalin in der besten Verhandlungsposition. Der Hauptstreitpunkt war Polen. Der Sowjetunion wurde das östliche Polen bis zur so genannten Curzon-Linie zugesprochen, dafür wurde Polen eine nicht näher bestimmte Kompensation im Westen zugesagt. Deutschland sollte nach dem Krieg in vier Besatzungszonen aufgeteilt werden, die Frage einer ständigen Aufteilung in Einzelstaaten wurde nicht geklärt. Man einigte sich auf eine Entmilitarisierung und Entnazifizierung Deutschlands sowie eine alliierte Reparationskommission. Die Reparationen sollten zum Teil in Form von Zwangsarbeit entrichtet werden. Stalin verpflichtete sich zur Teilnahme am Krieg gegen Japan nach der deutschen Kapitulation, wofür ihm Süd-Sachalin und die Kurilen zugesprochen wurden, und versprach, beim Aufbau der UNO zu kooperieren.

045 Die Konferenz von Jalta vom 4. bis zum 11. Februar 1945. V.l.n.r.: Churchill, Roosevelt und Stalin vor dem Palast in Livadia.

1 »Kommunique der Jalta-Konferenz« (11. Februar 1945)

Im Februar trafen sich Franklin D. Roosevelt, Winston S. Churchill und Josef W. Stalin in der Stadt Jalta auf der Krim, um über die Behandlung Deutschlands nach Kriegsende zu beraten.

»Dem vereinbarten Plan entsprechend werden die Streitkräfte der drei Mächte separate Zonen in Deutschland besetzen. Eine koordinierte Verwaltung und Kontrolle ist nach diesem Plan durch eine Zentrale Kontrollkommission vorgesehen, die sich aus den Oberbefehlshabern der drei Mächte mit Sitz in Berlin zusammensetzt. Es wurde beschlossen, daß Frankreich, sofern es dies wünscht, von den drei Mächten eingeladen werden soll, eine Besatzungszone zu übernehmen und sich als viertes Mitglied an der Kontrollkommission zu beteiligen. [...] Es ist unsere unbeugsame Absicht, den deutschen Militarismus und Nazismus zu vernichten und die Garantie dafür zu schaffen, daß Deutschland nie wieder in der Lage sein wird, den Weltfrieden zu brechen. Wir sind fest entschlossen, alle deutschen Streitkräfte zu entwaffnen und aufzulösen; den deutschen Generalstab, der wiederholt zum Wiedererstehen des deutschen Militarismus beigetragen hat, für alle Zeiten zu zerschlagen; alle militärischen Einrichtungen Deutschlands zu beseitigen oder zu zerstören; die gesamte deutsche Industrie, die zur Rüstungsproduktion verwendet werden könnte, zu liquidieren oder unter Kontrolle zu stellen; alle Kriegsverbrecher einer gerechten und schnellen Bestrafung zuzuführen sowie Entschädigung in Form von Naturalleistungen für die Zerstörungen zu fordern die von den Deutschen verursacht worden sind.«

Zit. nach: Lesebuch zur Deutschen Geschichte. Bd 3: Vom Deutschen Reich bis zur Gegenwart. Hrsg. von Bernhard Pollmann, Dortmund 1984, S. 199

initiierte ein System, das durch eine verstärkte Industrialisierung, aber auch Zwangskollektivierungen, Polizeiterror, Schauprozesse und Zwangsarbeitslager (Glawnoje Uprawlenie Lagerej, GULags) geprägt war. Das politische und gesellschaftliche Leben wurde auf seine Person ausgerichtet. Mit Hitler schloss er einen Nichtangriffspakt, der durch den deutschen Angriff auf die Sowjetunion im März 1941 gebrochen wurde. Stalin übernahm die militärische Führung und erhielt 1943 den Rang eines Marschalls der Sowjetunion, ab 1945 sogar den eines Generalissimus. Zusammen mit den Westalliierten einigte er sich in den Konferenzen von Teheran (1943), Jalta und Potsdam (beide 1945) auf eine Nachkriegsordnung für Deutschland und Europa. So konnte er den sowjetischen Machteinfluss auf weite Teile Europas und Asiens ausbauen. Auch in »seinen« neuen Einflussbereichen (z.B. den Staaten des späteren Warschauer Paktes) sicherte er die eigene und die Machtposition der KPdSU durch Repressalien sowie den allgegenwärtigen Kult um seine Person.

Der Kalte Krieg

23 Deutsche in der SBZ ein Angehöriger der sowjetischen Besatzungsmacht.

Die grundsätzlichen Beschlüsse der Potsdamer Konferenz vom August 1945 steckten den Rahmen ab, in dem sich Deutschland und die Deutschen in militärischen und militärpolitischen Fragen künftig zu bewegen hatten. Entmilitarisierung und Entwaffnung sollten nach dem Willen der SMAD zu einer endgültigen Ausrottung des »deutschen Militarismus« und zu einem »demokratischen, friedliebenden Deutschland« führen. Die wirtschaftliche Entmilitarisierung verband sich anfangs für die UdSSR mit dem Ziel, maximale ▸ Reparationsleistungen zu erlangen. Bei der sowjetischen Entmilitarisierungspolitik stand die rasche Vernichtung des deutschen Kriegspotenzials der massenhaften Übernahme von Kriegsgerät für die eigenen Streitkräfte und der Weiterführung von Rüstungsproduktion und Forschung für sowjetische Belange nicht im Wege. Wissenschaftler wurden in die UdSSR verbracht, wo sie unter anderem an der Entwicklung der Raketentechnik eingesetzt wurden. Zur wertvollsten Reparationsleistung entwickelten sich jedoch seit Ende 1945 Uranlieferungen aus dem Erzgebirge, die für die sowjetische Atombombenproduktion bestimmt waren. Trotz eines 1946 einsetzenden Kurswechsels zur Abschwächung der rücksichtslosen Deindustrialisierung wurden die Demontagen erst Mitte 1948 endgültig eingestellt. Bis zu diesem Zeitpunkt hatte die ostdeutsche Infrastruktur aber bereits weit über 2000 Betriebe – darunter nahezu vollständig alle Werke der Waffen- und Munitionsindustrie, der Flugzeugindustrie, der Metallurgie sowie des Fahrzeug- und Werkzeugmaschinenbaus – und fast 12 000 Kilometer Eisenbahnschienen an die Sowjetunion verloren.

In der SBZ lenkte und flankierte die SMAD vor diesem Hintergrund die Transformation des politischen Systems von einer »Besatzungsdiktatur« in einen Einparteienstaat sowjetischen Typs. Der Neuaufbau im Osten Deutschlands wurde im Sinne der Errichtung und Stabilisierung kommunistischer Herrschaftspositionen instrumentalisiert. Letzteres entsprach auch den Vorstellungen der deutschen Kommunisten und eines Teils der Sozialdemokratie, die 1946 zur ▸ Sozialistischen Einheitspartei Deutschlands (SED) formiert wurden und die sowjetische Politik bedingungslos unterstützten. Im Zuge dieser von der Besatzungsmacht bestimmten »antifaschistisch-demokratischen Umgestaltung« der SBZ kam es auch zu organisatorischen Veränderungen in der inneren Verwaltung.

Die Polizei in der SBZ entstand aus den ersten, auf Befehl der sowjetischen Besatzungsbehörden im Frühsommer 1945 von deutschen Staatsangehörigen gebildeten örtlichen Ordnungskräften. Die Kontrollratsbeschlüsse der alliierten Siegermächte ließen deutsche

Von der SBZ/DDR geleistete Reparationen und Besatzungskosten Mai 1945 bis Dezember 1953

Art der Reparationsleistung	Betrag in Millionen US-$ (1938)
Demontagen	2436,0
Lieferungen aus der laufenden Produktion	2614,3
Lieferungen der SAG Wismut	1584,5
Rücklauf von SAG-Unternehmen	382,0
Illegale Beschlagnahmungen	352,1
Besatzungsgeld	1240,0
Außenhandelsverluste der SBZ/DDR	400,0
Transport der Reparationsgüter über Derutra	133,3
Verdeckte Reparationen	266,7
Zwischensumme	9408,9
Besatzungskosten	5914,1
Vermutliche Gesamtkosten bis Ende 1953	15 323,0

Zit. nach: DDR-Geschichte in Dokumenten. Beschlüsse, Berichte, interne Materialien und Alltagszeugnisse. Hrsg. von Matthias Judt, Bonn 1998, S. 464

046
Emblem der Sozialistischen Einheitspartei Deutschlands.

047
Bezirksparteitag der KPD im Deutschen Theater in Berlin, auf dem die Vereinigung mit der SPD beschlossen wurde. Am Rednerpult Wilhelm Pieck. Der umkränzte Stuhl gilt dem Andenken an Ernst Thälmann. Links Otto Grotewohl, der Vorsitzende der SPD. Foto, 23. März 1946.

Die Sozialistische Einheitspartei Deutschlands (SED) entstand 1946 im sowjetisch besetzten Teil Deutschlands. Unter der Kontrolle der UdSSR erzwangen in Moskau geschulte deutsche Kommunisten und Widerstandskämpfer, wie etwa die Gruppe Ulbricht, einen Zusammenschluss von SPD und KPD. Als Vertreter ihrer jeweiligen Parteien teilten sich zunächst Otto Grotewohl (SPD) und Wilhelm Pieck (KPD) den Parteivorsitz, wobei die Richtlinien der KPD dominierten. Bis 1955 war die SED schließlich gänzlich nach dem Vorbild einer marxistisch-leninistischen Partei strukturiert und machte in diesem Sinne ihren Einfluss in nahezu allen gesellschaftlichen Bereichen der DDR geltend. Zur Wahrung ihrer Interessen nutzte die Partei dabei ein weit verzweigtes Spitzelsystem, das von der so genannten Staatssicherheit mit hohem Aufwand organisiert wurde. Als wichtigste Kontrollorgane der SED fungierten der Parteitag und das Zentralkomitee (ZK).

1 »Grundsätze und Ziele der Sozialistischen Einheitspartei Deutschlands« (21. April 1946)

Auf Druck von KPD und der Sowjetischen Militäradministration kam es auf dem »Vereinigungsparteitag« zum Zusammenschluss von KPD und SPD zur Sozialistischen Einheitspartei Deutschlands (SED).

»Die Sozialistische Einheitspartei Deutschlands kämpft für die Verwandlung des kapitalistischen Eigentums an den Produktionsmitteln in gesellschaftliches Eigentum, für die Verwandlung der kapitalistischen Warenproduktion in eine sozialistische, für und durch die Gesellschaft betriebene Produktion. [...] Erst mit dem Sozialismus tritt die Menschheit in das Reich der Freiheit und des allgemeinen Wohlergehens ein. Die grundlegende Voraussetzung zur Errichtung der sozialistischen Gesellschaftsordnung ist die Eroberung der politischen Macht durch die Arbeiterklasse. Dabei verbündet sie sich mit den übrigen Werktätigen. Die Sozialistische Einheitspartei Deutschlands kämpft um diesen neuen Staat auf dem Boden der demokratischen Republik. Die gegenwärtige besondere Lage in Deutschland, die mit der Zerbrechung des reaktionären staatlichen Gewaltapparates und dem Aufbau eines demokratischen Staates auf neuer wirtschaftlicher Grundlage entstanden ist, schließt die Möglichkeit ein, die reaktionären Kräfte daran zu hindern, mit den Mitteln der Gewalt und des Bürgerkrieges der endgültigen Befreiung der Arbeiterklasse in den Weg zu treten. Die Sozialistische Einheitspartei Deutschlands erstrebt den demokratischen Weg zum Sozialismus; sie wird aber zu revolutionären Mitteln greifen, wenn die kapitalistische Klasse den Boden der Demokratie verläßt.«

Zit. nach: DDR-Geschichte in Dokumenten. Beschlüsse, Berichte, interne Materialien und Alltagszeugnisse. Hrsg. von Matthias Judt, Bonn 1998, S. 51

Polizeikräfte zur Wahrung von Ordnung und Sicherheit zu. Nach dem Wiederaufbau überörtlicher Verwaltungen ging die Polizei in die Zuständigkeit der Provinzen und Länder der SBZ über. Entsprechend der herausgehobenen Bedeutung, die SMAD wie KPD/SED der inneren Verwaltung und damit auch der Polizei für die Sicherung ihrer Macht beimaßen, sorgten sie dafür, die Führung dieser Ressorts uneingeschränkt zu übernehmen. Zum einen wurde streng darauf geachtet, dass an leitender Stelle der Polizei vor allem Funktionäre der KPD/SED zum Einsatz kamen. Zum anderen begann eine enge Verflechtung von staatlichen und Parteistrukturen.

Personell wurde der Polizeiapparat in der SBZ von 1945 bis 1948 kontinuierlich ausgebaut. 1946 gab es rund 22 000 Polizisten – ihre Zahl verdreifachte sich bis 1948. Zu den operativen Dienstzweigen gehörten vor allem die Schutzpolizei, die Kriminalpolizei, die Verwaltungspolizei und später die Bahnpolizei. Diese Polizeiorgane waren nach rein polizeilichen Gesichtspunkten gegliedert und erhielten ab 1946 allmählich Handfeuerwaffen. Ausrüstung und Bewaffnung blieben aber in den ersten Jahren insgesamt äußerst lückenhaft.

Mitte 1946 entstand unter strenger Geheimhaltung auf sowjetischen Befehl die Deutsche Verwaltung des Innern (DVdI). Sie übte anfänglich bloß eine koordinierende Funktion aus, entwickelte sich aber schrittweise zu einem zentralen Führungsorgan mit personalpolitischer Kompetenz, das die Zuständigkeit der Länder auf dem Gebiet der inneren Sicherheit weit gehend aushöhlte. Die DVdI avancierte damit zu einem wichtigen Machtmittel der SMAD und der SED-Führung. Ab 1947/1948 erhielt sie von der SMAD Vollmachten übertragen, die eine schrittweise zentrale Verwaltung und Kontrolle der gesamten Polizeiorgane ermöglichten.

Von Anfang an diente der Wiederaufbau der Polizei, die in der SBZ schon bald als Volkspolizei (VP) bezeichnet wurde, der Sicherung der Herrschaftspositionen der Besatzungsmacht und ihrer deutschen Partner, der Kommunisten. So erhielt der neu entstehende Polizeiapparat in der SBZ bereits frühzeitig Elemente einer politischen Geheimpolizei. Als Teil der Kriminalpolizei verfolgte sie unter der Bezeichnung Kommissariat 5 (K 5) im Auftrag der Besatzungsmacht und im Namen des »Antifaschismus« politische Gegner der »neuen Ordnung«. Dabei arbeitete sie eng mit den Operativorganen der sowjetischen Sicherheitsdienste, den Kommandanturen und der Militärgerichtsbarkeit zusammen, die mihilfe ihrer berüchtigten Militärtribunale Zehntausende von Deutschen aburteilten.

Ende des Jahres 1946 wurde die Grenzpolizei gebildet. Sie hatte die Aufgabe, die sowjetischen Streitkräfte bei der Sicherung und ▸ Kontrolle der Grenzen und der Demarkationslinie der SBZ zu unterstützen. Dies war im Grunde die Geburt des Grenzregimes, das in den kommenden Jahren stetig ausgebaut wurde. In den Ländern entstanden Einheiten in einer Stärke von 200 bis 900 Mann. Im August 1947 erließ die SMAD einen Befehl, der Aufbau, Struktur und Dienstsystem der Grenzpolizei einheitlich löste. Die Grenzpolizeieinheiten wurden dem jeweils zuständigen Abschnittskommandanten der Sowjetarmee operativ unterstellt, womit offiziell die erste territoriale Hilfstruppe für die Besatzer in der SBZ entstand. Im Zusammenhang mit dem Ausbau der Grenzpolizei im Oktober 1947 verblieb zwar die operative Leitung der Grenzpolizei bei der SMAD, die administrative Verwaltung erfolgte jedoch fortan

048 Armbinde der Kreispolizei Rostock.

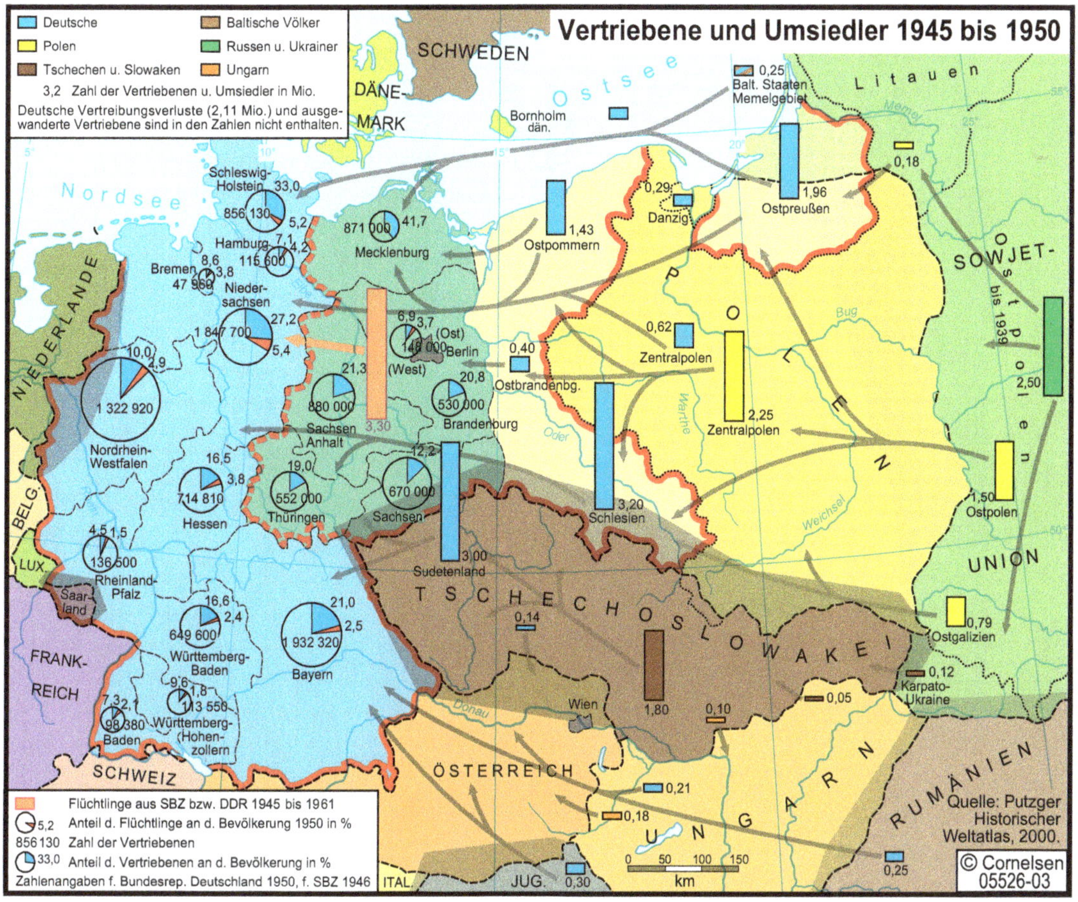

Umfeld

Vertriebene und Umsiedler 1945 bis 1950

in den Ländern. Die Grenzpolizei erreichte bis 1948 eine Stärke von 10 000 Mann.

Praktische Schritte zum Aufbau militärischer Formationen in der SBZ blieben in der Zeit von 1945 bis Ende 1947 noch aus. Im Zuge internationaler Entwicklungen – der Marshallplan signalisierte ein langfristiges Engagement der USA in Europa, die Anzeichen für die Gründung eines westdeutschen Separatstaates mehrten sich und das Scheitern verschiedener Konferenzen der Alliierten hatten eine Verschärfung des Kalten Krieges zwischen Ost und West zu Folge – sah die UdSSR ihren Einfluss auf gesamtdeutsche und europäische Angelegenheiten schwinden. Dies beschleunigte die unübersehbare Kursnahme auf den weiteren Ausbau kommunistischer Machtfunktionen sowie auf eine am sowjetischen Modell orientierte eigenstaatliche Entwicklung in der SBZ, bei der sich die moskauhörige SED in allen relevanten gesellschaftlichen Bereichen immer deutlicher als stalinistisch-kommunistische Partei mit absolutem Führungsanspruch profilierte.

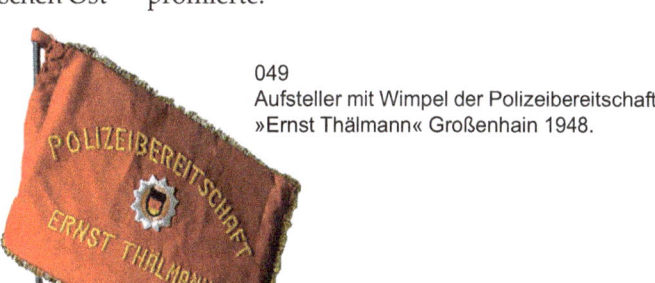

049
Aufsteller mit Wimpel der Polizeibereitschaft »Ernst Thälmann« Großenhain 1948.

Der Kalte Krieg

b) Die Anfänge der verdeckten Aufrüstung

Das Jahr 1948 bildete den ersten grundlegenden Einschnitt in der sicherheits- und militärpolitischen Kursbestimmung Ostdeutschlands. Die in diesem Jahr gefällte Entscheidung zum Aufbau kasernierter Polizei-Einheiten legte den Grundstein für künftige reguläre Streitkräfte, wenngleich anfangs eine militärische Einsatzoption dieser Formationen noch nicht zwangsläufig vorgesehen war. Im Juni 1948 wies die SMAD die Kasernierung von 10 000 Polizisten sowie 10 000 Grenzpolizisten an. Offiziell begründet wurde dieser Schritt damit, dass angeblich die Westmächte die Spaltung Deutschlands vorantrieben, sich die Lage an der Zonengrenze und in Berlin (Berlin-Blockade) verschärfe und »organisierte Banden« in der SBZ zu bekämpfen wären.

In den folgenden Monaten entstanden unter Anleitung und Kontrolle der SMAD 40 so genannte ▸ Volkspolizei-Bereitschaften mit jeweils 250 Mann. Sie erhielten aus Beuteständen der UdSSR 30 000 Karabiner, Pistolen und Maschinengewehre zumeist deutscher Produktion. Für die politische Zuverlässigkeit und einen umfassenden SED-Einfluss in den Polizeiverbänden sollte von Beginn an nach sowjetischem Vorbild die neu eingerichtete Institution der so genannten Polit-Kultur-(PK)-Offiziere sorgen.

Besondere Beachtung schenkte die SED-Führung der Personalauswahl. Hier verstand die Partei, wie es der damalige stellvertretende SED-Vorsitzende ▸ Walter Ulbricht ausdrückte, »keinen Spaß«. Die Personalpolitik stand daher weiterhin eindeutig unter politisch-ideologischen Vorzeichen. So sollte sich vor allem das künftige Offizierkorps aus der Arbeiterschaft rekrutieren. Soziale Herkunft und politische Zuverlässigkeit im Sinne der neuen Machthaber wurden zu entscheidenden Einstellungskriterien. Fachliche Kenntnisse und persönliche Eignung traten demgegenüber in den Hintergrund. Der enorme Personalbedarf der VP-Bereitschaften war jedoch nicht allein durch Werbemaßnahmen und Versetzungen innerhalb der Polizei zu decken. Die UdSSR stellte daher den deutschen Behörden im Herbst 1948 rund 5000 deutsche Kriegsgefangene als Grundstock für künftige Militärformationen zur Verfügung. Diese ehemaligen Wehrmachtangehörigen hatten sich zuvor in den sowjetischen Lagern aus unterschiedlichsten Gründen und nicht selten unter massivem Druck für einen Polizeidienst in der SBZ verpflichtet. Neu eingestellt wurden auch etwa 100 ehemalige Offiziere und fünf Generale der Wehrmacht, auf deren militärisches Fachwissen die Kommunisten angewiesen waren.

Ende Oktober 1948 begannen die Sowjetunion und die SED-Führung, die ▸ kasernierten Polizeiverbände zentral zu führen und schrittweise zu einer gewaltigen Ausbildungsbasis für künftige Streitkräfte auszubauen. Dazu wurden der bestehende Personalbestand beträchtlich aufgestockt sowie eine neue Ausbildungs- und Führungsstruktur geschaffen. Was sich hinter der unverfänglichen Bezeichnung »Verwaltung für Schulung« verbarg, macht ein Blick auf die Struktur deutlich. Aus den bisherigen 40 Polizeibereitschaften entstanden entsprechend dem zunehmend militärischen Ausbildungsschwerpunkt 24 Infanterie-, 8 Artillerie- und 3 Panzerbereitschaften. Hinzu kamen Pionier- und Nachrichtenbereitschaften und zahlreiche VP-Schulen. Ziel war es, Unterführer und Offiziere militärisch auszubilden. Alles verlief unter strengster Geheimhaltung. Ausgewählte künftige militärische Führungskader wurden zudem seit Herbst 1949 in einjährigen Lehrgängen in der UdSSR für ihre neuen Aufgaben qualifiziert.

Walter Ulbricht (1893–1973)
Deutscher Politiker und Staatschef der DDR – 1912 der SPD beigetreten wechselte er bereits 1919 in die KPD. Seit 1929 gehörte er dem Politbüro des Zentralkomitees der KPD an und war 1933 Mitglied des Deutschen Reichstags. Nach der Machtübernahme der Nationalsozialisten exilierte er und gelangte 1938 in die UdSSR. Er gewann zunehmend an Einfluss in der dortigen Exil-KPD und erlangte das Vertrauen Stalins. Mit der »Gruppe Ulbricht« baute er nach dem Krieg die KPD erneut auf. 1946 initiierte er den Zwangszusammenschluss von KPD und SPD in

050 Walter Ulbricht. Foto, um 1952.

Umfeld

 Walter Ulbricht, »Die Aufgaben der Volkspolizei« (31. Mai 1949)

Die Volkspolizei wurde bereits am 1. Juli 1945 in der sowjetisch besetzten Zone gegründet. Der Gründungstag wurde in der DDR jedes Jahr feierlich begangen.

»In der sowjetischen Besatzungszone war es die Volkspolizei, die bei der Durchführung der Bodenreform das Eigentum der Neubauern gegen die Drohungen und Anschläge reaktionärer Junker und Großagrarier schützte. Und als durch geheime Abstimmung der Bevölkerung und durch Beschlüsse der Landtage die Betriebe der Konzerne und anderer Kriegsverbrecher in die Hände des Volkes übergingen, war es die Volkspolizei, die den Schutz des Volkseigentums übernahm. [...] Das erfordert, dass der Volkspolizist sein fachliches Können erhöht, dass er ein Fachmann auf seinem Gebiet wird, dass er wirklich imstande ist, das Volkseigentum zu schützen, Saboteure ausfindig zu machen, mit dem schaffenden Volk zusammen den Kampf gegen Kriegshetze und Kriegsverbrecher zu führen, dass er das Volk im Kampf gegen Spekulanten und andere Feinde des Volkes unterstützt.«

Zit. nach: DDR-Geschichte in Dokumenten. Beschlüsse, Berichte, interne Materialien und Alltagszeugnisse. Hrsg. von Matthias Judt, Bonn 1998, S. 459

051 Medaille »Ehrenzeichen der Deutschen Volkspolizei«.

 Kurt Fischer, »Kasernierte Bereitschaften für alle Fälle« (23./24. Juli 1948)

Auf einer Konferenz in Werder (Havel) sprach der sächsische Minister des Inneren, der kurze Zeit später zum ersten Chef der Deutschen Volkspolizei aufstieg, über die kasernierten Volkspolizeibereitschaften.

»Wir sprechen sehr viel davon, dass wir die Herrschaft der Arbeiterklasse sichern wollen. In der Polizei haben wir dazu das Instrument; dort sind 90 % unserer Genossen eingestellt und damit die führende Rolle unserer Partei absolut gesichert. [...] Bei dieser Lage, bei der Bewaffnung der Industriepolizei für den Bürgerkrieg und der Verschärfung des Klassenkampfes haben wir keine operative Reserve für den Fall der Fälle. Wir werden deshalb einige Bereitschaften schaffen, die gewissermaßen die Verstärkung für unsere Grenzpolizei bilden werden, die ja heute schon im operativen Einsatz steht, kaserniert ist und unter strenger militärischer Disziplin steht und stehen muss. Diese Hundertschaften werden militärisch ausgebaut sein; anders kann man das bei Kasernierten nicht machen.«

Zit. nach: DDR-Geschichte in Dokumenten. Beschlüsse, Berichte, interne Materialien und Alltagszeugnisse. Hrsg. von Matthias Judt, Bonn 1998, S. 450

052 Angehöriger der Deutschen Grenzpolizei auf Streife, 1950.

053 Warnschild an der Sektorengrenze.

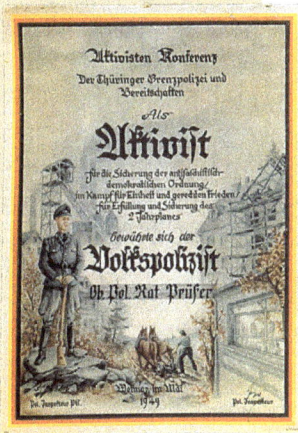

054 Propaganda und Ideologie prägten den Dienst der Grenzschützer auf der Seite der DDR.

der sowjetischen Besatzungszone (SBZ) zur Sozialistischen Einheitspartei Deutschlands (SED) mit, deren Führung er ab 1950 als Generalsekretär und späterer Erster Sekretär übernahm. Von 1949 bis 1960 fungierte er als stellvertretender Ministerpräsident, ab 1960 bis 1973 als Vorsitzender des Staatsrates der DDR. Daneben hatte er von 1963 bis 1972 die Leitung des Nationalen Verteidigungsrates inne. Auf seine Veranlassung hin wurde 1961 die Berliner Mauer gebaut. Gleichwohl erreichte er die Anerkennung der Souveränität der DDR und setzte umfassende Wirtschaftsreformen in Gang. Nach einem parteiinternen Putsch trat er von fast allen seinen Ämtern zurück. Seine Nachfolge übernahmen Willi Stoph, Horst Sindermann und Erich Honecker.

Der Kalte Krieg

Knapp vier Jahre nach der bedingungslosen Kapitulation Deutschlands waren somit im Osten fast 20 000 Mann in Formationen zusammengefasst, die den Keim einer schrittweisen Militarisierung in sich trugen: Sie wurden zentral gelenkt, von ehemaligen Militärs geführt und unterlagen militärischen Dienstbestimmungen. Ausbildung und Bewaffnung begannen sich immer deutlicher von denen der Schutzpolizei zu unterscheiden.

Am 7. Oktober 1949 erfolgte die ▸ Gründung der DDR. Damit war nach dem Inkrafttreten des Grundgesetzes der Bundesrepublik Deutschland am 23. Mai 1949 die staatsrechtliche Spaltung Deutschlands vollzogen. Die SMAD wurde aufgelöst und es entstand die Sowjetische Kontrollkommission (SKK) mit geringeren Befugnissen. Die Sowjetunion bestimmte jedoch auch weiterhin die wesentlichen Züge der Politik der DDR, wobei alle Fragen der Sicherheits- und Militärpolitik, der Entwicklung der bewaffneten Organe und des Aufbaus einer Landesverteidigung der DDR einen zentralen Platz einnahmen. Der Schutz des DDR-Territoriums gegen mögliche Angriffe von außen lag noch voll in den Händen der UdSSR.

Mit der Republikgründung im Ostteil Deutschlands kam es auch zu weiteren Veränderungen im Bereich der inneren Sicherheit. Die DVdI ging im neu geschaffenen Ministerium des Innern (MdI) auf, welches nunmehr zentral alle bewaffnete Kräfte führte. Der Aufgabenschwerpunkt des MdI lag auf der Gewährleistung der inneren Sicherheit sowie bei vorbereitenden Maßnahmen für eine militärische Absicherung der jungen DDR. Das kam auch in der Gliederung des Ministeriums zum Ausdruck: Die Hauptabteilungen Deutsche Grenzpolizei und Deutsche Volkspolizei (Schutzpolizei, Kriminalpolizei, u.a.) wurden zu einer Hauptverwaltung Deutsche Volkspolizei zusammengefasst. Aus der politischen Abteilung der Kriminalpolizei entstand die Hauptverwaltung zum Schutz der Volkswirtschaft, aus der dann im Februar 1950 das Ministerium für Staatssicherheit (MfS) hervorging.

Die bereits militärisch orientierte »Verwaltung für Schulung« erhielt noch im Oktober 1949 die Bezeichnung ▸ »Hauptverwaltung für Ausbildung (HVA)«. Unter deren Führung wurde der begonnene organisatorische und strukturelle Aufbau der VP-Schulen und -Bereitschaften zielgerichtet fortgesetzt. An Waffen verfügte man über Pistolen, Karabiner, Maschinenpistolen, leichte und schwere Maschinengewehre sowie einige Artilleriewaffen und ▸ Panzer zu Ausbildungszwecken. Die ostdeutschen Einheiten sollten jedoch für die Kreml-Führung kontrollier- und beherrschbar bleiben. Mit einem klaren Kontrollauftrag waren daher auch die sowjetischen Offiziere ausgestattet, die den deutschen Einheitskommandeuren teilweise bis zur Kompanieebene als Berater zur Seite gestellt wurden.

Vor der Leitung der HVA stand auch die Aufgabe, den politisch-ideologischen Zustand und das innere Gefüge der Formationen der HVA zu verbessern. Eine hohe Zahl disziplinarischer Verfehlungen, zahlreiche Desertionen, Entlassungsgesuche, aber auch politisch unangepasstes Verhalten waren die Folge der in vielen Einheiten vorherrschenden katastrophalen Dienst- und Lebensbedingungen. Der Einfluss der SED-Parteiorganisationen sowie der Jugendorganisation ▸ Freie Deutsche Jugend (FDJ) in der HVA wurde deshalb systematisch ausgebaut, das Wirken anderer Parteien in der Truppe nicht zugelassen. Kritiker, politische Abweichler und andere »unzuverlässige Elemente« entfernte man aus der HVA.

Nicht zuletzt vor dem Hintergrund des Ausbruchs des ▸ Koreakrieges 1950 schritten die

Technische Daten des T-34			
Besatzung (Mann)	4	Motor	12-Zylinder-4-Takt-Diesel
Gewicht	26,5 t	Leistung	368 kW
Länge	6,75 m	V Straße	30–35 km/h
Breite	3 m	V max. Straße	55–60 km/h
Höhe	2,65 m	V Gelände	25–30 km/h
Kanone	F-34	Reichweite Straße	240–270 km
Kaliber	76,2 mm	Reichweite Gelände	180–210 km

055 Sowjetischer T-34.

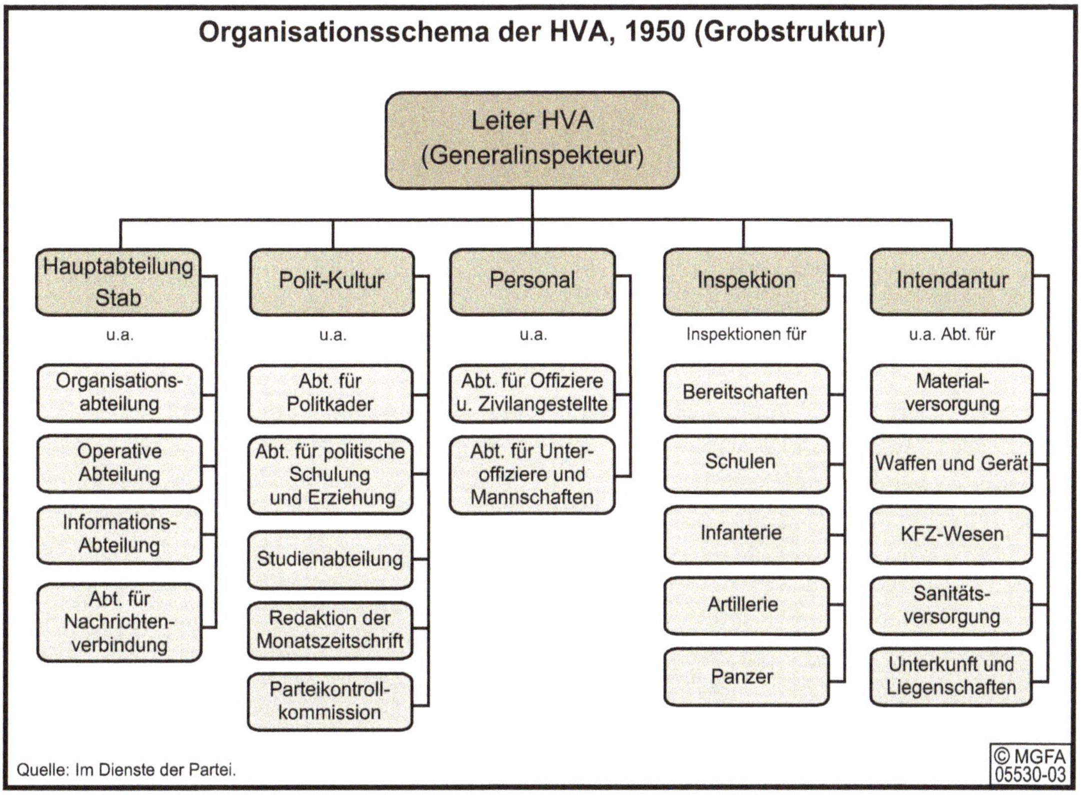

Organisationsschema der HVA, 1950 (Grobstruktur)

- **Leiter HVA (Generalinspekteur)**
  - **Hauptabteilung Stab** (u.a.)
    - Organisationsabteilung
    - Operative Abteilung
    - Informations-Abteilung
    - Abt. für Nachrichtenverbindung
  - **Polit-Kultur** (u.a.)
    - Abt. für Politkader
    - Abt. für politische Schulung und Erziehung
    - Studienabteilung
    - Redaktion der Monatszeitschrift
    - Parteikontrollkommission
  - **Personal** (u.a.)
    - Abt. für Offiziere u. Zivilangestellte
    - Abt. für Unteroffiziere und Mannschaften
  - **Inspektion** (Inspektionen für)
    - Bereitschaften
    - Schulen
    - Infanterie
    - Artillerie
    - Panzer
  - **Intendantur** (u.a. Abt. für)
    - Materialversorgung
    - Waffen und Gerät
    - KFZ-Wesen
    - Sanitätsversorgung
    - Unterkunft und Liegenschaften

Quelle: Im Dienste der Partei.
© MGFA 05530-03

 1 Johannes R. Becher, »Auferstanden aus Ruinen« (6. November 1949)

Nach der Melodie von Hanns Eisler schrieb Becher, der sich in der Kulturpolitik der jungen DDR engagierte, den Text für die Hymne der DDR. Der Text wurde allerdings seit Beginn der siebziger Jahre nicht mehr öffentlich gesungen, da die Verszeilen »Deutschland, einig Vaterland« nicht mehr im Einklang mit der Politik der DDR standen.

»Auferstanden aus Ruinen und der Zukunft zugewandt,
laß uns Dir zum Guten dienen, Deutschland, einig Vaterland.
Alle Not gilt es zu bezwingen, und wir zwingen sie vereint,
und es wird uns doch gelingen, daß die Sonne schön wie nie
über Deutschland scheint.
Glück und Frieden sei beschieden Deutschland unserm Vaterland,
alle Welt sehnt sich nach Frieden, reicht den Völkern Eure Hand.
Wenn wir brüderlich uns einen, schlagen wir des Volkes Feind.
Laßt das Licht des Friedens scheinen, daß nie eine Mutter
mehr ihren Sohn beweint.
Laßt uns pflügen, laßt uns bauen, lernt und schafft wie nie zuvor,
und der eignen Kraft vertrauend steigt ein neu Geschlecht empor.
Deutsche Jugend, bestes Streben unsres Volkes in Dir vereint,
wirst Du Deutschlands neues Leben.
Und die Sonne, schön wie nie
über Deutschland scheint.«

Zit. nach: DDR-Geschichte in Dokumenten. Beschlüsse, Berichte, interne Materialien und Alltagszeugnisse. Hrsg. von Matthias Judt, Bonn 1998, S. 510

056 Eine Formation der HVA bei der Parade am 1. Mai 1952 auf dem Marx-Engels-Platz in Berlin.

057 Kaffetasse mit dem Wappen der HVA.

Der Kalte Krieg

sicherheits- und militärpolitischen Aktivitäten der UdSSR und der SED in der DDR weiter voran. Es reichte nicht mehr aus, allein die Ausbildung der Kader zu intensivieren, es sollte nun vielmehr die schrittweise Entwicklung der Truppe zu einsatzfähigen militärischen Verbänden eingeleitet werden. Im Herbst 1950 fand in diesem Sinne eine Reorganisation der HVA statt, in deren Folge die VP-Bereitschaften der Regimentsstruktur der Sowjetarmee angepasst wurden. Das bedeutete, dass aus den bisher nach Waffengattungen aufgestellten Bereitschaften jetzt 24 gemischte Formationen mit einer Sollstärke von je 1800 Mann gebildet wurden. Auch die VP-Schulen erfuhren eine Reorganisation. Dieser Entwicklung der Landtruppen zeitlich etwas nachgeordnet entstanden 1950 zugleich die Keimzellen für die beiden anderen Teilstreitkräfte der künftigen DDR-Armee. Im Juni 1950 war nach einer längeren Vorbereitungsphase die Hauptverwaltung Seepolizei (HVS) im MdI gebildet worden, um mit der Ausbildung militärischer Kader der künftigen Seestreitkräfte beginnen zu können. 1950/51 setzten mit der Bildung der Hauptverwaltung Luftpolizei (HVL) erste Schritte zum Aufbau von künftigen Luftstreitkräften ein.

Am 7. März 1946 genehmigte die Sowjetische Militäradministration in Deutschland die Gründung der »Freien Deutschen Jugend« (FDJ). Zunächst als »überparteiliche, demokratische Jugendorganisation« konzipiert, verlor die FDJ unter den Bedingungen des Kalten Krieges ihren unabhängigen Charakter und entwickelte sich zur Jugendorganisation der SED. Indem der Zentralrat der FDJ am 25. April 1957 erklärte, dass der von ihm organisierte Jugendverband künftig »zuverlässiger Helfer und Kampfreserve der Partei der Arbeiterklasse« sein sollte, wurde der politische Formierungsprozess der FDJ abgeschlossen.
Die FDJ hatte es sich zum Ziel gesetzt die Jugend im Sinne der sozialistischen Ideale zu erziehen. Um die ideologische Indoktrination zu gewährleisten, nahm sie Einfluss auf sämtliche Lebensbereiche der Jugendlichen der DDR und bot ihnen zahlreiche Freizeitangebote an. Der Zugriff der FDJ auf den Nachwuchs begann bereits mit dem Eintritt in die Schule. Vom 6. Lebensjahr an konnten die Kinder in die – der FDJ unterstellten – Pionierorganisation »Ernst Thälmann« eintreten, bevor sie dann als Jugendliche zwischen 14 und 25 Jahren in der FDJ organisiert wurden.
Zwar erfolgte der Beitritt in die FDJ formal freiwillig, doch de facto wurden die Kinder bereits mit der Einschulung in die Pionierorganisation überführt.

058 Plakat aus der Werbekampagne der FDJ für den Eintritt in die Volkspolizei, 1952.

061 Porzellanpokal zum »Sport- und Kulturfest der deutschen Jugend 1952«.

059 Teilnehmerabzeichen zum »Deutschlandtreffen der Jugend Berlin 1950«.

060 Emblem der FDJ.

Umfeld

062 Amerikanische Soldaten auf dem Vormarsch zur Front, während südkoreanische Zivilisten aus dem Kampfgebiet flüchten. Foto, August 1950.

063 Eröffnungssitzung der Waffenstillstandskommission am 28. Juli 1953 in Panmunjom, Korea.

Der Koreakrieg (1950–1953) war eine Auseinandersetzung zwischen der Demokratischen Volksrepublik Korea (Norden) und der Republik Korea (Süden) unter Beteiligung Chinas und der UNO. Nach Ende des Zweiten Weltkriegs wurde das bislang unter japanischer Herrschaft stehende Korea zwischen den Siegermächten aufgeteilt. Die nördliche Hälfte des Landes fiel damit unter die Verwaltung des Sowjetregimes, mit dessen Hilfe Kim Il-sung dort die Führung übernahm. Im südlichen Teil entstand eine dem Westen zugewandte Regierung unter Rhee Syngman. Da beide koreanischen Staaten Absichten signalisierten, ihr jeweiliges System auf das ganze Land auszuweiten, kam es früh zu Auseinandersetzungen. Im April genehmigte Stalin eine Invasion seitens der nordkoreanischen Truppen, die am 25. Juni 1950 die Grenze überschritten. Der militärisch schwächere Süden musste dem Ansturm weichen, so dass bis auf einen kleinen Teil im Südosten ganz Korea in kommunistische Hände gelangte. Durch die Landung von US-Truppen im September 1950 konnte der Vorstoß unterbrochen und die nordkoreanischen Streitkräfte bis an die chinesische Grenze zurückgedrängt werden. Daraufhin stellte die Volksrepublik China dem Norden eine Freiwilligenarmee zur Seite, mit deren Hilfe man die US-Truppen aus dem Nordteil des Landes vertreiben konnte. Der Konflikt verharrte schließlich in einem verlustreichen Stellungskrieg, in dessen Verlauf Teile des US-Militärs sogar erwogen, die Volksrepublik China mit Atomwaffen anzugreifen. Erst nach jahrelangen zähen Verhandlungen konnte der Konflikt durch einen Waffenstillstand beigelegt werden. Unter dem Eindruck des Koreakriegs erfolgten nicht nur die massive Aufrüstung der USA und der Ausbau der NATO bei gleichzeitiger Wiederbewaffnung der Bundesrepublik Deutschland, sondern auch eine gewaltige Aufrüstung im Ostblock.

Der Kalte Krieg

3. Die »getarnte Armee« – Streitkräfteaufbau und gesellschaftliche Militarisierung in der DDR (1952–1955)

a) Die Kasernierte Volkspolizei und die innere Mobilmachung

Anfang der fünfziger Jahre war es der SED-Führung gelungen, ihre Macht zu festigen und ein politisches System zu schaffen, dass Voraussetzungen für die Übernahme des sowjetischen Sozialismusmodells bot. In diesem Zusammenhang gab die sowjetische Führung im Frühjahr 1952 der DDR grünes Licht, um auch zum Aufbau einer Armee überzugehen. Auf Geheiß der UdSSR sollte in der DDR nunmehr die »pazifistische Periode« beendet und »ohne Geschrei« (Stalin) eine »Volksarmee« geschaffen werden. Diesen von Moskau angestoßenen militärpolitischen Kurs trug die SED-Führung uneingeschränkt mit und trieb ihn voran, wo immer es möglich schien.

Im Juli 1952 beschloss die 2. Parteikonferenz der SED den Aufbau des Sozialismus in der DDR und verkündete zugleich öffentlich die Schaffung »Nationaler Streitkräfte«. Bereits wenige Tage zuvor hatte der Minister des Innern, ▸ Willi Stoph, die Bildung einer »Kasernierten Volkspolizei« (KVP) aus den bestehenden militärischen Formationen der ▸ HVA befohlen. Die Kadereinheiten weiterer Dienstzweige der Volkspolizei wurden umbenannt oder umformiert zur Volkspolizei-See (VP-See) und Volkspolizei-Luft (VP-Luft), ab Mitte 1953 Verwaltung der Aeroklubs (VdAK). Es galt nunmehr, die für den Aufbau »Nationaler Streitkräfte« notwendigen strukturellen und personalpolitischen Veränderungen durchzusetzen.

Wie schon bei der HVA bildete das sowjetische Streitkräftemodell die Grundlage für den KVP-Aufbau. Aus den VP-Bereitschaften der HVA erfolgte die Aufstellung von Infanterie- und mechanisierten Divisionen, deren Sollstärke bei jeweils etwa 13 000 Mann lag. Die Tarnung als »Polizei« hatte man freilich vor allem mit Blick auf den Westen beibehalten. Eine Infanteriedivision (»A-Bereitschaft«) sollte über drei Infanterieregimenter (»A-Kommandos«), ein Artillerieregiment (»B-Kommando«), ein Panzer- und Selbstfahrlafetten-Regiment (»C-Kommando«), eine größere Zahl selbstständiger Abteilungen, Kompanien und Züge verschiedener Waffengattungen und Spezialtruppen sowie über logistische Einrichtungen verfügen. Zur Führung dieser Verbände entstanden so genannte Territorialverwaltungen, die im Aufbau sowjetischen Armeekorps entsprachen. In der KVP, der VP-See und der VP-Luft erfolgte eine rein militärische Ausbildung. Im Oktober 1952 erhielten die Angehörigen der KVP militärische Dienstgrade und Rangabzeichen. Gleichzeitig mit der Aufstellung der KVP-Einheiten begann die Zulieferung mit – zumeist älterer, noch aus dem Zweiten Weltkrieg stammender – Bewaffnung und Ausrüstung aus der UdSSR. Ende 1953 verfügte die KVP unter anderem über 47 schwere Panzer, 480 Panzer T-34, 278 selbstfahrende Geschütze und hunderte Schützenpanzerwagen. Im Bestand der sich im Aufbau befindlichen ostdeutschen Marine befanden sich zum gleichen Zeitpunkt 69 Boote vorwiegend aus DDR-eigener Produktion. Die fliegerische Ausbildung in der VP-Luft erfolgte auf dem propellergetriebenen Schulflugzeug Jakowlew Jak 18 und anschließend auf dem Übungsjäger Jakowlew Jak 11, von denen die Lufteinheiten 1953 jeweils 35 Stück erhielten. Trotz weiterer Zuführung sowjetischer Waffen und Technik blieb jedoch die Ausstattung der

Willi Stoph (1914–1999)
Armeegeneral – 1931 der KPD beigetreten, wurde er 1946 Mitglied der SED. Stoph leitete von 1948 bis 1950 die Wirtschaftsabteilung der SED. Er war als Innenminister (1952–1956) für den Aufbau der KVP und als erster Verteidigungsminister der DDR (1956–1960) für die Gründung der NVA zuständig. 1964 wurde er Ministerpräsident und bekleidete dieses Amt von 1964 bis 1973 sowie von 1976 bis 1989. Um einen deutsch-deutschen Dialog bemüht, traf er im Jahr 1970 mit Bundeskanzler Willy Brandt in Erfurt und Kassel zusammen.

064 Willi Stoph. Foto, 1950er Jahre.

Umfeld

065 Die Jakowlew Jak-11, NATO-Code: Moose.

Technische Daten der Jakowlew Jak-11

Spannweite:	9,40 m
Länge:	8,50 m
Höhe:	3,23 m
Flügelfläche:	15,40 m²
Leermasse:	1811 kg
Startmasse:	237 kg
Waffenzuladung:	100 kg
Höchstgeschwindigkeit:	475 km/h (in 4500 m Höhe)
Aktionsradius:	500 km
Dienstgipfelhöhe:	7100 m
Startstrecke:	365 m
Landestrecke:	500 m
Bewaffnung:	1MG 12,7 mm, 2 x 50-kg-Bomben

066 Die Jakowlew Jak-18, NATO-Code: Max.

Technische Daten der Jakowlew Jak-18

Spannweite:	10,60 m
Länge:	8,03 m
Höhe:	2,80 m
Flügelfläche:	17,00 m²
Leermasse:	785 kg
Startmasse:	1087 kg
Waffenzuladung:	0
Höchstgeschwindigkeit:	245 km/h (in 2000 m)
Aktionsradius:	350 km
Dienstgipfelhöhe:	4000 m
Startstrecke:	290 m
Landestrecke:	250 m
Bewaffnung:	ohne

KVP in vielen Bereichen, so beispielsweise bei Nachrichtenübertragungsmitteln, eingeschränkt oder mangelhaft.

Der Personalbestand der militärischen Einheiten in der DDR wuchs rasant an. Nach wie vor galt das Freiwilligenprinzip zur Auffüllung der Truppen. Da der Militärdienst in der KVP für viele Jugendliche nicht sonderlich attraktiv war, sollten umfangreiche Werbekampagnen mit Versprechungen sowie verstärkter politischer Druck helfen, die geforderten Sollzahlen zu erreichen. Besonderes Augenmerk richtete die SED weiterhin auf die Auswahl, Ausbildung und Qualifizierung der Offiziere, da es zu den wichtigsten Aufgaben der KVP gehörte, ein im Sinne der SED politisch zuverlässiges und fachlich zunehmend qualifiziertes Führungskorps zu schaffen. Insofern führte die KVP die Funktion der HVA als »Kaderschmiede« weiter. Immerhin gelang es der SED, dass Mitte der fünfziger Jahre drei Viertel aller KVP-Offiziere aus der »Arbeiterklasse« stammten und der SED angehörten. Zwei Drittel von ihnen hatten eine Offizierschule besucht, einige hundert verfügten bereits über eine militärische Hochschulqualifizierung. Die politische Erziehung der KVP-Angehörigen lag in den Händen der rund 3000 Politoffiziere, die zusammen mit den SED-Parteiorganisationen dafür zu sorgen hatten, dass die »führende Rolle« der Partei in den Einheiten durchgesetzt wurde. Zur Kontrolle und Überwachung der KVP diente zudem die 1951/52 eingerichtete eigenständige Hauptabteilung (HA I) des MfS.

Die zweifellos sichtbaren Fortschritte konnten jedoch nicht über die nach wie vor bestehenden schwer wiegenden Versäumnisse und Unzulänglichkeiten im Personalbereich hinwegtäuschen. So besaßen nur etwa 10 Prozent der KVP-Offiziere die mittlere Reife oder das Abitur. Der von der Partei vorgegebene hohe theoretische Anspruch vom »Offizier neuen Typs« stieß in der Praxis häufig mit dem eigenen Unvermögen und mit den vielfältigen Widrigkeiten des Truppenalltags zusammen. Insbesondere die Aufgaben in der Erziehung und Menschenführung kamen dabei zu kurz. Idealismus und Engagement im noch sehr jungen Offizierkorps führten jedoch dazu, dass viele Schwierigkeiten beim Aufbau der »Nationalen Streitkräfte« dennoch gemeistert wurden.

Die Führungsfunktionen der KVP hatten altgediente Kommunisten und Funktionäre der FDJ-Generation inne. Einen nicht zu unterschätzende Einfluss auf die Ausbildung und Führung der KVP-Einheiten besaßen ehemalige ▸ Wehrmachtoffiziere und -unteroffiziere. Obwohl sie insgesamt nur einen geringen Prozentsatz am KVP-Offizierkorps ausmachten, gelang vielen von ihnen eine rasche Karriere im DDR-Militär.

Der Aufbau »Nationaler Streitkräfte« in Gestalt der KVP war seit dem Frühjahr 1952 durch weit reichende Maßnahmen zum Aufbau einer Rüstungsindustrie sowie durch einen Komplex der Wehrmobilisierung und Wehrvorbereitung der Bevölkerung begleitet worden. Dazu zählten unter anderem der Aufbau der Wehrsportorganisation ▸ Gesellschaft für Sport und Technik (GST) und die zeitweise Installierung des so genannten ▸ Dienstes für Deutschland (DD) als Arbeitsorganisation mit wehrerzieherischer und ideologischer Ausrichtung. Die Jugendorganisation FDJ hatte die »Patenschaft« über die Volkspolizei übernommen und damit die Personalwerbung für die künftigen Streitkräfte und Propagierung des bewaffneten Schutzes der DDR in den Mittelpunkt ihrer Tätigkeit gestellt.

Zur Stärkung ihrer staatlichen Machtpositionen betrieb die SED eine weitere Verschärfung des Grenzregimes sowie Veränderungen der Verwaltungsstrukturen. Bereits im Mai 1952

Die Gesellschaft für Sport und Technik (GST) war eine paramilitärisch ausgerichtete sozialistische Wehrorganisation der DDR, die die Wehrbereitschaft und Wehrhaftigkeit der Bevölkerung – insbesondere der Jugend – durch eine Erziehung »im Geiste des Patriotismus« und eine vormilitärische Ausbildung erhöhen sollte.
In ihrer Aufbauphase unterstand die 1952 gebildete GST dem Innenministerium der DDR und vermittelte Jugendlichen ab dem 14. Lebensjahr technische Kenntnisse und sportliche Fähigkeiten. Nachdem die Organisation allerdings im Zuge der Aufstellung der NVA dem Verteidigungsministerium unterstellt wurde, rückte das Element der

Ilse S., »Dienst für Deutschland« (1953)

Die Regierung der DDR hatte am 24. Juli 1952 den Dienst mit dem Ziel gegründet, die Jugend für die Aufgaben des Sozialismus zu erziehen. Tatsächlich wurden die Jugendlichen aber als Hilfsarbeiter bei dem Aufbau von militärischen Anlagen eingesetzt. Im Juni 1953 wurde der Dienst auf Grund organisatorischer Mängel komplett aufgelöst. Eine Teilnehmerin berichtet über die katastrophalen Lebensbedingungen in den Lagern.

»Für mich persönlich ist das Leben hier einfach grausam. Wir leben hier mit 14 Kameradinnen in einem Zelt und liegen auf Stroh. [...] Wir haben fast keine Gelegenheit, uns zu waschen. Die Wäsche fällt mir beinahe vom Körper. An Läuse und Lagerkrätze haben wir uns schon längst gewöhnt. Ob Jungen oder Mädchen, viele sind geschlechtskrank, denn sobald es dunkel ist, liegen die Pärchen im Straßengraben. [...] Arbeiten tun wir auf dem Bau. Wir bauen die Häuser des Sozialismus, mit anderen Worten, die Kasernen für unsere Volkspolizisten. Jetzt ist es ja unsere Volksarmee, denn sie ist seit dem 7. Oktober neu eingekleidet. Für mich ist die Arbeit furchtbar, denn ich bin die Arbeit nicht gewöhnt. Schmeiße ich mal einen Stein nicht richtig, so werde ich angebrüllt wie ein Stück Vieh. Schmeißen sie mir die Steine zu, so kann ich sie wieder nicht auffangen vor Unterleibsschmerzen, und die Hände bluten mir auch. Zur Arbeit marschieren wir geschlossen in unseren dreckigen und speckigen Arbeitsanzügen, manchmal ungewaschen und ohne Essen. (Wenn es Essen gibt, ist es sehr gut, was ich zugeben muss.) [...] Das ganze Gebiet hier ist Sperrgebiet. Ganz in unserer Nähe ist ein großes VP-Lager. Jede Menge Geschütze sind aufgefahren. Die Volkspolizei steht mit aufgepflanztem Bajonett Wache. Gehen wir einen Schritt außerhalb des Lagers, so wird scharf geschossen. Jungen und Mädchen versuchen täglich, aus diesem Hexenkessel auszureißen. Natürlich vergebens. Auch ich grübele Tag und Nacht, wie ich nur wieder nach Hause kann. Ein halbes Jahr halte ich nicht aus, lieber nehme ich mir das Leben.«

067 Wappen der GST.

 »Verordnung über die Bildung der GST« (7. August 1952)

Die Bedeutung der GST entwickelte sich vom reinen Wehrsport zur »Schule des Soldaten von Morgen«.

»Die Werktätigen, vor allem die Jugend, haben in zahlreichen Verpflichtungen und Entschließungen ihren Willen zum Ausdruck gebracht, die Regierung in ihrem Bestreben zu unterstützen, Wissenschaft, Kultur und Technik auf eine bisher nie dagewesene Höhe zu entwickeln. Von großer Bedeutung ist hierbei die Entwicklung des Segel- und Motorflugsportes, des Flugmodell- und Fallschirmsportes, des Motor- und Wasserfahrtsportes, des Schieß- und Geländesportes sowie des Amateurfunkens zum wahrhaften Massensport. [...] Die ›Gesellschaft für Sport und Technik‹ hat die Aufgabe, die Regierung beim Aufbau des Sozialismus und bei der Stärkung der volksdemokratischen Grundlagen der Staatsmacht zu unterstützen.«

Beide zit. nach: DDR-Geschichte in Dokumenten. Beschlüsse, Berichte, interne Materialien und Alltagszeugnisse. Hrsg. von Matthias Judt, Bonn 1998, S. 460 f.

vormilitärischen Ausbildung in den Vordergrund der von der GST organisierten Freizeitaktivitäten. Indem die Massenorganisation voll auf die vom Nationalen Verteidigungsrat und der Armeeführung bestimmten Erfordernisse der Landesverteidigung ausgerichtet wurde, entwickelte sie sich fortan zur Schule des »Soldaten von morgen«.
Mit Schießübungen, Körperertüchtigungsprogrammen sowie der Gelände- und Exerzierausbildung wurden die jugendlichen GST-Mitglieder diszipliniert und auf ihren Wehrdienst vorbereitet.

Informationen

Der Aufbau der Streitkräfte im Osten ...

In der Selbstdarstellung und im Selbstverständnis als »Arbeiter- und Bauernarmee«, die einem antifaschistischen Staat dient, grenzte sich die NVA deutlich von der »faschistischen« Wehrmacht ab. Aber in seiner Aufbauphase musste auch das ostdeutsche Militär auf ehemalige Wehrmacht-Offiziere zurückgreifen. Bereits 1948 entließ die Sowjetunion 100 Offiziere und fünf Generale der ehemaligen Wehrmacht aus der Kriegsgefangenschaft, mit dem Ziel diese für den Streitkräfteaufbau in der sowjetisch besetzten Zone einzusetzen. Unter den Freigelassenen befand sich Generalleutnant a.D. Vincenz Müller, der 1944 als Kommandierender General des XII. Armeekorps in sowjetische Gefangenschaft geraten war. Müller hatte wie die meisten anderen ehemaligen Offiziere und Generale eine Antifa-Schule in der Gefangenschaft durchlaufen und sich sowohl im Bund Deutscher Offiziere, als auch im Nationalkomitee »Freies Deutschland« engagiert. Müller hatte vor dem Krieg lange im Reichswehrministerium gearbeitet und besaß als ehemaliger Leiter der Mobilmachungsorganisation im Wehrkreis München militärfachliche Qualifikationen, die in der SBZ/DDR für den Aufbau militärischer Strukturen dringend benötigt wurden. Er machte in den bewaffneten Organen und später in der NVA Karriere und avancierte 1956 zum stellvertretenden Minister für Nationale Verteidigung. Ende der fünfziger Jahre entließ die NVA die meisten der ehemaligen Wehrmachtoffiziere und Generale, auch Müller wurde 1958 in den Ruhestand versetzt.

068 Vincenz Müller, General der NVA.

... und im Westen Deutschlands

Kaum ein Thema rief und ruft teilweise auch immer noch so starke emotionale Reaktionen hervor, wie das Verhältnis der Bundeswehr zur Wehrmacht. Seit der Gründung der Bundeswehr kennzeichnen Widersprüche dieses schwierige Verhältnis. Bereits die Diskussion im Bundestag um den Namen der künftigen deutschen Streitkräfte führt dies vor Augen: Wehrmacht oder Bundeswehr. Für die Vordenker der Bundeswehr stand von Beginn an fest, dass »ohne Anlehnung an die Wehrmacht heute etwas grundlegend Neues zu schaffen« sei (Himmeroder Denkschrift 1950). Diese Überzeugung der »Gründerväter« der Bundeswehr spiegelt sich vor allem im maßgeblich von Major a.D. Wolf Graf von Baudissin entwickelten Konzept der Inneren Führung wider. In Symbolik und Rhetorik klang immer wieder die Parallele zwischen der Gründung der Bundeswehr und der preußischen Heeresreform nach der Niederlage von 1806 an.

Andererseits wurden bis zum Spätherbst 1957 insgesamt 44 ehemalige Generale und Admirale der Wehrmacht in die Bundeswehr übernommen, eine folge des »Primats der Professionalität«. Schließlich wurde die Bundeswehr angesichts einer militärischen Bedrohungslage aufgestellt. Überliefert ist in diesem Zusammenhang das Adenauer-Zitat, dass die NATO ihm »keine ungedienten 20-jährigen Generale« abnehmen werde. Nicht wenige Offiziere der ersten Stunde hatten auch eine lückenlose (para)militärische Karriere von der Wehrmacht über Kriegsgefangenschaft, alliierte Dienstgruppen oder Bundesgrenzschutz zur Bundeswehr hinter sich. Und natürlich trifft auch für die Väter der Inneren Führung zu, dass diese

069 Alte Auszeichnung in neuer Gestalt: Das Schnellboot-Kriegsabzeichen und das Deutsche Kreuz in Silber ohne Hakenkreuz nach dem Gesetz über Titel, Orden und Ehrenzeichen von 1957.

Leitende Dienststellungen ehemaliger Wehrmachtoffiziere in der KVP im Mai 1953 (Auswahl)

Dienststellung	Anzahl	von Gesamt	Prozent
Stabschef der KVP	1	1	100
Stellvertreter des Stabschefs	1	1	100
Chefs von Verwaltungen im MdI	10	17	59
Abteilungsleiter im MdI	14	61	23
Kommandeure der TV	1	4	25
Stabschefs der TV	2	4	50
Stellvertreter TV-Kommandeur	4	14	29
Bereitschaftsleiter	8	16	50
Stabschefs der Bereitschaften	7	16	44
Stellvertreter Bereitschaftsleiter	14	64	22
Leiter von VP-Schulen	10	20	50
Stellvertreter Schulleiter	12	20	60
Leiter Bezirksregistrierverwaltungen	7	15	47

Zit. nach: Daniel Niemetz, Das feldgraue Erbe. Die Wehrmachteinflüsse im Militär der SBZ/DDR. Hrsg. vom Militärgeschichtlichen Forschungsamt, Berlin 2006 (= Militärgeschichte der DDR, 13)

Personelle Kontinuitäten

070 »Ohne-mich-Bewegung«. Demonstration von Wehrdienstgegnern in Köln 1956.

aus einem Fundus militärischer Vorstellungen deutscher Streitkräfte schöpften. Gegner der so genannten Wiederbewaffnung argumentierten nicht selten mit dieser Kontinuität. Im Repertoire kommunistischer Bundeswehrgegner findet sich noch heute die Parole aus den späten 1950er Jahren: »Reichswehr – Wehrmacht – Bundeswehr – noch immer schießt dasselbe Heer!«

Die Bundeswehr stand von Anfang an im gesellschaftlichen Kontext der Bundesrepublik Deutschland mit all ihren Widersprüchen. Eine »Stunde Null« im Sinne eines vollkommenen Neuanfangs hat es nicht gegeben. Der freiheitlich demokratische Staat sprach von Anfang an seinen Bürgern auch das Recht zu, aus Fehlern zu lernen und sich weltanschaulich weiterzuentwickeln. Loyalität gegenüber dem neuen politischen System wurde jedoch von den Soldaten bedingungslos gefordert. So mussten sich alle Bewerber von Oberstleutnant aufwärts einer Überprüfung durch den »Personalgutachterausschuss« unterziehen. Die gesamte Wehrverfassung und das Leitbild des »Staatsbürgers in Uniform« machen die Bundeswehr zu Streitkräften in der Demokratie – seit 1955 erstmalig in der deutschen Geschichte.

071 Wolf Graf von Baudissin, Referatsleiter »Inneres Gefüge« im »Amt Blank«, dem Vorläufer des Bundesverteidigungsministeriums, entwickelt das Konzept der »Inneren Führung« mit dem Leitbild des „Staatsbürgers in Uniform" für den Neuaufbau der Streitkräfte.

072 Einband des Handbuches für Innere Führung, 1957.

073 Vorstellung der neuen Uniformen der verschiedenen Bundeswehrstreitkräfte.

074 Alte Auszeichnung in neuer Gestalt: Das Ritterkreuz des Eisernen Kreuzes ohne Hakenkreuz nach dem Gesetz über Titel, Orden und Ehrenzeichen von 1957.

Der Kalte Krieg

hatte die Regierung eine Verordnung erlassen, die die Einführung einer Sperrzone sowie eines Schutz- und Kontrollstreifens an der Grenze vorschrieb. Zugleich begann an der Demarkationslinie der Ausbau von Befestigungen. Damit verbunden waren Zwangsaussiedlungen der Bevölkerung aus dem Grenzgebiet.

Erst nach dem ▸ Volksaufstand vom Juni 1953 setzte eine Korrektur dieses ausgedehnten Aufrüstungskurses ein, welche die umfassenden Militarisierungsbestrebungen in der DDR-Gesellschaft und auch den Ausbau der KVP zeitweise dämpfte. Zugleich begann die SED jedoch, die Grundlagen eines umfassenderen inneren Sicherheitssystems gegen die eigene Bevölkerung zu schaffen. Dazu wurden nicht nur die bestehende Kräfte der Deutschen Volkspolizei aufgestockt und teilweise umorganisiert, sondern 1955 auch eine neue Polizeiformation, die »Innere Truppe« gebildet. Unmittelbar von der SED geführt entstanden ab 1953 die ▸ »Kampfgruppen der Arbeiterklasse« als eine Art bewaffneter Miliz der Partei. Nicht zuletzt wurden Strukturen und Planungen für einen abgestimmten inneren Einsatz der bewaffneten Organe im Krisenfall vorbereitet. Das Innenministerium, dem man Mitte 1953 auch das zum Staatssekretariat heruntergestufte MfS zugeordnet hatte, führte nunmehr bis 1955 alle bewaffnete Kräfte der DDR: die getarnte Armee in Gestalt der KVP, die Deutsche Grenzpolizei und die Volkspolizei. Zur besseren Koordinierung sicherheits- und militärpolitischer Maßnahmen auf höchster politischer Ebene nahm zudem eine Sicherheitskommission beim Politbüro des ZK der SED ihre Tätigkeit auf.

b) Die Bildung des Warschauer Paktes

Die internationale Lage in Europa war in der Zeit zwischen Stalins Tod bis zum Frühjahr 1955 vor allem durch die Dominanz des Kalten Krieges im Denken und Handeln der Mächte, aber auch durch vorsichtige Hoffnung auf Entspannung geprägt. Bereits Ende 1954 hatten Moskau und die Vertreter der östlichen Satellitenstaaten ihren Entschluss bekannt gegeben, im Falle der Ratifizierung der Pariser Verträge, die der Einbeziehung der Bundesrepublik Deutschland in die NATO dienten, ▸ gemeinsame militärische Maßnahmen zur Stärkung ihrer Verteidigungsfähigkeit einzuleiten. Offiziell sprach man den westlichen Staaten und der NATO Friedfertigkeit und Friedensfähigkeit ab. Die Bundesrepublik galt als militaristischer Staat und das westliche Bündnissystem als eine Bedrohung des Friedens und der europäischen Völker. Ehemalige Nazigenerale würden, so hieß es in der kommunistischen Propaganda, die Grundlagen für die westdeutsche Armee erarbeiten.

In der Tat beeinflussten diese Vorgänge im Westen, die man in Moskau und Ost-Berlin im Kontext des Kalten Krieges als unmittelbare Bedrohung wahrnahm, in nicht unerheblichem Maße das Vorgehen und das Tempo der Militarisierung der ostdeutschen Seite. Andererseits hatte freilich die SED-Führung ein ausgeprägtes Eigeninteresse. Die »Lösung der Streitkräftefrage«, also die Schaffung einer regulären DDR-Armee, galt für sie nicht nur als ein Ausdruck der »vollen« Souveränität des Staates DDR, die ihr formal 1954 von der Sowjetunion zuerkannt worden war. Im Zusammenhang der politischen Auseinandersetzung mit der Bundesrepublik, deren NATO-Beitritt aus Sicht der SED nicht mehr zu verhindern war, bildete sie zugleich als Symbol der Eigen-

075 Unter der direkten Führung durch die SED waren die Kampfgruppen auf betrieblicher Basis organisiert. Als bewaffnete Miliz-Verbände dienten sie der inneren Sicherheit des SED-Regimes.

Umfeld

1 »Der Warschauer Vertrag« (14. Mai 1955)

Der Warschauer Vertrag wurde zwischen den Volksrepubliken Albanien, Bulgarien, Ungarn, Polen, Rumänien, der UdSSR, der Tschecheslowakei und der DDR geschlossen.

»Die vertragschließenden Seiten haben beschlossen, unter gleichzeitiger Berücksichtigung der Lage, die in Europa durch die Ratifizierung der Pariser Verträge entstanden ist, welche die Bildung neuer militärischer Gruppierungen in Gestalt der ›Westeuropäischen Union‹ unter Teilnahme eines remilitarisierten Westdeutschlands und dessen Einbeziehung in den Nordatlantikpakt vorsehen, wodurch sich die Gefahr eines neuen Krieges erhöht und eine Bedrohung der nationalen Sicherheit der friedliebenden Staaten entsteht, [...] diesen Vertrag über Freundschaft, Zusammenarbeit und gegenseitigen Beistand abzuschließen. [...]

076 Abschluss des Warschauer Vertrages. Die Delegationen am Verhandlungstisch: Längsseite, mit dem Rücken zur Kamera die DDR-Unterhändler Walter Ulbricht und Otto Grotewohl. Foto, 13. Mai 1955.

Artikel 1: Die vertragschließenden Seiten verpflichten sich in Übereinstimmung mit den Satzungen der Organisation der Vereinten Nationen, sich in ihren internationalen Beziehungen der Drohung mit Gewalt oder ihrer Anwendung zu enthalten, und ihre internationalen Streitfragen mit friedlichen Mitteln so zu lösen, daß der Weltfrieden und die Sicherheit nicht gefährdet werden. [...]

Artikel 4: Im Falle eines bewaffneten Überfalls in Europa auf einen oder mehrere Teilnehmerstaaten des Vertrages seitens irgendeines oder einer Gruppe von Staaten wird jeder Teilnehmerstaat des Vertrages in Verwirklichung des Rechtes auf individuelle oder kollektive Selbstverteidigung in Übereinstimmung mit Artikel 51 der Satzungen der Organisation der Vereinten Nationen dem Staat oder den Staaten, die einem solchen Überfall ausgesetzt sind, sofortigen Beistand individuell und in Vereinbarung mit den anderen Teilnehmerstaaten des Vertrages mit allen Mitteln, die ihnen erforderlich scheinen, einschließlich der Anwendung von militärischer Gewalt, erweisen. Die Teilnehmerstaaten des Vertrages werden sich unverzüglich über gemeinsame Maßnahmen beraten, die zum Zwecke der Wiederherstellung und Aufrechterhaltung des Weltfriedens und der Sicherheit zu ergreifen sind.«

Zit. nach: Dokumente zur Außenpolitik der Deutschen Demokratischen Republik, Bd 1, Berlin 1955, S. 231–236

Nur wenige Tage nach dem für die SED-Führung traumatischen Volksaufstand des 17. Juni 1953 regte die Parteispitze die Bildung einer paramilitärischen Formation an, die die »Errungenschaften des Arbeiter- und-Bauernstaates« bei einem erneuten Aufflammen der Konterrevolution schützen sollte: die Betriebskampfgruppen. Die im Laufe des Jahres 1953 in staatlichen Betrieben und Einrichtungen neugeschaffene Parteimiliz wurde bereits 1955 mit Kleinkalibergewehren bewaffnet und durch die Volkspolizei ausgebildet. In erster Linie sollten die zwischen 25 und 60 Jahre alten »Kämpfer der Arbeiterklasse« die innere Sicherheit gewährleisten, doch im Zuge der Bildung der NVA wurden die systemloyalen Freiwilligenverbände auch zunehmend in die Landesverteidigung eingebunden. Verstärkt im Städtekampf geschult sollten die »Kampfgruppen der Arbeiterklasse« fortan im Verteidigungsfall die regulären Truppen unterstützen. Den Höhepunkt dieser Entwicklung stellte die Beteiligung von Kampfgruppenverbänden an einem Großmanöver des Warschauer-Pakts im Jahre 1970 dar. In den 80er Jahren rückte hingegen die interne Schutzfunktion wieder in den Fokus ihrer Ausbildung. Obwohl die zu zwei Dritteln aus SED-Mitgliedern bestehende Parteimiliz beim Mauerbau Linientreue und Verlässlichkeit bewiesen hatte, kam es 1989 nicht zu einem Einsatz gegen die Volksmassen auf den Straßen.

077 Die »Medaille für treue Dienste in den Kampfgruppen der Arbeiterklasse« wurde 1965 gestiftet.

Informationen

Der 1952 von der SED eingeleitete Kurs zur Schaffung der Grundlagen des Sozialismus mit seinen Zwangsmaßnahmen zur Kollektivierung der Landwirtschaft und zur Zurückdrängung des privatwirtschaftlichen Sektors in der Industrie führte das Ulbricht-Regime in eine tiefe Wirtschafts- und Versorgungskrise, deren Auswirkungen die Bevölkerung bis zum Sommer 1953 immer mehr zu spüren bekam. Die Kosten der Aufrüstung und Militarisierung der Gesellschaft verschärften die Situation erheblich. Sie betrugen zuzüglich der Kriegsfolgekosten allein im Jahr 1952 rund sechs Milliarden Mark – das waren insgesamt 20 Prozent aller Ausgaben des Staates.

Am 17. Juni 1953 gingen hunderttausende Menschen in Ost-Berlin und vielen Städten der DDR auf die Straße, um gegen die Politik der SED zu demonstrieren. Der Polizei und der Staatssicherheit gelang es nicht, diese Massenproteste zu unterbinden. In den Mittagsstunden des 17. Juni griff daher die sowjetische Besatzungsmacht ein. Sie verkündete den Ausnahmezustand und ging mit Panzern und Truppen gegen die Demonstranten vor. Nach neueren Untersuchungen kamen mindestens 55 Menschen ums Leben, 34 davon durch Schüsse von Sowjetsoldaten oder Volkspolizisten. Auch fünf Angehörige der DDR-Sicherheitsorgane starben.

078 Nach Heraufsetzung der Normen durch die DDR-Regierung marschieren streikende Bauarbeiter am 16. Juni 1953 mit Forderung nach Herabsetzung der Normen durch die Ost-Berliner Innenstadt zum Haus der Ministerien.

Die militärischen Formationen der KVP kamen anfangs kaum zum Einsatz. Die Gründe dafür waren Organisations- und Führungsprobleme sowie die Befürchtung der DDR-Oberen, die KVP könnte sich auf die Seite der protestierende Bevölkerung stellen. Letzteres erwies sich jedoch am 17. Juni und in den Tagen danach als weitgehend unbegründet. Nur wenige Soldaten, Unteroffiziere und Offiziere weigerten sich, gegen das eigene Volk eingesetzt zu werden. Seit dem 18. Juni traten die KVP-Einheiten vielmehr bei der Niederhaltung von Streiks und Demonstrationen in den Vordergrund. Dazu erhielten sie auch einen klaren Schießbefehl. Insgesamt funktionierte die KVP in der Krisensituation des Juni 1953 als bewaffnetes Machtinstrument der SED. Es traten jedoch zahlreiche Mängel und Probleme zu Tage, die in der Folge zu bedeutenden Veränderungen sowohl in der KVP selbst als auch im gesamten Sicherheitsapparat der DDR führten.

1 Pawel Dibrowa, »Bekanntmachung des Militärkommandanten des Sowjetischen Sektors von Berlin« (17. Juni 1953)

Der Volksaufstand in der DDR hatte sich unter anderem an der Unzufriedenheit der Arbeiter über die Erhöhung der Arbeitsnormen entzündet. Es kam zu Demonstrationen in der ganzen Republik. Sowjetische Truppen schlugen die Erhebung schließlich mit massiver Gewalt nieder.

»Für die Herbeiführung einer festen öffentlichen Ordnung im Sowjetischen Sektor von Berlin wird befohlen: [...]
Ab 13 Uhr des 17. Juni wird im Sowjetischen Sektor von Berlin der Ausnahmezustand verhängt. [...] Alle Demonstrationen, Versammlungen, Kundgebungen und sonstige Menschenansammlungen über drei Personen werden auf Straßen und Plätzen wie auch in öffentlichen Gebäuden verboten. [...] Jeglicher Verkehr von Fußgängern und der Verkehr von Kraftfahrzeugen und anderen Fahrzeugen wird in der Zeit von 21 Uhr bis 5 Uhr verboten. [...] Diejenigen, die gegen diesen Befehl verstoßen, werden nach dem Kriegsrecht bestraft. [...]«

079 Plakat der sowjetischen Militärkommandantur, 17. Juni 1953.

Zit. nach: DDR-Geschichte in Dokumenten. Beschlüsse, Berichte, interne Materialien und Alltagszeugnisse. Hrsg. von Matthias Judt, Bonn 1998, S. 512

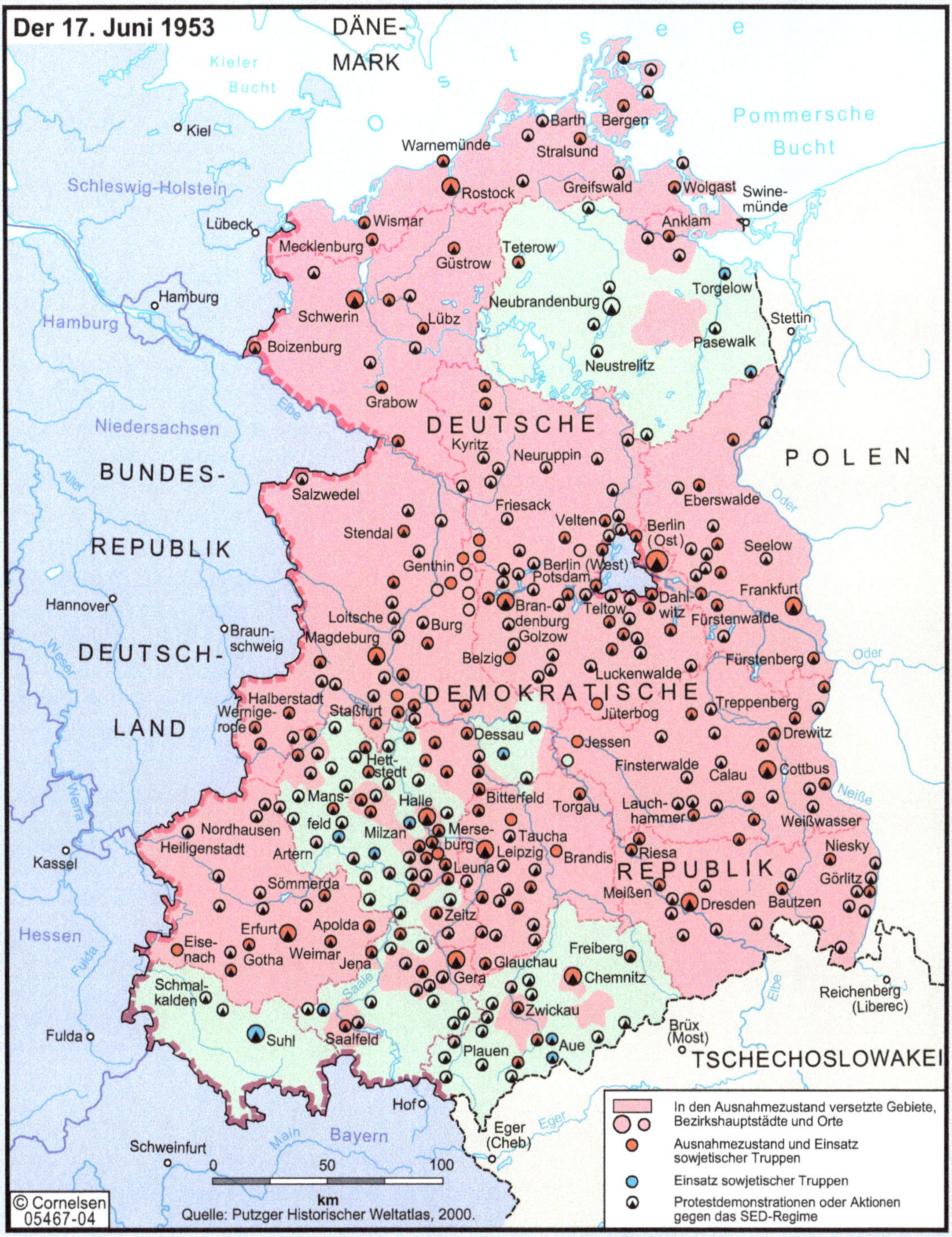

Der 17. Juni 1953

080
Mit Steinen greifen Arbeiter russische Panzer an, welche die Aufgabe haben, den Aufstand in Ost-Berlin niederzuschlagen.

Legende:
- In den Ausnahmezustand versetzte Gebiete, Bezirkshauptstädte und Orte
- Ausnahmezustand und Einsatz sowjetischer Truppen
- Einsatz sowjetischer Truppen
- Protestdemonstrationen oder Aktionen gegen das SED-Regime

Quelle: Putzger Historischer Weltatlas, 2000.

staatlichkeit auch eine wichtige Voraussetzung für die aktive Teilnahme der DDR an der sich abzeichnenden militärischen Ostintegration.

Wenige Tage nachdem die Bundesrepublik als fünfzehntes Mitglied in die NATO aufgenommen worden war, gründete die Sowjetunion am 14. Mai 1955 die Warschauer Vertragsorganisation (WVO). Die DDR gehörte gemeinsam mit Polen, der Tschechoslowakei, Bulgarien, Ungarn, Rumänien und Albanien zu den Erstunterzeichnern des in Warschau abgeschlossenen »Vertrages über Freundschaft, Zusammenarbeit und gegenseitigen Beistand«.

Als Führungsorgane des Paktes entstanden unter anderem ein Vereintes Kommando der Streitkräfte der Teilnehmerstaaten sowie ein Politischer Beratender Ausschuss, in dem alle grundlegenden Fragen des Bündnisses unter der sowjetischen Oberhoheit erörtert werden sollten. Da die DDR zum Zeitpunkt der Gründung der Warschauer Vertragsorganisation offiziell weder über Streitkräfte noch über einen Verteidigungsminister verfügte, blieb sie vorerst noch von den militärischen Festlegungen ausgeschlossen. Um eine rasche politische und militärische Integration in das neue Bündnis zu erreichen, musste sie jedoch eine Reihe von Voraussetzungen schaffen, die auch einen möglichst unkomplizierten Übergang zur Bildung regulärer Streitkräfte ermöglichen. Ganz in diesem Sinne erfolgten im zweiten Halbjahr 1955 nicht nur verfassungsmäßige und gesetzgeberische Maßnahmen, die die Grundlage einer künftigen Wehrverfassung in der DDR legten, sondern auch die Umgestaltung der KVP zu künftigen ostdeutschen Koalitionsstreitkräften. Letzterem diente im Jahr 1955 eine Vielzahl personeller, organisatorischer und struktureller Maßnahmen wie die Erhöhung der Personalstärken, die Qualifizierung der KVP-Führungskräfte, die faktische Herauslösung des Militärbereiches aus dem Innenministerium, die Bildung einer bisher noch nicht vorhandenen aktiven Luftverteidigung, die Weiterentwicklung der Kampfausbildung und die Durchführung größerer Übungen.

Die KVP wäre jedoch trotz aller Bemühungen zu keinem Zeitpunkt ihrer Existenz fähig gewesen, die DDR militärisch zu verteidigen. Nach wie vor standen dafür die sowjetischen Besatzungstruppen in einer Stärke von mehreren hunderttausend Mann bereit. Sie hatten im März 1954 die Bezeichnung »Gruppe der Sowjetischen Streitkräfte in Deutschland (GSSD)« erhalten.

Soziale und bildungsmäßige Zusammensetzung der Offizierschüler der KVP/NVA 1955 bis 1960 in Prozent

	1955	1956	1957	1958	1959	1960
Soziale Lage:						
Arbeiter	63,6	31,5	51,7	83,3	84,0	81,3
Bauern	0,1	0,4	0,3	0,6	0,5	0,2
Angestellte	13,9	4,7	5,7	5,1	4,9	5,3
Schüler/Studenten	22,4	61,3	42,3	10,9	10,6	13,2
Sonstige	–	2,1	–	0,1	–	–
Schulbildung:						
Abitur	21,8	61,4	38,7	10,1	10,6	12,3
10. Klasse	11,3	7,7	8,5	7,6	7,3	8,0
8. Klasse (und weniger)	66,9	30,9	52,8	82,3	82,1	79,7
Parteizugehörigkeit:						
SED	67,0	59,7	48,7	42,3	44,6	34,7
andere	0,1	–	–	–	–	–
FDJ	94,5	99,6	99,7	95,9	97,3	99,1

Zit. nach: Stephan Fingerle, Waffen in Arbeiterhand? Die Rekrutierung des Offizierkorps der NVA und ihrer Vorläufer. Hrsg. vom Militärgeschichtlichen Forschungsamt, Berlin 2001 (= Militärgeschichte der DDR, 2), S. 190

Umfeld

 1 Walter Ulbricht, »Schreiben an das Präsidium des ZK der KPdSU« (16. Dezember 1955)

Die Aufstellung der Nationalen Volksarmee und ihre Gliederung im Jahre 1956 erfolgte größtenteils durch die Umformung bereits bestehender Einheiten der Kasernierten Volkspolizei.

»Teurer Genosse Chrustschow!

In Übereinstimmung mit den Ergebnissen unserer in Moskau geführten Besprechungen über die teilweise Reorganisation der Führungsorgane unserer Kasernierten Volkspolizei und in Anbetracht der Delegierung des Chefs der Kasernierten Volkspolizei, Genossen Generalleutnant Hoffmann, zum zweijährigen Studium in die Sowjetunion führen wir folgende Maßnahmen in unseren Bewaffneten Kräften durch:

– Die Funktion des Chefs der Bewaffneten Kräfte (faktisch Minister für Verteidigung) wurde dem Stellvertreter des Vorsitzenden des Ministerrates der Deutschen Demokratischen Republik, Genossen Generaloberst Stoph, übertragen.

– Das Büro des Stellvertreters des Vorsitzenden des Ministerrates wurde mit der Verwaltung der Kasernierten Volkspolizei vereinigt und ihm die Struktur eines unseren Bedingungen entsprechenden Ministeriums für Verteidigung gegeben.

– Die Struktur von zwei Territorialen Verwaltungen der Kasernierten Volkspolizei wurde in dem Maße geändert, daß sie die Funktionen von Militärbezirken ausüben können. Zum 1.6.1956 werden wir den dritten Militärbezirk der Kasernierten Volkspolizei schaffen.

– Im Jahre 1956 wird das bei uns bestehende selbständige Flak-Lehrregiment der Luftverteidigungsgruppe des Landes in eine Flak-Artillerie-Division mit dem Bestand von zwei Flak-Artillerie-Regimentern umgebildet, da uns die äußerst notwendigen Landes-Luftverteidigungstruppen fehlen.«

Zit. nach: Torsten Diedrich und Rüdiger Wenzke, Die getarnte Armee. Geschichte der Kasernierten Volkspolizei der DDR 1952 bis 1956. Hrsg. vom Militärgeschichtlichen Forschungsamt, 2. Aufl., Berlin 2003 (= Militärgeschichte der DDR, 1)

081 Eine Doppelstreife der DDR-Grenzpolizei auf einer Patrouille im Südharz.

082 Medaille für vorbildlichen Grenzdienst.

083 Angehörige der Teilstreitkräfte der Kasernierten Volkspolizei.

4. Die Integration der Bundesrepublik in den Westen (1949–1957)

Das erste westeuropäische Sicherheitsbündnis nach dem Ende des Zweiten Weltkrieges stellte der auf französische Initiative am 4. März 1947 abgeschlossene Vertrag von Dünkirchen dar. Darin vereinbarten Frankreich und Großbritannien für den Fall eines deutschen Angriffs gegenseitigen militärischen Beistand. Auf britische Initiative wurde der Dünkirchener Vertrag um die Benelux-Staaten erweitert. Am 18. März 1948 schlossen Frankreich, Großbritannien, Belgien, die Niederlande und Luxemburg den »Vertrag über Zusammenarbeit in wirtschaftlichen, sozialen und kulturellen Angelegenheiten und zur kollektiven Selbstverteidigung«, der auch als Brüsseler Pakt bekannt wurde, und gründeten damit die so genannte Westunion. Auch das Brüsseler Bündnis richtet sich nominell gegen ein militärisch wiedererstarktes Deutschland. Faktisch verbündeten die fünf Länder sich aber gegen jeglichen bewaffneten Angriff in Europa, womit unter anderem die UdSSR gemeint war.

Die USA begrüßten den militärischen Wiederaufbau Europas. Der Brüsseler Pakt sollte aber aus Sicht der Europäer bei einem erhofften Beitritt der USA Mittel zum Zweck sein, um das amerikanische Militärpotenzial zum automatischen Beistand auf dem europäischen Kontinent zu verpflichten. Diese Hoffnung zerschlug sich, da die USA einem nominell auch gegen Deutschland gerichteten Militärbündnis mit automatischer Beistandspflicht nicht beitreten wollten. Zum einen hätte dies ihren ▸ sicherheitspolitischen Handlungsspielraum beschränkt. Zum anderen betrachteten sie Westdeutschland nicht mehr als potenziellen Feind, sondern als künftigen Wirtschaftspartner.

Ohne den Beitritt der USA war die Westunion kaum geeignet, einem militärischen Angriff der Sowjetunion entgegenzutreten. Im Zuge des sich verschärfenden Ost-West-Konflikts 1948/49 wuchs aber die Angst vor der Übermacht des Ostblocks. Besonders deutlich wurde dies anlässlich der Blockade Berlins 1948/49 durch die UdSSR und der Zündung der ersten ▸ sowjetischen Atombombe im Herbst 1949. Ein westliches Verteidigungsbündnis schien so dringend nötig wie nie. Dafür mussten sich die europäischen Staaten aber zunächst darauf einigen, Westdeutschland in ihre künftige Staatengemeinschaft aufzunehmen. Dies war wenige Jahre nach dem Ende des von Deutschland begonnenen Weltkrieges durchaus nicht selbstverständlich.

Den USA war es wiederum erst durch die Vandenberg-Resolution vom 11. Juni 1948, mit der die Tradition der Bündnislosigkeit in Friedenszeiten beendet wurde, möglich, sich einem Bündnis anzuschließen. Nach langen Verhandlungen wurde schließlich am 4. April 1949 die ▸ North Atlantic Treaty Organization (NATO) gegründet. Neben den USA und Kanada gehörten Frankreich, Großbritannien, die Benelux-Staaten, Dänemark, Island, Italien, Norwegen und Portugal zu den Gründungsmitgliedern. 1952 traten Griechenland und die Türkei bei. Die NATO bildete neben ihrer Beistandsgarantie, die jedoch keine automatische militärische Beistandspflicht beinhaltete, die institutionelle Klammer zwischen Nordamerika und Westeuropa. Die USA waren damit als dominante Macht dauerhaft an die Sicherheit Westeuropas gekoppelt. Damit wurde der drohenden sowjetischen Vorrangstellung in Europa eine westliche, militärisch gestärkte Position gegenüber gestellt. Die Bundesrepublik, die erst nach Gründung der NATO gebildet wurde, war zunächst nicht Teil des westlichen Verteidi-

---

Der erfolgreiche Test der ersten sowjetischen Atombombe am 29. August 1949 in der kasachischen Steppe schockierte die westliche Welt. Entgegen aller Expertenprognosen war es den Sowjets gelungen, innerhalb von nur vier Jahren das nukleare Patt mit den Vereinigten Staaten herzustellen. Unter der Leitung des Kernphysikers Igor Kurtschatow machte die sowjetische Forschung zwar anfangs Fortschritte, aber die entscheidenden Durchbrüche zur Realisierung einer Atombombe blieben trotz der Verwendung von Spionageinformationen noch aus. Am 20. August 1945, elf Tage nach dem Atombombenabwurf über Nagasaki, übertrug Stalin seinem amtierenden Geheimdienstchef Lawrenti Berija die Führung des Projekts und verlieh ihm somit höchste Priorität. Durch die folgende umfassende Mobilisierung von Ressourcen und Arbeitskräften seitens des NKWD, bei der selbst deutsche »Spezialisten« in den Dienst der Bombe gestellt wurden, konnte der gesetzte Fertigstellungstermin, der 1. Dezember 1949, eingehalten werden.

Mit der Monroe-Doktrin wurden 1823 erstmalig die Prinzipien der US-amerikanischen Außenpolitik festgelegt. Der damalige Präsident der Vereinigten Staaten James Monroe reagierte damit auf die möglichen Expansionsbestrebungen Spaniens in Lateinamerika und Russlands an der nordwestlichen Grenze der USA. Die wichtigsten Punkte der Doktrin waren folglich die Ablehnung weiterer Kolonisation der europäischen Mächte auf dem amerikanischen Kontinent und die Nichteinmischung der USA in europäische Angelegenheiten. Mit dem Aufstieg der USA zur Weltmacht wurde die zunächst isolationistisch gedachte Monroe-Doktrin immer stärker als Legitimation amerikanischer Kontrollbestrebungen in der Weltpolitik uminterpretiert. Mit der ergänzenden Truman-Doktrin (1947), die allen Völkern, die von militanten Minderheiten unterdrückt würden, den Beistand US-amerikanischer Truppen zusicherte, ließ man sich die Möglichkeit offen, überall auf der Welt in das politische Geschehen einzugreifen.

»Die Truman-Doktrin« (12. März 1947)

Der amerikanische Präsident Harry S. Truman äußerte sich in der Kongressbotschaft über die sich abzeichnende Konfrontation mit der Sowjetunion. Die hier dargelegten Grundsätze, auch »Truman-Doktrin« genannt, galten als außenpolitische Leitlinie der USA im Kalten Krieg.

»Wir werden unsere Ziele nur verwirklichen können, wenn wir bereit sind, den freien Völkern zu helfen, ihre freiheitlichen Institutionen und ihre nationale Integrität gegen aggressive Bewegungen zu schützen, die ihnen totalitäre Regime aufzwingen wollen. Totalitäre Regime untergraben dadurch die Grundlagen des internationalen Friedens und damit auch die Sicherheit der Vereinigten Staaten. [...] Ich bin der Überzeugung, dass die Vereinigten Staaten freien Völkern helfen müssen, die sich wehren gegen den Versuch der Unterjochung durch bewaffnete Minderheiten oder durch Druck von außen. [...] Ich bin der Auffassung, dass unsere Unterstützung in erster Linie als wirtschaftliche und finanzielle Hilfe erfolgen sollte, die Voraussetzung ist für wirtschaftliche Stabilität und geordnete politische Verhältnisse.«

Zit. nach: Begegnungen mit Geschichte. Historische Bildung für Unteroffiziere und Mannschaften, Modul III. Militär in Deutschland. Im Auftrag des Bundesministeriums der Verteidigung hrsg. von Klaus Bergmann u.a., Schwalbach 2003, S. 18

»Die Gründung der NATO«
(4. April 1949)

Der Nordatlantik-Pakt (NATO) wurde in Washington von zwölf Staaten (Belgien, Kanada, Dänemark, Frankreich, Großbritannien, Island, Italien, Luxemburg, Niederlande, Norwegen, Portugal, Vereinigte Staaten) unterzeichnet. Die Bundesrepublik Deutschland trat der NATO 1955 bei.

»Die vertragschließenden Parteien [...] sind entschlossen, die Freiheit, das gemeinsame Erbe und die Zivilisation ihrer Völker zu sichern, die sich auf die Grundsätze der Demokratie, der individuellen Freiheit und der Herrschaft des Rechts begründet. Im Streben nach Förderung der Stabilität und Wohlfahrt im Gebiete des nördlichen Atlantik haben sie deshalb beschlossen, ihre Bemühungen mit dem Ziel der kollektiven Verteidigung zur Aufrechterhaltung des Friedens und der Sicherheit zu vereinigen und einigen sich daher auf den folgenden nordatlantischen Vertrag.
Artikel 1: Die Parteien verpflichten sich, wie dies in der Satzung der Vereinten Nationen ausgeführt ist, jegliche internationale Streitigkeiten, in die sie verwickelt werden könnten, durch friedliche Mittel so beizulegen, daß der Völkerfriede und die internationale Sicherheit und Gerechtigkeit nicht gefährdet werden und sich in ihren internationalen Beziehungen jeder Drohung oder des Gebrauchs von Gewalt in jeglicher Form zu enthalten, die mit den Zielen der Vereinten Nationen unvereinbar sind. [...]
Artikel 5: Die vertragschließenden Parteien sind sich darüber einig, daß ein bewaffneter Angriff auf eine oder mehrere von ihnen in Europa oder Nordamerika als ein Angriff gegen sie alle betrachtet werden soll, und demzufolge haben sie sich dahin geeinigt, daß jede von ihnen im Falle eines solchen bewaffneten Angriffs in Ausübung des Rechts auf Selbstverteidigung einzelner oder mehrerer Staaten, wie es durch Artikel 51 der Satzung der Vereinten Nationen anerkannt wird, der Partei oder den Parteien, die derart angegriffen werden, beistehen wird, indem sie unverzüglich, einzeln oder in Übereinstimmung mit anderen Teilnehmern, diejenigen Maßnahmen ergreift, die sie für notwendig hält einschließlich der Anwendung von Waffengewalt, um die Sicherheit des nordatlantischen Gebiets wiederherzustellen und aufrechtzuerhalten.«

Zit. nach: Die Welt seit 1945. Geschichte in Quellen. Hrsg. von Wolfgang Lautemann und Manfred Schlenke, München 1980, S. 464 f.

Der Kalte Krieg

084 Schema der Funktionsweise und Organe der geplanten Montanunion, 1951.

Die Basis für die wirtschaftliche Integration Westdeutschlands bildete die Teilnahme am europäischen Wiederaufbauprogramm 1948. Der Marshall-Plan bildete aber auch die Grundlage für den gesamten westeuropäischen Integrationsprozess. Allerdings war er nur auf drei Jahre angelegt worden, so dass die westeuropäischen Länder Anfang der fünfziger Jahre verstärkt den Aufbau einer Wirtschaftsunion planten. Dabei war Westdeutschland bereits fester Bestandteil entsprechender Überlegungen. Ein erster Schritt zur wirtschaftlichen und auch (sicherheits-)politischen Zusammenarbeit war die Gründung der Europäischen Gemeinschaft für Kohle und Stahl (EGKS) 1951. An der so genannten Montanunion waren die Bundesrepublik, Frankreich, Italien und die Beneluxstaaten beteiligt. Das vom französischen Außenminister Robert Schuman und seinem Berater Jean Monet angestoßene Vertragswerk sah die Schaffung eines gemeinsamen Marktes für die Kohle und Stahl erzeugende Industrie, die Aufhebung der Binnenzölle und die Angleichung der Außenzölle vor. Die gemeinsame Kontrolle der für die Rüstung strategisch wichtigen Kohle- und Stahl-Industrien kam jedoch nicht nur französischen sicherheitspolitischen Interessen, sondern auch deutschen politischen und wirtschaftlichen Anliegen entgegen.

Parallel zur wirtschaftlichen Integration wuchsen die Bestrebungen zur Einbindung der Bundesrepublik in das westliche Sicherheitsbündnis. Dies konnte aber kaum ohne einen westdeutschen Verteidigungsbeitrag erfolgen. Daher stellte sich schnell die Frage der »Wiederbewaffnung« oder Neuaufstellung deutscher Streitkräfte. Als sich im Frühjahr 1950 die Stimmen hoher westlicher Politiker und Militärs mehrten, die sich für eine Beteiligung der Bundesrepublik an den Verteidigungsanstrengungen des Westens aussprachen, berief Bundeskanzler Adenauer

gungsbündnisses, sie war aber auch nicht erklärter Gegner der Bündnispartner.

Ein Großteil der bundesdeutschen Politik, allen voran Bundeskanzler Adenauer, sah in einer Westintegration die einzige Chance für die Erlangung der staatlichen Souveränität und die spätere Wiedervereinigung. Die Einbindung des jungen Staates in die wirtschaftlichen und sicherheitspolitischen Strukturen des Westens ließen jedoch die Vereinigung beider deutscher Staaten immer unwahrscheinlicher werden. Die vorübergehende Preisgabe der Wiedervereinigungsbestrebungen war, entgegen allen rhetorischen Bekundungen der Bundesregierung und angesichts der Chancenlosigkeit, diese aus eigener Kraft zu erreichen, die unausgesprochene Voraussetzung für die Verankerung der Bundesrepublik im Westen.

B Gerhard Graf von Schwerin (1899–1980)
General – Von Schwerin diente als Fähnrich im Ersten Weltkrieg und wurde mit dem Eisernen Kreuz erster Klasse ausgezeichnet. Im Zweiten Weltkrieg profilierte er sich erneut an verschiedenen Kriegsschauplätzen in Europa und Afrika. Seine Erfolge als Regimentskommandeur würdigte das Regime 1942 mit dem Ritterkreuz des Eisernen Kreuzes. Kurz darauf wurde er zum Generalmajor ernannt und fungierte mit der 16. Infanteriedivision als Bindeglied zwischen der Heeresgruppe A und den Truppen vor Stalingrad. 1944 war von Schwerin mit der Verteidigung

085 Gerhard Graf von Schwerin. Foto, 29. Oktober 1950.

General a.D. ▶ Gerhard Graf von Schwerin am 24. Mai 1950 zu seinem Berater in Militär- und Sicherheitsfragen. Dessen Dienststelle erhielt die Bezeichnung »Zentrale für Heimatdienst«. Sie erstellte Pläne für den Aufbau einer Art Bundespolizei, deren Umsetzung allerdings am Widerstand der Siegermächte scheiterte.

Der Beginn des Korea-Krieges im Juni 1950 verstärkte die westlichen Befürchtungen vor einer militärischen Ausdehnung des Kommunismus und verdeutlichte die Unterlegenheit des Westens bei konventionellen Waffen. Dabei erhöhte die vergleichbare Situation zwischen dem geteilten Korea und den beiden deutschen Staaten die strategische Wahrnehmung Westdeutschlands. Hinzu kam die geografisch oder geostrategisch besondere Bedeutung des Landes an der Grenze zu den sowjetischen Satellitenstaaten. Amerikanische und britische Politiker hielten es zudem auf Dauer für nicht sinnvoll und auch finanziell nicht tragbar, Westdeutschland nur durch Besatzungstruppen zu sichern. Sie forderten daher verstärkt einen westdeutschen Verteidigungsbeitrag. Dagegen hegte Frankreich fünf Jahre nach Kriegsende noch starke Bedenken gegenüber einer eigenständigen deutschen Armee. Ende August 1950 bekräftigte Adenauer den Wunsch nach einer erhöhten alliierten Truppenpräsenz in der Bundesrepublik. Im Rahmen eines Memorandums über die »Sicherung des Bundesgebietes nach innen und außen« signalisierte er zudem die grundsätzliche Bereitschaft Westdeutschlands, »im Falle der Bildung einer internationalen westeuropäischen Armee einen Beitrag in Form eines deutschen Kontingents« zu leisten. Im Gegenzug forderte er die Herstellung der westdeutschen Souveränität.

 »Denkschrift über ein deutsches Kontingent zur Verteidigung Westeuropas« (9. Oktober 1950)

Trotz des Bekenntnisses zum Neuanfang griff man beim Aufbau der Bundeswehr ebenso wie in der NVA auf Offiziere der Wehrmacht zurück.

»Ebenso wichtig wie die Ausbildung des Soldaten ist seine Charakterbildung und Erziehung. Bei der Aufstellung des Deutschen Kontingents für die Verteidigung Europas kommt damit dem inneren Gefüge der neuen deutschen Truppe große Bedeutung zu. Die Maßnahmen und Planungen auf diesem Gebiet müssen und können sich auf dem gegenwärtigen Notstand Europas gründen. Damit sind die Voraussetzungen für den Neuaufbau von denen der Vergangenheit so verschieden, dass ohne Anlehnung an die Formen der alten Wehrmacht heute grundlegend Neues zu schaffen ist. Dabei muss auch berücksichtigt werden, dass in den letzten Jahren die Wehrbereitschaft des deutschen Volkes stark gelitten hat. Bei der bevorstehenden engen Zusammenarbeit mit den Wehrmachtsteilen der West- bzw. Atlantik-Staaten sind einerseits weitgehende Angleichungen auch an den inneren Aufbau und äußere Formen erforderlich, andererseits sollte den soldatischen Erfahrungen und Gefühlen des deutschen Volkes Rechnung getragen werden. Es wird wichtig sein, einen gesunden Ausgleich zu finden zwischen notwendigem neuen Inhalt und den aufgelockerten Formen einerseits und dem berechtigten Wunsche nach dem hergebrachten Ansehen des Soldaten in der Öffentlichkeit andererseits.«

Zit. nach: Loretana de Libero, Tradition in Zeiten der Transformation: Zum Traditionsverständnis der Bundeswehr im frühen 21. Jahrhundert. Hrsg. im Auftrag des Sozialwissenschaftlichen Instituts der Bundeswehr, Paderborn 2006, S. 205

der Stadt Aachen gegen den Angriff der Alliierten beauftragt und unterstützte die Evakuierung der Zivilbevölkerung. Nachdem er zum General der Panzertruppen ernannt worden war, begab er sich am 25. April 1945 in britische Kriegsgefangenschaft, weil er eine Fortführung des Kriegs als sinnlos betrachtete. Als Konrad Adenauer ihn 1950 zum Berater für Militär- und Sicherheitsfragen berief, trug seine Dienststelle zu den Voraussetzungen für eine Wiederbewaffnung der Bundesrepublik bei.

086 Werbeplakat für einen westdeutschen Wehrbeitrag.

Der Kalte Krieg

1 »Vorlage der Bundesregierung zum Bundestag« (1952)

Der Vertrag über die Europäische Verteidigungsgemeinschaft wurde 1952 von Frankreich, Italien, den drei Benelux-Staaten und der Bundesrepublik unterzeichnet. Die Vertragspartner wollten eine europäische Armee unter übernationaler Führung bilden. Die Verwirklichung der EVG scheiterte an der Weigerung der französischen Nationalversammlung, die den Vertrag nicht ratifizierte.

»Die Europäische Verteidigungsgemeinschaft ist, ebenso wie die Europäische Montangemeinschaft, eine mit eigenen Hoheitsbefugnissen ausgestattete überstaatliche Gemeinschaft. Auch dem Aufbau der Verteidigungsgemeinschaft liegt die Überzeugung zugrunde, dass die angestrebten Ziele nicht mit den hergebrachten Mitteln zwischenstaatlicher Verknüpfung, sondern nur durch eine solche überstaatliche Gemeinschaft verwirklicht werden können. Der Vertrag regelt nicht, wie frühere Militärbündnisse, Rechte und Pflichten der Staaten zu militärischem Beistand und Zusammenwirken, sondern er schafft auf dem Gebiet der Verteidigung, in ähnlicher Weise, wie es die Montangemeinschaft auf dem Gebiet der Grundstoffindustrien getan hat, ein europäisches Gebilde mit eigenen Organen, eigenen Streitkräften und eigenem Haushalt. Insbesondere sind die Streitkräfte europäisch, nicht national. Die Verteidigungsgemeinschaft steht damit im Gegensatz zu den Koalitionsarmeen alten Stils. Bei diesen verbleiben die Truppen im nationalen Status, sie sind nach wie vor Truppen der Einzelstaaten, nur unter gemeinsamem Oberbefehl. Demgegenüber gibt es bei der integrierten Armee der Verteidigungsgemeinschaft eine grundsätzlich neue Lösung. Es gibt bei ihr keine nationalen Truppen mehr; nicht nur der Oberbefehl ist gemeinsam, sondern die gesamte Armee mit sämtlichen Kontingenten hat europäischen Status.«

Zit. nach: Die Auswärtige Politik der Bundesrepublik Deutschland. Hrsg. vom Auswärtigem Amt, Köln 1972, S. 215

087 Die Unterzeichnung der EVG-Verträge am 27. Mai 1955 in Paris.

Auf der New Yorker Außenministerkonferenz im September 1950 gaben die drei Westmächte schließlich einerseits eine Sicherheitsgarantie für die Bundesrepublik und West-Berlin ab und erwogen andererseits die Aufnahme der Bundesrepublik in die NATO. Daraufhin traf vom 3. bis zum 6. Oktober im Auftrag von Bundeskanzler Adenauer eine Gruppe von 15 ehemaligen Offizieren der Wehrmacht im Eifelkloster Himmerod zusammen. Zu ihnen zählten neben Gerhard Graf von Schwerin auch Hans Speidel, Adolf Heusinger, Hermann Foertsch, ▸ Johann Adolf Graf von Kielmansegg und Wolf Graf von Baudissin. Sie erarbeiteten Vorschläge für die Konzeption westdeutscher Streitkräfte. Die ▸ Himmeroder »Denkschrift über die Aufstellung eines deutschen Kontingents im Rahmen einer internationalen Streitmacht zur Verteidigung Westeuropas« verdeutlichte bereits in ihrem Titel den westeuropäischen Bezug, der sich mit der außen- und sicherheitspolitischen Zielrichtung von Adenauers Politik der unbedingten Westintegration deckte.

Der französische Premierminister Renè Pleven schlug zudem am 24. Oktober 1950 die Schaffung einer ▸ Europäischen Verteidigungsgemeinschaft (EVG) vor. Die im so genannten Pleven-Plan konzipierte supranationale Armee sollte mit den politischen Institutionen eines geeinten Europas verbunden und unter dem Dach einer Europäischen Politischen Gemeinschaft (EPG) schließlich einem europäischen Verteidigungsminister unterstellt werden. Die Öffentlichkeit betrachtete dies als eine »militärische Version« des Schuman-Plans. Gleichwohl verfolgte der Pleven-Plan nur bedingt europäische Absichten. Ziel war es vor allem, die künftigen deutschen Truppen zu kontrollieren. Der Pleven-Plan ist deshalb eher als ein reaktiver

088 Pazifistisches Ansteckzeichen, 1950er Jahre.

Steuerungsversuch denn als ein aktiver Integrationsversuch zu interpretieren. Wenn die Bildung und »Wiederbewaffnung« deutscher Streitkräfte nicht zu verhindern waren, sollten diese wenigstens französischer Mit-Kontrolle unterliegen.

Am 15. Mai 1951 begannen die Verhandlungen zwischen Frankreich, Deutschland, Italien, Belgien und Luxemburg zur Gründung der EVG. Nach mehr als einjähriger Verhandlungsdauer wurde der grundlegende Vertrag am 27. Mai 1952 von den Außenministern der beteiligten Staaten unterzeichnet. Danach stellte die EVG keine europäische Alternative zur NATO dar. Vielmehr sollten im Verteidigungsfall die europäischen Truppenkontingente der operativen Führung des NATO-Oberbefehlshabers in Europa unterstellt werden. Das In-Kraft-Treten des EVG-Vertrages scheiterte schließlich an der Angst der französischen Nationalversammlung vor einer amerikanischen Dominanz. Diese entschied sich am 30. August 1954 sogar dagegen, die zur Ratifizierung notwendige Abstimmung auch nur als Tagesordnungspunkt aufzunehmen. Obwohl die Idee zur EVG von französischer Seite aufgebracht worden war, scheiterte ihre Umsetzung schließlich an Frankreich.

Nachdem der sicherheitspolitische Integrationsprozess nicht zur Schaffung einer eigenständigen europäischen Verteidigungsinstitution geführt hatte, konnte auf der wirtschaftlichen Ebene eine Gemeinschaft gebildet werden. Mit den ▸ »Römischen Verträgen« vom 25. März 1957 wurden zum 1. Januar 1958 die Europäische Wirtschaftsgemeinschaft (EWG) und die Europäische Atomgemeinschaft (EURATOM) gegründet. Zusammen mit der EGKS/Montanunion bildeten sie den wirtschaftspolitischen Kristallisationskern Westeuropas.

 1 »Himmeroder Denkschrift« (9. Oktober 1950)

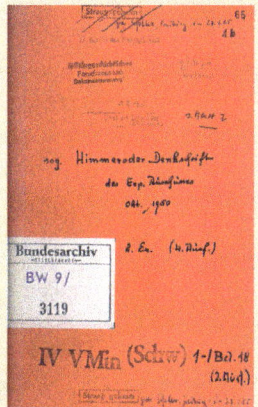

Die Himmeroder Denkschrift, benannt nach dem Tagungsort, war maßgeblich für den späteren Aufbau der Bundeswehr. In ihr wurden Art und Umfang der deutschen Wiederbewaffnung diskutiert.

089 Deckblatt der Himmeroder Denkschrift.

»Angesichts dieser sowjetischen Möglichkeiten ist die Verteidigung Westeuropas z.Zt. völlig unzureichend. Wenn jetzt aus dieser Tatsache die notwendigen Schlußfolgerungen gezogen werden, so bedarf es hierzu in erster Linie eines gemeinsamen operativen Planes, wie die Verteidigung zu führen ist. Dieser Plan muß die militärischen Aufgaben der Länder Europas im Rahmen der Gesamtverteidigung, sowie die militärische Unterstützung seitens Amerikas festlegen. Nach diesen Aufgaben müssen die militärischen Streitkräfte der Länder berechnet, aufgestellt und bewaffnet werden. Diesem Plan muß auch die deutsche Verteidigung angepaßt werden. [...] Die Verteidigungsbereitschaft muß in kurzer Zeit sichergestellt werden, da die Gefahr eines sowjetischen Angriffs zwar vielleicht für die nächsten 2 Jahre auf Grund der amerikanischen Atom-Überlegenheit nicht unmittelbar brennend ist, es jedoch jederzeit werden kann. Es muß ferner erkannt werden, daß bei Beginn des Krieges die Sowjets die Vorhand und alle damit verbundenen Vorteile haben werden, da ihr totalitäres System ein überraschendes Antreten ermöglicht.«

Zit. nach: Hans-Jürgen Rautenberg und Norbert Wiggershaus, Die »Himmeroder Denkschrift« vom Oktober 1950. In: MGM, 21 (1977), S. 135–206

B Johann Adolf Graf von Kielmansegg (1906–2006)
General – Kielmansegg, der in der Wehrmacht zuletzt im Range eines Oberst als Regimentskommandeur tätig gewesen war, arbeitete nach dem Krieg und kurzer britischer Kriegsgefangenschaft im Amt Blank. Nach der Übernahme in die Bundeswehr 1955 und Verwendungen als Divisionskommandeur wurde er 1963 zum Oberbefehlshaber der NATO-Landstreitkräfte in Mitteleuropa ernannt. Im Jahre 1966 erfolgte dann die Ernennung zum Oberbefehlshaber der gesamten NATO-Streitkräfte in Mitteleuropa.

090 Johann Adolf Graf von Kielmansegg.

Der Kalte Krieg

5. Die Diskussion um die »Wiederbewaffnung« in der Bundesrepublik

Die Einbeziehung der Bundesrepublik in die nordatlantischen sowie die westeuropäischen Sicherheitsstrukturen war von heftigen Diskussionen im In- und Ausland begleitet. Dass es überhaupt zur Neuaufstellung deutscher Streitkräfte kommen würde, war in den ersten Jahren nach dem Zweiten Weltkrieg zunächst noch fast unvorstellbar. Die Hypothek des preußisch-deutschen Militarismus, der nationalsozialistischen aggressiven Außenpolitik und der Beteiligung deutscher Streitkräfte an dem rasseideologischen Vernichtungskrieg ließ entsprechende machtpolitische Überlegungen zunächst rein theoretischer Natur sein. Im ▸ Potsdamer Abkommen der Siegermächte des Zweiten Weltkrieges war als Kriegsziel die vollständige Entmilitarisierung Deutschlands festgehalten worden. Von Deutschland sollte nie wieder ein Krieg ausgehen können. Daher schien die Wiederaufstellung deutscher Streitkräfte, in welcher Form auch immer, sowohl für das Ausland wie auch für die deutsche Bevölkerung zunächst kaum denkbar.

Doch die Bereitschaft, über neue (west-)deutsche Streitkräfte nachzudenken, wuchs mit der Wahrnehmung der Sowjetunion als neue Bedrohung der westlichen Welt. Dazu trug vor allem die weltweite Ausbreitung des Kommunismus mit militärischen Mitteln bei. Die starken sowjetischen Truppenverbände, die nach dem Zweiten Weltkrieg in den neu eroberten Territorien Mittel- und Osteuropas standen, und auch der Aufbau der Kasernierten Volkspolizei in der SBZ seit 1947 ließen das Bild einer akuten militärischen Gefahr für Westdeutschland entstehen. Der Angriff des ▸ kommunistischen Nordkorea auf den von den USA unterstütz-

091 Die Unterzeichnung der Römischen Verträge am 25. März 1957. Die versammelten Regierungschefs von Belgien, Frankreich, Italien, Luxemburg, der Niederlande und der Bundesrepublik Deutschland.

ten Süden des Landes, hinter dem – wie heute bekannt, zurecht – als treibende Kraft die Sowjetunion vermutet wurde, bestärkte die Forderung nach einem westdeutschen Verteidigungsbeitrag. Hinzu kam die gewaltsame Niederschlagung des Volksaufstandes in der DDR im Juni 1953. Die Gefahr für den Frieden in der Welt ging nicht mehr von Deutschland, sondern von den sich gegenüberstehenden Militärblöcken aus. Die Welt wurde durch den »Eisernen Vorhang« in zwei verteidigungsbereite, nahezu gleich starke Gegner geteilt. Ein entmilitarisiertes Deutschland mitten zwischen den Blöcken war für beide Seiten auf Dauer nicht haltbar. Dabei wurde der Korea-Krieg von Teilen der Politik, des Militärs und der Öffentlichkeit als Exerzierfeld und Vorbereitung einer möglichen zentraleuropäischen Wiederholung verstanden. Für sie war nicht mehr die Frage, ob, sondern wie und in welcher Form ein militärischer westdeutscher Beitrag geleistet werden konnte, Gegenstand der Erörterungen. Die Möglichkeit einer kontrollierten westdeutschen »Wiederbewaffnung« im Rahmen einer eindeutigen

---

Die Römischen Verträge beinhalteten die Bildung einer europäischen Wirtschaftsgemeinschaft (EWG) und einer europäischen Atomgemeinschaft. Wichtigste Bestandteile der Verträge vom 25. März 1957 waren der Wegfall der meisten Handelsbarrieren sowie die Einigung auf eine gemeinsame Außenhandelspolitik. Der Beitritt zur EWG stellte für die Bundesrepublik einen bedeutenden Schritt in Richtung Westintegration dar. Weitere unterzeichnende Staaten waren Belgien, Frankreich, Italien, Luxemburg und die Niederlande. Die EWG kann als Vorläufer der heutigen Europäischen Union (EU) bezeichnet werden.

Umfeld

 Wolfgang Leonhard, »Die Revolution entläßt ihre Kinder« (1956)

Während des Zweiten Weltkrieges besuchte Leonhard, der mit seiner Familie vor Hitler in die Sowjetunion geflüchtet war, eine Kominternschule. Hier sollte die kommunistische Elite für die internationale Arbeit geschult werden.

»Der Unterricht fand meist getrennt nach den einzelnen nationalen Gruppen statt. Nur bei besonders wichtigen Themen wurden gemeinsame Vorlesungen für die ganze Schule angesetzt [...].

Erst viele Wochen später erfuhr ich, daß es neben den erwähnten 12 Gruppen noch eine weitere auf der Schule gab. Etwas abseits von den übrigen Gebäuden der Schule stand ein kleineres Gebäude, das besonders abgezäunt war und zu dem niemand von uns hingehen durfte. Infolge der völligen Absperrung wußte von den Schülern zunächst niemand, was in diesem Gebäude vor sich ging, wer dort unterrichtet wurde. Nur eine Information sickerte allmählich durch: In diesem Gebäude wurden koreanische Kommunisten geschult. Sie lebten ganz für sich abgeschlossen und nahmen nicht einmal an unseren gemeinsamen Veranstaltungen teil.

Die Ursache für jene besonderen Sicherungsmaßnahmen ist nicht schwer zu erklären. In der Kominternschule wurden nur Funktionäre aus jenen Ländern ausgebildet, mit denen sich die Sowjetunion im Kriegszustand befand oder die von den faschistischen Achsenmächten okkupiert worden waren. Mit Japan befand sich die Sowjetunion bekanntlich bis 1945 nicht im Kriegszustand, sondern hatte einen Nichtangriffspakt abgeschlossen und unterhielt normale diplomatische Beziehungen. Folglich mußte die Schulung der Koreaner – die ja schließlich für den Kampf gegen die japanische Besetzung herangebildet wurden – ganz besonders geheimgehalten werden.«

Zit. nach: Wolfgang Leonhard, Die Revolution entläßt ihre Kinder, Köln 1956, S. 197 f.

 George F. Kennan, »Das Potsdamer Abkommen« (1968)

Der amerikanische Diplomat, der den Marshall-Plan mitentwarf, trifft in seinen Memoiren eine Einschätzung der Potsdamer Konferenz und der geplanten Vier-Mächte-Kontrolle über Deutschland.

»Es versteht sich [...], daß ich die Arbeit der Konferenz von Potsdam mit Skepsis und Entsetzen verfolgte. Ich kann mich an kein politisches Dokument erinnern, das mich je so deprimiert hätte wie das von Truman unterzeichnete Kommunique am Ende dieser wirren und verwirrenden Verhandlungen. Nicht nur weil ich wußte, daß die Idee einer gemeinsamen Vier-Mächte-Kontrolle, die man jetzt zur Grundlage für die Regierung Deutschlands gemacht hatte, abwegig und undurchführbar sei. Auch die unpräzise Ausdrucksweise, die Verwendung so dehnbarer Begriffe wie ›demokratisch‹, ›friedlich‹, ›gerecht‹ in einem Abkommen mit den Russen lief allem direkt zuwider, was siebzehn Jahre Rußlanderfahrung mich über die Technik des Verhandelns mit der sowjetischen Regierung gelehrt hatten. [...] Für weitere Behauptung, man werde die politische Tätigkeit demokratischer Parteien und die dazugehörige Versammlungsfreiheit und öffentliche Diskussion nicht gestatten, sondern ›ermutigen‹, würden mildernde Umstände schwer zu finden sein. Jeder Mensch in Moskau hätte uns Unterhändlern sagen können, was die sowjetische Führung unter ›demokratischen Parteien‹ verstand. Die Irreführung der Öffentlichkeit in Deutschland und im Westen durch die Verwendung eines solchen Ausdrucks in einem Dokument, das außer Stalin auch von den Herren Truman und Attlee unterzeichnet war, ließ sich selbst mit allergrößter Naivität nicht entschuldigen.«

Zit. nach: George F. Kennan, Memoiren eines Diplomaten, Stuttgart 1968, S. 253 f.

092 In diesem Haus wohnte während der Verhandlungen der Alliierten zum Potsdamer Abkommen vom 17. Juli bis zum 2. August 1945 die amerikanische Delegation unter der Leitung des amerikanischen Präsidenten Harry S. Truman.

Der Kalte Krieg

Westbindung der jungen Bundesrepublik war daher Mittelpunkt heftiger innen- wie außenpolitischer Auseinandersetzungen in den Regierungszentren der westlichen Welt geworden.

Die Diskussion über die grundsätzliche Bereitschaft zur Aufstellung von Streitkräften sowie über deren Modalitäten wurde von Regierung und Opposition ebenso wie in der Publizistik und den diversen Interessengruppen der jungen Bundesrepublik geführt. Die Regierungsparteien sprachen sich für die Aufstellung von Streitkräften aus, um den militärischen wie politischen Verteidigungs- und Selbstbehauptungswillen zu demonstrieren. Vor allem aber diente das Angebot eines westdeutschen Verteidigungsbeitrags der schrittweisen Rückgewinnung der Souveränität. Bundeskanzler Adenauer hatte eine Aufstellung westdeutscher Soldaten im Rahmen einer europäischen Armee bereits Anfang Dezember 1949 in einem Aufsehen erregenden Zeitungsinterview in den USA vorgeschlagen. Dieser nicht einmal mit der eigenen Regierung abgesprochene Schritt wurde sowohl im In- als auch im Ausland abgelehnt. Letztendlich muss er als verfrühtes öffentliches Eintreten für die »Wiederbewaffnung« gewertet werden. Quer durch alle Parteien bildete sich eine breite Gegnerschaft, die aus unterschiedlichsten Gründen den Aufbau einer bundesdeutschen Armee ablehnte. Vor allem wurde von der Wiederbewaffnung das Ende jeglicher Chancen auf eine Wiedervereinigung befürchtet. Besonders die SPD und die Gewerkschaften, aber auch weite Kreise der evangelischen Kirche und namhafte Intellektuelle protestierten öffentlich gegen die Wiederbewaffnung der Bundesrepublik. Zu ihnen gehörte auch Innenminister ▶ Gustav Heinemann, der aus Protest gegen Adenauers Wiederbewaffnungspläne 1950 von seinem Ministeramt zurück trat. 1951 gründete er zunächst die »Notgemeinschaft für den Frieden Europas«. Zusammen mit Helene Wessel, einer der »Mütter des Grundgesetzes«, rief er 1952 die »Gesamtdeutsche Volkspartei (GVP)« ins Leben, die mithilfe einer Neutralitätspolitik einen Weg für die Wiedervereinigung Deutschlands aufrecht erhalten wollte. Pfarrer ▶ Martin Niemöller und der Bruderrat der Bekennenden Kirche wandten sich 1950 gemeinsam in einem Offenen Brief gegen die Wiederbewaffnung, in der sie eine direkte »Kriegsvorbereitung« sahen. Bei den folgenden Bundestagswahlen konnten jedoch weder die neue Partei noch die Opposition insgesamt einen Sieg erzielen. Die öffentliche Protestbewegung, auch als »Ohnemich-Bewegung« bezeichnet, war zu unterschiedlich, um eine wirksame Front gegen die Regierung zu bilden. Dies wurde auch bei den Protesten gegen den Abschluss der »Pariser Verträge« 1954 deutlich. In der so genannten ▶ Paulskirchenbewegung hatten sich breite Kreise der Bevölkerung erneut gegen den westdeutschen Verteidigungsbeitrag ausgesprochen. Ohne eine dauerhafte Organisation und politische Durchsetzungskraft konnte aber auch diese Gruppe von den Regierungsparteien als »weltfremd« abgestempelt werden.

Nach dem Scheitern der EVG-Pläne war die Position der bundesdeutschen Regierung und dabei vor allem des Bundeskanzlers von folgenden Gesichtspunkten geleitet: Außenpolitisch war die zerbrochene EVG ein Beweis für die mangelnde Handlungsfähigkeit der Westeuropäer. Dies konnte leicht dazu beitragen, die isolationistischen Tendenzen in den USA zu stärken. Zudem war mit dem Ende der EVG-Pläne die innenpolitische Position Adenauers angeschlagen. Seine Politik stellte zunehmend einen prinzipiellen Zielkonflikt dar: Die Bun-

---

Als Paulskirchenbewegung bezeichnete man eine Bewegung, die sich gegen die Wiederbewaffnung der Bundesrepublik aussprach. Ihr Name geht auf eine Veranstaltung vom 29. Januar 1955 in der Frankfurter Paulskirche zurück. Die von Erich Ollenhauer, Gustav Heinemann und Alfred Weber initiierte Kundgebung gegen die Remilitarisierung der Bundesrepublik, mündete in dem »Deutschen Manifest«. Die ungefähr 1000 Anwesenden nahmen das Manifest an und konnten über einen kurzen Zeitraum mehrere hunderttausend Anhänger für die Bewegung gewinnen. Nachdem allerdings der Bundestag im Februar 1955 beschlossen hatte, der NATO beizutreten, löste sich die Paulskirchenbewegung auf.

Umfeld

093 Martin Niemöller. Foto, um 1946.

Martin Niemöller (1892–1984)
Theologe – Niemöller war während des Ersten Weltkriegs U-Boot-Kommandant, wandte sich nach dem Krieg dem Theologiestudium zu und wurde 1931 Pfarrer in Berlin-Dahlem. Obwohl er zunächst zu den Befürwortern der NSDAP gehörte, geriet er wegen der Kirchenpolitik der Nationalsozialisten in Konflikt mit dem Regime. Auf die Einführung des Arierparagraphen, der die Entfernung von »Nichtariern« aus dem Kirchendienst vorsah, reagierte Niemöller mit der Gründung des Pfarrernotbundes, aus dem 1934 die Bekennende Kirche hervorging. Wegen seiner offenen Opposition gegenüber Hitler wurde Niemöller in den Konzentrationslagern Sachsenhausen und Dachau inhaftiert. Nach seiner Befreiung 1945 übernahm er führende Ämter in der evangelischen Kirche und thematisierte die Mitschuld der Kirche an den Verbrechen des NS-Regimes. Darüber hinaus war er ein populärer Kriegsgegner und kritisierte öffentlich die Wiederbewaffnung, die antikommunistische Haltung der Westmächte und später auch deren Atomwaffenpolitik.

094 Gustav Heinemann. Foto, um 1970.

Gustav Heinemann (1899–1976)
Politiker – Heinemann engagierte sich während des »Dritten Reiches« als Rechtsberater der Bekennenden Kirche gegen die Nationalsozialisten. Nach Kriegsende war er an der Gründung der CDU beteiligt und wurde von der britischen Besatzung als Bürgermeister von Essen eingesetzt. 1949 berief ihn Konrad Adenauer zum ersten Innenminister der Bundesrepublik Deutschland. Heinemann folgte dem Ruf nur zögerlich und reichte bereits knapp ein Jahr später, aus Protest gegen die geplante Wiederbewaffnung Deutschlands, seinen Rücktritt ein. Nach seinem Austritt aus der CDU setzte sich Heinemann als Rechtsanwalt weiter gegen die Remilitarisierung ein und gründete zu diesem Zweck die Gesamtdeutsche Volkspartei, die sich jedoch bereits nach ihrer ersten Wahlniederlage wieder auflöste. 1957 trat er der SPD bei und setzte sich verstärkt gegen die geplante Atombewaffnung ein. Unter der Großen Koalition wurde er 1966 zum Bundesjustizminister berufen und betrieb unter anderem die Große Strafrechtsreform. Im Anschluss wurde Heinemann 1969 zum Bundespräsidenten gewählt.

095 Wahlplakat der Gesamtdeutsche Volkspartei (GVP).

Gustav Heinemann, »Rücktrittserklärung« (1950)

Aus Protest gegen die Remilitarisierungspolitik der Regierung Adenauer trat Heinemann, der spätere Bundespräsident, als Innenminister zurück.

»Die Aufstellung deutscher Truppen bedeutet eine schwere Belastung unserer sozialen Gestaltungsmöglichkeiten. [...] Die andere Belastung erwächst unserer jungen Demokratie. Die militärische Macht wird nahezu unvermeidlich wieder eine eigene politische Willensbildung entfalten. [...] Ein europäischer Krieg wird sich, so wie die Dinge liegen, auf deutschem Boden abspielen. Wer auch immer die erste Schlacht gewinnt – der Stoß geht in deutsches Land, im Westen oder im Osten.«

Zit. nach: Eckart Thurich und Hans Endlich, Zweimal Deutschland: Lehrbuch für Politik und Zeitgeschichte, Frankfurt a.M. 1969, S. 51

096 »Ohne-mich-Bewegung«. Demonstration von Wehrdienstgegnern 1956 in Köln.

Der Kalte Krieg

desrepublik sollte souverän werden und einen eigenen Verteidigungsbeitrag in einem Westbündnis leisten. Die damit gewonnene Stärke Westdeutschlands musste aber unweigerlich die Teilung des Landes vertiefen. Ein nochmaliges Scheitern der Wiederbewaffnungspläne barg die Gefahr, den neutralistischen Tendenzen zuzuarbeiten. Diese wiederum hätten die westeuropäische Integration gefährdet. Bereits das in den ▸Stalin-Noten 1952 in die Öffentlichkeit gebrachte Angebot einer »Wiedervereinigung in Neutralität« war in großen Teilen der Bevölkerung der Bundesrepublik auf fruchtbaren Boden gefallen. Da die Bundesregierung aber von der Überlegenheit des westlichen und der Unrechtmäßigkeit des östlichen Systems überzeugt war, entschied sie sich für die Westbindung und gegen die Neutralität der Bundesrepublik. Daher fiel es der Bundesregierung auch nicht schwer, die aufzubauenden nationalen Streitkräfte einem westlichen Verteidigungsbündnis zu unterstellen. Diese sicherheitspolitische Kontrolle der Bundesrepublik war eine notwendige Vorbedingung sowohl für die nationale Souveränität als auch für die westeuropäische Einheit.

Das Ausland reagierte ebenfalls unterschiedlich auf die Wiederbewaffnungspläne Westdeutschlands. Die Sowjetunion und ihre Satellitenstaaten waren grundsätzlich gegen die Aufstellung westdeutscher Streitkräfte, die sie als Wiedergeburt der Wehrmacht verunglimpften. Auch Frankreich lehnte einen deutschen Verteidigungsbeitrag zunächst grundsätzlich ab und änderte diese Haltung erst nach dem Beginn des Koreakrieges. Die ▸USA und Großbritannien hingegen standen der Wiederbewaffnung wesentlich positiver gegenüber. Somit entwickelten sich zwischen den europäischen Partnern unterschiedliche Auffassungen über den notwendigen Grad der Einbeziehung und der Kontrolle des Wehrpotenzials der Bundesrepublik. Sie schwankten zwischen der Aufstellung westdeutscher Truppen unter dem Dach einer europäischen Armee und der Gründung nationaler deutscher Streitkräfte.

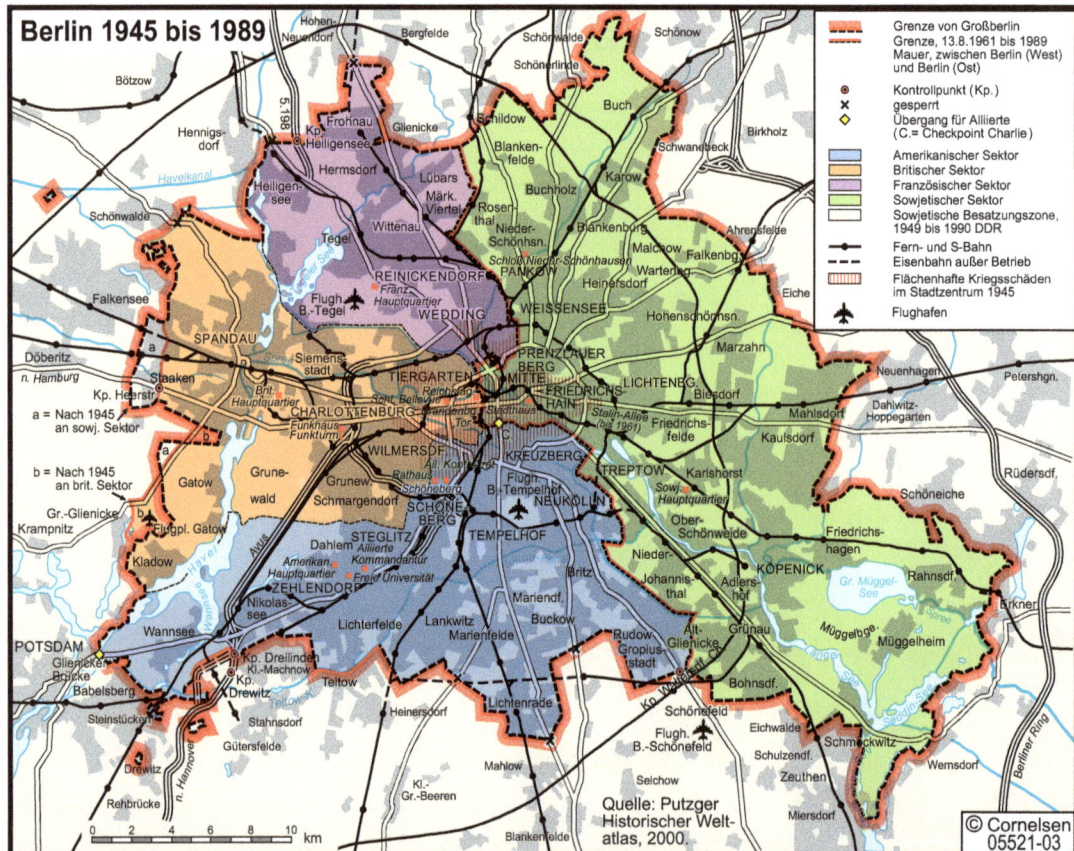

Der schließlich mit der Gründung der Westeuropäischen Union (WEU) vorgesehene Organisationsrahmen bot drei Voraussetzungen, um diese Unstimmigkeiten zu überwinden. Um die innenpolitische Unterstützung in Frankreich und die grundsätzliche Bereitschaft Großbritanniens zur Teilnahme zu sichern, war, erstens, ein Verzicht auf einen supranationalen Charakter der neuen Organisation zu Gunsten einer eher lockeren Verbindung notwendig. Zweitens musste aber eine dem EVG-Rahmen vergleichbare Rüstungskontrolle institutionalisiert werden. Dabei war für die französische Regierung besonders wichtig, dass die USA nicht allein die Aufstellung der deutschen Truppenkontingente regelte und damit den französischen Einfluss ausschloss. Frankreich war vor allem dagegen, dass Westdeutschland einen führenden Platz in der Allianz erhielt, den es schon allein wegen der hohen Anzahl seiner potenziell zu stellenden konventionellen Truppen hätte beanspruchen können.

Großbritannien war, drittens, von der Grundüberzeugung gelenkt, dass der außenpolitische Handlungsspielraum Westdeutschlands beschränkt werden musste. Auf Grund der zentralen Stellung der Bundesrepublik im Ost-West-Konflikt sollte ihre Politik in ein westeuropäisches Verteidigungsbündnis eingebunden werden. Die schwindenden wirtschaftlichen Voraussetzungen zur Aufrechterhaltung von Großbritanniens vermeintlicher Weltmachtrolle zwangen letztlich auch zu einem Wandel der sicherheitspolitischen Strategie. Ein Kooperationssystem wie die geplante WEU konnte Großbritannien neben der NATO ein Mitspracherecht in europäischen sicherheitspolitischen Angelegenheiten sichern. Das Ziel, Westdeutschland politisch und militärisch dauerhaft im Westen zu verankern, sollte der Bundesrepublik einen Verteidigungsbeitrag

1 »Stalin-Note« (10. März 1952)

Als so genannte Stalin-Noten wird das Verhandlungsangebot der Sowjetunion an die Westmächte bezeichnet. Stalin bot darin den Westmächten Verhandlungen über die Wiedervereinigung und Neutralität Deutschlands an. Der darauf einsetzende Notenaustausch zwischen der Sowjetunion und den Westmächten blieb aber ergebnislos.

»1. Deutschland wird als einheitlicher Staat wiederhergestellt. Damit wird der Spaltung Deutschlands ein Ende gemacht, und das geeinte Deutschland gewinnt die Möglichkeit, sich als unabhängiger, demokratischer, friedliebender Staat zu entwickeln.

2. Sämtliche Streitkräfte der Besatzungsmächte müssen spätestens ein Jahr nach Inkrafttreten des Friedensvertrages aus Deutschland abgezogen werden. Gleichzeitig werden sämtliche ausländischen Militärstützpunkte auf dem Territorium Deutschlands liquidiert. [...]

4. In Deutschland muß den demokratischen Parteien und Organisationen freie Betätigung gewährleistet sein; sie müssen das Recht haben, über ihre inneren Angelegenheiten frei zu entscheiden, Tagungen und Versammlungen abzuhalten, Presse- und Publikationsfreiheit zu genießen. [...]
Es wird Deutschland gestattet sein, eigene nationale Streitkräfte (Land-, Luft- und Seestreitkräfte) zu besitzen, die für die Verteidigung des Landes notwendig sind.
Deutschland wird die Erzeugung von Kriegsmaterial und -ausrüstung gestattet werden, deren Menge oder Typen nicht über die Grenzen dessen hinausgehen dürfen, war für die Streitkräfte erforderlich ist die für Deutschland durch den Friedensvertrag festgesetzt sind.«

Zit. nach:
Heinrich von Siegler,
Wiedervereinigung und Sicherheit Deutschlands,
Bd 1: 1944–1963, Bad Godesberg 1964, S. 42

Die Stalin-Note, die der sowjetische Staatschef 1952 den westlichen Besatzungsmächten übergeben ließ, beinhaltete einen Vorschlag zur Lösung des »deutschen Problems«. Die Note enthielt Bedingungen für eine mögliche Wiedervereinigung Deutschlands, wie u.a. den Abschluss eines Friedensvertrags aller Kriegsteilnehmer, die Anerkennung der Oder–Neiße-Grenze, den Abzug sämtlicher Besatzungsmächte, den Verzicht Deutschlands auf Teilnahme an bestimmten Militärbündnissen und die Remilitarisierung zu Verteidigungszwecken. Diese Initiative wurde von bundesdeutscher Seite als Störmanöver interpretiert, das die Integration der Bundesrepublik in Westeuropa gefährden sollte. Die Westmächte reagierten mit einer Antwortnote, die die wichtigsten Bedingungen der Stalin-Note ablehnte. Daraufhin kam es zum Austausch weiterer Noten, die aber ergebnislos blieben. Eine Prüfung der Stalin-Note, die nach der Öffnung der russischen Archive vorgenommen wurde, deutet darauf hin, dass Stalins Entgegenkommen unlauter war.

abringen und gleichzeitig ihren nationalen militärischen Handlungsspielraum einschränken. Sowohl Frankreich als auch Großbritannien waren sich darin einig, dass gewisse Sicherheitsmaßnahmen ergriffen werden mussten, damit von Deutschland nie wieder eine militärische Bedrohung für Europa ausgehen konnte. Für die europäische Verteidigung war dabei die Stationierung britischer Truppen auf dem europäischen Festland genauso wichtig wie die militärische Präsenz der USA in Europa. Der Bruch beider Staaten mit ihrer außenpolitischen Tradition ist nur mit der grundsätzlich veränderten weltpolitischen Lage zu erklären, die an alle beteiligten Länder neue Herausforderungen stellte.

Die USA trieben bereits seit Anfang der fünfziger Jahre einen westdeutschen Verteidigungsbeitrag voran und zeigten die geringsten Hemmungen bei den Wiederbewaffnungsplänen für Westdeutschland. Dabei betrachteten sie die EVG zunächst als Ideallösung einer europäischen Verteidigung. Erst nach dem Scheitern der EVG wurde eine NATO-Mitgliedschaft Westdeutschlands erwogen. Diese ließ sich allerdings schon allein aus militärstrategischen Gründen nicht gegen französische Interessen durchsetzen.

1 »Deutschland. Geheimes Memorandum des Department of State« (1. Februar 1951)

In der Schrift des amerikanischen Außenministeriums wurde die Beteiligung der Bundesrepublik an der Verteidigung Europas diskutiert. Unter dem Eindruck des Koreakrieges plädierte die USA für eine Wiederbewaffnung Westdeutschlands.

»Das Dilemma, in dem wir uns mit unserer Politik befinden, wird besonders deutlich in der Frage einer deutschen Beteiligung an der Verteidigung Europas. Da der sowjetische Druck die frühe Verwendung deutscher Hilfsmittel unumgänglich macht, glauben wir, daß Deutschland so früh wie möglich in das westeuropäische Verteidigungssystem miteingebunden werden muß.
In den Beratungen über die Wiederbewaffnung haben die Deutschen jedoch für die militärische Zusammenarbeit Gleichberechtigung gefordert. [...] Es kommt hinzu, daß die Deutschen, mit Blick auf die Rückgewinnung der vollen Souveränität, die Wiederbewaffnung bei ihrer Forderung nach weitreichenden politischen Zugeständnissen der Westmächte einsetzen. [...]
Da wir uns in einer Situation wiederfinden, in der wir die Deutschen fragen müssen, unsere Verbündeten zu werden, ist die deutsche Regierung in einer starken Verhandlungsposition. Als Ergebnis sind viele Zugeständnisse, die wir gewähren, eher auf den Zwang der Verhältnisse zurückzuführen als auf unseren eigenen freien Willen. Diese Situation beleuchtet mit aller Schärfe das Problem, auf welche Weise Deutschland in der Auseinandersetzung mit der Sowjetunion am besten so eng an den Westen gebunden werden kann, daß die Bundesrepublik unwiderruflich der Sache der freien Nationen verpflichtet wird [...].
Eine Möglichkeit, die Sache erfolgreich anzugehen ist, Deutschland am Zusammenschluß der westeuropäischen Staaten zu beteiligen [...]. Als Folge daraus kann es sich als notwendig erweisen, das Verhältnis zur Bundesrepublik auf eine Vertragsbasis zu stellen, mit dem Ergebnis, daß die Bundesrepublik in wesentlichen Bereichen gleichberechtigt werden und aktiv jene Verpflichtungen übernehmen will, die sich für sie als Mitglied in der Gemeinschaft der westlichen Nationen ergeben.«

Zit nach: Rolf Steininger, Deutsche Geschichte 1945–1961. Darstellung und Dokumente in zwei Bänden, Bd 2, Frankfurt a.M., S. 402 f.

097 Plakat zu einer Versammlung der Deutschen Friedensgesellschaft/Bund der Kriegsgegner.

6. Die Integration der Bundeswehr in die NATO (1954–1968)

Nach dem Scheitern der Pläne für eine Europäische Verteidigungsgemeinschaft konnte Adenauers außenpolitische Zielsetzung, über die politische und militärische Westorientierung die Souveränität der Bundesrepublik zu erlangen, nur noch durch den NATO-Beitritt der Bundesrepublik umgesetzt werden. Auf der Londoner »Neun-Mächte-Konferenz« vom 28. September bis zum 3. Oktober 1954 wurden schließlich die unterschiedlichen Positionen der westeuropäischen Länder und der USA erneut abgestimmt. Die USA drängten auf die Aufstellung einer westdeutschen Armee, mussten aber auf ihre europäischen Verbündeten und deren historisch begründete Vorbehalte gegenüber deutschen Streitkräften Rücksicht nehmen. Daher galt es, vor dem Beitritt der Bundesrepublik zur NATO Beschränkungen für die aufzustellende Armee einzubauen. Die Kontrolle deutscher Streitkräfte war insbesondere wegen der französischen Zweifel an der Dauerhaftigkeit des britischen und US-amerikanischen Engagements in Kontinentaleuropa unumgänglich.

098 Aufnahme der Bundesrepublik in die NATO im Rahmen der Pariser Konferenz vom Mai 1955.

Tatsächlich waren die rüstungskontrollpolitischen Auflagen für die Bundesrepublik nicht unerheblich. Der Verzicht auf ABC-Waffen gehörte ebenso dazu wie der Verzicht auf eine ganze Anzahl konventioneller Rüstungsgüter, die während der Londoner Konferenz genau festgelegt wurden. Die Londoner Ergebnisse bildeten schließlich die Basis der »Pariser Verträge«. Darin

Alliierte Kommandostruktur in Europa ab Dezember 1953

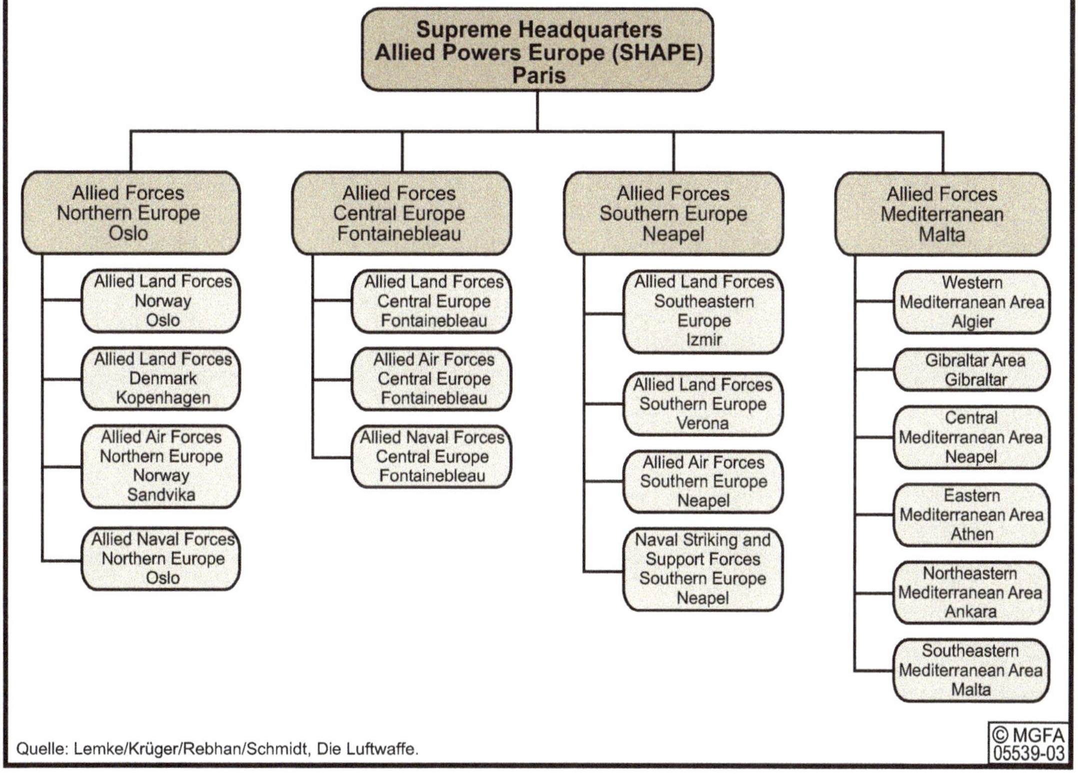

- **Supreme Headquarters Allied Powers Europe (SHAPE), Paris**
  - **Allied Forces Northern Europe, Oslo**
    - Allied Land Forces Norway, Oslo
    - Allied Land Forces Denmark, Kopenhagen
    - Allied Air Forces Northern Europe Norway, Sandvika
    - Allied Naval Forces Northern Europe, Oslo
  - **Allied Forces Central Europe, Fontainebleau**
    - Allied Land Forces Central Europe, Fontainebleau
    - Allied Air Forces Central Europe, Fontainebleau
    - Allied Naval Forces Central Europe, Fontainebleau
  - **Allied Forces Southern Europe, Neapel**
    - Allied Land Forces Southeastern Europe, Izmir
    - Allied Land Forces Southern Europe, Verona
    - Allied Air Forces Southern Europe, Neapel
    - Naval Striking and Support Forces Southern Europe, Neapel
  - **Allied Forces Mediterranean, Malta**
    - Western Mediterranean Area, Algier
    - Gibraltar Area, Gibraltar
    - Central Mediterranean Area, Neapel
    - Eastern Mediterranean Area, Athen
    - Northeastern Mediterranean Area, Ankara
    - Southeastern Mediterranean Area, Malta

Quelle: Lemke/Krüger/Rebhan/Schmidt, Die Luftwaffe.

Der Kalte Krieg

099 Pressekonferenz bezüglich der Pariser Verträge vom Oktober 1954.

wurden am 23. Oktober 1954 die (eingeschränkte) Wiederherstellung der Souveränität der Bundesrepublik Deutschland, deren Beziehungen zu den drei Westmächten (»Deutschland-Vertrag«), der Beitritt Westdeutschlands zur NATO und, zusammen mit Italien, zum modifizierten Brüsseler Pakt, der neuen »Westeuropäischen Union (WEU)« beschlossen.

Die WEU wurde in einem Augenblick gegründet, als die sicherheitspolitische europäische Integration schon fast gescheitert schien. Mit ihrer Gründung war nach vielfältigen Anläufen eine atlantisch-westeuropäische Sicherheitsstruktur gestaltet worden. Die alte Bestrebung, sich gegen Deutschland abzusichern, war mit dem neuen Ziel, vor allem gegenüber der Sowjetunion ein Militärbündnis zu errichten, verbunden worden. Daher wurde im Vertragstext ein besonderer Akzent auf die Rüstungskontrolle der westdeutschen Streitkräfte gelegt. Gleichzeitig erhielt die WEU dadurch politische Bedeutung, dass Großbritannien sich mit dem Vertragsabschluss verpflichtete, mit der »British Army of the Rhine (BAOR)« ständig ein gewisses Maß an Truppen auf dem Kontinent zu stationieren.

Am 6. Mai 1955 trat die Bundesrepublik der WEU bei, deren Ministerrat sich am folgenden Tag konstituierte. Damit konnte die durch die WEU kontrollierte Bundesrepublik am 9. Mai, genau ein Jahrzehnt nach Kriegsende, Mitglied der NATO werden. Die Westbindung der Bundesrepublik Deutschland bildete in ihrer internationalen Perspektive die Basis für die Anerkennung der jungen Bundesrepublik als »souveräner« Partner. Zusammen mit dem Abschluss des Warschauer Vertrages durch die Sowjetunion, Polen, die Tschechoslowakei, Rumänien, Bulgarien, Ungarn, Albanien und nicht zuletzt auch die DDR Mitte Mai 1955 trug diese Entwicklung zur Zementierung der bipolaren europäischen Sicherheitsstruktur nach dem Zweiten Weltkrieg bei.

Die durch die Dominanz der Supermächte grundlegend veränderte internationale Machtkonstellation verdeutlichte ein Jahr später die Suez-Krise. Im Juli 1956 verstaatlichte Ägypten den ▶ Suezkanal, der bislang von Frankreich und Großbritannien kontrolliert worden war. Die beiden europäischen Länder sahen dadurch ihren Einfluss im von der Sowjetunion geförderten Ägypten schwinden und ihren Zugang zum Mittleren Osten gefährdet. Sie beabsichtigten daher ihre Ansprüche mit militärischen Mitteln durchzusetzen. Die USA waren allerdings nicht bereit, diese aus ihrer Sicht post-kolonialen Absichten zu unterstützen. Nachdem das Problem innerhalb der NATO nicht gelöst werden konnte, griffen im Oktober 1956 israelische Streitkräfte mit Unterstützung britischer und französischer Flugzeuge Ägypten an und besetzten die Sinai-Halbinsel. Auf Druck der USA und vor allem

> **S** Der Suezkanal ist eine 113 Kilometer lange Wasserstraße, die das Mittelmeer mit dem Roten Meer verbindet und damit die Seewege nach Indien, Australien und Ostasien erheblich verkürzt. Er wurde zwischen 1859 und 1862 von der französischen Suezkanal-Gesellschaft unter Ferdinand de Lesseps erbaut und gewann

100 Kriegshandlungen im Suez-Krieg.
Foto, November 1956.

101 Sowjetische Panzer in den Straßen von Budapest während des ungarischen Volksaufstandes. Foto, 27. Oktober 1956.

Im Zuge der von Chruschtschow initiierten Entstalinisierung der UdSSR wuchs auch in anderen kommunistisch regierten Staaten die Kritik an Führungspersönlichkeiten, die ihre Herrschaft nach dem Vorbild Stalins ausübten. In Ungarn traf diese neue Entwicklung den Parteiführer Mátyás Rákosi, der 1956 durch Ernö Gerö ersetzt wurde. Da die Ernennung Gerös aber keine bemerkbaren Veränderungen herbeiführte, kam es zu immer schärferem Widerstand seitens der Studentenschaft, der zuerst zu Massendemonstrationen und schließlich zu einem Volksaufstand führte. Der so genannte Ungarnaufstand war in der ersten Phase erfolgreich. Schon drei Tage nach Beginn der Rebellion wurde unter Imre Nagy eine neue Regierung ausgerufen. Diese etablierte ein Mehrparteiensystem und erklärte am 1. November die Unabhängigkeit Ungarns, in der Hoffnung mit der Unterstützung der Westmächte rechnen zu können. Diese blieb jedoch aus, woraufhin die Sowjetunion am 4. November mit der Invasion Ungarns begann. Die ungarische Bevölkerung setzte sich zwar, vor allem in Budapest, gegen die Invasoren zur Wehr, konnte aber schließlich gegen die Übermacht nichts ausrichten. Nach elftägigen Kämpfen gelang es den sowjetischen Truppen, den Aufstand niederzuschlagen. Gleichzeitig wurde unter dem Ersten Parteisekretär János Kádárs eine prosowjetische Regierung gebildet. Die für den Aufstand Verantwortlichen, darunter auch Imre Nagy, wurden nach Schauprozessen hingerichtet.

der Sowjetunion, die mit einem gewaltsamen Eingreifen drohten, konnte der Konflikt bereits im November beigelegt werden. Der Sinai-Konflikt verdeutlichte die zentrale Position der neuen Supermächte USA und UdSSR. Frankreich und Großbritannien zogen daraus unterschiedliche Schlüsse, die allerdings zu ähnlichen Handlungen führten: Großbritannien wollte nicht mehr gegen die USA stehen, Frankreich hingegen nicht mehr von ihnen abhängig sein. Beide Länder trieben schließlich den Aufbau nationaler nuklearer Kapazitäten voran.

Die gewaltsame Niederschlagung des ▶ Ungarnaufstandes durch sowjetische Truppen verdeutlichte 1956 zugleich ein weiteres Mal die Bereitschaft der UdSSR, militärisch einzugreifen, wenn die Herrschaft der kommunistischen Machthaber in einem der sowjetischen Satellitenstaaten gefährdet schien. Der erfolgreiche Start des künstlichen Erdsatelliten »Sputnik« durch die UdSSR im Oktober 1957 bewies den Vorsprung der sowjetischen Raketentechnik und löste im Westen den »Sputnik-Schock« aus. Sowohl in Westeuropa als auch in den USA verstärkte sich das Gefühl militärischer Bedrohung durch die östlichen Nachbarn.

Die Jahre 1957 und 1958 waren von unterschiedlichsten sicherheitspolitischen Plänen geprägt. Beispielsweise stieß Frankreich 1957/58 eine trilaterale französisch-deutsch-italienische Nuklearkooperation an. Die anglo-amerikanische Seite reagierte auf diese Pläne ablehnend. Letztendlich hatte Frankreich mit der Dreiergemeinschaft aber ohnehin weniger auf einen tatsächlich gleichberechtigten Verbund gezielt als vielmehr auf eine finanzielle Beteiligung Westdeutschlands an der französischen Rüstungspolitik. Die Hinzuziehung Italiens diente vor allem der Darstellung der europäischen Dimension des Projektes. Das französische Angebot war aber

schnell wirtschaftlich hohe Bedeutung. Nach dem Zweiten Weltkrieg verlangte das Königreich Ägypten die volle Souveränität über den ursprünglich neutralen Kanal, die 1954 in einem Abkommen mit England auch zugestanden wurde. Als Ägypten ihn jedoch 1956, zwölf Jahre vor Ablauf der vereinbarten Konzessionen, in einem Handstreich verstaatlichte, kam es zur Suezkrise und anschließend zum Suezkrieg, in dem britische und französische Truppen militärisch gegen Ägypten vorgingen und Israel die Halbinsel Sinai und den Gazastreifen besetzte. Die Krise wurde 1957 mit Hilfe der UN beigelegt und der Kanal für die Schifffahrt wieder freigegeben.

Der Kalte Krieg

102 Am 11. November 1958 fordert Chruschtschow auf einer Rede in Moskau ultimativ den Abzug der Westalliierten aus Berlin.

insofern bemerkenswert, als gerade Frankreich bisher in erster Linie versucht hatte, die Bundesrepublik von Nuklearwaffen fernzuhalten.

Parallel zur Nuklearkooperation gab es Vorschläge, die auf eine Entschärfung der Blockkonfrontation in Mitteleuropa zielten. Der am 2. Oktober 1957 vom polnischen Außenminister vor der UN-Vollversammlung vorgeschlagene »Rapacki-Plan«, der die Bildung einer kernwaffenfreien Zone auf den Gebieten der Bundesrepublik, der DDR, Polens und der CSSR vorsah, wurde jedoch von den Westmächten zurückgewiesen. Sie sahen darin einen militärstrategischen Versuch der Sowjetunion, ihre konventionelle Überlegenheit in diesem Raum auszubauen.

Das ▶Berlin-Ultimatum des sowjetischen Regierungschefs ▶ Nikita S. Chruschtschows von 1958 verdeutlichte zudem den strategischen Wert Deutschlands im Kalten Krieg und die weiter bestehenden gegensätzlichen Positionen der einstigen Siegermächte. Im November 1958 warf Chruschtschow den Westmächten vor, das Potsdamer Abkommen gebrochen zu haben und forderte die Umwandlung West-Berlins in eine freie, entmilitarisierte Stadt. Innerhalb von sechs Monaten sollten die Westalliierten ihren Abzug aus der Stadt vorbereiten. Der Westen war zwar nicht bereit auf Berlin zu verzichten, zeigte aber Verhandlungsbereitschaft. Im Mai/Juni 1959 kam es zu einer gemeinsamen Außenministerkonferenz und ein Jahr später zu einem Gipfeltreffen. Das Berlin-Ultimatum war damit vorerst überwunden, die Situation in Berlin spitzte sich aber weiter zu. Nach dem die innerdeutsche Grenze bereits weit gehend abgeriegelt war, blieb DDR-Flüchtlingen in die Bundesrepublik nur noch der

B Nikita Chruschtschow (1894–1971)
Sowjetischer Politiker – Der in der Ukraine geborene Chruschtschow schloss sich 1918 den Bolschewiki an. Im Zweiten Weltkrieg war er Politkommissar bei den sowjetischen Streitkräften. Chruschtschow gehörte 20 Jahre dem Führungszirkel um Stalin an. Nach dessen Tod wurde er 1953 erster Sekretär des ZK der KPdSU, 1958 auch Ministerpräsident. Innenpolitisch betrieb er eine gemäßigte Entstalinisierung. Chruschtschow leitete die Abkehr von der stalinistischen Expansionspolitik ein, indem er im Koreakrieg und in Jugoslawien (1955) einlenkte. Die Unterdrückung des Ungarnaufstandes 1956, das Berlin-Ultimatum 1958 und die Entscheidung für den Bau der Berliner Mauer 1961 machten allerdings deutlich, dass die Sowjetunion nicht bereit war, in ihrem Machtbereich Veränderungen zu ihren Ungunsten hinzunehmen. Mit seiner Bereitschaft, in der Kuba-Krise 1963 nachzugeben, war die Gefahr eines atomaren Schlagabtausches der Supermächte in diesem Konflikt abgewendet. Aufgrund einer erfolglosen Wirtschaftspolitik und der verschlechterten Beziehungen zur Volksrepublik China wurde Chruschtschow 1964 als Partei- und Regierungschef gestürzt.

Umfeld

103 Chruschtschow während der Gipfelkonferenz der Staatschefs der vier Siegermächte des Zweiten Weltkriegs in Paris am 16./17. Mai 1960.

Das so genannte Berlin-Ultimatum beinhaltet die Forderung Nikita Chruschtschows, West-Berlin in eine »entmilitarisierte freie Stadt« unabhängig von der DDR oder der Bundesrepublik umzuwandeln. Dem Ultimatum vorausgegangen war eine Rede Chruschtschows in Moskau, in der er die Westmächte beschuldigte, die »auf Gewährleistung der Einheit Deutschlands als einen friedliebenden und demokratischen Staat abzielenden Bestimmungen des Potsdamer Abkommens« verletzt zu haben. In einer diesbezüglichen Note kündigte er an, im Interesse des Friedens den Viermächtestatus Berlins aufzuheben und forderte die Westalliierten auf, ihre Truppen aus der Stadt abzuziehen. Dafür setzte Chruschtschow eine Frist von sechs Monaten und drohte, sollten seine Forderung nicht erfüllt werden, mit der vollkommenen Isolierung Berlins und darüber hinaus mit einem Krieg unter Beteiligung aller Staaten des Warschauer Pakts. Die Westmächte reagierten ablehnend und das Ultimatum verstrich ohne weitere Konsequenzen.

104 Berlin um 1950.

 »Erklärung der NATO-Außenminister zur Berlin-Frage« (16. Dezember 1958)

Die NATO reagiert mit ihrer Erklärung auf das so genannte Berlin-Ultimatum, das die »Berlin-Krise« ausgelöst hatte. Chruschtschow hatte die Schaffung einer entmilitarisierten »Freistadt Westberlin« gefordert und das Vier-Mächte-Statut aufgekündigt.

»1. Der Nordatlantikrat prüft die Berliner Frage.
2. Der Rat erklärt, daß kein Staat das Recht hat, sich einseitig aus einen internationalen Abmachungen zu lösen. Er stellt fest, daß die Aufkündigung der interalliierten Vereinbarung über Berlin durch die Sowjetunion in keiner Weise die anderen Vertragspartner ihrer Rechte berauben oder die Sowjetunion ihrer Verpflichtung entbinden kann. Solche Methoden zerstören das gegenseitige Vertrauen zwischen den Nationen, das eine der Grundlagen des Friedens ist.
3. Der Rat tritt in vollem Umfange den Auffassungen bei, die hierzu durch die Regierungen der Vereinigten Staaten, des Vereinigten Königreichs, Frankreichs und der Bundesrepublik Deutschland in ihrer Erklärung vom 14. Dezember 1958 zum Ausdruck gebracht wurden.
4. Die von der Sowjetunion erhobenen Forderungen haben eine ernste Lage geschaffen, der mit Entschlossenheit begegnet werden muß.
5. Der Rat erinnert an die Verantwortung, die jeder Mitgliedstaat in bezug auf die Sicherheit und Wohlfahrt Berlins und die Aufrechterhaltung der Position der drei Mächte in dieser Stadt übernommen hat. Die Mitgliedstaaten der NATO könnten keine Lösung der Berliner Frage gutheißen, die das Recht der drei Westmächte, so lange in Berlin zu bleiben, wie es ihrer Verantwortlichkeiten erfordern, in Frage stellt und die nicht die Freiheit der Verbindungslinien zwischen dieser Stadt und der freien Welt gewährleistet. Die Sowjetunion wäre für jede Handlung verantwortlich, die dazu führen würde, diese freie Verbindung zu behindern oder diese Freiheit zu gefährden. Die zwei Millionen Einwohner West-Berlins haben soeben in freier Wahl mit überwältigender Mehrheit ihre Zustimmung und Unterstützung für diese Position erneut bestätigt. [...]
6. Der Rat ist der Ansicht, daß die Berliner Frage nur im Rahmen eines Abkommens mit der Sowjetunion über die gesamte Deutschlandfrage geregelt werden kann.«

Zit. nach: Friedenssicherung durch Verteidigungsbereitschaft. Deutsche Sicherheitspolitik 1949–1989. Dokumente. Hrsg. von Hans-Adolf Jacobsen, Uwe Heuer und Hans-Jürgen Rautenberg, Mainz 1989, S. 71

Der Kalte Krieg

Weg über Berlin. Die Regierung der DDR ließ daher, nach Absprache mit den sowjetischen Machthabern, am 13. August 1961 die Berliner Mauer errichten. Damit wurde der »Eiserne Vorhang« deutlicher sichtbar als je zuvor. Gleichzeitig signalisierte die Passivität der USA, wie bereits beim Ungarn-Aufstand 1956, dass sie die bestehenden Interessensphären akzeptierten.

Die sechziger Jahre standen grundsätzlich, verstärkt durch die ▸ Kuba-Krise vom Oktober 1962, im Zeichen wachsender Dialogbereitschaft zwischen West und Ost. Angesichts der Anhäufung nuklearer Waffenarsenale versuchten beide Seiten die Aufrüstung zu begrenzen – an reale Abrüstung war kaum zu denken. Das Wettrüsten, das dennoch unvermindert fortgesetzt wurde, sowie seit 1963/64 der Vietnam-Krieg belasteten eine Annäherung der beiden Weltmächte jedoch weiterhin.

Die Verlagerung und Ausweitung sowjetischer Einflussnahme im Nahen und Mittleren Osten, in Afrika und Asien bestätigte die im Westen befürchtete Expansionsbereitschaft der UdSSR. Vor allem die brutale Intervention der Warschauer-Pakt-Staaten, die 1968 den »Prager Frühling« beendete, führte zu einer Rückbesinnung der westlichen Staaten auf die »Blocksicherheit« und zu einer sicherheitspolitischen Aufwertung der NATO. In internationalen Krisen erfolgte letztlich stets eine Konzentration auf das stärkste Bündnis, und dies war ohne Zweifel die NATO. Sie blieb der sicherheitspolitische Rückhalt des Westens während der großen Krisen in Berlin, Suez, Kuba und der CSSR. Deshalb blieb ein ursächlich europäisches Bündnis auch trotz erheblicher Umverteilung sicherheitspolitischer Risiken nach Europa immer nachrangig. Im Gegenteil: Die Wahrung der strategischen Einheit des Nordatlantiks war das Ziel der Westeuropäer.

> Die Kuba-Krise markierte den Höhepunkt des Kalten Kriegs und führte die Welt an den Rand eines Atomkriegs. Der Krise vorangegangen war ein aggressiver Rüstungswettlauf zwischen der UdSSR und den USA. Trotz des »Sputnik-Schocks« und maßlos übertreibender Propaganda blieb die Anzahl interkontinentaler Atomwaffenträger der Sowjetunion weit hinter denen der USA zurück. Das Castro-Regime auf Kuba bot 1962 die Möglichkiet, diese strategische Unterlegenheit durch Aufstellung von billigeren Mittelstreckenraketen auf Kuba wettzumachen, denn diese bedrohten bei kürzerer Vorwarnzeit unmittelbar amerikanisches Gebiet. Wenig später wurde das US-Militär durch Luftaufnahmen von Spionageflugzeugen auf diese neue atomare Bedrohung aufmerksam. US-Präsident John F. Kennedy forderte die UdSSR daraufhin in einer öffentlichen Erklärung auf, die Raketenbasen auf Kuba abzubauen, und verhängte eine Seeblockade über Kuba. Obwohl sich auch sowjetische Kriegsschiffe im Seegebiet befanden, wagte keines einen Durchbruchsversuch. Dennoch kam es zu äußerst kritischen Situationen, die leicht einen nuklearen Weltkrieg hätten auslösen können. Ein diplomatisches Geheimtreffen führte kurz darauf zum Einlenken beider Parteien und zum beiderseitigen Abzug der Atomwaffen.

105 John F. Kennedy im Arbeitszimmer (»Oval Office«) des Weißen Hauses.

Umfeld

106 Ein sowjetischer Frachter verlässt mit Raketen an Bord Kuba, beobachtet durch ein Flugzeug und ein Kriegsschiff der US-Navy. Foto, 10. November 1962.

107 Luftaufnahme einer Raketenbasis auf Kuba mit dort stationierten sowjetischen Mittelstreckenraketen.

1 Robert McNamara, »Die USA und die Kuba-Krise« (undatiert)

Der amerikanische Verteidigungsminister erläuterte die Auswirkungen der Kuba-Krise auf die Strategiediskussion in den Vereinigten Staaten.

»Während der Kuba-Krise war die sowjetische Atommacht tatsächlich durch die nukleare Macht der Vereinigten Staaten neutralisiert. Im karibischen Raum verfügten die USA über überlegene, nicht-nukleare Land-, Luft- und Seestreitkräfte, die durchaus in der Lage waren, die sowjetischen Flugkörper zu zerstören. Die sowjetischen nicht-nuklearen Kräfte in diesem Raum waren unterlegen. Da die Kontroverse zwischen den Vereinigten Staaten und der Sowjetunion nicht die nationale Existenz der Sowjetunion bedrohte, war die Sowjetunion bereit, ihre nukleare Macht nicht einzusetzen. Andere Kräfte, die sie wirksam hätte einsetzen können, besaß sie jedoch nicht. Wir sahen uns einer Situation gegenüber, die uns zwang, unsere Diplomatie mit militärischen Aktionen zu unterstützen, wobei militärische und diplomatische Maßnahmen Hand in Hand gingen. Auf beiden Seiten wurden Anstrengungen gemacht, den Konflikt zu lokalisieren. Die nicht-nuklearen Streitkräfte – und dies ist vielleicht von großer Bedeutung – bildeten dabei die Schneide dieser Aktionen. Die nukleare Macht war nicht unerheblich, blieb jedoch im Hintergrund. Die nicht-atomaren Streitkräfte waren unser Schwert, während unsere Atomstreitkräfte den Schild darstellten.«

Zit. nach: Rainer Pommerin, Von der »masive retaliation« zur »flexible response«. Vom Strategiewechsel der sechziger Jahre. In: Vom Kalten Krieg zur deutschen Einheit – Analysen und Zeitzeugenberichte zur deutschen Militärgeschichte 1945 bis 1995. Hrsg. von Bruno Thoß und Wolfgang Schmidt, München 1995, S. 537 f.

108 Fidel Castro und Nikita Chruschtschow nach der Unterzeichnung eines kubanisch-sowjetischen Statements im Kreml. Foto, 23. Mai 1963.

Der Kalte Krieg

7. Militär und Landesverteidigung in der Ulbricht-Ära (1956–1970)

a) Die Gründung der NVA

Die offizielle Verkündung der Schaffung von regulären Streitkräften in der DDR war seit Herbst des Jahres 1955 für die Führungsmacht des östlichen Bündnisses und die SED nur noch eine Frage des richtigen taktischen Zeitpunkts, zumal bereits fast 122 000 Mann in der KVP unter Waffen standen. Am 18. Januar 1956 verabschiedete dann die Volkskammer einstimmig das »Gesetz über die Schaffung der Nationalen Volksarmee und des Ministeriums für Nationale Verteidigung« sowie den »Beschluss über die Einführung der Uniformen für die Nationale Volksarmee«. Einen Tag später wurde Generaloberst Willi Stoph vom DDR-Ministerpräsidenten Otto Grotewohl zum »Minister für Nationale Verteidigung der DDR« berufen. In der Funktion eines DDR-Verteidigungsministers verbanden sich – anders als zum Beispiel in der Bundesrepublik – die Aufgaben eines Ministers und eines Generalinspekteurs. Stoph und seine Nachfolger im Ministeramt waren also für die politische und militärische Führung, Ausbildung und Erziehung der Streitkräfte unmittelbar und direkt verantwortlich.

Der Name »Nationale Volksarmee« war einerseits in Abgrenzung auf die angebliche »Amerikanisierung« der kurz zuvor gegründeten westdeutschen Streitkräfte und andererseits als Ausdruck der Volksverbundenheit und der Zusammensetzung der Armee, in der es keine »Klassenschranken« mehr gäbe, gewählt worden. Die NVA erhielt mit ihrer Gründung neue Uniformen, die sie auch im äußeren Erscheinungsbild in die Traditionslinie einer

109 Von DDR-Grenzsoldaten bewachte Arbeiter bauen die Mauer entlang der Sektorengrenze in Kreuzberg. Foto, 18. August 1961.

»fortschrittlichen deutschen Militärgeschichte« stellen und zugleich deutlich von der anderen deutschen Armee, der mit vermeintlich »amerikanisierten« Uniformen ausgestatteten Bundeswehr, abheben sollten. Der Grauton der NVA-Uniformfarbe, der Schnitt der Uniformjacke mit den vier aufgesetzten Taschen, die Form der Mützen, die Paspelierung in Waffenfarbe und die festen Halbschaftstiefel weckten jedoch bei vielen Bürgern in Ost und West eher Assoziationen zur früheren Wehrmachtuniform.

b) Der Mauerbau 1961 und das DDR-Grenzregime

Ende 1960 verfügte die Deutsche Grenzpolizei, die seit 1957 wieder dem Innenministerium unterstand, über einen Personalbestand von knapp 38 000 Mann. Das Grenzorgan wurde mit der zunehmenden militärischen Grenzsicherung immer mehr darauf ausgerichtet, die DDR von der Bundesrepublik und West-Berlin lückenlos abzuschotten und im Zusammenwirken mit der NVA und der GSSD Angriffe des vermeintlichen Gegners auf die DDR abzuwehren. Noch war die Grenze in Richtung Westen aber weit gehend offen. Von 1949 bis 1960 hatten bereits über 2,6 Millionen Menschen aus den unterschiedlichsten Motiven heraus ihre Chance genutzt, die DDR zu verlassen. Der Stopp dieser ▸ »Abstimmung mit den Füßen« wurde für das SED-Regime immer mehr zu einer existenziellen Frage. Die Schließung des Schlupfloches West-Berlin stand dabei an vorderster Stelle.

In Absprache mit der sowjetischen Führung bereitete die DDR-Führung daher seit Ende 1960/Anfang 1961 die Abriegelung West-Berlins und die Schließung der Grenzen zur Bundesrepublik vor, auch wenn SED-Chef Walter Ulbricht noch im Juni 1961 ▸ beteuerte, dass niemand die Absicht habe, »eine Mauer zu errichten«. Nur wenige Wochen nach Ulbrichts Lüge, in der Nacht vom 12. zum 13. August 1961, sperrten dann über 10 000 Grenz-, Bereitschafts- und Schutzpolizisten sowie 4500 Kampfgruppenangehörige die Sektorengrenzen in und um Berlin ab. Sie bildeten eine erste »Sicherungsstaffel«. Weitere »Sicherungsstaffeln« setzten sich aus Einheiten der Landstreitkräfte der NVA und der GSSD zusammen. Truppen der NVA in einer Stärke von über 7000 Mann standen mit Panzern und Schützenpanzerwagen (SPW) in einer Tiefe von circa 1000 Meter hinter den Polizei- und Kampfgruppeneinheiten. Andere Teile der NVA waren ebenfalls in Alarmbereitschaft versetzt worden. Erstmals erfolgte eine Unterstellung von vier NVA-Divisionen unter sowjetische Armeen. In den folgenden Tagen und Wochen begann der pioniermäßige Ausbau der Grenzlinie mitten durch Berlin – die Stacheldrahtverhaue wurden durch eine Mauer aus Betonplatten und Hohlblocksteinen ersetzt. Die militärische Operation zur Abriegelung West-

 Walter Ulbricht, »Niemand hat die Absicht eine Mauer zu errichten« (15. Juni 1961)

Auf einer internationalen Pressekonferenz antwortet der Generalsekretär des ZK der SED auf die Frage eines Journalisten über einen eventuell beabsichtigten Mauerbau in Berlin. Am 13. August des gleichen Jahres begann der Mauerbau auf DDR-Seite. Verantwortlich für Planung und Durchführung war Erich Honnecker, der spätere Nachfolger Ulbrichts.

»Ich verstehe Ihre Frage so, dass es Menschen in Westdeutschland gibt, die wünschen, dass wir die Bauarbeiter der Hauptstadt der DDR dazu mobilisieren, eine Mauer aufzurichten. Mir ist nicht bekannt, dass eine solche Absicht besteht. Die Bauarbeiter unserer Hauptstadt beschäftigen sich hauptsächlich mit Wohnungsbau, und ihre Arbeitskraft wird dafür von eingesetzt. Niemand hat die Absicht, eine Mauer zu errichten!«

Zit. nach: DDR-Geschichte in Dokumenten. Beschlüsse, Berichte, interne Materialien und Alltagszeugnisse. Hrsg. von Matthias Judt, Bonn 1998, S. 550

 Albert Norden, »Rede vor Soldaten der Berliner Grenztruppen der NVA« (1963)

Als Mitglied des Politbüros des ZK der SED beschwor Norden die Notwendigkeit und Legitimität des Schusswaffengebrauch gegen so genannte Republikflüchtlinge.

»Ich sage, jeder Schuss aus der Maschinenpistole eines unserer Grenzsicherungsposten zur Abwehr solcher Verbrechen rettet in der Konsequenz Hunderten von Kameraden, rettet Tausenden Bürgern der DDR das Leben und sichert Millionenwerte an Volksvermögen. Ihr schießt nicht auf Bruder und Schwester, wenn ihr mit der Waffe den Grenzverletzer zum Halten bringt. Wie kann der euer Bruder sein, der die Republik verrät, der die Macht des Volkes verrät, der die Macht des Volkes antastet! Auch der ist nicht unser Bruder, der zum Feinde desertieren will. Mit Verrätern muss man sehr ernst sprechen. Verrätern gegenüber menschliche Gnade zu üben, heißt unmenschlich am ganzen Volk handeln.«

Zit. nach: Volksarmee, 41 (1963)

Der Kalte Krieg

Berlins war damit aus Sicht der DDR und der UdSSR erfolgreich abgeschlossen. Die Mauer wurde für die kommenden 28 Jahre zum Symbol des Kalten Krieges, der deutschen Teilung und der Unmenschlichkeit des SED-Regimes.

Einen Monat nach der Grenzschließung, am 15. September 1961, erfolgte die Unterstellung der Deutschen Grenzpolizei (DGP) unter das Verteidigungsministerium und die Bildung des »Kommandos der Grenztruppen« in der NVA. Damit war der letzte Schritt zur Umwandlung von der Polizei in eine militärische Truppe vollzogen und ein neuer Entwicklungsabschnitt der Grenzsicherung in der DDR eingeleitet worden. Als Hauptaufgabe verordnete die Staats- und Parteiführung den Grenztruppen, keine Verletzung der Souveränität der DDR-Grenzen zuzulassen und das Eindringen von »Spionen, Agenten und bewaffneten Banditengruppen« zu verhindern. Die Grenztruppen wurden damit faktisch zu einer vierten Teilstreitkraft, die im Konfliktfall wie die motorisierten Schützeneinheiten der NVA zu handeln hatten. Strukturell gliederten sie sich in Brigaden, Regimenter, Bataillone und Kompanien. Spezielle Einheiten erhielten Geschütze, Granatwerfer und gepanzerte Fahrzeuge.

Dem militärischen Auftrag stand jedoch der eigentliche, nicht so deutlich formulierte, weil gegen die eigene Bevölkerung gerichtete Auftrag der Grenztruppen voran: die ▶ Verhinderung der Flucht von DDR-Bürgern. Dazu hatte man nicht nur die Mauer in Berlin errichtet, sondern schuf ab 1961 auch ein neues umfangreiches Sperrsystem an der 1378 Kilometer langen Grenze zur Bundesrepublik. Hunderte Kilometer Grenz- und Signalzaun, Kontrollstreifen, Lichtsperren, Bunker, Beobachtungstürme, Kfz-Sperrgräben, Minensperren und seit 1970 auch so genannte Selbstschussgeräte, deren Auslösung bei Berührung des letzten »Sperrelements«, des Grenzzauns I, über Spanndrähte elektrisch erfolgte, sollten ein Überwinden der Grenze von Ost nach West nahezu unmöglich machen. Hinzu kam, dass die DDR-Grenzsoldaten per Befehl verpflichtet waren, notfalls auf Flüchtlinge zu schießen.

Angesichts der militärgeografischen Lage der DDR an der Trennlinie zweier gegensätzlicher politischer und militärischer Systeme im Kalten Krieg galt es aus Sicht der UdSSR und ihrer Verbündeten, nicht allein die Streitkräfte, sondern auch Staat, Wirtschaft und Gesellschaft Ostdeutschlands in ihrer Gesamtheit für eine mögliche Ost-West-Konfrontation in Mitteleuropa zu wappnen. Auf der Grundlage sowjetischer Weisungen und von Anordnungen des Kommandos der Vereinten Streitkräfte des Warschauer Pakt musste daher eine Gesamtplanung für die Verteidigung der DDR ausgearbeitet, die NVA und die anderen bewaffneten Organen entwickelt, das Staatsgebiet infrastrukturell vorbereitet und die Mobilmachung der Armee geplant werden.

c) Die Schaffung einer »sozialistischen Landesverteidigung«

Wie in den Jahren zuvor fungierte auch am Übergang zu den sechziger Jahren das SED-Politbüro in allen diesen Fragen als oberstes Entscheidungsgremium des SED-Staates. Die geheime Sicherheitskommission sowie die ZK-Abteilung für Sicherheitsfragen standen ihm dabei bislang zur Seite. Zur Bewältigung der neuen Aufgaben schuf die SED im Frühjahr 1960 ein offizielles staatliches Organ, das nunmehr alle erforderlichen Schritte zum Ausbau der DDR-Landesverteidigung und zum »Schutz des Sozialismus« koordinieren sollte: den Nationalen Verteidigungsrat (NVR). Er löste die bisher bestehende Sicherheitskommission der SED ab und organisierte fortan

---

S Nachdem die Option einer Wiedervereinigung des Nachkriegsdeutschlands durch den stetig wachsenden Ost-West-Konflikt in weite Ferne gerückt war, machte sich schnell eine Abwanderung von Bewohnern der SBZ/DDR in den Westen bemerkbar. Zwischen 1949 und 1961 wählten rund 2,6 Millionen Ostdeutsche die Flucht in den Westen, darunter auch viele Facharbeiter und Wissenschaftler. Der Verlust dieser Arbeitskräfte bedeutete für die DDR eine erhebliche Schwächung ihrer Wirtschaftskraft. War die innerdeutsche Grenze schon seit 1952 durch die Einrichtung von bewachten Sperrzonen weitgehend unpassierbar gemacht worden, stellte die Sektorengrenze zwischen dem West- und Ostteil Berlins ein schwer kontrollierbares »Tor in den Westen« dar. In einer geheimen Aktion wurde deshalb in der Nacht vom 12. zum 13. August 1961 diese »Lücke« mit der Berliner Mauer geschlossen. Der »antifaschistische Schutzwall«, wie die Mauer aus der Sicht des DDR-Regimes genannt wurde, bestand zunächst hauptsächlich aus

Umfeld

Die Fluchtbewegung aus der DDR bis zum Mauerbau

Jahr	Flüchtlinge (insgesamt)	davon über Westberlin
1949	129 245	k.A.
1950	197 788	193 277
1951	165 648	k.A.
1952	182 393	118 300
1953	331 390	305 737
1954	184 194	104 399
1955	252 870	153 693
1956	279 189	156 377
1957	261 622	129 579
1958	204 092	119 552
1959	143 917	90 862
1960	199 188	152 291
1961	155 402	125 053

Zit. nach: Dokumente zur Deutschlandpolitik, V. Reihe, Bd 6. Hrsg. vom Bundesministerium für innerdeutsche Beziehungen. Frankfurt a.M. 1975, S. 1591

110 Unter den Linden. Luftaufnahme des Straßenzugs in ganzer Länge von der Mauer am Brandenburger Tor bis zum Platz der Republik. Foto, 1967.

1 »Fernschreiben des Kommandeurs der 5. Grenzbrigade über den Tod von Roland Hoff an den Stab des Ministerium des Innern« (29. August 1961)

Der 27-jährige Hoff sprang auf Ost-Berliner Seite in den Teltowkanal und versuchte so, West-Berlin zu erreichen.

»Ofw. [...] bemerkte gegen 14.00 Uhr, wie eine Person, ca. 70 m von ihm entfernt, in den Kanal sprang. Auf sofortigen Anruf und Warnschuß reagierte diese Person nicht. Sie schwamm in Richtung WB weiter. Daraufhin gab Ofw. [...] den Feuerbefehl für die Zielschüsse. Ofw. [...] schoß aus seiner MPi in kurzen Feuerstößen 18 Schuß [...]. Durch hinzukommende, in diesem Abschnitt eingesetzte Kräfte der Kampfgruppe wurde durch einen Angehörigen der KG ebenfalls ein Zielschuß abgegeben. Name des KG-Angehörigen bisher unbekannt. Die Zielschüsse wurden abgegeben, als H. ca. 15 m schwimmend im Kanal zurückgelegt hatte. Geschoßeinschläge auf westlicher Seite wurden nicht beobachtet.
Nach den Zielschüssen versank die Person sofort in dem Kanal und tauchte nicht wieder auf. Auf der Wasseroberfläche kam eine Aktentasche zum Vorschein, die ca. 30 m kanalabwärts durch einen Genossen der KG geborgen wurde.«

Zit. nach: DDR-Geschichte in Dokumenten. Beschlüsse, Berichte, interne Materialien und Alltagszeugnisse. Hrsg. von Matthias Judt, Bonn 1998, S. 464

Stacheldrahtzäunen, die man später durch eine hohe Betonmauer ersetzte. Diese zog sich über eine Länge von 45 Kilometern durch ganz Berlin und umschloss den Westteil der Stadt über eine Strecke von 120 Kilometern. Weit mehr als 100 Menschen sind an der Berliner Mauer ums Leben gekommen. Die meisten Toten waren junge Männer zwischen 16 und 30 Jahren.

111 Panzersperren zur Abriegelung der innerdeutschen Grenze.

Der Kalte Krieg

alle erforderlichen Verteidigungs- und Sicherungsmaßnahmen der DDR in der Landesverteidigung, zur Sicherung der Staatsgrenze, zur Kriegsvorbereitung der staatlichen Verwaltung und der Wirtschaft sowie zur wehrpolitischen Mobilisierung der Bevölkerung. Sein Vorsitzender wurde Walter Ulbricht, der als 1. Sekretär des ZK der SED und Vorsitzende des Staatsrates alle Vollmachten in sicherheits- und militärpolitischen Entscheidungen in seinen Händen vereinigte. Ulbricht war damit faktisch Oberbefehlshaber von NVA, Polizei und MfS. Eher einer scheindemokratischen Legitimation zum Ausbau der Landesverteidigung diente dagegen die Verteidigungsgesetzgebung der SED in Form des ▶ Verteidigungsgesetzes vom September 1961 sowie die Einrichtung eines »Ausschusses für Nationale Verteidigung« im DDR-Parlament, der ▶ Volkskammer.

Der Aufbau eines Systems der Landesverteidigung berührte in den folgenden Jahren alle gesellschaftliche Bereiche. Die NVA als Kern der Landesverteidigung und die Grenztruppen wurden ebenso wie der territoriale Bereich der Verteidigung, dessen Ausbau ab 1967 intensiviert wurde, zusammen mit den bewaffneten Organe des inneren Sicherheitssystems weiter gestärkt und enger miteinander verzahnt. Die Bereitschaftspolizei entwickelte sich zu einer vollmotorisierten militärischen Formation mit Schützenpanzern, leichter Artillerie und panzerbrechenden Waffen, um zur Unterstützung der Streitkräfte und der Grenztruppen herangezogen werden zu können. Das MfS unter Minister ▶ Erich Mielke baute schrittweise seinen Geheimdienst- und Sicherheitsapparat aus. Allein das Wachregiment der Staatssicherheit verfügte 1970 über eine Personalstärke von etwa 7900 Mann. Die »Kampfgruppen der Arbeiterklasse« erhöhten mit der weiteren Motorisierung und einer verbesserten Ausrüstung ihre Schlagkraft bedeutend. Auch für den seit den fünfziger Jahren im Aufbau befindlichen Luftschutz erweiterten sich die Aufgaben. 1967 beschloss der DDR-Ministerrat die Schaffung eines Systems der Zivilverteidigung.

Eine stärkere Bedeutung für die Entwicklung der Landesverteidigung wurde darüber hinaus dem Bereich der »sozialistischen Wehrerziehung« beigemessen. Der Ausbau solcher Organisationen wie der GST zielte vor allem auf eine stärkere Einbindung der Jugendlichen in die vormilitärische Ausbildung. In immer breiterem Maße erteilte die SED allen staatlichen Organen, der Wirtschaft, dem Bildungssystem sowie den Massenorganisationen der DDR Auflagen zur Vorbereitung der Verteidigung. Insgesamt wurden immer mehr Menschen der DDR in das System der inneren und äußeren Sicherheits- und Verteidigungsvorbereitungen einbezogen, die Gesellschaft schrittweise weiter militarisiert.

112 Felddienstuniform der NVA, 1959.

Personalbestand der bewaffneten Kräfte in der DDR 1957 (Auswahl)	
Nationale Volksarmee	90 450
Deutsche Grenzpolizei	34 635
Deutsche Volkspolizei	89 617
Bereitschaftspolizei	15 100
Ministerium für Staatssicherheit	17 400
Kampfgruppen	157 470

Umfeld

B Erich Mielke (1907–2000)

Minister für Staatssicherheit der DDR – Nach dem Ersten Weltkrieg trat Mielke mit 14 Jahren dem »Kommunistischen Jugendverband in Deutschland« (KJVD) bei. Während seiner Ausbildung zum Speditionskaufmann wurde er 1925 Mitglied der KPD. Als bei einer Demonstration auf dem Berliner Bülowplatz am 9. August 1931 zwei Polizeibeamte hinterrücks erschossen wurden, wurde Mielke als Bereitschaftsführer des »Parteiselbstschutzes« der KPD und mutmaßlicher Schütze des Mordes angeklagt. Er floh in die Sowjetunion. Für den mutmaßlichen Polizistenmord wurde Mielke 1934 in Deutschland in Abwesenheit zum Tode verurteilt. Als Mitglied der Internationalen Brigaden nahm er am Spanischen Bürgerkrieg teil. Während des Zweiten Weltkrieges war Mielke für die Kommunistische Partei in Belgien und Frankreich im Untergrund tätig. In der SBZ/DDR war er als Mitglied des ZK der SED maßgeblich am Aufbau des Polizeistaats beteiligt. Als Staatssekretär im Innenministerium und Minister für Staatssicherheit wurde Mielke zur Symbolfigur des in der DDR waltenden Repressionsapparates. Nach der Wiedervereinigung kam Mielke in Untersuchungshaft und wurde schließlich durch das Berliner Landgericht zu sechs Jahren Gefängnis wegen der 1931 verübten Polizistenmorde verurteilt. Im Jahre 1995 wurde er aus gesundheitlichen Gründen vorzeitig aus der Haft entlassen.

113 Von links: Erich Mielke mit Erich Honecker und Walter Ulbricht. Foto, Ende 1960er Jahre.

1 Heinz Hoffmann, »Begründung des Verteidigungsgesetzes« (20. September 1961)

Der Verteidigungsminister der DDR spricht vor der Volkskammer über das »Gesetz zur Verteidigung der DDR«. Auf Grundlage dieses Gesetzes wurden viele grenznahe Grundstücke enteignet und zahlreiche Menschen zwangsumgesiedelt.

»Der dem Hohen Hause vorliegende Gesetzentwurf über die Verteidigung der Deutschen Demokratischen Republik entspricht seinem Inhalt und seiner Zielstellung nach unserer hohen Verantwortung für den Schutz der Arbeiter-und-Bauern-Macht, für das Leben und Eigentum unserer Bürger sowie für die Sicherung des Friedens. Er ist eine folgerichtige Fortsetzung all jener politischen, militärischen, ökonomischen und staatsrechtlichen Maßnahmen, die wir seit dem Bestehen der Deutschen Demokratischen Republik zur Sicherung der Lebensinteressen unserer Werktätigen und des ganzen deutschen Volkes getroffen haben.

Die Erfahrungen des Kampfes gegen Militarismus und Imperialismus haben die deutsche Arbeiterklasse und alle friedliebenden Kräfte unseres Volkes gelehrt, daß der Sozialismus nur dann siegen kann, wenn er in der Lage ist, sich erfolgreich gegen alle Anschläge der Feinde des Sozialismus und des Friedens zu verteidigen. Deshalb ist unser sozialistischer Staat verpflichtet, ständig die notwendigen Voraussetzungen zu schaffen, um die Landesverteidigung mit modernen und ausreichenden Kräften und Mitteln auszurüsten sowie das ganze Land und alle Werktätigen durch wirksame, verläßliche und weitreichende Maßnahmen auf die Abwehr und die Zerschlagung jeglicher imperialistischer Aggressionen vorzubereiten.«

Zit. nach: Die Militär- und Sicherheitspolitik der SED 1945 bis 1988. Dokumente und Materialien. Hrsg. und eingel. von einem Kollektiv des Militärgeschichtlichen Instituts der DDR, Berlin 1989 (= Schriften des Militärgeschichtlichen Instituts der Deutschen Demokratischen Republik, S. 293

Partei und Staat in der DDR

Staatsrat
- 1. Vorsitzender
- 27 weitere Mitglieder, davon 18 SED, ein Sekretär (SED)

Ministerrat
- Vorsitz
- 43 Mitglieder, davon 39 SED

Sekretariat des ZK der SED
- Generalsekretär
- 7 Sekretäre
- Politbüro 10 Mitglieder, 3 Kandidaten

Nationaler Verteidigungsrat
- 1. Vorsitzender
- mindestens 12 Mitglieder vom Staatsrat bestellt

31 Ministerien
- davon 28 SED u.a. Ministerium für Staatssicherheit (MfS), Ministerium für Nationale Verteidigung

Zentralkomitee
- 161 Mitglieder
- 49 Kandidaten

Wahl → Parteitag der SED

Volkskammer (500 Sitze) ← Wahlen
Wahl (Einheitsliste der Nationalen Front)
Wahlberechtigte Bevölkerung (alle Frauen und Männer über 18 Jahren)

Quelle: Putzger Historischer Weltatlas, 2000.

Der Kalte Krieg

Kapitel II – Strukturen:

Aufbau und Festigung beider deutscher Streitkräfte

1. Die Wehrverfassung der Bundesrepublik Deutschland

Die Bundesrepublik Deutschland wurde mit dem Grundgesetz im Jahre 1949 als streitkräfteloser und allianzfreier Staat gegründet, der zudem verschiedenen alliierten Vorbehaltsrechten unterlag. Mit der Entscheidung zur Aufstellung nationaler Streitkräfte stellte sich die Frage, wie die bewaffnete Macht in das Grundgesetz eingefügt werden sollte. Außenpolitisch war die Bundeswehr im Rahmen der WEU einer strikten Rüstungskontrolle unterworfen und organisatorisch durch die NATO-Unterstellung in ein Bündnis eingebunden. Parallel dazu musste aber innenpolitisch eine Wehrverfassung festgelegt und damit die Rolle des Militärs in der parlamentarischen Demokratie definiert werden.

Trotz aller Kontroversen um die Verankerung der neuen Streitkräfte im Grundgesetz gab es im Verteidigungsausschuss des Bundestag eine große »Wehrkoalition«, die sich über die Grundzüge der Einbindung und Kontrolle der bewaffneten Macht einig war. Die Erfahrungen mit der Rolle des Militärs in der Weimarer Republik und im NS-Staat wirkten dabei stets mahnend. Das Militär sollte sich nicht wieder verselbstständigen, noch sollte es durch eine Ideologie instrumentalisiert werden können. Die Verschränkung historischer

114 Werbeplakat der Bundeswehr für die NATO-Mitgliedschaft der Bundesrepublik, um 1956.

Lehren und politisch-parlamentarischer Zielsetzung wurde in der ▸ Regierungserklärung des ersten Verteidigungsministers ▸ Theodor Blank am 27. Juni 1955 besonders deutlich: »Wir wollen Streitkräfte in der Demokratie, die sich dem Vorrang der Politik fügen. Sie sollen die Grundsätze der Rechtsstaatlichkeit achten, die staatsbürgerlichen Grundrechte und Grundpflichten ernst nehmen und die Würde des Menschen anerkennen. [...] Die Armee darf kein Staat im Staate sein. Die zivile Leitung muss den Vorrang der Politik sichern. Die parlamentarische Kontrolle soll stärker durchgeführt werden, als das früher in Deutschland der Fall war.«

Diese Forderungen galt es in Gesetze umzusetzen. Wehrverfassung und Wehrgesetz-

Die Verteidigungsminister
der Bundesrepublik
Deutschland

Strukturen

 Theodor Blank (1905–1972)
B Politiker – Blank war einer der Mitbegründer der CDU. Als Leiter der »Dienststelle Blank«, später Amt Blank, hatte er maßgeblichen Anteil an der Aufbauplanung der Bundeswehr. Aus dieser Dienststelle entwickelte sich schließlich das Bundesministerium für Verteidigung. Blank war 1955 auch der erste Bundesminister für Verteidigung in der Geschichte der Bundesrepublik. Dieses Amt bekleidete er jedoch nur für relativ kurze Zeit und übernahm 1957 die Leitung des Bundesamts für Arbeit und Sozialordnung.

115 Theodor Blank (3.v.r.) in einem Gespräch mit Mitarbeitern seiner Arbeitsgruppe.

Theodor Blank, »Rede über die Streitkräfteplanung« (27. Juni 1955)

Nach dem In-Kraft-Treten der Pariser Verträge am 5. Mai 1955 wurde die Bundesrepublik in die NATO aufgenommen. Damit war die endgültige Entscheidung für die Bewaffnung Deutschlands im Rahmen der Westintegration gefallen.

»Durch die Ratifizierung des Pariser Vertragswerks ist so bereits vom Parlament eine sehr weitgehende Entscheidung über die Stärke und die allgemeine Gliederung der aufzustellenden Streitkräfte getroffen worden. Es sind aber noch weitere Entscheidungen nötig, die die Gliederung der Streitkräfte im einzelnen und das Tempo der Aufstellung betreffen. Diese Entscheidungen wird das Parlament bei den jährlichen Haushaltsberatungen zu treffen haben. Was die Gliederung der Streitkräfte im einzelnen angeht, so wird ihr die nachfolgende Planung zugrunde liegen, wobei die angegebenen Stärken nur die zu erreichenden Höchstzahlen bezeichnen.

Die Streitkräfte setzten sich zusammen aus Heer, Luftwaffe, Marine, der bodenständigen Verteidigung und einer militärischen Territorial-Organisation. Das Heer gliedert sich in 12 Divisionen. Dazu treten die erforderlichen Führungsstäbe, Unterstützungs- und Versorgungstruppen. Die Stärke soll 370 000 Man betragen. Die Luftwaffe verfügt in den fliegenden Verbänden und der dazugehörigen Bodenorganisation in der geplanten Stärke von insgesamt etwa 70 000 Mann über 1326 Frontflugzeuge. Ihre Zusammensetzung dient schwerpunktmäßig der Freihaltung des Luftraumes. Darüber hinaus werden weitere Einheiten für Führung, Fernmelde- und Bodenorganisation der NATO aufgestellt werden müssen. Die Marine-Planung sieht bei einer Gesamtstärke von etwa 20 000 Man nur leichte Seestreitkräfte vor. [...] Nun zur Wehrpflicht. Die Aufstellung der Streitkräfte wird in der vertraglich vorgesehenen Stärke nur möglich sein, wenn die Bundesrepublik die allgemeine Wehrpflicht wieder einführt. das wird allerdings erst erforderlich werden, wenn das benötigte Stammpersonal wieder herangebildet ist. Dieses Stammpersonal soll auf der Grundlage freiwilliger Meldungen eingestellt werden.«

Zit. nach: Sicherheitspolitik der Bundesrepublik Deutschland. Dokumentation 1945–1977. 2. Teil. Hrsg. und eingel. von Klaus von Schubert, Köln 1979, S. 307 f.

116
Theodor Blank
1955–1956

117
Franz Josef Strauß
1956–1963

gebung sollten möglichst nahtlos in das bestehende Verfassungsgefüge der Bundesrepublik eingebaut werden. In der Fassung des Grundgesetzes von 1949 wurde dem neuen Staat die Möglichkeit eingeräumt, sich einem Sicherheitsverbund anzuschließen. Der Weg zur Wiederbewaffnung war zwar nicht grundsätzlich ausgeschlossen, aber auch nicht ausdrücklich vorgesehen. Trotzdem war in dieser Fassung aber die eventuelle Einführung einer allgemeinen Wehrpflicht gegen den Willen des Einzelnen untersagt worden. Die institutionelle Verankerung der Streitkräfte musste jedoch im Grundgesetz neu festgelegt werden. Mit der ersten »Wehrergänzung« des Grundgesetzes vom 26. Februar 1954 wurde schließlich die Wehrhoheit des Bundes begründet. Um den Aufbau der Streitkräfte vorzubereiten und umzusetzen, wurde Mitte Juli 1955 das ▸ »Freiwilligengesetz« (Gesetz über die vorläufige Rechtsstellung der Freiwilligen in den Streitkräften) verabschiedet. Darin wurde die Einstellung von 6000 Freiwilligen und die erste vorläufige Gesamtplanung für die neuen deutschen Streitkräfte festgelegt.

Unter den ersten Freiwilligen waren überwiegend kriegsgediente Soldaten. In ihren Einstellungsgesprächen wurden sie vor allem auf ihre allgemeine charakterliche Eignung überprüft. Wichtig war dabei ihr Bekenntnis zum demokratischen Staat. Für die Auswahl der Führungskräfte hatte der Bundestag 1955 zudem einen Personalgutachterausschuss bestimmt. Dieser mit zivilen und militärischen Sachverständigen besetzte Ausschuss sollte überprüfen, ob die Bewerber in die Verbrechen des Nationalsozialismus verstrickt gewesen waren. Von 600 Bewerbern wurden 486 für eine Übernahme in die Bundeswehr empfohlen, 14 erhielten Einschränkungen, 53 wurden abgelehnt und 47 Anträge wurden von den Bewerbern selbst zurückgezogen. Trotz zum Teil berechtigter Kritik an der Verfahrensordnung und einiger problematischer Entscheidungen stärkte das Verfahren das Vertrauen der Öffentlichkeit in die militärische Führung.

Die neu gegründete Bundeswehr sollte aber keine Freiwilligenarmee bleiben, sondern auf dem Prinzip der Wehrpflicht aufgebaut werden. Das Wehrpflichtgesetz vom 7. Juli 1956 war allerdings sowohl im Bundestag als auch in der Öffentlichkeit stark umstritten. Vor allem die SPD plädierte für eine Berufsarmee, die allein in der Lage sei, die technische Komplexität neuer Waffensysteme zu bewältigen. Dennoch erhielt das Wehrpflichtgesetz mit 269 gegen 166 Stimmen bei 20 Enthaltungen eine sichere Mehrheit. Die Bundesregierung legte die Dauer der Wehrpflicht zunächst auf ein Jahr fest. Damit sollte die innenpolitische Kritik beschwichtigt werden, nachdem sich die NATO für eine längere Dienstzeit ausgesprochen hatte. Zum Ausgleich sollte die Zahl der freiwillig länger dienenden Soldaten von den geplanten 250 000 auf 300 000 erhöht werden. Erst unter dem Eindruck einer verschärften Bedrohungslage seit der Errichtung der Berliner Mauer am 13. August 1961 erfolgte ab dem 1. April 1962 die Verlängerung des Wehrdienstes auf 18 Monate.

Mit der »Zweiten Wehrergänzung« vom 6. März 1956 wurde die Befehls- und Kommandogewalt über die Streitkräfte in Friedenszeiten dem Verteidigungsminister zugewiesen. Im Spannungs- und Verteidigungsfall übernahm der Bundeskanzler die oberste Befehlsgewalt. Einen Eid der Soldaten auf den obersten Befehlshaber gab es nicht mehr. Operativ unterstanden die Verbände der Bundeswehr im Ernstfall jedoch der NATO. Das Parlament

118
Kai-Uwe von Hassel
1963–1966

119
Gerhard Schröder
1966–1969

Strukturen

1 Theodor Blank, »Rede in der Debatte des Deutschen Bundestages über das Freiwilligengesetz« (27. Juni 1955)

Der erst wenige Wochen zuvor ernannte Bundesminister der Verteidigung begründete die Einführung des Freiwilligengesetzes wie folgt:

»Wir stehen vor einer neuen und schweren Aufgabe. Wir müssen Streitkräfte aus dem Nichts heraus neu aufbauen, ohne jede Anknüpfung an bestehende Truppeneinheiten. Wir bauen sie zudem in einem Staat auf, der an einer kaum bewältigten Vergangenheit zu tragen hat, in einer jungen Demokratie, die um ihr Ansehen oft noch im eigenen Volk zu ringen hat. [...] Der Soldat darf aber in der Vorstellung des Staatsbürgers nicht als notwendiges Übel gelten. Sicher ist es ein notwendiges Übel, daß sich die Völker in unserer unvollkommenen Welt gegen mögliche Angriffe schützen müssen. Das gibt aber nicht das Recht, den Soldaten als ein Übel zu betrachten. Eine solche Einstellung zum Soldaten führt nur zu einer Absonderung der Streitkräfte. Dadurch würde gerade das verhindert, was wir erreichen wollen, nämlich der Einbau der Streitkräfte in die Gemeinschaft. Diese Einfügung in die Gemeinschaft kann nur gelingen, wenn alle Teile unseres Volkes vor allem die politischen Kräfte, dieses Ziel bejahen und zur Mitarbeit bereit sind. [...] Die Bundesregierung wendet sich mit Ernst an die deutsche Jugend. Nach allem, was wir erlebt haben, ist es verständlich, daß unsere Jugend dem Wehrdienst mit Zurückhaltung gegenübersteht. Wir sehen darin nicht nur etwas Negatives. Die politischen Führungskräfte haben hier die verantwortungsvolle Aufgabe, die jungen Menschen von der Notwendigkeit des Wehrdienstes zu überzeugen. Die Jugend wird sich – dessen ist die Bundesregierung gewiß – dieser Aufgabe nicht entziehen, denn es hat sich stets gezeigt, daß diese Jugend in aller Nüchternheit und Zuverlässigkeit sich immer für Aufgaben bereit gefunden hat, deren Sinn sie erkannt hat.«

Zit. nach: Sicherheitspolitik der Bundesrepublik Deutschland, Dokumentation 1945–1977. 2. Teil. Hrsg. und eingel. von Klaus von Schubert, Köln 1979, S. 362–364

120 Theodor Blank überreicht am 12. November 1955 den ersten Generalen der Bundeswehr Hans Speidel (r.) und Adolf Heusinger ihre Ernennungsurkunden.

121 Thedor Blank bei einer Rede anlässlich der Übernahme von Teilen des Bundesgrenzschutzes in die Bundeswehr 1956 in Bonn.

122
Helmut Schmidt
1969–1972

123
Georg Leber
1972–1978

Der Kalte Krieg

> **S** Über ihre Benennung wurde vor Gründung der Streitkräfte heftig gestritten. Die Westdeutschen Truppen wurden durch eine interne Verfügung ab März 1955 in ihrer Gesamtheit als »Die Streitkräfte« bezeichnet. Im allgemeinen deutschen, aber auch internationalen Sprachgebrauch wurde jedoch nach wie vor von der »Wehrmacht« gesprochen. Am 12. Juli 1955 standen sich im Sicherheitsausschuss die Anträge von Richard Jaeger (CDU/CSU) und Erich Mende (FDP) gegenüber: Während die CDU/CSU mit dem Namen Bundeswehr den defensiven Charakter der Streitkräfte zum Ausdruck bringen wollte, bemängelte Mende »Bundeswehr« klänge zu sehr nach »Feuerwehr«. Da keine Einigung in Sicht war, wurde die Entscheidung vertagt. Schließlich entschied sich der Verteidigungsausschuss des Bundestages am 22. Februar 1956 für die Bezeichnung »Bundeswehr«.

konnte wegen des Budgetrechts Personalstärke und Struktur der Bundeswehr kontrollieren und bestimmen. Die parlamentarischen Kontrollmöglichkeiten ließen die SPD von der ursprünglich geforderten gesonderten parlamentarischen Verantwortlichkeit des Verteidigungsministers Abstand nehmen. Dem Bundespräsidenten blieben in diesem Gefüge lediglich einige formale Ehrenrechte. Beispielsweise bestimmte Bundespräsident Theodor Heuss im September 1956 offiziell das »Eiserne Kreuz« zum nationalen Erkennungszeichen der Bundeswehr. Bundespräsident ▸ Heinrich Lübke übergab am 7. Januar 1965 die erste Truppenfahne an das Wachbataillon. Erst danach erhielten alle Bataillone und vergleichbare Verbände der Bundeswehr eine ▸ Truppenfahne.

Die ▸ Benennung der Streitkräfte war Gegenstand einer parlamentarischen Debatte. In der Öffentlichkeit wurde zunächst weiterhin der Name »Wehrmacht« bevorzugt, was auch bei Teilen der Parlamentarier Anklang fand. Letztlich wurde der vom CSU-Abgeordneten Richard Jaeger vorgeschlagene Name »Bundeswehr« bei einer Abstimmung im Verteidigungsausschuss am 22. Februar 1956 angenommen. Mit dem »Gesetz über die Rechtsstellung der Soldaten« vom 1. April 1956 erhielten die Streitkräfte auch offiziell diese Bezeichnung. Dieses so genannte Soldatengesetz (SG) bildete die Basis der eigentlichen Wehrgesetzgebung und ersetzte gleichzeitig das Freiwilligengesetz von 1955. Es regelte erstmals in der deutschen Militärgeschichte den Normenkonflikt zwischen freiheitlich-demokratischer Gesellschaftsordnung und militärischen Sachzwängen sowie die Stellung des Soldaten im Staat und in den Streitkräften. Es erfasste die Rechte und vor allem die Pflichten der Soldaten der Bundeswehr systematisch. Danach durfte sich ein Soldat beispielsweise weit gehend politisch betätigen und das aktive wie auch das passive Wahlrecht ausüben. Zu den Pflichten gehörte auch die Pflicht zur Nichtbefolgung von Befehlen, deren Befolgung eine Straftat darstellen würde. Der Soldat hatte »die Pflicht, der Bundesrepublik treu zu dienen und das Recht und die Freiheit des deutschen Volkes tapfer zu verteidigen« (§ 7 SG). Darüber hinaus sollte er für die Aufrechterhaltung der freiheitlich-demokratischen Grundordnung im Sinne des Grundgesetzes eintreten (§ 8 SG), da er auf diese seinen Eid oder sein Gelöbnis abzulegen hatte (§ 9 SG). Für diese Zielsetzung benötigte er historische, politische und völkerrechtliche Kenntnisse, auf deren Vermittlung er in einem entsprechendem Unterricht Anspruch hatte (§ 33 SG). Damit war die Bundeswehr die einzige Institution in der Bundesrepublik, in der die Politische Bildung gesetzlich vorgeschrieben war.

Zur Erörterung und Entscheidungsvorbereitung im Wehrbereich richtete der Bundestag einen Verteidigungsausschuss ein, der sich als einziger der Bundestagsausschüsse bei Bedarf jederzeit als Untersuchungsausschuss konsti-

124
Hans Apel
1978–1982

125
Manfred Wörner
1982–1988

Strukturen

B Heinrich Lübke (1894–1972)
Politiker – Lübke war in den 1920er Jahren der Direktor und Mitbegründer der »Deutschen Bauernschaft« und vertrat von 1931 bis 1933 die Zentrumspartei als Abgeordneter des preußischen Landtags. Von diesen Ämtern wurde er von den Nationalsozialisten 1934 enthoben und ohne Anklage 20 Monate in Haft gehalten. Nach seiner Haftentlassung war Lübke zunächst arbeitslos, später arbeitete er als Vermessungsingenieur und Bauleiter. Er war am Bau diverser militärischer Anlagen beteiligt u.a. auch an der Errichtung der Heeresversuchsanstalt in Peenemünde. Nach Ende des Zweiten Weltkriegs trat Lübke in die CDU ein und bekleidete dort das Amt des Bundesministers für Ernährung und Landwirtschaft (1947–1952; 1953–1959). Im Anschluss wählte ihn die Bundesversammlung zum Bundespräsidenten. Lübke, der dieses Amt zweimal bekleidete, fiel zum Ende seiner Amtszeit durch rhetorische Missgriffe und gesundheitliche Probleme auf.

126 Fahnenübergabe am 7. Januar 1965 an das Wachbataillon durch Bundespräsident Heinrich Lübke.

S Die heutige Truppenfahne geht auf die Feldzeichen der Antike zurück. Bereits im alten Rom markierten an einer Querstange befestigte Tücher einzelne Truppenteile und gewährten dem Feldherrn während einer Schlacht eine bessere Übersicht über das Kampfgeschehen. Weiterhin repräsentierten sie die Macht, der die Truppe unterstand. Bis ins 17. Jahrhundert änderte sich an diesen Funktionen wenig. Erst mit der einsetzenden Uniformierung verloren die Feldzeichen ihr Monopol als optisches Orientierungsmittel auf dem Schlachtfeld. Am rechten Flügel der ersten Linie mitgeführt dienten sie den Verbänden lediglich noch als Ausrichtungspunkte im Kampf. Spätestens Anfang des 19. Jahrhunderts vollzog sich ein erneuter Wandel in der Bedeutung der Truppenfahne. Dem praktischen Nutzen nahezu beraubt entwickelte sie sich immer mehr zum Symbol, das den identitätsstiftenden Ruhm und das Selbstverständnis der Einheit repräsentierte. Um die Entehrung durch den Verlust der Fahne zu vermeiden, wurde sie nun während des Kampfes in die hintersten Linien einer Truppe verbannt und bis zum Letzten verteidigt. Erst mit der Geburt des modernen Massenkrieges wurde sie schließlich dem direkten Kampfgeschehen vollständig entzogen und in die Standorte der Truppen zurückverlegt. Seither kommen ihr ausschließlich repräsentative Funktionen zu, beispielsweise bei Vereidigungen und Truppenparaden.

127
Rupert Scholz
1988–1989

128
Gerhard Stoltenberg
1989–1992

tuieren konnte. Zusätzlich wurde im April 1957 die Institution des nur dem Parlament verantwortlichen Wehrbeauftragten eingeführt. Zum »Schutz der Grundrechte und als Hilfsorgan des Bundestages bei der Ausübung der parlamentarischen Kontrolle« stellte er eine in der deutschen Militärgeschichte einmalige Instanz dar. Der einzelne Soldat sollte sich mit Beschwerden an ihn wenden können, gleichzeitig sollte er aber auch dem Parlament als Kontrolleinrichtung über die inneren Vorgänge in der Bundeswehr Bericht erstatten.

Nachdem damit die wichtigsten gesetzlichen Veränderungen vorgenommen worden waren, blieb nur noch die Frage einer Notstandsverfassung ungelöst. Da weder eine parlamentarische noch eine gesellschaftliche Mehrheit bereit war, sich für eine solche Ausnahmeverfassung einzusetzen, blieb dieser Punkt vorerst offen. Vor allem historische Bedenken verzögerten den endgültigen Abschluss der Wehrgesetzgebung bis Ende der sechziger Jahre. Mit möglichen Notstandsverordnungen wurde zum einen die Machtfülle des Weimarer Reichspräsidenten verbunden, die zum Untergang der ersten deutschen Republik beigetragen hatte. Zum anderen aber erinnerten entsprechende Gesetze vor allem an die Instrumentalisierung derselben durch die Nationalsozialisten.

Erst die Große Koalition (1966–1969) verfügte über die für eine Grundgesetzänderung notwendige Zweidrittelmehrheit und verabschiedete am 30. Mai 1968 mit dem »17. Gesetz zur Ergänzung des Grundgesetzes« die Notstandsverfassung. Darin wurden für den Verteidigungsfall, bei inneren Unruhen und bei Naturkatastrophen weit reichende Vollmachten für die Staatsorgane und auch neue Aufgaben für die Bundeswehr festgelegt. Dazu gehörten Eingriffsrechte des Bundes in die Grundrechte der Bürger, wie die Beschränkung der Freizügigkeit und des Brief-, Post- und Fernmeldegeheimnisses. Darüber hinaus wurde die Operationsfreiheit und Versorgung der Streitkräfte im Spannungs- und Verteidigungsfall neu festgelegt. Der Einsatz der Streitkräfte im Falle eines inneren Notstandes setzte voraus, dass die freiheitlich-demokratische Grundordnung des Grundgesetzes in der Bundesrepublik Deutschland oder in einem oder mehreren Bundesländern bedroht war und Landespolizei sowie Bundesgrenzschutz (BGS) zu ihrer Aufrechterhaltung nicht ausreichten.

Die Notstandsverfassung löste auch die noch bestehenden alliierten Vorbehaltsrechte aus dem Deutschlandvertrag ab. Damit war die Frage nach der verfassungsrechtlichen Stellung der Streitkräfte und des einzelnen Soldaten in der Bundesrepublik zu einem Abschluss gebracht worden. Die Bundeswehr wurde zu einer Armee des Parlaments. Der damit gesicherte »Primat der Politik« versteht sich als »Primat der parlamentarischen Kontrolle« und kann als eine der großen Neuerungen beim Aufbau der Streitkräfte gelten.

Während die Integration der Bundeswehr in die verfassungsmäßige Ordnung der Bundesrepublik grundsätzlich reibungs- und problemlos verlief, war die Wechselwirkung von Bundeswehr und Gesellschaft nicht immer frei von Spannungen. Ihre erste große Bewährungsprobe bestand die Bundeswehr bei einem Rettungseinsatz. Bei der großen ▶ Sturmflut im Februar 1962 in Hamburg und Umgebung bewährten sich die Verbände der Bundeswehr, die mit ungefähr 40 000 eingesetzten Soldaten 1000 Menschen aus unmittelbarer Lebensgefahr retten konnte. Dies war ein wesentlicher Durchbruch für die Akzeptanz der Streitkräfte in der Bevölkerung.

129
Volker Rühe
1992–1998

130
Rudolf Scharping
1998–2002

Strukturen

131 Ein Helikopter beim Katastropheneinsatz über dem überschwemmten Hamburg im Februar 1962.
Die Flutkatastrophe in Hamburg erforderte den ersten größeren Hilfseinsatz der Bundeswehr.

Ausgelöst durch das Sturmtief »Vincinette« wütete in der Nacht vom 16. zum 17. Februar 1962 die stärkste Sturmflut in Hamburg, die die Elbmetropole in ihrer Stadtgeschichte bis dato zu verzeichnen hatte. Die durch Orkanböen vorangetriebenen Wassermassen der Nordsee drängten elbaufwärts und überschwemmten innerhalb von nur wenigen Stunden mehr als 20 Prozent der Hansestadt. Der damals in Hamburg amtierende Polizeisenator und spätere Bundeskanzler, Helmut Schmidt, ergriff angesichts der sich abzeichnenden Katastrophe die Initiative. Indem er sich eigenmächtig an Befehlshaber der Bundeswehr wandte, um Unterstützung für das von den Fluten bedrohte Hamburg zu erbitten, setzte er sich über das Deutsche Grundgesetz hinweg, das seinerzeit einen Einsatz der Bundeswehr im Innern strikt untersagte. Durch die Beteiligung der Bundeswehr, die mit Pionieren und Hubschraubern Eingeschlossene befreite oder mit dem Notwendigsten versorgte sowie Ausbesserungsarbeiten an den Deichen durchführte, konnte in den folgenden Tagen das Ausmaß der Katastrophe begrenzt werden. Von den rund 40 000 in Norddeutschland eingesetzten Soldaten ließen neun beim Kampf gegen die Sturmflut ihr Leben. Für die noch junge westdeutsche Armee stellte dieser erste Einsatz im Innern einen gewaltigen Prestigegewinn dar. In Erinnerung an den Hamburger Präzedenzfall wurde das Grundgesetz 1968 trotz erheblicher Proteste durch die Notstandsverfassung insoweit geändert, dass es seither Hilfsaktionen der Bundeswehr bei Naturkatastrophen ermöglicht.

132
Peter Struck
2002–2006

133
Franz Josef Jung
seit 2006

2. Die »Innere Führung«

a) Das Konzept

Neben der Einbindung der Bundeswehr in das parlamentarische System der Bundesrepublik war es vor dem Hintergrund der Geschichte der deutschen Streitkräfte notwendig, eine den demokratischen Grundlagen der Bundesrepublik entsprechende innere Struktur für die Bundeswehr zu entwickeln. Das »Innere Gefüge« der Streitkräfte, das bereits in der Himmeroder Denkschrift vom Oktober 1950 thematisiert worden war, war in den Streitkräften von Anfang an umstritten. In der Truppe wurde es von großen Teilen der militärischen Vorgesetzten, die auf Dienstzeiten in der Wehrmacht und auch der Reichswehr zurückblickten, mit der abwertenden Wendung »Inneres Gewürge« bedacht.

Hinter dem 1953 gewählten Namen »Innere Führung« stand der neuartige Ansatz, über eine idealtypische Rollenbeschreibung des soldatischen Selbstverständnisses effektive Streitkräfte für die Demokratie zu begründen. Dabei stand das Konzept vor allem im Kontrast zu der Sonderrolle der Reichswehr in der Weimarer Republik sowie der Verstrickung der Wehrmacht in das verbrecherische NS-System und ihrer Beteiligung am rasseideologischen Vernichtungskrieg.

Der Grundgedanke der »Inneren Führung« galt dem »Staatsbürger in Uniform«. Er sollte ein den demokratischen Idealen verbundener »freier Mensch, guter Staatsbürger und vollwertiger Soldat« sein. Mit dieser Idee ließ sich vor allem an die Preußische Heeresreform anknüpfen, in deren Tradition die neuen Streitkräfte aufgebaut werden sollten. Die Idee der »Inneren Führung« wurde von ▶ Wolf Graf von Baudissin bereits während der Gespräche in Himmerod vorgestellt. Baudissin wurde am 8. Mai 1951 als Referent in der Dienststelle Blank sowie 1955 als Unterabteilungsleiter im Bundesministerium der Verteidigung (BMVg) mit der Umsetzung des Konzepts der »Inneren Führung« betraut. In seinem Verständnis hatte die »Innere Führung« eine doppelte Funktion: Einerseits sollte sie die Verwirklichung der verfassungsmäßigen Ordnung der Bundesrepublik auch innerhalb der Streitkräfte gewährleisten. Andererseits zielte sie darauf, die innere Ordnung der Streitkräfte im Rahmen der politischen, sozialen und technischen Gegebenheiten und unter Einschluss des modernen Kriegsbildes nach konkreten Anweisungen für militärisches Denken und Handeln zu gestalten. Mit deren Hilfe sollte der Soldat im dienstlichen Alltag für die Ordnung des Grundgesetzes gewonnen werden. Die Grundsätze und Inhalte der »Inneren Führung« erstreckten sich auf die Teilgebiete Menschenführung, Truppenbetreuung, Fürsorge, Politische Bildung, Soldatische Ordnung, Kriegsvölkerrecht und Wehrrecht. Maßstab der Orientierung sollte dabei stets die Vereinbarkeit von Verfassungstreue und Effektivität der Streitkräfte in einer Demokratie sein.

Mit der Vorstellung, dass einerseits mit der elitären Position des »Staates im Staate« gebrochen, andererseits aber auch an die Stelle der militarisierten »Volksgemeinschaft« des »Dritten Reiches« die »Einbürgerung« in den demokratischen Rechtsstaat treten sollte, wurden geradezu revolutionäre Neuerungen in der deutschen Militärgeschichte angemahnt, die nicht ohne Widerspruch blieben. Mit den überlieferten Vorstellungen naturgemäßer militärischer Soldatenbilder wollten viele Offiziere und Unteroffiziere nicht brechen. Ihre markantesten Vorwürfe an die neue Führungsphilosophie waren: Gefahr der Aufhebung der Befehls- und Gehorsamsstruktur, Verlust von Disziplin in-

134 Das Zisterzienser-Kloster Himmerod in der Eifel.

Strukturen

B Wolf Graf von Baudissin (1907–1993)
General – Baudissin geriet bereits 1941 in britische Kriegsgefangenschaft aus der er 1947 entlassen wurde. Nach seiner Rückkehr nach Deutschland arbeitete er im Amt Blank und nahm an der Himmeroder Tagung teil. Im Jahre 1956 wurde er als Oberst in die Bundeswehr übernommen und wenige Jahre später zum Brigadegeneral befördert. 1961 erfolgte seine Beförderung zum Deputy Chief of Staff im NATO-Stab AFCENT und später zum Kommandeur des NATO-Defence-College. Von 1965–1967 war er als stellvertretender Stabschef »Plans & Operations« im NATO-Hauptquartier Europa tätig. Nach seinem Ausscheiden aus der Bundeswehr wurde Baudissin im akademischen Bereich aktiv. Zuletzt leitete er das Institut für Friedens- und Konfliktforschung der Universität Hamburg.

135 Wolf Graf von Baudissin, Referatsleiter »Inneres Gefüge« im Amt Blank, dem Vorläufer des Bundesverteidigungsministeriums, entwickelte das Konzept der »Inneren Führung« mit dem Leitbild des »Staatsbürgers in Uniform« für den Neuaufbau der Streitkräfte.

136 Schutzumschlag einer Veröffentlichung des Verteidigungsministerium zur »Inneren Führung«, um 1960.

1 Wolf Graf von Baudissin, »Die Wehrverfassung der Bundesrepublik« (10. Februar 1965)

General Baudissin war maßgeblich am Aufbau der Bundeswehr und des Leitbildes der »Inneren Führung« beteiligt.

»Der Entwurf der Inneren Führung gründet sich nicht auf die Illusion, als ließen sich ausgerechnet im soldatischen Alltag Friktionen und menschliche Spannungen vermeiden. Wir sahen im ›Staatsbürger in Uniform‹ nie eine magische Formel. Worum es uns ging, war die Schaffung menschlicher und sachlicher, institutioneller und personeller Vorbedingungen, um die vielen Schwierigkeiten an Ort und Stelle zu meistern und sie zu fruchtbaren Lösungen zu führen. Daß dieser Weg an alle Beteiligten größere Anforderungen stellt, sei ebenso unbestritten wie die Tatsache, daß die Erziehung zur Mündigkeit vom Vorgesetzten manchen Verzicht erfordert; seine Gestalt tritt – jedenfalls äußerlich – mehr in den Hintergrund und verliert damit viel vom einstigen Nimbus. Es ist nur normal, daß die Diskussion über Wert und Wirklichkeitsnähe der Inneren Führung nicht verstummt: Dieses Gespräch ist nützlich, solange nicht die Grundsätze in Frage gestellt oder dialektisch aufgeweicht werden sollen. Verließen wir diese Grundlagen, dann entfernte sich die Bundeswehr von dem, was sie verteidigt. Dies schließt nicht aus, daß die Anwendungsmethoden und Regelungen – das heißt die Übersetzung der Grundsätze in die Praxis – einem steten Anpassungsprozeß unterworfen bleiben müssen.«

Zit. nach: Klaus Heßler, Aktuelle Dokumente. Militär-Gehorsam-Meinung. Hrsg. von Ingo von Münch, Berlin 1971, S. 35

Der Kalte Krieg

nerhalb der Streitkräfte, »Verweichlichung« von Vorgesetzten und Untergebenen sowie eine allgegenwärtige Politisierung der Armee.

Das Verteidigungsministerium, und dort vor allem die Unterabteilung »Innere Führung«, war sich der möglichen Infragestellung der neuen Prinzipien bereits in der Frühphase bewusst. Daher erarbeitete die Unterabteilung verschiedene Publikationen, die zur Umsetzung der Idee in den Truppenalltag beitragen sollten: 1957 wurden die »Leitsätze für die Erziehung von Soldaten« erlassen und das »Handbuch Innere Führung« veröffentlicht, das auch Fragen der soldatischen Tradition thematisierte.

Unter den Bundeswehrsoldaten kursierten zunächst unterschiedlichste Traditionsvorstellungen, denen ein einheitliches Bild noch entgegen gesetzt werden musste. Erst nach jahrelangen Diskussionen konnte im Juli 1965 der Erlass »Bundeswehr und Tradition« verabschiedet werden. Der so genannte Traditionserlass stellte einen Kompromiss zwischen den Vorstellungen der »Reformer« um Baudissin und der »Traditionalisten« dar, der weiter stark umstritten blieb. Grundsätzlich wurde die Ausrichtung der Bundeswehr an freiheitlichen, demokratischen und rechtsstaatlichen Werten sowie die zentrale Rolle des politisch denkenden und handelnden Staatsbürgers festgehalten.

Ab 1957 erschien zudem die »Schriftenreihe Innere Führung« sowie das sechsbändige Sammelwerk »Schicksalsfragen der Gegenwart«, in denen praktische Fragen der Inneren Führung behandelt wurden. Bis in die Gegenwart reicht die 1956 begonnene Heftreihe »Information für die Truppe«. Zudem wurde am 1. Oktober 1956 die Schule der Bundeswehr für Innere Führung in Koblenz gegründet, womit das Konzept auch eine institutionelle Grundlage erhielt. Darüber hinaus verdeutlichte die Gründung des vom Verteidigungsministerium ins Leben gerufenen Beirates für Innere Führung im Jahre 1958 die Bereitschaft und den Willen, die Gesellschaft an der Verwirklichung und Weiterentwicklung des Konzeptes zu beteiligen. Neben Graf von Baudissin waren Johann Adolf Graf von Kielmansegg und Ulrich de Maizière maßgeblich an der Konzeption der »Inneren Führung« beteiligt und wurden dafür am 10. Februar 1965 mit dem Freiherr-vom-Stein-Preis der Universität Hamburg ausgezeichnet.

b) Zwischen »Reformern« und »Traditionalisten«

Während in der Anfangsphase der Truppenaufstellung die Probleme der »Inneren Führung« durch den militärischen Alltag in der Truppe noch weniger deutlich wurden, traten sie in der Konsolidierungsphase ab Mitte der sechziger und zu Beginn der siebziger Jahre verstärkt hervor. Die erste Krisensituation der Bundeswehr stellte die ▶ »Nagold-Affäre« dar. In einer Fallschirmjäger-Ausbildungskompanie in Nagold waren Soldaten durch ihre Vorgesetzten schikaniert worden. Dies hatte in einem Fall sogar zum Tode des Gepeinigten geführt. Das Verhalten der Kompanie zeigte, dass das Konzept der »Inneren Führung« offensichtlich noch nicht verinnerlicht worden war. Noch deutlicher wurde dieser Mangel im Jahresbericht des Wehrbeauftragten des Bundestages, Vizeadmiral a.D. ▶ Hellmut Heye. Dieser hatte sich zudem Mitte Juni 1964 in der Illustrierten »Quick« über den inneren ▶ Zustand der Bundeswehr besorgt gezeigt und war anschließend zurückgetreten. Ein weiteres Indiz für die problematische Umsetzung der Führungskonzeption stellte die so genannte Generalskrise dar. Nach dem Gewerkschaftserlass des Verteidigungsministeriums im August 1966 hatte sich unter anderem an der

---

S Bereits im Frühjahr 1962 erregten Verstöße gegen die Leitsätze der Menschenführung in Nagold das Interesse der Öffentlichkeit. Als im Juli 1963 die Ausbildungskompanie 6/9 des Fallschirmjägerbataillons 252 wegen der Misshandlung von Rekruten und einem Todesfall während eines Marsches in die Schlagzeilen geriet, entbrannte eine rege politische und öffentliche Diskussion um die Menschenführung in der Bundeswehr. Die in der Ausbildungskompanie 6/9 angewandten »Schleifermethoden« ließen sich nicht als Einzelfälle abtun. Vielmehr legten sie die strukturellen und insbesondere personellen Unzulänglichkeiten durch den raschen Aufbau der Bundeswehr offen und zeigten, dass das Konzept der »Inneren Führung« in der Bundeswehr noch nicht überall Akzeptanz fand.

1 Hellmuth Guido Heye, »In Sorge um die Bundeswehr« (1964)

Der Wehrbeauftragte Heye nahm in der Illustrierten »Quick« zu seinem Jahresbericht über die Zustände in der Bundeswehr Stellung. Dieser ungewöhnliche Schritt sowie seine scharfe Kritik an der inneren Entwicklung der Armee entfachten heftige politische und gesellschaftliche Diskussionen. Im gleichen Jahr trat Heye von seinem Amt zurück, offiziell aus gesundheitlichen Gründen.

»Es ist bedauerlich, es aussprechen zu müssen: Wenn wir das Ruder *nicht jetzt herumwerfen,* entwickelt sich die Bundeswehr zu einer Truppe, wie wir sie nicht gewollt haben. Der Trend zum Staat im Staate ist unverkennbar. [...] Wir verspielen heute in der Bundeswehr durch unzeitgemäße, oft durch miserable Menschenführung das Vertrauen der Soldaten. Wie aber ist es um die Schlagkraft einer solchen Truppe bestellt? Welchen Wert haben dann noch die supermodernen Waffen, die Düsenjäger, Raketen und Zerstörer, die wir für Milliarden angeschafft haben? [...] Leider ist es aber so, daß in der Bundeswehr immer noch nach veralteten Methoden erzogen und gedrillt wird. Dabei kann der Soldatentyp von heute nur der Einzelkämpfer, der mitdenkende Soldat sein. [...] Ich werde immer sehr hellhörig und mißtrauisch, wenn das Gespräch auf den Kommißton kommt, auf jene Sprache, die in einer Kombination aus Grobheit und Obszönität auf die jungen Soldaten herniederprasselt. Diese Unsitte aus Landsknechtstagen ist heute leider noch so weit verbreitet, daß ich vor jeder Verniedlichung warnen muß. [...] Die Bundeswehr geht einen bedenklichen Weg. Sie muß rechtzeitig umkehren! Wird die Schwenkung gelingen? Oder wird die Zukunft verspielt? Ich bin überzeugt, daß die Bundeswehr *nur* dann Zukunft hat, wenn Offiziere, Unteroffiziere und: Mannschaften modern denken. Dieses moderne Denken wird ihnen nicht mit Muttermilch eingegeben. Es wird ihnen während der Ausbildung vermittelt – oder sollte es wenigstens.«

Zit. nach: Bundeswehr – antinational und aggressiv. Chronik, Fakten, Dokumente. Hrsg. vom Deutschen Institut für Militärgeschichte, Berlin (Ost) 1969 (= Schriften des Instituts für Militärgeschichte), S. 479–484

137 Titel der Zeitschrift »Quick« vom 5. Juli 1964.

138 Hellmuth Guido Heye.

B Hellmuth Guido Heye (1895–1970)

Vizeadmiral und Politiker – Der gebürtige Saarländer Heye trat 1914 in die Kaiserliche Marine ein. Nach dem Zusammenbruch des Deutschen Kaiserreiches wurde er in die Reichsmarine übernommen, stieg während der 1930er Jahre zum Kapitän zur See auf und kommandierte zu Beginn des Zweiten Weltkrieges den Schweren Kreuzer ADMIRAL HIPPER. Aufgrund seiner Verdienste während des »Unternehmen Weserübung« und den darauf folgenden Feindfahrten im Nordmeer wurde er seit dem September 1940 mit höheren Stabs- und Kommandostellen betraut, in denen er bis zum Kriegsende verblieb. Infolge der deutschen Kapitulation ging Heye, bereits 1944 zum Vizeadmiral befördert, für mehr als ein Jahr in britische Kriegsgefangenschaft. Seiner kurzen Tätigkeit im »Naval Historical Team« folgte seine politische Laufbahn. Er war seit 1953 Bundestagsabgeordneter für die CDU und wurde 1961 zum Wehrbeauftragten des Bundestages gewählt. Als Heye mit seinen Einwänden zur Umsetzung der »Inneren Führung« in der Bundeswehr auf erheblichen Widerstand stieß, wandte er sich 1964 in einem in der Illustrierten »Quick« erschienenen Artikel »In Sorge um die Bundeswehr« an die Öffentlichkeit. Mit seiner Kritik, die politische Führung nehme es billigend in Kauf, dass sich die Bundeswehr ähnlich der Reichswehr zu einem »Staat im Staate« entwickeln könnte, beraubte er sich jeglichen politischen Rückhalts und musste schließlich zurücktreten.

Der Kalte Krieg

Frage der Position des ▶ Generalinspekteurs der Bundeswehr und der Zulassung von Gewerkschaften in den Kasernen ein Streit entzündet. Drei Generale reichten als Reaktion auf den Erlass, der der Gewerkschaft ÖTV den Zutritt ermöglichte, ihren Rücktritt ein.

In den vor diesem Hintergrund stattfindenden Auseinandersetzungen stritten die »Reformer« wie Baudissin, Kielmansegg und ▶ de Maizière mit den »Traditionalisten« um die Konzeption der »Inneren Führung«. Dabei konnten sich zwar letztlich die »Reformer« mit ihren Vorstellungen über einen gesellschaftsintegrativen Ansatz der neuen Streitkräfte und mit einem an demokratischen Prinzipien orientierten Inneren Gefüge durchsetzen. Die Umsetzung dieser Prinzipien hing aber nicht zuletzt von den einzelnen Führungskräften ab, die oftmals noch in der Wehrmacht ausgebildet worden waren. Nur langsam konnte das Konzept daher auch in der Praxis verwirklicht werden.

Eng verknüpft mit dem Streit um die »Innere Führung« war auch die jeweilige Sichtweise des soldatischen Berufsverständnisses insbesondere der Offiziere. Große Teile des Offizierskorps waren konservativ geprägt und gingen von einer Unvereinbarkeit von soldatischer und ziviler Existenz aus. Vielmehr traten sie weiterhin für das Prinzip der (exklusiven) Rekrutierung aus den »offiziersfähigen« Kreisen ein. Insbesondere die Publikationen von Heinz Karst (▶ Das Bild des Soldaten, 1964) und Hans-Georg von Studnitz (Rettet die Bundeswehr, 1967) trafen bei ihnen auf große Zustimmung. Diese zeichneten ein erzkonservatives Bild des Soldaten und übten offen unsachliche Kritik an dem Konzept der »Inneren Führung«. Dagegen versuchte das Verteidigungsministerium, eine neue soziale Basis für den Staatsbürger in Uniform entsprechend einer demokratisch verfassten, pluralistischen Gesellschaft zu entwickeln. Anknüpfend an die Reformideale der 50er Jahre kam es 1967 zu einer Neubestimmung der Offizierqualifikation, mit der die Abwendung vom traditionellen Bild des Soldaten und Offiziers als einzigartigem Charakter festgeschrieben werden sollte. Emanzipatorische Bestrebungen in nahezu allen gesellschaftlichen Bereichen im Zusammenhang mit zum Teil ungestüm geführten Wertewandeldiskussionen beeinflussten nunmehr die Vorstellungen vom Soldaten der Bundeswehr. Baudissin formulierte das so: »Armeen können nur in Form sein, wenn sie die Strukturen des Ganzen widerspiegeln und wenn sie von dem gleichen Geist beseelt sind, der das Ganze trägt. Soldaten sind Kinder ihrer Zeit; Streitkräfte repräsentieren die gesellschaftlich-politischen Herrschaftsformen, deren Instrumente sie sind«.

Die Erscheinungsformen des modernen Krieges und die in den sechziger Jahren zunehmende gesellschaftliche Technologiegläubigkeit führten zu einem Anforderungsprofil des Offiziers als Führungskraft. Danach lag ein erheblicher Schwerpunkt im Bereich potenzieller Fähigkeiten/Fertigkeiten zur Beherrschung moderner, komplexer Waffensysteme. Deutlich wurden die Auseinandersetzungen an einer scheinbar widersprüchlichen, in der Zielrichtung jedoch einheitlichen Leitvorstellung: der Idee der »militärischen Professionalisierung«. Dabei orientierte sich die traditionale Denkschule an einem geschlossenen Militärsystem, das die Bedeutung von überlieferten militärhistorischen Erfahrungswerten der Kriegswirklichkeit bevorzugte. Dagegen legte die moderne Denkrichtung das gewandelte Kriegsbild mit seiner nuklearen Drohung zu Grunde. Damit verknüpft waren die Komplexität der modernen Kriegstechnik sowie die veränderten politischen, sozialen und

B Friedrich Albert Foertsch (1900–1976)
General – Als Chef des Generalstabs der Heeresgruppe Kurland geriet Foertsch im Zweiten Weltkrieg in russische Kriegsgefangenschaft. Hier wurde er zu 25 Jahren Zwangsarbeit verurteilt. 1955 wurde er zusammen mit den letzten Kriegsgefangenen entlassen und kehrte nach Deutschland zurück. Bereits ein Jahr später wurde er als Generalmajor in die Bundeswehr übernommen. 1959 avancierte er zum Deputy Chief of Staff »Plans and Policy«. Von 1961 bis zu seiner Pensionierung 1963 bekleidete er das Amt des Generalinspekteurs.

139 Friedrich Albert Foertsch.

Strukturen

 Heinz Karst, »Das Bild des Soldaten« (1964)

Karst, der als ehemaliger Wehrmachtoffizier 1955 der Bundeswehr beitrat und hier zum Brigadegeneral avancierte, verfasste eine Vielzahl an Publikationen über die Bundeswehr. Im Zeitalter der Atombombe stellten viele Autoren die Frage nach dem Sinn und Selbstverständnis einer Armee, die in einem atomaren Konflikt eingesetzt werden könnte.

»Die Wiederbewaffnung der Bundesrepublik Deutschland, unter mancherlei politischen und historischen Belastungen zustandegekommen, wirft eine Anzahl Fragen auf, die noch wenig geklärt sind. Angesichts der stürmischen wehrtechnischen Entwicklungen steht an der Spitze das Ringen um eine angemessene Konzeption der Verteidigung innerhalb der NATO, um eine der Sache entsprechende Spitzengliederung der Bundeswehr, um die moderne Ausrüstung der Truppe und um die Verstärkung der Territorialen Verteidigung. Indessen lassen sich Wehrkonzeptionen, zumal wenn sie ›in Fluß‹ sind, nur verwirklichen, wenn man gleichzeitig überdenkt, wieweit das davon betroffene Instrument Bundeswehr von innen her, in seiner soldatischen Ordnung, seinem menschlichen Zusammenhalt, seinem Geist und seiner Moral tauglich und den Anforderungen gewachsen ist. [...] Welches sind nun die Momente, die in unserer Zeit das Bild des Soldaten ausmachen, auf den im Ernstfall Verlaß ist? Die Fragestellung betrifft ein ›weites Feld‹. Kein einzelner kann ihm Genüge tun. Aber es ist angebracht, daß auch der Soldat sich selbst dazu äußert. Verwundert es doch, mit welcher Selbstverständlichkeit sich manche Stimmen in Wehrfragen für kompetent halten. In Wahrheit sind diese Fragen so weiträumig und kompliziert geworden, daß gründliche Kenntnisse unerläßlich sind, um ein sachkundiges Urteil beizusteuern.«

Zit. nach: Heinz Karst, Das Bild des Soldaten, Boppard a.Rh. 1964, S. 7

 Franz Josef Strauß, »Schicksalsfragen der Gegenwart« (1957)

Verteidigungsminister Strauß verdeutlichte in den einführenden Worten der Publikation »Schicksalsfragen der Gegenwart«, dass die historische und politische Bildung in den Streitkräften für die Rolle der Soldaten als »Staatsbürger in Uniform« unverzichtbar ist.

»Schicksalsfragen der Gegenwart, deren Beantwortung in die Zukunft weist, sind ohne Kenntnis der Vergangenheit nicht zu begreifen. Der Mensch als politisches Wesen braucht geschichtliches Wissen, um die Anforderungen zu erfüllen, die ihm von der Gemeinschaft und für die Gemeinschaft gestellt werden. Der Soldat der Demokratie ist Diener seines Staates. Er ist seinen Mitbürgern verpflichtet. Sein Beruf ist nicht nur waffentechnisches Handwerk: denn seiner Führung werden Menschen anvertraut. Diese Aufgabe kann heute nur von politisch aufgeschlossenen Vorgesetzten gemeistert werden. Nur wer danach trachtet, Wesen und Wirken seiner Umwelt zu verstehen, nur wer an der Bewältigung der politischen Gegenwartsfragen Anteil nimmt, kann heute als Ausbilder und Erzieher in der Bundeswehr Verantwortung tragen. Menschenführung in der Truppe hat immer staatsbürgerlichen Hintergrund. Das Handbuch politisch-historischer Bildung soll eine Hilfe sein. Es entstand aus der Zusammenarbeit von Wissenschaftlern und Soldaten. Geschrieben zwar vornehmlich für die Soldaten der Bundeswehr, soll es den zivilen Staatsbürger doch ebenso ansprechen. Die Beiträge, die in diesem Band vorliegen und in weiteren Bänden folgen werden, geben nicht die Auffassung des Bundesministeriums für Verteidigung zu den einzelnen Problemen wieder. [...] Sie sollen dem Verständnis unserer Vergangenheit und der Unterrichtung über unsere Gegenwart dienen, zum Nachdenken anregen und zur Diskussion auffordern.«

Zit. nach: Schicksalsfragen der Gegenwart. Handbuch politisch-historischer Bildung. Hrsg. vom Bundesministerium für Verteidigung. Innere Führung, Bd 1, Tübingen 1957, S. 7

 Ulrich de Maizière (1912–2006)

B General – Während des Zweiten Weltkrieges war er zuletzt als Oberstleutnant in der Operationsabteilung des OKH eingesetzt. Nach kurzer britischer Kriegsgefangenschaft wurde er Mitarbeiter im »Amt Blank« und gehörte zur deutschen Delegation bei den Pariser EVG-Verhandlungen. Nach der Übernahme in die Bundeswehr war er als Abteilungsleiter im Ministerium tätig, später als Kommandeur der Schule für Innere Führung und der Führungsakademie der Bundeswehr. Von 1966 bis zu seinem Dienstzeitende 1972 bekleidete er den Posten des Generalinspekteurs.

140 Ulrich de Maizière.

gesellschaftlichen Rahmenbedingungen. Diese verlangten nach Auffassung der »Reformer« eine eigenständige intellektuelle Verarbeitung der Soldaten, die überholte militärische Denkschemata nahezu ausschloss.

Beispielsweise bezeichnete der stellvertretende Inspekteur des Heeres, Generalmajor ▶ Helmut Grashey, die »Innere Führung« als »Maske«, die allein für die Akzeptanz der Aufstellung der Bundeswehr in der Bevölkerung und dem Ausland gegenüber notwendig gewesen sei. Der Inspekteur des Heeres, Generalleutnant ▶ Albert Schnez, forderte zudem im Dezember 1969 in seiner ▶ »Schnez-Studie« erneut, die Einzigartigkeit des Soldatenberufes zu betonen und eine »Reform an Haupt und Gliedern in Bundeswehr und Gesellschaft« durchzuführen. Dem standen die ▶ »Leutnante 1970« mit ihren neun Thesen für eine progressive Umsetzung des verfassungsmäßigen Auftrages gegenüber. Darin forderten sie Loyalität gegenüber dem verfassungsmäßigen Auftrag, Ablehnung überkommener Vorbilder, Friedensgestaltung und Kritikfähigkeit. Beide Gruppierungen hatten trotz unterschiedlicher Vorstellungen aber letztlich dasselbe Ziel: die Erhaltung, Verbesserung und Effizienzsteigerung der Streitkräfte. Ebenso blieben die Grundprinzipien der Einbettung der Bundeswehr in das politische System der Bundesrepublik, der Primat der Politik und die Integration in die NATO von dieser Kontroverse unberührt.

Trotzdem drängte insbesondere der sozialdemokratische Verteidigungsminister Helmut Schmidt vor dem Hintergrund anhaltender bundeswehrinterner Diskussionen und öffentlicher Infragestellung der »Inneren Führung« auf die endgültige Einbettung der Leitvorstellungen Baudissins und wies die traditionalen Gegenentwürfe zurück. Im Weißbuch des Jahres 1970 wurde in der Ziffer 152 schließlich der verbindliche Charakter der »Inneren Führung« unmissverständlich hervorgehoben: »Deswegen sind die Grundsätze der Inneren Führung keine ›Maske‹, die man ablegen könnte, sondern ein Wesenskern der Bundeswehr. Wer sie ablehnt, taugt nicht zum Vorgesetzten unserer Soldaten.«

3. Die NATO-Strategien

Die Entwicklung der Bundeswehr besitzt eine nationale und eine internationale Dimension. Die Entscheidung zur Aufstellung der Bundeswehr unterlag verschiedenen Voraussetzungen. Die Rüstungskontrolle im Rahmen der WEU [und der NATO] war ebenso wie die Festlegung der parlamentarischen Kontrolle der Streitkräfte eine konstitutive Rahmenbedingung. Damit unterschied sich die Bundeswehr bereits bei ihrer Gründung fundamental von den früheren deutschen Streitkräften. Zudem war die Bundeswehr von Beginn an als Bündnisarmee konzipiert worden. Damit unterlag die Streitkräfteplanung in jeder Hinsicht der strategischen Ausrichtung des nordatlantischen Bündnisses. Daher lässt sich der Aufbau der Bundeswehr nicht ohne die Darstellung der NATO-Strategien verstehen.

Die NATO-Strategien waren einerseits an der global ausgerichteten Strategie der USA orientiert. Andererseits waren sie das Ergebnis eines komplizierten Abstimmungsprozesses unterschiedlicher nationaler und europäischer Sicherheitsinteressen innerhalb der Allianz. Im Zuge der außenpolitischen Konfrontation mit der Sowjetunion legten die USA großen Wert auf den Auf- und Ausbau eines Stützpunkt- und Bündnissystems, das die Sowjetunion von Europa im Westen (NATO) über den Nahen und

B Hellmut Grashey (1914–1990)
General – Der ehemalige Wehrmachtoffizier arbeitete nach Kriegsende im Amt Blank an der Vorbereitung eines westdeutschen Verteidigungsbeitrages. Nach diversen Truppenverwendungen zum Stellvertretenden Inspekteur des Heeres berufen, kritisierte der Generalmajor in einer am 19. März 1969 gehaltenen Rede die Institution des Wehrbeauftragten als unzeitgemäß und bezeichnete die Innere Führung der Bundeswehr als »Maske«, die es »endlich ab[zu]legen« galt. Bereits wenige Monate nach seinen Äußerungen wurde Grashey durch Verteidigungsminister Helmut Schmidt in den einstweiligen Ruhestand versetzt.
141 Helmut Grashey.

Leutnant 1970, »Die 9 Thesen«

Die acht Leutnante der Hamburger Heeresoffizierschule II entwickelten in ihren Thesen ein modernes Berufsverständnis des Offiziers. Als Antwort auf diese Thesen erschienen in den folgenden Jahren immer wieder derartige Beiträge von Soldaten.

»These 1 Ich will ein Offizier der Bundeswehr sein, der eine Sache nicht um ihrer selbst willen tut.
These 2 Ich will ein Offizier der Bundeswehr sein, der es ablehnt, ein Verhalten zu praktizieren, das ›offizierlike‹ sein soll. Vielmehr will ich eine spezifisch offiziersmäßige Rollenerwartung nicht erfüllen.
These 3 Ich will ein Offizier der Bundeswehr sein, der eine Tradition ablehnt, die lediglich aus epigonaler Reproduktion besteht und auf Neuschöpfung verzichtet.
These 4 Ich will ein Offizier der Bundeswehr sein, der das Verhalten (= dienstliche Anordnungen) eines Vorgesetzten in Frage stellen darf und sein eigenes Verhalten von Untergebenen bzw. von jedermann in Frage stellen läßt; ich möchte ein Offizier sein, der nichts selbstverständlich findet.
These 5 Ich will ein Offizier der Bundeswehr sein, der weder Personen noch Dienststellen, sondern nur dem verfassungsmäßigen Auftrag Loyalität entgegenbringt.
These 6 Ich will ein Offizier der Bundeswehr sein, der jeden Verstoß gegen ein Wehrkonzept im Rahmen der Gesamtverfassung bestraft sehen will.
These 7 Ich will ein Offizier der Bundeswehr sein, der nicht nur den Frieden erhalten, sondern auch gestalten will.
These 8 Ich will ein Offizier der Bundeswehr sein, der eine scharfe Trennung zwischen Dienst und Freizeit beansprucht, weil ich meinen Beruf als verantwortungsvollen und strapaziösen Job sehe.
These 9 Ich will ein Offizier der Bundeswehr sein, der die erforderliche Disziplinierung in einem Heranführen an die Mündigkeit und der aus ihr entspringenden Selbstdisziplin sieht.«

Zit. nach: Sicherheitspolitik der Bundesrepublik Deutschland. Dokumentation 1945–1977. 2. Teil. Hrsg. und eingel. von Klaus von Schubert, Köln 1978/79, S. 442–447

 Albert Schnez, »Verbesserung der Inneren Ordnung des Heeres« (Dezember 1969)

Die »Schnez-Studie« stand für die konservative Gesinnung innerhalb der militärischen Führung. Die Studie, die u.a. den »fehlenden Verteidigungswillen im Volk« beklagte, rief starken Widerspruch hervor.

»Der Auftrag der Bundeswehr ist Ausgangspunkt aller Überlegungen, die Umfang, Struktur, innere Ordnung, Kampfkraft sowie die Einordnung in das Staatswesen betreffen. Auf Grund dieses Auftrages muß der Soldat von dem verantwortlichen Politiker die Voraussetzungen zur Erfüllung seiner Aufgaben fordern. [...] Die Grundpflicht des Soldaten, ›der Bundesrepublik Deutschland treu zu dienen und das Recht und die Freiheit des deutschen Volkes tapfer zu verteidigen‹, ist Kernstück des Auftrags und bildet zugleich die wesentliche Grundlage für den inneren Aufbau der Bundeswehr innerhalb der Nation, wie auch als Partner im Bündnissystem der NATO. [...] ›Der Krieg bedroht Leben und Bestand der Völker. Aufgabe der politischen Führung ist es daher, ihn mit allen geistigen, politischen und militärischen Mitteln zu verhindern.‹ ›Streitkräfte sind ein Machtmittel des Staates zu seiner Selbstbehauptung. Hierfür müssen sie stets schlagbereit und so stark sein, daß der Feind den bewaffneten Angriff nicht wagt. Greift der Feind dennoch an, so ist es Aufgabe der Streitkräfte, den Kampf erfolgreich zu führen.‹«

Zit. nach: Sicherheitspolitik der Bundesrepublik Deutschland. Dokumentation 1945–1977, 2. Teil. Hrsg. und eingel. von Klaus von Schubert, Köln 1978/79, S. 429–442

B Albert Schnez (1911)
Generalleutnant – Am Ende des Zweiten Weltkrieges war Schnez als General für das Transportwesen in Italien verantwortlich. Auf Weisung der Alliierten blieb er auch nach Kriegsende auf diesem Gebiet tätig. Als Generalbevollmächtigter der deutschen Eisenbahnbautruppen oblag ihm die Organisation des Wiederaufbaus von Teilen des Schienennetzes in Norditalien. 1957 erfolgte seine Übernahme in die Bundeswehr. Nach verschiedenen leitenden Positionen wurde er 1968 zum Inspekteur des Heeres ernannt. Für politische Kontroversen, die zu einer lebhaften Diskussion in der Truppe führten, sorgte die als »Schnez-Studie« bekannt gewordene Schrift, die eine konservative Gesinnung und Distanz zum Leitbild des »Staatsbürgers in Uniform« offenbarte.

142 Albert Schnez.

Der Kalte Krieg

Mittleren Osten (Bagdad-Pakt; CENTO) sowie den Fernen Osten (Japan, Philippinen) umschloss.

Grundsätzlich ist für die USA wie auch für die NATO festzuhalten, dass sich ihr Strategiebegriff von dem meist auf die militärische Dimension verengten früheren Begriff abhob, der die erfolgreiche militärische Niederschlagung und Bezwingung des Gegners im Fokus hatte. Die neue Qualität der ▶ nuklearen Bedrohung rückte in erster Linie die Verhinderung des Krieges ins Zentrum strategischen Denkens. Es galt vor allem die »Abschreckung« zu planen und zu optimieren. Dabei konnte das System der Abschreckung nur funktionieren, wenn der politische Wille zum Einsatz, die Glaubwürdigkeit beim potenziellen Gegner und das entsprechende Waffenspektrum vorhanden waren.

Trotz dieses sicherheitspolitischen Primats der Abschreckung musste eine Erfolg versprechende Alternative für den militärischen Ernstfall gefunden werden, welche die militärische Selbstbehauptung gewährleisten konnte. Ihre erste gemeinsame Militärstrategie MC 14/1 beschloss die NATO im Dezember 1952. Sie hatte – wie alle folgenden NATO-Strategien – eine nukleare und eine konventionelle Dimension: Wegen der extremen Unterlegenheit der NATO bei konventionellen Streitkräften in Europa sah die MC 14/1 die sofortige strategische nukleare Reaktion der USA bei einem Angriff der Sowjetunion vor. Trotz der ersten Atombombenversuche der Sowjetunion ab August und September 1949 besaßen die USA Anfang der fünfziger Jahre noch eine qualitative und quantitative Überlegenheit auf dem strategischen Sektor. Dabei blieb jedoch mehr als fraglich, ob die schwachen konventionellen Kräfte der NATO eine Aggression der Sowjetunion und ihrer Satelliten in Zentraleuropa überhaupt an der Rheinlinie würden stoppen können. Dazu wäre die Neuaufstellung umfangreicher konventioneller Verbände erforderlich gewesen, deren enorme Kosten die Westeuropäer aber scheuten. Die streitkräftelose Bundesrepublik konnte zu diesem Zeitpunkt noch nicht in die Überlegungen aufgenommen werden. Aber auch mit der schrittweisen Aufstellung der Bundeswehr konnte dieses Defizit nicht ausgeglichen werden. Zudem schmolz der Vorsprung vor der Sowjetunion im nuklearen Rüstungssektor dahin.

Als einziger Ausweg erschien die Betonung der nuklearen Komponente in Mitteleuropa. Im Dezember 1957 wurde das »Overall Strategic Concept for the NATO Area«, die MC 14/2, gebilligt. Diese sah unabhängig von der Form eines gegnerischen Angriffs den frühzeitigen Einsatz auch von taktischen Atomwaffen, die »Massive Vergeltung« in Europa vor. Die auch als »Schwert-Schild-Doktrin« bekannte Strategie wies den konventionellen »Schild-Streitkräften« nur noch die Funktion eines verzögernden »Stolperdrahtes« zu, während die nuklearen »Schwert-Streitkräfte« im Gegenschlag die Entscheidung bringen sollten. Der neu gegründeten Bundeswehr wäre in diesem Fall die Aufgabe des »Schildes« oder besser des »Stolperdrahtes« zugekommen. Das eigentliche Schlachtfeld wäre dementsprechend Kontinentaleuropa gewesen. Letztendlich ließen die USA es allerdings nicht zu einem entsprechenden Szenario kommen. Denn so schwerwiegend die sowjetischen Maßnahmen wie die Berlin-Blockade 1948/49, die gewaltsame Niederschlagung des Volksaufstandes 1953, das Berlin-Ultimatum 1958 und schließlich der Mauerbau 1961 waren, rechtfertigten sie doch keinen nuklearen Weltkrieg. Damit war aber auch die Glaubwürdigkeit der bisherigen NATO-Strategie beeinträchtigt.

143
Persönliche ABC-Schutzausrüstung der Bundeswehr 1955. ABC-Schutzmaske 54 mit Filtereinsatz 55, Tragebüchse, ABC-Schutzplane mit Tasche.

Strukturen

Die Aufrüstung 1967

	Westblock		Ostblock
Interkontinentalraketen	934	300	
Seegestützte Raketen	624 Polaris auf Atom-U-Booten	Kurzstreckenraketen auf Atom-U-Booten 150	
Mittelstreckenraketen	Die Anzahl der bis nach Polen reichenden Pershing-Raketen in der Bundesrepublik ist unbekannt	750	
Langstreckenbomber	595	200	
Mittelstreckenbomber	222	1200	
Atom-U-Boote	70	50	
konventionelle U-Boote	195	395	
Flugzeugträger	37	keine	
Kreuzer	22	20	
Zerstörer, Fregatten, Geleitschiffe	623	239	
Landheere	insgesamt 4,74 Mio (NATO 3,21 Mio)	insgesamt 5,82 Mio (Warschauer Pakt 2,88 Mio)	

Quelle: Hammerich/Kollmer/Rink/Schlaffer, Das Heer. © MGFA 05466-02

144
Manöver der NVA im als atomverseucht angenommenen Gelände. Foto, um 1957.

145
Öffentlicher Aufruf gegen die atomare Aufrüstung der Bundeswehr 1958.

Der Kalte Krieg

Grundsätzlich war die sicherheitspolitische Unzulänglichkeit der Militärstrategie bereits vor ihrer offiziellen Annahme zu Tage getreten. Der »Sputnik-Schock« vom 4. Oktober 1957 verdeutlichte, dass eine nukleare Konfrontation sich nicht mehr regional begrenzen ließ. Vielmehr wurde in der beginnenden Ära der Langstrecken- und Interkontinentalraketen deutlich, dass nun auch der nordamerikanische Kontinent bedroht war. Die Erfahrung der strategischen Patt-Situation spiegelte sich im politischen und sicherheitspolitischen Umdenken auf US-amerikanischer Seite wider. Bereits vor dem »Sputnik-Schock« hatte der Oberkommandierende des NATO-Hauptquartiers in Europa General Lauris Norstad betont, dass für ihn unterhalb der Schwelle eines allgemeinen Nuklearkrieges auch flexible Reaktionsmöglichkeiten auf militärische Herausforderungen bestehen müssten. Damit war der gedankliche Weg zu der Strategie beschritten, die Ende der 1960er Jahre unter dem Begriff »*Flexible Erwiderung*« (engl. »flexible response«) bekannt wurde.

Die USA betrachteten die »Flexible Erwiderung« als eine Möglichkeit, bei einem Krieg zwischen den Supermächten den Schaden auf ein Minimum zu begrenzen. Die Nuklearwaffen nahmen in dieser Strategie die Rolle »politischer Waffen« ein, über deren Einsatz nicht ein militärischer Führer auf dem Gefechtsfeld zu entscheiden hätte. Für die Europäer hingegen lag das Ziel der Abschreckung nicht darin, einen Krieg zu begrenzen, sondern darin, ihn zu verhindern.

Insbesondere Frankreich zweifelte an einem wirksamen Schutz Westeuropas durch die NATO und fragte offen nach dem Sinn des Bündnisses. Für den französischen Präsidenten ▸ Charles de Gaulle war spätestens seit der Kuba-Krise der US-amerikanische nukleare Schutzschirm für die westeuropäischen NATO-Staaten ohne Glaubwürdigkeit. Aber auch Bundeskanzler Adenauer sah in der US-Strategie eine Gefahr. In seinen Augen bedeutete diese die Preisgabe der Schicksalsgemeinschaft der NATO-Partner. Schließlich würde ein Mehr an US-Sicherheit ein Weniger an deutscher und westeuropäischer Sicherheit bedeuten. Westeuropa wäre bei einem Versagen der Abschreckung der Hauptleidtragende der militärischen Auseinandersetzung gewesen. Somit kritisierten Frankreich und die Bundesrepublik die neue Strategie, in der sie die Gefahr einer »Abkopplung« der USA vom europäischen »Schlachtfeld« sahen, mit der Folge ungleicher Sicherheit im Bündnisrahmen.

Die Interessengegensätze verzögerten eine gemeinsame Strategiebildung. 1966 erklärte de Gaulle den Austritt Frankreichs aus der militärischen Integration der NATO. Letztlich erleichterte dieser Schritt die Annahme der »Flexiblen Erwiderung« als NATO-Doktrin Ende der sechziger Jahre. Im Dezember 1967 wurde die neue Militärdoktrin offiziell von allen NATO-Mitgliedern akzeptiert und im Dokument MC 14/3 des Militärausschusses festgeschrieben. Sie sah im Konfliktfall eine Verteidigung mit folgenden Reaktionsarten vor: Direktverteidigung, vorbedachte Eskalation und allgemeine nukleare Reaktion unter Nutzung der Reaktionsmittel der NATO–Triade. Diese umfasste konventionelle Streitkräfte, nukleare Kurz- und Mittelstreckensysteme sowie interkontinental-strategische Nuklearwaffen. Die zu Grunde liegenden Prinzipien waren die der ▸ Vorneverteidigung und der Schadensbegrenzung. Zudem wurde 1967 als Konsequenz aus dem Austritt Frankreichs aus der NATO eine Form von Mitbestimmung in der Nuklearen Planungsgruppe (NPG) institutionalisiert.

B Charles de Gaulle (1890–1970)
Französischer General und Politiker – De Gaulle lehnte die von Hitler anerkannte Vichy-Regierung im besetzten Teil Frankreichs strikt ab. Mit der von ihm im Exil gebildeten »provisorischen Regierung der französischen Republik« zog er im August 1944 in Paris ein. Kurz darauf schloss er einen Bündnisvertrag mit der UdSSR und begann im Zuge des Wiederaufbaus Frankreichs mit der »Säuberung« des öffentlichen Lebens von Kollaborateuren des Vichy-Regimes. Gleichzeitig sicherte er Frankreichs

146 Charles de Gaulle. Foto, 19. Februar 1941.

Strukturen

Stellung als Siegermacht. 1946 trat de Gaulle als Regierungschef zurück, da er die Verfassung der Vierten Republik ablehnte. Als diese in der Staatskrise von 1958 zusammenbrach, wurde er erneut zum Ministerpräsidenten und nach einer Verfassungsänderung zum Staatspräsidenten gewählt. Er entließ 1960 die französischen Kolonien in die Unabhängigkeit, beendete 1962 den Algerienkrieg und schloss 1963 einen Freundschaftspakt mit Deutschland. Außenpolitisch stellte er die Vormachtstellung der USA und der UdSSR in Frage und baute Frankreich zu einer Atommacht auf.

Der Kalte Krieg

Begleitet wurde der militärische Wandel der NATO-Strategie von einem sicherheitspolitischen »Überbau« in Form des nach dem belgischen Außenminister benannten »Harmel-Berichts«. Der Bericht, der am 14. Dezember 1967 verabschiedet wurde, betonte die zwei Hauptfunktionen der Allianz in ihrem wechselseitigen Zusammenhang: »Militärische Sicherheit und eine Politik der Entspannung stellen keinen Widerspruch, sondern eine gegenseitige Ergänzung dar.« Demnach sollte die Sicherheit der NATO-Länder durch ihre Verteidigungsfähigkeit und eine gemeinsame Entspannungspolitik erreicht werden.

4. Die Spitzengliederung der Bundeswehr

Am 26. Oktober 1950 berief Bundeskanzler Adenauer den Gewerkschafter und Bundestagsabgeordneten Theodor Blank (CDU) zum »Bevollmächtigten des Bundeskanzlers für die mit der Vermehrung der alliierten Truppen zusammenhängenden Fragen« im Range eines Staatssekretärs. Parallel dazu wurde die Dienststelle des am 27. Oktober 1950 zurückgetretenen General a.D. Schwerin aufgelöst. Zu den ersten Beratern, die Blank berief, gehörten die ehemaligen Generale ▸ Heusinger und Speidel. Zusammen mit ihnen begann er den Aufbau des »Amtes Blank«, der Keimzelle des späteren ▸ Verteidigungsministeriums. Das am 7. Juni 1955 gegründete »Bundesministerium für Verteidigung« umfasste schon im November 1955 elf Abteilungen und rund 1000 Mitarbeiter. Bis Dezember 1962 erhöhte sich die Zahl auf 4400. Im Dezember 1961 wurde das Ministerium in »Bundesministerium der Verteidigung« umbenannt, womit die politische Gleichstellung mit den anderen »klassischen« Ressorts demonstriert werden sollte.

Der Verteidigungsminister musste eine Doppelfunktion ausfüllen, da er sowohl politisch verantwortlicher Chef einer großen Verwaltungsorganisation als auch Inhaber der Befehls- und Kommandogewalt über die Streitkräfte war. Um diesen Aufgaben besser gerecht zu werden, führte Franz Josef Strauß, der Nachfolger Blanks, 1957 im Ministerium Führungsstäbe für die Bereiche Bundeswehr (FüB), Heer (FüH), Luftwaffe (FüL), Marine (FüM) und die Inspektion des Sanitäts- und Gesundheitswesens (InSan) ein. Die gleichrangigen Führungsstäbe hatten wiederum jeweils eine Doppelfunktion als ministerielle Abteilung und truppendienstliche Führungsinstanz. Leitendes Prinzip des Verteidigungsministeriums war von Anfang an der Gesamtstreitkräftegedanke.

1957 wurde zudem die Position des ▸ Generalinspekteurs der Bundeswehr eingeführt und mit dem bisherigen Vorsitzenden des Militärischen Führungsrats, General Heusinger, besetzt. Der Generalinspekteur verfügte »im Auftrag des Ministers« über Weisungsrecht gegenüber den Teilstreitkräften Heer, Luftwaffe und Marine und für die Gebiete Ausbildung, Führung, Organisation, Versorgung und Ausrüstung. Damit war er der ranghöchste Soldat der Bundeswehr und oberster militärischer Berater der Regierung. Allerdings waren ihm nur der Führungsstab der Bundeswehr bzw. der Streitkräfte und die Zentralen Dienststellen direkt unterstellt. Die Inspekteure der Teilstreitkräfte behielten ihre truppendienstliche Verantwortung für den ihnen unterstellten Bereich und ihr Vortragsrecht beim Minister. Der Generalinspekteur war ihnen gegenüber auf übergeordneten Gebieten weisungsbefugt, hatte aber keine Befehls- und Kommandogewalt über sie. Alle gemeinsam unterstanden dem Minister.

Theodor Blank (CDU), der am 6. Juni 1955 erster Verteidigungsminister der Bundesrepublik

Die Generalinspekteure der Bundeswehr

Strukturen

147 Adolf Heusinger.

B Adolf Heusinger (1897–1982)
General – Von 1940 bis 1944 leitete Heusinger die Operationsabteilung im Oberkommando des Heeres. Nach dem 20. Juli 1944 wurde er von diesem Dienstposten abgelöst und bis Kriegsende nicht mehr verwendet. Nach zweijähriger amerikanischer Kriegsgefangenschaft und der Teilnahme an der Himmeroder Tagung wurde er 1955 in die Bundeswehr übernommen und 1957 zum ersten Generalinspekteur der Bundeswehr ernannt. Vier Jahre später wurde ihm der Vorsitz des Ständigen Militärausschusses der NATO übertragen.

148 Das Bundesverteidigungsministerium, Ermekeilkaserne 1956.

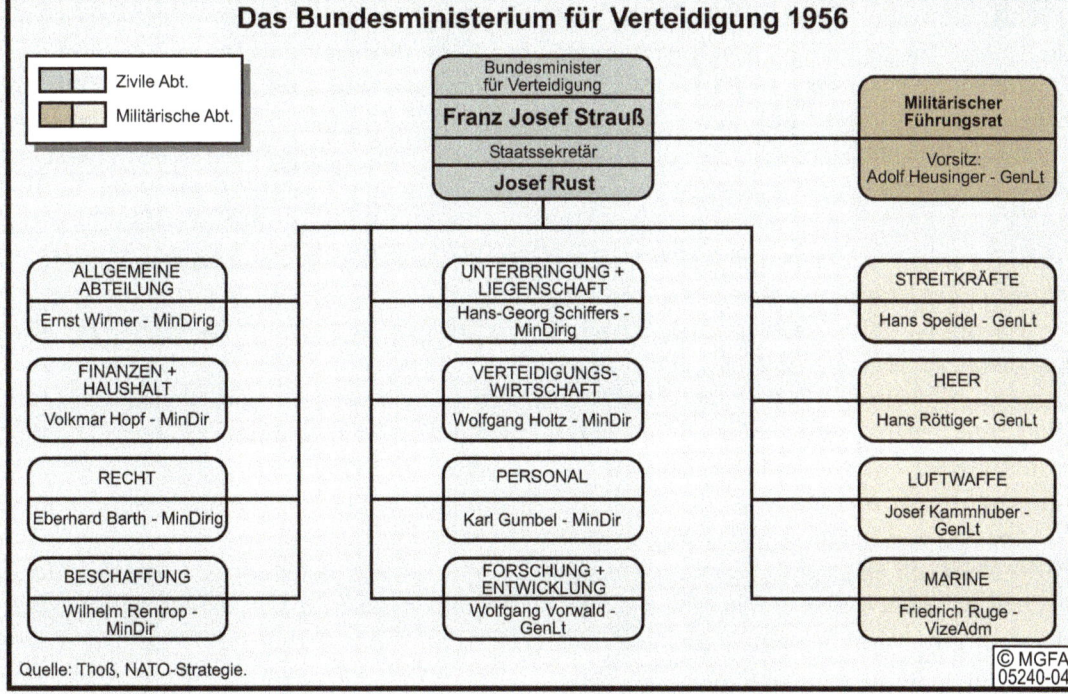

Das Bundesministerium für Verteidigung 1956

- Zivile Abt.
- Militärische Abt.

Bundesminister für Verteidigung
Franz Josef Strauß

Staatssekretär
Josef Rust

Militärischer Führungsrat
Vorsitz: Adolf Heusinger - GenLt

- ALLGEMEINE ABTEILUNG — Ernst Wirmer - MinDirig
- UNTERBRINGUNG + LIEGENSCHAFT — Hans-Georg Schiffers - MinDirig
- STREITKRÄFTE — Hans Speidel - GenLt
- FINANZEN + HAUSHALT — Volkmar Hopf - MinDir
- VERTEIDIGUNGSWIRTSCHAFT — Wolfgang Holtz - MinDir
- HEER — Hans Röttiger - GenLt
- RECHT — Eberhard Barth - MinDirig
- PERSONAL — Karl Gumbel - MinDir
- LUFTWAFFE — Josef Kammhuber - GenLt
- BESCHAFFUNG — Wilhelm Rentrop - MinDir
- FORSCHUNG + ENTWICKLUNG — Wolfgang Vorwald - GenLt
- MARINE — Friedrich Ruge - VizeAdm

Quelle: Thoß, NATO-Strategie.

© MGFA 05240-04

149 Adolf Heusinger 1957–1961

150 Friedrich Foertsch 1961–1963

Der Kalte Krieg

151 Atomkritische Wahlplakate der SPD anlässlich der Wahl zum 3. Deutschen Bundestag 1957.

wurde, war bereits bei den Verhandlungen über einen westdeutschen Verteidigungsbeitrag als »Sicherheitsbeauftragter der Bundesregierung« beteiligt gewesen. Während seiner Amtszeit (1955/56) wurde die allgemeine Wehrpflicht eingeführt, das Soldatengesetz verabschiedet und die Wehrverfassung in das Grundgesetz eingegliedert. Blank, der sowohl christlichen Gruppierungen als auch der traditionell pazifistischen Gewerkschaft nahe stand, diente Bundeskanzler Adenauer als Integrationsfigur, der alle möglichen Skeptiker für die Aufstellung westdeutscher Streitkräfte gewinnen sollte. Insgesamt stieß seine Politik im Bundestag aber auf starken Widerstand, der sich besonders auf die organisatorischen Mängel beim Aufbau der neuen Truppen bezog. Vor allem ▶ Franz Josef Strauß kritisierte die sicherheitspolitische Grundausrichtung Blanks, die der konventionellen Aufrüstung der Bundeswehr den Vorrang gab.

Daher begann Strauß (CSU) seine Amtszeit (1956–1963) mit einer grundlegenden Überarbeitung des Aufstellungsprogramms der Bundeswehr. Vor allem reduzierte er die Pläne über den Umfang der Bundeswehr von 500 000 auf 350 000 Soldaten und verlängerte gleichzeitig den Zeitraum, in dem dieser Umfang erreicht werden sollte. Bis 1965 waren diese Vorgaben annähernd umgesetzt. Eine weitere wichtige Neuerung betraf die Einrichtung eines Generalinspekteurs, mit der die Führungsstruktur der Bundeswehr gestrafft wurde. Parallel zu den organisatorischen Veränderungen favorisierte Strauß – wie auch Bundeskanzler Adenauer – eine nukleare Bewaffnung der Bundeswehr; eine ▶ Grundsatzfrage, die im In- und Ausland stark diskutiert wurde.

Zunächst musste Strauß aber im Zuge der so genannten ▶ Spiegel-Affäre seinen Rücktritt erklären. In der Wochenzeitschrift »Der Spiegel« war unter dem Titel »Bedingt abwehrbereit« ein kritischer Bericht über die NATO-Stabsübung »Fallex 62« veröffentlicht worden. Daraufhin war gegen Mitarbeiter des Magazins ein Verfahren wegen Landesverrats eingeleitet worden, der Herausgeber Rudolf Augstein und der verantwortliche Redakteur waren verhaftet worden. Strauß hatte anfänglich abgestritten, an der Aktion beteiligt gewesen zu sein. Später musste er aber vor dem Deutschen Bundestag zugeben, die Verhaftung des Spiegel-Redakteurs in Spanien initiiert zu haben. Am 20. November 1962 legte er sein Amt als Verteidigungsminister nieder.

Sein Nachfolger wurde der ehemalige Ministerpräsident Schleswig-Holsteins ▶ Kai-Uwe von Hassel (CDU). Hassel leitete das Ressort auch unter dem Nachfolger Adenauers als Bundeskanzler, Ludwig Erhard. In seine Amtszeit (1963–1966) fielen die so genannte Starfighter-Krise und der erste Traditionserlass der Bundeswehr (1965).

Mit Bildung der Großen Koalition wurde der frühere Innen-, dann Außenminister ▶ Gerhard Schröder (CDU) Verteidigungsminister (1966–1969). Trotz der immer stärker werdenden Kritik an der US-amerikanischen Kriegführung

152
Heinz Trettner
1964–1966

153
Ulrich de Maizière
1966–1972

Strukturen

1 Franz Josef Strauß, »Ausrüstung der Bundeswehr mit atomaren Trägersystemen« (20. März 1958)

Die Atombewaffnung der Bundeswehr löste in der Bevölkerung heftige Proteste aus. Trotz starker gesellschaftlicher Widerstände beschloss der Bundestag die Atombewaffnung der Bundeswehr.

»Meine Damen und Herren, auch wenn man es uns oft nicht gern glaubt, sage ich: was wäre uns lieber, als anders zu sprechen! Aber die Wasserstoffbombe und überhaupt die nuklearen Waffen befinden sich in den Händen der Sowjets. Die Rakete von über 1000 km Schußweite ist in Einführung bei der Truppe, die Mittelstreckenrakete wird es in kurzer Zeit sein. Die interkontinentale Rakete mit einem sich ständig vervollständigenden Arsenal von Wasserstoffköpfen wird ebenfalls in wenigen Jahren in den Händen der Sowjets sein. Die haben das doch nicht getan, weil wir in die NATO eingetreten sind, – um heute dieselbe Frage noch einmal in anderem Zusammenhang zu stellen. Wir müssen den Sinn dieses Bündnisses, der darin liegt, den dritten Weltkrieg zu verhindern, durch unseren aktiven Beitrag erfüllen helfen. [...] Wir wollen doch keine Ausstattung der Bundeswehr mit Atomwaffen, damit die deutsche Nationalarmee in die großdeutsche Zukunft marschieren kann, oder ähnliches. Wir wollen nicht mehr oder weniger, als notwendig ist, um eine einheitliche Verteidigung zu haben und eine Garantie für eine wirksame Verteidigung im Bereich ganz Europas geben zu können. Wir wollen keine Atomwaffen in deutschen Händen, wir wollen keine Atomwaffen in deutscher Verfügungsgewalt. Wir wollen sie auch nicht für die Bundeswehr, sondern für die der NATO unterstellten Einheiten aller europäischen Bundesgenossen.«

154 Der Bundesminister der Verteidigung, Franz Josef Strauß, spricht sich in der Debatte für eine atomare Bewaffnung der Bundeswehr aus.

Zit. nach: Friedenssicherung durch Verteidigungsbereitschaft. Deutsche Sicherheitspolitik 1949–1989. Dokumente. Hrsg. von Hans-Adolf Jacobsen, Uwe Heuer, Hans-Jürgen Rautenberg, Mainz 1989, S. 83

B Franz Josef Strauß (1915–1988)
Politiker – Strauß gehört zu den Persönlichkeiten, die die politische Landschaft der Bundesrepublik Deutschland nach dem Zweiten Weltkrieg entscheidend mitgeprägt haben. Seine Beteiligung an der Aufbauphase der Bundeswehr war in seiner Rolle als Minister für Atomfragen und später als Bundesminister für Verteidigung wegweisend. In diesem Zusammenhang war er allerdings auch in einige Krisen verwickelt wie die Starfighter-Krise, in der Strauß der Korruption verdächtigt wurde, und die Spiegel-Affäre 1962, die ihn zum Rücktritt von seinem Ministerposten zwang. Er war ein entschiedener Gegner der Politik der deutsch-deutschen Annäherung unter Willy Brandt, führte aber dennoch Gespräche mit Erich Honecker, dessen Regierung er 1983 zur allgemeinen Überraschung einen Milliardenkredit vermittelte. Nach einer gescheiterten Kanzlerkandidatur 1980 konzentrierte er sich auf seine Rolle als bayerischer Ministerpräsident. Er blieb allerdings stets ein unbequemer Kritiker der Bundespolitik. So sprach er sich beispielsweise gegen die Abrüstungspolitik unter Helmut Kohl aus.

155 Der Bundesminister für Verteidigung, Franz Josef Strauß in einem Panzerspähwagen der Bundeswehr, während eines Herbstmanövers in der Lüneburger Heide.

156
Armin Zimmermann
1972–1976

157
Harald Wust
1976–1978

Informationen

158 Der Herausgeber des Nachrichtenmagazins »Der Spiegel«, Rudolf Augstein, wird von zwei Polizeibeamten aus dem Gebäude des Bundesgerichtshofes in Karlsruhe geleitet. Der Dritte Strafsenat des Bundesgerichtshofes hat beim dritten Haftprüfungstermin am 8. Januar 1963 die Aufrechterhaltung des Haftbefehls mit Verdunklungs- und Fluchtgefahr begründet. Augstein befand sich seit dem 27. Oktober 1962 unter dem Verdacht des Landesverrats in Untersuchungshaft.

159 Innensenator Helmut Schmidt fordert vor der Hamburger Universität mit einer »Flüstertüte« die erregte Menge zur Ruhe auf. Tumulte hatten am Abend des 31. Oktober 1962 eine Podiumsdiskussion über die Verhaftung von Spiegel-Redakteuren verhindert.

 1 »Bedingt abwehrbereit« (1962)

In der Zeitschrift »Der Spiegel« erschien im Oktober 1962 ein Bericht über die NATO-Übung »Fallex 62« an der auch die Bundeswehr beteiligt war. Das Manöver ging von der Annahme eines atomaren Angriffs der Sowjetunion auf Europa aus und offenbarte, dass die Vorbereitungen der deutschen Armee und der Regierung vollkommen ungenügend waren.

»Es zeigte sich, daß die Vorbereitungen der Bundesregierung für den Verteidigungsfall völlig ungenügend sind, wobei das Fehlen eines Notstandgesetzes nur eines von vielen Übeln ist.
Das Sanitätswesen brach als erstes zusammen. Es fehlte an Ärzten, an Hilfslazaretten und an Medikamenten. Nicht besser war es auf dem Gebiet der Lebensmittelversorgung und der Instandhaltung lebenswichtiger Betriebe und Verkehrswege. Die Luftschutzmaßnahmen erwiesen sich als vollkommen unzureichend. Eine Lenkung des Flüchtlingsstroms war undurchführbar. Auch das Fernmeldesystem war in kürzester Zeit außer Betrieb.

160 Titelbild des Nachrichtenmagazins »Der Spiegel«.

Die an dem Manöver teilnehmenden Beamten und Zuschauer, darunter der Bonner Historiker Professor Walther Hubatsch sowie Vertreter des Bundesverbandes der Industrie, waren von dem Manöververlauf erschüttert. Bundesinnenminister Hermann Höcherl gewann die Erkenntnis, in einer solchen Katastrophe könne nur helfen, was vorher vorbereitet sei. Er zog das Fazit der mangelhaften Vorbereitungen: ›Unter den gegenwärtigen Umständen hat fast keiner eine Chance.‹
Die Mängel der Bundeswehr waren bereits in der ›Spannungszeit‹, also vor Angriffsbeginn, offenbar geworden. Die amerikanischen Heeresverbände auf dem westeuropäischen Halbkontinent waren binnen zwei Stunden mit 85 Prozent ihrer Mannschaftsstärke kampfbereit. Die neun mobilen Divisionen der Bundeswehr hingegen, die bereits auf Nato-Kommando hören, waren personell nicht aufgefüllt; es fehlte zudem an Waffen und Gerät. Die Truppenarztstellen waren nur zu einem Viertel besetzt. Für die Hunderttausende von Bundeswehrreservisten, die ihre Wehrpflicht hinter sich haben und die sich – nach Annahme der Kriegsspieler – an den Wehrleitstellen meldeten, gab es keine Offiziers- und Unteroffizierskader, und erst recht keine Waffen.
Die Verbände der Territorialverteidigung (TV) waren mit ihren wenigen schweren Pioniereinheiten den Aufgaben kaum gewachsen. Zur Bekämpfung durchgebrochener Panzer waren überhaupt keine Einheiten der TV vorhanden.«

Zit. nach: Der Spiegel, 41 (1962), S. 33

Die Spiegel-Affäre

161 Der Bundesminister des Innern, Hermann Höcherl, stellt sich im Bundestag den Fragen der Abgeordneten zur Spiegel-Affäre.

162 Studentendemonstration gegen Bundesverteidigungsminister Franz Josef Strauß in Bonn.

Am 26. Oktober 1962 besetzten Staatsanwälte und Polizei die Büros des Nachrichtenmagazins »Der Spiegel« in Hamburg und Bonn. Unter dem Vorwurf des Landesverrats wurden mehrere Redakteure des Magazins festgenommen und die Redaktionsräume nach belastendem Material durchsucht. Der Herausgeber Rudolf Augstein stellte sich zwei Tage später der Polizei, da gegen ihn ebenfalls ein Haftbefehl vorlag. Der Grund für diese Aufsehen erregende Aktion war ein Bericht des Spiegels über den Zustand der Bundeswehr, in dem die Atomwaffenpolitik des damaligen Verteidigungsministers Franz Josef Strauß aufs Schärfste kritisiert worden war. Der Artikel berief sich u.a. auf Details über ein Manöver der NATO namens »Fallex 62«, das einen atomaren Erstschlag der Sowjetunion simulierte und dessen Ergebnisse die Abwehrfähigkeit der Bundesrepublik Deutschland in Frage gestellt hatten. Da die Informationen über »Fallex 62« zu diesem Zeitpunkt als geheim eingestuft worden waren, bestand von Seiten des Bundesverteidigungsministeriums Verdacht auf Landesverrat, woraufhin der Oberst der Reserve Friedrich Freiherr von Heydte dahingehend Anzeige erstattete. Neben dem Herausgeber und den Redakteuren wurde Conrad Ahlers, der Autor des Artikels, an seinem Urlaubsort verhaftet und in Untersuchungshaft genommen. Während Bundeskanzler Adenauer die Angelegenheit für politisch gerechtfertigt ansah, regte sich in großen Teilen der Öffentlichkeit Kritik am Vorgehen der Staatsanwaltschaft. Dies sorgte erstmalig in der Geschichte der Bundesrepublik für eine tiefe Vertrauenskrise zwischen Regierung und Bevölkerung, die landesweite Proteste auslöste. Zusätzlich solidarisierte sich ein großer Teil der Presse mit dem Spiegel, da das Vorgehen der Regierung als Eingriff in die Pressefreiheit interpretiert wurde. Durch den öffentlichen Druck erhärtete sich zunehmend der Verdacht, dass Strauß persönlich hinter den Repressalien gegen den Spiegel stand, was ihn und zwei Staatssekretäre zum Rücktritt zwang. Adenauer, der, wie sich später herausstellte, Strauß bei der Affäre Rückendeckung gegeben hatte, wurde im Zuge der Krise von der FDP erfolgreich dazu gedrängt, einen verbindlichen Rücktrittstermin zu benennen. Rudolf Augstein wurde nach 103 Tagen aus der Haft entlassen, aber erst im Mai 1965 zusammen mit Ahlers vom Verdacht des Landesverrats freigesprochen. Die Spiegel-Affäre ist nicht nur hinsichtlich ihrer stärkenden Funktion für die Pressefreiheit von Bedeutung, sondern hatte auch einen nicht unwesentlichen Einfluss auf die Protestbewegungen der späten 60er Jahre.

in Vietnam hielt Schröder die sicherheits- und verteidigungspolitische Kooperation mit den USA für unverzichtbar. Er sprach sich im Mai 1967 dafür aus, die Notwendigkeit des Aufbaus konventioneller Streitkräfte im Rahmen der NATO-Strategie stärker zu betonen. Wegen der veränderten Prioritätensetzung der Bundesregierung musste er selbst aber bis 1971 jährlich 2 Milliarden DM einsparen und konnte daher den Ausbau der eigenen Streitkräfte kaum vorantreiben. In seiner Amtszeit erfolgte die erste Vereidigung eines parlamentarischen Staatssekretärs im Verteidigungsministerium im April 1967. Am 17. Februar 1969 präsentierte Schröder das erste ▸ »Weißbuch zur Sicherheit der Bundesrepublik Deutschland und zur Lage der Bundeswehr«.

Im Zuge der Regierungsumbildung der sozial-liberalen Koalition im Jahre 1969 wurde Helmut Schmidt (SPD) neuer Verteidigungsminister (1969–1972). Er nahm vor allem in der militärischen Bundeswehrführung einige personelle Veränderungen vor. Beispielsweise schickte er 21 Generale und Admirale sowie eine Vielzahl von Obersten in den Ruhestand und verjüngte dadurch die Führungsebene. Darüber hinaus ließ er das Bildungswesen in der Bundeswehr gründlich überprüfen. Dies führte zur Gründung der beiden Bundeswehrhochschulen in Hamburg und München.

Die gesetzliche Grundlage für die Wehrverwaltung bildete der Artikel 87b des Grundgesetzes, der am 19. März 1956 im Bundesgesetzblatt verkündet wurde. Damit wurde zum ersten Mal in der deutschen Militärverwaltungsgeschichte die für die Streitkräfte arbeitende Verwaltungsorganisation auf eine verfassungsmäßige Grundlage gestellt. Die Bediensteten der Bundeswehrverwaltung sind seitdem Teil der allgemeinen Beamtenschaft und nicht den spezifischen Teilstreitkräften zugeordnet.

Bereits mit der Regierungserklärung von Verteidigungsminister Blank vom 27. Juni 1955 wurde das Konzept der funktionalen und organisatorischen Trennung der Streitkräfte und ihrer Verwaltung zum leitenden Organisationsprinzip. Die Soldaten sollten sich auf ihre militärischen Aufgaben konzentrieren, während die Verwaltungsaufgaben durch entsprechende Verwaltungsfachleute wahrgenommen werden sollten. Aufgabe der Wehrverwaltung war es, »den Aufgaben des Personalwesens und der unmittelbaren Deckung des Sachbedarfs der Streitkräfte« zu dienen. Somit war sie sowohl für die Personalfragen als auch für die gesamte Ausrüstung der Bundeswehr zuständig.

Um die Aus- und Fortbildung dieser zivilen Verwaltungsfachleute zu gewährleisten, wurde am 3. Juli 1956 in Mannheim die erste Bundeswehrverwaltungsschule eröffnet. Am 5. Mai 1961 folgte die Eröffnung der Akademie für Wehrverwaltung und Wehrtechnik in Koblenz. Die Aufgabe der Wehrverwaltung lag in der Unterstützung der Streitkräfte. Damit war sie verantwortlich für Fragen der Rüstung, des Haushaltswesen, des Besoldungs- und Rechnungswesens, der Personalverwaltung einschließlich des Wehrersatzwesens, der Berufsförderung und auch der sozialen Betreuung. Durch die weit gehende Befreiung der Streitkräfte von den Verwaltungsaufgaben konnten die Gesamtkräfte der Bundeswehr für militärische Aufgaben ausgeschöpft werden. Dies erwies sich vor allem als sehr hilfreich, weil die Stärke der Bundeswehr beschränkenden Vorgaben des WEU-Vertrages unterlag. Zudem wurde mit der Trennung von Streitkräften und Verwaltung neben den internationalen und parlamentarischen Kontrollmechanismen ein weiteres Instrument der politischen Kontrolle etabliert.

163
Jürgen Brandt
1978–1983

164
Wolfgang Altenburg
1983–1986

Strukturen

165 Kai-Uwe von Hassel

B Kai-Uwe von Hassel (1913–1997)
Politiker – Kai-Uwe von Hassel kam in Tansania, damals Deutsch-Ostafrika, zur Welt. Nach seiner Ausweisung aus Afrika zu Beginn des Zweiten Weltkriegs nahm er als Dolmetscher des Militärgeheimdienstes am Krieg teil und geriet in Gefangenschaft. Nach Deutschland zurückgekehrt, übernahm er in Glücksburg das Amt der Schlichtungsstelle für Wohnungssachen und trat der CDU bei. Zwischen 1946 und 1950 war er Bürgermeister von Glücksburg und wurde 1954 zum Ministerpräsidenten von Schleswig-Holstein gewählt. Als Franz Josef Strauß in Zusammenhang mit der Spiegel-Affäre als Bundesminister für Verteidigung zurücktreten musste, wurde von Hassel 1963 sein Nachfolger. Er setzte in seiner Amtszeit die Konsolidierung der Bundeswehr fort und leitete die ersten humanitären Hilfseinsätze in die Wege. In seiner weiteren politischen Laufbahn war von Hassel unter anderem Bundestagspräsident und Minister für Vertriebene, Flüchtlinge und Kriegsgeschädigte.

S Mit dem erstmals 1969 von der Bundesregierung herausgegebenen »Weißbuch« bemühte sich der seit 1969 amtierende Verteidigungsminister Helmut Schmidt, das seit Anfang der 1960er Jahre zunehmend angespannte Verhältnis zwischen Bundeswehr und Gesellschaft zu entschärfen. Indem das »Weißbuch« der Öffentlichkeit Untersuchungen zum inneren und äußeren Zustand der Streitkräfte zugänglich macht, trägt es seither zur größeren Transparenz der Bundeswehr bei. Weiterhin dient das in unregelmäßigen Abständen veröffentlichte Grundlagendokument der sicherheitspolitischen Standortsbestimmung der Bundesrepublik Deutschland. Im Jahre 2006 erschien das neunte und bislang letzte »Weißbuch« zur Sicherheitspolitik Deutschlands und Zukunft der Bundeswehr.

166 Das »Weißbuch« 1969 ... ... und 2006

167 Gerhard Schröder.

B Gerhard Schröder (1910–1989)
Politiker – Gerhard Schröder war seit 1933 Mitglied der NSDAP und trat während seines Promotionsstudiums in Jena für kurze Zeit der SA bei. Nach seinem Beitritt zur Bekennenden Kirche wandte er sich von den Nationalsozialisten ab und gehörte nach Ende des Zweiten Weltkriegs zu den Mitbegründern der CDU. Während seiner Amtszeit bekleidete er verschiedene Ministerposten. So wurde er 1953 von Konrad Adenauer zum Bundesminister des Inneren berufen. Er legte die Pläne für eine Notstandsgesetzgebung vor und setzte das Verbot der KPD durch. Als Bundesaußenminister (1961–1966) orientierte er sich politisch klar in Richtung Vereinigte Staaten, sorgte aber auch für eine diplomatisch begrenzte Öffnung zu den Staaten des Warschauer Pakts. Nachdem er nach der Bildung der Großen Koalition das Amt des Außenministers an Willy Brandt abtreten musste, war er von 1966 bis 1969 Bundesminister der Verteidigung.

168
Dieter Wellershoff
1986–1991

169
Klaus Naumann
1991–1996

Der Kalte Krieg

5. Die Gesamtstreitkräfte

Die Bundeswehr wurde aufgebaut, damit die Bundesrepublik Deutschland einen eigenen Verteidigungsbeitrag im westeuropäischen und transatlantischen Bündnis leisten konnte. Sie sollte der NATO möglichst schnell einsatzbereite Verbände unterstellen. Die militärischen Berater des ersten Verteidigungsministers Theodor Blank gingen bei den Planungen zum Aufbau der neuen Streitkräfte weiter von einer konventionellen Verteidigungsstrategie Mitteleuropas aus. Im Falle einer kriegerischen Auseinandersetzung rechneten sie mit einer großen Panzerschlacht in der norddeutschen Tiefebene. Daher lag der Schwerpunkt ihrer Aufbaupläne auf dem Ausbau des Heeres mit konventionellen Waffensystemen. Auch die Vorstellungen der USA zielten darauf, die konventionelle Verteidigung Westeuropas auszubauen. Sie selbst wollten verstärkt die atomare Abschreckung übernehmen. Der so genannte Radford-Plan der USA sah vor, wegen des nuklearen Vorrangs der US-Verteidigungsstrategie weltweit die konventionellen US-Truppen um 800 000 Mann zu reduzieren. Dies hätte vor allem einen Abbau der in Europa stationierten Truppenverbände bedeutet. Daher wurde von der Bundesrepublik auch eine möglichst schnelle Aufrüstung verlangt.

Ausgehend von den Zahlen des Pariser Vertragswerkes vom Oktober 1954 sah die Streitkräfteplanung für die Jahre 1956–1958 unter Einbeziehung einer nationalen Territorialverteidigung die Aufstellung von ungefähr 600 000 Soldaten vor. Bundeskanzler Adenauer erklärte im September 1955, dass bis zum 1. Januar 1959 zwölf vollständig ausgerüstete und ausgebildete Divisionen des Heeres dem westlichen Verteidigungsbündnis unterstellt würden. Ein Jahr später sollten 22 Luftwaffen-Geschwader mit 80 000 Mann und 172 Schiffe und Boote der Marine mit 20 000 Soldaten hinzukommen. Damit stand der Aufbau der Bundeswehr von Beginn an unter einem enormen Zeitdruck. Diese Aufrüstungsplanung übertraf in ihrer quantitativen und zeitlichen Dimension selbst jene der Wehrmacht in der zweiten Hälfte der dreißiger Jahre.

Auf der Grundlage des Freiwilligengesetzes wurden 1955 die ersten Freiwilligen eingestellt. Anfang August desselben Jahres lagen dem Verteidigungsministerium bereits 150 000 Freiwilligenmeldungen vor. Vor allem für die Aufbauphase der Bundeswehr wurden aus dem Heer der Bewerbungen erfahrene Soldaten für die Ausbildung der jüngeren Soldaten ausgewählt. Die Rekrutierung der Masse der

170 Die ersten Soldaten der Bundeswehr erhalten ihre Ernennungsurkunde. Foto, 12. November 1956.

171
Hartmut Bagger
1996–1999

172
Hans-Peter von Kirchbach
1999–2000

Strukturen

173 Plakate der Freiwilligenwerbung der Bundeswehr.
Foto, 16. November 1956.

174 Vermutlich erstes Werbeplakat der Bundeswehr, um 1956.

Wolfram von Raven, »Die ersten Freiwilligen« (1956)

Der Autor, der als Offizier der Reserve der Bundeswehr angehörte, zeichnet ein stimmungsvolles Bild von der Vereidigung der ersten 101 Freiwilligen der neuen deutschen Armee.

»Trübes Licht taucht die Szene in eine traurige Stimmung. Während das Volk noch bangend auf die Heimkehr der letzten Soldaten des Deutschen Reiches wartet, stehen die ersten Soldaten der Bundesrepublik Deutschland in einer Fahrzeughalle der Bonner Ermekeilkaserne zum Dienst angetreten. Ihren Uniformen aus mäßigem Tuch, die – schmucklos und von schlichtem Schnitt – beinahe armselig wirken, mangelt jede Ähnlichkeit mit denen der Wehrmacht. Die Streitkräfte, die Monate danach den Namen ›Bundeswehr‹ erhalten werden, bieten sich nicht in einem Bilde, das diesseits und jenseits der Grenzen schlimme Erinnerungen wachrufen würde.
Die Regie der Veranstaltung, die atmosphärisch unter den Tiefdruck des Widerwillens gegen die Wiederbewaffnung gestellt ist, hat von vornherein auf den vergeblichen Versuch verzichtet, Hochgefühle zu erzeugen. Es fehlen die schmetternden Signale, die flatternden Flaggen, der Prunk, die Pose und die Phrase. Gerade das aber – ein Stil, der ein Pathos der Nüchternheit spüren läßt – gibt der Feier in diesem historischen Augenblick ihre Würde.«

Zit. nach: Wolfram von Raven, Sicherheitspolitik in unsicheren Jahren. Der steile und steinige Weg zu den Waffen. In: Kinderjahre der Bundesrepublik. Von der Trümmerzeit zum Wirtschaftswunder. Hrsg. von Rudolf Pörtner, München 1992, S. 268

175
Harald Kujat
2000–2002

176
Wolfgang Schneiderhan
seit 2002

Der Kalte Krieg

177 Einweisungsausbildung von Bundeswehrsoldaten durch US-Soldaten gegen Ende der 1950er Jahre.

Soldaten erfolgte schließlich durch die Einführung der Wehrpflicht.

Die ersten 101 Freiwilligen der Bundeswehr, darunter auch die Generalleutnante Heusinger und Speidel, erhielten am 12. November 1955 im Rahmen einer betont schlichten ▶ Feier in der Bonner Ermekeil-Kaserne ihre Ernennungsurkunden. Das Datum des 200. Geburtstags des preußischen Heeresreformers Gerhard von Scharnhorst wurde bewusst gewählt, um eine militärhistorische Kontinuitätslinie zu demonstrieren. Es gilt als Gründungstag der Bundeswehr. Am ▶ 20. Januar 1956 fand in Andernach die erste Truppenparade der Bundeswehr vor Bundeskanzler Adenauer statt. Angetreten waren 1500 Freiwillige aus den Lehrkompanien des Heeres, der Luftwaffe und der Marine sowie Angehörige des Verteidigungsministeriums.

Bereits im Laufe des Jahres 1956 stellte sich heraus, dass das Tempo der Aufstellung viel zu hoch veranschlagt war. Es fehlte zunächst sowohl an Waffen, Munition, Fahrzeugen als auch an Uniformen und selbst die Kasernen mussten erst noch gebaut werden. Die erste Ausrüstung wurde den deutschen Streitkräften von den einstigen Besatzungsmächten zur Verfügung gestellt. Sie stammte überwiegend aus deren eigenen Waffenvorräten aber auch aus im Zweiten Weltkrieg eroberten deutschen Rüstungsbeständen. Zusätzlich verzögerte der Mangel an erfahrenen Offizieren und Unteroffizieren die Ausbildung.

Parallel zu den Aufstellungsschwierigkeiten der Streitkräfte erschien der Aufbau starker konventioneller Kräfte vor dem Hintergrund des »sofortigen und direkten« Einsatzes von Atomwaffen, wie er mit der NATO-Strategie im Dezember 1954 beschlossen worden war, zunehmend fragwürdig. Das im Rahmen der NATO durchgeführte Luftmanöver »Carte Blanche« (20.–28. Juni 1955) verdeutlichte die Konsequenzen eines möglichen Krieges für das Gebiet der Bundesrepublik sehr drastisch. Angenommen wurde ein für die atomare Kriegführung voll ausgerüsteter Gegner der rund 400 Atombomben über Westeuropa abwarf. Damit wären 1,7 Millionen Deutsche getötet und 3,5 Millionen »kampfunfähig« geworden. Insbesondere der »wirksame« nukleare Gegenschlag der NATO auf deutschem Gebiet bewirkte, dass dieses Kriegsszenario von der Bevölkerung kaum akzeptiert werden konnte.

Während Bundeskanzler Adenauer anfangs noch für eine starke konventionell ausgerüstete Bundeswehr eingetreten war, sprach er sich daher bereits 1957 für eine Teilnahme an der Nuklearrüstung aus. Hierin wurde er von dem neuen Verteidigungsminister Franz Josef Strauß unterstützt. Dieser revidierte das ehrgeizige Aufstellungsprogramm der Bundeswehr und beabsichtigte, 342 000 Soldaten in sechs Jahren aufzustellen. Von den zwölf in der NATO-Planung veranschlagten Divisionen des Heeres konnten elf der NATO unterstellt werden, die zwölfte Division folgte 1965. Die deutschen Verbände der 2. und 4. »Allied Tactical Air Force (ATAF)« kamen unter die direkte Verfügung der NATO und auch

178 Der amerikanische Karabiner 30M1, die Standardwaffe des Bundesgrenzschutzes in den Anfangsjahren.

Strukturen

1 Konrad Adenauer, »Besuch bei den neuen Streitkräften in Andernach« (20. Januar 1956)

Bundeskanzler Adenauer begrüßt die ersten freiwilligen Soldaten der Bundeswehr.

»Soldaten der neuen Streitkräfte!
Es ist mir eine Freude, am heutigen Tage zu Ihnen zu sprechen. Nach Überwindung großer Schwierigkeiten sind Sie die ersten Soldaten der neuen deutschen Streitkräfte geworden. Das deutsche Volks sieht in Ihnen die lebendige Verkörperung seines Willens, seinen Teil beizutragen zu Verteidigung der Gemeinschaft freier Völker, der wir heute wieder mit gleichen Rechten und Pflichten wie die anderen angehören. Dieser unser Beitrag und die enge Zusammenarbeit mit unseren Verbündeten, ohne die die Verhütung eines Angriffs und eine wirksame Verteidigung auch unserer Heimat nicht denkbar sind, bedeuten für uns mehr als eine vertragliche Verpflichtung; sie sind uns eine Herzenssache.
Einziges Ziel der deutschen Wiederbewaffnung ist es, zur Erhaltung des Friedens beizutragen. Wir werden dieses Ziel erreicht haben, wenn die gemeinsame potentielle Abwehrkraft der Verbündeten zu jedem Zeitpunkt ein zu großes Risiko für jeden möglichen Angreifer bedeutet. In einer solchen militärischen Stärke, die lediglich für unsere Verteidigung ausreicht, kann niemand eine Bedrohung erblicken. [...]
Die Einordnung von Streitkräften in das Staatsgefüge nach mehr als zehnjähriger Unterbrechung ist eine Bewährungsprobe für unsere Demokratie, die den guten Willen und die Bereitschaft aller positiven Kräfte erfordert. [...] In der heutigen Zeit ist es nicht der Soldat allein, der die Last und die Gefahr eines möglichen Krieges zu tragen hat. Wert und Berechtigung erhalten die Streitkräfte durch ihre Aufgabe, sich schon im Frieden den Leistungen und Entbehrungen eines Krieges stets gewachsen zu zeigen. Gerade dadurch, durch ihre ständige Abwehrbereitschaft, sollen sie das Grauen eines Krieges verhüten. Der Soldat darf und will deshalb nicht mehr, aber auch nicht weniger sein als jeder andere Staatsbürger, der eine Funktion im Dienste der Gemeinschaft zu erfüllen hat.«

Zit. nach: Friedenssicherung durch Verteidigungsbereitschaft. Deutsche Sicherheitspolitik 1949–1989. Dokumente. Hrsg. von Hans-Adolf Jacobsen, Uwe Heuer, Hans-Jürgen Rautenberg, Mainz 1989, S. 88 f.

179 Am 20. Januar 1956 begrüßte Konrad Adenauer die ersten Freiwilligen der Bundeswehr.

180 Der Heeresaufbau schreitet voran. Die Ausbildung wird unter anderem mit Panzerattrappen durchgeführt.

181 Aufbau der Lehrtruppe in Andernach, 1956.

Der Kalte Krieg

die schwimmenden und fliegenden Geschwader wurden »Assigned Forces«. Der ursprünglich geplante Streitkräfteumfang wurde mit 389 400 Soldaten zum Jahresende 1962 sogar noch übertroffen. Damit war die Aufbauphase der Bundeswehr abgeschlossen.

Eine nukleare Bewaffnung für die Bundesrepublik wurde 1957/58 vergeblich in einem trilateralen Projekt mit Frankreich und Italien verfolgt, später sogar in der von den USA im NATO-Rahmen vorgeschlagenen Multilateral Force (MLF) erneut aufgegriffen. Adenauer und Strauß trieben die Verhandlungen mit dem Argument voran, dass die Bundeswehr innerhalb des Verteidigungsbündnisses NATO kein zweitklassiges Hilfskontingent, sondern eine gleichwertige Armee sein sollte. Die Westmächte sprachen sich allerdings gegen die direkte Ausstattung der Bundeswehr mit Nuklearwaffen aus. Auf der NATO-Ratstagung im Dezember 1957 entschied sich die Allianz schließlich für das »Zweischlüsselsystem«. Danach sollten die nuklearen Sprengköpfe unter US-Gewahrsam bleiben, die sowohl konventionell als auch nuklear nutzbaren Trägersysteme aber der Bundeswehr übertragen werden.

An diesem Beschluss konnte auch die so genannte Anti-Atomwaffen-Kampagne nichts ändern. Nachdem die Pläne der Bundesregierung und schließlich der NATO 1957 bekannt wurden, verstärkte sich die parlamentarische und öffentliche Diskussion um die Ausrüstung der Bundeswehr mit Nuklearwaffen. Die Anti-Atomwaffen-Kampagne war eine sehr unterschiedlich zusammengesetzte Gruppe. Neben einigen berühmten Wissenschaftlern bestand die Kampagne aus Mitgliedern der SPD, der Gewerkschaften und verschiedenen protestantischen Gruppierungen. Das Bundesverfassungsgericht entschied am 30. Juli 1958, dass die Verteidigungspolitik ausschließlich Sache der Bundesregierung sei und entsprechende Volksbefragungen deshalb nicht zulässig seien. Insgesamt blieb die Anti-Atombewaffnungsbewegung relativ erfolglos. Ebenso wie die Bewegung gegen die Wiederbewaffnung der Bundesrepublik zeigten ihre Aktionen kaum Auswirkungen auf die nächsten Bundestagswahlen, mit denen die Regierungskoalition erneut bestätigt wurde.

Adenauer versuchte daher auch weiterhin den Einfluss der Bundesregierung auf die Nuklearbewaffnung der Bundeswehr und NATO-Strategie auszuweiten. Im Februar 1963 erklärte er die Bereitschaft der Bundesrepublik, an der allerdings nicht verwirklichten multinationalen Streitmacht der NATO teilzunehmen. Damit erhoffte er sich ein Mitspracherecht bei der nuklearen Zielplanung der NATO. Im Zuge der schrittweisen Ablösung der alten NATO-Strategie der »Massiven Vergeltung« und ihres Überganges zur ▸ »Flexiblen Erwiderung« erhielten aber auch die konventionellen Streitkräfteverbände wieder eine stärkere Bedeutung. Beispielsweise wurde ab dem 1. September 1963 die so genannte Vorneverteidigung, die direkt an der innerdeutschen Grenze beginnen sollte, zu einem wesentlichen Strategieelement für den NATO-Bereich »Europa Mitte«. Dies wiederum entsprach einer bundesdeutschen Forderung, die bereits seit 1950 immer wieder gestellt worden war. Die bis dahin gültigen strategischen Planungen von USA und NATO sahen zum Teil weite Geländepreisgaben vor, bevor eine Rückeroberung verlorenen Terrains in Angriff genommen werden sollte. Die für die deutschen Sicherheitsinteressen wichtige Neugestaltung führte zu dem »Schichttortenprinzip«. Danach erstreckten sich die eng aneinander gereihten Verantwortungsbereiche der konventionellen NATO-Streitkräfte lückenlos vom Norden der Bundesrepublik bis zum Süden.

Die ersten Truppengattungszeichen des Heeres 1956

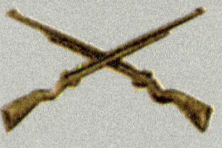
Infanterie

Artillerie

Fernmeldetruppe

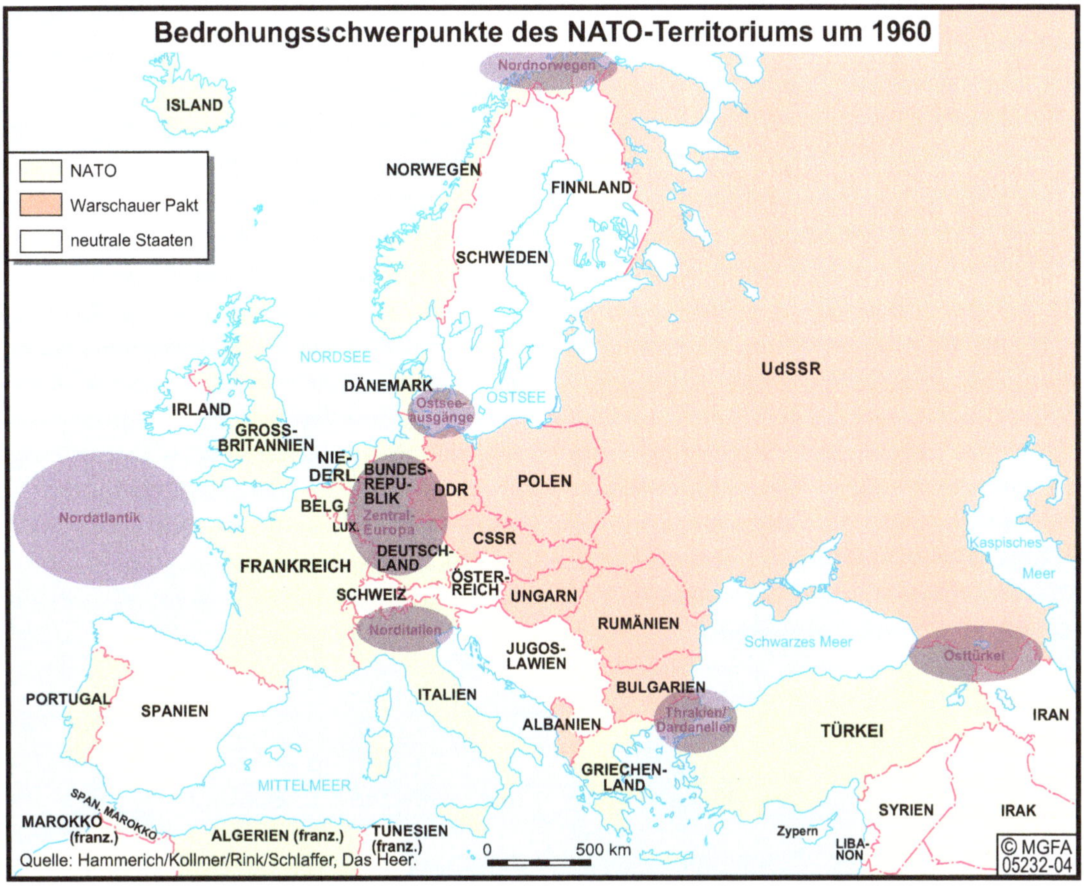

Strukturen

Bedrohungsschwerpunkte des NATO-Territoriums um 1960

Quelle: Hammerich/Kollmer/Rink/Schlaffer, Das Heer.

1 Gerhard Schröder, »Die Verteidigungskonzeption der Flexiblen Reaktion« (29. Mai 1967)

Der Verteidigungsminister erläuterte die neue NATO-Strategie, auf die sich die NATO-Minister kurz zuvor geeinigt hatten. Offiziell gebilligt wurde die Strategie auf einer Tagung der NATO-Verteidigungsminister im Dezember 1967.

»Die Begriffe ›Massive Vergeltung‹ und ›Flexible Reaktion‹ bezeichnen verschiedene Doktrinen für die Praktizierung der Abschreckung. Die Doktrin der ›Massiven Vergeltung‹ forderte für die Abwehr eines jeden feindlichen Angriffs, der in seiner Größenordnung über eine kleine örtliche Grenzverletzung (local hostile action) hinausgeht und bei dem sowjetische Truppen beteiligt sind, den sofortigen, uneingeschränkten Einsatz aller verfügbaren Waffen, d.h. der taktischen und strategischen Atomwaffen. [...] Die Doktrin der ›Flexiblen Reaktion‹ fordert die Abwehr eines Angriffs mit den jeweils der Angriffsart und -stärke angemessenen Mitteln. Die Verteidigung so flexibel wie möglich zu machen bedeutet, daß nicht sofort und in jedem Fall nukleare Waffen eingesetzt werden müssen, sondern daß ein begrenzter konventioneller Angriff zunächst in einer konventionellen Kampfphase abgewehrt wird. Zu welchem Zeitpunkt diese in eine nukleare Kampfphase umschlägt, weiß der Aggressor nicht. Selbstverständlich löst ein nuklearer Angriff sofort den nuklearen Gegenschlag aus. Durch dieses Verteidigungssystem soll die Abschreckung, auf die es ja in erster Linie ankommt, lückenlos und damit glaubhaft gehalten werden.«

Zit. nach: Friedenssicherung durch Verteidigungsbereitschaft. Deutsche Sicherheitspolitik 1949–1989. Dokumente Hrsg. von Hans-Adolf Jacobsen, Uwe Heuer und Hans-Jürgen Rautenberg, Mainz 1989, S. 123 f.

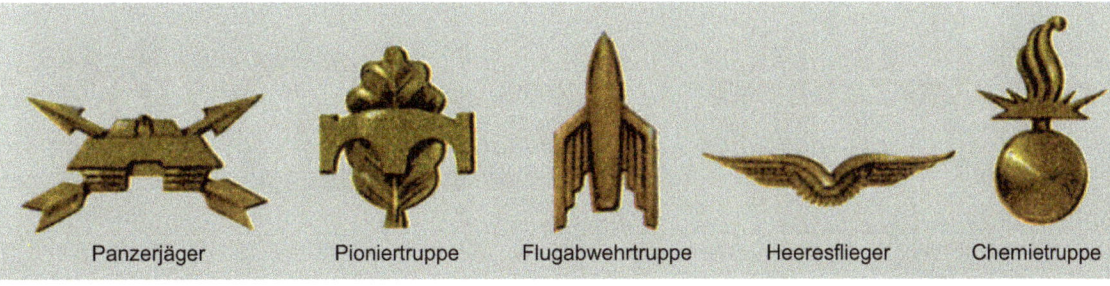

Panzerjäger — Pioniertruppe — Flugabwehrtruppe — Heeresflieger — Chemietruppe

Der Kalte Krieg

Mit Erreichen der geplanten Präsenzstärke 1962 begann die Konsolidierungsphase der Bundeswehr. Hierbei stand insbesondere der Ausbau der Territorialverteidigung im Zentrum der Anstrengungen. Diese war bisher wegen Vordringlichkeit der NATO-Forderungen und der Konzentration auf die Einsatzverbände von Heer, Luftwaffe und Marine vernachlässigt worden. Bereits am 1. Juni 1957 war unter nationaler Befehlsgewalt auf oberster Führungsebene das »Amt für Territoriale Verteidigung« eingerichtet worden, das später in »Kommando Territoriale Verteidigung« umbenannt wurde. Es sollte die operative Bewegungsfreiheit der NATO-Streitkräfte im Verteidigungsfall, die Versorgungsunterstützung der deutschen Truppen, die Sicherung des rückwärtigen Kampfgebietes und die Zusammenarbeit mit den zivilen Verwaltungsbehörden gewährleisten. 1961 gab es 25 Territorialkommandos, 143 Standort- und 17 Truppenübungsplätze. Hinzu kamen fünf NATO-Verbindungsstäbe. Wegen der Bedeutung der territorialen Organisationsgliederung wurde sie zunächst direkt dem Führungsstab der Bundeswehr (FüB) unterstellt. Bis Ende 1962 erreichte der Personalumfang der ▸ Territorialverteidigung (TV) circa 27 000 Mann. Im August 1963 gab die Hardthöhe zudem die Grundzüge einer Territorial-Reserve (TerrRes) bekannt, die bis 1966 rund 50 000 Mann vorsah. Sie sollte 30 Tage im Jahr an militärischen Übungen teilnehmen. 1969 wurde schließlich der Stab des »Kommandos Territoriale Verteidigung« aufgelöst und durch drei Territorialkommandos – Nord, Süd und Schleswig Holstein – ersetzt. Parallel dazu wurden in den sechziger Jahren einschneidende Veränderungen beim Personalwesen, in der Ausbildung und in der Rüstung eingeleitet.

Bereits ab Mitte der sechziger Jahre war durch das Ausscheiden der ersten Zeitsoldaten der Bundeswehr der Mangel an qualifiziertem länger dienenden Personal insbesondere in der hoch technisierten Luftwaffe deutlich geworden. In der aufstrebenden deutschen Wirtschaft stiegen die Löhne, und damit wuchs auch die Attraktivität vieler ziviler Berufe. Die Bereitschaft zum Dienst in der Bundeswehr und die ▸ Anziehungskraft des Soldatenberufes generell sanken dramatisch. Daher mussten neue Wege der Personalrekrutierung beschritten werden. Beispielsweise wurde länger dienenden Zeitsoldaten die Perspektive geboten, im Rahmen ihrer technischen Ausbildung eine Gesellen- oder Meisterprüfung abzulegen. Ab 1969 erhielten Unteroffiziere die Möglichkeit, in die Offizierränge des militärfachlichen Dienstes aufzusteigen.

Die Generalstabsausbildung der Truppenoffiziere wurde nach einer kurzen Zeit in Bad Ems ab Oktober 1958 an der späteren Führungsakademie in Hamburg durchgeführt. Für die Offiziere der Bundeswehr wurde außerdem ab 1960 und 1962 die Möglichkeit eines Studiums an den Akademien für Maschinenwesen in Darmstadt (ab 1964 auch Betriebswirtschaft) sowie für Ingenieurwesen in München eröffnet. Das Studium bot mit dem erfolgreichen Abschluss als graduierter Ingenieur auch eine zivilberufliche Qualifikation. Am 18. Februar 1963 erhielten die ersten studierenden Offiziere ihr Ingenieurs-Diplom. Im Oktober 1965 wurde die Ausbildungszeit zum Offizier auf 36 Monate festgelegt und im Mai 1966 wurde der Dienstgrad Oberfähnrich eingeführt.

Parallel zum Personalproblem blieb auch die Ausrüstungssituation weiterhin unbefriedigend. Da es eine deutsche Rüstungsindustrie zum damaligen Zeitpunkt noch nicht gab, war die Bundeswehr nach wie vor auf überlassene oder günstig eingekaufte Waffensysteme, meist aus US-Beständen, angewiesen. Diese entsprachen überwiegend nicht dem modernsten Standard.

Quartiermeistertruppe

Feldjägertruppe

Feldzeugtruppe

Sanitätstruppe

Militärmusik

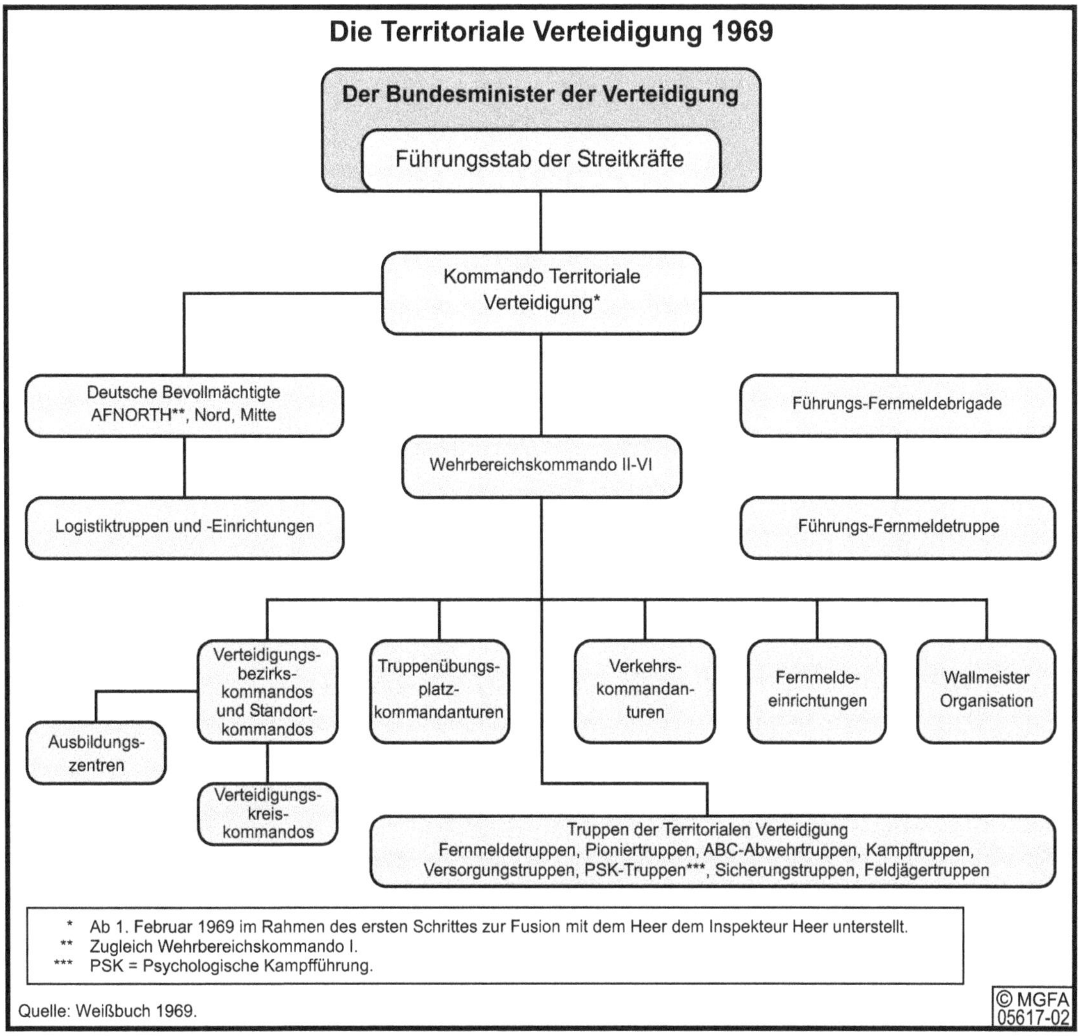
Die Territoriale Verteidigung 1969
Der Bundesminister der Verteidigung
Führungsstab der Streitkräfte
Kommando Territoriale Verteidigung*
Deutsche Bevollmächtigte AFNORTH**, Nord, Mitte
Führungs-Fernmeldebrigade
Wehrbereichskommando II-VI
Logistiktruppen und -Einrichtungen
Führungs-Fernmeldetruppe
Verteidigungs-bezirks-kommandos und Standort-kommandos
Truppenübungs-platz-kommandanturen
Verkehrs-kommandan-turen
Fernmelde-einrichtungen
Wallmeister Organisation
Ausbildungs-zentren
Verteidigungs-kreis-kommandos
Truppen der Territorialen Verteidigung
Fernmeldetruppen, Pioniertruppen, ABC-Abwehrtruppen, Kampftruppen,
Versorgungstruppen, PSK-Truppen***, Sicherungstruppen, Feldjägertruppen
* Ab 1. Februar 1969 im Rahmen des ersten Schrittes zur Fusion mit dem Heer dem Inspekteur Heer unterstellt.
** Zugleich Wehrbereichskommando I.
*** PSK = Psychologische Kampfführung.
Quelle: Weißbuch 1969.
© MGFA 05617-02

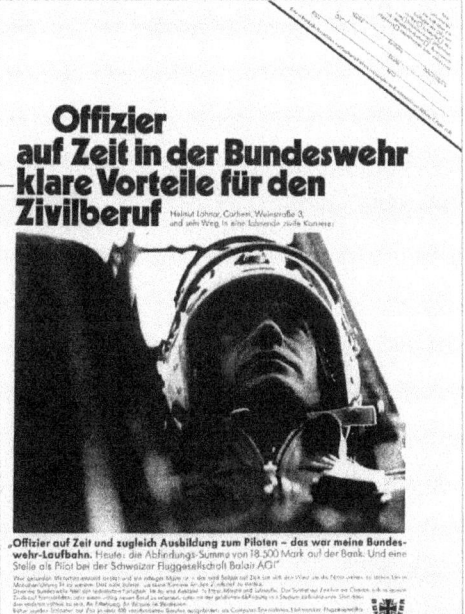

Offizier auf Zeit in der Bundeswehr – klare Vorteile für den Zivilberuf
„Offizier auf Zeit und zugleich Ausbildung zum Piloten – das war meine Bundeswehr-Laufbahn. Heute: die Abfindungs-Summe von 18.500 Mark auf der Bank. Und eine Stelle als Pilot bei der Schweizer Fluggesellschaft Balair AG!"
Bundeswehr

182 Werbeanzeige, um 1968.

1 Meinungsumfrage zur Bundeswehr

»Haben Sie im großen und ganzen eine gute Meinung oder keine gute Meinung über die Bundeswehr«

	1964	1969	1971	1980
Gute Meinung	36 %	33 %	34 %	47 %
Keine gute Meinung	22 %	24 %	28 %	16 %
Teils, teils	26 %	31 %	23 %	27 %
Unentschieden	16 %	12 %	10 %	10 %

Zit. nach: Grundzüge der deutschen Militärgeschichte, Bd 2: Arbeits- und Quellenbuch. Bearb. von Karl-Volker Neugebauer unter Mitwirkung von Heiger Ostertag, Freiburg i.Br. 1993

6. Das Heer

Der Aufbau des Heeres als entscheidender Träger des konventionellen Gefechts unterlag mehreren Herausforderungen. Angesichts der Forderungen der NATO und der entsprechenden Zusagen der Bundesregierung sollte das Heer möglichst schnell aufgebaut werden. Neben der quantitativen Aufrüstung musste gleichzeitig unter den Vorzeichen der Nuklearisierung und Technisierung des Kriegsbildes großer Wert auf die Qualität von Ausrüstung und Ausbildung gelegt werden. Die Leitung des Aufbaus übernahm der 1956 von Strauß ernannte erste Inspekteur des Heeres, Generalleutnant Hans Röttiger. Die Lehrtruppe Andernach begann am 2. Januar 1956 in Bataillonsstärke mit der Ausbildung der Kader für die zukünftigen Lehrbataillone. Diese wurden ab April 1956 für die jeweilige Waffengattung aufgestellt. Bis zum Juni 1956 wurden neun Truppenschulen eingerichtet. Im März 1956 wurde die Heeresakademie I (später Heeresoffizierschule I) gegründet, an der am 2. Juli 1956 der erste Fahnenjunkerlehrgang begann. Die Schulen, Lehrtruppen und logistischen Einrichtungen wurden vom Truppenamt geführt. Da die Ausbildung der Verbände in der Anfangsphase von US-amerikanischen Waffensystemen abhängig war, mussten auch amerikanische Fachkräfte in die Ausbildung einbezogen werden. Sie sollten vor allem die ersten deutschen Freiwilligen mit den neuen Waffen vertraut machen, die wiederum die nachfolgenden wehrpflichtigen Rekruten ausbilden sollten.

Am 1. April 1957 rückten die ersten Wehrpflichtigen zu den Einheiten des Heeres ein. Gleichzeitig wurde Generalleutnant ▸ Speidel Befehlshaber der Landstreitkräfte der NATO in Mitteleuropa. Dies sollte die Gleichberechtigung der neuen Streitkräfte der Bundeswehr mit ihren NATO-Partnern sichtbar zum Ausdruck bringen. Zu diesem Zeitpunkt war das Heer mit der Umsetzung der Heeresstruktur 1 (1956–1958), die vor allem auf einen schnellen Aufbau ausgerichtet war, beschäftigt. 1956 waren zunächst 1000 Soldaten aufgestellt, im Januar 1957 waren es 55 000, 1958 rund 100 000 und 1960 knapp 160 000 Mann. 1963 war der Aufbau des Heeres mit einer Stärke von 278 000 Mann im Wesentlichen abgeschlossen. Neben den Freiwilligen und den Wehrpflichtigen wurden in der Anfangsphase auch 9500 Angehörige des Bundesgrenzschutzes in die Bundeswehr übernommen.

In Münster und Koblenz wurden 1956 Aufstellungsstäbe, aus denen das I. und III. Korps entstanden, gegründet. Grundsätzlich wurde dabei das Ziel verfolgt, über die gleichzeitige Aufstellung von Divisionskadern den Grundstock für die NATO-Unterstellung der zugesagten 12 Heeresdivisionen zu erreichen. Auf Drängen der NATO, welche die rasche Verfügbarkeit wenigstens einiger voll einsatzbereiter Verbände forderte, musste das Heer dazu übergehen, Bataillone aufzufüllen und diese Verbände im Halbjahresrhythmus zu halbieren, um daraus neue Bataillone zu bilden. Sehr schnell zeigte sich jedoch, dass die vorgesehenen 12 Divisionen mit ihren Unterstützungstruppenteilen und einer Stärke von 28 000 Mann zu schwerfällig waren, um den neuen Herausforderungen der Gefechtsführung unter den Bedingungen des »nuklearen Gefechtsfeldes« gewachsen zu sein. Insbesondere die rasche Einführung atomarer taktischer Gefechtsfeldwaffen durch die sowjetischen Truppen verdeutlichte, dass neue konzeptionelle Überlegungen notwendig waren. Diese schlugen sich in der ▸ Heeresstruktur 2

183 Abschiedsbesuch Generals Hans Speidel (l.) beim Oberbefehlshaber der NATO-Streitkräfte in Europa (SHAPE), US-General Lyman Lemnitzer. Fontainebleau bei Paris, 29. August 1963.

Strukturen

184 Grenadiere beim Absitzen vom Mannschaftstransportwagen M 113. Foto, 1962.

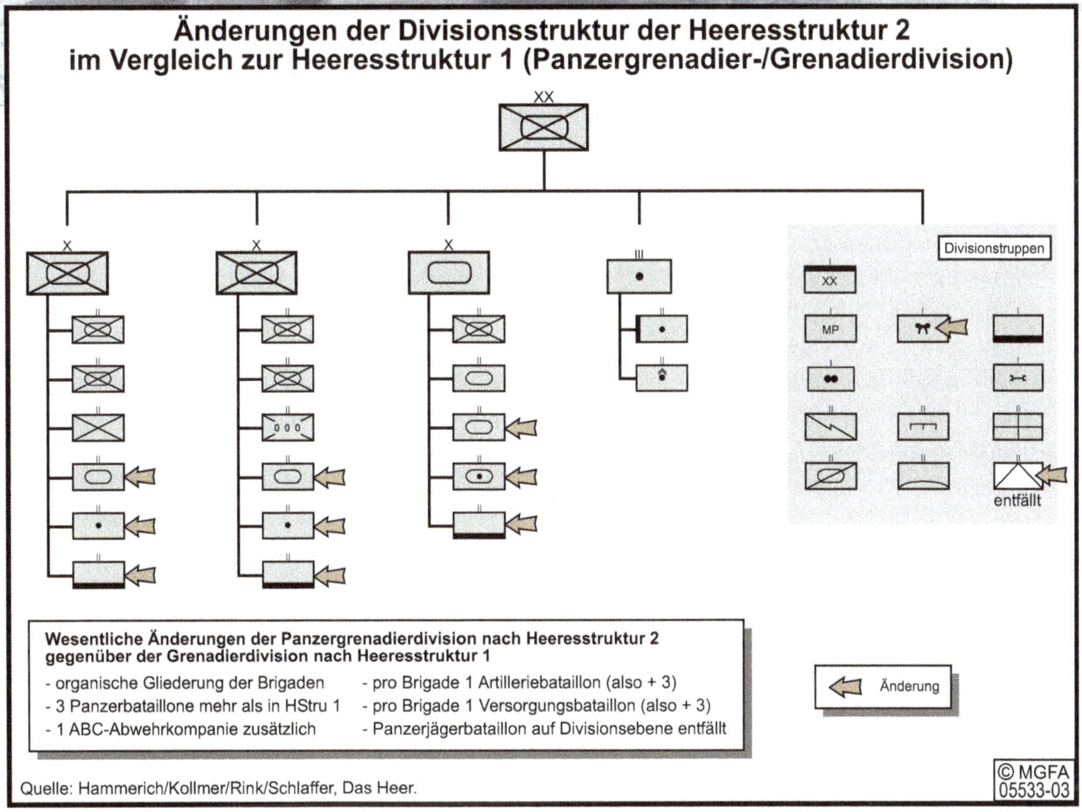

Änderungen der Divisionsstruktur der Heeresstruktur 2 im Vergleich zur Heeresstruktur 1 (Panzergrenadier-/Grenadierdivision)

Wesentliche Änderungen der Panzergrenadierdivision nach Heeresstruktur 2 gegenüber der Grenadierdivision nach Heeresstruktur 1
- organische Gliederung der Brigaden
- 3 Panzerbataillone mehr als in HStru 1
- 1 ABC-Abwehrkompanie zusätzlich
- pro Brigade 1 Artilleriebataillon (also + 3)
- pro Brigade 1 Versorgungsbataillon (also + 3)
- Panzerjägerbataillon auf Divisionsebene entfällt

⬅ Änderung

Quelle: Hammerich/Kollmer/Rink/Schlaffer, Das Heer.

© MGFA 05533-03

Hans Speidel (1897–1984)
General – Als Chef des Generalstabes der Heeresgruppe B unter Generalfeldmarschall Rommel wurde Speidel nach dem Attentat auf Hitler verhaftet. Nach 1945 nahm der promovierte Historiker einen Lehrauftrag der Universität Tübingen an. An den EVG-Verhandlungen in Paris war er als militärischer Chefdelegierter beteiligt. Nach deren Scheitern verhandelte er als militärischer Chefunterhändler über den deutschen Beitritt zu NATO und WEU. 1957 avancierte er zum Oberbefehlshaber der NATO-Landstreitkräfte in Mitteleuropa. Zuletzt war er als Sonderbeauftragter der Bundesregierung für Fragen der atlantischen Verteidigung zuständig.
185 Hans Speidel.

Der Kalte Krieg

(1959–1970) nieder. Wegen der Einbeziehung taktischer Atomwaffen in die Strategie wurde eine Auflockerung und bewegliche Gefechtsführung gepanzerter Truppen unterhalb der Divisionsebene notwendig. Diese Truppen sollten außerdem durch kleinere und mobilere Verbände ergänzt werden, die zu flexiblen, raschen Gegenstößen in der Lage waren.

Die ursprünglich vorgesehene Unterteilung der Divisionen in Kampfgruppen erwies sich als unzureichend. Sowohl wegen der niedrigen Anzahl der Kampfunterstützungstruppen als auch wegen der fehlenden eigenen Artillerie konnten sie den Anforderungen der beweglichen Kampfführung im Konzept der »verbundenen Waffen« und der veränderten NATO-Strategie nicht gerecht werden. Deshalb sollte die versuchsweise eingeführte ▸ Brigadegliederung der Divisionen, die 1958 in einer groß angelegten Lehr- und Versuchsübung erprobt worden war, zur Standardgliederung werden. Seit der Heeresstruktur 2 umfasste eine Division neben ihren Kampfunterstützungs- und Versorgungstruppen drei Brigaden, die zur mehrtägigen selbstständigen beweglichen Gefechtsführung und Versorgung befähigt waren. Bereits am 31. August 1959 bezeichnete Verteidigungsminister Strauß die Umgliederung der Heeresdivisionen vom Kampfgruppen- zum Brigadesystem als abgeschlossen. Ende 1959 waren elf Divisionen mit 27 Brigaden aufgestellt.

Bereits seit 1956 wurden die Heeresverbände der NATO unterstellt. Bis zum Jahresende 1962 hatte das Heer, das auf eine Stärke von 250 000 Soldaten angewachsen war, seine drei Korpsstäbe mit Sitz in Münster (I.), Ulm (II.), Koblenz (III.), sieben Panzergrenadierdivisionen (1., 2., 4., 6., 7., 10. und 11.), zwei Panzerdivisionen (3. und 5.), eine Gebirgsjägerdivision (8.) und eine Luftlandedivision (9.) sowie eine Brigade der 12. Panzerdivision der NATO zur Verfügung stellen können. Am 10. April 1965 wurde mit der NATO-Unterstellung der gesamten 12. Division schließlich die für das Bündnis in Aussicht gestellte Anzahl deutscher Divisionen erreicht. Nach der Strategieplanung MC 14/2 hatten diese Divisionen im Verteidigungsfall den Auftrag, zusammen mit den anderen NATO-Verbänden den eingedrungenen Feind zurückzuwerfen und das verloren gegangene Territorium der Bundesrepublik zurückzugewinnen. Mit dem Übergang der NATO-Strategie von der »massiven Vergeltung« zur »flexiblen Erwiderung«, die sich durch eine stärkere Betonung der konventionellen Vorgehensweise auszeichnete, wuchs auch die Bedeutung des Heeres der Bundeswehr. Schließlich stellte die Bundeswehr nahezu die Hälfte aller konventionellen Landstreitkräfte der NATO in Mitteleuropa. Seine Leistungsfähigkeit zeigte das Heer 1966/67 in den Großübungen »Hermelin I+II« und »Panthersprung«, die gemeinsam mit mehreren NATO-Partnern durchgeführt wurden.

Die Ausrüstung des Heeres begann zunächst, wie auch bei den anderen Teilstreitkräften, mit Material aus den USA. Die US-Army lieferte zunächst 1000 Panzer des Typs M 47. Daraufhin entschied das Verteidigungsministerium im März 1957, das Heer mit dem US-amerikanischen Panzer M 48 auszustatten. Für die Panzergrenadiertruppe sollten zudem ab Frühjahr 1958 zunächst 1800, auf die Dauer

186 Der Kampfpanzer M 47 gehörte zur Erstausstattung der Bundeswehr.

Strukturen

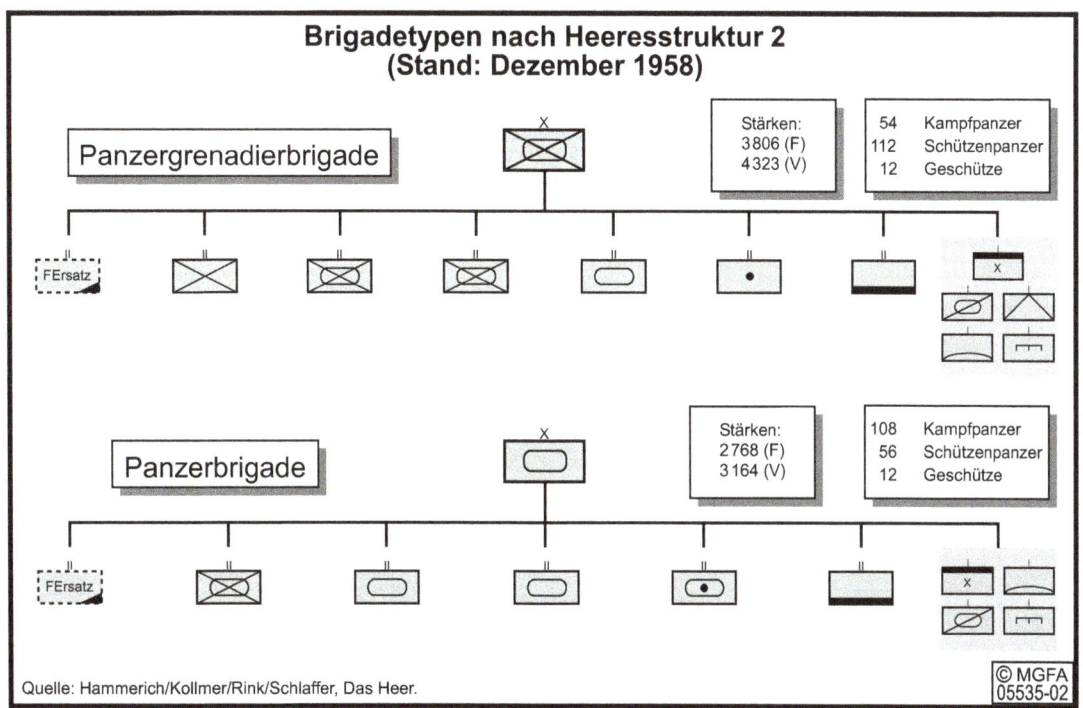

Brigadetypen nach Heeresstruktur 2
(Stand: Dezember 1958)

Quelle: Hammerich/Kollmer/Rink/Schlaffer, Das Heer.

Die Beschaffung des Schützenpanzers HS 30 war das erste milliardenschwere Rüstungsgütergeschäft der noch jungen Bundesrepublik. Aufbauend auf den Erfahrungen der Wehrmacht an der Ostfront entwickelte bereits die Militärische Abteilung in der »Dienststelle Blank« die Vorstellung eines Vollkettenfahrzeugs, das es der zukünftigen Panzergrenadiertruppe ermöglichen sollte, die Panzerverbände im Kampf zu unterstützen. Da die auf dem Weltmarkt erhältlichen Schützenpanzer diesen hohen Vorgaben entweder nicht entsprachen oder zu teuer waren, vergab das Bundesministerium für Verteidigung im Mai 1956 einen entsprechenden Entwicklungsauftrag an die Genfer Firma Hispano Suiza. Um die jahrelange Entwicklungsphase zu verkürzen, wurde das Projekt unter Zeitdruck vorangetrieben und das damit verbundene Risiko billigend in Kauf genommen. Es wurden in der Folgezeit sogar Serienlieferungen des HS 30 vereinbart, obwohl der Truppe noch kein Prototyp zur Erprobung zur Verfügung stand. Der schließlich ausgelieferte Schützenpanzer erwies sich aufgrund seiner unzureichenden Motorisierung und fehlerhaften Konstruktion als äußerst unzuverlässig, woraufhin die bestellte Stückzahl in zahlreichen Verhandlungen reduziert wurde. Als das gescheiterte HS 30-Projekt Mitte der 1960er Jahre Bestandteil einer regen öffentlichen Diskussion wurde, berief der Bundestag 1967 erstmals einen Untersuchungsausschuss zu den Vorkommnissen im Bonner Verteidigungsministerium ein, dessen Ergebnisse sich negativ auf das Ansehen der Bundeswehr auswirkten.

187 Der HS 30 bei Schießübungen im Jahre 1960.

188 Kampfanzug der Bundeswehr, 1955.

Der Kalte Krieg

6000 Schützenpanzer vom Typ ▶ HS 30 beschafft werden. Der HS 30 war ein relativ unerprobtes Waffensystem, das sich im Einsatz nur bedingt geeignet erwies, wie der Bericht einer Kommission des Verteidigungsministeriums 1958 feststellte. Bereits Ende der fünfziger Jahre führte dies zu einer Kleinen Anfrage der SPD-Fraktion im Bundestag. Mitte der sechziger Jahre durchleuchtete noch einmal ein Untersuchungsausschuss zur allgemeinen Beschaffungspolitik unter Verteidigungsminister Strauß auch die Hintergründe des Ankaufs. Dabei stellte man eine überstürzte Beschaffung und Einführung des Waffensystems fest, was insgesamt dem Ansehen der Truppe – einigen Offizieren wurde nicht sachgemäßes Handeln vorgeworfen – schweren Schaden zufügte.

Ab 1970 wurde der HS 30 durch den Schützenpanzer Marder ersetzt. Dieser erhöhte in der Folgezeit Kampfwert und Feuerkraft der gepanzerten Infanterie. Zudem hatte das Verteidigungsministerium 1963 den Auftrag für die Produktion von 1500 Kampfpanzern vom Typ Leopard und 700 Jagdpanzern erteilt. Die ersten Leopard-Panzer wurden im September 1965 an die Truppe ausgeliefert. Damit verfügte das Heer über einen modernen Panzer, der das Rückgrat der konventionellen Verteidigungsfähigkeit darstellte. Mit der Einführung der zweiten Waffengeneration erhöhte in den sechziger Jahren auch die Artillerie ihre Beweglichkeit und Feuerkraft. Zudem wurde diese durch die atomaren Waffenträgersysteme Honest John und Sergeant (je ein Raketenartilleriebataillon auf Korpsebene, elf Raketenartilleriebataillone auf Divisionsebene, mit Ausnahme der Luftlandedivision) gesteigert. Damit verfügte die Artillerie über eine nukleare Teilausrüstung. Mit der Einführung des Mannschaftstransportpanzers M 113 und des Transporthubschraubers Bell UH-1D stieg zudem die Beweglichkeit der Heeresverbände.

Während die Militärtechnik damit den modernsten Ansprüchen genügte, entwickelte sich die Personalfrage, die in der gesamten Bundeswehr nicht mehr befriedigend gelöst werden konnte, auch im Heer zum Problem. Ab 1963/64 konnten im Heer rund 3000 Offiziers- und 15 000 Unteroffiziersstellen nicht besetzt werden. Dies belastete vor allem den Ausbildungsbetrieb in der Truppe erheblich und ließ die Qualität der Ausbildung stellenweise deutlich absinken. Als Gegenmaßnahme hierzu wurden ab 1963 in den jeweiligen Truppengattungen Unteroffizier-Lehrinspektionen eingerichtet. Zudem nahmen 1964 und 1965 die Heeresunteroffizierschulen in Sonthofen (HUS I) und Aachen (HUS II) ihren truppengattungsübergreifenden Lehr- und Ausbildungsbetrieb auf. Parallel dazu erweiterten die im Jahre 1963 in Kampftruppenschule I bis IV umbenannten Waffenschulen des Heeres ihr Programm um Sonderlehrgänge. Für eine Standardisierung der Offizierausbildung sollte die Einrichtung der Heeresoffizierschulen I und II (Hannover und Hamburg) ab 1956 und der Heeresoffizierschule III in München ab Januar 1958 sorgen.

189 Der Schützenpanzer Marder 1 A1.

Strukturen

190 Der erste Leopard rollte am 9. September 1965 vor den Augen des Bundesministers der Verteidigung Kai-Uwe von Hassel und des Heeresinspekteurs Ulrich de Maizière, in München vom Band.

Die Neuordnung der Truppengattungen 1959

Truppengattungen	Waffengattungen
Führungstruppen	Fernmeldetruppe
	Technische Aufklärungstruppe
	Heeresfliegertruppe
	Feldjäger (keine besondere Waffengattung)
Kampftruppen	Infanterie
	Panzergrenadiere
	Panzerjäger
	Gebirgsjäger
	Fallschirmjäger
	Panzertruppe
	Panzeraufklärer
Artillerietruppen	Artillerie (mit Topographietruppe)
Pioniertruppen	Pioniertruppe
	ABC-Abwehrtruppe
Heeresflugabwehrtruppe	Heeresflugabwehrtruppe
Technische Truppe	Technische Truppe
	Instandsetzungstruppe
	Materialtruppe
	Transportverbände/-einheiten
Sanitätstruppe	Sanitätstruppe

191 Werbeplakat für das Heer, um 1959.

Der Kalte Krieg

7. Die Luftwaffe

Mit der Aufstellung deutscher Streitkräfte sollte auch wieder eine Luftwaffe entstehen. Allerdings war nicht die Bildung einer selbstständigen nationalen Luftwaffe beabsichtigt, sondern einer bereits in Friedenszeiten der NATO unterstellten Teilstreitkraft. Ziel war es, die neuen Luftstreitkräfte von Beginn an international einzubinden. In kurzer Zeit war daher die Organisation und nach Möglichkeit die technische Kompatibilität mit den Luftstreitkräften innerhalb der NATO zu bewerkstelligen. Bereits im Mai 1955 war im damaligen »Amt Blank« die Unterabteilung II/6 Luftwaffe gebildet worden, aus der im November des Jahres die Abteilung VI Luftwaffe und im Juli 1957 der ▸ Führungsstab der Luftwaffe geschaffen wurde. Taktische Luftverteidigung und taktischer Luftangriff waren die wesentlichen Auftragskomponenten in der Aufbauphase. Ursprünglich wurde wegen des Mangels an geeigneten Waffensystemen für die offensive Luftkriegführung die Verteidigung in den Vordergrund gerückt. Hierfür wurden 10 Luftverteidigungsgeschwader und 47 Luftwaffen-Flugabwehrbataillone zur bodengestützten Verteidigung vorgesehen. Daneben war die ▸ Aufstellung von acht Jagdbomber-, fünf Aufklärungs- und fünf Transportgeschwadern geplant.

Die ersten Dienststellen und Kommandobehörden der Luftwaffe entstanden ab Dezember 1955. Die materielle Erstausstattung der fliegenden Verbände, die zunächst Vorrang besaßen, erfolgte in der Aufstellungsphase aus vorwiegend veralteten US-Beständen. Zudem konnte die Luftwaffe die amerikanischen Einrichtungen in der Bundesrepublik für eigene Ausbildungszwecke nutzen. Die ersten deutschen Piloten wurden allerdings ab Sommer 1956 in den USA, Kanada und Großbritannien ausgebildet. Vor allem die Ausbildung der angehenden Jetpiloten fand in den USA statt.

Anfang Januar 1956 rückten die ersten Freiwilligen der Luftwaffe in Nörvenich ein. Erst am 16. Januar 1958 wurden die ersten Wehrpflichtigen einberufen. Der ▸ Personalbestand der Luftwaffe betrug 1957 rund 25 000 Mann und stieg in den folgenden Jahren auf 39 000 (1958), 53 700 (1959), 63 000 (1960), 80 000 (1961) und 92 000 Soldaten im Jahre 1962. 1967 waren schließlich 97 000 Mann bei der Luftwaffe eingesetzt. Der allgemein Personalmangel der Bundeswehr zeigte sich in der Luftwaffe besonders deutlich. So konnten zeitweise rund 9 000 Unteroffiziersstellen nicht besetzt werden.

Im Jahr 1956 wurden die ersten Stationierungsentscheidungen für die fliegenden Verbände umgesetzt: Transportgeschwader in Diepholz und Erding; Tagjägerverbände in Nörvenich, Illesheim, Limburg und Leck; Jagdbomberverbände in Stade, Büchel, Wittmundhaven, Herrenberg, Hesepe, Rißtissen, Nordhorn und Bissel; Aufklärungsverbände, Nacht- und Allwetterjäger in Rotenburg, Manching und Achmer. Ebenfalls 1956 wurden die Flugzeugführerschulen (FFS) A (Grundschulung) in Landsberg, B (Fortgeschrittene und Jetschulung) in Fürstenfeldbruck und S (Transportfliegerausbildung und Blindflugschule) in Memmingen aufgestellt. Auf Korpsebene entstanden 1956 ein Kommando der Schulen, das Materialkommando sowie zwei Fliegerkorpsstäbe.

Bis die Luftwaffenorganisation im November 1963 in zwei Luftwaffen-Gruppenkommandos (= Korps) und sieben Luftwaffen-Divisionen strukturiert war, unterlag sie mehrfachen Änderungen. 1957 wurden zunächst die Luftangriffsdivisionen in München, Münster und Birkenfeld aufgestellt und der Führungsstab

B Josef Kammhuber (1896–1986)
General – Seine fliegerische Ausbildung erhielt Kammhuber in der Reichswehr. Während des Zweiten Weltkrieges war er hauptsächlich in Generalstabsstellen beschäftigt. Als Verantwortlicher für die Nachtjagd kam es zu Differenzen mit Göring und Hitler. Im Jahre 1944 wurde Kammhuber deshalb in die Führerreserve versetzt. Nach der amerikanischen Kriegsgefangenschaft arbeitete er für die US Army Historical Division, bevor man ihm 1956 die Leitung der Luftwaffe im Verteidigungsministerium übertrug. Von 1957 bis zu seiner Pensionierung 1962 führte er die Luftwaffe als Inspekteur.

192 Josef Kammhuber.

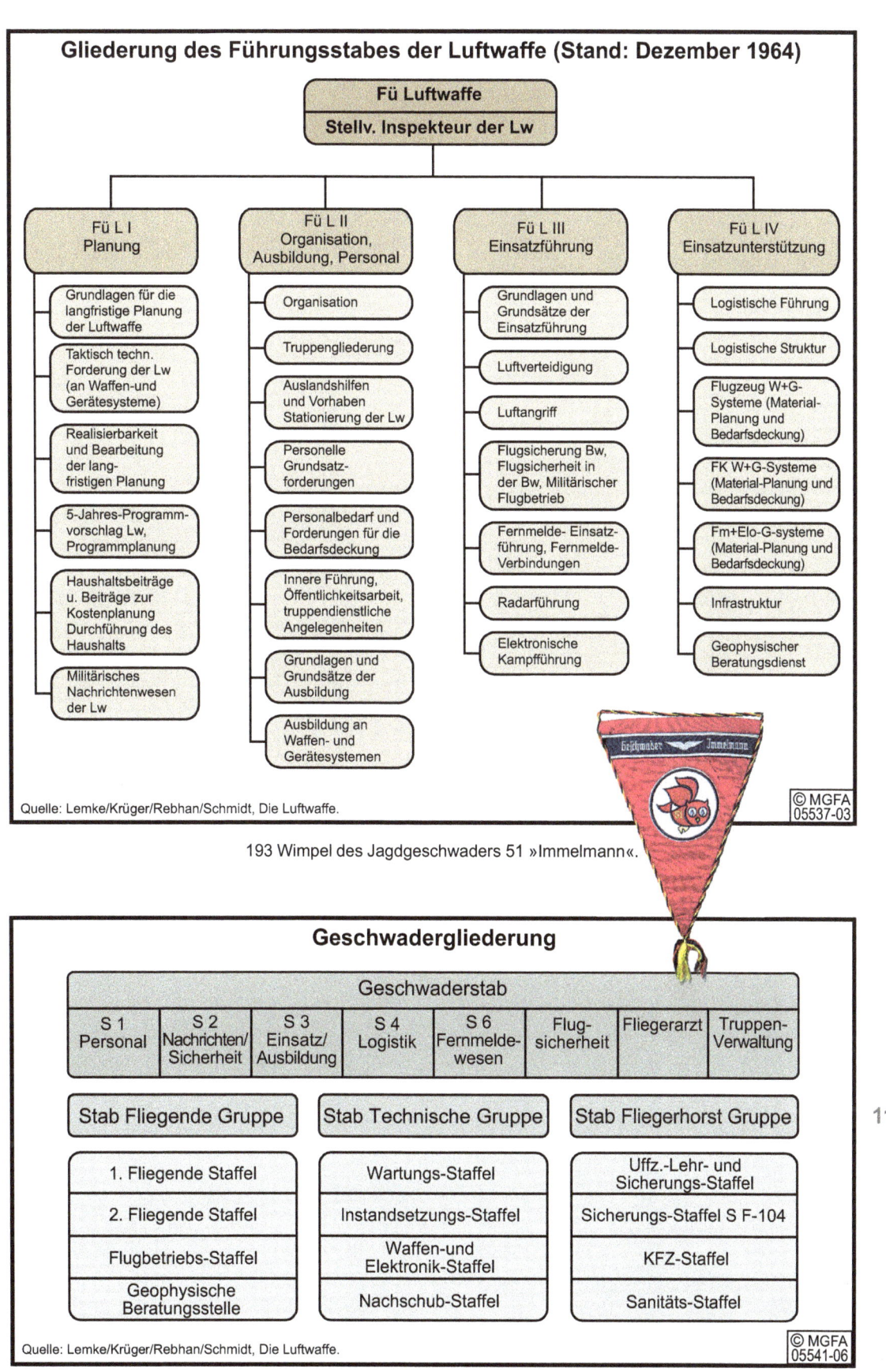

193 Wimpel des Jagdgeschwaders 51 »Immelmann«.

Der Kalte Krieg

194 Das Waffensystem Hawk.

der Luftwaffe (Fü L) gebildet. Zum ersten Inspekteur der Luftwaffe wurde Generalleutnant ▸ Josef Kammhuber ernannt. Er erhielt 1961 als einziger Inspekteur einer Teilstreitkraft der Bundeswehr den Rang eines Vier-Sterne-Generals. Unter seiner Leitung wurden am 21. April 1961, dem 43. Todestag Manfred von Richthofens, das Jagdgeschwader 71 nach Richthofen, das Jagdbombergeschwader 31 nach Boelcke und das Aufklärungsgeschwader 51 nach Immelmann umbenannt.

Neben den Luftangriffsdivisionen erhielt die Luftwaffe 1959 auch Luftverteidigungsdivisionen, die 1963 in Luftwaffendivisionen umbenannt wurden. Zum Jahresende 1962 wurde auch die Aufstellungsphase der Luftwaffe als beendet erklärt. Damit konnte die Bundeswehr ihre fliegenden Einsatzverbände der NATO unterstellen. Dazu gehörten drei Jagdgeschwader, fünf Jagdbombergeschwader, ein Aufklärungsgeschwader, ein Lufttransportgeschwader sowie zwei Flugabwehrraketenbataillone Nike.

Im Rahmen der NATO-Strategie der massiven Vergeltung hatte die Erfüllung des »Strike-Auftrages« für die Luftwaffe oberste Priorität.

Auch bei den Waffensystemen der Luftwaffe musste in der zweiten Hälfte der 1950er Jahre »bei Null« begonnen werden. Im November 1958 billigte der Verteidigungsausschuss das Flugzeugbeschaffungsprogramm für die Luftwaffe. Danach sollten 300 Lockheed F-104 Starfighter, 200 leichte Jagdbomber Fiat G 91 und 60 Alouette-Hubschrauber angekauft werden. Hinzu kamen Nike-Hercules-Raketen für drei Flugabwehrbataillone. 1963 begann die Ausrüstung der ▸ Luftverteidigungsverbände mit den Flugkörpersystemen Nike und Hawk. Zudem stellte die Luftwaffe für die Aufgaben des Luftangriffs zwei Flugkörpergeschwader mit dem Waffensystem Pershing auf. Im September 1964 wurde zusammen mit Frankreich ein Vertrag zum Bau des Kampfzonentransporters C-160 Transall unterzeichnet, der für die Luftwaffe die Beschaffung von 110 Maschinen vorsah. Die erste Transall wurde im April 1968 übernommen. Im Mai 1969 wurde zudem mit Großbritannien und Italien eine Regierungsvereinbarung über die Entwicklung und Beschaffung des Mehrzweckflugzeuges MRCA-75 (später Tornado) abgeschlossen. Im Sommer 1970 begann der Bau der ersten Prototypen.

Von allen Rüstungsprojekten der Luftwaffe wurde der Starfighter zum größten Problem. Der Düsenjäger war aus militärischen und politischen Erwägungen angeschafft worden. Seine Nutzung brachte nicht nur enorme Probleme im Bereich von Logistik und Ausbildung mit sich, sondern darüber hinaus auch politische Kontroversen. Die erste öffentliche Präsentation fand im Juli 1960 statt. Mit diesem Zeitpunkt begann die Pilotenausbildung auf der F-104 in der Bundesrepublik. Der Starfighter sollte als

Johannes Steinhoff (1913–1994)
General – Steinhoff absolvierte 1934 eine Ausbildung als Seeflieger in der Kriegsmarine und ließ sich ein Jahr später zur Luftwaffe versetzen. Im Zweiten Weltkrieg war er als Jagdflugzeugführer an fast allen Fronten eingesetzt. Der erfolgreiche und vielfach ausgezeichnete Pilot wurde 1945 bei einem Absturz schwer verletzt und blieb ein Leben lang von den Brandverletzungen gezeichnet. 1952 stellte er sich dem Amt Blank als Mitarbeiter zur Verfügung, 1956 wurde Steinhoff im Range eines Oberst in die

195 Johannes Steinhoff.

Personeller Aufwuchs der Luftwaffe

Datum	Stärke
A: 1. Oktober 1957	ca. 24 000 *
B: 4. Juni 1959	48 341
C: Ende 1959	52 800
D: Juni 1965	97 000
E: 1966/67	ca. 100 000 **
F: Anfang 1968	97 153 ***
G: Oktober 1969	97 000 ****

* BG de Maizière, Kurze Zusammenfassung der Ausführungen vor dem Bundesverteidigungsrat am 11.10.57 im Anschluss an die Ausführungen des Herrn Generalinsp., vom 18.10.57, NHP-Dokument 014.
** BA-MA, BI 1/4050, Fü L III vom 22.3.68 an StOffz beim Staatssekretär: Einweisungsvorträge für den Herrn Staatssekretär, S. 26.
*** BA-MA, BI 1/1374, Die Luftwaffe in Zahlen, Faktensammlung zum Vortrag InspLW vor Verteidigungsausschuss am 24./25.1.68, S. 3.
**** BA-MA, BI 1/4027, Fü L III 1, Einführungsvortrag Luftwaffe für die Klausurtagung des Bundesministers der Verteidigung und der Hauptabteilungsleiter/Abteilungsleiter, 19./21.12.69; Fassung vom 17.12.69; s.a. BA-MA, BI 1/4968, BMVg., Planungsstab/Fü S VII 4, Lehrbacher Lesebuch 69 vom 19.12.69, S. 24.

Quelle: Lemke/Krüger/Rebhan/Schmidt, Die Luftwaffe.

© MGFA 05538-02

Jäger, Jagdbomber und Aufklärer eingesetzt werden. Das bisweilen als »Schönwetterjäger« kritisierte Flugzeug, von dem 700 Maschinen geordert wurden, stellte die junge Luftwaffe vor eine technische Herausforderung sondergleichen. Im Rahmen des Lizenzbaus arbeitete die Bundesrepublik mit Italien, Belgien und den Niederlanden zusammen. Nach einer Serie von Abstürzen geriet er allerdings immer stärker in die Kritik. Im März 1966 befasste sich der Bundestag mit der ▸ Starfighter-Krise. Unter dem neuen Verteidigungsminister Helmut Schmidt (SPD) wurde bekannt gegeben, dass bis zum 1. April 1970 bei 118 Abstürzen 57 Piloten ums Leben gekommen waren.

Im Januar 1966 hatte das Bundesministerium für Verteidigung eine Arbeitsgruppe zur Überwachung der Einsatzfähigkeit und Flugsicherheit des Starfighters eingesetzt. Die von der Truppe vorgebrachten technischen Mängel am F-104 wurden behoben, so dass die Flugleistungsstunden erhöht und die Verlustrate gesenkt – aber nicht gänzlich minimiert werden konnten. Im Zusammenhang mit der Starfighter-Krise übte der Inspekteur der Luftwaffe Generalleutnant ▸ Werner Panitzki, der im Oktober 1962 General Kammhuber nachgefolgt war, Kritik an der Führung des Verteidigungsministeriums und wurde deshalb im August 1966 in den einstweiligen Ruhestand versetzt. Sein Nachfolger wurde Generalleutnant ▸ Johannes Steinhoff. Durch eine bessere Ausbildung der Piloten, wozu auch die Erhöhung des Flugstundenanteils gehörte, sowie durch technische Nachbesserung der Flugzeugtypen konnte die Flugsicherheit des Starfighters weiter verbessert werden.

Mit dem Wandel der NATO-Strategie zur »flexiblen Erwiderung« veränderte sich auch die Aufgabe der Luftwaffe. Neben ihrem bisherigen »Strike-Auftrag« sollte sie nun vor allem das Heer unterstützen. Daher wurde die Luftwaffe ab Oktober 1968 erheblich umstrukturiert. Neben den Verbänden des Heeres wurden bei der Luftwaffe vor allem die Flugkörpergeschwader 1 und 2 mit der Pershing Ia-Rakete sowie die Jagdbombergeschwader 31 bis 34 für den Einsatz als Atomwaffenträger vorgesehen. Zudem wurde für die Strahlflugzeugführer im März 1969 eine besondere Altersgrenze, nämlich die Vollendung des 40. Lebensjahres (»BO 41«) eingeführt.

Bundeswehr übernommen und durchlief eine Ausbildung zum Düsenjägerpiloten in den USA. Steinhoff befürwortete eine starke Anlehnung an die rüstungstechnologisch führende USA. 1960 bis 1963 war er der Deutsche Vertreter beim Militärausschuss der NATO, dann folgten das Kommando der 4. Luftwaffendivision und die Führung des Stabes AIRCENT. 1966, auf dem Höhepunkt der »Starfighterkrise«, übernahm er das Amt des Inspekteurs der Luftwaffe. Von 1971 bis 1974 führte Steinhoff – inzwischen Vier-Sterne-General der Bundeswehr – den Vorsitz im NATO-Militärausschuss.

196 Wappen des Jagdgeschwaders 73 »Steinhoff«.

Informationen

197 Zwei Starfighter vom Typ F-104 G der deutschen Bundesluftwaffe im Flug über den Wolken.

198 Pilot vor seinem Starfighter F-104, 1969.

1 Interview des »Spiegel« mit Generalleutnant Werner Panitzki (24. Januar 1966)

Der Inspekteur der Luftwaffe schied nach einer dramatischen Zuspitzung der Lage im August 1966 aus seinem Amt aus, weil ihm in der bestehenden Zuständigkeitsgliederung keine Chance zur Behebung der Krise geboten war.

»Das Ansteigen der ›F104‹-Unfallrate kann nicht durch den einen oder anderen greifbaren alleinigen Hauptfehler erklärt werden, sondern ist, wie wir bei der Detailuntersuchung festgestellt haben, durch das Zusammenwirken von Fehlern, Mängeln und Unzulänglichkeiten auf den verschiedenen Gebieten entstanden. [...] Ich darf Sie daran erinnern, daß die Erstausrüstung der Luftwaffe aus verschiedenen Gründen aus Waffensystemen im Unterschallbereich bestand, die bei der US-Luftwaffe bereits ausliefen. Wir haben uns damals bei der Auswahl eines neuen Systems nicht für die nächste Generation im technischen Sinne, sondern für die übernächste entschieden. Das macht es möglich, das neue Waffensystem viele Jahre im Dienst zu halten. Die Kosten verteilen sich auf längere Zeit als bei einem nicht so modernen System, das bald wieder ersetzt werden müßte. Die Produktion wird außerdem bei größeren Stückzahlen wirtschaftlicher. Gleichzeitig ergab sich hierbei die Möglichkeit, die zwölfjährige Pause von 1945 bis 1957 zu überbrücken und mit den Luftwaffen unserer NATO-Partner gleichzuziehen. Die Luftwaffe war sich natürlich darüber klar, daß dieser Entwicklungssprung manche Probleme mit sich bringen würde. Die von Ihnen angesprochenen Schwierigkeiten sind aber nicht nur spezifische Starfighter-Probleme. Der Bundeswehr, nicht nur der Luftwaffe, fehlt ein hoher Prozentsatz längerdienenden Personals, das, allein von der Dienstzeit her gesehen, die aufwendige Spezialausbildung zum ›F-104‹-Techniker ermöglicht. Ich habe dem Verteidigungsausschuß, gerade auf dem personellen Sektor, eine Reihe möglicher Maßnahmen vorgeschlagen, von denen ich mir eine Verbesserung der Personalsituation verspreche.«

Zit. nach: Schlieper, Andreas, Die Wechselwirkung Taktik – Technik – Mensch. Die Einführung des Flugzeuges F-104 G in die deutsche Luftwaffe und die »Starfighterkrise« von 1965/66. In: Vom Kalten Krieg zur deutschen Einheit – Analysen und Zeitzeugenberichte zur deutschen Militärgeschichte 1945 bis 1995. Hrsg. von Bruno Thoß und Wolfgang Schmidt, München 1995, S. 569

199 Werner Panitzki.

B Werner Panitzki (1911–2000)
Generalleutnant – Während des Zweiten Weltkrieges führte der Luftwaffenoffizier eine Kampffliegerstaffel. Nach schweren Verwundungen, die er sich während eines Absturzes zugezogen hatte, diente er in verschiedenen Generalstabsdienststellungen. Nach dem Kriegsende geriet er zunächst in Kriegsgefangenschaft und arbeitete danach für das Amt Blank. Im Jahre 1956 trat er als Oberst den Dienst bei der Bundeswehr an. Im Jahre 1962 wurde er als Nachfolger Josef Kammhubers Inspekteur der Luftwaffe. In dieser Position stand er im Mittelpunkt der Auseinandersetzungen über die Absturzserie des Starfighters. Nachdem er dem Verteidigungsministerium öffentlich vorgeworfen hatte, die Luftwaffenführung in dieser Sache nicht ausreichend zu unterstützen, wurde er vom Dienst suspendiert.

Die Starfighter-Krise

Als im Juli 1962 alle Piloten von vier in einer Formation fliegenden Starfightern in Nörvenich durch einen schweren Unfall ums Leben kamen, begannen bundesdeutsche Medien, den Kauf dieser Kampfflugzeuge durch die deutsche Luftwaffe in Frage zu stellen. Dieses öffentliche Misstrauen an den Entscheidungen des damaligen Bundesministers der Verteidigung Franz Josef Strauß führte zu der so genannten Starfighter-Krise.

Starfighter war der Name des Flugzeugtyps Lockheed F-104, der ursprünglich für das amerikanische Militär als Abfangjäger konzipiert worden war. Charakteristisch für dieses Modell waren die kurzen, dünnen Flügel, die unter anderem eine erhebliche Verringerung des Luftwiderstands erreichen sollten. Als die Luftwaffe zu Beginn der 1960er Jahre die Beschaffung eines Abfangjägers plante, zog man neben dem Lockheedmodell auch die französische Mirage III in Betracht. Die Wahl des Verteidi-

200 Der Starfighter F-104 F der Waffenschule der Luftwaffe 10.

201 Wrack eines Starfighters.

gungsministers Franz Josef Strauß fiel auf die F-104, die vorher bereits an andere NATO-Länder geliefert worden war. Um den Anforderungen der Bundeswehr gerecht zu werden, wurden mit dem Hersteller Lockheed noch einige Modifikationen am Ursprungsmodell vereinbart, so dass das schließlich gelieferte Modell die Bezeichnung F-104 G trug. Spätestens nach den Abstürzen von Nörvenich ergaben sich Zweifel an der Tauglichkeit des neuen Abfangjägers, die in den kommenden Jahren durch eine sehr hohe Flugunfallrate eine steigende Bestätigung zu erfahren schienen. Von den insgesamt 916 Starfightern stürzten bis 1987 insgesamt 253 Maschinen ab. Dabei verloren 110 Piloten ihr Leben. Der Starfighter erhielt daher in der Öffentlichkeit die sarkastischen Beinamen »fliegender Sarg« und »Witwenmacher«. Die hohen Opferzahlen ließen Verdächtigungen laut werden. Strauß wurde unter anderem vorgeworfen, sich gegen den Rat von Experten für das Modell des amerikanischen Herstellers entschieden zu haben. Da der Starfighter in der gelieferten Form zum Zeitpunkt des Erwerbs durch die Luftwaffe noch gar nicht fertig gestellt war, beschuldigte man den Verteidigungsminister außerdem »die Katze im Sack« gekauft zu haben. Doch weder der Vorwurf der Bestechlichkeit noch die Annahme, dass die Firma Lockheed dem Verteidigungsminister falsche Angaben über Modifizierungsmöglichkeiten gemacht hätte, erhärteten sich. Vielmehr macht man aus heutiger Sicht die hohen technischen Ansprüche, die die F-104 G an die Piloten stellte, für die Abstürze verantwortlich. Dabei wird allerdings eingeräumt, dass die Flugeigenschaften des Starfighters sich durch die von der Bundeswehr geforderten Modifikationen zum Nachteil entwickelt haben könnten. Die Starfighter wurden im Laufe der 1970er Jahre durch Kampfflugzeuge des Typs Phantom und in den 1980er Jahren durch das Modell Tornado ersetzt.

Absturzzahlen F-104

Jahr	Abstürze	Jahr	Abstürze	Jahr	Abstürze
1961	2	1971	19	1981	9
1962	7	1972	12	1982	13
1963	0	1973	15	1983	4
1964	10	1974	10	1984	8
1965	26	1975	11	1985	4
1966	22	1976	12	1986	2
1967	14	1977	10	1987	0
1968	19	1978	13	1988	0
1969	16	1979	10	1989	1
1970	18	1980	11		

Informationen

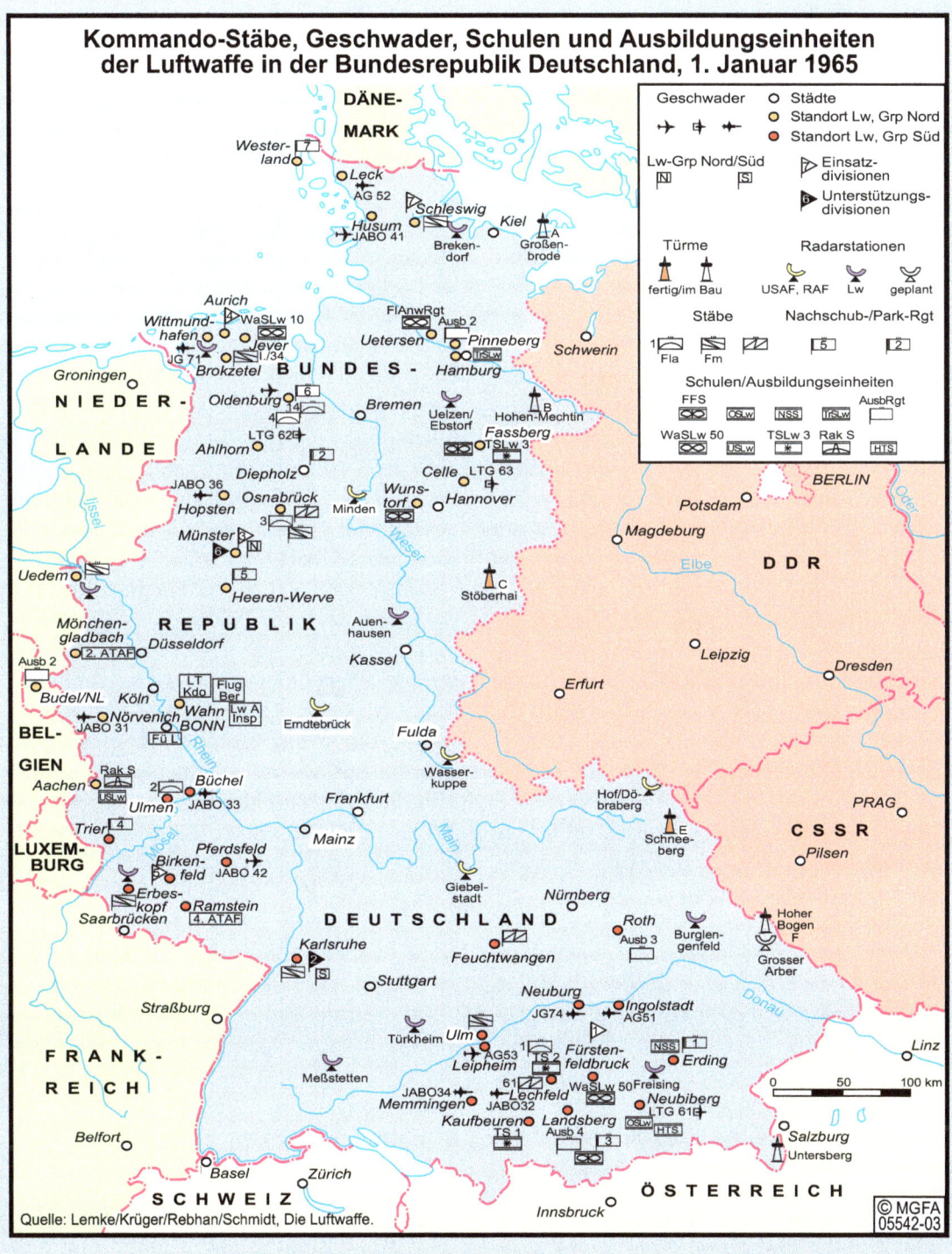

8. Die Bundesmarine (Jörg Hillmann)

Nach Vorarbeiten des ▸ Naval Historical Teams, das auf Initiative der Amerikaner zur Aufarbeitung des deutsch-sowjetischen Seekrieges geschaffen worden war, wurde von der ehemaligen Kriegsmarineadmiralität ein maritimer Verteidigungsbeitrag in die Himmeroder Denkschrift eingebracht. Analog zur ehemaligen Generalität von Armee und Luftwaffe, forderte auch die alte Marineführung eine enge Verbindung zwischen »alter« und »neuer Wehrmacht«. Übereinstimmung herrschte darüber, dass das (scheinbar) unbeschadete Bild der Kriegsmarine in die veränderte Zeit hinübergerettet werden sollte. Hieran feilten hierarchiegeordnet die Kriegsmarine-Angehörigen durch Publikationen, in Arbeitskreisen, in Marinevereinen und -verbänden. Soldatische Grundtugenden wie Kameradschaft und Pflichterfüllung sollten bruchlos und unkritisch transportiert werden, um einerseits Identität und Halt zu bieten und andererseits positiv verklärend vergangenes Handeln bis 1945 erklärbar zu machen. Analog zu den Entwicklungen nach dem Ersten Weltkrieg herrschte bei den ehemaligen Marineangehörigen die Sorge vor, dass Zweifel aufkommen könnten, ob Deutschland überhaupt Seestreitkräfte künftig benötigen würde. Vorträge und Publikationen über die Seeinteressen Deutschlands sollten die Notwendigkeit eines Verteidigungsbeitrages zur See verdeutlichen und im deutschen Bewusstsein verfestigen.

Dabei hatte die ehemalige Kriegsmarine im In- und Ausland in den beginnenden fünfziger Jahren ein insgesamt positives Image: Das unter Kriegsgegnern anerkannte und von ihnen bestätigte Bild einer »sauberen Kriegführung zur See«, die Rettung von tausenden Zivilisten und Soldaten kurz vor Kriegsende, die Minenräumarbeiten im Dienste der Briten in der German Minesweeping (GMSA) und die Arbeit in der Labour Service Unit (LSU) unter US-amerikanischer Kontrolle taten ihr Übriges. Vertrauensbildend wirkten sicher auch die geheim gehaltenen britischen Operationen von ehemaligen Kriegsmarine-Schnellbooten und ihren deutschen Besatzungen, westliche Spione an der Ostseeküste der Sowjetunion abzusetzen.

Die in der deutschen Nachkriegsgesellschaft allgemein zu beobachtende »Ohne-Mich«-Einstellung machte sich bei den ehemaligen Angehörigen der Kriegsmarine maßgeblich an der »Großadmiralsfrage« fest: Können Veteranen der Kriegsmarine in die »neue Wehrmacht« eintreten, während die ehemaligen Großadmirale Raeder und Dönitz noch wegen Kriegsverbrechen in Spandau inhaftiert sind? Hieraus ergaben sich zunächst erhebliche Schwierigkeiten, ausreichend Personal für neue westdeutsche Seestreitkräfte zu gewinnen.

Am 16. Januar 1956 wurden die ersten Marineverbände in Wilhelmshaven aufgestellt, nachdem bereits am 12. November 1955 unter den ersten 101 Freiwilligen auch Marinesoldaten ihre Ernennungsurkunden erhalten hatten. Die Wilhelmshavener Ansprache des Abteilungsleiters VII (Marine) im Bundesministerium für Verteidigung, Kapitän zur See ▸ Karl-Adolf Zenker (später zweiter Inspekteur der Marine), löste eine öffentliche Debatte über die Tradition innerhalb der Bundesmarine und mithin der Bundeswehr aus, die nach einer ▸ Großen Anfrage der SPD im April 1956 im Deutschen Bundestag diskutiert wurde.

Die Spitzengliederung der Bundesmarine basierte bei Gründung auf einem Dreisäulenprinzip: Kommando der Seestreitkräfte in Wilhelmshaven mit den Befehlshabern der Seestreitkräfte der Nordsee (BSN) und der Ostsee

S Angesichts des sich verschärfenden Ost-West-Konfliktes bildeten die Amerikaner im Frühjahr 1949 in Bremerhaven das Naval Historical Team. Diese aus ehemaligen Offizieren der Kriegsmarine zusammengesetzte Arbeitsgruppe, der Generaladmiral a.D. Otto Schniewind, Vizeadmiral a.D. Friedrich Ruge, Vizeadmiral a.D. Hellmuth Heye, der spätere Wehrbeauftragte des Deutschen Bundestages, Konteradmiral a.D. Eberhard Godt sowie Oberst i.G. a.D. Walter Gaul angehörten, sollte die gegen die Sowjets erworbenen deutschen Seekriegserfahrungen für die US Navy aufbereiten und auswerten. Des Weiteren entwickelte das Naval Historical Team bereits erste Überlegungen zur Neuaufstellung deutscher Seestreitkräfte, die maßgeblich in die Planungen für die künftige Bundesmarine einflossen.

Strukturen

Karl-Adolf Zenker (1907–1998)
Vizeadmiral – Die letzten Kriegsmonate hatte Zenker als Admiralstabsoffizier im Oberkommando der Kriegsmarine verbracht. Bereits 1951 war er in das Amt Blank, der Vorläuferorganisation des Verteidigungsministeriums, eingetreten. Zunächst als Referent, dann als Gruppenleiter war er an der Erarbeitung der Leitlinien für den Wiederaufbau der Seestreitkräfte beteiligt. In seiner Ansprache vor den ersten Marinesoldaten der Bundeswehr stellte er die junge Bundesmarine in die 100-jährige Tradition deutscher Seestreitkräfte. Die sich daran anschließende parlamentarische Debatte und die politischen Diskussionen schadeten Zenker nicht. 1961 wurde er zweiter Inspekteur der Bundesmarine.

202 Vizeadmiral Karl-Adolf Zenker.

1 Karl-Adolf Zenker, »Ansprache an der Marine-Lehrkompanie« (16. Januar 1956)

In Zenkers Ansprache vor den ersten deutschen Marinesoldaten versuchte er, eben diese in die 100-jährige Tradition der deutschen Seestreitkräfte zu stellen. Dabei erhob er die ehemaligen Oberbefehlshaber der Kriegsmarine Erich Raeder und Karl Dönitz zum Vorbild für die bundesdeutschen Marinesoldaten.

»Die deutsche Marine, die heute nach über zehn Jahren Unterbrechung einen neuen Anfang macht, hat eine ehrenvolle Tradition, die allerdings nicht sehr alt ist. [...] Die Unmöglichkeit, zu sinnvollem und entscheidendem Einsatz zu kommen, hat 1918 die Kampfkraft der großen Schiffe zerbrochen, während 1945 die Einheiten der Marine durch die Kampfereignisse bis auf geringe Reste aufgerieben worden sind. Dennoch brauchen wir uns dieser Tradition nicht zu schämen, denn der Opfermut, die Einsatzbereitschaft, ritterliche Haltung auch im Kampf und der Ernst und die Entschlossenheit, mit denen die Marine auch an viele unlösbare Aufgaben heranging, wenn das notwendig war, hat die Anerkennung auch unserer Gegner sogar noch während des Krieges gefunden. [...] Bei dieser Gelegenheit muß ich daher auch des Schicksals gedenken, das die beiden Oberbefehlshaber der alten Kriegsmarine erlitten haben. Die Großadmirale Raeder und Dönitz sind von einem internationalen Gericht der Siegermächte nach einem eigens zu diesem Zweck nachträglich geschaffenen Recht – obwohl sie von allen Vorwürfen, die wegen der Seekriegsführung gegen sie erhoben worden sind, ausdrücklich freigesprochen worden waren – aus politischen Gründen zu längeren Haftstrafen verurteilt worden. [...] Jeder von uns alten Marineleuten, die unter der Führung der beiden Großadmirale Dienst getan haben, weiß, daß die Marine sauber, anständig und ehrenhaft geführt worden ist und dass kein Makel an der Person unserer ehemaligen Oberbefehlshaber haftet. [...] Das Urteil, das die Sieger über sie gesprochen haben, entspringt der geistigen Situation des Kriegsendes mit allen ihren Verwirrungen. Ich bin nach vielen Gesprächen mit hochgestellten Soldaten der Westmächte sicher, daß es heute nicht mehr gesprochen würde und daß man dort anerkennt, daß die Großadmirale nichts getan haben, als ihre Pflicht gegenüber ihrem Volk erfüllt. Sie tragen ihr Schicksal daher stellvertretend für uns alle, die wir damals in gutem Glauben einer verantwortungslosen politischen Führung gedient haben, die uns fast die ganze Welt zu Feinden gemacht hat.«

Zit. nach: Dieter Krüger, Das schwierige Erbe. Die Traditionsansprache des Kapitäns zur See Karl-Adolf Zenker und ihre parlamentarischen Folgen. In: Marine Forum. Zeitschrift für maritime Fragen, 72 (1997), S. 29

S Anfragen sind Kontrollmechanismen, die den Abgeordneten im Bundestag offen stehen. Die Kleine Anfrage dient dabei zur näheren Klärung spezieller Themengebiete und muss von mindestens fünf Prozent der Mitglieder des Bundestags gestellt werden. Große Anfragen können darüber hinaus zu Debatten führen und sind damit ein Instrument der Opposition, bestimmte Regierungsentscheidungen in Frage zu stellen.

Der Kalte Krieg

(BSO), Kommando der Flottenbasis in Wilhelmshaven mit den Marineabschnittskommandos Nord- und Ostsee und dem Kommando der Marineausbildung in Kiel. Zur eindeutigen Abgrenzung von Aufgabenbereichen wurde 1961 diese Spitzengliederung verändert und bestand aus dem Flottenkommando (der BSO wurde aufgelöst und der BSN blieb nachgeordnet), dem Kommando der Flottenbasis in Wilhelmshaven und dem ebenfalls dort stationierten Zentralen Marinekommando, dem unter anderem auch die Marineausbildung zugeordnet wurde. Im Rahmen von NATO-Strukturänderungen wurde der Befehlshaber der Flotte zugleich Flag Officer Germany (FOG) in der räumlich orientierten NATO-Hierarchie. 1962 erhielt Kiel das NATO-Kommando Commander Naval Baltic Approaches (COMNAVBALTAP), ein dem Commander Baltic Approaches (COMBALTAP) nachgeordnetes Kommando.

Unter dem ersten Inspekteur, Vizeadmiral ▶ Friedrich Ruge (1956–1961), vollzog sich ein rascher Aufbau neuer Seestreitkräfte mit einer strategischen Konzentration auf die Ostsee. Die ersten, vor allem von Alliierten zur Verfügung gestellten Einheiten, wurden Ende der fünfziger und Anfang der sechziger Jahre durch erste deutsche Neubauten ergänzt (Minensuchboote der LINDAU-Klasse, Schnellboote der JAGUAR-Klasse und Geleitboote, später als Fregatten bezeichnet, der KÖLN-Klasse). Mit der Indienststellung des Segelschulschiffes ▶ GORCH FOCK (II) 1957 und 1963 des Schulschiffes DEUTSCHLAND wurden professionelle, seemännische und praxisbezogene Ausbildungsplattformen geschaffen. Schuleinrichtungen und logistische Unterstützungseinheiten an Land bildeten das Fundament für die Einsatzfähigkeit der wachsenden Flotte. Auslands-Ausbildungsreisen, Inspekteursbesuche, Technologie- und Personal-Transfers förderten zunächst ein partnerschaftliches Miteinander und schließlich eine vertrauensvolle Zusammenarbeit unter den Bündnismarinen; der NATO wurden die ersten Minensucheinheiten bereits im Jahr 1957 unterstellt. Die Übernahme amerikanischer (Leih-) Zerstörer der FLETCHER-Klasse erweiterte die deutsche Flotte um kampfkräftige Schiffseinheiten. Der Auftrag der Bundesmarine war im Schwerpunkt auf die Landesverteidigung ausgerichtet und zunächst auf die Ostsee und ihre Zugänge zentriert, obschon die Marineführung eine räumliche Erweiterung für notwendig und folgerichtig hielt, da die Verteidigung der Ostseezugänge und der Deutschen Bucht bereits in der ▶ Nordsee gewährleistet werden musste. Schon frühzeitig liefen deswegen die Planungen für weitere größere Kriegsschiffneubauten, die von 1964 bis 1968 zuliefen (Zerstörer der HAMBURG-Klasse) und auf Grund ihrer Durchhaltefähigkeit auch in der östlichen Ostsee zum Einsatz kommen konnten.

Die Indienststellung der ersten Unterseeboote der Klasse 205 im Jahr 1966 erweiterte das Wirkungsspektrum deutscher Seestreitkräfte und markierte ihre Modernisierung. Gleichzeitig wurde an die deutsche Technologie des Zweiten Weltkrieges angeknüpft und die noch aus dieser Zeit stammenden Unterseeboote ersetzt, von denen das ▶ U-Boot HAI auf der Doggerbank am 14. September 1966 sank und 19 der 20 Besatzungsangehörigen ihr Leben verloren.

Die Marineführung hatte bereits bei Gründung der Bundesmarine den Aufbau einer eigenen Seeluftstreitkräfte-Komponente gefordert und durchgesetzt. Mit dem aus Großbritannien stammenden U-Jagdflugzeug Gannet, dem Marinejagdbomber Sea Hawk und dem Hubschrauber Sykamore sowie dem amerikanischen Amphibienflugzeug Albatros konnte die Marine ein breites Fähigkeitenspektrum abbil-

B Friedrich Ruge (1894–1985)
Vizeadmiral – Als Marineoffizier hatte Ruge in zwei Weltkriegen gedient, zuletzt im Rang eines Vizeadmirals als Chef des Amtes für Kriegsschiffbau. Von 1949 bis 1952 war er Angehöriger des Naval Historical Teams und an der Ausarbeitung der Himmeroder Denkschrift beteiligt. 1956 trat er in die Bundeswehr ein und übernahm die Leitung der Abteilung VII – Marine im Verteidigungsministerium. 1957 wurde er erster Inspekteur der Marine und sorgte für einen raschen Aufbau der neuen deutschen Seestreitkräfte.

203 Friedrich Ruge.

Strukturen

NATO-Bereichsgrenzen in der Nordsee (1966)

Johann Wilhelm Kinau (1880–1916)
B Schriftsteller – Als ältester Sohn eines Hochseefischers in Finkenwerder geboren, entwickelte Johann Wilhelm Kinau bereits in jungen Jahren eine rege Begeisterung für die Seefahrt. Doch angesichts seiner schwächlichen Konstitution schickte ihn sein Vater in eine Kontoristenlehre. Nachdem Kinau diese erfolgreich abgeschlossen hatte, erhielt er eine Stelle als Buchhalter bei der Hamburg–Amerika-Linie. Mit seiner literarischen Begabung kompensierte Kinau die Sehnsucht nach der Ferne und verfasste unter dem Pseudonym Gorch Fock zahlreiche See- und Fischergeschichten in Hoch- und Niederdeutsch. Der in einer Auflage von 440 000 Exemplaren erschienene Roman »Seefahrt ist not!« ist hierbei als sein herausragendes Werk anzusehen. Im April 1915 wurde Kinau einberufen. Nach einem einjährigen Dienst im Heer, bei dem er an der Ost- sowie an der Westfront eingesetzt wurde, konnte er seine Versetzung in die Marine erwirken. Seine Leben fand schließlich auf der SMS Wiesbaden ein tragisches Ende, als diese während der Skagerrak-Schlacht schwer beschädigt wurde und in den Morgenstunden des 1. Juni 1916 sank.

204 Das Segelschulschiff der Deutschen Marine, die Gorch Fock.

205 Gorch Fock.

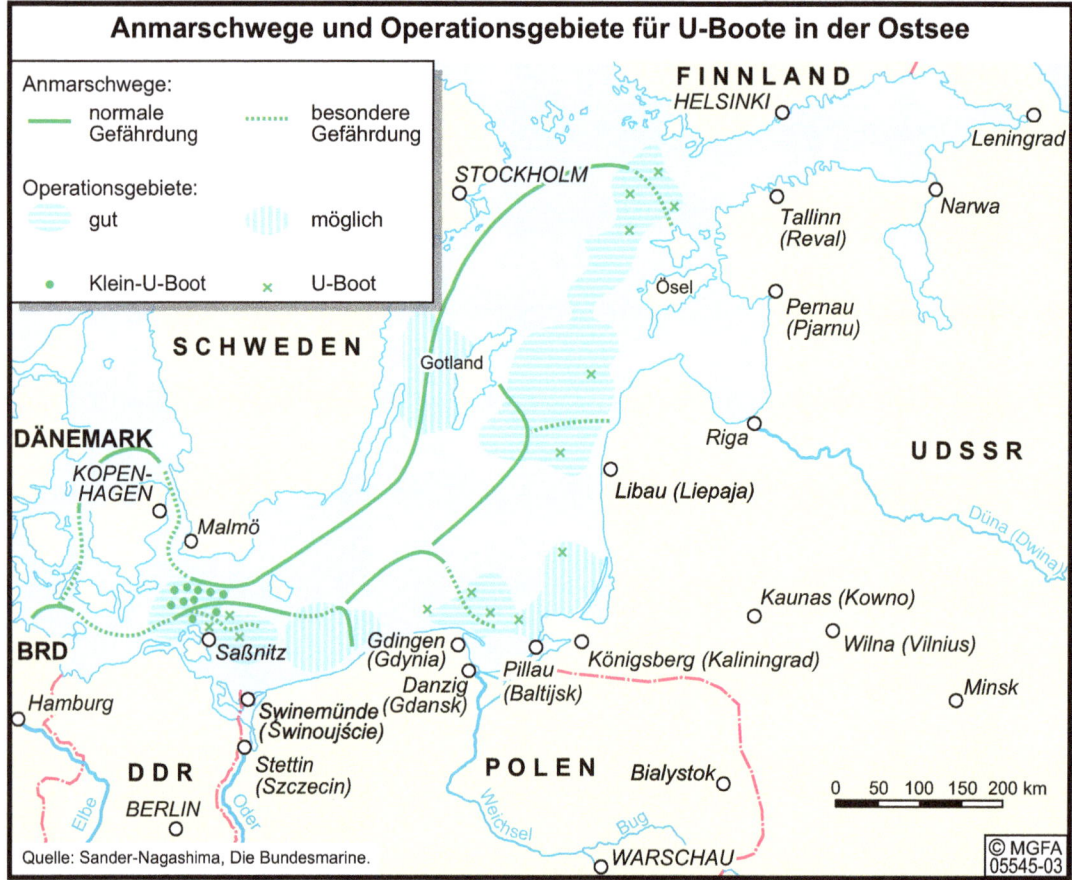

den, das seit 1963 durch den Überschalljagdbomber F-104 Starfighter und seit 1964 durch das U-Jagd- und Aufklärungsflugzeug Bréguet Atlantique modernisiert wurde.

Die qualitativen Veränderungen in der internationalen Seerüstung führten zur Beschaffung von drei amerikanischen Raktenzerstörern der Charles-F.-Adams-Class (Rommel, Mölders, ▸ Lütjens), die 1969/70 zuliefen. Gleichzeitig kam es vor dem Hintergrund einer veränderten NATO-Doktrin zu einer erweiterten deutschen Einbindung in das Bündnis. Im Jahr 1967 unterstellte die Bundesmarine erstmals Schiffseinheiten unter NATO-Befehl in den Standing Naval Forces Atlantic (STANAVFORLANT), seit 1968 wurden deutsche Minensucheinheiten der Standing Naval Force Channel (STANAVFORCHAN) zugeordnet. Parallel zur Aufgabenerweiterung war der Personalbestand der Marine bis Mitte der sechziger Jahre auf 36 000 Soldaten angewachsen.

In der Spitzengliederung wurde zum 1. Oktober 1965 unter dem ▸ Führungsstab der Marine (Fü M) in Bonn das Flottenkommando in Glücksburg, das Marineamt und das Marineunterstützungskommando in Wilhelmshaven nachgeordnet.

Strukturen

207 Amphibienflugzeug vom Typ Grumman Albatros.

208 Seeaufklärer Breguet Atlantique.

Der Untergang des U-Boot HAI im Jahre 1966 gilt bis heute als das schwerste Unglück, das die Bundesmarine in ihrer Geschichte zu verzeichnen hatte. Bei U-HAI handelte es sich um das zum Ende des Zweiten Weltkrieges fertiggestellte U 2365 vom Typ XXIII der Kriegsmarine. Am 5. Mai 1945 durch seine Besatzung versenkt, wurde es elf Jahre später im Auftrag des Verteidigungsministeriums vom Meeresgrund gehoben, in Stand gesetzt und am 15. August 1957 zu Ausbildungszwecken als erstes Unterseeboot in den Dienst der damals noch im Aufbau befindlichen Bundesmarine gestellt. Nachdem es Anfang der 1960er Jahre wegen Umbauten kurzzeitig außer Dienst gestellt worden war, diente es für mehrere Jahre als Schulboot. Am 14. September 1966 geriet die U-HAI mit ihrem typgleichen Schwesterboot HECHT sowie einem Versorgungs- und einem Sicherungsschiff bei einer Übungsfahrt nach Aberdeen in einen schweren Sturm. Vom restlichen Verband abgeschnitten, hatte U-HAI bei der Überwasserfahrt mit eindringendem Wasser zu kämpfen und sank schließlich 138 Seemeilen nordwestlich vor Helgoland. Aufgrund der verspätet eingeleiteten Suchaktion konnte von der 19 Mann starken Besatzung am folgenden Tag lediglich ein Obermaat lebend geborgen werden. Die Tragödie von U-HAI führte innerhalb der Marine zu einem Umdenken in Technik- und Ausbildungsfragen und markierte somit einen Wendepunkt in der Entwicklung der Bundesmarine.

209 Das U-Boot HAI (vorn) nach der Bergung am Heck des Schwimmkrans Magnus III.

210 Traueranzeige in der Marine-Rundschau.

211 Schnelles Minensuchboot RIGEL.

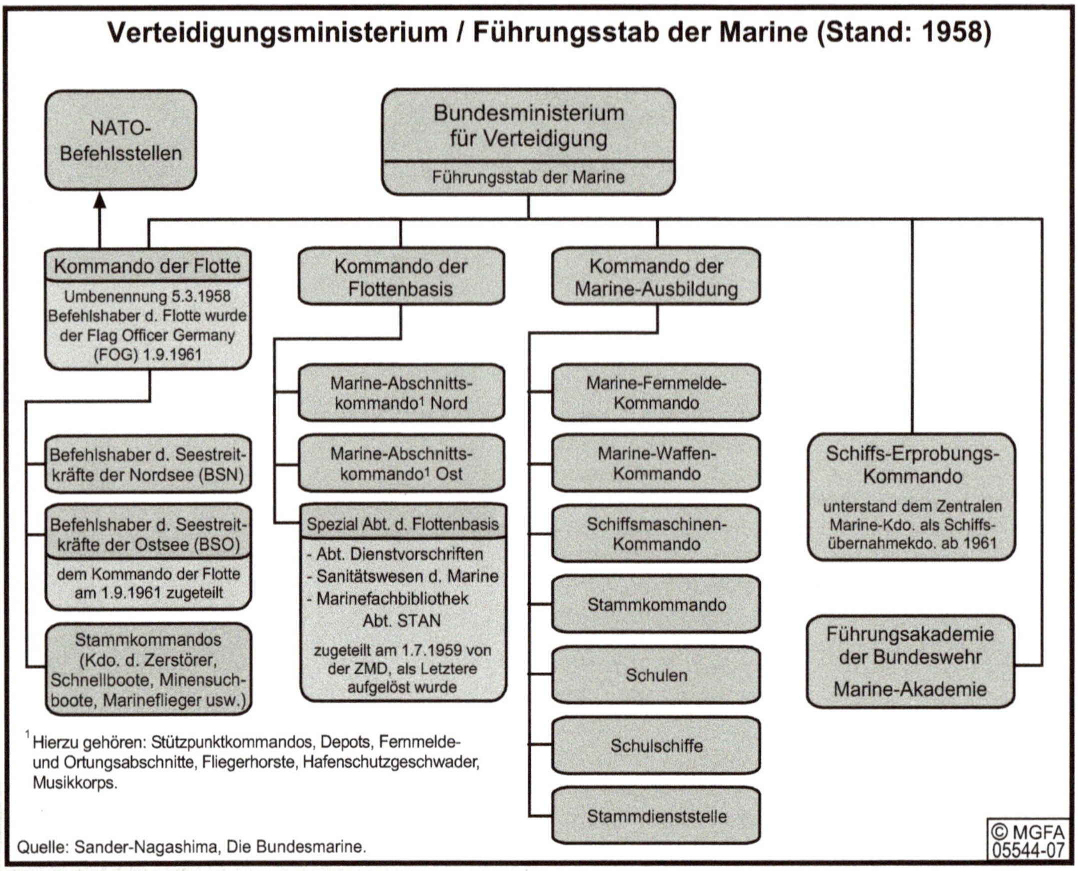

Der Kalte Krieg

Verteidigungsministerium / Führungsstab der Marine (Stand: 1958)

- **Bundesministerium für Verteidigung** — Führungsstab der Marine
- **NATO-Befehlsstellen**

- **Kommando der Flotte**
  - Umbenennung 5.3.1958 Befehlshaber d. Flotte wurde der Flag Officer Germany (FOG) 1.9.1961
  - Befehlshaber d. Seestreitkräfte der Nordsee (BSN)
  - Befehlshaber d. Seestreitkräfte der Ostsee (BSO) — dem Kommando der Flotte am 1.9.1961 zugeteilt
  - Stammkommandos (Kdo. d. Zerstörer, Schnellboote, Minensuchboote, Marineflieger usw.)

- **Kommando der Flottenbasis**
  - Marine-Abschnittskommando¹ Nord
  - Marine-Abschnittskommando¹ Ost
  - Spezial Abt. d. Flottenbasis
    - Abt. Dienstvorschriften
    - Sanitätswesen d. Marine
    - Marinefachbibliothek
    - Abt. STAN zugeteilt am 1.7.1959 von der ZMD, als Letztere aufgelöst wurde

- **Kommando der Marine-Ausbildung**
  - Marine-Fernmelde-Kommando
  - Marine-Waffen-Kommando
  - Schiffsmaschinen-Kommando
  - Stammkommando
  - Schulen
  - Schulschiffe
  - Stammdienststelle

- **Schiffs-Erprobungs-Kommando** — unterstand dem Zentralen Marine-Kdo. als Schiffsübernahmekdo. ab 1961
- **Führungsakademie der Bundeswehr** — Marine-Akademie

¹ Hierzu gehören: Stützpunktkommandos, Depots, Fernmelde- und Ortungsabschnitte, Fliegerhorste, Hafenschutzgeschwader, Musikkorps.

Quelle: Sander-Nagashima, Die Bundesmarine.

© MGFA 05544-07

B Günther Lütjens (1889–1941)

Admiral – Günther Lütjens trat 1907 in die Kaiserliche Marine ein. Im Ersten Weltkrieg diente er als Kommandant und Halbflottillenchef bei den an der flandrischen Kanalküste stationierten Torpedobooten und wurde 1917 zum Kapitänleutnant befördert. Lütjens wurde in die Reichsmarine übernommen. Nach Tätigkeit in verschiedenen Stäben und bei der Torpedowaffe erhielt der inzwischen zum Fregattenkapitän avancierte Lütjens 1934 das Kommando über den Kreuzer KARLSRUHE. Von 1937 bis zum Beginn des Zweiten Weltkrieges war Lütjens Führer der Torpedoboote. Als Befehlshaber der Aufklärungsflotte und stellvertretender Flottenchef befehligte Lütjens die Deckungsgruppe im Rahmen der Operation »Weserübung«. Von Januar bis März 1941 führte Admiral Lütjens mit den Schlachtkreuzern SCHARNHORST und GNEISENAU erfolgreich Handelskrieg im Nord-Atlantik, wobei 22 Schiffe mit 115 000 BRT versenkt wurden. Bei einem weiteren Vorstoß mit seinem Flaggschiff BISMARCK und dem Schweren Kreuzer PRINZ EUGEN in den Atlantik gelang es Lütjens, den britischen Schlachtkreuzer HOOD zu versenken. Er selbst unterlag jedoch am 27. Mai 1941 britischen Luft- und Seestreitkräften und ging mit der BISMARCK unter.

Strukturen

S Backbord ist die linke Schiffsseite, die bei Dunkelheit durch ein rotes Positionslicht gekennzeichnet wird. Als Back wird der vordere Teil eines Schiffes bezeichnet. Eine Back ist aber auch ein zusammenklappbarer Esstisch an Bord.

Die Bruttoregistertonne (BRT) ist ein veraltetes Raummaß für die Größe von Handelsschiffen. Eine BRT entspricht 100 Kubikfuß, die wiederum 2,832 m³ gleichkommen. Die Bruttoregistertonne ist aber nicht mit Massenangaben wie der Ladefähigkeit gleichzusetzen.

In heutigen Marinen wird als Fregatte ein mittlerer Kriegsschifftyp, der zur gleichzeitigen Reaktion auf verschiedene Bedrohungsarten (auf, über und unter Wasser) in einem Seegefecht fähig ist, bezeichnet. Bis etwa zur Mitte des 19. Jahrhunderts waren »Fregatten« schnellsegelnde Kriegsschiffe mit drei Masten und zwei übereinander liegenden Batterien, wovon die eine in der Regel frei auf Deck installiert war.

Das Hinterteil des Schiffes wird als Heck bezeichnet.

Ein Knoten entspricht bei Angabe von Schiffs- oder Windgeschwindigkeiten einer Seemeile (1,852 km) pro Stunde.

Korvette heißen in modernen Marinen mittelgroße Kriegsschiffstypen. Korvetten werden für ähnliche Einsatzszenarien wie die Fregatten verwendet, beispielsweise Geleitaufgaben und U-Boot-Abwehr. Die Korvetten des 17. und 18. Jahrhunderts waren schnellsegelnde zwei- bis dreimastige Kriegsschiffe mit nur einer Batterie, die für Aufklärung und Geleitschutz eingesetzt wurden.

Lee ist die dem Wind abgekehrte Seite eines Schiffes.

Luv bezeichnet die Richtung, aus der der Wind weht beziehungsweise die dem Wind zugekehrte Seite eines Schiffes. Anluven bedeutet beispielsweise, dass ein Schiff mit dem Bug in den Wind gedreht wird.

Die Seemeile ist ein nautisches Maß, das einer Distanz von 1852 m entspricht.

Als Steuerbord wird die in Fahrtrichtung gesehen rechte Seite des Schiffes bezeichnet, bei Dunkelheit wird sie durch ein grünes Positionslicht gekennzeichnet.

Das Einheitszeichen ts (engl.; ton standard) ist eine im Schiffbau verwendete Maßeinheit. Diese entspricht der englischen long ton (1 long ton = 1016 kg) und gibt das Eigengewicht beziehungsweise das Maß für die Wasserverdrängung eines Schiffes an.

Ein Zerstörer ist ein schnellfahrendes Kriegsschiff, das hinsichtlich seiner Größe zwischen Fregatten und Kreuzern einzuordnen ist. Zerstörer werden zur Bekämpfung von Über- und Unterwasserzielen sowie zur Luftabwehr eingesetzt.

211 Flugkörper-Zerstörer Lütjens.

Der Kalte Krieg

9. Die NVA im Aufbau

Bereits Ende Januar 1956 hatte die DDR auf der ersten Tagung des Politischen Beratenden Ausschusses des Warschauer Paktes in Prag den Antrag gestellt, bewaffnete Kontingente der NVA nach deren Aufstellung in die Vereinten Streitkräfte einzugliedern. Der Politische Beratende Ausschuss stimmte dem zu. Der DDR-Verteidigungsminister rückte damit formell zu einem der Stellvertreter des Oberkommandierenden der Paktstreitkräfte auf. Die Aufnahme in die Vereinten Streitkräfte bedeutete, sich strikt am Vorbild der Sowjetarmee zu orientieren und sich in die gemeinsame Militärorganisation einzuordnen. Der Aufbau der NVA erfolgte somit von Anbeginn unter dem Blickwinkel der kollektiven militärischen Macht des Warschauer Pakts. Die DDR-Volksarmee musste in ihrer Struktur, Gliederung, Bewaffnung, Ausrüstung und Ausbildung den Anforderungen als Koalitionsarmee genügen.

Ihr militärischer Auftrag, ihr operatives Denken und ihre Taktik erhielten im Kern durch die im Bündnis vorherrschende sowjetische Militärdoktrin und -strategie ihre Prägung. Diese beinhalteten die Aussichten über die Vorbereitung des Staates und der Gesellschaft auf die Abwehr eines Aggressors sowie die Vorstellungen von Verlauf und Ausgang eines möglichen Krieges. Im Mittelpunkt des damaligen offiziellen militärischen Denkens und der Militärpolitik des Ostblocks stand die Behauptung von einer bevorstehenden »imperialistischen« Aggression. In einem militärischen Konflikt, der nach der sowjetischen Doktrin nur durch einen gegnerischen Angriff ausgelöst werden konnte, hätte die Militärmacht des Warschauer Vertrages versucht, den Gegner auf dessen eigenem Territorium zu vernichten und dessen Territorium zu besetzen. Bis in die achtziger Jahre hinein blieb es die erklärte Absicht der politischen und militärischen Führung des Warschauer Paktes und damit wesentlicher Bestandteil der ▸ Militärdoktrin, eine Aggression mit einer vernichtenden Gegenoffensive zu beantworten. Als wichtigste Voraussetzung dazu musste die militärische Überlegenheit über den Gegner erreicht werden. Das setzte unter anderem eine ständig hohe Verfügbarkeit und Gefechtsbereitschaft der Streitkräfte des Bündnisses sowie weit gehende Vorbereitungen zur schnellen Mobilisierung aller Kräfte in den Mitgliedsstaaten des Paktes voraus.

Die Nationale Volksarmee, deren Einbeziehung in die Bündnisstreitkräfte im Mai 1958 vom Politischen Beratenden Ausschuss offiziell bestätigt wurde, fügten sich seit Ende der fünfziger Jahre gänzlich in dieses sicherheitspolitische Konzept der UdSSR ein. Durch sowjetische Vorgaben gesteuert, entwickelte sie sich zu einem wichtigen Teil der militärisch offensiv ausgerichteten, sowjetisch beherrschten Vereinten Streitkräfte des östlichen Bündnisses.

Mit dem Befehl ▸ Nr. 1/56 des Ministers für Nationale Verteidigung der DDR vom 10. Februar 1956 begann der offizielle organisatorische Aufbau der NVA. Der Befehl bestimmte die Aufstellung von Landstreitkräften mit Infanterie- und Panzerverbänden sowie mechanisierten Divisionen, Seestreitkräften mit Minenleg- und Räumverbänden sowie einer Küstenschutzdivision, Luftstreitkräften und Luftverteidigungskräften mit Fliegerdivisionen und einer Flakdivision. Außerdem mussten die dem Ministerium direkt unterstellten Truppenteile, Einrichtungen und Offiziersschulen aus den vorhandenen Einheiten und Einrichtungen umgebildet werden. Für die Aufstellung der NVA in einer Gesamtstärke von

212 »Kampfdemonstration gegen Militarismus und agressive NATO-Politik« zu Ehren Karl Liebknechts und Rosa Luxemburg am 15. Januar 1956. Mitglieder der Gesellschaft für Sport und Technik fordern die Schaffung einer Volksarmee in der DDR.

Sitzung des SED-Politbüros, »Maßnahmen zur Unterdrückung der Konterrevolution« (8. November 1956)

Vor allem nach dem Volksaufstand in Ungarn, der von der sowjetischen Armee niedergeschlagen wurde, benannte das Politbüro hier die Kräfte, die im Falle eines Aufstandes in der DDR zum Einsatz kommen sollten. Der NVA fiel dabei eine Schlüsselrolle zu.

»Die imperialistischen und militaristischen Kräfte geben ihre Absichten, ihre alten Machtpositionen wiederzugewinnen, nicht auf. Sie bedienen sich dazu aller Mittel der Hetze, der Agentenarbeit, der Provokation und sogar gewaltsamer Aktionen, um unsere Arbeiter-und-Bauernmacht zu untergraben und zu erschüttern.
Um diese Machenschaften der Feinde des deutschen Volkes zu unterdrücken und zu zerschlagen, wird beschlossen:
Die Deutsche Demokratische Republik ist auf Grund des Warschauer Vertrages und des Moskauer Vertrages ein souveräner Staat. Daher ist sie verpflichtet [...] alle konterrevolutionären Aktionen zu unterdrücken und zu zerschlagen.

Einsatz der bewaffneten Kräfte

a) 1. Etappe
Es kommen zum Einsatz: Volkspolizei, bewaffnete Kräfte der Staatssicherheit, Kampfgruppen. Zur Unterstützung sind heranzuziehen Kräfte der Arbeiterklasse und der Werktätigen, die zu einem solchen Einsatz fähig und bereit sind, sowie Mitglieder der GST über 18 Jahre. Unterstützung durch die Nationale Volksarmee in Einzelfällen. [...]

b) 2. Etappe
Wenn die Kräfte der 1. Etappe nicht ausreichen, übernimmt die Nationale Volksarmee die Lösung der Aufgabe. Dazu werden ihr alle bewaffneten Kräfte der 1. Etappe unterstellt.
Die Truppenteile und Einheiten der Nationalen Volksarmee sind in erster Linie zum geschlossenen Einsatz zu verwenden. Wenn und wo es zu militärischem Einsatz kommt, werden Verhandlungen nicht geführt. Die Aufgabe ist unbedingt durchzusetzen.«

Zit. nach: DDR-Geschichte in Dokumenten. Beschlüsse, Berichte, interne Materialien und Alltagszeugnisse. Hrsg. von Matthias Judt, Bonn 1998, S. 451

 »Gesetz zur Schaffung der NVA« (18. Januar 1956)

Nur wenige Monate nach der Gründung der Bundeswehr wurde am 18. Januar 1956 die Nationale Volksarmee in der DDR gegründet.

»Der Schutz der Arbeiter-und-Bauern-Macht, der Errungenschaften der Werktätigen und die Sicherung der friedlichen Arbeit sind elementare Pflicht unseres demokratischen, souveränen und friedlichen Staates. Die Wiedererrichtung des aggressiven Militarismus in Westdeutschland und die Schaffung der westdeutschen Söldnerarmee sind eine ständige Bedrohung des deutschen Volkes und aller Völker Europas.
Zur Erhöhung der Verteidigungsfähigkeit und der Sicherung der Deutschen Demokratischen Republik beschließt die Volkskammer auf der Grundlage der Artikel 5 und 112 der Verfassung der Deutschen Demokratischen Republik das folgende Gesetz:
(1.) Es wird eine ›Nationale Volksarmee‹ geschaffen.
(2.) Die ›Nationale Volksarmee‹ besteht aus Land-, Luft- und Seestreitkräften, die für die Verteidigung der Deutschen Demokratischen Republik notwendig sind. Die zahlenmäßige Stärke der Streitkräfte wird begrenzt entsprechend den Aufgaben zum Schutze des Territoriums der Deutschen Demokratischen Republik, der Verteidigung ihrer Grenzen und der Luftverteidigung.«

Zit. nach: DDR-Geschichte in Dokumenten. Beschlüsse, Berichte, interne Materialien und Alltagszeugnisse. Hrsg. von Matthias Judt, Bonn 1998, S. 451

Der Kalte Krieg

120 000 Mann, die sich in der Folge im Wesentlichen als eine mehr oder weniger starke Umformung der bereits bestehenden KVP-Einheiten darstellte, waren mehrere Etappen vorgesehen. Das Ministerium für Nationale Verteidigung mit Sitz in Strausberg bei Berlin war bis zum 1. März 1956 zu bilden. Dieser Tag, an dem das NVA-Führungsorgan seine Arbeit aufnahm, wurde später als »Tag der Nationalen Volksarmee« alljährlich feierlich begangen.

Die Führung der NVA bestand im Jahre 1956 aus 26 aktiven Generalen und Admiralen. Mehr als die Hälfte von ihnen waren altkommunistische Parteikader. Eine kleinere Gruppe in der NVA-Militärelite bildeten ehemalige Offiziere und Unteroffiziere der ▸ Wehrmacht. Die Furcht, dass die Armee zu stark unter den Einfluss dieser zwar loyal zur DDR stehenden, im SED-Verständnis jedoch »klassenfremden Elemente«, gelangen könnte, veranlasste die SED, ab 1957 alle ehemaligen Wehrmachtoffiziere im Offizierrang der NVA schrittweise aus dem aktiven Dienst der NVA zu entlassen.

Die gesamte politische und militärische Führungstätigkeit der Aufbaujahre war fraglos darauf gerichtet, in kürzester Frist eine einsatzbereite und schlagkräftige Armee aufzubauen, die im Sinne der SED als politisch und militärisch zuverlässig galt. Das Aufbauwerk wurde bis 1958 durch mehrere hundert sowjetischer Militärberater unterstützt, gleichzeitig aber auch kontrolliert. Die Auffüllung der NVA erfolgte weiterhin nach dem so genannten Freiwilligenprinzip. Die Verpflichtungsdauer für Mannschaftssoldaten und Unterführer betrug zwei Jahre, für Offiziere zehn Jahre.

Im Sommer 1956 machten sich wegen personeller und materieller Engpässe sowie neuer sowjetischer Vorgaben einige Veränderungen im strukturellen und personellen Aufbau der NVA notwendig. So legte der DDR-Ministerrat – nicht zuletzt auch als propagandistischer Schachzug gegen die Aufstellung der Bundeswehr gedacht – im Juni 1956 fest, die vorgesehene Gesamtstärke der Armee von 120 000 auf 90 000 Mann zu verringern. Das bedeutete, dass in den folgenden Monaten Truppenteile und Einheiten aufgelöst, andere personell ausgedünnt oder zusammengelegt werden mussten.

Zugleich ging man nach dem Vorbild der Sowjetarmee dazu über, die vorhandenen Kampfverbände der Landstreitkräfte auf zwei einheitliche taktische Verbände – die motorisierte Schützendivision (MSD) und die Panzerdivision (PD) – umzustellen.

Bereits Ende 1956 konnte der Aufbau der Landstreitkräfte mit der Aufstellung der 1. MSD Potsdam, der 8. MSD Schwerin, der 9. PD Eggesin, der 4. MSD Erfurt, der 11. MSD Halle und der 7. PD Dresden strukturell im Wesentlichen abgeschlossen werden. Dazu kam noch die 6. MSD Prenzlau, die jedoch auf Grund personeller und wirtschaftlicher Probleme im November 1958 wieder aufgelöst wurde. Die Verwaltungen der ▸ Militärbezirke (MB) wurden im Mai 1957 in Kommandos umbenannt. Jeder der beiden Militärbezirke (MB III Leipzig; MB V Neubrandenburg) hatte Ende 1958 je eine Panzerdivision und zwei Mot.-Schützendivisionen in seinem Bestand.

Die NVA-Landstreitkräfte erhielten aber nicht nur eine neue Struktur, sondern auch eine zunehmend modernere Ausrüstung sowie eine ihrer Gliederung entsprechende Bewaffnung und Technik. Die Einführung dieser Waffen und Gerätschaften, mit denen teilweise auch die Sowjetarmee, namentlich die in der DDR stationierten Truppen der GSSD ausgerüstet waren, bildete eine wichtige Voraussetzung für das künftige Zusammenwirken mit den »Waf-

---

1 Oskar Bluth, »Uniform und Tradition« (1956)

In einer Broschüre des Ministeriums für Nationale Verteidigung wurde die Uniformwahl der NVA, die wegen ihrer Ähnlichkeit mit der Bekleidung der Wehrmacht bei vielen Bürgern auf Ablehnung stieß, mit dem Hinweis auf die »progressiven Traditionen deutscher Militärgeschichte« verteidigt.

»Es ist natürlich, dass eine Armee, die von einem solchen Geist beseelt wird, auch solche Uniformen trägt, die den nationalen Traditionen unseres Volkes entsprechen. Die Farbe des Tuches dieser Uniform, die Effekten, die Farben der Waffengattungen und die Dienstgradabzeichen sind in einem langen Zeitraum der Geschichte entwickelt

Strukturen

213 Parade vor der Neuen Wache, Unter den Linden. Foto, 19. August 1939.

214 Wachaufzug vor der Neuen Wache, Unter den Linden. Foto, Mai 1969.

Das äußere Erscheinungsbild der NVA erinnerte nicht zufällig an die Wehrmacht. Die Einführung der grauen Uniform, die frappierende Ähnlichkeit mit der Bekleidung der Wehrmacht hatte, war eine bewusste politische Entscheidung der Armeespitze und der sowjetischen Verantwortlichen gewesen. Farbe, Schnitt, Kragenspiegel und Schulterstücke waren mit denen der Wehrmacht identisch. Die sowjetische Seite drang auf die Betonung nationaler Symbole und Traditionen und versprach sich davon eine Verbesserung des Ansehens der Streitkräfte. Begründet wurde die Uniformwahl mit der »progressiven« Tradition deutscher Militärgeschichte. Der Rückgriff auf die Kämpfer in den Freiheitskriegen des Jahres 1813 oder der Badischen Revolutionsarmee, in deren Geiste die militärische Führung ihre Armee eingereiht sehen wollte, überzeugte die Bevölkerung nicht. Hier sorgten die grauen Uniformen für Irritation und riefen nicht selten Ablehnung hervor.

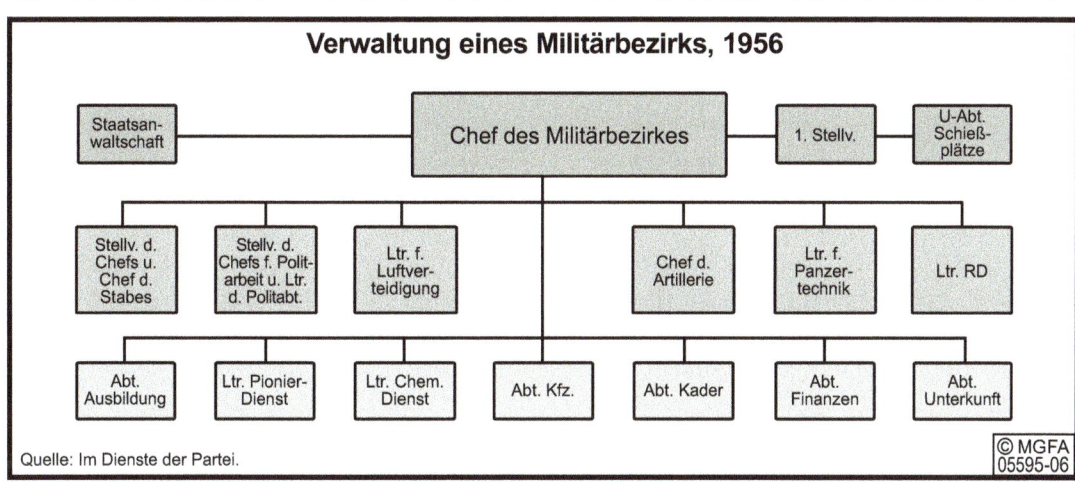

Quelle: Im Dienste der Partei.

worden und haben sich fest in das Gedächtnis unseres Volkes eingeprägt. In dieser Uniform sind die besten militärischen Traditionen des deutschen Volkes, nationale Würde und Ehre verkörpert. Den deutschen Imperialisten, Faschisten und Militaristen konnte es in zwei Weltkriegen und in den Kämpfen der Weimarer Republik gelingen, die Ehre der deutschen Uniform zu besudeln. Die Taten der besten Töchter und Söhne unseres Volkes haben aber unsere nationale Ehre und unser Ansehen gerettet. Mit ihren Taten haben sie auch die Voraussetzungen für die Wiederherstellung des Ansehens der deutschen Uniform geschaffen. Durch den Beschluss der Volkskammer unserer Republik vom 18. Januar 1956 ist die Würde der deutschen Uniform endgültig wiederhergestellt.«

Zit. nach: Oskar Bluth, Uniform und Tradition, Berlin (Ost) 1956, S. 73

fenbrüdern« im Warschauer Pakt. Bis zum Anfang der sechziger Jahre erhöhten sich somit die Gefechtsmöglichkeiten, die Beweglichkeit und die Feuerkraft der Truppenteile und Einheiten der wichtigsten Waffengattungen spürbar.

Entsprechend einem Ministerbefehl entstanden die selbstständigen Verwaltungen Luftstreitkräfte (LSK) und Luftverteidigung(LV), die ab 1957 das gemeinsame Kommando LSK/LV bildeten, das sich in Eggersdorf befand. Aus den Aeroklubs wurden zwei Fliegerdivisionen mit 6 Geschwadern und je einem Fliegertechnischen Bataillon und einer Funktechnischen Kompanie sowie weitere Einheiten formiert. Die NVA-Geschwader rüsteten zunehmend auf Strahljagdflugzeuge um und bauten im Bereich der Hubschrauber- und Transportfliegerkräfte neue Strukturen auf.

Für den ▸ Aufbau der Seestreitkräfte, deren Kommando sich in Rostock befand, bildeten die Dienststellen der VP-See die Grundlage. Bis Ende 1956 sollten sechs Flottillen entstehen. Aufgabenorientiert entstanden schrittweise Stoß-, Sicherungs-, Sicherstellungs- und Landungskräfte. Die DDR-Marine besaß keine U-Boote.

Um eine zunehmend professionelle Führung der Streitkräfte zu erreichen, galt die besondere Aufmerksamkeit der SED weiterhin der Entwicklung des Offizierkorps der NVA. Ab 1959 erfolgte die Qualifizierung für höhere Dienststellungen vor allem an der Militärakademie »Friedrich Engels« in Dresden sowie an sowjetischen Akademien.

Die militärfachliche Aus- und Weiterbildung der Armeeangehörigen war stets mit der politischen Bildung und Erziehung, die über die Partei- und Politorgane erfolgte, verbunden. Der im Januar 1958 vom SED-Politbüro verabschiedete Beschluss »Über die Rolle der Partei in der Nationalen Volksarmee« schrieb den generellen Einfluss der SED und die »Einzelleitung« in der NVA nunmehr in einem Dokument verbindlich fest. Danach hatte sich jeder Kommandeur, jeder Vorgesetzte, darüber im Klaren zu sein, dass er in erster Linie politischer Funktionär war und seine militärische Tätigkeit im Auftrag der »Partei der Arbeiterklasse« durchführte. Institutionell wurde der umfassende Einfluss der SED unter anderem auch mit der Umwandlung der bisherigen Politischen Verwaltung in die Politische Hauptverwaltung (PHV) als höchstes leitendes Partei- und Politorgan in der NVA im Oktober 1961 sichtbar.

Der komplizierte Aufbauprozess der NVA kam auch in der Gestaltung der inneren Verhältnisse der Streitkräfte zum Ausdruck, deren Probleme sich anfangs nur wenig von denen in der KVP unterschieden. Um Wege zur Stabilisierung des inneren Gefüges in der NVA zu finden, griff die SED-Führung Ende der fünfziger Jahre auch zu außergewöhnlichen Methoden. So legte ein Politbüro-Beschluss vom Januar 1959 fest, dass alle Offiziere, Generale und Admirale – nach chinesischem Vorbild – jährlich vier Wochen Dienst als einfacher Soldat in der Truppe zu leisten hatten. Ein anderes Experiment sollte helfen, vor allem die Beziehungen zum »Volk«, speziell zur »Arbeiterklasse«, zu stärken: Offiziere und Offiziersschüler, die bisher nicht im Arbeitsprozess tätig geworden waren, sollten einige Monate als Arbeiter in die Betriebe gehen, um »Produktionserfahrung« zu sammeln. Beide Experimente blieben letztlich nur kurze Episoden in der Geschichte der NVA. 1960/61 wurden alle diesbezüglichen Befehle und Anordnungen außer Kraft gesetzt, weil sie nicht die gewünschten politischen und ideologischen Wirkungen zeigten.

Trotz mancher Schwierigkeiten fand Ende der fünfziger/Anfang der sechziger Jahre die

Ostseestreitkräfte 1959	Ostseestreitkräfte der NATO	Ostseestreitkräfte WP
Kreuzer	–	7
Zerstörer/Geleitzerstörer	15	80
Schnellboote	50	200
U-Boote	16	160
U-Jäger und Minensuchboote	74	490
Flugzeuge	60	1200

Strukturen

 »Gesetz über die Bildung des Nationalen Verteidigungsrates« (10. Februar 1960)

Der Nationale Verteidigungsrat sollte die Leitung der Verteidigungs- und Sicherheitsmaßnahmen in der DDR übernehmen. Er koordinierte alle Aktivitäten zur Landesverteidigung.

»Ausgehend von dem Willen des deutschen Volkes, die nationalen Lebensfragen auf friedlichen und demokratischem Wege zu lösen, hat die Deutsche Demokratische Republik als Bastion des Friedens eines besondere Verantwortung. Angesichts der aggressiven imperialistischen Pläne der gegenwärtig in Westdeutschland herrschenden Kreise ist es notwendig, bis zur Wiedervereinigung Deutschlands durch die Bildung eines Nationalen Verteidigungsrates eine einheitliche Leitung der Sicherheitsmaßnahmen der Deutschen Demokratischen Republik zu schaffen. [...]

Der Nationale Verteidigungsrat der Deutschen Demokratischen Republik hat die Aufgabe, den Schutz des Arbeiter- und Bauern-Staates und der sozialistischen Errungenschaften der Werktätigen zu organisieren und zu sichern sowie die sich daraus ergebenden Maßnahmen festzulegen. Weitere Aufgaben können dem Nationalen Verteidigungsrat durch Beschluss der Volkskammer oder ihres Präsidiums übertragen werden.

(2) Der Nationale Verteidigungsrat besteht aus dem Vorsitzenden und mindestens zwölf Mitgliedern. Der Vorsitzende des Nationalen Verteidigungsrates wird auf Vorschlag der Volkskammer vom Präsidenten der Republik ernannt. Die Mitglieder des Nationalen Verteidigungsrates werden vom Präsidenten der Republik ernannt.«

Zit. nach: DDR-Geschichte in Dokumenten. Beschlüsse, Berichte, interne Materialien und Alltagszeugnisse. Hrsg. von Matthias Judt, Bonn 1998, S. 489

 Heinz Hoffmann, »Begründung des Wehrpflichtgesetzes« (24. Januar 1962)

1962 wurde die Wehrpflicht für die 1956 gegründete Volksarmee eingeführt. Zwei Jahre später erkannte die DDR als erster Ostblockstaat die »Wehrdienstverweigerung« aus Gewissensgründen an. Ein ziviler Ersatzdienst für die »Verweigerer« war aber nicht vorgesehen, sondern nur die Ableistung des waffenlosen Wehrdienstes.

»Jeder Staat, der etwas auf seine souveränen Rechte hält, hat eine Armee. In ihr zu dienen ist die gesetzliche Pflicht jedes seiner Bürger im waffenfähigen Alter und es gibt fast kein Land, in dem der Dienst in den Streitkräften nicht in Form der allgemeinen Militärdienstpflicht abgeleistet werden muß. Die Pflicht zum Waffendienst ist in einem sozialistischen Staat besonders hoch, weil der Soldat seinen eigenen Staat, seinem Volk und der gerechten Sache des Sozialismus und des Friedens dient.
Mit der Einführung der allgemeinen Wehrpflicht in der Deutsche Demokratischen Republik sind erstmalig die Voraussetzungen für die systematische militärische Ausbildung der wehrfähigen männlichen Bürger gegeben. Jeder Jugendliche wird damit eine Schule der politisch-militärischen Ausbildung und Erziehung absolvieren, die ihn befähigt, als Soldat des Volkes jederzeit zur Verteidigung seines sozialistischen Vaterlandes anzutreten. Gleichzeitig werden ihm für sein ganzes weiteres Leben wahrhaft sozialistische Soldatentugenden wie Mut, Kühnheit, Treue, Kameradschaft, Disziplin und Opferbereitschaft, Beharrlichkeit und Schöpferkraft mit auf den Weg gegeben.«

Zit. nach: Die Militär- und Sicherheitspolitik der SED 1945 bis 1988. Dokumente und Materialien. Hrsg. und eingel. von einem Kollektiv des Militärgeschichtlichen Instituts der DDR, Berlin 1989 (= Schriften des Militärgeschichtlichen Instituts der Deutschen Demokratischen Republik), S. 297

215 Tag der NVA am 1. März. Infanterist bei der Ausbildung im Gelände mit MPi (Maschinenpistole). Foto, 1958.

216 Karl-Marx-Orden (Deutsche Demokratische Republik).

Der Kalte Krieg

unmittelbare Aufbauetappe der NVA, die im Wesentlichen durch die Umformierung der KVP, deren Weiterentwicklung sowie durch die Neuaufstellung von Einheiten und Einrichtungen gekennzeichnet war, ihren Abschluss. Zahlreiche Probleme wie die Sicherung der personelle Auffüllung, die rasche Verbesserung des noch relativ geringen Ausbildungsstandes, die Festigung der inneren Verhältnisse sowie die Festlegung der Rolle der DDR-Volksarmee in den Vereinten Streitkräften des Warschauer Pakts bedurften jedoch einer baldigen Lösung, zumal sich bereits neue Anforderungen aus dem Spannungsgefüge zwischen Ost und West und der rasanten Weiterentwicklung der Militärtechnik abzeichneten.

10. Die Konsolidierung der NVA als Bündnisarmee

Die Streitkräfte waren im System der bewaffneten Organe der DDR nicht nur als das stärkste, sondern auch als das wichtigste Element zur Gewährleistung der äußeren Sicherheit konzipiert worden. Zumindest in den Aufbaujahren hatte die NVA darüber hinaus eine klare innere Funktion zur Zerschlagung »konterrevolutionärer Provokationen« zu erfüllen gehabt. Im Zuge der sich entwickelnden Landesverteidigung der DDR, deren Bestandteile immer stärker in ihren Aufgaben aufeinander abgestimmt wurden, war die NVA Anfang der sechziger Jahre formal von inneren Einsatzvorbereitungen entbunden worden. Sie konzentrierte sie sich nunmehr auf die Erfüllung ihres militärischen Auftrages im Rahmen des Warschauer Pakts. Dazu musste sie vor allem modern ausgerüstet, kampfstark strukturiert, personell gestärkt und nicht zuletzt im Innern gefestigt werden.

Ein wichtiger Schritt dazu bildete die ▶ Einführung der allgemeinen Wehrpflicht in der DDR, die – letztlich erst durch die Einmauerung der DDR ermöglicht – im Januar 1962 erfolgte. Die Wehrpflicht wurde nunmehr neben dem freiwilligen Dienst zum grundlegenden Prinzip der Auffüllung der Streitkräfte. Sie erstreckte sich auf männliche Bürger der DDR vom 18. bis zum vollendeten 50. Lebensjahr. Die Dauer des Grundwehrdienstes betrug 18 Monate, die Gesamtdauer des Reservistendienstes sollte bei Soldaten und Unteroffizieren 21 Monate nicht überschreiten. Zugleich wurde ein nach sowjetischem Vorbild formulierter ▶ Fahneneid der NVA eingeführt. 1968 arbeitete die SED die Problematik der Wehrpflicht in die neue Verfassung ein und erhob den Dienst zur Verteidigung der DDR zur »Ehrenpflicht«.

Ein verfassungsmäßig garantiertes Recht der Wehrdienstverweigerung oder die Einführung eines Zivildienstes waren dagegen nicht vorgesehen. Vor allem auf Drängen der evangelischen Kirche hatte sich die Armee- und Parteiführung jedoch entschlossen, ab 1964 eine Regelung für einen waffenlosen Dienst innerhalb der NVA einzuführen. Religiös gebundenen Bürgern wurde damit die Möglichkeit eines waffenlosen Wehrdienstes eingeräumt. Die als Bau- oder auch als Spatensoldaten bezeichneten NVA-Angehörigen hatten vor allem die Aufgabe, Arbeitsleistungen zu erbringen. Ihre Dienstzeit betrug 18 Monate. Sie konnten weder befördert noch degradiert werden und leisteten statt des Fahneneides ein Gelöbnis.

Anfang der sechziger Jahre begann vor dem Hintergrund neuer Anforderungen an die Streitkräfte des Warschauer Pakts auch in der NVA die Umrüstung auf eine modernere ▶ Bewaffnung und Ausrüstung. Die augenscheinlichste Veränderung fand dabei mit der

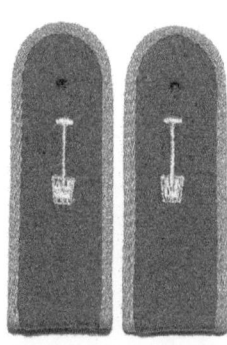

217 Schulterklappen der NVA-Bausoldaten.

Strukturen

 »Fahneneid der NVA« (1961)

Mit der Einführung der allgemeinen Wehrpflicht im Jahre 1962 wurde der Fahneneid der NVA eingeführt, der bis 1989 unverändert blieb.

„Ich schwöre: Der Deutschen Demokratischen Republik, meinem Vaterland, allzeit treu zu dienen und sie auf Befehl der Arbeiter-und-Bauern-Regierung gegen jeden Feind zu schützen.
Ich schwöre: An der Seite der Sowjetarmee und der Armeen der mit uns verbündeten sozialistischen Länder als Soldat der nationalen Volksarmee jederzeit bereit zu sein, den Sozialismus gegen alle Feinde zu verteidigen und mein Leben zur Erringung des Sieges einzusetzen.
Ich schwöre: Ein ehrlicher, tapferer, disziplinierter und wachsamer Soldat zu sein, den militärischen Vorgesetzten unbedingten Gehorsam zu leisten, die Befehle mit aller Entschlossenheit zu erfüllen und die militärischen und staatlichen Geheimnisse immer streng zu wahren.
Ich schwöre: Die militärischen Kenntnisse gewissenhaft zu erwerben, die militärischen Vorschriften zu erfüllen und immer und überall die Ehre unserer Republik und ihrer Nationalen Volksarmee zu wahren.
Sollte ich jemals diesen meinen feierlichen Eid verletzen, so möge mich die harte Strafe der Gesetze unserer Republik und die Verachtung des werktätigen Volkes treffen«

Zit. nach: Sven Lange, Der Fahneneid. Die Geschichte der Schwurverpflichtung im deutschen Militär, Bremen 2002 (=Schriftenreihe des Wissenschaftlichen Forums für Internationale Sicherheit e.V., 19), S. 155 f.

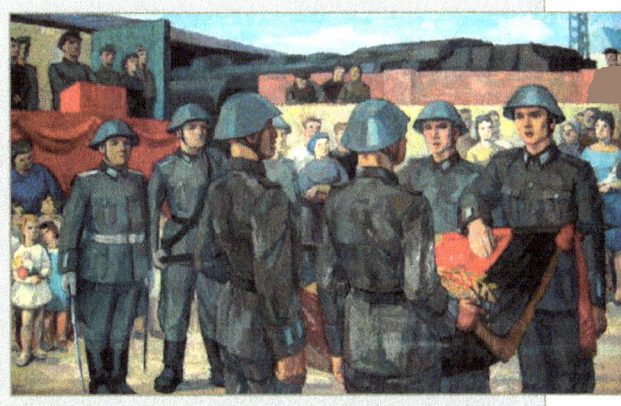

218 Fahneneid. Öl auf Leinwand von Harald Thiel, 1962.

Übersicht über die Bewaffnung und Technik der KVP/NVA 1952 bis 1970 (Auswahl)

Zeitraum	Schützenwaffen	Raketen und Artillerie	Panzer und Schützenpanzer	Flugzeuge und Hubschrauber	Schiffe und Boote
1956–1960	MPi 41; MPi K (Kalaschnikow); Panzerbüchse RPG 2; sMG 43	Pak 57; Haubitze 122 mm; Kanone 85 mm; SFL 76 mm und 85 mm	T 34/76; T 34/85; T-54; SPW BTR 152; SPW 40; Schwimmpanzer PT 76	Jak 11; Jak 18; MiG 15; Il 14; Hubschrauber Mi 4	MLR-Schiff »Krake«; TS-Boot Projekt 183; KS-Schiff Projekt 50
1961–1970	Pistole M (Makarow); MPi K/KmS; LMG K; RPG 7	Kanone M 46; Raketenwerfer BM 24 und BM 21; Taktische Rakete Luna M (Frog 7); Operativ-taktische Rakete 9K72 (Scud)	T 54; T 54 M; T 55; SPW 40; SPW 50; SPW 60	MiG 17; MiG 19; MiG 21; IL 18; Hubschrauber Mi 8	RS-Boot Projekt 208; U-Boot-Jäger 201 M; TS-Boot Projekt 206; Labo Projekt 46

219 Orden »Virtuti Militari«, Ritterkreuz, 5. Modell (Volksrepublik Polen).

220 »Volksorden der Arbeit«, 1. Klasse (Volksrepublik Bulgarien).

221 Medaille Goldener Stern zum Ehrentitel »Held der Sowjetunion« (UdSSR).

Einführung von Raketen verschiedener Zweckbestimmung statt.

Die Landstreitkräfte erhielten ab 1962 schrittweise taktische und operativ-taktische Boden-Boden-Raketen, die eine Reichweite bis zu 300 Kilometer hatten. Die DDR-Volksarmee verfügte damit zwar erstmals über nukleare Trägermittel, nicht aber über Kernsprengköpfe. Diese befanden sich ausschließlich in der Verfügungsgewalt der Sowjetarmee.

Die neue Entwicklungsetappe in den LSK/LV war vor allem durch den Auf- und Ausbau eines einheitlichen Luftverteidigungssystems im Warschauer Pakt geprägt. Im Frühjahr 1962 gingen Personal und Material – Jagdflieger, Flugabwehr-Raketen, Funktechnische Einheiten und Gefechtsstände – der LSK/LV der NVA in das Diensthabende System (DHS) des Warschauer Pakts über. Das einheitliche Luftverteidigungssystem, das vom Oberbefehlshaber der sowjetischen Luftverteidigung befehligt wurde, umfasste die Luftverteidigung von der Elbe bis zum Stillen Ozean. Das DHS war Tag und Nacht einsatzbereit. Die bisherigen Verbände und Truppenteile der NVA-Teilstreitkraft formierten sich in diesem Zusammenhang zu zwei gemischten Luftverteidigungsdivisionen (1. LVD Cottbus und 3. LVD Neubrandenburg). Zur Erfüllung ihrer Aufgaben erhielten die LSK/LV ab 1962 unter anderem leistungsfähigere Jagdflugzeuge vom Typ Mikojan/Gurewitsch MiG-21, die bis in die siebziger Jahre die Standardjäger der NVA blieben.

Die ▸ Seestreitkräfte der NVA, die seit 1960 den Namen »Volksmarine« trugen, veränderten ebenfalls ihre Struktur. Vorrangiges Ziel dabei war es, die seit Ende der fünfziger Jahre aufgebauten Stoßkräfte als »Kernstück« der Seestreitkräfte zur Führung offensiver Kampfhandlungen befähigen zu können. Die Volksmarine gliederte sich in die 1. und 4. Flottille (Peenemünde und Rostock-Warnemünde), zu deren Bestand die Sicherungskräfte gehörten, und in die 6. Flottille (Bug-Dranske), in der alle Stoßkräfte zusammengefasst waren. Dazu kamen die 6. Grenzbrigade Küste, die dem Kommando Volksmarine nur operativ unterstellt war, sowie weitere Dienststellen und sicherstellende Einheiten. Die Kampfkraft der Stoßkräfte erhöhte sich vor allem durch neu eingeführte Raketenschnell(RS)-Boote des »Projekts 205« sowjetischer Herkunft. Anfang der sechziger Jahre hatte man zudem begonnen, eine Landungskapazität im Rahmen der Volksmarine aufzubauen.

Die Erfahrungen bei der Einführung der neuen Technik machten sehr bald deutlich, dass die fachliche Qualifikation des Personals weiterhin große Aufmerksamkeit erforderte. Obwohl es nicht gelang, den enormen Nachholbedarf an qualifizierten Fachleuten vollständig zu decken, konnten bis Mitte der sechziger Jahre zumindest alle Divisions- und ein großer Teil der Regimentskommandeure eine abgeschlossene militärakademische Ausbildung nachweisen. Insgesamt entwickelte sich bis Ende des Jahrzehnts aus der bisher eher uneinheitlich zusammengesetzten Führungsschicht der KVP und der frühen NVA ein politisch und militärisch geschlossenes Offizierkorps. Seine politische Zuverlässigkeit, an der spätestens seit Ende der fünfziger Jahre keine Zweifel mehr bestanden, konnte noch weiter erhöht werden, was sich nicht zuletzt in der fast 100-prozentigen ▸ SED-Mitgliedschaft der NVA-Offiziere ausdrückte.

Die Berufssoldaten der NVA wurden zu einer verlässlichen Funktionselite in der DDR. Die meisten Offiziere zeichneten sich neben der wachsende militärischen Qualifikation durch hohe Einsatzbereitschaft, Idealismus, Disziplin

Anteil der SED-Mitglieder bei den Dienstgradgruppen (1964)	
Offiziere	97,7 %
Offizierschüler	58,7 %
Unteroffiziere	38,2 %
Mannschaften	8,9 %

Zit. nach: Frank Hagemann, Parteiherrschaft in der NVA. Zur Rolle der SED bei der inneren Entwicklung der DDR-Streitkräfte (1956 bis 1971). Hrsg. vom Militärgeschichtlichen Forschungsamt, Berlin 2002 (= Militärgeschichte der DDR, 5), S. 56

Strukturen

 Kampfstreitkräfte des Warschauer Paktes in der Ostsee (1961)

Baltische Flotte der UdSSR
- 5 Kreuzer
- 37 Zerstörer
- 2 FK-Zerstörer
- 12 Geleitzerstörer
- 40 FK-S-Boote Osa/Konar
- 140 sonstige S-Boote
- 79 U-Boote
- 170 Flugzeuge

Polnische Seekriegsflotte
- 3 Zerstörer
- 20 S-Boote
- 80 Flugzeuge

Volksmarine der DDR
- 4 Zerstörer
- 27 S-Boote

Zit. nach: Berthold Sander-Nagashima, Die Bundesmarine 1950–1972. Konzeption und Aufbau. Hrsg. vom Militärgeschichtlichen Forschungsamt, München 2006 (= Sicherheitspolitik und Streitkräfte der Bundesrepublik Deutschland, 4)

222 Die Mikojan/Gurewitsch MiG-21 M, NATO-Code: Fishbed G.

 Technische Daten der MiG-21 M

Spannweite: 7,15 m
Länge: 13,46 m
Höhe: 4,10 m
Flügelfläche: 22,95 m²
Leermasse: 5950 kg
Waffenzuladung: 2000 kg
Höchstgeschwindigkeit: 2230 km/h
(in 11 000 m Höhe) / 1150 km/h (in Seehöhe)
Aktionsradius: 440–450 km
Dienstgipfelhöhe: 18 500 m
Startstrecke: 800–1350 m
Landestrecke: 750–1250 m
Bewaffnung: starr eingebaute Kanone GSch-23 mit 200 Granaten, 23 mm; sonst wie MiG-21SPS in doppelter Anzahl; zusätzlich Mehrfachbombenträger; Abschussblöcke UB-32 für 32 ungelenkte 57-mm-Raketen und für anhängbare Luft-Luft-Raketen R-13M oder R-60 nachrüstbar.

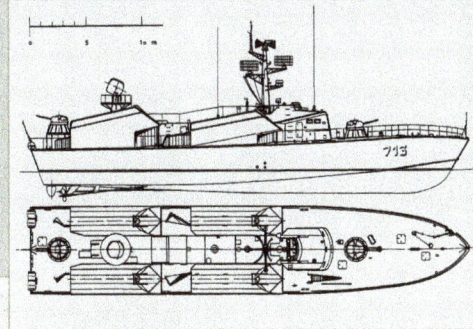

223 Das Raketenschnellboot »Projekt 205« (Osa I). Aufrisszeichnung.

224 Start eine Seezielflugkörpers (»P-15«) von Bord eines Raketenschnellbootes »Projekt 205« (Osa I).

Der Kalte Krieg

225 Die Soldaten des ersten Diensthalbjahres müssen sich demütigende »Zeremonien« der »Entlassungskandiaten« (EK) unterwerfen.

und nicht zuletzt durch eine feste politische Überzeugung im Sinne der SED-Politik aus. Anteil an der engen Bindung der Berufssoldaten an die Partei hatten nicht zuletzt der Politapparat und die SED-Parteiorganisationen innerhalb der Armee, die über verschiedene Strukturelemente bis hinunter auf die Kompanieebene organisiert waren. Ihre Hauptaufgabe bestand darin, das gesamte militärische Leben mittels einer umfassenden politisch-ideologischen Indoktrination zu beeinflussen, den politischen Zweck der militärischen Tätigkeit zu legitimieren und zu vermitteln sowie die NVA-Angehörigen zu hohen Leistungen zu mobilisieren. Das schloss Aufgaben sowohl zur politischen Überwachung und Kontrolle als auch zur politischen Bildung und zur kulturellen Betreuung des Personalbestandes ein. Von den Parteiorganisationen ging zudem in der Regel ein erheblicher politischer, ideologischer und disziplinierender Einfluss auf alle NVA-Angehörigen aus, der nicht selten mit einem erheblichen Druck auf den Einzelnen verbunden sein konnte. Wer in der NVA offen von der vorgegebenen politischen Linie abwich, wurde unnachgiebig verfolgt. Eine wichtige Rolle spielte dabei die Hauptabteilung I des MfS, die in der NVA die Bezeichnung Verwaltung 2000 trug. Ihre Verbindungsoffiziere sowie tausende »Inoffizielle Mitarbeiter« (IM) sorgten in allen Dienstgradgruppen für eine flächendeckende Überwachung. Politische Delikte von Armeeangehörigen unterlagen ebenso wie Militär- und andere Straftaten in der NVA der ▸ Militärgerichtsbarkeit. Nachdem bereits 1957 Militärstaatsanwaltschaften eingerichtet worden waren, wurden ab 1963 eigenständige Militärgerichte in der DDR aufgebaut.

Als ein wichtiger Bestandteil der politischen Arbeit erhielt in den sechziger Jahren die Traditionspflege eine zunehmende Bedeutung. Historische Ereignisse und Bewegungen, die von der NVA-Führung als militärische Tradition der Streitkräfte beansprucht wurden, waren die »revolutionären Kämpfe der Arbeiterklasse« nach 1918 in Deutschland, der Kampf der Interbrigadisten in Spanien 1936–1939 und der kommunistische Widerstand gegen die nationalsozialistische Herrschaft. Im Rahmen der militärischen Traditionspflege kam es zu Namensverleihungen an Kasernen, Verbände, Truppenteile, Einheiten und Einrichtungen sowie an Schiffe und Boote. Die übergroße Zahl der Namensgeber rekrutierte sich aus der regionalen, nationalen und internationalen kommunistischen Arbeiterbewegung. Auf Grund des legitimatorischen Anspruchs der NVA, die Wurzeln von Faschismus und Militarismus beseitigt zu haben, griff man in der Außendarstellung der Streitkräfte unter sozialistischen Vorzeichen auch auf nationale Formen und Terminologie zurück. So knüpfte die NVA beim militärischen ▸ Brauchtum stärker an die

> Die Kleinstadt Schwedt an der Oder wurde seit Ende der 1960er Jahre zum Synonym für den gefürchteten militärischen Strafvollzug in der DDR. Die zu Strafarrest und Freiheitsentzug bis zu zwei Jahren verurteilten Angehörigen von NVA, Grenztruppen und Volkspolizeibereitschaften wurden hier unter ein hartes Regime gestellt. Der Arbeitseinsatz in Industriebetrieben und eine körperlich harte militärische Ausbildung sollten einen »durchgängigen Erziehungsprozess« der Häftlinge gewährleisten. Isolation, Demütigungen, physischer und vor allem psychischer Druck sollten die Insassen gefügig machen und, wenn es nicht anders ging, ihren Willen brechen. Über die Bedingungen im »Armeeknast« drang nur wenig nach außen, aber die Gerüchte wurden von den Betroffenen ernst genommen.

Strukturen

226 Aufmarsch zum 1. Mai auf dem Marx-Engels-Platz in Ost-Berlin, 1960.

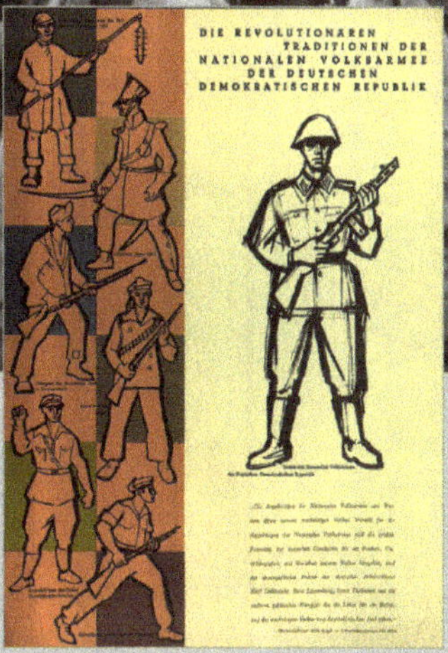

Die Traditionspflege der NVA richtete sich nach den ideologischen Vorgaben der SED. Ausgehend von der Ideologie des Marxismus-Leninismus und der Theorie des historischen Materialismus wurden alle »fortschrittlichen Kräfte« in der Geschichte für die NVA als traditionswürdig angesehen.

So finden sich in der Traditionslinie der NVA die »Frühbürgerliche Revolution«, besser bekannt als der Bauernkrieg von 1522/25, mit der Führungsfigur Thomas Müntzer, die »Schöpfer der Volksbewaffnung« in Preußen, Gneisenau und Scharnhorst, die revolutionären Kämpfe von 1848/49, die Revolution der Arbeiter- und Soldatenräte in Russland 1917 und die Matrosenaufstände 1918 in Deutschland, die Internationalen Brigaden im Spanischen Bürgerkrieg (1936–1939) mit den Schlüsselfiguren Artur Becker und Hans Beimler sowie der Kampf gegen Faschismus und Krieg 1933 bis 1945.

227 Plakat, das die Traditionslinien der NVA verdeutlicht.

Allgemein nahmen die kommunistischen Kämpfer in der Tradition der NVA eine zentrale Rolle ein, was sich auch auf die Benennung von Kasernen und militärischen Verbänden auswirkte.

Da sich die NVA als »wahrhafte Volksarmee in der deutschen Geschichte« verstand und auch in ihrem Namen den nationalen Bezug trug, sah sie es nicht als Widerspruch, bestimmte Formen und Zeremonien aus der jüngsten deutschen Militärgeschichte zu entlehnen. Dazu gehörte vor allem die Uniform und Zeremonielle. Mit dem »Kleinen Wachaufzug« vor der Neuen Wache Unter den Linden, den Kommandos und dem Stechschritt hatte man Brauchtum früherer deutscher Armeen übernommen. Wie für die Bundeswehr, wurde im Laufe der Zeit auch für die NVA die eigene Geschichte tradtionswürdig. So trugen nicht wenige Schulen und Brigaden den Namen erschossener Grenzsoldaten.

228 Die NVA knüpfte in ihrer Tradition auch an die internationalen Freiwilligenverbänden an, die im Spanischen Bürgerkrieg (1936–1939) auf der Seite der Spanischen Republik gegen die nationalistisch-faschistischen Kräfte Francos kämpften. Hans Beimler nahm auf Seiten der Internationalen Brigaden an den Auseinandersetzungen teil.

229 Der dreistufige Blücheroden war für hervorragende Leistungen im Krieg vorgesehen. Seine Existenz wurde der Öffentlichkeit erst nach der Auflösung der NVA bekannt.

Der Kalte Krieg

230 Mit Blumen und Transparenten hat die Bevölkerung die Wenzelsstatue in der Prager Innenstadt geschmückt, um die am 27. August aus Moskau zurückkehrende Delegation mit Staatspräsident Ludvic Svoboda an der Spitze zu begrüßen.

überlieferten Formen des Zeremoniells vorheriger deutscher Armeen an. Alljährlich fanden zudem in Ost-Berlin Militärparaden statt. Seit 1962 wurde das Zeremoniell des Großen Zapfenstreichs in der NVA vollzogen.

Wenn auch die Wehrideologen der SED nicht müde wurden, die NVA als einen neuartigen Typus von Militärorganisation und ihre Angehörigen als »sozialistische Soldatenpersönlichkeit« zu propagieren, gestalteten sich die realen Beziehungen zwischen Vorgesetzten und Unterstellten sowie die Dienst- und Lebensbedingungen in der Praxis jedoch weit weniger ideal. Ein Ausdruck dessen war die so genannte EK-Bewegung (EK = Entlassungskandidat), die als eine Form der informalen Hierarchie unter den Wehrpflichtigen zu einer subkulturellen Massenerscheinung in der Armee wurde. Danach bestimmte sich die Stellung des einzelnen Wehrpflichtigen nach der Anzahl der noch zu dienenden Tage. Soldaten des letzten Diensthalbjahres verschafften sich so im Rahmen des täglichen Dienstablaufes Vorteile und Privilegien zu Lasten niedriger Diensthalbjahre, indem deren Angehörige gedemütigt und drangsaliert wurden.

Zu den typischen Merkmalen des inneren Gefüges der NVA, mit dem jeder Offizier, Unteroffizier und wehrpflichtige Soldat während seiner Dienstzeit konfrontiert wurde, gehörte auch das überzogene Maß der praktizierten »Wachsamkeit und Geheimhaltung«. In der NVA war im Prinzip alles geheim. Offiziere und ihre Familienangehörigen mussten jede »westliche« Verbindung im familiären Bereich abbrechen. Ein striktes Verbot betraf auch das Hören und Sehen westlicher Rundfunk- und Fernsehprogramme.

Nachdem bis Anfang der sechziger Jahre nur taktische Übungen sowie gemeinsame Kommandostabs- und Truppenübungen mit sowjetischen Stäben und Einheiten durchgeführt wurden, kam es ab 1961/62 auch mit anderen »Bruderarmeen« – vor allem mit der polnischen Armee und der CSSR-Volksarmee – zu gemeinsamen Übungen und Manövern. Deren Hauptziel als bedeutende Elemente der Ausbildung bestand darin, den Leistungsstand und die Einsatzbereitschaft zu überprüfen und das Zusammenwirken der verbündeten Ar-

231
Tasche der NVA zum Transport und zur Verwahrung von Verschlusssache-Dokumenten.

Strukturen

Unter »Prager Frühling« versteht man die Reformversuche, die der neue Parteichef Alexander Dubcek Ende der 1960er in der CSSR einleitete. Dubceks Ernennung zum Parteichef war eine schwere Wirtschaftskrise unter seinem Vorgänger Antonin Novotny vorausgegangen. Dubcek begann unter dem Stichwort »Sozialismus mit menschlichem Antlitz« mit einem umgreifenden Reformkurs. Das Programm beinhaltete u.a. zivilrechtliche Verbesserungen, eine Gewaltentrennung zwischen Nationalversammlung und Partei, die Bildung einer »sozialistischen Marktwirtschaft« und eine Lockerung der Zensur. Letzteres führte zu einem unerwartet regen öffentlichen Austausch, der sich schnell verselbstständigte. Veröffentlichungen wie das »Manifest der 2000 Worte« des Schriftstellers Ludvik Vaculic erregten jedoch den Argwohn der sowjetischen Machthaber und wurden als konterrevolutionär eingestuft. Um diese Entwicklung aufzuhalten, marschierten im August 1968 Truppen des Warschauer Paktes in die CSSR ein und entmachteten Dubcek zu Gunsten des konservativen Hardliners Gustav Husak.

232 Von der aufgebrachten Menge in Brand gesteckte sowjetische Panzer in der Prager Innenstadt am ersten Tag der Besetzung.

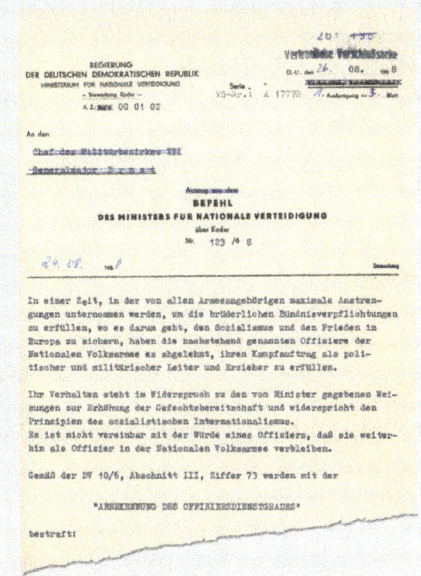

233 Befehl des Ministers für Nationale Verteidigung über disziplinarische Maßnahmen gegen Offiziere der NVA, die sich kritisch gegenüber dem Einmarsch sowjetischer Truppen in die Tschechoslowakei geäußert hatten.

 »Bericht des Ministeriums für Staatssicherheit über die konterrevolutionäre Entwicklung in der CSSR und die Reaktion durch DDR-Bürger darauf« (September 1968)

Auf den von der tschechischen Regierung eingeschlagenen Reformkurs, den »Prager Frühling«, reagierte der Warschauer Pakt mit dem Einmarsch seiner Truppen. Die Menschen in der DDR mussten auf Grund der Nachrichtenlage davon ausgehen, dass auch NVA-Truppen am Einmarsch beteiligt gewesen waren. Tatsächlich hatte die Armee der DDR das Territorium der Tschechoslowakei nicht betreten, sondern nur die Sicherung des Nachschubes und des Hinterlandes gewährleistet. In der DDR und vielen anderen Ländern sympathisierten die Menschen mit den tschechischen Bürgern und dem Reformkurs der Regierung

»Etwa ein Viertel der in Ermittlungsverfahren des MfS festgestellten Angriffe gegen die Maßnahmen vom 21.8.1968 erfolgte in Form des Anschmierens konterrevolutionärer Losungen. Bei diesen aufgeklärten feindlichen Handlungen handelt es sich überwiegend um Fälle, in denen solche Hetzlosungen mit Öl-, Latexfarbe oder Kreide an verkehrsreichen Stellen in Städten, vor allem an Häuserwänden, Zäunen und auf Straßen, weithin sichtbar angebracht worden waren. Die Täter, die dabei zum großen Teil in Gruppen handelten, sind zu 65 Prozent Jugendliche unter 21 Jahren, der Anteil von Arbeitern und Lehrlingen liegt relativ hoch.

Inhaltlich überwiegen beim Anschmieren konterrevolutionärer Losungen die gezielten Angriffe gegen die Sowjetunion und ihre Streitkräfte, wobei immer wieder solche Forderungen wie ›Russen raus aus der CSSR‹, ›Russen raus‹, ›Nieder mit den Russen‹ gebraucht werden. Des Weiteren wird durch solche angeschmierten Parolen wie ›Freiheit für die CSSR‹, ›Es lebe Dubcek‹, ›Dubcek ja – Ulbricht nein‹ zur Unterstützung der konterrevolutionären Kräfte und Bestrebungen in der CSSR und zur Übertragung des antisozialistischen Reformkurses auf die Politik in der DDR aufgerufen.«

Zit. nach: Stefan Wolle, Aufbruch in die Stagnation. Die DDR in den Sechzigerjahren, Bonn 2005, S. 147

Der Kalte Krieg

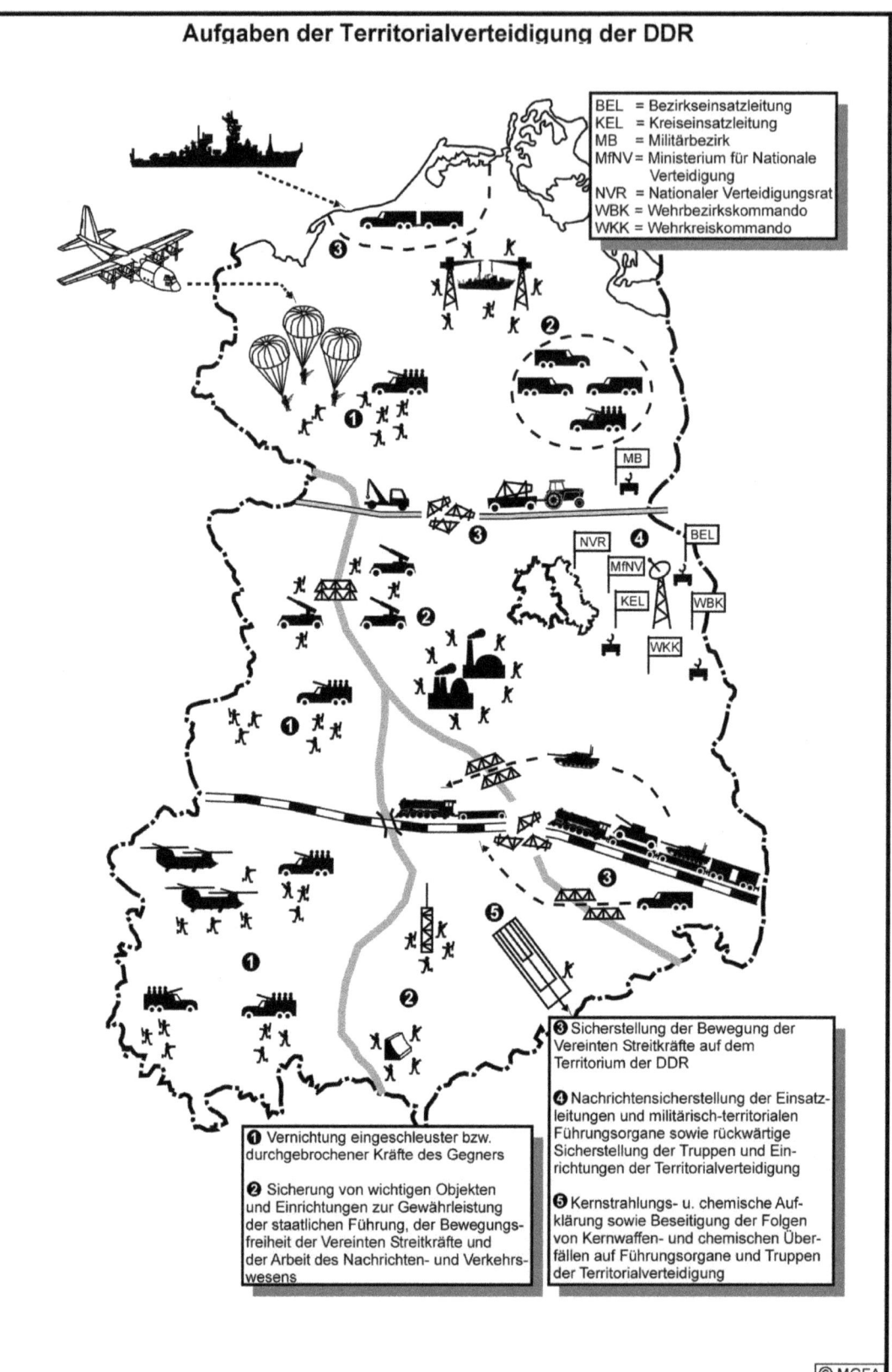

meen zu trainieren. Im September 1963 leitete erstmals der DDR-Verteidigungsminister ein Manöver des Warschauer Pakts, das unter der Bezeichnung »Quartett« mit Beteiligung der NVA, der GSSD, der polnischen und tschechoslowakischen Armee auf dem Territorium der DDR stattfand. Erst jetzt erfolgte in Umsetzung früherer Paktbeschlüsse die tatsächliche Einbeziehung der NVA in die strategische Planung der Vereinten Streitkräfte. Die NVA erhielt nunmehr ihren Platz und ihre Rolle auf dem Kriegsschauplatz zugewiesen und wurde in die nukleare Planung des Pakts aufgenommen. Die ▶ Aufgaben der NVA lagen dabei zum einen auf territorialem Gebiet, das die Unterstützung der GSSD einschloss, zum anderen in der Unterstellung von Kampftruppen unter die Verfügungsgewalt der Vereinten Streitkräfte und der sowjetischen Streitkräfte.

In den sechziger Jahren wurden die DDR-Armee im Rahmen des Bündnisses auch wiederholt in die Szenarien zur Bewältigung von internationalen und blockinternen Krisen einbezogen. Während der so genannten Kuba-Krise im Herbst 1962 war auf sowjetischen Befehl auch in der NVA die Stufe der »Erhöhten Gefechtsbereitschaft« ausgelöst worden, die mit Urlaubs- und Ausgangssperren und der Verstärkung der Diensthabenden Systeme verbunden war.

Wenige Jahre später löste in der CSSR der dortige Versuch zur Reformierung des bestehenden Sozialismusmodells eine schwere Krise im Warschauer Pakt aus. Prager Reformkommunisten um Alexander Dubcek wollten nach eigener Einschätzung in ihrem Land die »Einheit von Sozialismus und Demokratie« herbeiführen. Am 21. August 1968 beendete die militärische Intervention von fünf sozialistischen »Bruderländern« das tschechoslowakische Experiment abrupt, das später als ▶ »Prager Frühling« in die Geschichte einging. Entsprechend den Planungen des Oberkommandierenden des Warschauer Pakts sollten auch Stäbe und Truppen der 7. PD und der 11. MSD der NVA direkt am Einmarsch der verbündeten sowjetischen, polnischen, ungarischen und bulgarischen Verbände und Einheiten teilnehmen. Dazu kam es aber nicht. Die ostdeutschen Verbände verließen aus militärischen und politischen Gründen nachweisbar nicht das Territorium der DDR. Nur einige Offiziere und wenige NVA-Soldaten der Nachrichtentruppe hielten sich von August bis Oktober tatsächlich in der CSSR auf. Somit war die NVA zwar von Anfang an militärisch und logistisch in die Vorbereitung und Durchführung der völkerrechtswidrigen Militäroperation gegen die CSSR einbezogen, ihre Kampfverbände nahmen jedoch nicht unmittelbar am Einmarsch teil.

Nach strukturellen Veränderungen im Warschauer Pakt, die das Bündnis funktionsfähiger machen sollten, legte die NVA in dem im Herbst 1970 auf dem Territorium der DDR stattfindenden Großmanöver »Waffenbrüderschaft 70« praktisch ihr »Gesellenstück« ab. Erstmals übten über 70 000 Soldaten aus allen Paktstreitkräften, darunter mehr als 40 000 NVA-Angehörige der drei Teilstreitkräfte, unter der Leitung des DDR-Verteidigungsministers Handlungen unter annähernd realen Gefechtsbedingungen. Die DDR-Volksarmee stellte damit sowohl ihren »Waffenbrüdern« als auch der Öffentlichkeit ihre in den vergangenen Jahren rasch gewachsene Leistungskraft anschaulich unter Beweis.

234 Titelbild der von 1956 bis 1990 monatlich in der DDR erscheinenden Zeitschrift »Armeerundschau« von Dezember 1964. AR war ein Magazin für Soldaten, das eine Auflage von bis zu 340 000 Exemplaren erreichte.

Am 9. November 1989 fällt nach 28 Jahren die Mauer.

Zwischen Konfrontation und Entspannung –
Militärgeschichte von 1969/1970 bis zur Wiedervereinigung

von Manfred Görtemaker (Bundeswehr)
und Rüdiger Wenzke (NVA)

Überblick:

Zeittafel 152
Tipps 154
Epochenquerschnitt 155

Kapitel I – Umfeld:
Sicherheitspolitik im Schatten der Supermächte

1. Globale und regionale Entspannung 1969 bis 1975 (Manfred Görtemaker)
   a) Rüstungsbegrenzungen der Supermächte und Entspannung in Europa 166
   b) Die Neue Ostpolitik und das Viermächte-Abkommen über Berlin 172

2. Von der Nachrüstungskrise zum Ende des Kalten Krieges 1976 bis 1990 (Manfred Görtemaker)
   a) Amerikanische Krise und sowjetische Offensive 176
   b) Von der Nachrüstung zur Abrüstung 182

3. Die DDR im Warschauer Pakt (Rüdiger Wenzke)
   a) Die DDR als militarisierte Gesellschaft 196
   b) Stagnation und Krise 202
   c) Verspätete Reformen und das Ende der NVA 206

Kapitel II – Strukturen:
Bundeswehr und NVA als Bündnisarmeen

1. Die Bundeswehr in der NATO
   a) Bundeswehr und Bündnisverpflichtungen .. 212
   b) Führungsstrukturen und zentrale Organisationsbereiche 216
   c) Stärke, Verteidigungskosten und Rüstung .. 226
   d) Das Heer (Helmut R. Hammerich) 232
   e) Die Luftwaffe (Bernd Lemke) 240
   f) Die Bundesmarine (Jörg Hillmann) 248

2. Die NVA als Teil der Vereinten Streitkräfte des Warschauer Paktes (Rüdiger Wenzke)
   a) Das System der »sozialistischen Landesverteidigung« 252
   b) Das operative Gesamtkonzept 260
   c) Für hohe Gefechtsbereitschaft: Neue Strukturen und moderne Waffensysteme 262
   d) Militärische Professionalisierung 268

Zwischen Konfrontation und Entspannung

1970	19. März	Erstes Treffen der Regierungschefs der Bundesrepublik (Brandt) und DDR (Stoph)
	12. August	(bis Dezember 1973) Unterzeichnung der vier Ostverträge
	12.-18. Oktober	Manöver »Waffenbrüderschaft«
1972	21.-28. Februar	Staatsbesuch Nixons in China
	26. Mai	Unterzeichnung des SALT-I-Vertrags
	3. Juni	Viermächte-Abkommen über Berlin
1973	18. September	Aufnahme beider deutscher Staaten in die UN
1975	1. August	KSZE-Schlussakte von Helsinki
	7. Oktober	Fünfjähriger Beistandspakt zwischen DDR und UdSSR
1979	18. Juni	Unterzeichnung des SALT-II-Vertrags
	12. Dezember	NATO-Doppelbeschluss
	25. Dezember	Sowjetischer Einmarsch in Afghanistan
1980	17. September	Gründung der Solidarnocs in Polen
1981	20. Januar	Regierungsantritt Ronald Reagans
	10. Oktober	Größte Friedensdemonstration in Bonn (300 000 Teilnehmer)

002 Bundeskanzler Willy Brandt bei seiner Ankunft in Erfurt am 19. März 1970.

003 Unterzeichnung der KSZE-Schlussakte am 1. August 1975 durch den sowjetischen Generalsekretär Leonid Breschnew.

004 Ein sowjetischer Panzer bewacht die Hauptstraße zwischen Jalalabad in Pakistan und Kabul. Foto, Januar 1980.

Überblick

1981	11.–13. Dezember	Treffen Schmidt-Honecker
1983	23. März	Ankündigung von SDI
	26. November	Stationierung von neuen US-Mittelstreckenraketen
1984	17. Januar	KVAE-Konferenz in Stockholm
1985	11. März	Michail Gorbatschow wird Generalsekretär der KPdSU
1986	25. Februar bis 6. März	XXVII. Parteitag der KPdSU: Ankündigung von Glasnost und Perestroika
1987	29. Mai	Neue Militärdoktrin im Warschauer Pakt
1989	2. Mai	Abbau der Grenzbefestigungen an der ungarisch-österreichischen Grenze
	3./4. Juni	Massaker in Peking
	9. November	Öffnung der Berliner Mauer
	20. November	Beginn der NVA-Militärreform
	November/Dezember	Revolutionen in der DDR, CSSR und Rumänien
1990	18. März	Erste freie Wahlen in der DDR
	12. September	»Zwei-plus-Vier-Vertrag«
	3. Oktober	Beitritt der DDR zur Bundesrepublik Deutschland
1991	1. Juli	Offizielle Auflösung des Warschauer Paktes
	31. Dezember	Auflösung der Sowjetunion

005 Helmut Schmidt bei seinem dreitägigen Besuch in der DDR mit Erich Honecker. Foto, 11. Dezember 1981.

006 Die Außenminister Österreichs und Ungarns schneiden ein Stück des »Eisernen Vorhanges« aus dem Stacheldrahtzaun. Foto, 27. Juni 1989.

007 Der Tag der Deutschen Einheit in Berlin am 3. Oktober 1990.

1. Literaturauswahl

Überblick

Dülffer, Jost, Europa im Ost-West-Konflikt, München 2004
Görtemaker, Manfred, Die Bundesrepublik Deutschland. Von der Gründung bis zur Gegenwart, München 1999
Stöver, Bernd, Der Kalte Krieg. Geschichte eines radikalen Zeitalters, München 2007
Die USA und Deutschland im Zeitalter des Kalten Krieges. Ein Handbuch, Bd 2: 1968–1990. Hrsg. von Frederick Zilian Jr., Stuttgart 2001
Wolle, Stefan, Die heile Welt der Diktatur. Alltag und Herrschaft in der DDR 1971–1989, Berlin 2001

Umfeld

Haftendorn, Helga, Sicherheit und Stabilität, Außenbeziehungen der Bundesrepublik zwischen Ölkrise und NATO-Doppelbeschluss, München 1986
Isaacs, Jeremy, und Taylor Downing, Der Kalte Krieg, München 1999
Mitter, Armin, und Stefan Wolle, Untergang auf Raten. Unbekannte Kapitel der DDR-Geschichte, Berlin 1995
Schlaffer, Rudolf J., Der Wehrbeauftragte 1951 bis 1985. Aus Sorge um den Soldaten, München 2006 (= Sicherheitspolitik und Streitkräfte der Bundesrepublik Deutschland, 5)
Sicherheitspolitik der Bundesrepublik Deutschland, Dokumentation 1945–1977, 2 Bde. Hrsg. von Klaus von Schubert, Bonn 1978
Sicherheitspolitik kontrovers. Frieden und Sicherheit, Status Quo in Westeuropa und Wandel in Osteuropa, 3 Bde. Hrsg. von Wolfgang Heisenberg und Dieter S. Lutz, Bonn 1990

Strukturen

Die Bundeswehr 1955 bis 2005. Rückblenden – Einsichten – Perspektiven. Im Auftrag des MGFA hrsg. von Frank Nägler, München 2007 (= Sicherheitspolitik und Streitkräfte der Bundesrepublik Deutschland, 7)
Berger, Manfred u.a., Produktion von Wehrgütern in der Bundesrepublik Deutschland, München 1991
Loch, Thorsten, Das Gesicht der Bundeswehr. Kommunikationsstrategien in der Freiwilligenwerbung der Bundeswehr 1956 bis 1989, München 2008 (= Sicherheitspolitik und Streitkräfte der Bundesrepublik Deutschland, 8)
Perdelwitz, Wolf, und Hasko Fischer, Waffenschmiede Deutschland, Das Bombengeschäft, Hamburg 1984
Sicherheit und Frieden. Handbuch der weltweiten sicherheitspolitischen Verflechtungen: Militärbündnisse, Rüstungen, Strategie, Analysen zu den globalen und regionalen Bedingungen unserer Sicherheit. Hrsg. von Ortwin Buchbender u.a., 3. Aufl., Herford 1987
Umbach, Frank, Das rote Bündnis. Entwicklung und Zerfall des Warschauer Paktes 1955 bis 1991, Berlin 2005 (= Militärgeschichte der DDR, 10)

2. Themenschwerpunkte DVD

Bundeswehr und Tradition (Carmen Winkel)
Soldatenalltag in Ost und West

Epochenquerschnitt

Waren in der »heißen« Zeit des »Kalten Krieges« die Fronten zwischen den beiden Supermächten USA und UdSSR zeitweise bis an den Rand eines Krieges verhärtet, so kennzeichneten die siebziger und achtziger Jahre die zunehmenden Bemühungen um Entspannung und friedliches Austragen der Gegensätze. Dieses »Tauwetter« war geprägt durch eine Reihe von Konferenzen und vertraglichen Vereinbarungen, die in der Regel dazu dienten, die Einflussbereiche der jeweiligen Verhandlungspartner möglichst auf friedlichem Wege zu festigen. Seit der Kuba-Krise wuchs in zunehmendem Maße die Erkenntnis, dass der Kalte Krieg militärisch nicht gewinnbar war. Mit dem erfolgreichen Abschluss des Atomwaffensperrvertrags begannen deshalb seit 1969 erstmals bilaterale Gespräche zwischen den USA und der UdSSR über eine wechselseitige Rüstungskontrolle.

Bereits Ende der sechziger Jahre signalisierten die beiden Großmächte ihren Willen zu Verhandlungen mit dem Ziel einer Begrenzung der strategischen Rüstung (engl., Strategic Arms Limitation Talks). Mit dem 1972 geschlossenen SALT-I-Vertrag wurde eine Limitierung strategischer Trägersysteme inklusive deren Gefechtsköpfe auf beiden Seiten erreicht. Dem SALT-I-Vertrag folgte 1979 ein zweiter, der dann allerdings auf Grund des Einmarsches der Sowjetunion in Afghanistan vom amerikanischen Senat nicht ratifiziert wurde.

Eine weitere wichtige Entwicklung stellte die Ende 1972 begonnene Konferenz über Sicherheit und Zusammenarbeit in Europa, kurz KSZE, dar. Diese Konferenz, an der neben den USA, Kanada und der UdSSR nahezu alle europäischen Staaten teilnahmen, trug entscheidend zum vorläufigen Ende des Kalten Krieges

008 Ein Soldat der NVA am Rande der Feiern anlässlich des 40. Jahrestages der DDR. Foto, 1989.

bei. Die KSZE-Schlussakte in Helsinki von 1975 beinhaltete u.a. die Prinzipien des Gewaltverzichts, der Achtung der Menschenrechte und der Unverletzlichkeit der Grenzen. Letzteres bedeutete vor allem die Akzeptanz der Grenzen des Warschauer Pakts. Für die Menschenrechtsorganisationen in den Ostblockstaaten war die Schlussakte aber auch ein großes Hoffnungssignal und wichtiger Bezugspunkt für künftige Forderungen.

Obwohl man dabei die deutsch-deutschen Beziehungen nicht als ausschlaggebend für die internationalen Entwicklungen betrachten kann, sind sie dennoch beispielhaft für die

Zwischen Konfrontation und Entspannung

009 Kniefall von Bundeskanzler Willy Brandt in Warschau. Foto, 7. Dezember 1970.

Annäherung der beiden entgegengesetzten Blöcke. So kam es 1969 nach der Bildung der sozial-liberalen Koalition unter Bundeskanzler ▸ Willy Brandt zu einer außenpolitischen Neuorientierung, die sich im Rahmen einer Neuen Ostpolitik auch die Verbesserung der alltäglichen und politischen Beziehungen beider deutscher Staaten zum Ziel gesetzt hatte.

In der DDR führte die Ablösung Walter Ulbrichts durch Erich Honecker als Erster Sekretär der SED zu einem Umdenken in der deutsch-deutschen Frage: Das politische Ziel einer Wiedervereinigung unter den Vorzeichen des sozialistischen Regimes wurde endgültig aufgegeben. Zudem beschleunigten Honeckers Reformbemühungen den Strukturwandel, der die Lebensqualität der DDR-Bevölkerung – wenigstens auf kurze Zeit – steigern konnte. Die Umgestaltung der deutsch-deutschen Beziehungen führte bereits 1970 zu ersten Annäherungen: Bundeskanzler Brandt und der Ministerratsvorsitzende der DDR, Willi Stoph, trafen sich in Erfurt. Der Bundeskanzler wurde hier von der Bevölkerung mit großen Sympathiebekundungen empfangen. Noch im selben Jahr bewirkte die Einleitung der Neuen Ostpolitik eine Abschwächung des Ost-West-Konflikts. Gegen den heftigen Widerstand der christdemokratischen Opposition wurden 1970 der deutsch-sowjetische Gewaltverzichts-Vertrag in Moskau sowie der Warschauer Vertrag, der die Oder–Neiße-Linie als faktische polnische Westgrenze festschrieb, abgeschlossen.

Die Verleihung des Friedensnobelpreises an Willy Brandt 1971 verdeutlichte, welche Bedeutung der bundesdeutschen Ostpolitik von internationaler Seite beigemessen wurde. In den Verhandlungen spielte vor allem der Status West-Berlins eine vorrangige Rolle, dessen Position durch das Viermächte-Abkommen von 1971 (USA, Frankreich, Großbritannien und UdSSR) stabilisiert werden konnte. Im Grundlagenvertrag mit der DDR ging es neben der Friedenssicherung auch um Erleichterung der Einreise- und Transitbedingungen. 1974 erlitten die ▸ deutsch-deutschen Beziehungen

Eine von einem Staat betriebene Ständige Vertretung entspricht mit zwei wesentlichen Ausnahmen einer Botschaft. Eine Ständige Vertretung nimmt in Ländern, deren völkerrechtlicher Status ungeklärt ist, oder bei internationalen Organisationen die Belange des Entsenderstaates und die Interessen seiner Angehörigen wahr. Im so genannten Grundlagenvertrag wurde 1972 die Einrichtung von Ständigen Vertretungen in der Bundesrepublik und der DDR beschlossen, da die Bundesrepublik zuvor zwar die Souveränität der DDR akzeptiert, deren völkerrechtliche Anerkennung allerdings verweigert hatte. Im Gegensatz zur 1974 geänderten Verfassung der DDR schrieb das Grundgesetz das Ziel der Wiedervereinigung vor und ließ somit keine Regelung zu, welche die DDR als Ausland betrachtete.

Willy Brandt (1913–1992)

B Politiker – Willy Brandt (eigentlich Herbert Frahm) engagierte sich bereits als Jugendlicher in sozialistisch-links-orientierten Gruppen und schloss sich 1930 der SPD an. Nach der »Machtergreifung« der Nationalsozialisten 1933 emigrierte Brandt nach Norwegen, später nach Schweden. Nach dem Zweiten Weltkrieg arbeitete er als Korrespondent für skandinavische Zeitungen in Deutschland und trat 1947 wieder in die SPD ein. 1957 wurde Brandt zum Regierenden Bürgermeister von West-Berlin gewählt. Gemeinsam mit Egon Bahr begann er nach dem Bau der Berliner Mauer mit der Entwicklung außenpolitischer Leitgedanken, die die Basis für die spätere »Neue Ostpolitik« bilden sollten. Als Außenminister und Vizekanzler in der Großen Koalition führte Brandt in der Ostpolitik die von seinem Amtsvorgänger Gerhard Schröder begonnene Normalisierungspolitik mit den Ostblockländern fort. Unter Ablehnung der »Hallstein-Doktrin« setzte er die Aufnahme diplomatischer Beziehungen mit Rumänien und Jugoslawien sowie die Einrichtung von Handelsvertretungen in Polen, der CSSR und Ungarn durch. 1969 wurde Brandt Bundeskanzler in der sozial-liberalen Koalition. In seiner Regierungserklärung vom 28. Oktober 1969 verwies Brandt auf die Existenz zweier deutscher Staaten, die »füreinander aber nicht Ausland seien«. Gegen den Widerstand der Opposition wurden 1970 die Ostverträge und 1972 der Grundlagenvertrag mit der DDR geschlossen. Für seine Verdienste in der Entspannungspolitik erhielt Willy Brandt 1971 den Friedensnobelpreis. In der Innenpolitik leitete Brandt unter dem Slogan »Mehr Demokratie wagen« ein umfassendes Reformwerk ein, das aber im Zusammenhang mit der Abwehr des Links-Terrorismus der RAF nicht vollständig umgesetzt werden konnte. In Folge der Guillaume-Affäre musste Brandt von seinem Amt als Bundeskanzler 1974 zurücktreten.

010 Bundeskanzler Willy Brandt mit Günther Guillaume, dessen Enttarnung als DDR-Spion zum Rücktritt Brandts führte. Foto, 1973.

011 Bundeskanzler Willy Brandt und Willi Stoph vor dem Erfurter Hauptbahnhof am 19. März 1970

---

1 Willy Brandt, »Mehr Demokratie wagen« (28. Oktober 1969)

In seiner Regierungserklärung verspricht der neue Kanzler ein umfassendes Reformprogramm, das er mit dem berühmt gewordenen Satz »mehr Demokratie wagen« umschrieb. Nach den Jahren der großen Koalition bildete erstmals eine sozial-liberale Koalition die Regierung in Bonn.

»Unser Volk braucht, wie jedes andere, seine innere Ordnung. In den Siebzigerjahren werden wir aber in diesem Lande nur so viel Ordnung haben, wie wir an Mitverantwortung ermutigen. Solche demokratische Ordnung braucht außerordentliche Geduld im Zuhören und außerordentliche Anstrengung, sich gegenseitig zu verstehen. Wir wollen mehr Demokratie wagen. Wir werden unsere Arbeitsweise öffnen und dem kritischen Bedürfnis nach Information Genüge tun. Wir werden darauf hinwirken, dass durch Anhörungen im Bundestag, durch ständige Fühlungnahme mit den repräsentativen Gruppen unseres Volkes und durch eine umfassende Unterrichtung über die Regierungspolitik jeder Bürger die Möglichkeit erhält, an der Reform von Staat und Gesellschaft mitzuwirken.«

Zit. nach: Bundeskanzler Brandt, Reden und Interviews, Hamburg 1971, S. 11 f.

jedoch einen herben Rückschlag: Brandts Mitarbeiter Günter Guillaume wurde wegen Spionage für die DDR verhaftet. Er war als Referent im Bundeskanzleramt einer der engsten Vertrauten des Kanzlers gewesen. Brandt übernahm dafür die politische Verantwortung und trat zurück. Sein Nachfolger wurde ▸ Helmut Schmidt.

Unter dem Motto »Kontinuität und Konzentration« wollte die Regierung Schmidt/Genscher die sozial-liberale Politik fortführen, sich dabei aber in »Realismus und Nüchternheit auf das Wesentliche« konzentrieren. Schmidt, der zuvor auch Verteidigungsminister gewesen war, bewertete die massive Rüstungspolitik der Sowjetunion, insbesondere auf den Gebieten der Mittelstreckenraketen und der Kriegsflotte, nüchterner als Brandt. Bereits 1977 machte er in ▸ London auf die Problematik der Aufstellung sowjetischer SS-20-Mittelstreckenraketen in Mitteleuropa aufmerksam. Damit war er als maßgeblicher Initiator am ▸ NATO-Doppelbeschluss im Jahr 1979 beteiligt, der mit der Androhung einer Nachrüstung von amerikanischen Mittelstreckenraketen in Europa – im Fall des Scheiterns von Verhandlungen – die Sowjetunion zur Aufgabe ihrer Raketenaufrüstung bewegen sollte. Im selben Jahr bewirkte der Einmarsch sowjetischer Truppen in Afghanistan ein vorläufiges Ende der Entspannungsbemühungen. Die Beteiligung der Sowjetarmee am afghanischen Bürgerkrieg belastete vor allem das Verhältnis zu den USA und stieß weltweit auf Proteste.

1981 setzte die Wahl des erklärten Antikommunisten Ronald Reagan zum Präsidenten der Vereinigten Staaten von Amerika ein weiteres klares Zeichen für das Scheitern der Abrüstungspolitik Jimmy Carters und für eine neue Abkühlung der Ost-West-Beziehungen. Auch das Treffen zwischen Helmut Schmidt und Erich Honecker 1982 in der DDR war von starken Spannungen begleitet, da während des Besuchs das Kriegsrecht in Polen verhängt wurde. Ein Jahr später beendete das Zerbrechen der sozial-liberalen Koalition die Kanzlerschaft Schmidts. Grund war neben unüberbrückbaren wirtschaftspolitischen Differenzen auch der schwindende Rückhalt für die Sicherheitspolitik des Bundeskanzlers in seiner eigenen Partei.

Die neue christlich-liberale Koalition unter Bundeskanzler Helmut Kohl bekundete jedoch ihren Willen zur Kontinuität in der Deutschlandpolitik und zur Bereitschaft für einen weiteren Dialog mit der DDR. Der einsetzende Rüstungswettlauf zwischen den Supermächten und ihren Allianzen weckte allerdings in großen Teilen der Bevölkerung die Angst vor einem möglichen nuklearen Krieg. Dabei löste besonders der Bundestagsbeschluss zur Stationierung amerikanischer Pershing-II-Raketen landesweite Proteste aus.

Der Höhepunkt der Rüstungsphase wurde 1983 erreicht, als Reagan die Absicht bekundete, das so genannte SDI-Programm zu realisieren (engl., Strategic Defense Initiative). Das geplante Raketenabwehrsystem, mit dem die gegnerischen Nuklearwaffen vom Weltraum aus abgeschossen werden sollten, wurde nie verwirklicht. Es erfüllte jedoch den Zweck, der UdSSR ihren technologischen und wirtschaftlichen Rückstand aufzuzeigen, und führte auf Seiten der Sowjets zu der Einsicht, ein erneutes Wettrüsten ökonomisch nicht überleben zu können.

Nach der Wahl Michael Gorbatschows zum neuen Generalsekretär der Kommunistischen Partei der Sowjetunion (KPdSU) im Jahr 1985 änderte sich der außenpolitische Kurs der Sowjetunion endgültig. Mit *Glasnost* (russ.; Offenheit) und *Perestroika* (russ.; Umgestaltung) leitete Gorbatschow grundsätzliche Reformprogramme ein. Dazu gehörten auch erneute Abrüstungsverhandlungen, die 1987 zu einem Abkommen über den vollständigen Abbau der Mittelstreckenraketen in Europa führten. Obwohl die DDR-Regierung die Reformbestrebungen Gorbatschows offen kritisierte, konnte sie deren Auswirkungen auf die Stimmung der ostdeutschen Bevölkerung nicht verhindern. 1988 kam es zu zahlreichen Verhaftungen bei Demonstrationen in Ost-Berlin. Die Zahl der Ausreiseanträge erreichte ihren Höchststand.

Als der Warschauer Pakt 1989 die Breschnew-Doktrin widerrief und somit die Sou-

Helmut Schmidt (1918)

B Politiker – Schmidt diente während des Zweiten Weltkriegs als Offizier in der Wehrmacht und wurde mit dem Eisernen Kreuz ausgezeichnet. Nach Ende des Krieges studierte er Ökonomie und trat der SPD bei. Von 1953 bis 1961 und von 1965 bis 1987 war er Mitglied des Bundestages. 1961 bis 1965 übte er das Amt des Innensenators von Hamburg aus. Während der großen Koalition übernahm er den Vorsitz der SPD-Bundestagsfraktion. Nach dem Wahlsieg der sozial-liberalen Koalition unter Willy Brandt, setzte er als Bundesverteidigungsminister zunächst auf eine Entspannungspolitik im Ost-West-Konflikt und auf umfangreiche Reformen in der Bundeswehr. 1972 löste er Karl Schiller als Wirtschafts- und Finanzminister ab und amtierte nach dem Rücktritt Brandts 1974 als Bundeskanzler. Hier sah er sich durch die Ölkrise mit einer schweren Wirtschaftsrezession und später mit dem Terrorismus der RAF konfrontiert. Der von ihm 1979 initiierte NATO-Doppelbeschluss, der auf die Aufstellung sowjetischer SS-20-Raketen mit der Androhung der Stationierung US-amerikanischer Mittelstreckenraketen in Westeuropa reagierte, stieß auf heftige Ablehnung in der Bevölkerung und führte zu einem Erstarken der Friedensbewegung. Nach dem Scheitern der sozial-liberalen Koalition wurde Schmidt 1982 durch ein konstruktives Misstrauensvotum als Bundeskanzler abgewählt und durch den CDU-Politiker Helmut Kohl als Bundeskanzler abgelöst.

012 Bundeskanzler Helmut Schmidt spricht auf der Schlusskonferenz von Helsinki am 30. Juli 1975.

---

1 Helmut Schmidt, »Politische und wirtschaftliche Aspekte der westlichen Sicherheit« (28. Oktober 1977)

Der Bundeskanzler sprach vor dem International Institute for Strategic Studies in London über die Sicherheitsproblematik in Europa. Sein Plädoyer für die Nachrüstung von Mittelstreckenraketen seitens der NATO machte ihn zur Zielscheibe der Kritik vieler Bürgerbewegungen.

»Niemand kann bestreiten, daß das Prinzip der Parität vernünftig ist.
Es muß jedoch Zielvorstellung aller Rüstungsbegrenzungs- und Rüstungskontrollverhandlungen sein und für alle Waffenarten gelten. Einseitige Einbußen an Sicherheit sind für keine Seite annehmbar.
Wir alle haben ein vitales Interesse daran, daß die Gespräche der beiden Großmächte über die Begrenzung und den Abbau nuklearstrategischer Waffen weitergehen und zu einem verläßlichen Abkommen führen [...] Wir verkennen nicht, daß sowohl den USA als auch der Sowjetunion zu gleichen Teilen daran gelegen sein muß, die gegenseitige strategische Bedrohung aufzuheben. Aber: Eine auf die Weltmächte USA und Sowjetunion begrenzte strategische Rüstungsbeschränkung muß das Sicherheitsbedürfnis der westeuropäischen Bündnispartner gegenüber der in Europa militärisch überlegenen Sowjetunion beeinträchtigen, wenn es nicht gelingt, die in Europa bestehenden Disparitäten parallel zu den SALT-Verhandlungen abzubauen. Solange dies nicht geschehen ist, müssen wir an der Ausgewogenheit aller Komponenten der Abschreckungsstrategie festhalten. Das bedeutet: Die Allianz muß bereit sein, für die gültige Strategie ausreichende und richtige Mittel bereitzustellen und allen Entwicklungen vorzubeugen, die unserer unverändert richtigen Strategie die Grundlage entziehen könnten [...].
Die Neutronenwaffe ist daraufhin zu prüfen, ob sie als ein zusätzliches Mittel der Abschreckungsstrategie, als Mittel zur Verhinderung eines Krieges, für das Bündnis von Wert ist. Wir sollten uns aber nicht auf diese Prüfung beschränken; sondern auch untersuchen, welche Bedeutung und welches Gewicht dieser Waffe in unseren Bemühungen um Rüstungskontrolle zukommt.«

Zit. nach: Geschichte der Bundesrepublik Deutschland in Quellen und Dokumenten. Hrsg. von Georg Fülberth, Köln 1982 (= Kleine Bibliothek Politik Wissenschaft Zukunft, 268), S. 380 f.

Informationen

013 Eines der ersten Fotos einer SS-20 des Raketenregiments von Retschiza, Februar 1978.

Mit dem so genannten NATO-Doppelbeschluss geriet die Entspannungspolitik zwischen Ost- und West in eine ernste Krise.

Ab Mitte der 1970er Jahre modernisierte die Sowjetunion ihr Raketenarsenal unter anderem mit neuen Mittelstreckenraketen des Typs SS-20. Diese waren in der Lage Westeuropa zu erreichen und bedrohten damit das atomare Gleichgewicht der taktischen Atomwaffen in Europa. Die NATO verfügte über keine vergleichbaren atomaren Mittelstreckenraketen. Sie musste sich daher auf die strategischen Waffensysteme der Vereinigten Staaten verlassen. Allerdings drohte den USA dann bei einer Verteidigung Europas die eigene Vernichtung durch die strategischen Waffensysteme der Sowjetunion. Die europäischen NATO-Partner befürchteten daher die »Abkopplung« der Vereinigten Staaten von Europa.

Der deutsche Bundeskanzler Helmut Schmidt wies in seiner viel beachteten Rede vor dem Internationalen Institut für Strategische Studien in London am 28. Oktober 1977 auf die »in Europa bestehenden Disparitäten« hin. Er forderte eine »Nachrüstung« von nuklearen Mittelstreckenraketen in Europa, falls keine Rüstungsbeschränkungen für Mittelstreckenwaffen verabschiedet würden.

Nachdem die Sowjetunion fortfuhr, die SS-20-Raketen zu installieren, einigten sich die NATO-Staaten auf den so genannten Doppel- oder auch Nachrüstungsbeschluss.

Am 12. Dezember 1979 verabschiedeten die Verteidigungs- und Außenminister der NATO-Staaten den »NATO-Nachrüstungsbeschluss«. Das Kommuniqué sah die Stationierung von bodengestützten Marschflugkörpern vom Typ »Tomahawk« und Mittelstreckenraketen vom Typ Pershing II-ER in Westeuropa vor, falls die Sowjetunion an der seit 1977 durchgeführten Modernisierung ihres taktischen Nuklearwaffenpotenzials in Europa festhalten sollte.

014 Das Politmagazin »Der Spiegel« thematisierte den NATO-Doppelbeschluss, der 1983 wirksam wurde.

Der doppelte Beschluss, auf der einen Seite die angekündigte Nachrüstung, auf der anderen das Verhandlungsangebot zur Abrüstung an Moskau, stieß im Kreml auf wenig Resonanz. Der Beschluss wurde von der Sowjetunion vielmehr dahin gewertet, dass der Westen kein Interesse mehr an der Entspannungspolitik hätte. Wenige Tage später marschierte die Sowjetunion in Afghanistan ein, trotz heftiger Kritik der USA. Die Entspannungs- und Rüstungskontrollpolitik schien am Ende zu sein. Die amerikanisch-sowjetischen Beziehungen verschlechterten sich nach dem Amtsantritt Ronald Reagans im Jahre 1981 weiter.

Die 1981 eingeleiteten Verhandlungen zur beiderseitigen Rüstungskontrolle wurden nach Beginn der Stationierung amerikanischer Mittelstreckenraketen in Westeu-

Der NATO-Doppelbeschluss

015 Karikatur der »Süddeutschen Zeitung« zum NATO-Doppelbeschluss.

016 Eine Mittelstreckenrakete vom Typ Pershing II mit Bedienungsmannschaft im Depot Mutlangen, 1988.

ropa im Jahre 1983 durch die Sowjetunion abgebrochen. Damit hatte sich der Entschluss zur »Nachrüstung« gegen alle politischen und gesellschaftlichen Widerstände durchgesetzt. Im gleichen Jahr kündigte der amerikanische Präsident Ronald Reagan die »Strategische Verteidigungsinitiative« (SDI) an, die eine Einbindung aller nur denkbaren Technologien zur Abwehr ballistischer Nuklearraketen zum Ziel hatte. Mit dieser Absicht zur Bildung eines atomaren Abwehrschirms leitete Reagan eine neue Form des Wettrüstens ein, die die Sowjetunion vor eine neue Herausforderung stellte.

Der Bundestag beschloss am 22. November 1983 auf Antrag der Regierung Kohl, trotz heftiger Proteste der Bevölkerung, die Aufstellung der Mittelstreckenraketen vom Typ Pershing II in der Bundesrepublik.

1 »Die Bundesregierung zum NATO-Doppelbeschluss« (12. Dezember 1979)

In der Bundesrepublik lehnten viele Menschen den Beschluss ab; die Friedensbewegung verzeichnete einen nie dagewesenen Zulauf. Die Regierung erläutert ihre Stellung zum NATO-Doppelbeschluss.

»356. Die Problematik im Mittelstreckenbereich zeichnete sich deutlich ab, als 1974 in Wladiwostok zwischen den Vereinigten Staaten von Amerika und der Sowjetunion Parität als Ziel von SALT II vereinbart wurde. Angesichts des sich entwickelnden Gleichgewichts im nuklear-strategischen Bereich erwuchs aus der sowjetischen Überlegenheit im Mittelstreckenbereich zunehmend destabilisierende Wirkung. [...]
Die schon in den sechziger Jahren entstandene und durch die SS-20-Einführung weiter wachsende Überlegenheit der Sowjetunion im Mittelstreckenbereich eröffnete ihr die Möglichkeit,
* nuklear-strategische Stabilität durch ihre Mittelstreckenüberlegenheit zu unterlaufen,
* diese Überlegenheit regional gegen die Allianz in Europa auszuspielen und zu versuchen, die strategische Einheit der NATO durch den Ausbau der regionalen Bedrohung in Frage zu stellen.«

Zit. nach: Weißbuch 1983. Zur Sicherheit der Bundesrepublik Deutschland. Im Auftrag der Bundesregierung hrsg. vom Bundesminister der Verteidigung, Bonn 1983, S. 192 f.

Zwischen Konfrontation und Entspannung

veränität der sozialistischen Staaten wieder herstellte, öffnete Ungarn seine Grenzen zu Österreich. Dies ermöglichte vielen DDR-Bürgern die ▶ Flucht in den Westen. Andere Ausreisewillige suchten Zuflucht in der deutschen Botschaft in Prag. Sie konnten ebenfalls in die Bundesrepublik übersiedeln. Angesichts der Massenflucht und der massiven Proteste der Bevölkerung in der DDR sahen sich der Ministerrat und das gesamte Politbüro schließlich zum Rücktritt gezwungen. Am ▶ 9. November 1989 öffneten sich die Grenzen der DDR endgültig. Die anfängliche Hoffnung der Sowjetunion, einen separaten Status für das DDR-Gebiet oder eine Loslösung Deutschlands aus der Westintegration zu erreichen, wurde rasch durch die politische Entwicklung überholt. Die sich abzeichnende Auflösung des Warschauer Paktes und die »Zwei-plus-Vier«-Gespräche über die Einheit Deutschlands wie die Sicherheit seiner Nachbarstaaten waren die sicherheitspolitische Voraussetzung für die deutsche Einigung und das Ende des Kalten Krieges.

1 Erich Honecker, »Man sollte ihnen keine Träne nachweinen«. (2. Oktober 1989)

In dem Parteiblatt »Neues Deutschland« äußerte sich der Generalsekretär der SED über die hohe Zahl von so genannten Republikflüchtigen aus der DDR. Der barsche und verletzende Ton dieses Artikels stieß auch bei vielen seiner Genossen auf Unverständnis und gibt ein Beispiel für den Realitätsverlust des mächtigsten Mannes der DDR.

» Zügellos wird von Politikern und Medien der BRD eine stabsmäßig vorbereitete ›Heim-ins-Reich‹-Psychose geführt, um Menschen in die Irre zu führen und auf einen Weg in ein ungewisses Schicksal zu treiben. Das vorgegaukelte Bild vom Leben im Westen soll vergessen machen, was diese Menschen von der sozialistischen Gesellschaft bekommen haben und was sie nun aufgeben. Sie schaden sich selbst und verraten ihre Heimat
[...]
Sie haben sich selbst von ihren Arbeitsstellen und von den Menschen getrennt, mit denen sie bisher zusammen lebten und arbeiteten. Bar jeder Verantwortung handelten Eltern auch gegenüber ihren Kindern, die im sozialistischen deutschen Staat wohlbehütet aufwuchsen und denen alle Bildungs- und Entfaltungsmöglichkeiten offenstanden
[...]
Sie alle haben durch ihr Verhalten die moralischen Werte mit Füßen getreten und sich selbst aus unserer Gesellschaft ausgegrenzt. Man sollte ihnen deshalb keine Träne nachweinen.«

Zit. nach: DDR-Geschichte in Dokumenten. Beschlüsse, Berichte, interne Materialien und Alltagszeugnisse. Hrsg. von Matthias Judt, Bonn 1998, S. 531

017 Ausreiseentschlossene flüchten sich auf das Gelände der Botschaft der Bundesrepublik Deutschland in Prag: Tschechische Polizisten versuchen, einen Mann am Übersteigen des Zaunes zu hindern. Foto, 2. Oktober 1989.

018 Bei der größten Demonstration in der Geschichte der DDR versammelten sich am 4. November 1989 rund eine halbe Million Menschen, um friedlich ihren Forderungen »gegen Gewalt und für verfassungsmäßige Rechte« Ausdruck zu verleihen.

1 Cees Nooteboom, »Berliner Notizen« (18. November 1989)

Der niederländische Schriftsteller, der mit seinen Reisereportagen berühmt wurde, beschreibt die Stimmung in Berlin in den Tagen nach dem »Mauerfall«.

»Wie sieht ein Fisch den Fluss, in dem er schwimmt? Er kann nicht raus um Abstand zu gewinnen. So ist es hier in Berlin. Alles fließt. Jeden Augenblick gibt es neue Ereignisse, Berichte, wenn ich aus dem Haus gehe, bin ich innerhalb weniger Minuten Teil einer wogenden Menge, wird mir aus Zeitungsschlagzeilen zugeschrien: Abschied von der Insel. Deutschland umarmt sich. Das Volk hat gesiegt. Achthunderttausend eroberten West-Berlin. Vor und in den Banken und Postämtern lange Reihen von DDR-Bürgern, die ihr Begrüßungsgeld abholen. [...]
Während ich dies schreibe, läuten ringsherum die Kirchenglocken, wie vor ein paar Tagen, als die Glocken der Gedächtniskirche die Nachricht von der geöffneten Mauer bronzen über die Stadt ergossen haben und die Menschen auf der Straße knieten und weinten. Sichtbare Geschichte hat immer etwas Ekstatisches, Ergreifendes, Beängstigendes. Niemand kann sich dem entziehen. Und niemand weiß, was geschehen wird. Berlin hat viel mitgemacht.«

Zit. nach: Cees Nooteboom, Berliner Notizen, Frankfurt a.M. 1991, S. 93 f.

Informationen

019 Der »Blutige Sonntag« in St. Petersburg am 22. Januar 1905.

Offiziere sind nicht selten »Führer vor Ort«. Die Militärgeschichte kennt viele Beispiele in denen Entscheidungen Einzelner ein Gefecht entschieden haben. Doch auch im Frieden standen Offiziere an Wendepunkten der Geschichte.

Zu Beginn des Jahrhunderts ...

020 Erstürmung des Winterpalastes in Petrograd am 7. November 1917.

Am 22. Januar 1905 demonstrierten in Sankt Petersburg etwa 140 000 Menschen vor dem Winterpalast des Zaren. Hierbei handelte es sich weniger um eine Aufruhr, als um eine Bittprozession, bei der dem Zaren eine Petition unter anderem zur Besserung der Arbeitsbedingungen, aber auch zur Bildung einer Volksvertretung vorgelegt werden sollte. Infanterieeinheiten sperrten die Brücken über den Tarakanovskij-Kanal zum Winterpalast des Zaren. Etwa um 11.00 Uhr drückten die Massen so über die Brücken, dass Kosakeneinheiten zur Verstärkung gerufen wurden. Diese versuchten mit Gewalt die Massen zurückzudrängen. Als dies nicht half, feuerten sie in die Menge. Die Folge war der »Petersburger Blutsonntag« mit vermutlich über 1000 Erschossenen und in Panik Totgetrampelten. Dieses Ereignis stellt im Rückblick den Beginn der Russischen Revolution von 1905 dar – das Vorspiel zur epochalen Wende der Revolution des Jahres 1917.

Militärisches Eingreifen in Zeiten der Revolution

021 Begrüßung von DDR-Bürgern in West-Berlin auf der Bornholmer Brücke im Bezirk Wedding. Foto, 10. November 1989.

022 Günter Schabowski verkündet am 9. November 1989 die Grenzöffnung der DDR.

... und an dessen Ende

Im Jahre 1989 drängten sich Menschenmassen vor den Grenzübergängen der Deutschen Demokratischen Republik. Dort hatte die kommunistische Führung bereits 1953 gezeigt, dass sie notfalls mit militärischer Gewalt gegen Demonstranten vorzugehen bereit war. Am Abend des 9. Novembers 1989 teilte das SED-Politbüromitglied Günter Schabowski auf einer Pressekonferenz mit, dass »Privatreisen nach dem Ausland [...] ohne Vorliegen von Voraussetzungen beantragt werden« könnten. Die Grenzübergänge in Berlin wurden daraufhin von Tausenden DDR-Bürgern, in der Hoffnung nach Westdeutschland reisen zu können, »belagert«. Die Grenztruppen waren aufgrund der vorzeitigen Bekanntgabe vollkommen überrascht. Am Grenzübergang Bornholmer Straße ließ der Leiter der Passkontrolleinheiten – nach Rücksprache mit seinem Vorgesetzten – einzelne Menschen ausreisen und deren Pässe ungültig stempeln. Doch bald drückten Tausende Menschen auf den Grenzübergang. Als die Massen den Drahtgitterzaun vor dem Übergang zur Seite schoben, drohte die Situation zu eskalieren. Um 23.30 ließ der Führer vor Ort, Oberstleutnant Harald Jäger, den ersten Schlagbaum öffnen: »Wir fluten«. Ohne Kontrolle strömten in den nächsten Stunden etwa 20 000 Menschen nach West-Berlin. Im Rückblick war dies der Beginn des Endes der DDR. Die deutsche Wiedervereinigung läutete die Überwindung der »Nachkriegsordnung von Jalta« ein. In Petersburg und Berlin erschwerten jeweils unübersichtliche Lagen die Entscheidung über den Einsatz von Schusswaffen. Die getroffene Wahl reichte dabei weiter als der Vorstellungshorizont der Akteure.

023 Am 9. November 1989 fällt nach 28 Jahren die Mauer.

Zwischen Konfrontation und Entspannung

Kapitel I – Umfeld:

Sicherheitspolitik im Schatten der Supermächte

024 Helmut Schmidt und Erich Honecker bei der KSZE-Konferenz in Helsinki, 1973.

1. Globale und regionale Entspannung 1969 bis 1975

a) Rüstungsbegrenzungen der Supermächte und Entspannung in Europa

Nachdem bereits im Gefolge der Berlin- und Kuba-Krise 1961/62 ein ▶ Umdenken in den Ost-West-Beziehungen begonnen hatte, das sich vor allem aus dem zunehmenden Bewusstsein der Risiken eines möglichen Atomkrieges ergab, verdichtete sich die Annäherung der Supermächte seit 1968/69 zu einer internationalen ▶ Politik der Entspannung. Dabei rückten zunächst die Verhandlungen zur Begrenzung der ▶ strategischen Rüstungen in den Mittelpunkt. Gespräche hierzu waren zwischen den USA und der UdSSR bereits im Sommer 1968 vereinbart worden. Wegen des Einmarsches von Warschauer-Pakt-Truppen in die Tschechoslowakei im August 1968 wurden sie aber erst Ende 1969 aufgenommen. Erste Verträge konnten bei einem Besuch des amerikanischen Präsidenten Richard Nixon in Moskau am 26. Mai 1972 unterzeichnet werden. Im Einzelnen handelte es sich dabei um:

1. einen Vertrag zur Begrenzung ballistischer Raketenabwehrsysteme (engl., Anti-Ballistic Missiles, ABM),
2. ein auf fünf Jahre befristetes Interimsabkommen zur Begrenzung strategischer Offensivwaffen, in dem beiderseitige Höchstgrenzen für Interkontinentalraketen (engl., Intercontinental Ballistic Missiles, ICBM) und Unterseeboot-gestützte ballistische Raketen (engl., Submarine-launched Ballistic Missiles, SLBM) festgelegt wurden.

Ziel dieser Vereinbarungen war in erster Linie eine Stabilisierung des Rüstungswettlaufs. Das weit gehende Verbot ballistischer Raketenabwehrsysteme sollte dazu dienen, eine – theoretisch denkbare – Verteidigung gegen einen Nuklearangriff praktisch unmöglich zu machen. Denn nur wenn eine Abwehr gegen einen vernichtenden Atomschlag unmöglich war – so die Logik der Rüstungsstrategen –, blieb die beiderseitige Furcht vor einem vernichtenden Gegenschlag des Angegriffenen (»Zweitschlagfähigkeit«) und damit das »Gleichgewicht des Schreckens« erhalten. Die Begrenzung der Offensivraketen sollte dagegen dem Rüstungswettlauf zahlenmäßig einen Rahmen setzen. Hier ging es vor allem um psychologische Faktoren. Dennoch sahen die Rüstungskontrollpolitiker darin einen Sinn, weil das menschliche Bewusstsein von schematischen Gleichgewichtsvorstellungen bzw. Unter- und Überlegenheitsgefühlen ausging, die zumindest unbewusst das Verhalten in Ost und West beeinflussen konnten. Immerhin konnte jetzt damit begonnen werden,

---

S Die Angst vor der Verbreitung von Atomwaffen trieb die USA und UdSSR zu Gesprächen über die Reduzierung strategischer Waffen (engl.; Strategic Arms Limitation Talks) kurz SALT. Am 26. Mai 1972 kamen mit SALT I zwei Verträge in Moskau zustande: Die jeweiligen Raketenabwehrsysteme wurden auf den bisherigen Stand begrenzt und das Wettrüsten in den Ozeanen gestoppt. Die SALT II-Verträge vom 19. Juni 1979 sahen eine Reduzierung aller Waffensysteme der USA und UdSSR vor, traten aber nie in Kraft. Erst 1987 konnte eine Vernichtung von Atomwaffen erreicht werden.

Kernwaffensysteme können in zwei wesentliche Kategorien unterteilt werden: strategische und taktische Nuklearwaffen. Aufgrund der ihnen zugedachten Einsatzform unterscheiden sie sich hierbei in erster Linie durch ihre jeweilige Reichweite und Detonationsstärke. Während Nuklearwaffen, die für einen strategischen Einsatz vorgesehen sind, über eine große Reichweite und hohe Sprengkraft verfügen, haben taktische Kernwaffen eine weitaus geringere Reichweite und Detonationswirkung. Strategische Kernwaffensysteme, wie beispielsweise mit Nuklearsprengköpfen bestückte Interkontinentalraketen, sind für Angriffe auf die gegnerischen offensiven und defensiven Rüstungsanlagen sowie die dazugehörige Infrastruktur vorgesehen. Mit diesem Einsatz im Hinterland des Gegners nehmen sie allerdings keinen unmittelbaren Einfluss auf den Verlauf der Kampfhandlungen. Taktische Nuklearwaffensysteme, auch »atomare Gefechtsfeldwaffen« genannt, sind hingegen für den direkten Einsatz gegen militärische Ziele auf einem begrenzten Gefechtsfeld konzipiert. Ihre Trägersysteme zeichnen sich durch eine hohe Mobilität und schnelle Einsatzbereitschaft aus.

025 Nach der Unterzeichnung des ersten Abkommens über die Begrenzung der strategischen Rüstung zwischen der Sowjetunion und den USA in Moskau schütteln sich US-Präsident Richard Nixon und der sowjetische Staatschef Leonid Breschnew die Hände. Foto, 26. Mai 1976.

»Auszug aus dem Vertrag über die Nichtverbreitung von Kernwaffen« (1. Juli 1968)

Der Vertrag, der auch als Atomwaffensperrvertrag bezeichnet wird, unterschied zwischen Kernwaffenstaaten (USA, Großbritannien, Frankreich, China und Sowjetunion/Rußland) und Nichtkernwaffenstaaten. Für beide wurden Bestimmungen festgelegt, deren Einhaltung von der in Wien ansässigen Internationalen Atomenergiebehörde überprüft werden sollte.

»Artikel 1: Jeder Kernwaffenstaat, der Vertragspartei ist, verpflichtet sich, Kernwaffen und sonstige Kernsprengkörper oder die Verfügungsgewalt darüber an niemandem unmittelbar oder mittelbar weiterzugeben und einen Nichtkernwaffenstaat weder zu unterstützen noch zu ermutigen noch zu veranlassen, Kernwaffen oder sonstige Kernsprengkörper herzustellen oder sonstwie zu erwerben oder die Verfügungsgewalt darüber zu erlangen.
Artikel 2: Jeder Nichtkernwaffenstaat, der Vertragspartei ist, verpflichtet sich, Kernwaffen und sonstige Kernsprengkörper oder die Verfügungsgewalt darüber von niemandem unmittelbar oder mittelbar anzunehmen, Kernwaffen oder sonstige Kernsprengkörper weder herzustellen noch sonstwie zu erwerben und keine Unterstützung zur Herstellung von Kernwaffen oder sonstigen Kernsprengkörpern zu suchen oder anzunehmen.«

Zit. nach: Sicherheitspolitik der Bundesrepublik Deutschland. Dokumentation 1945–1977.
1. Teil. Hrsg. und eingel. von Klaus von Schubert, Köln 1978, S. 387–389

Anfang der 1960er Jahre gelang es der US-Regierung, einen Vertrag über die Nichtverbreitung von Kernwaffen mit der Sowjetunion und Großbritannien auszuhandeln. Der Vertrag über die Nichtverbreitung von Kernwaffen, oder kurz Atomwaffensperrvertrag, trat am 5. März 1970 in Kraft und war zunächst auf 25 Jahre befristet. Am 11. Mai 1995 wurde er von den Vereinten Nationen auf unbestimmte Zeit verlängert. Das Abkommen beruht auf Gegenseitigkeit, bei dem sich die Kernwaffenmächte dazu verpflichten, Nuklearwaffen nicht weiterzugeben und mit der Begrenzung bzw. Reduzierung ihrer eigenen Kernwaffenbestände zu beginnen. Die Nichtkernwaffenmächte erklärten sich zum Verzicht auf solche Waffen sowie auf deren Erwerb, Lagerung und Herstellung bereit. Der Nichtverbreitungsvertrag hielt somit die Zahl der Atommächte in engen, überschaubaren Grenzen, um die Rationalität und Kalkulierbarkeit des Systems der gegenseitigen nuklearen Abschreckung zu erhalten. Inzwischen haben 188 Länder den Vertrag unterzeichnet.

Informationen

026 *Erster Atombombentest der USA auf den Marshall-Inseln im Pazifik. Foto, Herbst 1952.*

Während des Kalten Krieges stabilisierten Abrüstungsverträge das sensible Gleichgewicht zwischen den beiden nuklearen Supermächten im Ost-West-Konflikt. Bemühungen um eine gegenseitig ausgewogene Eindämmung der stetigen Aufrüstung gab es schon in den 1950er Jahren. Aber erst nach der Kuba-Krise und den dramatischen Entwicklungen in Berlin 1961 kam es zu einem ersten Vertrag über das Verbot überirdischer Tests atomarer Waffen (Partial Test Ban Treaty, PTBT).

Im Jahre 1968 begannen die Verhandlungen zur Begrenzung der strategischen Rüstung (SALT) zwischen den USA und der Sowjetunion. Parallel dazu wurde über einen Atomwaffensperrvertrag verhandelt, der schließlich 1970 in Kraft trat und von den Atommächten USA, UdSSR und Großbritannien unterzeichnet wurde. Bis heute haben rund 189 Staaten den Vertrag unterschrieben. Er ist damit der Rüstungskontrollvertrag mit der größten Zahl von Vertragsstaaten. Das Ziel des Atomwaffensperrvertrages ist es, die weitere Proliferation (engl., Weitergabe) von Nuklearwaffen und nuklearfähiger Technologie zu verhindern und durch Verhandlungen eine weit gehende nukleare Abrüstung zu erreichen.

027 *Test einer US-amerikanischen Polaris-Mittelstreckenrakete in Kalifornien, 1958.*

Die Internationale Rüstungskontrolle

Die SALT-Gespräche waren dagegen bilaterale Rüstungskontrollverhandlungen zwischen den beiden Supermächten zwischen 1969 und 1979. Im Jahre 1972 unterzeichnete der amerikanische Präsident Richard Nixon gemeinsam mit dem sowjetischen Staatschef Leonid Breschnew in Moskau den ABM-Vertrag. Ziel der Vereinbarung war es, eine Begrenzung von antiballistischen Raketensystemen zu erreichen. Dadurch sollte das Gleichgewicht zwischen den beiden Mächten gesichert werden, denn die Eindringfähigkeit strategischer Nuklearraketen garantierte die Zweitschlagfähigkeit und somit die gegenseitige Verwundbarkeit.

Der SALT-II-Vertrag wurde 1979 unterzeichnet. Darin erklärten sich beide Staaten bereit, Obergrenzen u.a. bei Abschussrampen, schweren Bombern und Gefechtsköpfen einzuhalten.

028 Präsident Ronald Reagan und Generalsekretär Michail Gorbatschow beim Austausch des unterzeichneten INF-Abkommen. Foto, 29. Mai 1988.

029 Abrüstung von NVA-Fahrzeugen gemäß KSE-Vertrag. Das Rohr eines BTR 60 wird mit dem Schweißbrenner zerkleinert. Foto, 1990.

Besondere Bedeutung für die Entspannungspolitik hatte der INF-Vertrag, der 1987 zwischen den USA und der Sowjetunion geschlossen wurde. Beide Staaten verpflichteten sich darin, ihren gesamten Bestand an Mittelstreckenwaffen zu zerstören.

Auch nach dem Endes des Kalten Krieges wurden Rüstungskontrollverträge zwischen den beiden Staaten geschlossen. So der START-Vertrag 1991, der als Nachfolgevertrag der SALT-Verträge gilt und in dem sich die Vertragspartner zur Reduzierung ihrer strategischen Nuklearwaffen verpflichten.

Nach dem Ende der Ost-West-Konfrontation haben sich Abrüstung und Rüstungskontrolle als erfolgreiche Instrumente einer stabilen Sicherheitspolitik erwiesen. Der KSE-Vertrag ist ein Beispiel für die Bedeutung von Abrüstungsverträgen nach dem Ende des Kalten Krieges. Er wurde 1990 von 22 europäischen Staaten unterzeichnet und zwei Jahre später von nun 29 KSE-Staaten in Kraft gesetzt. In den folgenden Jahren wurde der Vertrag laufend an die neuen Entwicklungen angepasst und konnte weitere Vertragspartner gewinnen. Er gilt heute als das umfassendste Rüstungskontrollabkommen für konventionelle Waffen. Der Vertrag zielt auf ein stabiles Gleichgewicht der konventionellen Streitkräfte zwischen dem Atlantik und dem Ural, das einen Überraschungsangriff eines Staates unmöglich machen soll. Der KSE-Vertrag gilt heute als ein Eckpfeiler der europäischen Sicherheit.

den Bestand der bisherigen Rüstungen systematisch zu erfassen und ihre weitere Entwicklung zu steuern und zu begrenzen.

Allerdings wurde das nukleare Wettrüsten durch die erste Runde der SALT-Verhandlungen (SALT-I) keineswegs beendet. Es war deshalb nur logisch, dass bald eine zweite Runde der SALT-Verhandlungen (SALT-II) eingeleitet wurde, die am 25. September 1973 in Genf begann. Wie dringlich dies war, zeigt schon die Tatsache, dass die USA und die Sowjetunion zum Zeitpunkt der SALT-I-Vereinbarungen zusammen über ein nukleares Potenzial verfügten, das ausgereicht hätte, um jede Person auf der Erde der Explosivkraft von 15 Tonnen TNT auszusetzen. Die Summe der Militärausgaben in der Welt betrug zu dieser Zeit bereits über 200 Milliarden Dollar jährlich – mehr als das Bruttosozialprodukt aller Länder Afrikas und Südasiens zusammen. Jedoch geriet die Rüstungskontrollpolitik auf Grund von inneramerikanischen Problemen (Watergate-Affäre, Beendigung des Vietnam-Krieges) bald in eine Krise, so dass der SALT-II-Vertrag erst am 18. Juni 1979 von Präsident Jimmy Carter und Generalsekretär ▶ Leonid Breschnew in Wien unterzeichnet werden konnte.

Neben den SALT-Verhandlungen suchten die USA und die UdSSR auch nach Wegen, um das Risiko eines Kriegsausbruchs durch Unfall, technisches Versagen oder Missverständnis zu verringern. Dazu wurden Anfang der siebziger Jahre vier Abkommen geschlossen:
1. zur Verbesserung des »Heißen Drahtes« zwischen Washington und Moskau (30. September 1971),
2. zur Verminderung der Gefahr des Ausbruchs eines Nuklearkrieges infolge eines nuklearen Unfalls (30. September 1971),
3. zur Vermeidung von Zwischenfällen auf und über dem offenen Meer (25. Mai 1972),
4. zur Verhinderung von Nuklearkriegen (22. Juni 1973).

Mit den Fortschritten auf der globalen Ebene der Rüstungskontrolle erhielten auch die Entspannungsverhandlungen neue Impulse, die in der Konferenz über Sicherheit und Zusammenarbeit in Europa (KSZE) sowie bei den Gesprächen über beiderseitige und ausgewogene Truppenverminderung (engl., Mutual Balanced Force Reduction, MBFR) gipfelten.

Die KSZE, ein Höhe- und Wendepunkt der Entspannungspolitik, begann am 22. November 1972 und endete am 1. August 1975 mit der Schlussakte von Helsinki. Das Dokument enthielt einen Prinzipienkatalog für die zwischenstaatlichen Beziehungen in Europa, Bestimmungen über vertrauensbildende Maßnahmen im militärischen Bereich, Vorschläge für wirtschaftliche und wissenschaftliche Zusammenarbeit sowie Vereinbarungen über die Verwirklichung größerer Freizügigkeit für Menschen, Informationen und Meinungen. Der Prinzipienkatalog, in dem unter anderem die Unverletzlichkeit der Grenzen und der Verzicht auf die Anwendung oder Androhung von Gewalt bekräftigt wurden, sollte einen Verhaltenskodex für Ost und West in Europa schaffen. Zugleich bildete die KSZE den Auftakt für eine Serie von Folgekonferenzen, die in unregelmäßigen Abständen stattfanden, um die Einhaltung der Vereinbarungen von Helsinki zu prüfen und die begonnene Politik fortzuschreiben.

Die MBFR-Gespräche, bei denen es um die Begrenzung konventioneller Streitkräfte in Mitteleuropa ging, wurden am 31. Januar 1973 in der Wiener Hofburg eröffnet und im Februar 1989 ohne nennenswerten Erfolg beendet. Schon bei der Bestandsaufnahme ging es jah-

Leonid Iljitsch Breschnew (1906–1982)

Sowjetischer Politiker – Nachdem sich Leonid Breschnew 1964 am Sturz Chruschtschows beteiligt hatte, rückte er in die zentrale Machtposition der Sowjetunion als 1. Sekretär des ZK der KPdSU und setzte die Politik der friedlichen Koexistenz, die sein Amtsvorgänger begonnen hatte, gegenüber dem Westen fort. Dennoch verschärfte er den außenpolitischen Kurs der UdSSR mit der Unterstützung Nordvietnams gegen die USA. Die Konsequenz dieser Außenpolitik war die so genannte Breschnew-Doktrin, die besagte, dass sich die UdSSR ein Recht auf Intervention vorbehalte, wenn in einem »Bruderstaat« der Sozialismus innerlich bedroht sei. Dieser außenpolitischen Leitlinie folgend intervenierte die Sowjetunion mit anderen Warschauer-Pakt-Staaten 1968 in der CSSR und schlug den »Prager Frühling« militärisch nieder. Eine weitere Folge der Breschnew-Doktrin war das militärische Engagement der UdSSR in Afghanistan 1979. Demgegenüber trieb Breschnew aber auch die Entspannungspolitik weiter voran. So schloss er 1972 mit US-Präsident Nixon den Strategic Armament Limitation Treaty (SALT) sowie 1970 den Moskauer Vertrag mit der Bundesrepublik Deutschland.

030 Leonid Breschnew. Foto, um 1979.

1 »Die Breschnew-Doktrin« (15. Juli 1968)

In seinem Schreiben an die Kommunistische Partei der Tschechoslowakei, das als Breschnew-Doktrin in die Geschichte einging, warf der sowjetische Präsident der tschechischen Regierung vor sich vom Sozialismus abzuwenden. Für die militärische Intervention der Sowjetunion, die einen Monat später erfolgte, bereitete er mit seiner Doktrin die ideologische Grundlage, indem er behauptete, dass die sozialistischen Staaten nur eine beschränkte Souveränität besäßen und ein Eingreifen dann unumgänglich werde, wenn die gemeinsamen Interessen des sozialistischen Lagers bedroht seien.

031 Besuch von Leonid Breschnew in Ost-Berlin, anlässlich der Feiern zum 30. Jahrestag der DDR am 6. Oktober 1974.

»Wir können jedoch nicht damit einverstanden sein, daß feindliche Kräfte ihr Land vom Weg des Sozialismus stoßen und die Gefahr einer Lostrennung der Tschechoslowakei von der sozialistischen Gemeinschaft heraufbeschwören. Das sind nicht mehr nur ihre Angelegenheiten. Das sind die gemeinsamen Angelegenheiten aller Kommunistischen und Arbeiterparteien und aller durch Bündnis, durch Zusammenarbeit und Freundschaft vereinten Staaten. Das sind die gemeinsamen Angelegenheiten unserer Staaten, die sich im Warschauer Pakt vereinigt haben [...]. Die Grenzen der sozialistischen Gemeinschaft haben sich bis in das Herz Europas, bis zur Elbe und bis zum Böhmerwald vorgeschoben. Und wir werden niemals damit einverstanden sein, daß diese historischen Errungenschaften des Sozialismus, die Unabhängigkeit und Sicherheit aller unserer Völker in Gefahr geraten. Wir werden niemals zulassen, daß der Imperialismus auf friedlichem oder unfriedlichem Wege, von innen oder von außen, eine Bresche in das sozialistische System schlägt und das Kräfteverhältnis in Europa zu seinen Gunsten verändert.«

Zit. nach: Geschichtsbuch Oberstufe, Bd 2: Das 20. Jahrhundert. Hrsg. von Hilke Günther-Arndt, Dirk Hoffmann und Norbert Zwölfer, Berlin 1996, S. 232

S Die Breschnew-Doktrin brachte die eingeschränkte Souveränität der am Warschauer Pakt beteiligten Staaten zum Ausdruck. Sie besagte, dass jede vom Sozialismus abweichende Entwicklung nicht nur den jeweils betroffenen Staat gefährdet, sondern gleichzeitig für alle sozialistischen Staaten eine Bedrohung darstellt. Mit der Breschnew-Doktrin wurde nachträglich der Einmarsch sowjetischer Truppen in die Tschechoslowakei anlässlich des Prager Frühlings 1968 gerechtfertigt. 1979 diente sie ebenfalls als Begründung für die militärische Intervention der Sowjetunion in Afghanistan.

relang nicht voran. Und auch über mögliche Reduzierungsmodelle konnte man sich nicht einigen, weil die unterschiedlichen Streitkräftestrukturen und die stark voneinander abweichenden Streitkräftezahlen einen Kompromiss nicht zuließen. Erst die Nachfolgekonferenz, die seit dem 9. März 1989 unter dem Titel »Verhandlungen über konventionelle Streitkräfte in Europa« (VKSE) ebenfalls in Wien tagte, brachte nach weiteren 20 Monaten Verhandlungen einen Vertrag zustande, der am 19. November 1990 auf einem KSZE-Sondergipfel in Paris von den Staats- und Regierungschefs unterzeichnet wurde. Er sah Obergrenzen für Personal und Ausrüstung der Streitkräfte vom Atlantik bis zum Ural sowie ein komplexes Informations- und Verifizierungssystem vor. Die ebenfalls unterzeichnete »Pariser Charta für ein neues Europa« verlieh darüber hinaus der KSZE für die Zukunft eine Koordinierungsfunktion bei der gemeinsamen Abwehr von Konfliktgefahren in Europa. Zu diesem Zweck wurde 1991 in Prag eigens ein Konfliktverhütungszentrum der KSZE errichtet.

Für die USA und die UdSSR besaßen diese Verhandlungen über Abrüstung und Entspannung in Europa von Anfang an einen sehr unterschiedlichen Stellenwert. Während die Sowjetunion dringend eine Anerkennung der europäischen Nachkriegsgrenzen durch das Forum der 35 KSZE-Teilnehmerstaaten wünschte, war das Interesse der USA an dieser »Spielwiese der Europäer« (▶ Henry A. Kissinger) anfangs gering. Die MBFR-Gespräche stießen sogar in Ost und West gleichermaßen auf Desinteresse, bis sich die politischen Voraussetzungen Ende der achtziger Jahre grundlegend änderten. Für die KSZE galt diese Konstellation jedoch nur bis 1975. Denn als die Schlussakte von Helsinki unterzeichnet war, kehrten sich die Betrachtungsweisen bald um: Für die Sowjetunion war der Hauptzweck der Veranstaltung – die formelle Grenzanerkennung – erfüllt, während sie die Folgen der Zugeständnisse im Bereich der Menschenrechte und der Freizügigkeit möglichst zu vermeiden suchte. Die USA dagegen wurden sich des Nutzens bewusst, den der ▶ Helsinki-Prozess für die Durchsetzung der ▶ Menschenrechte in der Sowjetunion und in Osteuropa haben konnte. Der »Geist von Helsinki« wurde zum Synonym für das Streben nach Befreiung von politischer Repression in Europa.

b) Die Neue Ostpolitik und das Viermächte-Abkommen über Berlin

Deutschland war von vornherein eng in die Entspannung zwischen Ost und West einbezogen. Die ▶ Neue Ostpolitik Willy Brandts und ▶ Egon Bahrs nach 1969 fügte sich dabei nicht nur nahtlos in den internationalen Prozess ein, sondern bildete auch selbst einen dynamischen Faktor, der die Entspannung vorantrieb. Sie umfasste folgende Schwerpunkte:

1. Im Verhältnis zur Sowjetunion ging es um die Anerkennung der bestehenden Grenzen in Europa und um die Sicherung des Status von Berlin und seiner Zufahrtswege.
2. Im Verhältnis zu Polen standen die Anerkennung der Oder–Neiße-Grenze als polnische Westgrenze, die Abgeltung polnischer Rentenansprüche, ein Kredit für die polnische Wirtschaft sowie die Ausreise-Erlaubnis für deutschstämmige Polen zur Debatte.
3. Im Verhältnis zur DDR waren die Anerkennung der staatlichen Existenz der DDR sowie praktische Fragen, die sich aus der Nachbarschaft der beiden Länder und den noch bestehenden familiären und persönlichen Bindungen ergaben, zu regeln.

B Henry Alfred Kissinger (1923)
US-Politiker – Der in Fürth als Sohn einer jüdischen Familie geborene Kissinger emigrierte 1938 in die USA. In den Vereinigten Staaten schlug er zunächst eine wissenschaftliche Laufbahn ein und wurde 1954 Professor in Harvard. Unter den US-Präsidenten Nixon und Ford bekleidete Kissinger seit 1969 das Amt des Nationalen Sicherheitsberaters und wurde 1973 Außenminister der USA. Im Jahre 1971 bereitete er die Aufnahme diplomatischer Beziehungen zwischen den USA und China vor. Durch intensive Geheimverhandlungen in Paris gelang es Kissinger 1973 den eskalierenden Vietnam-Krieg mit einem Waffenstillstand zwischen den USA und Nordvietnam zu beenden. Für diese Leistung erhielten Kissinger und sein vietnamesischer Verhandlungspartner Le Duc Tho im selben Jahr den Friedensnobelpreis. In den folgenden Jahren engagierte sich Kissinger als ausdauernder Vermittler im Nahost-Konflikt zwischen den arabischen Staaten und Israel.

»Die Helsinki-Schlussakte« (August 1975)

Die zentralen Punkte der Schlussakte bilden das Bekenntnis zur Achtung der Menschenrechte. Das Abschlussdokument der Konferenz für Sicherheit und Zusammenarbeit in Europa (KSZE) wurde von 35 Staaten aus Ost und West unterschrieben.

»Achtung der Menschenrechte und Grundfreiheiten, einschließlich der Gedanken-, Gewissens-, Religions- oder Überzeugungsfreiheit.

Die Teilnehmerstaaten werden die Menschenrechte und Grundfreiheiten einschließlich der Gedanken-, Gewissens-, Religions- oder Überzeugungsfreiheit für alle ohne Unterschied der Rasse, des Geschlechts, der Sprache oder der Religion achten.

Sie werden die wirksame Ausübung der zivilen, politischen, wirtschaftlichen, sozialen, kulturellen sowie anderen Rechte und Freiheiten, die sich alle aus der dem Menschen innewohnenden Würde ergeben und für seine freie und volle Entfaltung wesentlich sind, fördern und ermutigen.

In diesem Rahmen werden die Teilnehmerstaaten die Freiheit des Individuums anerkennen und achten, sich allein oder in Gemeinschaft mit anderen zu einer Religion oder einer Überzeugung in Übereinstimmung mit dem, was sein Gewissen ihm bietet, zu bekennen und sie auszuüben.«

Zit. nach: Europa-Archiv, 30 (1975), S. 441

 Die »Charta 77« (1977)

Die verschärfte Haltung der tschechischen Regierung gegenüber Oppositionellen führte zur Gründung dieser Bürgerrechtsgruppe. Die Charta 77 wollte auf Menschenrechtsverletzungen aufmerksam machen, die im Widerspruch zu der Schlussakte von Helsinki standen. Diese war auch von der tschechoslowakischen Regierung unterzeichnet worden.

»Charta 77 ist eine freie, informelle und offene Gemeinschaft von Menschen verschiedener Überzeugungen, verschiedener Religionen und verschiedener Berufe, verbunden durch den Willen sich einzeln und gemeinsam für die Respektierung der Bürger- und Menschenrechte in unserem Land und in der Welt einzusetzen – jener Rechte, die dem Menschen von beiden kodifizierten internationalen Pakten, von der Abschlussakte der Konferenz in Helsinki, von zahlreichen weiteren internationalen Dokumenten gegen Krieg, Gewaltanwendung und soziale und geistige Unterdrückung zugestanden werden und die zusammenfassend von der ›Allgemeinen Erklärung der Menschenrechte‹ der UN zum Ausdruck gebracht werden.

[...]

Charta 77 ist keine Organisation, hat keine Statuten, keine ständigen Organe und keine organisatorisch bedingte Mitgliedschaft. Ihr gehört jeder an, der ihrer Idee zustimmt, an ihrer Arbeit teilnimmt und sie unterstützt.
Charta 77 ist keine Basis für oppositionelle politische Tätigkeit. Sie will dem Gemeininteresse dienen wie viele ähnliche Bürgerinitiativen in verschiedenen Ländern des Westens und des Ostens.«

Zit. nach: Ladislav Hejdanek, Wahrheit und Widerstand. Prager Briefe, München 1988, S. 274 f.

032 Ungarische Gedenk-Briefmarke anlässlich des zehnten Jahrestages der Unterzeichnung der Helsinki-Schlussakte.

033 Treffen der Repräsentanten von 35 Nationen in Helsinki (30. Juli bis 1. August 1975) aus Anlass der Beendigung der Konferenz für Sicherheit und Zusammenarbeit in Europa (KSZE).

Zwischen Konfrontation und Entspannung

4. Im Verhältnis zur Tschechoslowakei galt es, die Frage der Gültigkeit des Münchener Abkommens vom 29. September 1938 sowie humanitäre Angelegenheiten und Fragen der Strafverfolgung und Rechtshilfe zu klären.

Wegen des besonderen Gewichts der Sowjetunion wurden die Gespräche zuerst mit Moskau geführt. Sie konzentrierten sich auf zwei Punkte, die auch im Verhältnis zu Polen und der DDR von zentraler Bedeutung waren: die Frage eines Gewaltverzichts und die Anerkennung der bestehenden Grenzen. Bonn war zu einem wechselseitigen Verzicht auf Anwendung oder Androhung von Gewalt bereit. Moskau wollte darüber hinaus eine Anerkennung der bestehenden Grenzen in Europa – einschließlich derjenigen der DDR zur Bundesrepublik und zwischen Polen und der DDR. Am Ende entstand mit dem Moskauer Vertrag vom 12. August 1970 eine Regelung, bei der die Grenzen nur insoweit fixiert wurden, als sie eine Folge des Gewaltverzichts bildeten. Grenzänderungen waren demnach nur dann vertragswidrig, wenn sie einseitig gefordert oder durchgesetzt wurden und somit Elemente der Gewalt enthielten. Diese Regelung erhielt ihr besonderes Gewicht dadurch, dass sie nicht nur für die Verträge der Bundesrepublik mit Polen und der DDR, sondern auch für die Beschlüsse der Konferenz über Sicherheit und Zusammenarbeit in Europa zum Modell wurden. Die Bereinigung des deutsch-sowjetischen Verhältnisses und damit die Beendigung des deutschen »Sonderkonfliktes« mit der Sowjetunion war somit für die gesamte europäische Entspannungspolitik von grundlegender Bedeutung.

Der Warschauer Vertrag vom 7. Dezember 1970 und der Grundlagenvertrag zwischen der DDR und der Bundesrepublik vom 21. Dezember 1972 enthielten hinsichtlich des Gewaltverzichts und der Unverletzlichkeit der Grenzen die gleichen Formulierungen wie der Moskauer Vertrag. Im Falle des Warschauer Vertrages wurde darüber hinaus in Einzelbestimmungen ausführlich die Frage der ▸ Oder–Neiße-Grenze geregelt, im Falle des Grundlagenvertrages die Frage der »Unabhängigkeit und Selbstständigkeit jedes der beiden Staaten in seinen inneren und äußeren Angelegenheiten«. Damit war eine Basis geschaffen, auf der die Entwicklung »gut nachbarlicher Beziehungen« und die Entspannungspolitik ihren Fortgang nehmen konnten, zumal inzwischen mit dem Viermächte-Abkommen über Berlin vom 3. September 1971 auch eine Regelung für das Berlin-Problem gefunden worden war.

Schon im Zusammenhang mit den Verhandlungen in Moskau und Warschau hatte die Bundesregierung wiederholt darauf hingewiesen, dass eine Ratifizierung der Ostverträge nur möglich sei, wenn zuvor eine befriedigende Berlin-Regelung zu Stande komme. Auch die Frage der Einberufung der Konferenz über Sicherheit und Zusammenarbeit in Europa war mit dem Berlin-Problem verbunden worden. Parallel zu den bilateralen Gesprächen der Bundesregierung in Moskau, Warschau und Ost-Berlin wurden deshalb Verhandlungen zwischen den vier Siegermächten des Zweiten Weltkrieges – den USA, der UdSSR, Großbritannien und Frankreich – über das Berlin-Problem geführt.

Das daraus hervorgegangene Viermächte-Abkommen vom September 1971 stellte aus westlicher Sicht das eigentliche Entgegenkommen der Sowjetunion für die Ostverträge sowie die westliche Zustimmung zur Abhaltung der KSZE dar. Zugleich war es der Preis für die westliche Anerkennung der DDR. Das Abkommen sicherte die politische Lebensfähig-

---

Die Vertriebenen der ehemaligen deutschen Ostgebiete organisierten sich seit 1949 entsprechend ihrer Herkunft in Landsmannschaften. In der 1950 verkündeten »Charta der Heimatvertriebenen« wurde die soziale und wirtschaftliche Gleichstellung der Vertriebenen gefordert. Sie verzichteten ausdrücklich auf Revanche und Vergeltung, wahrten jedoch ihr Recht auf Heimat. Die Nichtanerkennung der Nachkriegsgrenzen in Ost-Mitteleuropa durch die Vertriebenen entsprach zu diesem Zeitpunkt auch der offiziellen Politik der Bundesregierung. Bei der Bundestagswahl 1953 gelang dem Gesamtdeutschen Block/Bund der Heimatvertriebenen und Entrechteten (GB/BHE) der Einzug in den Bundestag, im zweiten Kabinett von Bundeskanzler Konrad Adenauer

Egon Bahr (1922)

Politiker – Nach dem Zweiten Weltkrieg arbeitete Egon Bahr als Journalist für verschiedene Medien, wie den »Tagesspiegel« oder den RIAS. Der Regierende Bürgermeister von West-Berlin, Willy Brandt, berief ihn 1960 an die Spitze des Presse- und Informationsamtes des Landes Berlin. Anfang der 1960er Jahre entwickelt Bahr gemeinsam mit Willy Brandt außenpolitische Leitgedanken, welche die Basis für die spätere »Neue Ostpolitik« der Bundesrepublik Deutschland bildeten. Bahr wurde zum Architekten der Ostverträge sowie Vordenker einer politischen Strategie, die auf das langfristige Ziel einer Beendigung des »Kalten Krieges« und der Blockkonfrontation hinauslaufen sollte. In diesem Zusammenhang formulierte Bahr im Juli 1963 in einer Rede die neue Konzeption der deutschen Ostpolitik unter der Devise »Wandel durch Annäherung«. Nach dem Zustandekommen der Großen Koalition 1966 wurde Bahr Ministerialdirektor im Auswärtigen Amt sowie Sonderbotschafter und Leiter des Planungsstabes des Auswärtigen Amtes. Von 1969 bis 1972 bekleidete er das Amt eines Staatssekretärs im Bundeskanzleramt. Bahr leitete die Gespräche mit dem sowjetischen Außenminister Andrei Gromyko in Moskau, die schließlich am 12. August 1970 zum Abschluss des Moskauer Vertrages führten. In seiner Funktion als Bundesbevollmächtigter für Berlin und Bundesminister für besondere Aufgaben wurde Bahr seit 1972 zum ständigen Berater von Bundeskanzler Brandt in allen Fragen der Ost- und Deutschlandpolitik. Ein besonderer Erfolg der Deutschlandpolitik war der am 21. Dezember 1972 von Bahr unterzeichnete Grundlagenvertrag zwischen der Bundesrepublik und der DDR. Nach dem Rücktritt Brandts 1974 übernahm Bahr das Bundesministerium für wirtschaftliche Zusammenarbeit im Kabinett von Bundeskanzler Helmut Schmidt. 1990 wurde Bahr Berater des DDR-Abrüstungs- und Verteidigungsministers Rainer Eppelmann.

034 Bundeskanzler Willy Brandt, Außenminister Walter Scheel und Staatssekretär Egon Bahr bei der Lesung der Ostverträge im Bundesrat, 9. Februar 1972.

---

1 Egon Bahr, »Die Neue Ostpolitik« (15. Juli 1963)

In seiner Rede vor der Evangelischen Akademie in Tutzing prägte der Berliner Senatsdirektor den Begriff »Wandel durch Annäherung«. Diese Idee wurde zum Grundsatz der späteren westdeutschen Ostpolitik.

»Heute ist klar, dass die Wiedervereinigung nicht ein einmaliger Akt ist, der durch einen historischen Beschluss an einem historischen Tag auf einer historischen Konferenz ins Werk gesetzt wird, sondern ein Prozess mit vielen Schritten und vielen Stationen. Wenn es richtig ist, was Kennedy sagte, dass man auch die Interessen der anderen Seite anerkennen und berücksichtigen müsse, so ist es sicher für die Sowjetunion unmöglich, sich die Zone zum Zwecke einer Verstärkung des westlichen Potenzials entreißen zu lassen. Die Zone muss mit Zustimmung der Sowjets transformiert werden. Wenn wir so weit wären, hätten wir einen großen Schritt zur Wiedervereinigung, getan [...] Das ist eine Politik, die man auf die Formel bringen könnte: Wandel durch Annäherung.«

Zit. nach: Archiv der Gegenwart, 33 (1963), S. 10700 f.

---

stellte die politische Organisation der Vertriebenen zwei Minister. Durch ihre parlamentarische Präsenz nahmen sie auch erheblichen Einfluss auf die Gestaltung deutscher Außenpolitik. Wesentliche wirtschaftliche und soziale Forderungen der Vertriebenenverbände wurden durch die Lastenausgleichsgesetzgebung erfüllt. Sie trug zur Integration der Flüchtlinge und Vertriebenen aus den ehemaligen deutschen Ostgebieten bei, außerdem wurde der besondere Rechtsstatus der Heimatvertriebenen 1953 per Gesetz festgeschrieben. Mit Bildung der Großen Koalition nahm ihr politischer Einfluss jedoch zusehends ab. Ihre Versuche, die Neue Ostpolitik der Regierung Brandt/Scheel zu behindern, blieben letztendlich erfolglos.

Zwischen Konfrontation und Entspannung

035 PKW-Abfertigung durch DDR-Grenztruppen in Drewitz am Kontrollpunkt Dreilinden nach Inkrafttreten der zeitweiligen Regelung über den Transit- und Besuchsverkehr zwischen der DDR und der Bundesrepublik. Foto, 31. März 1972.

keit West-Berlins und setzte den rechtlichen Rahmen für eine Fülle von deutsch-deutschen Folgevereinbarungen zu technischen Fragen, unter denen vor allem das Transit-Abkommen vom 17. Dezember 1971 hervorzuheben ist, das den Verkehr auf den Zugangswegen nach Berlin regelte.

Allerdings enthielt das ▸Viermächte-Abkommen immer noch Unklarheiten. So konnten sich die Verhandlungspartner nicht einmal über seinen Geltungsbereich verständigen. Die praktischen Bestimmungen betrafen lediglich die drei Westsektoren Berlins. Auch die Formulierung, wonach die »Bindungen« zwischen den Westsektoren Berlins und der Bundesrepublik aufrecht erhalten und entwickelt werden sollten, wurde von östlicher Seite so ausgelegt, als sei damit lediglich die Ausgestaltung der »Verbindungen« in verkehrstechnischer und ▸postalischer Hinsicht gemeint, nicht aber die Entwicklung der politischen, wirtschaftlichen, juristischen und kulturellen Bindungen. Aus diesen Unterschieden und Unklarheiten hinsichtlich der Begrifflichkeit ergab sich eine grundlegende Meinungsverschiedenheit in der Status-Frage Berlins, so dass bei allen Folgevereinbarungen zwischen der Bundesrepublik und Ostblockstaaten der Kampf um die Einbeziehung West-Berlins neu geführt werden musste, während Ost-Berlin wie selbstverständlich der DDR zugerechnet wurde.

2. Von der Nachrüstungskrise zum Ende des Kalten Krieges 1976 bis 1990

a) Amerikanische Krise und sowjetische Offensive

Bis 1975 hatte die Entspannungspolitik bemerkenswerte Erfolge verbuchen können. Dies galt sowohl für den SALT-Prozess und die Verbesserung der politischen Beziehungen zwischen den Supermächten als auch für die Entspannung in Europa, bei der vor allem die Fortschritte in der Ost- und Deutschlandpolitik sowie die Regelung des Berlin-Problems und die KSZE hervorzuheben sind. Die Euphorie, die Anfang der siebziger Jahre herrschte, weil man sich gute weitere Entwicklungsmöglichkeiten versprach, wurde jedoch bald getrübt. Eine wichtige Ursache dafür war die Tatsache, dass die USA als Folge des Vietnam-Krieges und der ▸Watergate-Affäre in eine innen- und außenpolitische Krise gerieten, die zur Lähmung der Handlungsfähigkeit der amerikanischen Regierung führte und damit eine wichtige Voraussetzung der Entspannungspolitik beseitigte.

Nach dem Ende der Berlin-Blockade verabschiedete der Wirtschaftsrat des vereinigten Wirtschaftsgebietes am 8. November 1948 das »Gesetz zur Erhebung einer Abgabe Notopfer Berlin im vereinigten Wirtschaftsgebiet«. Danach musste auf die meisten innerdeutschen Postsendungen (außer von und nach Westberlin und auch nicht in die DDR) zusätzlich zum normalen Porto eine Steuermarke, das Notopfer, geklebt werden. Diese zwei Pfennig sollten der durch die Berlin-Blockade in wirtschaftliche Not geratenen Westberliner Bevölkerung zu Gute kommen. Dieses Gesetz war bis zum 31. März 1956 in Kraft.

1 »Das Viermächte-Abkommen über Berlin« (3. September 1971)

Die Vertreter der Regierungen Frankreichs, der Sowjetunion, Großbritanniens und der Vereinigten Staaten regelten in dem Abkommen die besondere Rolle West-Berlins.

»Bestimmungen, die die Westsektoren Berlins betreffen
A. Die Regierung der Union der Sozialistischen Sowjetrepubliken erklärt, daß der Transitverkehr von zivilen Personen und Gütern zwischen den Westsektoren Berlins und der Bundesrepublik Deutschland auf Straßen, Schienen- und Wasserwegen durch das Territorium der Deutschen Demokratischen Republik ohne Behinderung sein wird, daß dieser Verkehr erleichtert werden wird, damit er in der einfachsten und schnellsten Weise vor sich geht und daß er Begünstigung erfahren wird.
Die diesen zivilen Verkehr betreffenden konkreten Regelungen, wie sie in Anlage I niedergelegt sind, werden von den zuständigen deutschen Behörden vereinbart.
B. Die Regierungen der Französischen Republik, des Vereinigten Königreichs und der Vereinigten Staaten von Amerika erklären, daß die Bindungen zwischen den Westsektoren Berlins und der Bundesrepublik Deutschland aufrechterhalten und entwickelt werden, wobei sie berücksichtigen, daß diese Sektoren so wie bisher kein Bestandteil (konstitutiver Teil) der Bundesrepublik Deutschland sind und auch weiterhin nicht von ihr regiert werden.
Konkrete Regelungen, die das Verhältnis zwischen den Westsektoren Berlins und der Bundesrepublik Deutschland betreffen, sind in Anlage II niedergelegt.
C. Die Regierung der Union der Sozialistischen Sowjetrepublik erklärt, daß die Kommunikationen zwischen den Westsektoren Berlins und Gebieten, die an diese Sektoren grenzen, sowie denjenigen Gebieten der Deutschen Demokratischen Republik die nicht an diese Sektoren grenzen, verbessert werden. Personen mit ständigem Wohnsitz in den Westsektoren Berlins werden aus humanitären, familiären, religiösen, kulturellen oder kommerziellen Gründen oder als Tourist in diese Gebiete reisen und sie besuchen können, und zwar unter Bedingungen, die denen vergleichbar sind, die für andere in diese Gebiete einreisende Personen gelten.
Die Probleme der kleinen Enklaven einschließlich Steinstückens und anderer kleiner Gebiete können durch Gebietsaustausch gelöst werden.«

Zit. nach: Das Viermächte-Abkommen über Berlin vom 3. September 1971. Hrsg. vom Presse- und Informationsamt der Bundesregierung, Bonn 1971, S. 16 f.

036 Richard Nixon. Foto, 1973.

B Richard Nixon (1913–1994)
US-Politiker – Der Jurist Richard Nixon wurde 1953 von US-Präsident Eisenhower zum Vizepräsidenten berufen. Bei seiner ersten Präsidentschaftskandidatur unterlag Nixon im Wahlkampf 1960 dem Demokraten John F. Kennedy. Acht Jahre später konnte Nixon aber die Mehrheit der Stimmen erringen und in das Weiße Haus einziehen. Er weitete den Vietnam-Krieg zunächst nach Kambodscha und nach Laos aus, schloss aber auf Grund der hohen amerikanischen Verluste und des zunehmenden Drucks der Bevölkerung 1973 das von seinem Außenminister Kissinger ausgehandelte Waffenstillstandsabkommen mit Nordvietnam. Weitere außenpolitische Erfolge Nixons waren die Aufnahme diplomatischer Beziehungen zu China und der Abschluss des SALT-Abkommens mit der Sowjetunion. Nach seiner Wiederwahl 1972 führte der Skandal um die so genannte Watergate-Affäre zu einer Staatskrise und zu einem drohenden Amtsenthebungsverfahren gegen ihn. Er trat schließlich vom Amt des Präsidenten der Vereinigten Staaten von Amerika zurück. Nixons Amtsnachfolger wurde sein bisheriger Vizepräsident Gerald Ford.

S Die so genannte Watergate-Affäre ist nach dem gleichnamigen Hotel in Washington, DC, benannt. In der Nacht zum 17. Juni 1972 wurden dort fünf Männer beim Einbruch in das hier befindliche Hauptquartier der Demokratischen Partei festgenommen. Die Täter gaben an, für den »Ausschuss zur Wiederwahl des Präsidenten« zu arbeiten. Sie hatten den Auftrag, Dokumente abzulichten und Abhöranlagen zu installieren. Der Präsident Richard Nixon bestritt eine Mitwisserschaft. Ein Senatsausschuss und FBI-Ermittlungen bewiesen die Verantwortung von engen Mitarbeitern Nixons und deckten weitere Vergehen auf, die auf direkte Anweisung des Weißen Hauses begangen worden waren: die Überwachung politischer Gegner, Missbrauch von öffentlichen Geldern, Behinderung der Justiz und Amtsmissbrauch. Die Watergate-Affäre ist heute zum Synonym für die Machenschaften geworden, die unter der Präsidentschaft Nixons durch höchste Regierungskreise begangen wurden. Am 9. August 1974 trat der amerikanische Präsident zurück und kam damit einem drohenden Amtsenthebungsverfahren zuvor.

Zwischen Konfrontation und Entspannung

Der Vietnam-Krieg hatte in Westeuropa und auch in den USA Widerstand gegen die amerikanische Politik der weltweiten Einmischung geweckt, deren Praxis offensichtlich im Widerspruch zu den Idealen der Verteidigung von Demokratie, Freiheit und Menschenrechten stand. Die Umstände des Rückzugs der USA aus Vietnam in einer ungeordneten, überstürzten Flucht bedeuteten einen zusätzlichen Prestigeverlust. Diese Erfahrungen bereiteten in den USA den Boden für eine Rückkehr zu Isolationismus und Neokonservativismus. Dies traf mit der Empörung über die Watergate-Affäre zusammen, bei der Präsident ▸ Richard Nixon einen Einbruch in das Hauptquartier der Demokratischen Partei während des Wahlkampfes 1972 zu vertuschen versuchte, an dem offenbar einige seiner Mitarbeiter indirekt beteiligt gewesen waren. Die Verbindung von Vietnam-Trauma und Watergate-Skandal verschärfte die amerikanische Krise auf dramatische Weise und bewirkte das Ende der »imperialen Präsidentschaft« (Arthur M. Schlesinger), die sich durch eine allmähliche Vergrößerung der Machtbefugnisse des Weißen Hauses auf Kosten des Kongresses entwickelt hatte.

Die Tragweite dieses Vorgangs wurde zunächst nicht nur vielfach unterschätzt, sondern auch auf falsche Ursachen – vor allem auf eine angeblich »illusionäre Entspannungseuphorie« – zurückgeführt. Tatsächlich trug die Entspannung zwischen Ost und West dazu bei, den amerikanischen Rückzug zu rechtfertigen und seine längerfristigen negativen Auswirkungen zu verschleiern. Auch die kontinuierliche Verringerung des Anteils der ▸ Verteidigungsausgaben am amerikanischen Bruttosozialprodukt von 7,8 Prozent im Jahre 1970 auf 5,2 Prozent im darauf folgenden Jahr ließ sich mit Blick auf die Entspannung zwischen Ost und West begründen. Der eigentliche Grund für diese Maßnahmen war jedoch nicht die Entspannungspolitik selbst, sondern eine allgemeine »Verteidigungsmüdigkeit« und die Unlust, sich militärisch außerhalb der Grenzen der USA mehr als unbedingt nötig zu engagieren.

Die Zahl der amerikanischen Soldaten ging von 3,55 Millionen im Jahre 1968 – dem Höhepunkt des Vietnam-Krieges – auf 2,02 Millionen 1979 zurück; die Mannschaftsstärke der sowjetischen Armee stieg dagegen im gleichen Zeitraum von 3,22 Millionen auf 3,66 Millionen. Darüber hinaus standen den USA während der Präsidentschaft Jimmy Carters nur etwa 800 000 Reservisten zur Verfügung, der Sowjetunion jedoch mehr als fünf Millionen. Zudem war die konventionelle Beweglichkeit des ▸ Pentagons und seine Interventionsmöglichkeiten außerhalb des Bündnisbereichs der NATO ab Mitte der siebziger Jahre auf ein Maß geschrumpft, das es dem amerikanischen Präsidenten nicht mehr erlaubte, im Bedarfsfall auf einen kurzfristig realisierbaren, nennenswerten Einsatz militärischer Machtmittel zu vertrauen. Hinzu kam, dass der Präsident bei Entscheidungen über einen längerfristigen Auslandseinsatz seit 1973 der Zustimmung des Kongresses bedurfte, die in der neuen isolationistischen Stimmung kaum noch zu erhalten war.

Die UdSSR, der diese Einschränkung der amerikanischen Handlungsfähigkeit natürlich nicht verborgen blieb, hatte somit in der zweiten Hälfte der siebziger Jahre weltpolitisch relativ freie Hand. Sie setzte daher trotz der Entspannung nicht nur ihre Aufrüstung ungebremst fort, sondern startete auch eine neue außenpolitische Offensive. Offenbar war man im Kreml zu der Einschätzung gelangt, die überra-

B Gerald Ford (1913–2006)
US-Politiker – Der Jurist Gerald Ford war seit 1949 für die Republikaner Mitglied des US-Repräsentantenhauses. US-Präsident Richard Nixon berief Ford 1973 zu seinem Vizepräsidenten. Nachdem Nixon wegen der so genannten Watergate-Affäre zurücktreten musste übernahm Ford das Amt des Präsidenten der USA. Er gewährte seinem Amtsvorgänger Amnestie und unterlag schließlich im Präsidentschaftswahlkampf 1976 dem demokratischen Kandidaten Jimmy Carter.

037 Gerald Ford, Foto, 1975.

Das Hauptquartier des Verteidigungsministeriums der USA befindet sich im Pentagon – dem, gemessen an der Grundfläche von 135 000 m², größten Gebäude der Welt. Der Grundriss hat die Form eines Fünfecks (gr.; Pentagon), die durch den ursprünglich vorgesehenen, aber letztlich verworfenen Bauort vorgegeben wurde. Das Pentagon mit seinen fünf ineinander gelegten fünfstöckigen Fünfecken, die einen fünf Hektar großen Innenhof umschließen, wurde außerhalb des Stadtzentrums von Washington D.C. am Fluss Potomac aus Beton erbaut und 1943 eingeweiht. 25 000 Mitarbeiter arbeiten im Pentagon, das zum Inbegriff für die militärische Kraft der USA wurde. Einige Demonstrationen gegen den Vietnam-Krieg mit bis zu 35 000 Teilnehmern fanden dort statt. Am 11. September 2001 wurde es zum Ziel des internationalen Terrors. Eine Boeing wurde entführt und in das Pentagon gesteuert. Das Flugzeug durchschlug drei äußere Ringe des Pentagon, bevor es explodierte, 125 Mitarbeiter starben. Die Funktionsfähigkeit des Gebäudes und seine weltweit vernetzten Kommunikationssysteme blieben jedoch erhalten.

038 Luftaufnahme des Pentagons in Washington, DC. Foto, um 1950.

Das Wappen des Hauptquartiers der Alliierten Streitkräfte Europas (SHAPE) besteht aus zwei gekreuzten goldenen Schwertern, die ein A bilden, das für »Allianz« steht. Umrahmt werden diese von einem Spruchband mit dem Wahlspruch: »Vigilia Pretium Libertatis« (lat.; Wachsamkeit ist der Preis der Freiheit). Die zwei goldenen Olivenzweige zu Boden des Wappens mahnen an die Selbstverpflichtung der Mitgliedsstaaten zum Frieden. Die zwölf silbernen Federn erinnern an die zwölf Erstunterzeichner-Staaten des Nordatlantischen Bündnisses. Die Wahl der Hintergrundfarbe Grün soll die Wälder Europas symbolisieren.

Verteidigungsausgaben der NATO-Länder (pro Kopf in US-$)			
	1970	1980	1988
Belgien	260	402	409
BR Deutschland	343	434	445
Dänemark	303	316	333
Frankreich	389	490	524
Griechenland	137	236	290
Großbritannien	486	476	479
Italien	141	170	207
Kanada	214	206	270
Luxemburg	80	144	211
Niederlande	364	372	417
Norwegen	373	408	503
Portugal	117	88	93
Spanien	k.A.	131	140
Türkei	27	60	62
USA	853	607	798

Jimmy (James Earl) Carter (1924)
US-Politiker – 1976 konnte sich Carter gegen den Amtsinhaber Gerald Ford durchsetzen. Zuvor war er für die Demokraten in Georgia Senator (1962 bis 1966) und Gouverneur (1970 bis 1975). Während seiner Amtszeit nahmen die USA diplomatische Beziehungen zu China auf. Unter Carters Vermittlung kam es zu erfolgreichen Friedensverhandlungen zwischen Israel und Ägypten. Darüber hinaus gelang es ihm, mit der Sowjetunion das SALT-I-Abkommen zu schließen. Nach der Geiselnahme von Teheran 1979 und einem gescheiterten Befreiungsversuch unterlag er bei der Präsidentschaftswahl 1980 seinem republikanischen Herausforderer Ronald Reagan.

039 Jimmy Carter. Foto, 1976.

Zwischen Konfrontation und Entspannung

schende Schwächung der durch die Führungskrise verunsicherten USA biete in Verbindung mit der gewachsenen militärischen Stärke der Sowjetunion neue Möglichkeiten für eine Ausweitung des eigenen Einflusses in der Welt. So wurde bereits die Revolution in Portugal im April 1974 genutzt, um die kommunistische Partei in diesem NATO-Land zu fördern. Und als sich danach das portugiesische Kolonialreich in Afrika aufzulösen begann, wurden die Sowjetunion und Kuba auch hier aktiv, indem sie unter anderem in Angola und Mocambique marxistische und sozialistische Befreiungsbewegungen unterstützten und sich selbst Machtpositionen für die Zeit nach der Unabhängigkeit dieser Länder sicherten.

Dieses offensive Verhalten, das sich nach ähnlichem Muster bald auch in anderen Staaten und Regionen zeigte – am ▶ Horn von Afrika, im Süd-Jemen, in der Karibik und im Mittleren Osten –, führte in den USA dazu, dass die Fähigkeit der amerikanischen Regierung, mit der Sowjetunion weiterhin zusammenzuarbeiten, immer mehr schwand, weil die dafür notwendige innenpolitische Zustimmung verlorenging. Dagegen erhielten die Konservativen wachsenden Zulauf, weil sie nicht nur eine »neue Moral« und die Rückbesinnung auf die traditionellen Werte der amerikanischen Gesellschaft, sondern auch die Erneuerung des Kampfes gegen den Kommunismus forderten. Immer wieder beklagten die »Neokonservativen« den Niedergang der amerikanischen Weltmachtrolle. Neben der sowjetischen Aufrüstung und dem ▶ sowjetisch-kubanischen Expansionismus konnten sie dafür auch die Krise im Iran als Beleg anführen, nachdem der Schah im Januar 1979 zur Abdankung gezwungen worden war. Die USA hatten damit nicht nur einen wichtigen Bundesgenossen im Mittleren Osten, sondern auch eine wertvolle Beobachtungsstation an der Grenze zur UdSSR eingebüßt, von wo aus sie sowjetische Raketentests hatten überwachen können. Die Krise erfuhr im November 1979 ihre größte Zuspitzung, als amerikanische Truppen sich als unfähig erwiesen, überhaupt nach Teheran zu gelangen, um dort ▶ 52 Geiseln aus den Händen angeblicher revolutionärer »Studenten« zu befreien.

Ein dritter Faktor, der die Grundlagen der Entspannungspolitik der frühen siebziger Jahre erschütterte, war die zunehmende Vermischung der Ost-West-Kooperation mit der Frage der Menschenrechte. Tatsächlich trat damit in der Außenpolitik der USA eine Veränderung ein, die praktisch auf eine Abkehr von der früheren »Realpolitik« und die Hinwendung zu einer »Idealpolitik« hinauslief. Die prinzipielle Forderung nach einer Durchsetzung der Menschenrechte – etwa unter Berufung auf die Charta der Vereinten Nationen oder die Schlussakte der KSZE – war bald auch in der amerikanischen Öffentlichkeit derart populär, dass 1976 der Präsidentschaftskandidat der Demokratischen Partei, Jimmy Carter, sich spontan entschied, die Menschenrechte zu einem herausragenden Thema seines Wahlkampfes zu machen. Nach seinem Einzug ins Weiße Haus im Jahr darauf setzte er die Menschenrechts-Kampagne fort, die vor allem die ersten hundert Tage seiner Amtszeit prägte, aber auch danach ein wichtiges Merkmal seiner Politik blieb. Für die Ost-West-Beziehungen war diese Entwicklung alles andere als hilfreich. Denn die undemokratische, autoritär regierte UdSSR musste dabei zwangsläufig immer wieder in den Mittelpunkt der Kritik geraten. Außerdem konnte es kaum ausbleiben, dass das Thema Menschenrechte bald mit der generellen Frage

---

S Mit »sowjetisch-kubanischer Expansionismus« wurde das Bestreben der Sowjetunion bezeichnet, ihren Einfluss in der Welt zu erweitern. Dafür unterstützte Moskau, häufig in Zusammenarbeit mit Kuba, kommunistische Gruppen und Bewegungen in verschiedenen Teilen der Welt finanziell, materiell und personell, so unter anderem die linksgerichtete Bewegung in Angola, die von kubanischen Truppen verstärkt wurde. Auch im Kampf um die Macht im Kongo war die Sowjetunion, aber auch die USA, beteiligt. Kurzzeitig hielt sich sogar der kubanische Revolutionsführer Ernesto »Che« Guevara dort auf.

Im Verlauf der islamischen Revolution von 1979 setzte sich der Schah von Persien, Mohammed Pahlavi, in die USA ab. Daraufhin rief der Revolutionsführer Ajatollah Khomeini zu Protesten gegen Amerika und Israel auf, die zur Geiselnahme von Teheran führten. Eine Gruppe von ungefähr 500 Studenten stürmte die Botschaft der USA und hielt dort vor den Augen der Weltöffentlichkeit 444 Tage lang rund 90 Personen fest. Die Geiselnehmer verlangten die Auslieferung Pahlavis und eine Entschuldigung der USA. Im Gegenzug verhängten die USA weit reichende wirtschaftliche Sanktionen gegen den Iran. Die von den USA in Gang gesetzte Rettungsaktion Eagle Claw wurde wegen schlechten Wetters abgebrochen, wobei ein Hubschrauber des Typs Sea Stallion mit einer Hercules C-130 kollidierte: Acht Soldaten starben. In der Folge wurden ihre Leichen durch Teheran geschleift, einige CIA-Agenten enttarnt und der Propagandakrieg gegen die USA verschärft. Dies kostete den regierenden Präsidenten der USA, Jimmy Carter, 1980 die Wahl gegen Ronald Reagan. Die CIA erreichte nach Pahlavis Tod und der Kriegserklärung des Irak gegen den Iran die Freilassung der Geiseln, zögerte diese aber bis zur Amtseinführung Reagans hinaus.

040 Besetzung der US-Botschaft in Teheran durch etwa 400 Studenten und Geiselnahme von etwa 70 Menschen mit der Forderung, den ehemaligen Schah an den Iran auszuliefern: Geiselnehmer mit einer Geisel, gefesselt und mit verbundenen Augen, vor dem Botschaftsgebäude.

Nach dem Zweiten Weltkrieg zogen sich die Kolonialmächte aus dem Horn von Afrika zurück. Die Phase der Dekolonisation brachte neue Akteure in die geopolitisch wichtige Region. Im Zuge des sich verschärfenden Ost-West-Konfliktes intensivierten die USA und die UdSSR ihr Engagement dort. So verstärkten die Vereinigten Staaten ihre Unterstützungszahlungen für Äthiopien, um das Land vor der drohenden Einflussnahme durch die Sowjetunion an sich zu binden. Die Sowjetunion war daran interessiert, die nachkolonialen Gesellschaften militärisch und politisch in das sozialistische Lager zu integrieren. Sie unterstützte in den folgenden Jahren das mit Äthiopien verfeindete Somalia durch umfangreiche Waffenlieferungen und den Ausbau der somalischen Häfen, für die sie im Gegenzug Nutzungsrechte erhielt. Nach dem Sturz des äthiopischen Kaisers und der Machtübernahme durch einen Militärrat 1974, verschoben sich die Verhältnisse am Horn von Afrika grundlegend. Äthiopien näherte sich nun dem sozialistischen Lager an und brach seine Beziehungen zu den USA 1977 ab. Im Grenzkonflikt zwischen Äthiopien und Somalia, der 1977/78 im so genannten Ogadenkrieg eskalierte, musste sich die Sowjetunion für eine der beiden Kriegsparteien entscheiden. Sie unterstützte auf Grund der größeren geopolitischen Bedeutung Äthiopien mit Waffenlieferungen, daneben kämpften auch rund 10 000 kubanische Soldaten auf der Seite Äthiopiens in diesem Krieg. Der Krieg endete mit einer Niederlage Somalias, das seinen Freundschaftsvertrag mit der Sowjetunion auf Grund mangelnder Unterstützung bereits gekündigt hatte. Äthiopien verblieb bis zum Ende des Ost-West-Konfliktes im sozialistischen Lager. Die Beziehung zwischen den USA und Somalia verbesserte sich in den 1980er Jahren wieder. Der Grund dafür war die »Reagan-Doktrin«, die eine aktive Militärhilfe für prowestliche Staaten vorsah.

Zwischen Konfrontation und Entspannung

verknüpft wurde, ob es angesichts der bestehenden Herrschaftsstruktur der Sowjetunion überhaupt noch »moralisch vertretbar« sei, die Entspannungspolitik fortzusetzen, oder ob man nicht zu einer klaren Abgrenzung und eindeutigen Vertretung westlicher Überzeugungen und Positionen zurückkehren müsse.

Präsident Carter bemühte sich dennoch um die Fortsetzung der Entspannungs- und Rüstungskontrollpolitik, wobei er sich besonders für die Ratifizierung des am 18. Juni 1979 in Wien unterzeichneten SALT-II-Vertrages einsetzte. Die Gegner der Entspannung in den USA verhinderten dies jedoch im amerikanischen Senat und brachten damit die Politik, die sie seit Mitte der siebziger Jahre zunehmend bekämpft hatten, doch noch zu Fall. Ein besonderer Streitpunkt in den Ost-West-Beziehungen war die Rüstungsentwicklung. Schon seit der Kuba-Krise hatte die UdSSR ein umfangreiches Aufrüstungsprogramm betrieben, um militärisch mit den USA gleichzuziehen. In Washington war man bereit gewesen, diese Tatsache hinzunehmen, solange man selbst hohe Rüstungsausgaben zu verzeichnen hatte. Doch als die Vereinigten Staaten nach Beendigung des ▸Vietnam-Krieges 1975 ihre Militärausgaben reduzierten, ohne dass die Sowjetunion ihr Aufrüstungstempo verringerte, wuchs die Sorge über ein gefährliches Ungleichgewicht zum Nachteil der USA. Der Anteil der Rüstungsausgaben am Bruttosozialprodukt war nach Schätzungen der CIA in der UdSSR in der zweiten Hälfte der siebziger Jahre mehr als doppelt so hoch wie in den USA und lag zwischen 12 und 13 Prozent. Natürlich ließen sich diese Zahlen bestreiten. Niemand im Westen konnte wirklich genau wissen, was in der Sowjetunion vor sich ging. Aber die Tatsache, dass die UdSSR seit 1975 eine ganze Generation neuer Interkontinentalraketen (die schwere SS-18 und die leichten SS-17 und SS-19) stationierte, von 1970 bis 1979 zusätzlich zu ihren bereits vorhandenen Unterseebooten weitere 49 atomgetriebene U-Boote in Dienst stellte, 1977 mit der Aufstellung der neuen Mittelstreckenrakete SS-20 begann und gleichzeitig am Aufbau von sechs Hochseeflotten – darunter seit 1973 auch Flugzeugträger – arbeitete, zeigte überdeutlich, welche Anstrengungen die Sowjetunion unternahm, um ihre militärische Position zu verbessern.

Deshalb wurde im Westen immer häufiger die Frage gestellt, welche Ziele die Sowjetunion eigentlich verfolgte und ob sie nach Erreichen der Gleichstellung, die ihr von der Nixon-Administration zugestanden worden war, jetzt nach Überlegenheit strebte. Diese Frage schien umso berechtigter, als die sowjetische Aufrüstung seit Mitte der siebziger Jahre mit der schon beschriebenen außenpolitischen Offensive einherging. Präsident Carter kündigte daher am 19. Dezember 1979 vorzeitig eine Erhöhung des amerikanischen Verteidigungshaushalts für 1981 um real 5,6 Prozent und für die darauf folgenden vier Jahre eine Steigerung zwischen 10,6 und 25,4 Prozent an, um die konservativen Kritiker seiner Politik zu besänftigen und auf diese Weise doch noch eine Chance für die Ratifizierung des SALT-II-Vertrages zu erhalten.

b) Von der Nachrüstung zur Abrüstung

Sorgen über das sowjetische Rüstungsverhalten machte man sich aber nicht nur in den USA, sondern auch in Europa. Zwar hatte man sich hier allmählich an das wachsende sowjetische Übergewicht bei den konventionellen Streitkräften gewöhnt und vertraute auf die Abschreckungswirkung der Nuklearwaffen. Doch als die Sowjetunion 1977 mit der In-

---

Die im Zuge des Kalten Kriegs unter der Regierung Dwight D. Eisenhower formulierte Domino-Theorie diente zur Veranschaulichung der Gefahr, die von den Expansionsbestrebungen der Sowjetunion bzw. des Kommunismus ausging. Sie besagte, dass kommunistisch regierte Länder auf die benachbarten Staaten Kraft ihrer populistischen Ideologie einen umstürzlerischen Einfluss haben könnten. Die Domino-Theorie diente als Begründung für das Engagement des US-Militärs in Korea, Laos und in Vietnam.

041 Vietnam-Krieg: US-Infanterie beim Vormarsch im Dschungel von Vietnam.

Der Vietnam-Krieg lässt sich in zwei Phasen unterteilen, die man auch als »Indochinakriege« bezeichnet. Voraussetzung für diese Konflikte war die Kolonialisierung Vietnams durch Frankreich seit 1883 und die Fremdherrschaft Japans zwischen 1941 und 1945. Das durch die Kapitulation Japans entstandene politische Vakuum nutzte die nationalistisch-kommunistische Bewegung Viet Minh, um im September 1945 durch ihren Führer Ho Chi Minh die Unabhängigkeit Vietnams zu erklären. Dadurch geriet man in einen militärischen Konflikt mit Frankreich, das seine Kolonialansprüche geltend machte. Dieser erste Indochinakrieg endete im Mai 1954 nach dem Sieg der Viet Minh bei Dien Bien Phu. Bei der anschließenden Genfer Indochinakonferenz wurde Vietnam am 17. Breitengrad in den kommunistischen Norden und den von den USA unterstützten Süden geteilt. Die dortige Minderheitenregierung stieß jedoch auf Widerstandsgruppen, die sich 1960 zur Nationalen Befrei-

042 Südvietnamesiche Soldaten folgen fliehenden Kindern auf einer Landstrasse bei Trang Bang (Südvietnam) nach einem Napalmangriff.
Foto von Huynh Cong Ut, Juni 1972.

ungsfront »Vietcong« zusammenschlossen. Angesichts der wachsenden Macht des Vietcong sahen sich die USA schon bald zu einem militärischen Eingreifen gezwungen.

Die Beschießung zweier US-Zerstörer durch nordvietnamesische Kriegsschiffe diente dabei 1964 als Grund für den Eintritt der USA in den Vietnam-Krieg. Unter der Devise »Rolling Thunder« kam es zu massiven Militäreinsätzen, die aber nicht die gewünschte Wirkung, den Gegner »an den Verhandlungstisch zu bomben«, erzielten. Stattdessen sahen sich die amerikanischen Truppen mit einem demoralisierenden Guerillakrieg konfrontiert, den sie trotz gigantischem Materialeinsatz nicht gewinnen konnten. Die unerwartet heftige Gegenwehr Nordvietnams sorgte auch innnerhalb der USA für politischen Druck, den aussichtslosen Krieg zu beenden. Am 27. Januar 1973 wurde schließlich nach langwierigen Verhandlungen der Abzug des US-Militärs beschlossen. Der nun sich selbst überlassene Süden konnte der nordvietnamesischen Armee nicht lange standhalten, so dass es am 2. Juli 1976 zur Wiederherstellung eines vietnamesischen Staates unter kommunistischer Führung kam.

stallierung ihrer neuen Mittelstreckenrakete SS-20 begann, während sich zugleich eine Reduzierung des amerikanischen strategischen Potenzials im Rahmen von SALT-II ankündigte, schlug Bundeskanzler Helmut Schmidt in einer Rede vor dem Internationalen Institut für strategische Studien in London im Oktober 1977 Alarm, indem er auf die »in Europa bestehenden Disparitäten« hinwies: Entweder müsse es deshalb auch in Europa Rüstungsbeschränkungen geben, oder es bedürfe einer westlichen Nachrüstung im Bereich der nuklearen Mittelstreckenwaffen. Erst nach mehr als zwei Jahre konnte man sich allerdings innerhalb des westlichen Bündnisses zu dem von Schmidt angeregten NATO-Doppelbeschluss vom 12. Dezember 1979 durchringen. Damit war die Sowjetunion erstmals wieder mit einer klaren westlichen Position konfrontiert: Falls Verhandlungen über einen Abbau der sowjetischen Mittelstreckenwaffen (engl., Intermediate Nuclear Forces, INF) nicht zu Stande kamen oder scheiterten, würde die NATO ihr INF-Potenzial »modernisieren« und ab Ende 1983 selbst 108 Pershing-II-Raketen und 464 bodengestützte Marschflugkörper (engl., Cruise Missiles) in Westeuropa stationieren, um auf diese Weise die »Disparitäten« zu beseitigen.

In Moskau war man allerdings inzwischen offenbar zu der Auffassung gekommen, dass der Westen sein Interesse an der Entspannung ohnehin längst verloren habe. Die amerikanische Handels- und Menschenrechtspolitik wurden dafür ebenso als Indiz genommen wie das »Ultimatum« des NATO-Doppelbeschlusses. Insofern meinte man, auf westliche Empfindlichkeiten und Interessen nicht länger Rücksicht nehmen zu müssen. Trotz fünfmaliger Warnungen aus Washington entschloss sich das Politbüro der KPdSU am 24. Dezember 1979 mit dem ▸ Einmarsch in Afghanistan zu einer weiteren Verschärfung der internationalen Lage. Dadurch sollte verhindert werden, dass die dort im April 1978 durch eine Revolution an die Macht gekommene pro-kommunistische Regierung von einer islamisch-fundamentalistischen Oppositionsbewegung nach iranischem Vorbild gestürzt wurde. Tatsächlich war der sowjetische Einmarsch für Präsident Carter aber nicht nur ein weiteres Glied in der Kette sowjetischer Interventionen in der so genannten Dritten Welt seit Mitte der siebziger Jahre, sondern er sah darin »die schwerste Bedrohung des Friedens seit 1945« – einen Akt der Aggression, bei dem die Sowjetunion zum ersten Mal seit dem Zweiten Weltkrieg unter Einsatz eigener Streitkräfte die Grenzen der vor 1948 abgesteckten Einflusssphären zu ihren Gunsten zu verschieben suchte. Energische Sanktionen schienen daher angebracht, darunter ein Verbot des Exports von Weizen und Produkten der Hochtechnologie in die UdSSR, der Boykott der ▸ Olympischen Sommerspiele 1980 in Moskau und die Aussetzung des Ratifizierungsverfahrens für den SALT-II-Vertrag.

Darüber hinaus verkündete der amerikanische Präsident im Januar 1980 die »Carter-Doktrin«, wonach »jeder Versuch ausländischer Kräfte, die Kontrolle über die Region des Persischen Golfes zu gewinnen, mit allen erforderlichen Mitteln, einschließlich militärischer Gewalt, zurückgewiesen« würde. Außerdem unterzeichnete er wenig später die »Presidential Directive 59« (PD-59), die den amerikanischen Streitkräften das notwendige Potenzial an Waffen zuführen sollte, um auch eine längere militärische Auseinandersetzung auf allen Ebenen durchstehen und gewinnen zu können. Eine neue Phase ame-

043 Anstecknadel der Olympischen Sommerspiele in Moskau 1980.

Die Bezeichnung Mudjahedin bedeutet im Arabischen soviel wie »Glaubenskrieger«. Das Netzwerk der Mudjahedin wurde aus Anlass des Einmarsches der Sowjetunion in Afghanistan 1979 gegründet, wobei einzelne Verbände bereits vorher bestanden und vom Westen und Saudi Arabien unterstützt wurden. Die Mudjahedin rekrutierten aus mindestens 40 Ländern rund 35 000 Kämpfer und bildeten diese in Lagern in Pakistan, Afghanistan und dem Sudan aus. Noch vor dem sowjetischen Abzug aus Afghanistan gingen viele Kämpfer im Terrornetzwerk von Osama Bin Laden auf und verübten seither Selbstmordattentate und Anschläge. Sie

Als im April 1979 die durch eine Revolution an die Macht gelangte pro-kommunistische Regierung Afghanistans unter Nur Muhammad Taraki in Gefahr geriet, von Islamisten, die zudem den USA nahe standen, gestürzt zu werden, entschloss sich das Politbüro der KPdSU zum Einmarsch in Afghanistan am 24. Dezember 1979. Der aus dem Exil eingeflogene Kommunist Babrak Kamal wurde als Regierungschef eingesetzt. Trotz sowjetischer Truppen und Berater gelang es nicht, den Widerstand diverser Rebellengruppen zu brechen. Der Einmarsch führte zu umfassenden Sanktionen der USA und ihrer Verbündeter gegen die Sowjetunion. Für die Sowjetunion brachte die Intervention in Afghanistan weitere Probleme mit sich, wie die Islamisierung ihrer südlichen Republiken, Drogensucht und Proteste in der eigenen Bevölkerung. 1985 begründete der Präsident der Sowjetunion, Michail Gorbatschow, seine angestrebten Reformen unter anderem mit dem geplanten Abzug der sowjetischen Truppen, der 1988 begann und ein Jahr dauerte. In Afghanistan entbrannte der Bürgerkrieg nun in aller Härte, bis die Taliban weite Teile des Landes unter ihre Kontrolle bringen konnten.

044 Ein Sowjetischer Militärkonvoi auf der Fahrt nach Kabul, kurz vor dem geplanten Truppenabzug am 15. Mai 1988.

Die sowjetische Invasion vom 24. bis 27. Dezember 1979

Quelle: Militärgeschichte 3 (2004)

behaupteten, dies geschehe im Namen des Koran und rechtfertigten ihr Tun mit dem Imperialismus der USA und ihrer Verbündeter, insbesondere Israel. Mudjahedin waren später auch in Krisengebieten wie Bosnien-Herzegowina, Tschetschenien und Kaschmir aktiv. Eine zweite Gruppe von Mudjahedin wurde in bestehende islamistische Gruppen ihrer Heimatländer eingebunden: Libyen, Tunesien, Ägypten. Daneben gab es noch Kleingruppen, die autonom handelten und sich nur hin und wieder unter das Dach von Al-Quaida begaben, wie zum Beispiel in der Türkei, England, Spanien, Indonesien.

Informationen

045 Die 1500 Mitglieder des Übungsverbandes der ASV »Vorwärts« gestalteten das Abschlussbild ihrer Vorführungen zur Sportschau im Leipziger Zentralstadion unter der Losung »Stärkt unsere DDR«.

Der Ost-West-Konflikt zeigte sich nicht nur im politisch-militärischen Bereich, sondern auch in einem Wettkampf der Systeme auf den Gebieten Technik, Sport und Kultur. Sportliche Höchstleistungen gehörten zu den wirksamsten Mitteln, die behauptete Überlegenheit des Sozialismus beziehungsweise des Kapitalismus nachzuweisen und das nationale Ansehen von Staaten zu erhöhen. Die DDR strebte seit ihrer Gründung danach, mittels sportlicher Erfolge ihre staatliche Anerkennung zu fördern. Dieses Bemühen stand dem Alleinvertretungsanspruch der Bundesrepublik entgegen. Bis 1964 trat eine gesamtdeutsche Mannschaft bei den olympischen Spielen an, ab 1972 nahmen DDR und Bundesrepublik mit separaten Mannschaften teil. Von da an sicherte sich die kleine DDR neben den Supermächten USA und der UdSSR bei Olympia regelmäßig einen vorderen Platz im Medaillenspiegel und konnte so ihr außenpolitisches Image verbessern. Trotz interner Vorbehalte, das Militär habe einen Verteidigungsauftrag zu erfüllen, nutzen Bundeswehr und NVA seit den 60er Jahren ihre Ressourcen zur gezielten Förderung von Spitzensportlern. 1968 gründete die Bundeswehr Fördergruppen, die eng an die Leistungszentren des Deutschen Sportbundes angelehnt waren. Nach der Grundausbildung hieß die Devise für Sportsoldaten »30 Prozent Marschieren und 70 Prozent Trainieren«. Zu den bekanntesten Sportsoldaten, die bei den olympischen Spielen Gold holten, zählen der Leichtathlet Bernd Kannenberg und der Rodler Georg Hackl.

047 Die Monatszeitschrift »Armeesportler« der NVA-Sportvereinigung propagierte nicht nur sportliche Erfolge der ASV-Athleten, sondern warb sogleich für die politischen Absichten der SED und ihrer Armee.

046 Wimpel Armeesportklub Potsdam.

048 Olympische Winterspiele 1988 in Calgary. In der Herren-Einsitzerkonkurrenz des Rennschlittenwettbewerbs verwies der NVA-Soldat Jens Müller (Mitte) den Bundeswehrsoldaten Georg Hackl auf den zweiten Platz. Dritter wurde Juri Chartschenko aus der UdSSR.

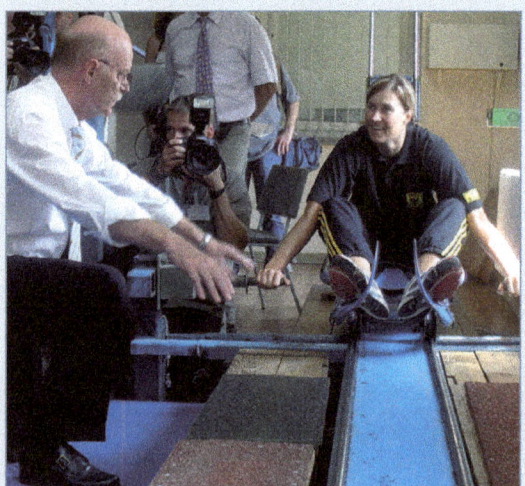

049 Bundesverteidigungsminister Peter Struck besucht am 12. August 2003 im Rahmen seiner Sommerreise die Sportfördergruppe in Oberhof, wo ihm Silke Kraushaar den Abstoß des Skeleton beim Trockentraining vorführt.

Der Kalte Krieg in der Arena

In der DDR war die Armeesportvereinigung Vorwärts die Militärsportorganisation der NVA und der Grenztruppen. Sie hatte 250 000 Mitglieder und betrieb die Leistungsförderung von sportlichen Talenten in Armeesportclubs und 131 Trainingszentren. Vertreter der Armeesportclubs, darunter bekannte Namen wie Peter Frenkel, Udo Beyer, Birgit Fischer, Wolfgang Hoppe und Henry Maske, gewannen in den Jahren 1964 bis 1988 64 Mal Gold bei den olympischen Spielen. Auffälligster Unterschied zur Bundeswehr war die intensive Nachwuchsarbeit der NVA. Zieht man nach 40 Jahren deutsche Teilung Bilanz, so stellt man fest: die DDR war der Bundesrepublik auf der sportlichen Bühne klar überlegen. Dies ist nicht nur den ausgefeilten Auswahl- und Trainingsmethoden geschuldet, die Erfolge gehen auch auf die systematische Anwendung leistungssteigernder Medikamente in der DDR zurück. Sportärzte verabreichten seit den frühen 60er Jahren den Athleten anabole Steroide (Hormondoping). Bei rund 500 DDR-Leistungssportlern ist der Einsatz von Doping dokumentiert; darunter viele Weltrekordler und Medaillengewinner. Die wegen Körperverletzung ermittelnde Staatsanwaltschaft der Zentralen Ermittlungsstelle für Regierungs- und Vereinigungskriminalität zählte nach der Wiedervereinigung über 100 Schadensfälle – Opfer, die zum Teil bis heute an gesundheitlichen Spätfolgen leiden. Nicht staatlich sondern privat organisiert, breitete sich Doping in den 1970er Jahren auch in westlichen Staaten aus – eine Versuchung, der auch einige westdeutsche Athleten nicht widerstehen konnten.

050 Die Kunst- und Turmspringerin und mehrfache Olympiasiegerin Ingrid Engel-Krämer aus der DDR trägt am 10. Oktober 1964 beim Einmarsch der Nationen in das Olympiastadion von Tokio während der feierlichen Eröffnung der XVIII. Olympischen Sommerspiele die gesamtdeutsche Olympiafahne.

051 Bundespräsident Karl Carstens verleiht das Silberne Lorbeerblatt an verdiente Sportler, u.a. an sieben Soldaten der Bundeswehr.

rikanischer Aufrüstung hatte damit begonnen. Im Ost-West-Dialog trat eine Pause ein, in der beide Seiten zu alten Mustern der Konfrontation zurückkehrten.

Der Amtsantritt ▶ Ronald Reagans 1981 brachte zunächst eine weitere Verschlechterung der Ost-West-Beziehungen. Für Reagan war der Konflikt zwischen Ost und West nicht nur ein Ringen um Macht und Einfluss, sondern auch ein ideologischer Kampf zwischen grundverschiedenen Weltanschauungen. Damit schien in mancherlei Hinsicht die von den »Neokonservativen« seit langem geforderte Rückbesinnung auf frühere Traditionen der amerikanischen Politik und Geschichte Realität zu werden.

Die Grundpfeiler der Reagan'schen Politik gegenüber der UdSSR hießen – jedenfalls bis 1984 – Antikommunismus und Aufrüstung. Bereits in seiner ersten Pressekonferenz erklärte er, die sowjetischen Führer nähmen für sich das Recht in Anspruch, »jedes Verbrechen zu begehen, zu lügen, zu betrügen«. Vor einer Versammlung christlicher Fundamentalisten nannte er die Sowjetunion gar »das Zentrum des Übels in der modernen Welt, [...] das ▶ Reich des Bösen«. Im Umgang mit einem so qualifizierten Gegner wollte er sich nicht länger auf Verhandlungen verlassen, sondern auf die Macht setzen, die von militärischer Stärke ausging: Von 1981 bis 1985 stieg die Kurve des amerikanischen Verteidigungsbudgets demzufolge steil an – von 178,4 auf 286,8 Milliarden Dollar. Der Preis waren ein wachsendes Defizit des amerikanischen Haushalts und eine Krise im Verhältnis zu den Verbündeten in Westeuropa, wo eine anschwellende ▶ Friedensbewegung sich heftig gegen die Nachrüstung aussprach und in Massendemonstrationen und Menschenketten um Kasernen ihrer Ablehnung gegen die Stationierung neuer Raketen Ausdruck verlieh.

Tatsächlich konnte bis 1984 von ernsthaften Gesprächen zwischen den USA und der Sowjetunion zur Rüstungsbegrenzung nicht mehr die Rede sein. Zwar fanden seit dem 30. November 1981 in Genf die im NATO-Doppelbeschluss geforderten INF-Verhandlungen statt, und im Juni 1982 wurden auch die »Gespräche über die Verminderung strategischer Waffen« (engl., Strategic Arms Reduction Talks, START) wieder aufgenommen. Aber die politische Konstellation ließ eine Einigung vorerst nicht zu. Überdies wurden die Verhandlungen im September 1983 vom Abschuss einer südkoreanischen Passagiermaschine mit 269 Menschen durch sowjetische Militärflugzeuge überschattet und schließlich Ende 1983 ergebnislos abgebrochen, nachdem die NATO sich angesichts der Stagnation in Genf zur Stationierung der geplanten 572 Mittelstreckenraketen in Westeuropa entschlossen hatte. Die Beziehungen zwischen Ost und West erreichten danach ihren tiefsten Punkt seit den fünfziger Jahren.

Doch ausgerechnet jetzt zeigten sich beide Seiten zur Umkehr bereit. So erklärte Präsident Reagan am 16. Januar 1984 – am Vorabend der »Konferenz über Vertrauens- und Sicherheitsbildende Maßnahmen und Abrüstung in Europa« (KVAE) in Stockholm, die Aufrüstung der USA habe inzwischen einen Stand erreicht, der Erfolg versprechende Verhandlungen wieder zulasse. Das Jahr 1984, ein Präsidentschaftswahljahr, sei deshalb »ein Jahr der Gelegenheiten für den Frieden«. In der Sowjetunion setzte nach dem Beginn der westlichen Raketenstationierung ebenfalls Umdenken ein – allerdings aus gegenteiligem Grund: Hier hatten sich die Hoffnungen, dass die Nachrüstung an innerwestlichen Widerständen – etwa den massiven

---

Die Strategic Defense Initiative (SDI) wurde 1983 auf Anregung des US-amerikanischen Präsidenten Ronald Reagan beschlossen. Sowjetische Boden-Boden-Raketen sollten von Satelliten erfasst und durch deren Laserstrahl oder durch umgehend aktivierte Bodenabwehrraketen zerstört werden. Ronald Reagan verfolgte das Ziel, einen Erstschlag für die Sowjetunion unmöglich zu machen, um sich endlich von der Situation zweier Staaten zu lösen, die andauernd wie »Cowboys im Duell« mit gezogener Waffe aufeinander zielten. Des Weiteren sollte durch SDI der finanzielle und technische Rüstungsaufwand für die Sowjetunion uneinholbar werden. Der Vorsitzende der KPdSU, Michael Gorbatschow, zeigte sich abrüstungsbereit, so dass die Regierung unter Bill Clinton SDI 1993 auslaufen ließ, zumal das Programm keine nennenswerten Ergebnisse gebracht hatte. Präsident George W. Bush nahm den Gedanken eines Raketenabwehrschirms im Jahr 2000 wieder auf und rief das National Missile Concept (NMD) ins Leben.

Ronald Reagan (1911–2004)

B US-Politiker – Reagan begann in den 1930er Jahren seine Karriere als Rundfunkreporter und Filmschauspieler in Hollywood. Er schloss sich 1962 den Republikanern an und bekleidete von 1966 bis 1975 das Amt des Gouverneurs von Kalifornien. Aus den Präsidentschaftswahlen 1980 ging Reagan als Sieger hervor und löste Jimmy Carter ab. Zur Belebung der amerikanischen Wirtschaft setzte er auf Steuersenkungen bei gleichzeitiger Verringerung der Sozialausgaben des Staates sowie Erhöhung der Investitionen im Rüstungssektor. Trotz seiner entschieden antikommunistischen Orientierung bewegte sich Reagan in der zweiten Hälfte der 1980er Jahre diplomatisch auf Gorbatschow zu und leitete damit die Phase der Entspannungspolitik ein.

052
Präsident Ronald Reagan während einer Rede.
Foto, 1984.

---

1 Ronald Reagan, »Mittelpunkt des Bösen« (8. März 1983)

In seiner Rede vor der National Association of Evangelicals in Orlando bezeichnete der US-Präsident den Kommunismus als den »Mittelpunkt des Bösen in der modernen Welt«.

»Es gibt Sünde und Übel in der Welt, und wir sind von der Heiligen Schrift und unserem Herrn Jesus Christus dazu aufgefordert, diese mit all unserer Kraft zu bekämpfen. Auch in unserem Land gibt es eine Hinterlassenschaft des Bösen, mit dem es sich auseinandersetzen muß. Der Ruhm dieser Nation liegt in ihrer Fähigkeit, die moralischen Übel unserer Vergangenheit zu überkommen.«

Zit. nach: Johan Galtung, Hitlerismus, Stalinismus, Reaganismus. Drei Variationen zu einem Thema von Orwell, Baden-Baden 1987 (= Militär, Rüstung, Sicherheit, 36), S. 114

---

1 Helmut Kohl, »Regierungserklärung zur Strategischen Verteidigungsinitiative (SDI)« (18. April 1985)

Unter Präsident Ronald Reagan begann die USA mit einem Programm, welches die Stationierung von Raketenabwehrsystemen im Weltraum vorsah.

»Die Interessen der Bundesrepublik Deutschland und der westeuropäischen Verbündeten sind durch die amerikanische Strategische Verteidigungsinitiative in mehrfacher und sehr komplexer Hinsicht betroffen.
Am stärksten müssen uns die möglichen politisch-strategischen Wirkungen berühren. Sie haben direkte Folgen für unser vitalstes politisches Interesse, unsere äußere Sicherheit. Wir müssen von Anfang an eine Reihe strategischer Forderungen erheben, die sich nicht zuletzt aus unserer geostrategischen Lage ergeben. Ich habe in meiner Münchener Rede sehr eingehend auf diesen Punkt hingewiesen:
– Die Sicherheit Europas darf nicht von der Sicherheit der USA abgekoppelt werden. Es darf keine Zonen unterschiedlicher Sicherheit im NATO-Bereich gegen.
– Die NATO-Strategie der Flexiblen Antwort muß unverändert gültig bleiben, solange keine für die Kriegsverhinderung erfolgversprechendere Alternative gefunden ist.
– Instabilitäten in einer möglichen Phase des Übergangs von der reinen Abschreckungsstrategie zu einer neuen Form strategischer Stabilität, die sich stärker auf Defensivsysteme stützt, müssen vermieden werden.
– Disparitäten müssen abgebaut und die Entstehung neuer Bedrohungsfelder unterhalb der nuklearen Ebene vermieden werden. [...]
Ein Nein aber zu diesem Projekt zu diesem Zeitpunkt würde der Verantwortung, die wir auch für die Zukunft unseres Landes zu tragen haben, nicht gerecht werden.«

Zit. nach: Friedenssicherung durch Verteidigungsbereitschaft. Deutsche Sicherheitspolitik 1949–1989. Dokumente. Hrsg. von Hans-Adolf Jacobsen, Uwe Heuer und Hans Jürgen Rautenberg, März 1989, S. 308–310

Informationen

053 Vor dem Hintergrund einer sowjetischen Atomraketenüberlegenheit in Europa und des Nachrüstungsbeschlusses der NATO demonstrieren am 4. April 1981 ca. 15 000 Atomwaffengegner mit einem Protestmarsch durch die Bonner Innenstadt und einer Kundgebung auf dem Münsterplatz gegen jede weitere atomare Rüstung. Etwa 30 deutsche Organisationen hatten angesichts der 29. Tagung der Nuklearen Planungsgruppe der NATO im Verteidigungsministerium zu dieser Aktion aufgerufen.

054 Besuch von Bundestagsabgeordneten der Grünen beim Vorsitzenden des Staatsrats der DDR, Erich Honecker in Ost-Berlin. V.l.: Antje Vollmer, Lukas Beckmann, Erich Honecker, Dirk Schneider, Otto Schily, Petra Kelly und Gerd Bastian. Foto, 31. Oktober 1983.

Die Friedensbewegung war eine von vielen sozialen Bewegungen, die im Zuge des gesellschaftlichen Umbruchs durch die so genannte 68er-Bewegung entstanden waren.

Die erste übergreifende und bundesweit beachtete Aktion der Friedensbewegung war der »Krefelder Appell« vom 16. November 1980, der von der Deutschen Kommunistischen Partei (DKP) initiiert worden war. Zu den prominenten Unterzeichnern der Unterschriftensammlung gegen den NATO-Doppelbeschluss gehörten Martin Niemöller, die Grünen-Politikerin Petra Kelly und der Bundeswehr-General Gert Bastian. Das einigende Element der äußerst heterogen zusammengesetzten Bewegung bildete der Protest gegen die Stationierung neuer Atomraketen in Deutschland, die im Doppelbeschluss vorgesehen war. Ihren ersten Höhepunkt erreichte die Friedensbewegung am 10. Oktober 1981, als mehr als 300 000 Menschen in Bonn gegen den NATO-Doppelbeschluss demonstrierten. Die sich verschlechternde weltpolitische Lage schuf einen für viele Menschen bedrohlichen Ausblick in die Zukunft. Der massenhafte überparteiliche Aufstand gegen die atomare Aufrüstung war Ausdruck der Sehnsucht nach einer friedlicheren und weniger technokratischen Welt. Heute ist bekannt, dass die DDR-Führung intensiv bemüht war, die Friedensbewegung zu unterwandern und für die Zwecke der sowjetischen Politik mit dem Ziel zu instrumentalisieren, die Umsetzung des Doppelbeschlusses zu verhindern. Als im November 1983 die Stationierung der ersten amerikanischen Atomraketen auf deutschem Boden begann, verlor die Friedensbewegung ihre Schwungkraft.

Die bundesdeutsche Friedensbewegung

 1 »Krefelder Appell an die Bundesregierung« (November 1980)

Der Appell forderte die Bundesregierung auf, die Zustimmung zur Raketenstationierung zurückzunehmen. Im Laufe der folgenden Jahre wurde der Appell von fast fünf Millionen Menschen unterschrieben.

»Immer offensichtlicher erweist sich der Nachrüstungsbeschluß der NATO vom 12. Dezember 1979 als verhängnisvolle Fehlentscheidung. Die Erwartung, wonach Vereinbarungen zwischen den USA und der Sowjetunion zur Begrenzung der eurostrategischen Waffensysteme noch vor der Stationierung einer neuen Generation amerikanischer nuklearer Mittelstreckenwaffen in Westeuropa erreicht werden könnten, scheint sich nicht zu erfüllen. [...]
Die Teilnehmer am Krefelder Gespräch vom 15. und 16. November 1980 appellieren daher gemeinsam an die Bundesregierung,
– Die Zustimmung zur Stationierung von Pershing-II-Raketen und Marschflugkörpern in Mitteleuropa zurückzuziehen;
– im Bündnis künftig eine Haltung einzunehmen, die unser Land nicht länger dem Verdacht aussetzt, Wegbereiter eines neuen, vor allem die Europäer gefährdenden nuklearen Wettrüstens sein zu wollen. [...]

Gert Bastian, Würzburg. Prof. Dr.Dr. h.c. *Karl Bechert*, Weilmünster. *Petra K. Kelly*, Nürnberg. Dr. *Martin Niemöller*, Wiesbaden. Prof. Dr. *Helmut Ridder*, Gießen. *Christoph Strässer*, Münster. *Gösta von Uexküll*, Hamburg. *Josef Weber*, Köln.«

Zit. nach: Deutsche Geschichte 1962–1983. Dokumente in zwei Bänden. Hrsg. und kommentiert von Irmgard Wilharm, Frankfurt a.M. 1985, Bd 2, S. 209 f.

055 Petra Kelly und Gert Bastian während einer Fraktionssitzung der Grünen. Foto, 17. Mai 1983.

 B Gert Bastian (1923–1992) und Petra Kelly (1947–1992)

Politiker – Gert Bastian diente ab 1941 freiwillig in der Wehrmacht, erlitt schwere Verwundungen in Russland und Frankreich, wo er als Führer einer Panzerpioniereinheit eingesetzt war. Er arbeitete nach Kriegsende als Buchbinder, war von 1954 bis 1963 Mitglied der CSU und diente von 1956 an in der Bundeswehr. Als Generalmajor und Kommandeur einer Panzerdivision bat er 1980 aus Furcht vor einem Atomkrieg um seine Pensionierung. Petra Kellys Familie zog 1960 mit ihrem Stiefvater, dem US-Soldat John E. Kelly in die USA, wo sie Politik studierte. Ein Stipendium brachte sie 1971 nach Europa. 1979 verließ sie die SPD aus Protest über den NATO-Doppelbeschluss. Sie war Mitbegründerin der Partei Die Grünen. Bastian und Kelly lernten sich 1980 kennen, wurden in der Folgezeit Mitglieder des Bundestages für Die Grünen und setzten sich medienwirksam für eine gewaltfreie Welt ein. Kellys Lebensängste mündeten in einer zunehmenden Abhängigkeit von Bastian, den seine Beschützerrolle über die Maßen beanspruchte. 1992 erschoss Gert Bastian die schlafende Petra Kelly und richtete sich anschließend selbst.

056 Die Demonstrationen erreichten am 22. Oktober 1983 ihren Höhepunkt. Hunderttausende von Menschen demonstrierten in der Bundesrepublik gegen die atomare Nachrüstung.

Zwischen Konfrontation und Entspannung

Demonstrationen und öffentlichen Protesten der Friedensbewegung – scheitern werde, nicht erfüllt. Schlimmer noch: Präsident Reagans Forderung nach Errichtung eines ▸ weltraumgestützten Raketenabwehrsystems (engl., Strategic Defense Initiative, SDI) bot Anlass zu großer Sorge, weil man dieser Entwicklung vorerst nichts entgegenzustellen hatte. Die Sowjetunion war daher zum Kompromiss gezwungen.

Der eigentliche Wendepunkt kam jedoch erst ein Jahr später, als ▸ Michail Gorbatschow am 11. März 1985 das Amt des Generalsekretärs der KPdSU übernahm und sogleich mit seiner Politik der ▸ *Glasnost* (russ.; Offenheit) und *Perestroika* (russ.; Umgestaltung) begann, die auf eine Stärkung der sowjetischen Wirtschaft, einen Umbau des sowjetischen politischen Systems und eine Intensivierung der internationalen Zusammenarbeit in allen Bereichen abzielte. Damit eröffnete er auch neue Chancen für die Politik der Entspannung und Abrüstung in Europa und gegenüber den USA. Eine umfangreiche Besuchsdiplomatie setzte ein. Bereits am 12. März 1985 – einen Tag nach Gorbatschows Amtsantritt – wurden die Ende 1983 unterbrochenen Rüstungskontrollgespräche zwischen den USA und der Sowjetunion wieder aufgenommen. Dabei wurde die Frage der Mittelstreckenwaffen nicht mehr getrennt behandelt, sondern in die START-Verhandlungen einbezogen, die auch Interkontinentalraketen und Weltraumwaffen (SDI) umfassten.

Vorrang genossen allerdings die Bemühungen um den Abschluss eines INF-Abkommens, über dessen Grundzüge sich Reagan und Gorbatschow bei ihrer ersten Begegnung in Genf im November 1985 verständigten. Bei ihrer zweiten Begegnung im Oktober 1986 in Reykjavik schien das Abkommen beinahe schon perfekt, scheiterte aber im letzten Moment an der Weigerung Reagans, Begrenzungen des amerikanischen SDI-Programms hinzunehmen. Erst am 8. Dezember 1987, auf dem dritten Gipfel zwischen Reagan und Gorbatschow in Washington, konnte der INF-Vertrag unterzeichnet werden. Der Vertrag, durch den in einer »doppelten Null-Lösung« auf sowjetischer Seite 857 Raketen mit 1667 Sprengköpfen und auf amerikanischer Seite 429 Raketen und Sprengköpfe abgerüstet wurden, konnte indessen nur ein Anfang sein. Zwar wurde damit erstmals eine ganze Klasse von Kernwaffen beseitigt. Aber von der Reduzierung waren tatsächlich nur etwa drei bis vier Prozent aller Nuklearwaffen betroffen. Wie gewaltig dieses Potenzial immer noch war, zeigt etwa die Tatsache, dass nur ein einziges, mit 24 Nuklearraketen bestücktes amerikanisches TRIDENT-Unterseeboot über das Achtfache der Zerstörungskraft aller im Zweiten Weltkrieg eingesetzten Bomben und Granaten verfügte.

Die USA und die UdSSR verhandelten deshalb im Rahmen der START-Gespräche zugleich über eine Halbierung ihres strategischen Nuklearwaffenpotenzials, ohne dass sie bis zum Mai 1988 ein unterzeichnungsreifes Abkommen zu Stande brachten. Für Gorbatschow ging es dabei nicht nur um außenpolitische Ziele. Er war vor allem aus wirtschaftlichen Gründen an der Abrüstung interessiert, um Ressourcen für die dringend reformbedürftige sowjetische Wirtschaft freizusetzen. Frühzeitig korrigierte er in diesem Zusammenhang auch das weltweite Ausgreifen der sowjetischen Außenpolitik nach Afrika, Asien und in die Karibik, das zwischen 1974 und 1980 zu einer gigantischen Verschwendung wertvoller Devisen geführt hatte. Der sowjetische Rückzug aus Afghanistan, der im Mai 1988 begann und am 15. Februar 1989 abgeschlossen wurde, war

---

Anfang der 1980er Jahre drängten entschiedene Reformpolitiker um Michail Gorbatschow in der Sowjetunion an die Macht. 1985 ordnete die KPdSU Perestroika und Glasnost an, um den Verfall des Kommunismus aufzuhalten. Beabsichtigt war, das Vertrauen der Arbeiterschaft in die Einführung marktwirtschaftlicher Prinzipien – Perestroika – zu gewinnen, indem der korrupte Beamtenapparat umgangen und überflüssig gemacht werde sollte – Glasnost. Die Perestroika schuf den eigenständigen Unternehmer und ermöglichte die Investition ausländischen Kapitals in der Sowjetunion. Der Zusammenbruch der Wirtschaft war die Folge. Die Umsetzung von Glasnost förderte die Demokratisierung von Politik und Gesellschaft, die schonungslose Entstalinisierung sowie Rede- und Pressefreiheit. Diese Veränderungen wirkten als Auslöser für Umwälzungen sehr viel größerer Art: Die KPdSU verlor ihr Gewaltmonopol im Staat, Moskau seinen Herrschaftsanspruch in der zerfallenden Sowjetunion.

Umfeld

B Michail Gorbatschow (1931)

Sowjetischer Politiker – Der Jurist und Agrarökonom stieg rasch in der Hierarchie der KPdSU auf und wurde 1985 Generalsekretär des ZK. Angesichts der enormen strukturellen, ökonomischen und administrativen Probleme der Sowjetunion leitete Gorbatschow eine pragmatische Politik unter den Devisen Perestroika (Wandel durch Demokratisierung) und Glasnost (Offenheit nach innen und außen) ein. In Zusammenarbeit mit Außenminister Eduard Schewardnadse betrieb er die schrittweise Öffnung gegenüber dem Westen, traf Abrüstungsvereinbarungen mit US-Präsident Ronald Reagan, normalisierte das Verhältnis zu China und ordnete den Rückzug der sowjetischen Truppen aus Afghanistan an. Anlässlich der ersten Ostblock-Gipfelkonferenz in Bukarest gestand Gorbatschow Anfang Juli 1989 jedem sozialistischen Staat seine eigene Entwicklung zu. Damit verlor die Breschnew-Doktrin ihre Gültigkeit. Bei den Festveranstaltungen zum 40. Jahrestag der Gründung der DDR in Ost-Berlin betonte Gorbatschow vor der internationalen Presse die Notwendigkeit von Reformen und äußerte die berühmten Worte »Wer zu spät kommt, den bestraft das Leben«. Durch intensive Gespräche zwischen Gorbatschow und Bundeskanzler Helmut Kohl wurde die friedliche Wiedervereinigung der beiden deutschen Staaten vorbereitet. Für seine politischen Verdienste wurde Gorbatschow am 10. Dezember 1990 mit dem Friedensnobelpreis ausgezeichnet. In Folge der wachsenden innenpolitischen Spannungen in der Sowjetunion versuchten reformfeindliche Kräfte unter maßgeblicher Mitwirkung des KGB Gorbatschow am 19. August 1991 zu stürzen. Am 21. August brach der Umsturzversuch zwar zusammen, doch Gorbatschow musste am 24. August 1991 als Generalsekretär der KPdSU sowie Ende Dezember 1991 als Staatspräsident und Oberbefehlshaber der Streitkräfte zurücktreten.

057 Gorbatschow während einer Rede vor dem Obersten Sowjet, kurz nach seiner Wahl durch die Delegierten zum Vorsitzenden des Präsidiums am 1. Oktober 1988.

1 Michail Gorbatschow, »Die sozialistische Demokratie« (27. Januar 1987)

Die Rede des sowjetischen Staatschefs vor dem Zentralkomitee seiner Partei markierte den vorläufigen Höhepunkt seines Reformprogramms.

»Nur bei konsequenter Entwicklung der demokratischen Formen, die dem Sozialismus eigen sind, und bei Erweiterung der Selbstverwaltung sind bei uns Fortschritte in der Produktion, in der Wissenschaft und Technik, in der Literatur, der Kultur und Kunst, in allen Sphären des gesellschaftlichen Lebens möglich. Nur ein solcher Weg gewährleistet eine bewußte Disziplin. Nur durch Demokratie und dank der Demokratie ist die Umgestaltung selbst möglich. Nur so erhalten die gewaltige schöpferische Kraft des Sozialismus, die freie Arbeit und ein freier Geist in einem freien Land Raum. Deshalb ist die weitere Demokratisierung der sowjetischen Gesellschaft eine unaufschiebbare Aufgabe. Darin gerade besteht das Wesen des Kurses des April-Plenums und des XXVII. Parteitages der KPdSU auf die Vertiefung der sozialistischen Selbstverwaltung des Volkes. Es geht selbstverständlich nicht um einen Umbruch in unserem politischen System. wir müssen mit maximaler Effizienz alle seine Möglichkeiten nutzen und der Arbeit der Partei, der Sowjets, der Staatsorgane, der gesellschaftlichen Organisationen und der Arbeitskollektive einen tiefen demokratischen Inhalt verleihen und allen Zellen des gesellschaftlichen Organismus ein neues Leben einflößen.«

Zit. nach: Michail Gorbatschow, Die Rede. »Wir brauchen die Demokratie wie die Luft zum Atmen.« Referat vor dem ZK der KPdSU am 27. Januar 1987. Hrsg. von Freimut Duve, Hamburg 1987, S. 35 f.

Zwischen Konfrontation und Entspannung

nur das sichtbarste Beispiel dieser Neuorientierung. Sie verhalf dazu, gerade in den Regionalkonflikten, die das Ost-West-Verhältnis so sehr belastet hatten, nach einvernehmlichen Lösungen zu suchen.

Vor allem schuf dieser Annäherungsprozess aber 1990 die Voraussetzungen dafür, dass als Folge der »friedlichen Revolution« in der DDR auch die deutsche Frage gelöst werden konnte. Am Rande einer Konferenz der Außenminister der NATO und des Warschauer Paktes in Ottawa vom 11. bis 14. Februar 1990 kamen die Außenminister der vier Siegermächte und der beiden deutschen Staaten überein, über die »auswärtigen Aspekte der deutschen Einheit, einschließlich der Fragen der Sicherheit der Nachbarstaaten« in so genannten Zwei-plus-Vier-Gesprächen zu beraten. Anfängliche Versuche der Sowjetunion, einen separaten Status für das DDR-Gebiet, eine Doppelmitgliedschaft Deutschlands in NATO und Warschauer Pakt oder eine Loslösung der Bundesrepublik aus der militärischen Westintegration zu erreichen, blieben erfolglos und wurden schließlich aufgegeben. Andererseits kamen die Regierungschefs der NATO den sowjetischen Erwartungen entgegen, indem sie in ihrer »Londoner Erklärung« vom 6. Juli 1990 feststellten, dass der Westen »nie, unter keinen Umständen« als erster militärische Gewalt anwenden werde. NATO und Warschauer Pakt sollten gemeinsam eine Nichtangriffs-Erklärung abgeben, und die NATO-Strategie werde mit dem Ziel überprüft, die Atomwaffe in der westlichen Planung so herunterzustufen, dass ihr Einsatz nur noch als »letztes Mittel« erwogen würde.

Danach fand sich die UdSSR mit der Einigung Deutschlands entsprechend den westlichen Vorstellungen ab, die sie ohnehin nicht mehr verhindern konnte. Bei einem Besuch von ▶ Helmut Kohl in Gorbatschows Heimatort im Kaukasus wurde der entscheidende Durchbruch erzielt, den Kohl während einer gemeinsamen Pressekonferenz am 16. Juli 1990 erläuterte:

1. Die Einigung Deutschlands umfasse die Bundesrepublik, die DDR und Berlin.
2. Mit dem Vollzug der Einigung würden die Rechte und Verantwortlichkeiten der vier Siegermächte vollständig abgelöst; Deutschland erhalte zum Zeitpunkt seiner Vereinigung die »volle und uneingeschränkte Souveränität«.
3. Das geeinte Deutschland schließe mit der Sowjetunion einen zweiseitigen Vertrag zur Abwicklung des sowjetischen Truppenabzuges aus der DDR, der innerhalb von drei bis vier Jahren beendet sein solle.

059 Helmut Schmidt, gratuliert seinem Nachfolger Helmut Kohl zur Wahl. Foto, 1. Oktober 1982.

Helmut Kohl (1930)

Politiker – Helmut Kohl begann seine politische Laufbahn in Rheinland-Pfalz. Dort stieg er vom Landtagsabgeordneten zum Fraktionsvorsitzenden der CDU und Ministerpräsidenten in den Jahren 1969 bis 1973 auf. Als Spitzenkandidat der CDU unterlag er bei den Bundestagswahlen 1976 dem Amtsinhaber Helmut Schmidt. Durch ein konstruktives Misstrauensvotum gegen Schmidt wurde Kohl mit den Stimmen der FDP-Fraktion am 1. Oktober 1982 zum Bundeskanzler gewählt. Von manchem Gegner als zu provinziell unterschätzt, setzte er sich in den folgenden Jahren machtbewusst und instinktsicher als unangefochtene Führungsfigur der CDU durch und ging aus den Bundestagswahlen 1983 und 1987 als Sieger hervor. Nach der Öffnung der innerdeutschen Grenze ergriff Kohl die Initiative und legte am 28. November 1989 ein »Zehn-Punkte-Programm zur Überwindung der Teilung Deutschlands und Europas«, das letztendlich zur Wiedervereinigung Deutschlands führen sollte, vor. Mitte 1990 setzte Kohl die Wirtschafts-, Währungs- und Sozialunion der beiden deutschen Staaten durch und erreichte bei Gesprächen mit Michail Gorbatschow den entscheidenden Durchbruch für den Beitritt der DDR zur Bundesrepublik Deutschland am 3. Oktober 1990. Nach der Verwirklichung der deutschen Einheit trieb Kohl mit Frankreichs Präsident François Mitterrand die europäische Einigung weiter voran. Infolge der Wirtschaftskrise mit der höchsten Arbeitslosigkeit in der Geschichte der Bundesrepublik unterlag Kohl bei den Bundestagswahlen 1998 seinem SPD-Herausforderer Gerhard Schröder.

060 Helmut Kohl während einer Pressekonferenz nach Beendigung des EU-Gipfeltreffens in Kopenhagen, Foto 22. Juni 1993.

058 Am Abend nach der Maueröffnung versammeln sich Tausende auf dem Teil der Mauer, der vor dem Brandenburger Tor liegt. Hell erleuchtet überragt der Reichstag die Ostseite dieses Mauerabschnitts. Davor haben DDR-Grenzer eine Schutzkette gebildet, Foto 10. November 1989.

Zwischen Konfrontation und Entspannung

3. Die DDR im Warschauer Pakt

Die Entwicklung der DDR vollzog sich seit Beginn der siebziger Jahre sowohl in enger Anbindung an die Sowjetunion als auch vor dem Hintergrund der Blockkonfrontation. Die Einbindung in den Warschauer Pakt brachte der DDR die Sicherheit, die sie allein nicht gewährleisten konnte. Nach wie vor waren mehr als doppel soviel sowjetische Truppen in der DDR stationiert, wie die NVA an Personal vorweisen konnte. Die DDR übernahm auch weiterhin wie selbstverständlich die Aussagen und Grundsätze der sowjetischen Militärdoktrin als Richtung weisend für die Vorbereitung des Staates und seiner Streitkräfte auf einen Kriegsfall. Zwar stellte die SED-Führung international ihre Bereitschaft zu einer Politik der Abrüstung und Entspannung deutlicher als zuvor zur Schau und versuchte sich Anfang der achtziger Jahre sogar mit einer eigenen »konkreten Friedenspolitik« gegenüber dem Westen und im Rahmen des Bündnisses zu profilieren, doch zugleich wurde der Ausbau von Militär und Rüstung sowie die ▸ innergesellschaftliche Militarisierung in der DDR vorangetrieben. Kräfte der NVA waren 1980/81 auch an der Vorbereitung einer militärischen Intervention gegen die als »Konterrevolution« bezeichnete Soldiarnosc-Bewegung in Polen beteiligt. Während in der Bundesrepublik das Für und Wider sicherheits- und militärpolitischer Fragen öffentlich und kritisch diskutiert werden konnten, war in der DDR bis 1989 keine öffentlich kritische Diskussion der Militärpolitik des eigenen Landes und des Bündnisses möglich.

a) Die DDR als militarisierte Gesellschaft

Die konsequente Weiterentwicklung der Landesverteidigung einschließlich ihrer inneren Komponente bezog seit Ende der sechziger/Anfang der siebziger Jahre alle wesentlichen Bereiche der Gesellschaft ein und schuf so einen »militarisierten Sozialismus«. Sichtbare Zeichen dafür waren das Geflecht der paramilitärischen und militärischen Institutionen mit entsprechenden Erziehungseinrichtungen, die Disziplinierung und soziale Kontrolle der Bevölkerung in diesen Strukturen, die Organisation verschiedener gesellschaftlicher Bereiche nach dem militärischen Prinzip von Befehl und Gehorsam, die militärische ideologische Indoktrination sowie die Pflege soldatischer Tugenden und ▸ militärischer Rituale. Erich Honecker selbst prägte anlässlich eines Truppenbesuches im Jahr 1978 den Satz, dass es keinen Bereich des gesellschaftlichen Lebens gebe, der nicht von den Belangen der Landesverteidigung durch-

061 NVA-Soldaten unterschreiben vor ihrer Entlassung Erinnerungstücher.

062 Reservistentuch der NVA.

Umfeld

Sozialistische Wehrerziehung in der DDR

Alter	Erziehungsträger	Politisch-ideologischer Inhalt	Militärischer Inhalt
0 bis 3 Jahre	Eltern, Kinderkrippe	Gut und Böse unterscheiden	Bewegung, Spiel
3 bis 6 Jahre	Kindergarten	Unsere Soldaten	Anerziehung von Geschicklichkeit im Spiel
6 bis 10 Jahre	Schule, Junge Pioniere	Heimatliebe, Bereitschaft zum Schutz der Heimat	Anerziehung von Geschicklichkeit im Spiel
10 bis 16 Jahre	Schule, Junge Pioniere, FDJ, Betrieb, Patenbrigade	Vorbereitung auf Hans-Beimler-Wettkämpfe	Hans-Beimler-Wettkämpfe
16 bis 18 Jahre	Erweiterte Oberschule, Betriebsberufsschule, Gesellschaft für Sport und Technik	Vorbereitung auf den Wehrdienst	Vormilitärische Ausbildung
18 bis 26 Jahre	Betrieb, Hoch- und Fachschule, NVA, SED-Grundorganisation	Vorbereitung auf praktische Ausbildung (Technik u.a.)	Militärische Ausbildung, Zivilverteidigung an Hochschulen
26 bis 35 Jahre	Betrieb, SED-Grundorganisation, Reserve der NVA	Erhaltung der Wehrbereitschaft und -fähigkeit	Militärische Aus- und Weiterbildung

Zit. nach: Staatsfeinde in Uniform? Widerständiges Verhalten und politische Verfolgung in der NVA. Im Auftrag des Militärgeschichtlichen Forschungsamtes hrsg. von Rüdiger Wenzke, Berlin 2005, S. 395

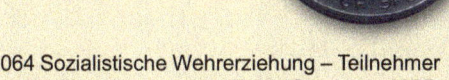

063 Meisterschaften der DDR in den Wehrsportarten: Preismedaille der Wehrspartakiade der Gesellschaft für Sport und Technik, 1970.

064 Sozialistische Wehrerziehung – Teilnehmer des Pioniermanövers »Roter Oktober«, 1977.

»Wehrdienstgesetz« (25. März 1982)

Seit 1962 gab es einen allgemeinen Grundwehrdienst von 18 Monaten. Ein ziviler Ersatzdienst, wie in der Bundesrepublik existierte nicht. Auf Drängen der Kirchen war jedoch seit 1964 der Dienst als Bausoldat möglich, d.h. die Ableistung des Wehrdienstes ohne Waffe.

»§ 5 Vorbereitung auf den Wehrdienst
(1) Die staatlichen Organe sowie die Kombinate, wirtschaftsleitenden Organe, Betriebe, Einrichtungen, Genossenschaften, gesellschaftlichen Organisationen und Vereinigungen (nachfolgend Betriebe genannt) sind verpflichtet, die Bürger auf den Wehrdienst vorzubereiten. [...]
(2) Die Vorbereitung auf den Wehrdienst ist Bestandteil der Bildung und Erziehung an den allgemeinbildenden Schulen, Einrichtungen der Berufsbildung, Fachschulen, Hochschulen und Universitäten.
(3) In der Gesellschaft für Sport und Technik wird zur Vorbereitung der Jugend auf den Wehrdienst [die] vormilitärische Ausbildung durchgeführt. Die dazu notwendigen Anforderungen legt der Minister für Nationale Verteidigung fest.«

Zit. nach: DDR-Geschichte in Dokumenten. Beschlüsse, Berichte, interne Materialien und Alltagszeugnisse. Hrsg. von Matthias Judt, Bonn 1998, S. 455

drungen sei. Im Programm der SED von 1976 wurde die Landesverteidigung ausdrücklich als ein »Wesensmerkmal der entwickelten sozialistischen Gesellschaft« definiert. Sie galt als mit allen Bereichen und Seiten der Gesellschaft eng verflochten und als durch deren Entwicklungsniveau sowie durch die konkrete »Klassenauseinandersetzung« beeinflusst. Insofern bildete die Landesverteidigung im Selbstverständnis der Parteiführung eine lebensnotwendige Voraussetzung und Bedingung für die DDR-Gesellschaft.

Die vorgeblich neuen Anforderungen und Möglichkeiten der Landesverteidigung waren seit 1971 in konzentrierter Form in einem »Klassenauftrag« der SED formuliert worden, der eine eigenartige Verknüpfung von ideologischen und militärischen Elementen bildete.

Der SED gelang es seit Beginn der siebziger Jahre, den Komplex der in der Landesverteidigung organisierten bewaffneten Kräfte noch unmittelbarer zu steuern und enger als je zuvor mit anderen Teilbereichen der Gesellschaft zu verweben. ▸ Erich Honecker nahm ab 1971 als Erster Sekretär (seit 1976 Generalsekretär) des ZK der SED, als Vorsitzender des Staatsrates (ab 1976) und Vorsitzender des Nationalen Verteidigungsrates (NVR) entscheidenden persönlichen Einfluss auf die Militär- und Sicherheitspolitik. Er war faktisch Oberster Befehlshaber aller bewaffneten Kräfte der DDR.

Die in der Regel geheimen Entscheidungen des NVR fanden bei Bedarf ihre Umsetzung in Gesetzen und anderen Rechtsvorschriften. Von herausragender Bedeutung war dabei das ▸ Verteidigungsgesetz der DDR. Nicht zuletzt unter der Grundannahme, dass der »Kampf um den Frieden und die Sicherheit des Sozialismus« in Zukunft »härter und komplizierter« werde, verabschiedete die DDR-Volkskammer im Jahr 1978 – siebzehn Jahre nach der erstmaligen Verkündung eines solchen Gesetzes – ein neues Verteidigungsgesetz. Die Landesverteidigung sollte nunmehr auch gesetzlich als fester Bestandteil der Gesellschaftsordnung und als Teil des östlichen Verteidigungsbündnisses organisiert werden. Nur vier Jahre später beschloss die DDR-Volkskammer ein weiteres, für die Entwicklung der bewaffneten Kräfte und der Landesverteidigung allgemein bedeutsames Gesetz: das Wehrdienstgesetz. Dieses Gesetz und seine Folgebestimmungen (Einberufungsordnung, Dienstlaufbahnordnung, Reservistenordnung usw.) sollte den veränderten Bedingungen Rechnung tragen, die unter anderem auch die personelle Auffüllung der bewaffneten Kräfte angesichts geburtenschwacher Jahrgänge betrafen.

Das Wehrdienstgesetz setzte das Wehrpflichtgesetz von 1962 außer Kraft. Es regelte die Wehrpflicht und den freiwilligen Wehrdienst, den aktiven Wehrdienst und den Reservistenwehrdienst, den Wehrdienst während der Mobilmachung und im Verteidigungszustand sowie die vorbereitenden Maßnahmen für den Wehrdienst, die Förderung nach dem Wehrdienst und die Reserve der NVA. Das Gesetz bestimmte unter anderem die Verlängerung der Gesamtzeit für Reservistenübungen und die Möglichkeit der Einbeziehung von Frauen während der Mobilmachung und im Verteidigungszustand. Die Vorbereitung auf den Wehrdienst wurde zum Bestandteil der Bildung und Erziehung an den Schulen, Einrichtungen der Berufsbildung, Fach- und Hochschulen sowie Universitäten erklärt. Allen Einrichtungen, Institutionen usw. erlegte man dafür konkrete Pflichten auf. Zeitgleich verabschiedete die Volkskammer das »Gesetz über die ▸ Staatsgrenze der DDR« (Grenzgesetz), das erstmalig alle grundlegenden Bestimmungen über das Hoheitsgebiet und die Staatsgrenze so-

B Erich Honecker (1912–1994)
Seit 1926 engagierte er sich im Kommunistischen Jugendverband in Deutschland und schloss sich 1929 der KPD an. Nach 1933 setzte Honecker seine politische Arbeit im Untergrund fort. Im Dezember 1935 wurde er verhaftet und zwei Jahre später zu zehn Jahren Haft verurteilt. Bis Kriegsende blieb Honecker im Zuchthaus Brandenburg-Görden inhaftiert. Nach Ende des Zweiten Weltkrieges organisierte er den Aufbau der Jugendorganisation FDJ und leitete sie von 1946 bis 1955. Als Mitglied des Politbüros und Sekretär des ZK der SED verantwortete Honecker 1961 die Vorbereitungen für den

065 Erich Honecker, Foto 1980.

Heinz Hoffmann, »Begründung des neugefaßten Verteidigungsgesetzes« (13. Oktober 1978)

Verteidigungsminister Armeegeneral Hoffmann erläuterte in seiner Rede vor der Volkskammer die Notwendigkeit eines neuen Verteidigungsgesetzes.

»Der Hauptgrund für die Überarbeitung und die Neufassung des Verteidigungsgesetzes besteht darin, die Konsequenzen aus der Verfassung der DDR von 1974 für die gesetzlichen Regelungen über die Landesverteidigung zu ziehen sowie die militärpolitischen und militärwissenschaftlichen Erkenntnisse und Erfordernisse der Gegenwart und absehbaren Zukunft zu berücksichtigen. Denn das zur Zeit geltende Verteidigungsgesetz wurde eben doch vor 17 Jahren erlassen. [...]

Die Entspannung hat Fortschritte gemacht. Das verzeichnen wir mit Genugtuung. Aber jene Kräfte des internationalen Monopolkapitals, die ihre Rüstungsprofite steigern wollen, verstärken das Wettrüsten und forcieren ihre antisozialistische und entspannungsfeindliche Politik. Jene besonders reaktionären Kräfte in den USA, in der BRD und in anderen NATO-Staaten, die im kalten Krieg oder gar im heißen Konflikt den Sozialismus niederringen und die Fortschritte der nationalen Befreiungsbewegung rückgängig machen wollen, erhöhen ihre Aktivität und ihren Einfluß. Der Kampf um den Frieden und die Sicherheit des Sozialismus wird daher in Zukunft härter und komplizierter.«

Zit. nach: Heinz Hoffmann, Sozialistische Landesverteidigung. Aus Reden und Aufsätzen. Juni 1978–Mai 1982, Berlin (Ost) 1983, S. 71–73

066 Heft für die politische Schulung in der NVA: »Der Imperialismus und sein NATO-Pakt – stete Quelle der Kriegsgefahr«.

067 Selbst gefertigtes Soldatenutensil: »EK-Schulterklappe«, um 1975.

 »Frischlinge contra Entlassungskandidaten (EK)«

Das Verhältnis zwischen Soldaten älterer Diensthalbjahre und den »Neuankömmlingen« war in der NVA durch eine strenge inoffizielle Hierarchie gekennzeichnet.

»›Na, ihr Rotärsche, jetzt geht das Rennen los. Hoffentlich haben die Kleinen genügend Pflaster eingepackt für die Blasen. Rennerenne, robbirobbi durch den Tannenwald ... ihr werdet schon sehen ... Endlich Nachwuchs, man kam sich schon ganz einsam vor, nix mehr los ... wird Zeit, daß hier neue Stimmung entsteht ... Jubel, Trubel, Heiterkeit ...‹ Jeder wirft sich einen Brocken auf den Kopf. Einer aus der Schlange sagt: ›Ihr macht hier wohl den Chef? Ihr seid doch auch bloß Soldaten!‹ Da schnippen die drei Fahrer hoch, lehnen sich gar nicht mehr an ihre Fahrzeuge, gehen auf den Frechdachs zu: ›Wir sind *Vize*, merk dir das! Sieh dir unsere Schulterstücke genau an! Da ist zwar noch kein Balken, aber den Knick in der Mitte wirst du doch erkennen mit deinen ahnungslosen Augen ... *Vize*, vergiß das nicht! Denk an deine Tage! Wenn ich deine Tage hätte, würde ich mich aufhängen ...‹«

Zit. nach: Jürgen Fuchs, Fassonschnitt, Reinbek bei Hamburg 1984, S. 46

Bau der Berliner Mauer am 13. August, die er bis zu seinem Tod als »Antifaschistischen Schutzwall« rechtfertigte. Am 3. Mai 1971 wurde er zum Nachfolger von SED-Chef Walter Ulbricht gewählt. Im Jahre 1976 übernahm er auch das Amt des Staatsratsvorsitzenden. Honecker distanzierte sich in den 1980er Jahren von den Reformkonzepten Michail Gorbatschows unter dem Hinweis, dass die ökonomische und soziale Situation in der DDR Reformen nach dem von Gorbatschow vorgeschlagenen Muster nicht erforderlich machten. Honecker wurde schließlich am 18. Oktober 1989 aller Ämter enthoben. Ende 1990 erging Haftbefehl gegen Honecker in seiner Eigenschaft als ehemaliger Vorsitzender des Nationalen Verteidigungsrates der DDR wegen der Todesschüsse an der Mauer. Auf Grund seines Gesundheitszustands wurde er am 13. Januar 1993 entlassen und reiste nach Chile aus, wo er ein Jahr darauf verstarb.

wie über die Stellung und Aufgaben der Grenztruppen zusammenfasste.

Um eine optimale Vorbereitung des Territoriums der DDR als Teil des »Kriegsschauplatzes« zu erreichen, galt es, bereits im Frieden eine Vielzahl von baulichen, materiellen, technischen und organisatorischen Maßnahmen zur Schaffung günstiger Voraussetzungen für die Handlungen der Vereinten Streitkräfte des Warschauer Paktes durchzuführen. Dazu mussten unter anderem Führungsstellen vorbereitet und gebaut, Dezentralisierungsmöglichkeiten für die NVA-Truppen und für wichtige staatliche Bereiche sowie Einlagerungs- und Bevorratungsmöglichkeiten für Versorgungsgüter usw. geschaffen werden.

Die operative Vorbereitung des Territoriums der DDR war dabei in erster Linie darauf gerichtet, den Truppen der Vereinten Streitkräfte, insbesondere den sowjetischen Verbänden, einen raschen und reibungslosen Durchmarsch an die Grenze zur Bundesrepublik zu gewährleisten. Die Maßnahmen dazu konnten in der zweiten Hälfte der achtziger Jahre im Wesentlichen abgeschlossen werden. Das betraf vor allem die Straßen- und Brückenkapazitäten, den Ausbau eines Militärstraßennetzes, die Vorbereitung von Feldlazaretten, die Einlagerung von Treibstoffen, Verpflegung, Bekleidung und Ausrüstung. Die systematisch von der UdSSR geforderte operative Vorbereitung der DDR als Teil des »Kriegsschauplatzes« machte das Staatsgebiet der DDR zum größten Aufmarsch-, Sammel- und Konzentrierungsraum nach dem Zweiten Weltkrieg.

Das Militärische prägte in den siebziger und achtziger Jahren den Lebensalltag der DDR-Bürger zweifellos in einem ganz anderen Umfang als etwa den der Bürger der Bundesrepublik. Der Gesellschaft wurden dadurch erneut enorme politische, ökonomische und militärische Belastungen auferlegt. So stiegen die Nettoausgaben für den Verteidigungs- und Sicherheitsbereich von neun Milliarden Mark im Jahre 1970 auf 24 Milliarden Mark im Jahr 1987. Hinzu kamen Stationierungskosten und weitere wirtschaftliche Belastungen. Es gab kein Ministerium und kein volkseigenes Kombinat ohne spezielle Militärbereiche und Beauftragte für Zwecke der Landesverteidigung.

Um die Wende zu den achtziger Jahren erreichte insbesondere die Militarisierung des ▸ Erziehungssystems eine neue Dimension. 1978 erfolgte die Einführung des so genannten Wehrunterrichts für die 9. und 10. Klassen der Polytechnischen Oberschulen (POS); es folgten 1981 die Einführung dieses Unterrichts an den Erweiterten Oberschulen und die Ausweitung der Zivilverteidigungsmaßnahmen.

Zudem gab es die Regelung, dass Abiturienten ihren Grundwehrdienst vor Aufnahme des Hochschulstudiums zu leisten hatten. Die gedienten Reservisten wurden während des Studiums durch Einberufung zum Reservistendienst in mehrwöchigen Lehrgängen militärisch qualifiziert. Wehrdienstuntaugliche und weibliche Studenten hatten sich einer Ausbildung in der ▸ Zivilverteidigung zu stellen.

Hatte die Entspannungspolitik seit Anfang der siebziger Jahre der SED die ideologische Rechtfertigung der eigenen Rüstung und Militarisierung erschwert, bot vor allem die Ende des Jahrzehnts einsetzende neue Runde des Wettrüstens in Ost und West bessere Voraussetzungen, den Anstrengungen zur »Stärkung der Landesverteidigung« neue Impulse zu verleihen. Die Forcierung der westlichen Rüstung, das amerikanische »Sternenkriegsprogramm« SDI und die Stationierung von Mittelstreckenraketen in Westeuropa waren Fakten, mit denen die SED der DDR-Bevölkerung eine neue Be-

---

Am 11. Februar 1958 hatte die Volkskammer das »Gesetz über den Luftschutz in der DDR«, den Vorläufer der späteren Zivilverteidigung (ZV) verabschiedet. Da die »Organisation freiwilliger Luftschutzhelfer« hinter den Erwartungen zurückblieb, wurde die bestehende Luftschutzkonzeption dem sowjetischen Vorbild folgend zu einer ZV weiterentwickelt, die sich gänzlich in das System der Landesverteidigung eingliederte. Mit dem am 16. September 1970 beschlossenen »Gesetz über die Zivilverteidigung« wurden der Luft- und Katastrophenschutz sowie die Sanitätseinheiten des Deutschen Roten Kreuzes de jure in das System der ZV integriert. Die seit 1976 dem DDR-Verteidigungsminister unterstellte ZV zählte Ende der 1980er Jahre fast eine halbe Million ehrenamtlicher Mitglieder. Neben dem Schutz der Bevölkerung vor Massenvernichtungsmitteln, der Organisation des Schutzes der Volkswirtschaft sowie Rettungs-, Bergungs- und Instandsetzungsarbeiten hatten die Kräfte der ZV die Operationsfreiheit der eigenen Streitkräfte zu gewährleisten.

1 »Gesetz über die Staatsgrenze« (25. März 1982)

Die Befugnisse der Grenztruppen wurden im so genannten Grenzgesetz geregelt. Zu diesen gehörte auch die Anwendung der Schusswaffe bei »Grenzverletzungen«.

»Grenzverletzungen im Sinne dieses Gesetzes sind alle Handlungen, die gegen die Unverletzlichkeit der Staatsgrenze oder die territoriale Integrität der Deutschen Demokratischen Republik gerichtet sind [...] Dazu gehören:
a) das Schießen oder Werfen von Gegenständen über die Staatsgrenze,
b) das widerrechtliche Passieren der Staatsgrenze,
c) das widerrechtliche Eindringen in die See- oder Grenzgewässer oder das widerrechtliche Verlassen der See- oder Grenzgewässer [...].
2) Die Anwendung der Schußwaffe ist gerechtfertigt, um die unmittelbar bevorstehende Ausführung oder die Fortsetzung einer Straftat zu verhindern, die sich den Umständen nach als ein Verbrechen darstellt. Sie ist auch gerechtfertigt zur Ergreifung von Personen, die eines Verbrechens dringend verdächtig sind.
(3) Die Anwendung der Schußwaffe ist grundsätzlich durch Zuruf oder Abgabe eines Warnschschusses anzukündigen, sofern nicht eine unmittelbar bevorstehende Gefahr nur durch die gezielte Anwendung der Schußwaffe verhindert oder beseitigt werden kann.
(4) Die Schußwaffe ist nicht anzuwenden, wenn
a) das Leben oder die Gesundheit Unbeteiligter gefährdet werden können,
b) die Personen dem äußeren Eindruck nach im Kindesalter sind oder
c) das Hoheitsgebiet eines benachbarten Staates beschossen würde.
Gegen Jugendliche und weibliche Personen sind nach Möglichkeit Schußwaffen nicht anzuwenden.
(5) Bei der Anwendung der Schußwaffe ist das Leben von Personen nach Möglichkeit zu schonen. Verletzten ist unter Beachtung der notwendigen Sicherheitsmaßnahmen Erste Hilfe zu erweisen.«

Zit. nach: DDR-Geschichte in Dokumenten. Beschlüsse, Berichte, interne Materialien und Alltagszeugnisse. Hrsg. von Matthias Judt, Bonn 1998, S. 472 f.

068 Ausbildung in »Sicherung und Deutung von Spuren« in einem Lehrgrenzabschnitt der DDR-Grenztruppen. Foto, 1975.

069 Segment der Grenzmauer (westliche Seite).

Das Erziehungssystem der DDR hatte den erklärten politischen Auftrag Kinder und Jugendliche zu vollwertigen Mitgliedern der »sozialistischen Gesellschaft« zu erziehen, die sich mit dem Staat und der vorherrschenden sozialistischen Gesellschaftsordnung identifizieren. Die sozialistische Ideologie der DDR prägte demnach deutlich die Lehrinhalte der Schulfächer. Auch Wehrerziehung war Teil der schulischen Bildung. Das DDR-Bildungssystem gliederte sich wie folgt: Kinderkrippe (0–3 Jahre); Kindergarten (3-6 Jahre) – anders als in der Bundesrepublik Deutschland hatte bereits der Kindergarten in der DDR einen definierten Bildungsauftrag und sollte die Kinder auf ihre Schullaufbahn vorbereiten – Polytechnische Oberschule (POS), sie entsprach dem Realschulabschluss (Mittlere Reife) in der Bundesrepublik (6–16 Jahre); an der Erweiterten Oberschule (EOS) konnten die Schüler das Abitur erwerben, das wiederum für ein Studium an einer Hochschule qualifizierte (16–18 Jahre); das Abitur konnte auch im Rahmen einer dreijährigen Berufsausbildung mit Abitur erworben werden. Ausschlaggebend für den Zugang zu den weiterführenden Bildungseinrichtungen in der DDR konnten neben den fachlichen Voraussetzungen zum Teil auch Kriterien wie beispielsweise das »gesellschaftliche Engagement« der Schüler, die Verpflichtung zum längeren Dienst in der Nationalen Volksarmee (NVA) sowie der Beruf der Eltern oder eine Mitgliedschaft in der SED bzw. deren Massenorganisationen sein.

drohung suggerieren konnte. Im gleichen Maße, wie die Militarisierung von oben vor dem Hintergrund der von den Politikern und Militärs des sozialistischen Lagers beschworenen zugespitzten Lage in Europa vorangetrieben wurde, verstärkten sich in der Bevölkerung jedoch Zweifel an der immer wieder betonten Notwendigkeit, die Verteidigungsfähigkeit zu erhöhen. Die ablehnende Haltung vieler Jugendlicher gegen Bevormundung und Vereinnahmung wuchs. Öffentlich wirksamer wurden darüber hinaus auch die zunehmenden Proteste kirchlicher und oppositioneller Kreise sowie von nicht staatlichen Friedensgruppen gegen die gesellschaftliche Militarisierung in der DDR.

b) Stagnation und Krise

Mit dem Tod des langjährigen DDR-Verteidigungsministers Armeegeneral ▸ Heinz Hoffmann 1985 verband sich bei vielen Soldaten und Zivilbeschäftigten die Erwartung, dass die verkrusteten und teilweise überlebten Strukturen der Armee aufbrechen würden. An erster Stelle erhoffte man sich die Rücknahme der überspitzten Forderungen bei der ▸ Gefechtsbereitschaft, die als eine Hauptursache für Frustration und Stagnation in der Truppe galten. An zweiter Stelle stand der Wunsch nach grundsätzlichen Verbesserungen in den inneren Verhältnissen, vor allem in den Dienst- und Lebensbedingungen für alle Angehörigen der NVA.

Diese Hoffnungen auf konkrete Veränderungen – von Reformen war keine Rede – erfüllten sich nicht. Der Wechsel von Hoffmann zu Armeegeneral ▸ Heinz Keßler, dem bisherigen Stellvertreter und Chef der Politischen Hauptverwaltung (PHV), im Ministeramt war im Grunde nur ein Ausdruck der Kontinuität bisheriger Auffassungen über die Streitkräfte im Sozialismus. Es ergaben sich weder grundsätzliche Veränderungen in den militärischen Strukturen, noch ein notwendiger Wandel im Personalbereich oder im inneren Gefüge. Lediglich im Zusammenhang der Einführung einer neuen Militärdoktrin im Warschauer Pakt im Mai 1987 kam es vor allem im friedens- und sicherheitspolitischen Bereich – freilich nur im bescheidenen Umfang – zur Herausbildung eines »Neuen Denkens«. Die Hauptaussagen der neuen Doktrin, keinen Krieg zuzulassen, keinen Staat als Feind zu betrachten und die Verteidigung streng defensiv auszurichten, stürzten die NVA-Führung aber in das Dilemma zwischen der propagierten friedenspolitischen Staatsdoktrin und dem Erhalt des Verteidigungswillens der Soldaten. Vor allem die Politische Hauptverwaltung der NVA war in wachsendem Maße nicht mehr in der Lage, ihren im Sinne der SED politisch orientierenden und disziplinierenden Einfluss in der Armee wahrzunehmen. Einzelne und oft formale Korrekturen am Feindbild der NVA, in der Anlage von Übungen oder im Abbau angriffsfähiger Potenziale konnten nicht darüber hinwegtäuschen, dass reformunwillige Kräfte in der politischen und militärischen Führung der Streitkräfte die neuen Doktringrundsätze insgesamt nur zögerlich oder gar nicht praktisch umzusetzen gedachten.

Anfang 1989 kündigte die DDR an, im Rahmen der Truppenreduzierungen im Warschauer

070 Immer wieder neu aufgelegt wurden die Erlasse, die den Alkoholmissbrauch in der NVA eindämmen sollten. Der Befehl des Ministers für Nationale Verteidigung »30/74« wurde umgangssprachlich »15/37« genannt, weil sich höchstens die Hälfte der Armeeangehörigen daran gehalten habe. Plakat, 1984.

071 Heinz Hoffmann.

Heinz Hoffmann (1910–1985)
Armeegeneral und Minister für Nationale Verteidigung – Im Jahre 1930 trat der aus proletarischen Verhältnissen stammende gelernte Maschinenschlosser Heinz Hoffmann der KPD bei. Um der nationalsozialistischen Verfolgung zu entgehen emigrierte er 1935 in die Sowjetunion. Durch die Vermittlung der dort organisierten deutschen Exilkommunisten wurde er an einer sowjetischen Militärakademie zum Leutnant ausgebildet und als Kämpfer der Internationalen Brigaden in den Spanischen Bürgerkrieg entsandt. Da er aufgrund der in Spanien erlittenen Verletzungen 1941 für Kampfeinsätze untauglich war, stellte er sich der Sowjetunion für deutsche Kriegsgefangene als Lehrer in antifaschistischen Schulungslagern zur Verfügung. Nach Kriegsende kehrte Hoffmann nach Ost-Berlin zurück und war u.a. als Chef der KVP sowie als Chef des Hauptstabes der jungen NVA tätig. In seiner Funktion als Minister für Nationale Verteidigung der DDR ab 1960 und auch als Mitglied im SED-Politbüro ab 1971 setzte es sich Hoffmann zum Ziel, eine zuverlässige Landesverteidigung gegen »imperialistische Bedrohungen« zu gewährleisten. Er hielt bis zu seinem Tode im Jahre 1985 an dem Konfrontationsdenken im Rahmen des Ost-West-Gegensatzes fest.

072 Beförderung und Ernennung von Generalen und Admiralen anlässlich des 33. Jahrestages der DDR 1982.

073 Heinz Keßler.

Heinz Keßler (1920)
Armeegeneral und Minister für Nationale Verteidigung – Durch seine in der KPD engagierten Eltern erfuhr Keßler bereits in jungen Jahren eine kommunistisch geprägte Sozialisation. 1940 in die Wehrmacht eingezogen, geriet er wenige Wochen nach dem Beginn der Operation »Barbarossa« in sowjetische Kriegsgefangenschaft und schloss sich dort dem Nationalkomitee »Freies Deutschland« an. Seine nach Kriegsende als FDJ-Funktionär geknüpften Kontakte zu Erich Honecker erwiesen sich für seine spätere militärische und politische Karriere als äußerst förderlich. Von 1950 bis 1967 war er Chef der Luftstreitkräfte bzw. der LSV/LV, danach Chef des Hauptstabes und Chef der Politischen Hauptverwaltung der NVA. 1985 wurde er zum Minister für Nationale Verteidigung berufen. Nach seiner Absetzung im Jahre 1989 verurteilte ihn das Berliner Landgericht 1993 im Zusammenhang mit den Todesschüssen an der Mauer zu mehr als sieben Jahren Haft, aus der er allerdings aus gesundheitlichen Gründen 1998 vorzeitig entlassen wurde.

Seit der schrittweisen Aufnahme der ostdeutschen Streitkräfte in die operative Planung des Vereinten Oberkommandos des Warschauer Paktes Anfang der 1960er Jahre, befand sich die NVA in einem Zustand der ständigen Gefechtsbereitschaft. Im Laufe der folgenden drei Jahrzehnte verschärfte die NVA ihre Zeit- und Anwesenheitsnormen zur Gewährleistung der Gefechtsbereitschaft und entsprach somit dem Sicherheitsbedürfnis der sowjetischen Führung. Für den Alltag der Soldaten stellte das Diktat der ständigen Gefechtsbereitschaft eine große Belastung dar. Da sich stets 85 Prozent des Personalbestandes einer Einheit verfügungsbereit am Standort aufzuhalten hatten, wurde die Kaserne zum unentrinnbaren Lebensraum. Zusammen mit der politisch-ideologischen Indoktrination, die seit den 1970er Jahren zunehmend als unzeitgemäß empfunden wurde, führte das frustrierende Kasernenmilieu insbesondere bei Wehrdienstleistenden zu Unlust, Disziplinverletzungen und widerständigem Verhalten.

Zwischen Konfrontation und Entspannung

074 Erich Honecker applaudiert Michail Gorbatschow nach dessen Rede anlässlich der Feierlichkeiten zum 40. Jahrestag der Staatsgründung der DDR.
Foto, 6. Oktober 1989.

Pakt ihre Volksarmee um 10 000 Mann zu reduzieren, die Verteidigungsausgaben um zehn Prozent zu kürzen und den Verteidigungscharakter der Armee auszubauen. Hinter dieser »Honecker-Initiative« steckten vor allem der Drang nach politischem Prestigegewinn im Westen und ökonomische Zwänge. In Bezug auf die Gesamtstreitkräfte belief sich das Reduzierungsquantum zwar auf etwa sechs Prozent der Sollstärke, jedoch blieben die grundlegenden offensivfähigen Streitkräftestrukturen noch erhalten. Bei den ausgesonderten Waffen handelte es sich zudem ausnahmslos um veraltete Typen.

Mit den zunehmenden wirtschaftlichen Schwierigkeiten der DDR-Volkswirtschaft erhielt die NVA in den achtziger Jahren immer mehr die ▸ Funktion eines ökonomischen Nothelfers. Waren in den Jahren zuvor geschlossene Armee-Einheiten nur zeitweise zu Sondereinsätzen bei der Ernteeinbringung, im Verkehrswesen oder im Braunkohletagebau abgestellt worden, so erfolgte ihr Einsatz nunmehr oft über längere Zeiträume hinweg in kritischen industriellen Bereichen sowie Versorgungs- und Dienstleistungsbereichen. Dazu gehörten die chemische Industrie, Sonderbauvorhaben in Berlin, der Fährhafenbau Mukran, die Deutsche Reichsbahn und das Ministerium für Kohle und Energie usw. Die leeren Kasernen der abgerüsteten Panzerregimenter sollten als Basis dienen, um Rekruten nach einer dreimonatigen Grundausbildung von dort aus für den Rest ihres Wehrdienstes ausschließlich »in Schwerpunkte der Volkswirtschaft« zu schicken. 1989 arbeiteten 10 000 Armeeangehörige ständig in 64 Kombinaten und Betrieben.

Nach den Kommunalwahlen vom Mai 1989 spitzten sich die Widersprüche zwischen Volk und SED-Führung immer weiter zu. Der Wahlbetrug, die Rechtfertigung der ▸ Ereignisse in China, die Massenflucht von DDR-Bürgern über Ungarn, die Botschaftsbesetzungen und die damit verbundene Unterdrückung von Diskussionen sowie das Verleugnen von eigenen Fehlern durch die SED-Spitze waren – freilich noch nicht so erkannte – Vorboten dafür, dass die schleichende Erosion das Ende der DDR einleiten sollte. Die NVA konnte sich dem Sog der tief greifenden Krise des SED-Staates nicht entziehen.

Die Zuspitzung der inneren Krisensituation in der DDR im Sommer 1989 veranlasste die SED-Führung, auch Teilkräfte der NVA für einen eventuellen Polizeieinsatz zur Unterstützung der »Ordnungs- und Sicherheitskräfte« einzuplanen. Es galt vor allem, den 40. Jahrestag der DDR am 7. Oktober 1989 vor möglichen »Störungen« zu schützen. Ein Befehl von Ende September 1989, der als Sicherheitsbefehl für die Periode der Feierlichkeiten um den 7. Oktober erlassen wurde, enthielt dazu den Auftrag für die Bildung armeeuntypischer »Hundert-Mann-Einsatzkommandos« in den Streitkräften, die in den Standorten aber noch in Bereitschaft gehalten werden sollten.

Im April 1989 versammelten sich ungefähr 4000 Studenten auf dem Platz des Himmlischen Friedens (Tiananmen) in Peking. Sie verlangten Reformen, mehr Demokratie und weniger Korruption. Bis zum 15. Mai schwoll die Menge auf eine halbe Million Menschen an. Die chinesische Führung reagierte zunächst zurückhaltend, verhängte aber den Ausnahmezustand, nachdem der Staatsbesuch Michail Gorbatschows für eine zunehmende Aufmerksamkeit der Weltöffentlichkeit gesorgt hatte. Der Widerstand in der Pekinger Bevölkerung wurde ab dem 2. Juni mit Gewalt gebrochen. Als das Areal geräumt und abgesperrt wurde, kam es in den folgenden zwei Tagen zum Massaker auf dem Tiananmen-Platz, mit ungefähr 100 Toten. In Peking belief sich die Zahl der Opfer insgesamt auf geschätzte 5000 Tote und 30 000 Verletzte. Danach setzte eine Welle von Hinrichtungen ein.

Die ersten praktischen Einsätze dieser »NVA-Hundertschaften« erfolgten aber bereits kurze Zeit später in Dresden. Ihre Aufgaben bestanden vor allem in der Errichtung von Absperrungen und in der Objektsicherung. Zusätzlich zu den im Raum Leipzig bestehenden 27 Hundertschaften wurden vom 14. bis zum 17. Oktober drei weitere Hundertschaften des Luftsturmregiments 40 (Fallschirmjäger) aus Lehnin nach Leipzig verlegt, ohne jedoch zum Einsatz zu gelangen.

Insgesamt hatten in der Zeit vom 4. Oktober bis zum 11. November zeitweise bis zu 183 Hundertschaften, also ungefähr 20 000 NVA-Soldaten, in Bereitschaft gestanden. Nachweislich in vierzig Fällen verließen sie ihre Kasernen. Die Handlungen beschränkten sich zumeist in der Bildung von Sperrketten zur Sicherung von Gebäuden und Institutionen. Eine gewaltsame Auflösung von Demonstrationen durch die Armee, wie beispielsweise von den chinesischen Machthabern wenige Monate zuvor in Peking praktiziert, hat es nicht gegeben.

Der gesellschaftliche Prozess der Delegitimierung und der innermilitärische Prozess der ideologischen und professionellen Destabilisierung hatten im Spätherbst 1989 ein bereits weit fortgeschrittenes Stadium erreicht, so dass grundlegende Veränderungen in der NVA schon längst überfällig waren.

> Die NVA war nicht nur das größte bewaffnete Organ der DDR, sie bildete auch das wichtigste Personal- und Materialreservoir für so genannte volkswirtschaftliche Einsätze. In den 1950er und 1960er Jahren gehörten dazu vor allem Ernteeinsätze, bei denen bis zu 20 000 Armeeangehörige die uneffektiven Landwirtschaftlichen Produktionsgenossenschaften unterstützten. Seit den 1960er Jahren begann die NVA schrittweise mit dem Einsatz von Pionieren für zivile Bauvorhaben. Allein in der Hauptstadt Ost-Berlin arbeiteten etwa 1000 Angehörige der Volksarmee auf diversen Baustellen, zum Beispiel beim Bau des »Palastes der Republik« oder bei der Erweiterung des berühmten Krankenhauses »Charité«. In den 1970er Jahren kamen Einsätze in der industriellen Produktion hinzu. In den Pionierbaubataillonen in Bitterfeld und Merseburg gingen die Soldaten morgens nicht zum Ausbildungs- oder Gefechtsdienst, sondern im Blaumann an die Werkbank. Mitte der 1980er Jahre stellten NVA und Grenztruppen diversen Industriezweigen ständig rund 10 000 Arbeitskräfte zur Verfügung. Das Ministerium für Nationale Verteidigung verdiente gut daran, denn für jede Arbeitsstunde berechnete man den Kombinaten 15 Mark. Nach Abzug der Kosten kamen von dieser Summe knapp zwei Drittel dem Verteidigungshaushalt zu Gute. Die wenigsten Soldaten wussten etwas von diesem Handel mit ihrer Arbeitskraft. Die wehrpflichtigen Soldaten beklagten, vom lukrativen Prämiensystem ausgeschlossen zu sein, während sich die Berufssoldaten mit dem ungewöhnlichen Aufgabenprofil nur schwer anfreunden konnten. Angesichts dieses Umgangs mit der Arbeitskraft der Soldaten waren die Forderungen der »ständigen Gefechtsbereitschaft« nicht mehr glaubwürdig zu vermitteln.

075 Platz des Himmlischen Friedens. Ein Demonstrant zwingt eine Panzerkolonne zum Anhalten. Foto, 5. Juni 1989.

Zwischen Konfrontation und Entspannung

Noch bis Mitte November 1989 war es Keßler und seinen Gefolgsleuten gelungen, den insbesondere seit der Grenzöffnung spürbaren Druck der Basis und die Forderungen von Soldaten nach mehr Mitspracherecht und eigenen Interessenvertretungen abzublocken. Missstände, Kritik und Unmut wurden so wie in anderen Bereichen der DDR-Gesellschaft auch in den Streitkräften in bisher nicht gekannter Weise öffentlich.

So wurden unter anderem Privilegien der Generalität und des höheren Offizierkorps angeprangert, die sich auf die Wohnungsvergabe, Bezugsrechte für PKW, Prämien usw. konzentrierten. Obwohl das Prinzip von Befehl und Gehorsam noch funktionierte, scheute man sich nicht mehr, auch die so genannten Autoritäten in der konservativen Armeeführung anzugreifen. Erst Admiral ▸ Theodor Hoffmann, der Keßler am 18. November 1989 auf dem Ministerposten ablöste, versuchte, militärische Auswüchse der Vergangenheit (z.B. bei der ständigen Gefechtsbereitschaft) zu beseitigen und erste Erleichterungen für die Truppe zu schaffen.

c) Verspätete Reformen und das Ende der NVA

Am 20. November 1989 leitete Admiral Hoffmann auf einer Kommandeurstagung die Militärreform in den DDR-Streitkräften ein. Die Hauptaufgaben für die Militärreform zielten auf die Umwandlung der NVA von einer Parteiarmee in eine dem Volk wirklich verbundenen Armee sowie auf Strukturveränderungen entsprechend den neuen militärpolitischen Leitsätzen der DDR. Es gab Vorstellungen, die NVA in eine Ausbildungs- und Basisarmee zu verwandeln, die lediglich über einige gefechtsbereite Truppenteile und Einheiten zur Gewährleistung des Diensthabenden Systems (DHS) und der Küstenverteidigung verfügen sollte. In Planungen umfasste die neue Struktur zwei Armeekorps mit zwölf Brigaden sowie zwei Luftverteidigungsdivisionen (LVD) und zwei Flottillen.

Weitere Aufgaben der Militärreform wurden in der Beseitigung des Demokratiedefizits in den Streitkräften sowie in der Verbesserung der Dienst- und Lebensbedingungen der Armeeangehörigen gesehen. Nicht wenige dieser Ziele standen im engen Zusammenhang mit einer Vielzahl von Eingaben und Vorschlägen von Soldaten aller Dienstgrade, die oft auf Missstände in ihren Einheiten hinwiesen. In vielen Fällen wurde der Kampf gegen das unnachgiebige innere System der DDR-Volksarmee zum Ausgangspunkt basisdemokratischer Aktivitäten und zur Grundlage von Veränderungen im Rahmen der Reform.

Ergebnisse waren unter anderem die Formulierung neuer militärdoktrinärer Leitsätze, der Aufbau neuer Streitkräftestrukturen, die Verbesserung der materiellen und sozialen Situation der Soldaten und die Demokratisierung der inneren Verhältnisse in der NVA. Dazu gehörte an erster Stelle der endgültige Zusammenbruch der SED-Organisation und des Politapparates innerhalb der Armee. Damit waren die Vorherrschaft der Partei und die Grundlage einseitiger ▸ ideologischer Indoktrination formal beseitigt. Im Weiteren versuchte man, demokratisch-rechtsstaatliche Strukturen, die einem modernen Wehrwesen gerecht wurden, in die NVA einzuführen. Als innovativ galten dabei verschiedene Regelungen über die Einrichtung von Vertrauensmännern, Festlegungen zum Wehrdienst und zum Innendienst. Die vorhandenen Demokratiedefizite bei Vorgesetzen und Unterstellten bauten sich aber nur schrittweise ab. Ein wichtiges Feld stellten die Verbesserungen der Dienst-, Arbeits- und Lebensbedingun-

B Theodor Hoffmann (1935)
Admiral und Minister für Nationale Verteidigung – Theodor Hoffmann meldete sich 1952 freiwillig zur Kasernierten Volkspolizei und wurde zur Hauptverwaltung Seepolizei versetzt. Seine anschließende Karriere als Seeoffizier verlief geradlinig. Nachdem sich Hoffmann als Schnellbootkommandant bewährt hatte, wurde er von 1960 bis

076 Admiral Theodor Hoffmann.

Umfeld

077 Soldaten der NVA demonstrieren am 14. März 1990 in Ost-Berlin vor der Neuen Wache. Sie fordern verbesserte Dienstbedingungen in den Kasernen und eine kürzere Wehrpflicht.

078 Gründung des Verbandes der Berufssoldaten der DDR am 29. Januar 1990 in Leipzig.

1 »Aufruf von Schülern einer Offizierhochschule zur Demokratisierung der NVA« (9. November 1989)

1989 wuchs der Druck »von unten«. Grundwehrdienstleistende, Offizierschüler, Zeit- und Berufssoldaten forderten öffentlich tief greifende Veränderungen in der Armee.

– Abschaffung von Privilegien der SED- und FDJ-Funktionäre sowie der militärischen Vorgesetzten [...]
– Diskussion mit Vertretern aller gesellschaftlicher Kräfte, auch oppositioneller Gruppen durch Armeeangehörige [...]
– Überarbeitung der neuen DV 10/0/003, Anwendung des neuen Reisegesetzes für alle Armeeangehörigen [...]
– Sofortige Überarbeitung bestehender Ausbildungspläne
– Schaffung einer qualifizierten medizinischen Sicherstellung und Betreuung an der OHS [...]
– Eigenständige Verwendung der Selbststudienzeit

Zit. nach: Günther Glaser, »... auf die ›andere‹ Seite übergehen«. NVA-Angehörige in Krise und revolutionärem Umbruch der DDR, Berlin 2005, S. 51 f.

1963 an die Seekriegsakademie in Leningrad entsandt. Danach war er in verschiedenen Stabsverwendungen tätig. 1987 wurde er Chef der Volksmarine. Nach der Entmachtung Honeckers bemühte sich Hoffmann – erst als Minister für Nationale Verteidigung und dann ab April 1990 als Chef der NVA – um eine Anpassung der ostdeutschen Streitkräfte an die veränderten politischen Strukturen.

1 Reinhard Brühl [u.a.], »Armee für Frieden und Sozialismus« (1985)

Über die ideologische Arbeit in der Armee heißt es in dieser DDR-Publikation:

»Es war offensichtlich, dass der Entspannungsprozess neue Anforderungen an die ideologische Arbeit in der NVA stellte. Von einem gefestigten Klassenstandpunkt aus galt es, das Wesen der internationalen Ereignisse und Vorgänge zu erkennen, sie in ihrer Gesamtheit, Vielfalt und Widersprüchlichkeit zu begreifen. Die Armeeangehörigen brauchten, wie der Minister für Nationale Verteidigung betonte, illusionslose Vorstellungen [...] um zu verstehen, dass sozialistische Friedenspolitik und wirksamer Kampf um friedliche Koexistenz nach wie vor ohne militärische Stärke des Sozialismus unmöglich sind, dass der Imperialismus nicht gezügelt werden kann, wenn wir in den sozialistischen Streitkräften nicht sehr wachsam und ständig gefechtsbereit sind.«

Zit. nach: Reinhard Brühl [u.a.], Armee für Frieden und Sozialismus, Berlin (Ost) 1985, S. 465

gen dar. Hierzu zählten die Reduzierung der Dauer der Wehrpflicht auf zwölf Monate und des Dienstes auf Zeit von drei Jahren auf zwei Jahre, was zu ungefähr 40 000 Entlassungen bei Soldaten und Unteroffizieren sowie 19 000 Reservisten führte. Dazu gehörte auch die Einführung eines Zivildienstes, die Abschaffung der ständigen Gefechtsbereitschaft, die Einführung der Fünf-Tage-Arbeitswoche usw.

Nicht zu übersehen waren jedoch auch die Auswirkungen des Umbruchs in der NVA, mit denen der Einzelne in unterschiedlicher Weise konfrontiert wurde. Das betraf in erster Linie Veränderungen in der Personalstärke und -struktur der Armee. So erhielten in relativ kurzer Zeit mehrere zehntausend Soldaten, darunter fast zwei Drittel Berufskader, ihre Entlassung. Alle Politoffiziere mussten aus der NVA ausscheiden. Die Folgen waren persönliche Unsicherheiten, Ängste und Werteverluste. Viele der Entlassenen blickten voller Sorgen um die eigene soziale Sicherheit auf die sich weiter vollziehende Entwicklung.

Seit Ende 1989 hatte sich die ▸ Personalstärke der NVA durch Entlassungen und Fahnenflucht um knapp 50 000 Mann auf ungefähr 73 Prozent reduziert. Die Grundstruktur der NVA hatte sich bis Anfang 1990 nur unwesentlich verändert. Sie bestand weiterhin aus den drei Teilstreitkräften sowie aus Truppenteilen und Einrichtungen zentraler Unterstellung. Die Grenztruppen, die dem Innenministerium zugeordnet werden sollten und sich auf dem Weg zu einem »Grenzschutz« befanden, wurden personell stark reduziert und schließlich Ende September 1990 aufgelöst. Ebenfalls von seiner Führungsverantwortung entbunden wurde das Ministerium für Nationale Verteidigung für den Bereich der Zivilverteidigung sowie in seiner Unterstützung für die Gesellschaft für Sport und Technik (GST).

Am 18. März 1990 fanden die ersten freien Wahlen zur Volkskammer in der DDR statt. Zum »Minister für Abrüstung und Verteidigung der DDR« im Kabinett von Ministerpräsident Lothar de Maiziere wurde der ehemalige Bausoldat der NVA ▸ Rainer Eppelmann berufen. Damit stand erstmalig ein Zivilist an der Spitze der DDR-Streitkräfte; einen sichtbaren personellen Wechsel in der militärischen Führung hatte es dagegen nicht gegeben.

Im Frühjahr und Sommer 1990, vor dem Hintergrund der Vorbereitung der deutschen Einheit, stellte sich den Angehörigen der NVA im-

	Personalstärke der NVA (1. Dezember 1989)	
	Armeeangehörige	Zivilbeschäftigte
Landstreitkräfte	114 410	13 510
LSK/LV	35 960	4 950
Volksmarine (ohne 6. Grenzbrigade Küste)	10 750	2 610
Ministerium und zentrale Truppen	22 790	10 080
Insgesamt	183 910	31 150

mer stärker die Frage, ob die DDR-Streitkräfte ihre Eigenständigkeit behielten, oder ob sie mit der Bundeswehr zusammenwachsen oder gar gänzlich untergehen würden. Ungeachtet dessen erfüllte die überwiegende Mehrheit der NVA-Soldaten ihren Auftrag und bewies Disziplin und persönliche Einsatzbereitschaft. Insofern zeigte sich die DDR-Volksarmee bis zuletzt als eine »kontrollierte und berechenbare Streitkraft«. Das wurde besonders in solchen Bereichen wie der Sicherung von Waffen und Kampftechnik gegen unbefugten Zugriff deutlich.

Mit der ▸ Einigung im Kaukasus über die Herstellung der deutschen Einheit war auch die Weichenstellung für den Rückzug der DDR aus dem Warschauer Pakt erfolgt. Parallel zu den am 12. September abgeschlossenen ▸ Zwei-plus-Vier-Verhandlungen, in denen auch der Abzug der sowjetischen Truppen aus der DDR bis 1994 festgeschrieben wurde, führte die DDR die Verhandlungen zum Austritt aus dem östlichen Bündnis. Der Chef der NVA, Admiral Theodor Hoffmann, meldete die NVA, die fast 35 Jahre zu den zuverlässigsten Stützen des Bündnisses gehört hatte, bereits Anfang September 1990 beim

079 Rainer Eppelmann. Foto, 1991.

B Rainer Eppelmann (1943)
Minister für Abrüstung und Verteidigung – Eppelmann verweigerte 1966 den Waffendienst in der NVA und auch das von ihm als Bausoldat geforderte Gelöbnis. Daraufhin wurde er zu acht Monaten Gefängnis verurteilt. Nach Verbüßen seiner Haftstrafe studierte er von 1969 bis 1975 evangelische Theologie in Ost-Berlin, danach wirkte er als Gemeindepfarrer in Berlin-Friedrichshain und war Mitinitiator des »Berliner Appells«.
Im Oktober 1989 gehörte Eppelmann zu den Gründungsmitgliedern der Partei Demokratischer Aufbruch (DA) in Ost-Berlin. Im Februar 1990 wurde Eppelmann für den DA in der Regierung Modrow Minister ohne Geschäftsbereich. Nach den Volkskammerwahlen vom 18. März 1990 gingen Eppelmann und vier weitere Abgeordneten des DA eine Fraktionsgemeinschaft mit der CDU ein. In der Regierung de Maizière wurde der einstige Bausoldat am 12. April Minister für Abrüstung und Verteidigung der DDR. Im September 1990 unterzeichnete Eppelmann das Abkommen, welches das Ausscheiden der NVA aus dem Warschauer Pakt besiegelte.
Mit der Wiedervereinigung Deutschlands am 3. Oktober 1990 endete Eppelmanns Tätigkeit als Minister. Bei den Wahlen zum ersten gesamtdeutschen Bundestag errang Eppelmann ein Direktmandat und wurde Mitglied des ersten gesamtdeutschen Bundestages.

080 Panzer der NVA werden gemäß internationaler Verpflichtungen abgerüstet.

081 Angehörige der ehemaligen NVA in neuen Bundeswehr-Uniformen, aber noch mit MPi Kalaschnikow. Foto, 4. Oktober 1990.

Oberkommandierenden der Vereinten Streitkräfte ab. Am 24. September erfolgte schließlich mit der Unterzeichnung des Protokolls über die Herauslösung der NVA aus der Militärorganisation der Warschauer Vertragsorganisation der Schlussakt. Damit ging die Geschichte der NVA als Koalitionsarmee bereits wenige Tage vor dem endgültigen Aus der DDR-Volksarmee zu Ende.

Einige Tage zuvor hatte der bundesdeutsche Verteidigungsminister Gerhard Stoltenberg für den 3. Oktober die Errichtung eines Bundeswehr-Kommandos Ost (BwKdo Ost) als zentrale Führungseinrichtung aller Truppen, Stäbe und Einrichtungen der dann von der Bundeswehr zu übernehmenden NVA in Strausberg angekündigt. Dieses Kommando sollte die Streitkräfte in den neuen Ländern nach den Grundsätzen der Bundeswehr in eine neue Struktur überführen.

Am 3. Oktober 1990 hörte die DDR-Volksarmee auf zu bestehen. Ihre Symbole, Uniformen und Traditionen wurden nicht übernommen. Mit dem Inkrafttreten des Einigungsvertrages übernahm der Bundesverteidigungsminister die Befehls- und Kommandogewalt über die mehr als 90 000 verbliebenen ehemaligen NVA-Angehörigen. Sie wurden in rund 39 000 Grundwehrdienstleistende, 900 Soldaten im Wartestand und 50 000 Weiterverwender unterschieden. Dazu kamen noch ungefähr 48 300 Zivilbeschäftigte. Wurden die Grundwehrdienstleistenden sofort als Soldaten der Bundeswehr übernommen, ruhte das Dienstverhältnis der rund 50 000 Berufs- und Zeitsoldaten zunächst.

Sie konnten in einem vorläufigen Status und mit angeglichenen, meist niedrigeren Dienstgraden als bisher, übernommen werden oder aus dem Militärdienst ausscheiden. Bereits bis zum Jahresende 1990 verringerte sich die Zahl der aus der NVA stammenden Soldaten um fast 24 000 auf insgesamt 69 000 Mann. Weitere starke Personalreduzierungen folgten.

Bis Ende Juni 1991 wurden mehr als 350 Dienststellen und Truppenteile aufgelöst, aber auch über 200 neu aufgestellt. Von der Kampftechnik der DDR-Volksarmee, die man zum größten Teil verschrottete, ins Ausland verschenkte oder verkaufte, übernahm die Bundeswehr nur geringe Anteile, so beispielsweise einige hundert Schützenpanzer (SPz) vom Typ BMP sowie 24 Jagdflugzeuge MiG-29. Am 1. Juli 1991 erfolgte die Auflösung des BwKdo Ost. Alle bis zu diesem Zeitpunkt neu aufgestellten Verbände und Einheiten der Bundeswehr in den neuen Bundesländern wurden nunmehr den Inspekteuren der Teilstreitkräfte unterstellt.

083 Broschüre »Soldat in dieser Zeit. Einberufung 1990«, herausgegeben vom Ministerium für Verteidigung und Abrüstung, Verwaltung Staatsbürgerliche Arbeit, 1990.

Das Treffen im Kaukasus vom 15. bis 17. Juli 1990 stellt einen Meilenstein auf dem Weg zur deutschen Wiedervereinigung dar. Der Präsident der Sowjetunion Michail Gorbatschow empfing Bundeskanzler Helmut Kohl und eine deutsche Abordnung in seiner Jagdhütte. Das medienwirksam inszenierte Treffen diente dazu, Vorbehalte der UdSSR gegen eine NATO-Mitgliedschaft des vereinten Deutschland auszuräumen. Mit einem 8-Punkte-Programm wurde der sicherheitspolitische Durchbruch erzielt. Die Sowjetunion hatte zugestimmt, dass Gesamtdeutschland Mitglied der NATO werden konnte.

082 Treffen von Helmut Kohl mit Michail Gorbatschow in Stavropol im Kaukasus. Foto, 16. Juli 1990.

»Zwei-plus-Vier-Vertrag«

Die wichtigsten Vertragsinhalte

- Das vereinte Deutschland umfasst die Bundesrepublik, die DDR und ganz Berlin
- Die bestehenden Grenzen sind endgültig. Keine Gebietsansprüche Deutschlands gegen andere Staaten. Bestätigung der Oder-Neiße-Grenze durch deutsch-polnischen Vertrag
- Deutschland bekräftigt sein Bekenntnis zum Frieden und seinen Verzicht auf ABC-Waffen
- Beschränkung der deutschen Streitkräfte auf 370 000 Mann
- Abzug der sowjetischen Truppen aus der DDR und Ost-Berlin bis Ende 1994
- Danach dürfen der NATO angehörende deutsche Truppen, aber keine ausländischen Streitkräfte, keine Atomwaffen und keine Atomwaffenträger auf ostdeutschem Gebiet stationiert werden
- Beendigung der Viermächte-Rechte und -Verantwortlichkeiten in Bezug auf Berlin und Deutschland als Ganzes
- Volle Souveränität des vereinten Deutschlands

»Vertrag über die abschließende Regelung in Bezug auf Deutschland«

© MGFA
05241-03

---

1 Hans-Dietrich Genscher, »Erklärung zum Abschluss des 1. Außenminister-Treffens« (5. Mai 1990)

Der Außenminister der Bundesrepublik sprach in seiner Erklärung über die so genannten Zwei-plus-Vier-Verhandlungen zwischen den vier Außenministern der Siegermächte des Zweiten Weltkrieges und den beiden deutschen Ministern.

»Die Außenminister hatten ihre grundsätzlichen Positionen zu den äußeren Aspekten der Herstellung der deutschen Einheit dargelegt. Mit Befriedigung konnte ich Übereinstimmung in folgenden Punkten feststellen:
Der Wille der Deutschen, ihre Vereinigung ordnungsgemäß und ohne Verzögerung zu vollziehen, wurde von allen Teilnehmern anerkannt. Die Einheit Deutschlands soll zu einem Gewinn für alle Staaten werden. Ziel der Gespräche ist es, eine abschließende völkerrechtliche Regelung, die Ablösung der Vier-Mächte-Rechte und -Verantwortlichkeiten zu erreichen.
Es bestand eine bemerkenswerte Übereinstimmung in der Einschätzung der Bedeutung des KSZE-Prozesses und der Notwendigkeit, ihn auszubauen und zu vertiefen.«

Zit. nach: Verantwortung für Frieden und Sicherheit 3.0. Eine Textsammlung zur Sicherheitspolitik der Bundesrepublik Deutschland von 1949–2000. Hrsg. vom Presse- und Informationsamt der Bundesregierung, Berlin 2000

Zwischen Konfrontation und Entspannung

Kapitel II – Strukturen:

Bundeswehr und NVA als Bündnisarmeen

1. Die Bundeswehr in der NATO

a) Bundeswehr und Bündnisverpflichtungen

084 Unterstellung der 1., 2. und 4. Panzergrenadierdivision und eines Minensuchgeschwaders unter NATO-Kommando am 1. Juli 1957 in Marburg.

Auch in den siebziger und achtziger Jahren stellte das NATO-Bündnis den entscheidenden ▸ Bedingungsrahmen für die Aufgaben und die Struktur der Bundeswehr. Laut Weißbuch des Bundesministeriums der Verteidigung aus dem Jahr 1985 wurde dies so beschrieben: »Die Bundeswehr ist als Armee im Bündnis konzipiert und kein Instrument zur selbstständigen militärischen Machtentfaltung der Bundesrepublik Deutschland. Sie kann ihren Auftrag nur im Rahmen des Bündnisses erfüllen. Daher sind die Kampfverbände der Bundeswehr, mit Ausnahme einiger Verbände des Territorialheeres, zur Unterstellung unter die Operationsführung von NATO-Kommandobehörden vorgesehen. Die Kräfte der Luftverteidigung und Luftraumüberwachung sind bereits im Frieden dem NATO-Befehlshaber der Alliierten Luftstreitkräfte Europa Mitte zugeordnet. Die Aufgaben der militärischen Landesverteidigung werden in nationaler Verantwortung, aber in enger Beziehung zu den von der NATO geführten Operationen wahrgenommen.«

Die Struktur der Bundeswehr als Bündnisarmee folgte den sicherheitspolitischen Grundsätzen der NATO und ihren Strategien für die Verteidigung des Bündnisses. Das bereits seit Ende der 1950er Jahre verfolgte Konzept der Vorneverteidigung der Bundesrepublik möglichst weit im Osten schloss auch den Einsatz nuklearer Waffen mit ein. Dazu war in der NATO zu Beginn der fünfziger Jahre eine Strategie der *Massive Retaliation* (engl.; Massive Vergeltung) konzipiert worden. Sie sah vor, einen Angriff des Warschauer Paktes mit seinen weit überlegenen konventionellen Streitkräften in jedem Fall mit Atomwaffen zu beantworten (MC 14/2). Schon in der Frühphase der Bundeswehr hatte der damalige Verteidigungsminister Franz Josef Strauß sich dafür eingesetzt, den an sich konventionellen »Schild« der NATO-Kräfte in Europa durch taktische Atomwaffen zu verstärken. Dazu wurde die Bundeswehr seit 1958 mit taktischen Raketensystemen wie Honest John oder Sergeant ausgestattet. Hinzu kamen in den sechziger Jahren eingeführte amerikanische Artilleriesysteme wie die Haubitze M-110 (203,2 mm). Diese Waffensysteme waren wie auch diejenigen von Luftwaffe (Nike, Pershing) und Marine in konventionel-

085 Grenadiertrupp in Schützenreihe.

086 Der Jubiläumsgipfel der NATO 1989 in Brüssel anlässlich des vierzigjährigen Bestehens der Nordatlantischen Allianz. Foto, 29. Mai 1989.

 »Die Sicherheitspolitik der Bundesregierung« (1973/74)

Die Außen- und Sicherheitspolitik der sozial-liberalen Koalition stand im Zeichen der Aussöhnung mit den einstigen Gegnern des Zweiten Weltkrieges. Mit den so genannten Ostverträgen gelang der Regierung Brandt eine Annäherung an den Ostblock.

»Die Bundesregierung will mit ihrer Sicherheitspolitik die Freiheit und Unabhängigkeit unseres Landes vor militärischer Bedrohung und politischer Pression schützen und den Frieden bewahren.
Der Friede beruht auf dem Gleichgewicht der militärischen Kräfte zwischen West und Ost. Dieses Gleichgewicht ist das Fundament für eine stabile internationale Ordnung.
Die Entwicklung der Beziehungen zur Sowjetunion, vermehrte Zusammenarbeit mit allen Ländern des Warschauer Paktes, Vereinbarungen über Rüstungskontrolle und Abrüstung – dies alles soll helfen, den Frieden zu festigen. Risiken, die unsere Sicherheit und den Frieden gefährden, sollen gemindert werden. Ein politisch-militärisches Vakuum mitten Europa könnte auch die Entspannung zunichte machen. Der Rückhalt unseres Landes im Nordatlantischen Verteidigungsbündnis muß die verläßliche Basis unserer Sicherheit bleiben und Fortschritt in der Entspannungspolitik garantieren. Allein, aus eigener Kraft, kann die Bundesrepublik Deutschland die vielfältigen Aufgaben einer aktiven Friedenspolitik nicht meistern.«

087 Die Weißbuch-Pressekonferenz, Anfang der 1970er Jahre.

Zit. nach: *Friedenssicherung durch Verteidigungsbereitschaft. Deutsche Sicherheitspolitik 1949–1989. Dokumente.* Hrsg. von Hans-Adolf Jacobsen, Uwe Heuer, Hans-Jürgen Rautenberg, Mainz 1989, S. 351

ler wie nuklearer Weise einsetzbar. Die nukleare Munition verblieb jedoch in der Verantwortung der US-Streitkräfte. Die Bundeswehr war damit zwar im Besitz von Waffensystemen, die sowohl konventionelle als auch atomare Munition verwenden konnten, jedoch lag die Befugnis zum Einsatz nuklearer Waffen nicht bei ihr. Bis in die achtziger Jahre hinein besaß die NATO bei den nuklearen Gefechtsfeldwaffen im Hinblick auf die Zahl der Gefechtsköpfe einen Vorsprung gegenüber dem Warschauer Pakt.

1967 wurde die Strategie der Massiven Vergeltung abgelöst durch die der *Flexible Response* (engl.; Flexible Antwort), in der unter grundsätzlicher Beibehaltung eines Nukleareinsatzes im Verteidigungsfall den konventionellen Waffen eine erheblich größere Bedeutung eingeräumt wurde (MC 14/3). Die Strategie der Flexiblen Antwort sah bis zum Ende des Kalten Krieges drei militärische Optionen vor: Direktverteidigung, Vorbedachte Eskalation und Allgemeine nukleare Reaktion. Die bereits in den sechziger Jahren formulierte NATO-Strategie von Abschreckung, flexibler Reaktion und Vorneverteidigung baute auf die Einsatzfähigkeit der so genannten Triade. Dahinter stand eine Kombination konventioneller, nuklear-taktischer und nuklear-strategischer Waffen. Daran hatte sich auch die Struktur der Bundeswehr in den siebziger und achtziger Jahren zu orientieren. So wurden Systeme, die im Rahmen der Massiven Vergeltung beschafft worden waren, wie z. B. nukleare Sperrmittel weit gehend überflüssig, wiewohl man sie erst nach dem Beschluss der Konferenz von Montebello (1983) bis 1988 ganz aus Europa abzog. Im Oktober 1991 erklärte sich schließlich auch die UdSSR dazu bereit, alle noch vorhandenen so genannten Atomminen zu vernichten.

In den siebziger und achtziger Jahren waren von sechs weiteren Staaten auf dem ▶ Territorium der Bundesrepublik Streitkräfte zur gemeinsamen Bündnisverteidigung stationiert: Kontingente der Vereinigten Staaten von Amerika, Großbritanniens, Frankreichs, der Niederlande, Belgiens und Kanadas. Für den gemeinsamen deutsch-dänischen Kommandobereich der NATO-Landstreitkräfte Jütland (LANDJUT) stellte das deutsche Heer eine Division im Stationierungsraum Schleswig-Holstein. 1987 wurde ein deutsch-französischer Großverband von 4200 Soldaten vorgeschlagen, der unter gemeinsamer Führung stehen sollte. Die Aufstellung eines Stabes war zwar 1988 beschlossen worden, ihre Einsatzbereitschaft erreichte die Deutsch-Französische Brigade aber erst 1991 nach dem Ende des Kaltes Krieges. Sie war der erste Großverband, der 1993 einem europäischen Korps (EUROKORPS) unterstellt werden konnte.

Im Verbund mit den Seestreitkräften anderer NATO-Staaten erfüllte die Bundesmarine den Auftrag, die strategisch wichtigen Ostseezugänge zu überwachen und zu sichern. Darüber hinaus gab die Bundesrepublik Einheiten unter anderem an die 1969 und 1973 aufgestellten Verbände Ständige Seestreitkräfte Atlantik

088 Im Oktober 1989 wird die Deutsch-Französische Brigade in Böblingen in Dienst gestellt.

(STANAVFORLANT) und Ständige Seestreitkräfte Ärmelkanal (STANAVFORCHAN) ab.

In den siebziger und achtziger Jahren stellte die Bundeswehr das Hauptkontingent an konventionellen Kräften innerhalb des Verteidigungsbündnisses. Der bundesdeutsche Anteil an den NATO-Verbänden in Mitteleuropa und den Seegebieten der NATO-Nordflanke bezifferte sich wie folgt: 100 Prozent der Seeluftstreitkräfte in der Ostsee, 70 Prozent der dort eingesetzten Seestreitkräfte, 60 Prozent der Kampfpanzer, 50 Prozent der Landstreitkräfte und der bodengestützten Luftverteidigung sowie 30 Prozent der Kampfflugzeuge und der weiteren Seestreitkräfte. Nicht zuletzt durch diesen erheblichen Bündnisbeitrag erlangte die Bundesrepublik auch eine wichtige Rolle innerhalb der militärischen Führung der NATO. So wurden beispielsweise die Positionen des Stellvertreters des Obersten Alliierten Befehlshabers Europa (SACEUR) oder des Oberbefehlshabers der Bündnisstreitkräfte im Abschnitt Europa Mitte mit einem General der Bundeswehr besetzt.

Im Hinblick auf die Gesamtverteidigung kam aus der Bündnisperspektive auch dem im April 1982 zwischen den USA und der Bundesrepublik vereinbarten Wartime-Host-Nation-Support-Abkommen eine große Bedeutung zu. Hierin verpflichtete sich die Bundeswehr, 96 000 Reservisten auszubilden und einsatzbereit zu halten, mit denen die US-Streitkräfte in der Logistik oder in der Bewachung militärischer Einrichtungen unterstützt werden sollten. Als Gegenleistung verstärkten die USA ihre Kampftruppen für die Bündnisverteidigung in Europa.

b) Führungsstrukturen und zentrale Organisationsbereiche

Seit Ende der sechziger Jahre verstärkte sich die Skepsis in der Gesellschaft gegenüber dem Militärischen als Faktor in der Politik im Allgemeinen – ausgelöst etwa durch den Vietnam-Krieg und die beginnende Entspannungspolitik zwischen den Blöcken. Auch innerhalb der Streitkräfte machte sich ▸ Kritik bemerkbar (z.B. »Leutnant 70« und »Hauptleute 71«). Der

»Haar- und Barttracht« (1971/1972)

Mit dem Erlass wurde langhaarigen Soldaten die Möglichkeit eingeräumt, ein Haarnetz zu tragen. Dies brachte der Bundeswehr den Spottnamen »German Hair Force« ein.

»Die Neigung der jungen Generation, die Haare länger zu tragen und sich Bärte wachsen zu lassen, hat die Bundeswehr vor die Frage gestellt, welches äußere Erscheinungsbild des Soldaten mit den militärischen Erfordernissen noch vereinbar ist. Truppendienstgerichte haben die Grenze dort gezogen, wo die Haar- und Barttracht den Soldaten in der Ausübung des Dienstes behindert, ihn gefährdet oder unhygienisch ist. Diesen Gesichtspunkten trägt der Erlaß des Bundesministeriums der Verteidigung vom 5. Februar 1971 Rechnung.«

Zit. nach: Weißbuch 1971/1972. Zur Sicherheit der Bundesrepublik Deutschland und zur Entwicklung der Bundeswehr. Hrsg. im Auftrag der Bundesregierung vom Bundesminister der Verteidigung, Bonn 1971, S. 84

089 Bundeswehrsoldaten in den 1970er Jahren.

»Weißbuch 1970«

Vor dem Hintergrund anhaltender bundeswehrinterner Diskussionen um die Einbettung der Leitvorstellungen der »Inneren Führung« in den allgemeinen Dienstbetrieb wurde schließlich ihr verbindlicher Charakter im Weißbuch unmissverständlich hervorgehoben.

»Das Leitbild vom ›Staatsbürger in Uniform‹ verbindet Staat, Gesellschaft und Bundeswehr.
Nach diesem Konzept ist die Bundeswehr im Jahr 1955 angetreten. Es soll zweierlei bewirken: einmal die Einordnung der Streitkräfte in die freiheitlich-demokratische Verfassungsordnung und die Unterordnung unter den politischen Oberbefehl; zum anderen die Garantie der Grundrechte, die für den Soldaten nicht stärker eingeschränkt werden dürfen, als es die Erfüllung des militärischen Dienstes erfordert. Das Ziel des Konzeptes vom Staatsbürger in Uniform ist, im Rahmen der gegebenen politischen, rechtlichen und sozialen Ordnung die Wirksamkeit der Bundeswehr zu sichern.
Auf der Basis dieses Konzeptes bedeutet innere Führung die Entwicklung und Anwendung der Methoden moderner Menschenführung im militärischen Bereich. Sie umfaßt die Grundsätze für Bildung und Ausbildung, Fürsorge und Personalführung. Das Konzept hat sich bewährt. Die Bundesregierung wird daran nicht rütteln lassen. Seine Weiterentwicklung in einer sich fortschreitend wandelnden Gesellschaft ist freilich ein ständiger Prozeß.
Das Grundgesetz hat die Bundeswehr demokratisch fundiert. Es hat – ohne es ausdrücklich zu nennen – das Leitbild des ›Staatsbürgers in Uniform‹ verbindlich gemacht. Deswegen sind die Grundsätze der inneren Führung keine ›Maske‹, die man ablegen könnte, sondern ein Wesenskern der Bundeswehr. Wer sie ablehnt, taugt nicht zum Vorgesetzten unserer Soldaten.
Der Bundestag hat das Leitbild des Staatsbürgers in Uniform im Soldatengesetz von 1956 ausgeprägt. Dort steht geschrieben, daß der Soldat die gleichen staatsbürgerlichen Rechte wie jede andere Staatsbürger hat und daß diese Rechte im Rahmen der Erfordernisse des militärischen Dienstes nur durch gesetzlich begründete Pflichten eingeschränkt werden können. Der Paragraph 6 des Soldatengesetzes ergänzt das Leitbild vom Staatsbürger in Uniform insoweit, als er die Verbindung zwischen den Grundrechten und den Pflichten herstellt, die dem Soldaten auferlegt sind.

Zit. nach: Weißbuch 1970. Zur Sicherheit der Bundesrepublik Deutschland und zur Lage der Bundeswehr. Im Auftrag der Bundesregierung hrsg. vom Bundesminister der Verteidigung, Bonn 1970, Nr. 152, S. 121

090 Ausgabe des Nachrichtenmagazins »Der Spiegel« vom 5. April 1971.

»Thesenpapier der Hauptleute von Unna« (Dezember 1970)

In Anknüpfung an die Debatte um die Thesen der acht Leutnante, erarbeiteten dreißig Kompaniechefs der 7. Panzergrenadierdivision in Unna einen Mängelkatalog.

»Geleitet von der Überzeugung, daß unter den gegenwärtigen Bedingungen der Auftrag nicht mehr durchgeführt werden kann, fordern die Hauptleute nachdrücklich die Beseitigung der in dieser Niederschrift aufgezählten Mängel. Sie lehnen es ab, auf der einen Seite für die Erziehung und Ausbildung eines voll einsatzbereiten Soldaten verantwortlich zu sein, auf der anderen Seite jedoch in zunehmenden Maße durch Experimente und sachfremde Einflüsse behindert zu werden und die Folgen einer verfehlten Personalpolitik zu tragen. [...]
Die Hauptleute fordern die politische und militärische Führung auf, endlich die Voraussetzungen für die Durchführbarkeit ihres Auftrages zu schaffen. Hierzu gehören vor allem:
– eine nüchterne Bewertung des militärischen Potentials des Ostblocks und der sich daraus ergebenden Bedrohung,
– ein klares Bekenntnis aller für den Staat Verantwortlichen zur Notwendigkeit der Verteidigung,
– ein ausgewogenes Verhältnis zwischen Anforderungen und Mitteln,
– vom Sachzweck bestimmte Erziehungs- und Ausbildungsgrundlagen,
– Beseitigung der Rechtsunsicherheit im disziplinaren Betrieb,
– eine auf die Erfordernisse der militärischen Einsatzbereitschaft und Schlagkraft abgestimmte Wehrgesetzgebung.«

Zit. nach: Militär – Gehorsam – Meinung. Dokumente zur Diskussion in der Bundeswehr. Zusammengestellt von Klaus Heßler, Berlin 1971, S. 115–117

Informationen

1959–1961 Helmuth Otto von Grolman
1961–1964 Hellmuth Guido Heye
1964–1979 Matthias Hoogen
1970–1975 Fritz Rudolf Schultz
1975–1985 Karl Wilhelm Berkhan

1985–1990 Willi Weiskirch
1990–1995 Alfred Biehle
1995–2000 Claire Marienfeld
2000–2005 Wilfried Penner
seit 2005 Reinhold Robbe

Der Wehrbeauftragte des Deutschen Bundestages

Der Wehrbeauftragte des Deutschen Bundestages ist eine Institution mit Verfassungsrang (Art. 45b GG). Zu seinen Aufgaben gehören der Schutz der Grundrechte der Soldaten und die Überwachung der Grundsätze der Inneren Führung. Als Petitionsinstanz können sich alle Soldaten ohne Einhaltung des Dienstweges mit Eingaben an ihn wenden. Er erstellt jährlich einen Jahresbericht; in dem er über seine Arbeit berichtet und ein Stimmungsbild der Truppe erstellt. Der Wehrbeauftragte darf zu jeder Zeit ohne vorherige Anmeldung Truppen, Stäbe und Einrichtungen der Verwaltungsstellen der Bundeswehr besuchen. Gegenüber dem Verteidigungsminister hat er Recht auf Akteneinsicht und auf Auskunft. Er kann persönlich Zeugen anhören, Berichte anfordern oder bei Gerichtsverfahren anwesend sein. Gegenüber der Truppe regelt ein ministerieller Erlass »Truppe und Wehrbeauftragter« die Zusammenarbeit mit dem Wehrbeauftragten.

Bis zum Wehrbeauftragten von heute war es ein langer Weg. Uneinigkeit der Parteien über den Wahlmodus des Wehrbeauftragten verzögerte bis März 1956 – also nach Gründung der Bundeswehr – den Wehrbeauftragten als Bestandteil der bundesdeutschen Wehrverfassung. Es sollte bis 1959 dauern, bis der erste Wehrbeauftragte sein Amt antreten konnte. Während der Wehrbeauftragte Generalleutnant a.D. Helmuth von Grolman aus persönlichen Gründen um die Entbindung von diesem Amt nachsuchte, trat Vizeadmiral a.D. Hellmuth Guido Heye wegen unlösbarer Differenzen mit dem Bundespräsidenten und dem Verteidigungsminister zurück. Zur Kontrollfunktion des Wehrbeauftragten fügte Matthias Hoogen die Funktion des Vermittlers hinzu. Sein Nachfolger, der im Zweiten Weltkrieg hochdekorierte Fritz-Rudolf Schultz nahm dies auf, setzte aber gegen den Willen des Verteidigungsministeriums durch, dass eine Novellierung des Wehrbeauftragtengesetzes in Angriff genommen wurde. Ihm folgte der Sozialdemokrat Karl Wilhelm Berkhan ins Amt. Das 1982 novellierte Wehrbeauftragtengesetz definiert die Stellung des Wehrbeauftragten eindeutig als »Hilfsorgan des Bundestages«. In Berkhans langer Amtszeit trat zudem vermehrt der Fürsorgeaspekt gegenüber den Soldaten in den Vordergrund. Als sein Nachfolger, Willi Weiskirch, den Umgangston der Truppe kritisierte, griffen einige Truppenführer diesen an, was jedoch im Konsens aller Parteien unter Hinweis auf das Primat der Politik gerügt wurde. Nach der Wiedervereinigung bildete die Eingliederung ehemaliger NVA-Soldaten einen Schwerpunkt für Alfred Biehle. Für Claire Marienfeld und Dr. Wilfried Penner galt es die Innere Führung auch angesichts der Auslandseinsätze der Bundeswehr zu verankern. Gerade weil die Angehörigen der Bundeswehr in der Phase der Transformation vielfachen Belastungen und Veränderungen ausgesetzt sind, ist das Amt des Wehrbeauftragten mit all seinen Aufgaben aktuell, wie nie zuvor.

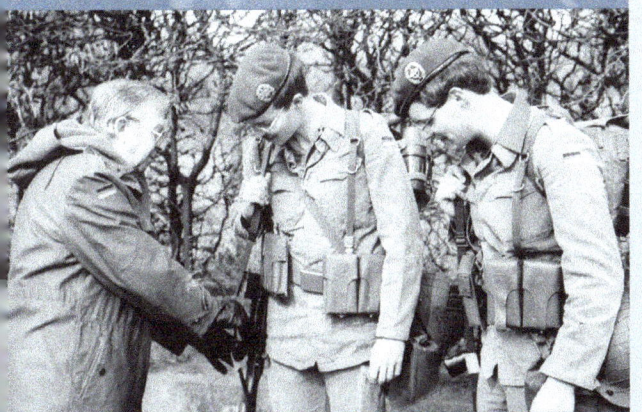

091 Soldaten im Gespräch mit Wehrbeauftragtem Karl Wilhelm Berkhan auf der Bonner Hardthöhe, 1984.

092 Die Wehrbeauftragte des Deutschen Bundestages, Claire Marienfeld, beim Besuch des deutschen Feldlazarettes in Trogir während des UNPF-Einsatzes 1995.

sich in der Gesellschaft vollziehende so genannte Wertewandel forderte die Bundeswehrführung zu Reaktionen heraus. Im Zuge der sozial-liberalen Reformpolitik wurden bereits 1970 Kommissionen zur Reorganisation von Ausbildung und Bildung sowie zur Reform der Wehrstruktur eingesetzt.

Das kritische Interesse der Öffentlichkeit erstreckte sich seit den sechziger Jahren zunehmend auch auf Vorgänge innerhalb der Streitkräfte. Dies verlangte nach größerer Transparenz bei bundeswehrinternen Ereignissen. Dem ▸ Wehrbeauftragten wurde 1982 ein Dienstsitz unmittelbar in der Bundestagsverwaltung zugewiesen. Dies unterstrich seine Funktion als parlamentarisches Kontrollorgan. Seine regelmäßig publizierten Einzel- und Jahresberichte boten der Öffentlichkeit einen Einblick in die aktuelle Lage der Armee. Seit Anfang der siebziger Jahre befassten sich diese Berichte auch mit der Frage nach »mehr Demokratie« im Rahmen der »Inneren Führung«. Kontinuierlich wurde auch die Problematik der ▸ gesellschaftlichen Akzeptanz der Bundeswehr untersucht.

Die Strukturreformen in den siebziger und achtziger Jahren änderten jedoch nichts an der grundsätzlichen Gliederung der Bundeswehr in die Teilstreitkräfte Heer, Luftwaffe, Marine und Sanitäts- und Gesundheitswesen sowie Zentrale Dienststellen. Zu den Streitkräften zählten gemäß Art. 87b Grundgesetz (GG) auch die von den Befehls- und Kommandostrukturen der Bundeswehr getrennte zivile Bundeswehrverwaltung. Ihr oblag in erster Linie die Beschaffung und Deckung des Sachbedarfs sowie die Betreuung der Infrastruktur, sie erfüllte aber zudem auch Aufgaben im Bereich des Sozialwesens und der Rechtspflege durch die Truppendienstgerichte.

Gemäß Art. 65a GG ist der Bundesminister der Verteidigung in Friedenszeiten der Inhaber der Befehls- und Kommandogewalt über die Bundeswehr. Im grundsätzlich durch den Deutschen Bundestag festzustellenden Verteidigungsfall geht diese Kompetenz dann über auf den Bundeskanzler (Art. ▸ 115b GG). Im Rang als ministerielle Abteilungsleiter unterstehen dem Verteidigungsminister der Generalinspekteur der Bundeswehr mit dem Führungsstab der Streitkräfte sowie die Inspekteure der Teilstreitkräfte mit ihren Führungsstäben. Dem Führungsstab des Heeres waren das Feld- und das Territorialheer sowie das Heeresamt unterstellt. Es war zuständig für die Schulen und Lehrtruppen des Heeres, die Erarbeitung von dienstlichen Anweisungen und Führungsgrundsätzen sowie allgemein für Rüstung und Ausbildung. Dem Führungsstab der Luftwaffe waren das Luftwaffenamt, das Luftflottenkommando und das Luftwaffenunterstützungskommando unterstellt. Analog gliederte sich der Führungsstab der Marine und das diesem unterstellte Marineamt, das Flottenkommando und das Marineunterstützungskommando. Entsprechend war der Inspekteur des Sanitäts- und Gesundheitswesens mit dem Sanitätsamt als Kommandobehörde den Sanitätsdiensten aller Teile der Bundeswehr vorgesetzt.

Der Organisationsbereich der Zentralen Militärischen Dienststellen der Bundeswehr (ZMilDBw) hatte in den siebziger und achtziger Jahren eine Vielzahl von unterschiedlichen Aufgaben in den Bereichen Ausbildung und Forschung, Lagebeurteilung sowie internationale Zusammenarbeit zu erfüllen. Über 60 Inlands- und mehr als 100 Auslandsdienststellen waren zeitweilig in diesem Organisationsbereich durch den Stellvertretenden Generalinspekteur zu führen.

093 Infanteristen der Deutschen Bundeswehr. Foto, 1970er Jahre.

»Grundgesetz Artikel 115« (1949)

Die folgenden zwei Artikel des Grundgesetzes treten nur im Verteidigungsfall in Kraft.

»(1) Die Feststellung, dass das Bundesgebiet mit Waffengewalt angegriffen wird oder ein solcher Angriff unmittelbar droht (Verteidigungsfall), trifft der Bundestag mit Zustimmung des Bundesrates. Die Feststellung erfolgt auf Antrag der Bundesregierung und bedarf einer Mehrheit der Mitglieder des Bundestages.
(2) Erfordert die Lage unabweisbar ein sofortiges Handeln und stehen einem rechtzeitigen Zusammentritt des Bundestages unüberwindliche Hindernisse entgegen oder ist er nicht beschlussfähig, so trifft der Gemeinsame Ausschuss diese Feststellung mit einer Mehrheit von zwei Dritteln der abgegebenen Stimmen, mindestens der Mehrheit seiner Mitglieder.
(3) Die Feststellung wird vom Bundespräsidenten gemäß Artikel 82 im Bundesgesetzblatte verkündet. Ist dies nicht rechtzeitig möglich, so erfolgt die Verkündung in anderer Weise; sie ist im Bundesgesetzblatte nachzuholen, sobald die Umstände es zulassen.
(4) Wird das Bundesgebiet mit Waffengewalt angegriffen und sind die zuständigen Bundesorgane außerstande, sofort die Feststellung nach Absatz 1 Satz 1 zu treffen, so gilt diese Feststellung als getroffen und als zu dem Zeitpunkt verkündet, in dem der Angriff begonnen hat. Der Bundespräsident gibt diesen Zeitpunkt bekannt, sobald die Umstände es zulassen.
(5) Ist die Feststellung des Verteidigungsfalles verkündet und wird das Bundesgebiet mit Waffengewalt angegriffen, so kann der Bundespräsident völkerrechtliche Erklärungen über das Bestehen des Verteidigungsfalles mit Zustimmung des Bundestages abgeben. Unter den Voraussetzungen des Absatzes 2 tritt an die Stelle des Bundestages der Gemeinsame Ausschuss.

115b Übergang der Befehls- und Kommandogewalt über die Streitkräfte auf den Bundeskanzler
Mit der Verkündung des Verteidigungsfalles geht die Befehls- und Kommandogewalt über die Streitkräfte auf den Bundeskanzler über.«

Zit. nach: Grundgesetz für die Bundesrepublik Deutschland. Werte und Normen für Soldaten. Hrsg. vom Bundesministerium der Verteidigung, Bonn 2000, S. 63

Einschätzung der Bundeswehr (November/Dezember 1980)
Frage: »Haben Sie im großen und ganzen eine gute Meinung oder keine gute Meinung über die Bundeswehr« (in Prozent)

	Gute Meinung	Keine gute Meinung	Teils, teils	Unentschieden
Bevölkerung				
insgesamt	47	16	27	10
Männer	51	17	28	4
Frauen	43	15	26	16
Altersgruppen				
16–29 Jahre	33	29	28	10
30–44 Jahre	49	13	30	8
45–59 Jahre	51	11	28	10
60 Jahre und älter	55	10	22	13
Schulabschluß				
Volksschule	49	14	27	10
Höhere Schule	43	21	26	10
Vergleichsdaten	1964	1969	1971	1980
Gute Meinung	36	33	34	47
Keine gute Meinung	22	24	28	16
Teils, teils	26	31	23	27
Unentschieden	16	12	10	10

Informationen

094 Etwa 300 000 Menschen haben sich am 10. Oktober 1981 in Bonn auf der bisher größten Friedensdemonstration in der Geschichte der Bundesrepublik Deutschland versammelt. Auf einer Abschlusskundgebung forderten Vertreter der Friedensbewegung ein Ende des atomaren Rüstungswettlaufs und den Verzicht auf die Stationierung neuer NATO-Mittelstreckenraketen in Westeuropa.

Hatte es in der Zeit des Kalten Krieges immer wieder Protestbewegungen gegen Atombewaffnung gegeben, so hatte sich doch die große Mehrheit der Bevölkerung der Bundesrepublik mit der Notwendigkeit der Landesverteidigung und der Bundeswehr »abgefunden«. Seit Ende der 1960er Jahre verstärkte sich vor allem in der jüngeren Generation auf Grund mehrerer Faktoren die Skepsis gegenüber allem Militärischen als Mittel der Politik: durch den Vietnam-Krieg, die von der DKP organisierten »Ostermärsche«, die Protestbewegung gegen die Notstandsgesetzgebung, die »68-Bewegung« und den damit im Zusammenhang stehenden so genannten Wertewandel. Aber diese Bewegungen beschränkten sich weit gehend auf die Jugend und vor allem studentische Kreise, die Auswirkungen auf die Stimmungslage der Gesamtbevölkerung blieben gering. Die Anträge auf Kriegsdienstverweigerung stiegen von rund 3500 im Jahre 1965 auf 28 000 nur sechs Jahre später.

In den 1970er Jahren rückte die Strategie der Abschreckung mit Nuklearwaffen mehr und mehr in das Bewusstsein der Bevölkerung, verbunden mit der Erkenntnis, dass die Abwehr eines Aggressors auch die eigene Vernichtung bedeuten könnte. Einen ersten Höhepunkt erreichte die Debatte im Zusammenhang mit den Plänen zur Einführung der Neutronenbombe Ende der 1970er Jahre. Ihren »Durchbruch« erreichte die Friedensbewegung dann in den Auseinandersetzungen um den NATO-Doppelbeschluss zwischen 1979 und 1983. Der sicherheitspolitische Grundkonsens in der Bundesrepublik war ernsthaft in Frage gestellt, denn 1983 lehnten zwei Drittel der Bevölkerung den Nachrüstungsbeschluss ab. Hingegen nahm das Ansehen der Bundeswehr keinen einschneidenden Schaden: Immer noch 80 Prozent der Befragten waren davon überzuegt, dass die Bundeswehr den Frieden sicherer mache.

Andere Gruppierungen wie die Grünen, kirchliche Kreise, kommunistische Gruppen nahmen offen gegen die Bundeswehr Stellung und polemisierten, demonstrierten auch teilweise, vor allem gegen öffentliches Auftreten der Streitkräfte wie beim Feierlichen Gelöbnis oder Großen Zapfenstreich. Solche Veranstaltungen wurden von gewaltbereiten Linksradikalen, »Polit-Rockern«, Mitgliedern von K-Gruppen, Sympathisanten der Terroristenszene, zu brutalen Ausschreitungen benutzt. Zeitweise hatte es den Anschein, als könnte künftig die Bundeswehr als Armee der »Bürger in Uniform« nur

»Sinnkrise« westdeutscher Sicherheitspolitik

095 Ausschreitungen während des Feierlichen Gelöbnisses in der Nähe des Bremer Weserstadions am 6. Mai 1980.

096 Eine Anti-Atom-Demonstration vor der Hardthöhe, welche am 22. Oktober 1983 ihren Höhepunkt erreichte.

noch unter Absonderung von den »Bürgern in Zivil« in geschlossenen Liegenschaften und unter Polizeischutz Feierliche Gelöbnisse durchführen.

Nach dem Ende 1983 von der NATO gefassten Entschluss zur Stationierung von Mittelstreckenraketen, dem Einlenken der Sowjetunion und der sich seit 1984 abzeichnenden Entspannungs- und Abrüstungspolitik verlor die »Friedensbewegung« ihre Legitimation. Das Ausbleiben von Großdemonstrationen entzog auch den Chaoten weitgehend den Nährboden für ihre Gewalttaten. Die weiterhin wachsende Zahl der Antragsteller auf Kriegsdienstverweigerung von rund 54 000 im Jahr 1985 auf 75 000 im Jahr 1990 ist in erster Linie mit dem subjektiven Empfinden der Abnahme der Bedrohung aus dem Ostblock und damit der Gefährdung des Friedens in Europa zu erklären.

097 Soldaten der Bundeswehr leisten ihr Gelöbnis auf die Deutschland-Fahne.

> Im Mai 1980 wollte die Bundeswehr den 25. Jahrestag des Beitritts zur NATO mit einem öffentlichen Feierlichen Gelöbnis mit Großem Zapfenstreich in Bremen, der Heimatstadt von Bundespräsident Karl Carstens, begehen und hatte dazu auch die Unterstützung des Bremer Senats. Die Grünen, pazifistische und kommunistische Gruppierungen machten gegen das Vorhaben Front. Aber auch Teile der örtlichen SPD sprachen sich im Vorfeld dagegen aus, so dass Verteidigungsminister Hans Apel den Genossen vor Ort ein erläuterndes Fernschreiben schickte.
> Eine Demonstration war auf einem 500 Meter entfernten Platz genehmigt worden, doch eine Menge von 10 000 Demonstranten bewegte sich auf das Weserstadion zu, darunter mehrere Hundert linksextreme Gewalttäter. Selbst der damalige Bremer Senator für Jugend und Soziales Henning Scherf befand sich – in friedlicher Absicht – unter den Demonstranten, und das öffentlich-rechtliche Radio Bremen agitierte mehr oder weniger offen gegen das Gelöbnis. Innerhalb des Stadions konnten knapp 200 Randalierer relativ schnell von den Feldjägern entfernt werden. Vor dem Stadion jedoch wurden die Bremer Polizisten, durch Kollegen aus Niedersachsen verstärkt, massiv mit Wurfgeschossen, herausgerissenen Pflastersteinen und Molotow-Cocktails angegriffen. 275 Polizisten wurden verletzt, sieben Fahrzeuge der Bundeswehr wurden zerstört und 15 Polizeifahrzeuge beschädigt. 1200 im Stadion eingeschlossene junge Rekruten mussten bis Mitternacht auf ihren Abtransport warten, bis die Demonstranten von der Polizei vom Stadion abgedrängt worden waren. Die Bremer Krawalle führten zu erregten Debatten in der breiten Öffentlichkeit und wurden Gegenstand von Untersuchungsausschüssen der Bremer Bürgerschaft und des Bundestages.

Im Bereich von Ausbildung und Forschung als Teil der Zentralen Militärischen Dienststellen sammelten sich die Forschungs- und Bildungseinrichtungen. Entsprechend dem Leitbild von »Innerer Führung« und »Staatsbürger in Uniform« gehört das Zentrum für Innere Führung zu den besonders wichtigen Ausbildungseinrichtungen der Bundeswehr. Es ging 1981 aus der 1956 gegründeten »Schule für Innere Führung« hervor und ist vor allem mit der Erarbeitung von Studien sowie von Vorschriften und Materialien für die »Innere Führung« befasst. In sein Aufgabengebiet fallen aber auch die Aus- und Weiterbildung militärischer Führer wie die Öffentlichkeitsarbeit der Bundeswehr. Zu weiteren bedeutenden zentralen Bildungseinrichtungen zählen die im Wesentlichen für die Generalstabs-/Amiralstabsausbildung zuständige Führungsakademie der Bundeswehr und die 1992 eingerichtete Bundesakademie für Sicherheitspolitik.

Als Folge der unter dem sozialdemokratischen Verteidigungsminister Helmut Schmidt eingeleiteten Reformen entstanden in den siebziger Jahren eine Reihe neuer Institutionen. Sie waren auch eine Reaktion auf die allgemeine Bildungsdebatte, die in Westdeutschland schon seit Mitte der sechziger Jahre geführt wurde. Um dem veränderten Profil der Gesellschaft und seiner Streitkräfte gerecht werden zu können, gründete die Bundeswehr 1974 das Sozialwissenschaftliche Institut (SOWI), das erst in München ansässig war und sich seit 1995 in Strausberg befindet. Seine Wurzeln gehen auf das 1968 entstandene Wissenschaftliche Institut für Erziehung und Bildung der Bundeswehr zurück, in dem ursprünglich die Lehrpläne für die in Planung befindlichen Bundeswehrhochschulen entwickelt wurden.

Die Gründung der beiden bundeswehreigenen Hochschulen 1973 in Hamburg und München (seit 1985: Universitäten der Bundeswehr), zuständig für den akademischen Anteil in der Offizierausbildung, war von wesentlicher Bedeutung für die Militärreform. Technische, wirschafts- und organisationswissenschaftliche Studiengänge mit erziehungs- und gesellschaftswissenschaftlichen Anteilen sollten auch Anreize schaffen für den dringend benötigten Offiziernachwuchs. In der Regelstudienzeit von neun Trimestern führen die Hochschulen ihre Studenten zu einem akademischen Abschluss. Zudem wollte man den Offizieren mit ihrem Examen auch die Ausübung eines Zivilberufs nach ihrer aktiven Dienstzeit (in der Regel zwölf Jahre) ermöglichen. Die Hochschule Hamburg erhielt 1979 das Promotions- und Habilitationsrecht, 1980/81 folgte die Hochschule München. Bis 1985 erlangten 6750 Offiziere den Abschluss als Diplom-Ingenieur, Diplom-Informatiker, Diplom-Kaufmann oder Diplom-Pädagoge.

Unter dem zentralen Begriff der Lagebeurteilung werden Spionageabwehr, Nachrichtengewinnung und Aufklärung verstanden. Der ▸Militärische Abschirmdienst (MAD), der dem Amt für Sicherheit der Bundeswehr (ASBw) in Köln untergeordnet ist, beobachtet die innere Sicherheitslage der Bundeswehr. Der 1956 gegründete MAD erfuhr in den achtziger Jahren durch die ▸ »Kießling-Affäre« den gravierendsten Einbruch in seiner Geschichte. Sie brachte 1984 auch den damaligen Verteidigungsminister ▸ Manfred Wörner in starke politische Bedrängnis. Das Untersuchungsergebnis dieses Skandals, nach einem ehemaligen Innenminister »Höcherl-Bericht« genannt, beurteilte die Arbeit des MAD äußerst kritisch und hatte eine grundlegende Neustrukturie-

B Manfred Wörner (1934–1994)
Politiker – Am 4. Oktober 1982 nach Bildung der neuen christlich-liberalen Koalition unter Bundeskanzler Helmut Kohl wurde Manfred Wörner zum Verteidigungsminister ernannt. In seiner Amtszeit setzte sich der Reserveoffizier und Jetpilot konsequent für eine moderne und einsatzfähige Bundeswehr innerhalb der NATO ein. Die sicherheitspolitische Annäherung an Frankreich und die enge Partnerschaft mit den USA bildeten die wichtigsten Elemente

098 Manfred Wörner.

Die Aufgaben des Verfassungsschutzes im Geschäftsbereich des Bundesministeriums der Verteidigung werden von dem »Amt für den militärischen Abschirmdienst« wahrgenommen. Der Militärische Abschirmdienst (MAD) ging mit Tagesbefehl vom 3. Oktober 1957 als »Amt für Sicherheit der Bundeswehr« aus der Unterabteilung »Innere Sicherheit der Streitkräfte« der »Dienststelle des Bevollmächtigten des Bundeskanzlers für die mit der Vermehrung der alliierten Truppen zusammenhängenden Fragen« hervor. 1984 wurde das Amt umstrukturiert, für zivile Mitarbeiter geöffnet und erhielt seine heute noch gültige Bezeichnung. Seit der Wiedervereinigung Deutschlands 1990 sind die Aufgaben und Befugnisse des MAD auf eine einheitliche gesetzliche Grundlage gestellt. Die 1300 Mitarbeiter des MAD führen von dessen Kölner Hauptsitz und 14 Außenstellen aus Sicherheitsüberprüfungen der Bundeswehreinrichtungen und -angehörigen im Inland durch. Der MAD soll die Bundeswehr vor Spionageangriffen schützen, aber auch politisch extreme Strömungen innerhalb der Streitkräfte erkennen und die allgemeine Sicherheitslage beurteilen.

099 Georg Leber.

Am 2. Februar 1978 trat der damalige Verteidigungsminister Georg Leber von seinem Amt zurück. Den Anlass für den Sturz des in der Truppe durchaus populären Ministers bildete dabei eine Abhöraffäre des MAD, für die er die Verantwortung übernahm. Der MAD hatte 1974 ohne Lebers Wissen die Wohnung seiner Sekretärin abgehört, da sie der Zusammenarbeit mit der DDR-Spionage verdächtigt wurde. Dieser Verdacht bestätigte sich später nicht. Der Minister erfuhr Anfang 1978 von der illegalen Abhöraktion, teilte dies aber dem Parlament erst mit, nachdem am 26. Januar 1978 in der Illustrierten »Quick« ein entsprechender Artikel erschienen war. Darüber hinaus verschwieg er die illegale Überwachung des »Kommunistischen Bundes Westdeutschlands« – von der er nach eigenen Angaben erst im Nachhinein erfahren hatte –, weil er sie für rechtmäßig gehalten hatte. Erst eine von ihm angeordnete juristische Untersuchung bewies das Gegenteil. Damit war Leber als Minister nicht mehr tragbar. Mit seinem Rücktritt zog er die Konsequenzen aus dieser Abhöraktion des MAD.

Günter Kießling hatte im Zweiten Weltkrieg als Infanterist an der Ostfront gedient und war über den Bundesgrenzschutz zur Bundeswehr gelangt, wo er 1971 jüngster General wurde, schließlich Befehlshaber der NATO-Streitkräfte und Stellvertreter des Obersten Alliierten Befehlshabers Europa. 1983 kam der Verdacht auf, Günter Kießling sei homosexuell. Verteidigungsminister Manfred Wörner stufte Kießling nach oberflächlichen Erkenntnissen des Militärischen Abschirmdienstes als Sicherheitsrisiko ein und entließ ihn zum 31. Dezember 1983. Die Medien und die politische Opposition machten aus dem Fall die Kießling-Affäre. Es

100 Untersuchungsausschuss zur Kießling-Affäre: der Vorsitzende Alfred Biehle (CSU) und General Günter Kießling vor Beginn der Befragung. Foto, 28. Februar 1984.

stellte sich heraus, dass die Vorwürfe gegen Kießling unhaltbar waren. Der General wurde rehabilitiert, um wenig später mit dem Großen Zapfenstreich in den Ruhestand versetzt zu werden. Obwohl die Opposition Wörners Rücktritt forderte, blieb der Minister auf Grund der massiven Unterstützung des Bundeskanzlers im Amt.

seiner Politik. Im Rahmen der allgemeinen Entspannungspolitik Ende der 1980er Jahre leistete auch die Bundeswehr unter Wörner ihren Beitrag. Im März 1987 nahmen erstmals Bundeswehroffiziere an einem Manöver des Warschauer Paktes teil. Ein Jahr später wurde Wörner als erster Deutscher zum NATO-Generalsekretär berufen. Im Amt des Bundesverteidigungsministers folgte ihm Rupert Scholz nach. In seiner neuen Funktion als Generalsekretär gestaltete Wörner nach dem Ende des »Kalten Krieges« den Wandel der NATO an entscheidender Stelle mit und öffnete das Bündnis für die neuen Partner in Osteuropa.

rung der Behörde zur Folge. So war der Auftrag des MAD zunächst nur durch eine Zentrale Weisung festgelegt. Er wurde schließlich 1990 durch ein eigenes Gesetz geregelt.

Zum Arbeitsbereich der Lagebeurteilung gehört weiterhin das Zentrum für Verifikationsaufgaben der Bundeswehr (ZVBw), das im Zuge der Entspannungspolitik geschaffen wurde. Seit dem Ende des Kalten Krieges obliegt ihm die Vorbereitung, Koordination und Führung deutscher Beobachtermissionen, die im Auftrag der Vereinten Nationen erfolgen.

Im Rahmen der Streitkräftestruktur spielt auch die so genannte Zivil-Militärische Zusammenarbeit (ZMZ) eine wichtige Rolle. Darunter fällt die Zusammenarbeit von Organen der Militärischen mit denen der Zivilen Verteidigung, sowohl auf nationaler als auch auf Bündnisebene. Die Aufgaben der Zivilen Verteidigung (Zivilverteidigung, zivile Notstandsplanung) wurden seit dem 28. Oktober 1969 im Bundessicherheitsrat (BSR) festgelegt und blieben gültig bis zum Ende des Kalten Krieges. Den Vorsitz im BSR hat der Bundeskanzler inne. Ihm gehören an: die Bundesminister des Äußeren, der Verteidigung, für Verkehr, der Wirtschaft und der Finanzen. Ein eigenes Bundesamt für den Zivilschutz nahm die daraus resultierenden Verwaltungsaufgaben wahr. Zu den Verteidigungsaufgaben im Rahmen des äußeren Notstandes gehörte der Zivilschutz – »Selbstschutz«, »Warndienst«, »Katastrophenschutz« und »Schutzraumbau«. Rechtliche Grundlage dafür waren die so genannten einfachen ▶ Notstandsgesetze (Wirtschafts-, Wasser-, Ernährungs- und Verkehrssicherstellungsgesetze), die unter heftigen innenpolitischen Kontroversen von 1965 bis 1968 verabschiedet wurden. Einbezogen in die zivile Verteidigung waren der Bundesgrenzschutz (BGS) und die Polizeien der Bundesländer.

c) Stärke, Verteidigungskosten und Rüstung

Die Bundesrepublik hatte sich gegenüber der NATO zur Gestellung eines Streitkräfteumfangs von 500 000 Mann verpflichtet, der erst 1975 erreicht wurde. Die Stärke der Streitkräfte Westdeutschlands einschließlich der zu Übungen Eingezogenen beliefen sich im Heer auf 345 000, in der Luftwaffe auf 111 000 und in der Marine auf 39 000 Mann. Etwa 260 000 Mann dienten als Berufs- oder Zeitsoldaten (55 Prozent). Die übrigen 45 Prozent waren Wehrpflichtige. Hinzu kamen 176 000 Zivilangestellte, wovon 99 000 unmittelbar innerhalb der Streitkräfte und 77 000 bei der Wehrverwaltung tätig waren. Sie alle waren auf rund 350 Standorte verteilt. Diese Größenordnung änderte sich bis zum Ende der achtziger Jahre kaum. Im Verteidigungsfall sollte sich der Gesamtstreitkräfteumfang Mitte der achtziger Jahre auf etwa 1 336 000 Soldaten belaufen, davon 1 055 000 beim Heer, 217 000 bei der Luftwaffe und 64 000 bei der Marine. Der Umfang des Zivilpersonals betrug zur Zeit der Vereinigung beider deutscher Staaten 195 000 Beamte, Angestellte und Arbeiter.

	Verteidigungshaushalt und Bundeshaushalt 1970 bis 1978								
	1970	1971	1972	1973	1974	1975	1976	1977	1978
Bundeshaushalt in Mrd. DM	87,9	98,5	110,7	121,8	133,3	156,3	161,7	170,9	189,1
Verteidigungshaushalt in Mrd. DM	19,4	21,4	24,3	26,8	29,9	31,2	32,4	33,5	35,4
Anteil Verteidigungshaushalt am Bundeshaushalt in Prozent	22,1	21,8	22	22	22,4	20	20	19,6	18,7

Zit. nach: Weißbuch 1971/72. Zur Sicherheit der Bundesrepublik Deutschland. Im Auftrag der Bundesregierung hrsg. vom Bundesminister der Verteidigung, Bonn 1972, S. 266

101 Am 11. Mai 1968 protestieren Studenten in den Straßen Bonns gegen die Notstandsgesetze. Am 30. Mai 1968 hat der Deutsche Bundestag trotz heftiger Proteste der Gewerkschaften und vor allem der Studentenbewegung die Notstandsverfassung verabschiedet und in das Grundgesetz aufgenommen.

1 Gustav Heinemann, »Rede zum Notstandsrecht« (10. Mai 1968)

Gegen den massiven Widerstand der außerparlamentarischen Opposition verabschiedete der Bundestag am 30. Mai 1968 die Notstandsgesetze. Sie sollten die Handlungsfähigkeit des Staates in Krisensituationen sichern.

»Die Demonstranten, die morgen das ›Bundesdorf‹ durchschütteln wollen, bestreiten die Notwendigkeit jeglicher Vorsorge für den Notfall. Sie deuten die geplante Vorsorge in einem heimtückischen Angriff auf ihre und unser aller Freiheit um. Hier liegt ein Kernpunkt der Differenz. Leider ist diese Differenz mit vielfältigen Verfälschungen von Tatbeständen durchtränkt. Jedermann hält es für selbstverständlich, daß – zumal in Großbetrieben – im voraus überlegt und geregelt wird, was jeder zu tun hat, wenn ein Notfall eintritt. Es nicht zu tun, wäre grobe Pflichtversäumnis. Auch in jedem Staatswesen wird über die Frage nachgedacht, wie es seine Aufgaben erfüllen soll, wenn der normale Ablauf der Funktionen gestört wird. Wo es nicht geschähe, wären schwere Vorwürfe gerechtfertigt. [...] Es wolle uns doch bitte niemand zumuten, daß wir uns gar keine Gedanken im voraus machen. Auch die Opponenten und die Demonstranten von morgen gegen eine offene und parlamentarisch fundierte Notregelung können doch weder sich selbst noch uns allen gewährleisten, daß ein Fall von Funktionsstörung der normalen Gesetzgebung niemals eintreten wird. Deshalb habe ich oft gesagt, in unzähligen Versammlungen, und ich wiederhole es hier: Wer gegen eine klare Notstandsregelung in der Verfassung agitiert, kann ebensogut positiv sagen: Ich bin für eine neue außerparlamentarische Notstandsvorsorge nur durch die Regierung, die kein Bürger eher erfährt, als bis der Tag X da ist! [...] Ich frage deshalb alle grundsätzlichen Gegner jeder Notstandsregelung, ob sie sich darüber klar sind, wohin sie die weitere Entwicklung drängen, wenn ihnen nachgegeben würde. Wenn eine der für morgen empfohlenen Parolen lautet: ›Schütze deine Freiheit gegen den Notstand!‹, so antworte ich: Es geht um den Schutz der Freiheit auch und gerade im Notstand! Wenn eine andere Parole lauten soll: ›Notstandsgesetze sind Kriegsrecht in Friedenszeiten‹, so antworte ich: Es geht um Freiheitsrechte auch in einer Kriegszeit! [...] Ein Kernpunkt der jetzigen Vorlage ist es, die Mitwirkung des Parlaments zumindest in der Form des Gemeinsamen Ausschusses als Notparlament zu erhalten und die Grundrechte dem Zugriff der Exekutive zu entziehen. Deshalb ist es unsinnig, diese Vorlage als den ›Abmarsch in die Diktatur‹ zu charakterisieren. Wir hier im Parlament wissen um den Ertrag der zähen Bemühungen gegen jene alten Vorlagen und daß sie gründlich, sehr gründlich abgeändert worden sind, und daß damit die Lücke im Grundgesetz jetzt in einer dem Grundgesetz entsprechenden Weise geschlossen werden kann.«

Zit. nach: Sicherheitspolitik der Bundesrepublik Deutschland. Dokumentation 1945–1977. 2. Teil. Hrsg. und eingel. von Klaus von Schubert, Köln 1979, S. 419–422

Der ▶ Finanzaufwand für die Bundeswehr umfasste in den siebziger und achtziger Jahren durchschnittlich etwa 20 Prozent des Bundeshaushalts. 1970 lagen die Verteidigungsausgaben bei 19 Milliarden DM, 1975 bei 31 Milliarden DM und 1984 bei 72 Milliarden. 1977 hatten die NATO-Staaten angekündigt, ihr jeweils nationales Verteidigungsbudget jährlich um drei Prozent zu steigern. Die Bundesrepublik lag Mitte der achtziger Jahre nach NATO-Kriterien vor Großbritannien und Frankreich auf dem zweiten Platz hinter den USA. Die Gründe für den starken Anstieg der Verteidigungslasten lagen zum einen in der langen Laufzeiten der Beschaffungsvorhaben. Zum anderen spiegelte sich darin die in den achtziger Jahren innerhalb der NATO deutlich gesteigerten Bemühungen um eine qualitative Überlegenheit gegenüber dem Warschauer Pakt wider. So stiegen zum Beispiel die Beschaffungskosten des Panzerabwehrhubschraubers 1 von Mai 1973 (Taktische Forderung) bis Dezember 1984 (Auslieferung des letzten Serienstücks) von 676 Millionen DM auf 1,1 Milliarden DM.

Wichtig in diesem Zusammenhang ist die Tatsache, dass sich die westdeutsche, aber auch europäische Beschaffungspolitik in den siebziger und achtziger Jahren deutlich gewandelt hatte. Nach dem Wiederaufbau auch speziell deutscher Rüstungskapazitäten in den sechziger und siebziger Jahren und dem Erreichen der Fähigkeit, komplexe Waffensysteme zu entwickeln, war die Bundesrepublik seit Mitte der siebziger Jahre eine merkliche Konkurrenz für die USA geworden – gemessen an den Aufwendungen für Forschung und Entwicklung sowie für Patentierungen. Bei letzteren lag die Bundesrepublik in den achtziger Jahren hinsichtlich der Wehrtechnik auf dem zweiten Platz nach den USA. Führend war die deutsche Industrie vor allem bei der Entwicklung von Waffen und Munition. Auf dem Gebiet der militärischen Elektronik blieben die Amerikaner dominierend. Im internationalen Vergleich der Waffenexporte rangierte Westdeutschland zusammen mit Frankreich weltweit auf dem dritten Platz hinter den beiden Supermächten.

Verschärfte Anstrengungen um die Kontrolle von Exporten militärisch nutzbarer Güter in den Ostblock, etwa im Rahmen der außen- und sicherheitspolitischen Initiativen von US-Präsident Ronald Reagan, verstärkten nochmals die Bemühungen der Europäer um eigene Entwicklungen in der Wehrtechnik. Sie führten zu einer Verringerung der Importe aus den USA. Beispielhaft hierfür war das zunächst innenpolitisch wie militärisch nicht unumstrittene, in einer komplizierten europäischen Rüstungskooperation entstandene Mehrzweckkampfflugzeug Panavia MRCA Tornado, das bei der US-Industrie als unerwünschte Konkurrenz galt. Nachdem der erste deutsche Prototyp 1974 vorgestellt worden war, konnten die Flugzeuge nach langer Entwicklungszeit seit Ende der siebziger Jahre in Dienst gestellt werden.

Als Folge des ▶ KSE-Vertrages von 1990, mit dem man durch nicht lineare Verringerungen bei den konventionellen Waffensystemen etwa ausgewogene Obergrenzen zu erreichen versuchte, veränderten sich auch die Höchststärken der ▶ Bundeswehr im nun vereinigten Deutschland. Weil Waffen und Gerät der am 2. Oktober 1990 aufgelösten Nationalen Volksarmee der DDR dem Gerät der Bundeswehr zugerechnet wurden, lagen die deutschen Abrüstungsquoten vergleichsweise hoch. So reduzierte die Bundeswehr ihren Kampfpanzerbestand von 7133 auf 2967 (um 58 Prozent), ihre weiteren gepanzerten Kampffahrzeuge von 9598 auf 3446 (minus 64 Prozent), die Artilleriesysteme von 4644 auf 2705 (minus 42 Prozent), den Umfang an Kampfflugzeugen von 1064 auf 900 (minus 16 Prozent) und die Zahl Kampfhubschraubern von 357 auf 306 (14 Prozent weniger). Die Truppenstärke wurde auf 345 000 Soldaten für Land- und Luftstreitkräfte festgelegt (KSE-Ia-Abkommen).

Rupert Scholz (1937)
Politiker – Nach dem Studium der Rechtswissenschaften war Scholz von 1972 bis 1978 Professor in Berlin und seit 1978 in München. 1982 wurde er vom damaligen Regierenden Bürgermeister Richard von Weizsäcker in den Berliner Senat berufen. Als Nachfolger Manfred Wörners bekleidete er vom Mai 1988 bis April 1989 das Amt des Bundesministers der Verteidigung. Seit 1990 ist Scholz Mitglied des Deutschen Bundestages.

102 Rupert Scholz.

Gerhard Stoltenberg (1928–2001)
Politiker – Der Kieler Historiker war seit 1957 MdB und von 1965 bis 1969 Bundesminister für Wissenschaft und Forschung. 1971 wurde er zum Ministerpräsidenten von Schleswig-Holstein gewählt, kehrte aber 1982 als Finanzminister in die Bundesregierung unter Helmut Kohl zurück. Im April 1989 wurde Stoltenberg zum Bundesminister der Verteidigung ernannt. Mit der Wiedervereinigung am 3. Oktober 1990 übernahm er die Befehls- und Kommandogewalt über die gesamtdeutschen Streitkräfte. Seine vorrangige Aufgabe bestand nun darin, die übernommenen Soldaten der NVA in die Bundeswehr zu integrieren und die mit den vier Siegermächten des Zweiten Weltkriegs getroffenen sicherheitspolitischen Vereinbarungen umzusetzen. Im Frühjahr 1992 trat Stoltenberg von seinem Amt zurück.

103 Gerhard Stoltenberg.

Streitkräftereduzierung wie sie im KSE-Ia-Abkommen festgelegt wurde:
Künftige Höchstgrenzen der Land- und Luftstreitkräfte

Land	Höchstgrenze	Land	Höchstgrenze
Armenien	noch keine Daten	Kasachstan	noch keine Daten
Aserbaidschan	noch keine Daten	Luxemburg	900
Weißrussland	100 000	Moldawien	noch keine Daten
Belgien	70 000	Niederlande	80 000
Bulgarien	104 000	Norwegen	32 000
Kanada	10 660	Polen	234 000
Tschechoslowakei	140 000	Portugal	75 000
Dänemark	39 000	Rumänien	230 248
Frankreich	325 000	Russland	1 450 000
Georgien	noch keine Daten	Spanien	300 000
Deutschland	345 000	Türkei	530 000
Griechenland	158 621	Ukraine	450 000
Ungarn	100 000	Großbritannien	260 000
Island	0	Vereinigte Staaten	250 000
Italien	315 000		

Zit. nach: Wörterbuch zur Sicherheitspolitik. Hrsg. von Ortwin Buchbender, Hartmut Bühl und Harald Kujat, Bonn 1992, S. 138

Informationen

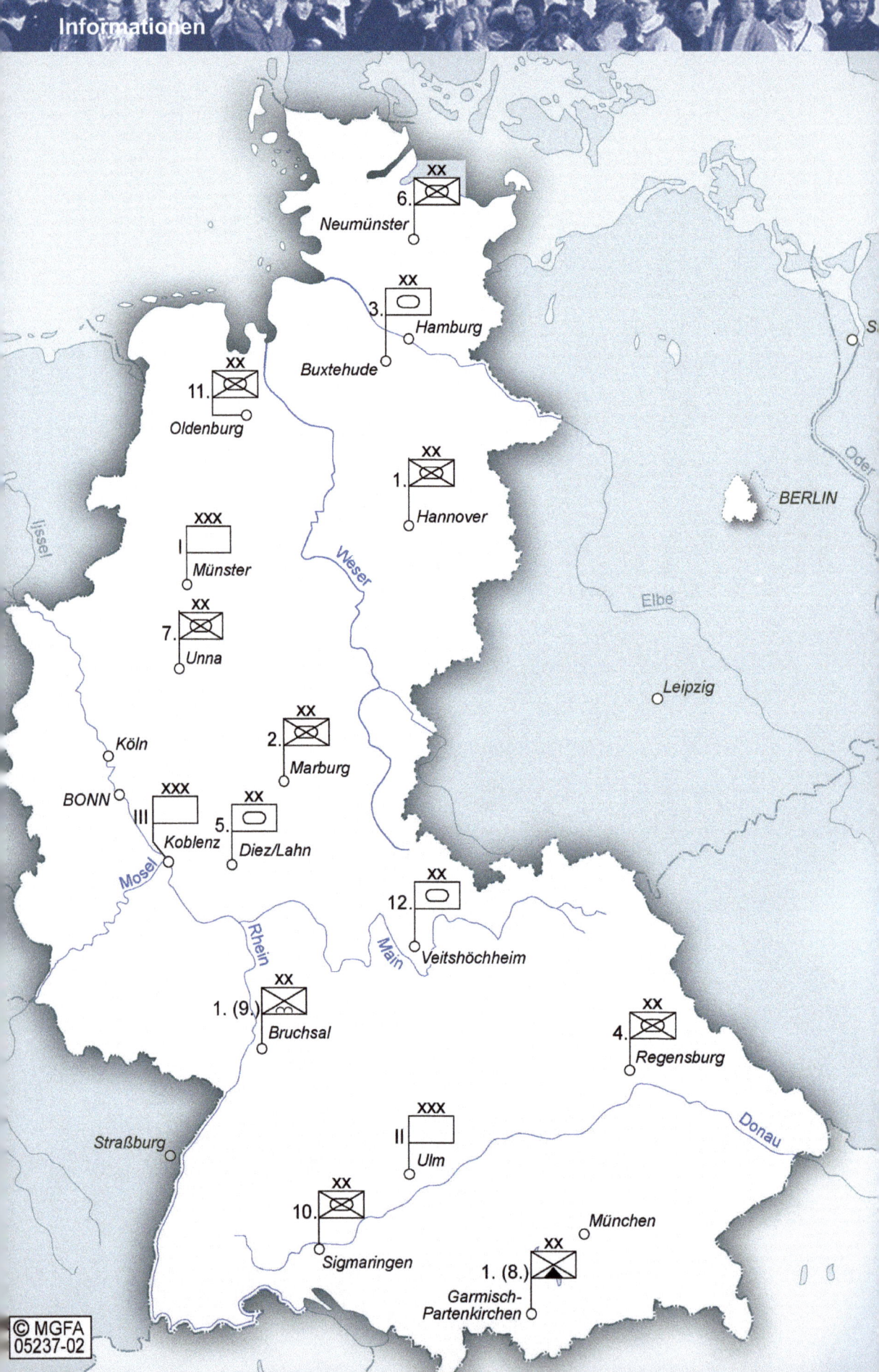

Großverbände des Heeres bis 1970

I., II. und III. Korps.

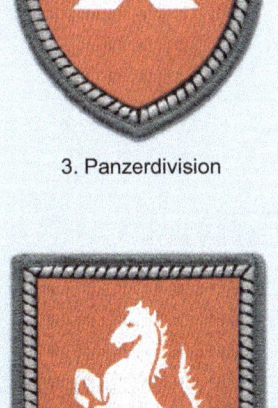

1. Panzergrenadierdivision
2. Panzergrenadierdivision
3. Panzerdivision
4. Panzergrenadierdivision

5. Panzerdivision
6. Panzergrenadierdivision
7. Panzergrenadierdivision
10. Panzergrenadierdivsion

11. Panzergrenadierdivision
12. Panzerdivision
1. Gebirgsdivision
1. Luftlandedivision

d) Das Heer

Die Aufstellung des Heeres konnte bis Ende der 1960er Jahre größtenteils abgeschlossen werden. Jedoch erforderten die außen- und sicherheitspolitischen Rahmenbedingungen aber auch die innen- und finanzpolitischen und nicht zuletzt die gesellschaftlichen Entwicklungen in der Bundesrepublik der 1970er und 1980er Jahre weitere, teils erhebliche Umstrukturierungen der Bundeswehr und seiner größten Teilstreitkraft.

Die Heeresstruktur 3 (1969–1980) als Antwort auf die NATO-Strategie der Flexible Response (MC 14/3) mit der Betonung des konventionellen Gefechtes, aber noch mehr als Folge der fehlenden finanziellen Mittel der Bonner Regierung war eine nicht unumstrittene Kompromisslösung. Die geforderte volle Mechanisierung des Heeres musste vorerst zurückgestellt werden. Mit einer »Spezialisierung bei abgestufter Präsenz« und mit dem »Jägerkonzept« sollten die steigenden Betriebskosten der präsenten und mechanisierten Großverbände eingegrenzt werden. Vor allem die Korps- und ▶Divisionstruppen wurden teilgekadert, während die drei neuen Jägerbrigaden der bisherigen 2. und 4. Panzergrenadierdivision, nun in die 2. und 4. Jägerdivision umgegliedert, den Kampf im bedeckten und für Panzer ungünstigen Gelände führen sollten. Die frei gewordenen Panzerkräfte wurden zu Panzerregimentern mit jeweils rund 100 Kampfpanzern zusammengefasst und bildeten mit den Luftlandebrigaden die operativen Reserven der Korps. Allerdings wurde diese Struktur nie voll umgesetzt. In Hemer wurde für das I. Korps das Panzerregiment 100, in Ulm-Dornstadt für das II. Korps das Panzerregiment 200 und in Lippstadt die Luftlandebrigade 27 aufgestellt. Nicht zur Aufstellung gelangte das Panzerregiment 300. Somit standen 1971 den vier »leichten« Divisionen (zwei Jäger- und je eine Luftlande- und Gebirgsdivision) immerhin vier Panzer- und vier Panzergrenadierdivisionen gegenüber. Insgesamt 13 Panzer-, zwölf Panzergrenadier-, drei Jäger-, drei Luftlande- und zwei Gebirgsjägerbrigaden bildeten die Einsatzkräfte des Feldheeres. Es fehlten jedoch zur ursprünglichen Planung von zwölf voll einsatzbereiten Divisionen weiterhin drei Panzerbrigaden.

104 Panzergrenadiergruppe angetreten vor einem Schützenpanzer Marder.

Jahr	Pz	SPz	SpPz	PzJg	Flak	PzH	RakWfr
1956 H Stru 1	Dieser Divisionstyp wurde erst 1959 bei Umgliederung zur HStru 2 eingeführt.						
1965 H Stru 2	216	270	102	65	51	52	6
1972 H Stru 3	216	250	102	61	36	72	19
1984 H Stru 4	218	230	78	36	36	90	16

Ausstattungsvergleich Panzergrenadierdivision: Bundeswehr/Heer

HStru 1: keine Brigadegliederung.
HStru 2 bis 4: Brigadegliederung mit 2 Panzergrenadier- und 1 Panzerbrigade.
Quelle: Hammerich/Kollmer/Rink/Schlaffer, Das Heer.

Auf Grund der steigenden Zahl von ▶ Wehrdienstverweigerern zu Beginn der 1970er Jahre wurde die Dauer des Wehrdienstes von 18 auf 15 Monate reduziert, um die Wehrgerechtigkeit zu erhalten. Dies hatte für das Heer zur Folge, dass die Truppe quartalsweise mit neuen Rekruten aufgefüllt und die Grundausbildung von sechs auf drei Monate verkürzt wurde. Der sich anschließende einjährige Dienst in einer Einsatzkompanie brachte einen uneinheitlichen Ausbildungsstand in den Verbänden mit sich.

Das ▶ Territorialheer, welches angesichts der Schwierigkeiten, eine Präsenzarmee aufzustellen, zunehmend zur notwendigen Ergänzung des Feldheeres wurde, profitierte ebenfalls von den freigewordenen Kräften. Ursprünglich als selbstständige vierte Teilstreitkraft konzipiert, um die Operationsfreiheit der NATO-Verbände auf deutschem Boden aufrecht zu erhalten und die Zivilverteidigung zu unterstützen, wurden das Kommando Territoriale Verteidigung und das Heer bis 1972 fusioniert. Das Territorialheer bestand mit seinen drei neu aufgestellten Territorialkommandos, sechs Wehrbereichs- und ebenfalls drei neuen Heimatschutzkommandos zum größten Teil aus mobilmachungsabhängigen Verbänden und bis zu 90 Prozent aus Reservisten. Doch auch das Feldheer musste einen zunehmenden Anteil an Reservisten einplanen, um die vielfältigen Aufträge der Vorneverteidigung erfüllen zu können. Seit 1963 galten die Weser, die Ems und der Neckar als Hauptverteidigungslinie der NATO in Mitteleuropa. Die Einsatzplanungen der Nordatlantischen Allianz sahen dazu eine grenznahe Verzögerungszone vor, wobei die drei deutschen Korps zwischen fünf weiteren Korps verbündeter Nationen in zwei Heeresgruppen (NORTHAG und CENTAG)

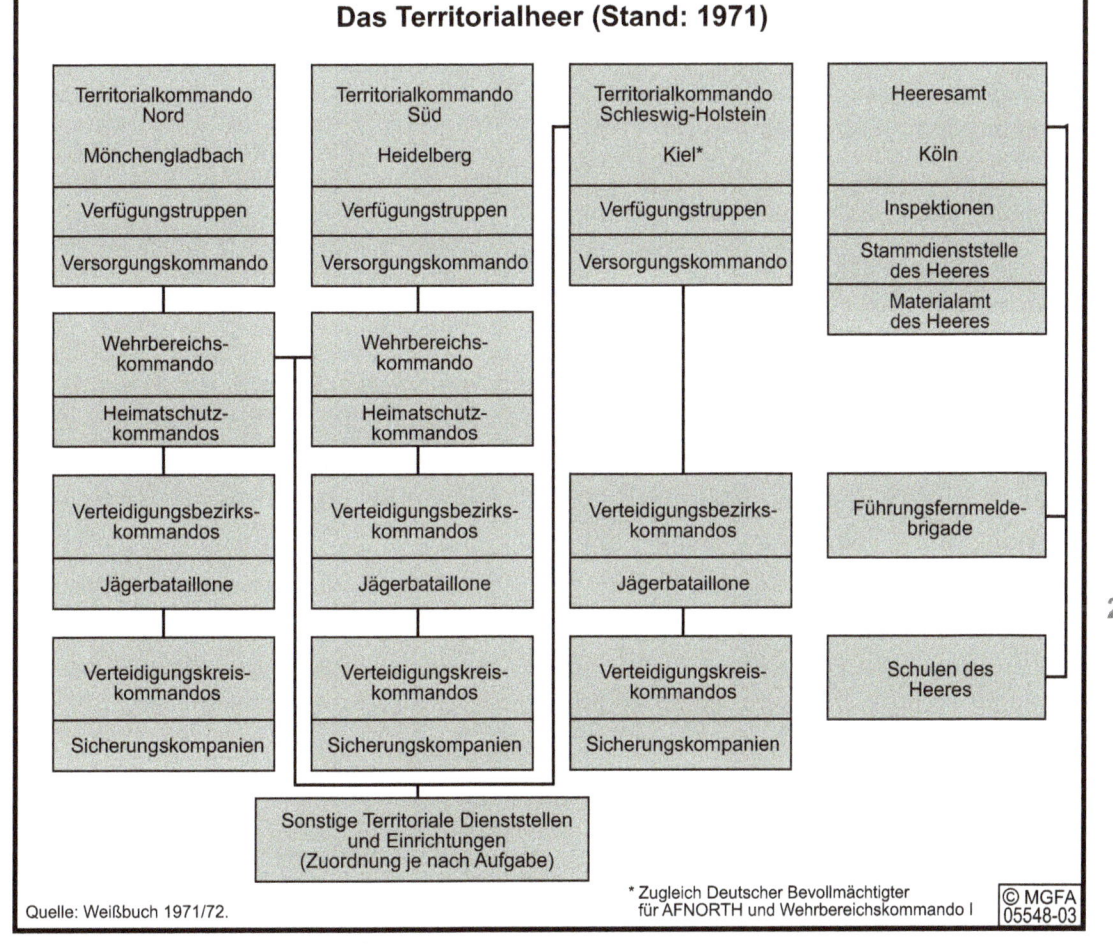

Informationen

105 Demonstration vor der Bonner Ermekeil-Kaserne gegen die Feierlichkeiten zum 30-jährigen Bestehen der Bundeswehr.

Die Geschichte der Wehrpflicht, die bereits 1813 in Preußen eingeführt worden war, warf für viele Betroffene auch die Frage auf, ob es legitim sei, sich dem Kriegsdienst unter bestimmten Voraussetzungen zu entziehen.

Nach dem Ersten Weltkrieg existierte in Deutschland keine allgemeine Wehrpflicht mehr, ihre Wiedereinführung war im Versailler Vertrag verboten worden. 1935 wurde sie entgegen den Bestimmungen des Vertrages wieder eingeführt. Jeder Versuch, dem Dienst an der Waffe zu entgehen – sei es aus religiösen oder pazifistischen Gründen – wurde fortan mit der Todesstrafe geahndet. Diese rigorose Unterdrückung jeder Bestrebung, dem Wehrdienst fern zu bleiben, ist einer der Gründe, warum in der Bundesrepublik Deutschland das Recht auf Kriegsdienstverweigerung schon 1949 im Grundgesetz verankert wurde, also vor Einführung der Wehrpflicht im Jahre 1956. Um das Recht auf Kriegsdienstverweigerung in Anspruch nehmen zu können, muss der Betreffende die

1 Theodor Blank, »Rede in der Debatte des Deutschen Bundestages über das Freiwilligengesetz« (27. Juni 1955)

Das Wehrpflichtgesetz wurde mit großer Mehrheit 1956 vom Bundestag verabschiedet. Insbesondere die oppositionelle SPD hatte die Wiedereinführung der Wehrpflicht lange in Frage gestellt und akzeptierte diese erst 1959 auf dem Godesberger Parteitag.

»Wir stehen vor einer neuen und schweren Aufgabe. Wir müssen Streitkräfte aus dem Nichts heraus neu aufbauen, ohne jede Anknüpfung an bestehende Truppeneinheiten. Wir bauen sie zudem in einem Staat auf, der an einer kaum bewältigen Vergangenheit zu tragen hat, in einer jungen Demokratie, die um ihr ansehen oft noch im eigenen Volk zu ringen hat. [...]

Der Soldat darf aber in der Vorstellung des Staatsbürgers nicht als notwendiges Übel gelten. Sicher ist es in notwendiges Übel, daß sich die Völker in unserer unvollkommenen Welt gegen mögliche Angriffe schützen müssen. Das gibt aber nicht das Recht, den Soldaten als ein Übel zu betrachten. Eine solche Einstellung zum Soldaten führt nur zu einer Absonderung der Streitkräfte. Dadurch würde gerade das verhindert, was wir erreichen wollen, nämlich der Einbau der Streitkräfte in die Gemeinschaft. Diese Einfügung in die Gemeinschaft kann nur gelingen, wenn alle Teile unseres Volkes vor allem die politischen Kräfte, dieses Ziel bejahen und zur Mitarbeit bereit sind. [...]

Die Bundesregierung wendet sich mit Ernst an die deutsche Jugend. Nach allem, was wir erlebt haben, ist es verständlich, daß unsere Jugend dem Wehrdienst mit Zurückhaltung gegenübersteht. Wir sehen darin nicht nur etwas Negatives. Die politischen Führungskräfte haben hier die verantwortungsvolle Aufgabe, die jungen Menschen von der Notwendigkeit des Wehrdienstes zu überzeugen. Die Jugend wird sich – dessen ist die Bundesregierung gewiß – dieser Aufgabe nicht entziehen, denn es hat sich stets gezeigt, daß diese Jugend in aller Nüchternheit und Zuverlässigkeit sich immer für Aufgaben bereit gefunden hat, deren Sinn sie erkannt hat.«

Zit. nach: Sicherheitspolitik der Bundesrepublik Deutschland, Dokumentation 1945–1977. 2. Teil. Hrsg. und eingel. von Klaus Schubert, Köln 1979, S. 362–364

106 Die »Ohne-mich-Bewegung«. Demonstration von Wehrdienstgegnern in Köln 1956.

Kriegsdienstverweigerung

Gründe seiner Entscheidung in einem Antrag darlegen und diesen bei einem Kreiswehrersatzamt einreichen. Bis in die 1980er Jahre hinein war zusätzlich noch die so genannte Gewissensprüfung erforderlich, bei dem der Antragsteller auch mündlich Stellung zu nehmen hatte. Die Szenarien, die bei diesen Befragungen seitens der Gewissensprüfer bemüht wurden, um die pazifistische Haltung des Antragstellers zu widerlegen, waren früh umstritten und verloren schließlich ihre rechtliche Grundlage. Wird dem Antrag stattgegeben, besteht für den Kriegsdienstverweigerer die Verpflichtung, Ersatzdienst bzw. Zivildienst zu leisten. Der Zivildienst gilt für die Dauer des maximal möglichen Wehrdiensts, ist also de facto einige Monate länger als dieser.

Auch in der DDR bestand die Möglichkeit einer Wehrersatzdienstleistung. Ab 1964 konnte man sich aus religiösen Gründen für einen waffenlosen Wehrdienst entscheiden. Die Verweigerer blieben also, im Unterschied zu jenen in der Bundesrepublik, der Armee unterstellt. Als so genannte Spatensoldaten mussten sie Arbeiten im militärischen und öffentlichen Bereich leisten.

107 Feldjäger der Bundeswehr verfolgen bei einem öffentlichen Feierlichen Gelöbnis einen Demonstranten, der einen Regenschirm mit der Aufschrift »Tucholsky hat Recht!« trägt.

108 Titelbild »illoyal«.

109 Schulterklappen der NVA-Bausoldaten.

1 Joerg Waehner, »Bausoldaten« (1982)

Ein Bausoldat berichtet einem Freund, der ebenfalls in der NVA diente, über seine anstrengende Dienstzeit an der Ostsee.

»Seit anderthalb Wochen läuft unser Einsatz auf der Baustelle in Mukran, wo die Fährverbindung nach Kleipėda entsteht. Bisher haben wir vorwiegend Gräben geschaufelt, nach der Chinesen-Methode: 100 Mann ersetzen eine Maschine. 4:30 Uhr aus den Federn, 6:00 Uhr auf der Baustelle, abends sind wir meistens erst um 18:00 Uhr wieder da. Ziemlich langer Arbeitstag auch wenn wir uns nicht totmachen müssen [...] Wir haben hier übrigens eine ›großzügige‹ Urlaubsregelung. Jeden Monat bekommen wir einen ›VKU‹, [Verlängerter Kurzurlaub] dafür aber nie Erholungsurlaub, keinen Ausgang, auch sonntags zum Gottesdienst nicht.«

Zit. nach: Joerg Waehner, Einstrich-Keinstrich. NVA-Tagebuch, Köln 2006, S. 149, 193

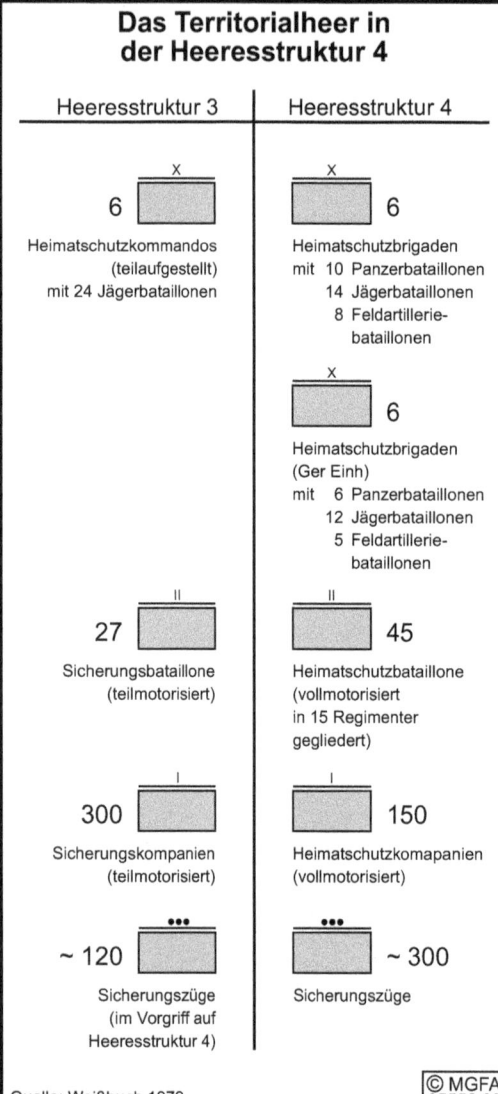

auf westdeutschem Territorium kämpfen sollten. Im betrachteten Zeitraum verschob sich jedoch die vorderste Verteidigungslinie immer weiter an die innerdeutsche Grenze. Dies bedeutete aber auch große rückwärtige Kampfzonen und breite Abwehrräume der Korps. Der Preis für die vor allem von General Hans Speidel (NATO-Oberbefehlshaber der Landstreitkräfte Europa-Mitte 1957–1962) im Nordatlantischen Bündnis durchgesetzte Vorneverteidigung war die Aufgabe des Prinzips der Präsenzarmee und die Notwendigkeit des frühzeitigen Atomwaffeneinsatzes. Erst Ende der 1960er Jahre trat wegen des Strategiewechsels im Bündnis die Betonung der konventionellen Kampfkraft in den Vordergrund. Durch eine Stärkung der Feuerkraft der Artillerie auf Korps- und Divisionsebene und durch die Nutzung der »dritten Dimension«, also der Luftbeweglichkeit von Verbänden, konnte dies erreicht werden.

Auch die Modernisierung der Ausrüstung seit Mitte der 1960er Jahre trug dazu bei. Vor allem die 1500 Kampfpanzer Leopard 1 und 700 Kanonenjagdpanzer, die neue Generation von Artilleriegeschützen (M-107; M-109 G; M-110) und die Mehrfachraketenwerfer (Lars 1) kennzeichneten diesen Qualitätszuwachs. Mit der Einführung der Funkgerätegeneration SEM 25/35/52 und des mobilen Fernmeldesystems »AUTOKO« setzte sich das Heer bis Ende der 1970er Jahre auch im Bereich der

110 Der erste Leopard bei Fahrübungen im Gelände.

Führungsfähigkeit an die Spitze des Bündnisses. Im September 1973 erschien die neue Heeresdienstvorschrift (HDv) 100/100 »Führung im Gefecht«, welche sich im Gegensatz zur Vorgängervorschrift HDv 100/1 vom Oktober 1962 im Wesentlichen mit den Führungsgrundsätzen für das konventionell geführte Gefecht befasste. Das Schlagwort »Halten am Vorderen Rand der Verteidigung (VRV)« mit der Forderung »vorne stark zu sein« führte allerdings zu einer Vernachlässigung der Idee der beweglichen Operationsführung. Die Atomsprengkörper blieben hingegen nach Freigabe durch die politische Leitung das »stärkste Kampfmittel« in der Hand der Truppenführer. Erst in der verbesserten Auflage aus dem Jahre 1987 galten die Atomwaffen als »stärkstes Element der Abschreckung« und waren keine Mittel der Gefechtsführung mehr.

Angesichts sich ständig bewegender Stellschrauben in den Bereichen Finanzen, Personal, Material und Infrastruktur und der sich grundlegend wandelnden Bündnisstrategie zog sich die Auf- und Umbauphase, die mit den Schlagworten »schieben, strecken, sparen« (Martin Rink) treffend charakterisiert wurde, deshalb tatsächlich bis 1975 hin. Immerhin gelang es dem Heer in dieser Zeit, eine moderne, zumindest teilmechanisierte und durchaus einsatzbereite Streitmacht zu werden, wobei der Rückgriff auf Altbewährtes ebenso sinnvoll war wie die Inanspruchnahme der angebotenen Hilfe durch die Bündnispartner. Damit konnte das Heer sowohl seinen Platz in den Streitkräften in der Demokratie finden als auch zu einer tragenden Säule der Bündnisverteidigung werden. Gleichwohl kündigten 1975 fünf ▸Modellbrigaden bereits eine neue Heeresstruktur an.

Verteidigungsminister ▸Hans Apel entschied im November 1978, das Feldheer und das ▸Territorialheer umzugliedern, um die Empfehlungen der Wehrstruktur-Kommission aus dem Jahre 1973 umzusetzen. In erster Linie sollte die Präsenz und die Kampfkraft der vorn eingesetzten Truppen erhöht werden. Darüber hinaus sollten eine Verstärkung der Aufklärungs- und Panzerabwehrfähigkeit erreicht und schließlich die drei fehlenden Kampfbrigaden, vor allem mit den durch die Auflösung der Panzerregimenter freigewordenen Verbänden, aufgestellt werden. Die Heeresstruktur 4 (1980–1992) war die erste Heeresstruktur, die in vollem Umfang verwirklicht wurde. Kleinere Kampfeinheiten und -verbände mit moderner Ausrüstung sollten in größerer Zahl sämtlichen Kampfbrigaden eine höhere Einsatzbereitschaft verschaffen. Den Brigaden unterstanden in der neuen Struktur vier Kampftruppenbataillone, wobei das erste Bataillon teilaktiv und gemischt war. Die drei Kampfkompanien dieser Bataillone waren voll präsent und unterstanden im Frieden den anderen Kampftruppenbataillonen der Brigade.

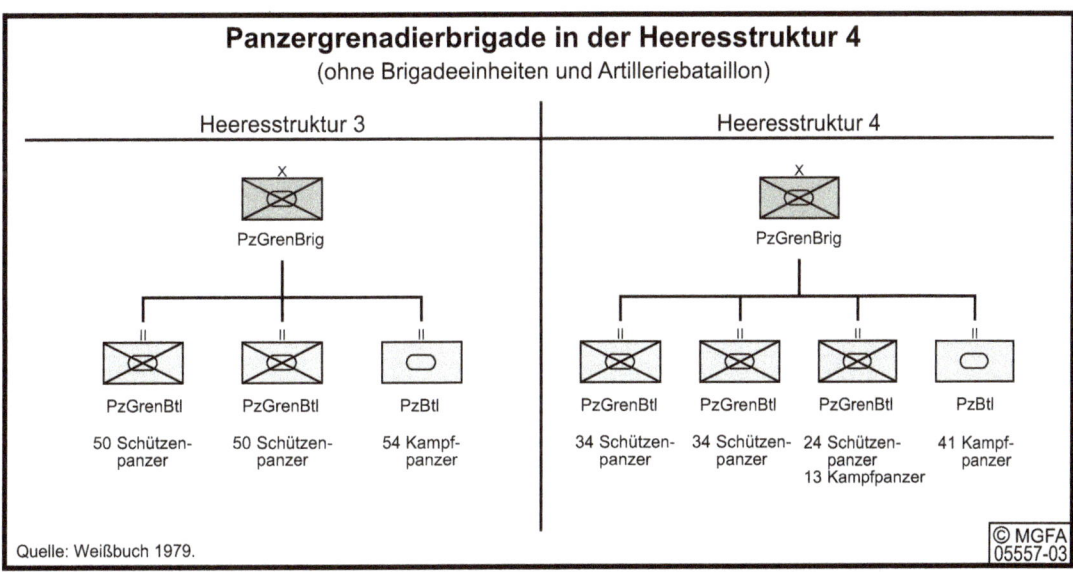

Panzergrenadierbrigade in der Heeresstruktur 4
(ohne Brigadeeinheiten und Artilleriebataillon)

Quelle: Weißbuch 1979.

Statt der rund 100 Kampftruppenbataillone im Jahre 1975 standen so sechs Jahre später fast 140 Kampftruppenbataillone zur Verfügung. Allerdings wurde der Personalansatz nicht erhöht, vielmehr mussten die Verbände und Einheiten mit weniger Soldaten auskommen. Als Ausgleich dieser Reduzierung setzte die militärische Führung auf die ▸ Modernisierung der Ausrüstung und die Zusammenfassung von Regieaufgaben in den Bataillonsstäben. Der Schwerpunkt lag dabei mit dem Leopard 2, dem Schützenpanzer Marder und den Panzerabwehrraketensystemen Milan, TOW und HOT bei den gepanzerten Kräften. Die Jägerdivisionen wurden wieder zu Panzergrenadierdivisionen, zwei andere Panzergrenadierdivisionen wurden zu Panzerdivisionen umgegliedert. Die Panzerabwehrkomponente wurde wie vorgesehen durch die Aufstellung von drei Panzerabwehrhubschrauberregimentern für die Korps verstärkt. Die Pioniertruppe erhielt ein modernes Minenwerfersystem zum schnellen Verlegen von Panzerabwehrminen. Diese konnten auch mit den Mehrfachraketenwerfern der Artillerie verschossen werden und stellten eine enorme Steigerung der Sperrkapazität des Heeres dar. Mit der Einführung der Systeme Gepard und Roland machte die Flugabwehrtruppe einen ebenso großen Schritt nach vorne wie die Fernmeldetruppe durch die Einführung digitalisierter Richtfunkgeräte, der Funkgerätefamilie SEM 70/80/90 und des Führungsinformationssystems Heros.

Auch das Territorialheer wurde gestärkt. Die mechanisierten Großverbände der Heimatschutztruppe wurden in zwölf Heimatschutzbrigaden gegliedert. Sechs Brigaden waren teilaktiv und entsprachen in ihrer Gliederung den Kampfbrigaden des Feldheeres, sechs waren als Geräteeinheiten gekadert. Dazu kamen 15 Heimatschutzregimenter, 150 selbstständige Heimatschutzkompanien und 300 selbstständige Sicherungszüge für den Objektschutz. 1985 wurden zwei Heimatschutzbrigaden zwei Divisionen des Feldheeres zur Verstärkung unterstellt.

Das Feldheer umfasste Ende der 1980er Jahre 17 Panzer-, 15 Panzergrenadier-, eine Gebirgsjäger- und drei Luftlandebrigaden. Damit war die Zielstruktur mit zwölf Divisionen und 36 Brigaden erreicht. Mitte der 1980er Jahre wurden 345 000 Heeressoldaten gezählt, die im Verteidigungsfall auf rund eine Million Soldaten aufwachsen sollten. Die Kampftruppen des Feldheeres hatten mit 67 Panzer- und 64 Panzergrenadierbataillonen ihren höchsten Mechanisierungsgrad erreicht. Eindrücklich bewiesen die Heeresverbände in zahlreichen Großmanövern ihre Leistungsfähigkeit im Gefecht der verbundenen Waffen in wechselnden Gefechtsarten im freien Gelände unter Beteiligung alliierter Truppen und im Zusammenwirken mit Luftstreitkräften. Mit über 3500 Kampf- und 2000 Schützenpanzern und rund 1000 Artilleriegeschützen war das Deutsche Heer der Eckpfeiler der NATO-Vorneverteidigung in Mitteleuropa.

Die Mechanisierungsphase fand mit dem Fall der Mauer allerdings ein jähes Ende. Ab 1989/90 stand das Heer unvermittelt vor zwei gewaltigen Herausforderungen: Zum einen mussten nach der deutschen Wiedervereinigung die Heerestruppen der NVA abgerüstet und teilweise integriert, zum anderen musste das Heer selbst verkleinert und auf das erweiterte Aufgabenspektrum ausgerichtet werden. Der Truppenversuch »KURA« – Kaderung und rascher Aufwuchs – wies bereits vor dem Mauerfall in die neue Richtung. In Schutzhüllen eingeschweißtes Großgerät so genannter

B Hans Apel (1932)
Politiker – Im Zuge einer Kabinettsumbildung am 17. Februar 1978 übernahm Hans Apel das Bundesministerium der Verteidigung. Mit Apel bekam die Bundesrepublik Deutschland ihren ersten »ungedienten« Verteidigungsminister. In seine Amtszeit fielen die Umsetzung des umstrittenen NATO-Doppelbeschlusses, für den vor allem Bundeskanzler Helmut Schmidt, auch gegen viele Kritiker innerhalb der SPD, eintrat.

111 Hans Apel.

Waffensysteme des Heeres (Stand: 1985)

Waffensysteme	Anzahl der Verbände/Einheiten
Kampfpanzer Leopard 1 Leopard 2 M 48	85 Panzerbataillone 11 Panzeraufklärungsbataillone
Schützenpanzer Marder	64 Panzergrenadierbataillone
Raketenpanzer Jaguar 1 Jaguar 2	33 Panzerjägerkompanien
Spähpanzer Luchs	11 Panzeraufklärungsbataillone
Panzerabwehr-Hubschrauber PAH 1	7 Staffeln
Flugabwehrpanzer Gepard Roland	90 Batterien
Panzerhaubitzen 155 mm **Haubitzen/Feldhaubitzen** 203 mm 155 mm, 105mm	201 Rohrartilleriebatterien
Mehrfachraketenwerfer 110 mm **Raketenwerfer** Lance	34 Raketenartilleriebatterien
Verbindungshubschrauber BO 105 Alouette **Transporthubschrauber** UH-1D CH-53GUH-1D CH-53G	32 Staffeln
Panzerabwehr-Raketensysteme MILAN TOW Kanonenjagdpanzer Panzermörser Bergpanzer M 88 BP 2 Transportpanzer	Wichtige Systeme, die in verschiedenen Truppengattungen eingesetzt werden.

Quelle: Weißbuch 1985.   * Panzeraufklärungsbataillone verfügen über Kampf- und Spähpanzer

© MGFA 05560-06

Die humanitären Einsätze der Bundeswehr erreichten unter Apel ihren bisherigen Höhepunkt. Die Erdbebenhilfe der Bundeswehr in Süditalien 1982 und die Hilfseinsätze bei der Schneekatastrophe in Norddeutschland im Winter 1978/79 standen stellvertretend für viele humanitäre Aktivitäten der Truppe. Kurz nach dem Zerbrechen der sozialliberalen Koalition setzte Apel 1982 noch die neuen Traditionsrichtlinien der Bundeswehr in Kraft, bevor er in Folge des Machtwechsels aus der Regierung ausschied.

Aufwuchsbataillone sollte der starken Lobby der gepanzerten Truppen im Heer ein deutliches Warnsignal sein. Die Heeresstruktur 2000 war im Februar 1988 von Verteidigungsminister Manfred Wörner gebilligt worden und sollte in erster Linie das sich abzeichnende schwer wiegende Personalproblem lösen. Auf die sinkende Geburtenrate wurde mit einer geplanten Verlängerung des Grundwehrdienstes auf 18 Monate und mit einer leichten Reduzierung des Friedensumfanges des Heeres von 345 000 auf 322 600 Soldaten reagiert. Mit einer Ministerweisung vom Juni 1989 wurde dann die Überarbeitung der neuen, gerade einmal 16 Monate alten Strukturplanung eingeleitet, um bereits ein Jahr später eingestellt zu werden. Die 1991 erfolgte Auflösung des Warschauer Paktes, die Ergebnisse der Verhandlungen über konventionelle Streitkräfte in Europa (VKSE I) und der im Sommer 1990 abgeschlossene »Zwei-plus-Vier-Vertrag« ließen vorläufig ein Friedensheer von rund 255 000 Soldaten bei einer zwölfmonatigen Wehrpflichtdauer als angemessen erscheinen. Doch auch diese Vorgaben hatten nur kurze Zeit Bestand. Mit der Heeresstruktur 5 begann dann Anfang der 1990er Jahre die größte Umgliederung aber auch Reduzierung des Heeres seit der Aufstellung der Lehrtruppe in Andernach im Januar 1956.

e) Die Luftwaffe

Die Zeit von 1970 bis 1989 unterschied sich von den Aufbaujahren der Luftwaffe in vielerlei Hinsicht, dies insbesondere in Bezug auf die konzeptionelle und ▸ organisatorische Gestalt. Die einschneidensten Veränderungen ergaben sich durch die Einführung einer neuen Kommandostruktur, die bis zum Ende des Kalten Krieges Bestand haben sollte (Luftwaffenstruktur 2). Drei wesentliche Faktoren spielten dabei eine Rolle:

1. Die Neuausrichtung der NATO-Strategie auf das Konzept der Flexible Response (MC 14/3 und MC 48/3).
2. Die Einführung neuer, hochkomplexer Waffensysteme (v.a. Panavia MRCA Tornado, F-4 E/F Phantom).
3. Die zunehmende Bedeutung der Rationalisierung und Schaffung effizienter Arbeitsabläufe vor dem Hintergrund klarer Grenzen der zur Verfügung stehenden Menschen (1971: ca. 107 500 Mann) und Ressourcen.

Hatte die Luftwaffe bis Ende der sechziger Jahre im Rahmen der Massive Retaliation vor allem den Auftrag gehabt, im Ernstfall atomare Kampfmittel ins Ziel zu bringen, daneben eine effiziente Luftverteidigung – unter Umständen ebenfalls mit Atomwaffen – durchzuführen und das eigene Überleben durch

112 Eine Mc Donnell Douglas Phantom F-4F Phantom II der Alarmrotte des Jagdgeschwaders 71 Richthofen aus Wittmund fliegt auf diesem undatierten Foto einen Einsatz.

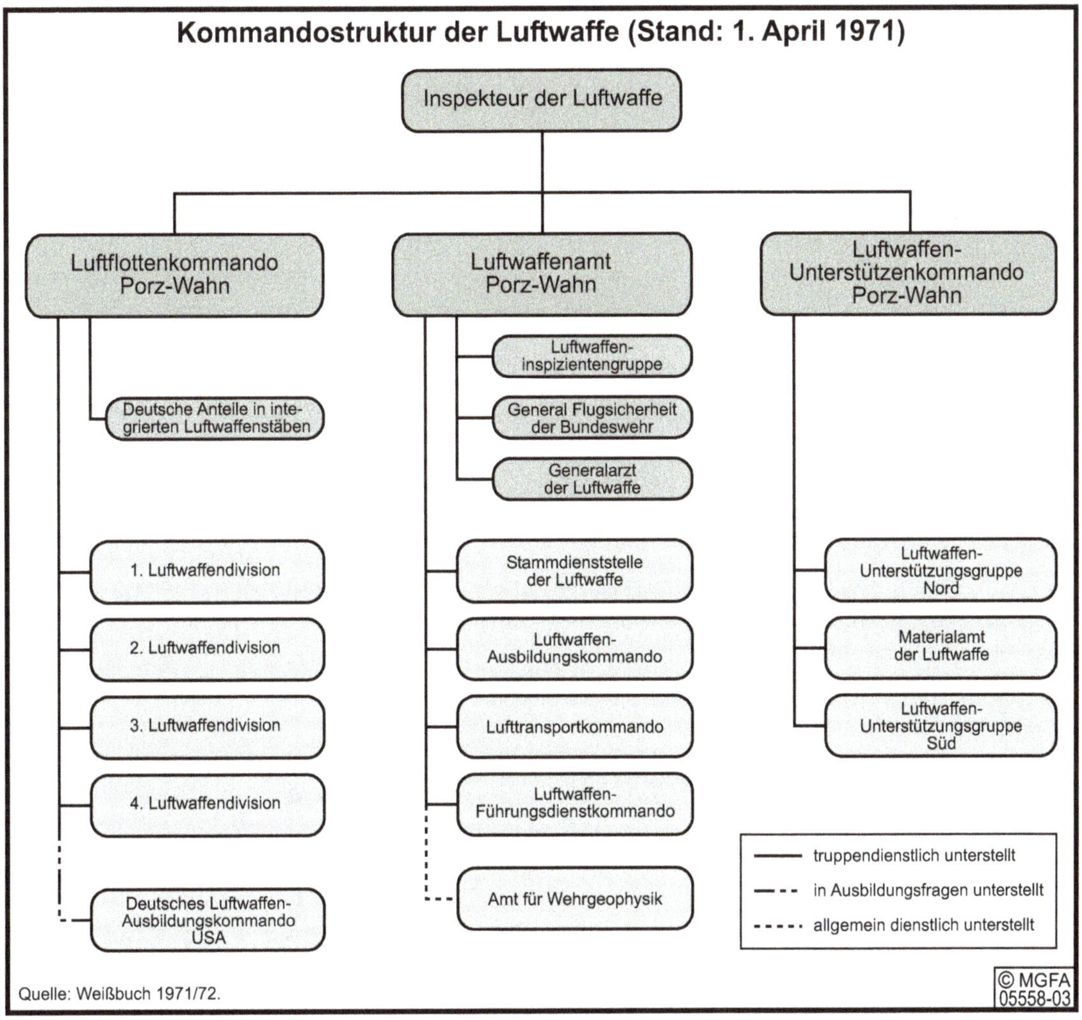

Kommandostruktur der Luftwaffe (Stand: 1. April 1971)

- Inspekteur der Luftwaffe
  - Luftflottenkommando Porz-Wahn
    - Deutsche Anteile in integrierten Luftwaffenstäben
    - 1. Luftwaffendivision
    - 2. Luftwaffendivision
    - 3. Luftwaffendivision
    - 4. Luftwaffendivision
    - Deutsches Luftwaffen-Ausbildungskommando USA
  - Luftwaffenamt Porz-Wahn
    - Luftwaffen-inspizientengruppe
    - General Flugsicherheit der Bundeswehr
    - Generalarzt der Luftwaffe
    - Stammdienststelle der Luftwaffe
    - Luftwaffen-Ausbildungskommando
    - Lufttransportkommando
    - Luftwaffen-Führungsdienstkommando
    - Amt für Wehrgeophysik
  - Luftwaffen-Unterstützenkommando Porz-Wahn
    - Luftwaffen-Unterstützungsgruppe Nord
    - Materialamt der Luftwaffe
    - Luftwaffen-Unterstützungsgruppe Süd

—— truppendienstlich unterstellt
— — in Ausbildungsfragen unterstellt
- - - - allgemein dienstlich unterstellt

Quelle: Weißbuch 1971/72.

© MGFA 05558-03

113 Alpha Jet auf dem Rollfeld.
Foto, 1. April 1971.

ausgedehnte Konzepte zur Selbstversorgung (Nahungsmittel, Betriebsstoffe, Munition etc.) zu gewährleisten, so wurde man jetzt mit der Notwendigkeit zur Differenzierung nach der Vorgabe einer vorrangig konventionellen Verteidigungsstrategie konfrontiert. Da der technische Wirkungsgrad konventioneller Waffen erheblich geringer ist als der ▸ nuklearer, mussten Mittel und Wege gefunden werden, über eine umfassende Effizienzsteigerung der ▸ Waffensysteme und die Optimierung der Strukturen einen taktisch-strategischen Ausgleich zu schaffen. Dies traf sich mit der schon seit den sechziger Jahren immer deutlicher werdenden Verpflichtung zur Einsparung in allen Bereichen und der sich abzeichnenden Einführung neuer Kampfflugzeuge. Insbesondere auch bei Letzteren hatte man die schmerzhaften Lektionen der Starfighterkrise zu beachten. Für die neuen Typen, die noch komplexer als die F-104 G sein würden, hatte man schon vor deren Einführung in die Truppe integrierte und effiziente Betriebs- und Einsatzkonzepte zu entwickeln, die alle betroffenen Ebenen und Dienststellen einbeziehen mussten. Mit den herkömmlichen Methoden von Truppenführung und Verwaltung ließen sich die Anforderungen nicht mehr hinreichend erfüllen. Es musste ein modernes »Management«-System ähnlich den in der Wirtschaft gültigen Prinzipien geschaffen werden, dies jedoch unter spezieller Berücksichtigung der Bedingungen der Teilstreitkraft Luftwaffe. Die bundeswehrweiten Änderungen der Führungsprinzipien mittels des ▸ »Blankeneser Erlasses« vom 21. März 1970, hier vor allem die Zuerkennung truppendienstlicher Befugnisse der Führungsstäbe über ihre unterstellten Bereiche, stellte hierbei eine wichtige Grundlage dar, bedeutete für die Betriebs- und die Einsatzfähigkeit der Luftwaffe indes nur einen ersten Schritt.

Alles hing von der weiteren Ausgestaltung der Organisation ab. Die Luftwaffe trug dem mit der großen Strukturreform von 1970/71 Rechnung und ersetzte das bis dato gültige »regionale Prinzip« durch das »Funktionsprinzip«. Vor 1970 war die Kommandostruktur der Luftwaffe in einen Nord- und einen Südteil gegliedert, wobei der Nordteil noch einmal aufgespalten war: Schleswig-Holstein unterstand dem Nordbereich der NATO, AFNORTH. Gleichzeitig litt der Führungsstab der Luftwaffe (Fü L) unter Überbelastung durch Fach- und Routineaufgaben und kam dadurch nur mühsam seinem eigentlichen Auftrag (Übergeordnete Führung, Planung, Entwicklung von Strategie, Logistik und Organisation) nach. Auf der Divisionsebene hatte man im Zuge der Massive Retaliation eine Zeit lang sogar noch eine weitere regionale Unterteilung vorgenommen. Auf Basis der Annahme, dass bei einem Atomkrieg die meisten Verbindungen abreißen würden, hatte man die Divisionen mit einer Kombination aus Verbänden und Versorgungseinrichtungen ausgestattet, um ihnen ein autarkes Überleben zu sichern (»Inselbildung«).

Dieses unter den neuen Anforderungen eher ineffiziente System gestaltete man gemäß Ministererlass vom 10. Juli 1970 nun um. Es entstanden drei »Funktionskommandos«, die jeweils sachlich zusammengehörige Bereiche integrierten: Luftflottenkommando, Luftwaffenamt und Luftwaffenunterstützungskommando.

Das Luftflottenkommando bildete den zahlenmäßig stärksten Verband und beinhaltete sämtliche Kampfverbände für das gesamte Gebiet der Bundesrepublik (1971: 51 600 Soldaten). Entsprechend der weiter bestehenden

---

S Die Neutronenbombe ist eine Kernwaffe von geringer Sprengkraft, deren Hauptwirkung weniger in ihrer Druck- und Hitzeentwicklung besteht, als vielmehr in ihrer im Vergleich zu herkömmlichen Atombomben erhöhten Freisetzung von Neutronenstrahlung. Sie wird daher auch als »Waffe mit verstärkter Strahlung« bezeichnet. Im Gegensatz zu den über Hiroshima und Nagasaki abgeworfenen Bomben resultiert ihre Energie aus Schmelz- und nicht aus Spaltreaktionen. Bereits 1958 durch den US-Amerikaner Samuel T. Cohen entwickelt, wurde sie erst zu Beginn der 1980er Jahre gebaut. Da Neutronen selbst Stahlpanzerungen mühelos durchdringen können, sollte die Einführung dieser taktischen Kernwaffe die konventionelle Überlegenheit des Warschauer Pakts aufheben und der NATO die Abwehr konzentrierter sowjetischer Panzerangriffe in Europa ermöglichen.

Entwicklung des Bestandes der Luftwaffe vom 1. Januar 1970 bis 1. Oktober 1971

	1. Januar 1970	1. Oktober 1971
Kampfflugzeuge F-104 G Starfighter	511	496
Kampf- und Übungsflugzeuge TF-104 G	119	118
Aufklärungsflugzeuge RF-4 E Phantom	–	63 *)
leichte Kampfflugzeuge G-91	310	301
leichte Kampf- und Übungsflugzeuge G-91	40	39
Transportflugzeuge Transall	32	82
sonstige Transportflugzeuge		
(4 Boeing 707, 4 Convair, 3 Jet-Star, 8 HFB-320)	19	19
Übungsflugzeuge T-37, T-38	90	90
Fla-Raketen-Rampen Nike	216	216
Fla-Raketen-Rampen Hawk	216	216
Flugkörper-Startrampen Pershing	72	72
Luftverteidigungsgroßanlagen		
mit 36 Radar-Großgeräten	13	13
leichte Transporthubschrauber UH-1D	113	134
Verbindungshubschrauber Alouette II, Bell 47	54	55
Verbindungsflugzeuge Do-27	130	79
Verbindungsflugzeuge Do-28	–	4

*) Bis zum 31. Dezember 1971 werden voraussichtlich alle 88 RF-4 E ausgeliefert sein.

Zit. nach: Weißbuch 1971/1972. Zur Sicherheit der Bundesrepublik Deutschland und zur Entwicklung der Bundeswehr. Im Auftrag der Bundesregierung hrsg. vom Bundesminister der Verteidigung, Bonn 1971, S. 145

»Blankeneser Erlass« (21. März 1970)

Der Erlass des Bundesministers der Verteidigung präzisierte und stärkte die Stellung des Generalinspekteurs und der Inspekteure der Teilstreitkräfte.

»Die bisherige Organisation des Ministeriums hat sich als nicht klar und eindeutig genug herausgestellt. Vor allem die Verantwortung der Generalinspekteure für die Gesamtaufgaben der Streitkräfte und die Verantwortung der Inspekteure für die Einsatzbereitschaft ihrer Teilstreitkraft treten zu wenig hervor.
Die Neuregelung hat davon auszugehen, daß eine umfassende Ordnung der Spitzengliederung der Bundeswehr dem Gesetzgeber vorzubehalten ist und daß das Verhältnis der Bundeswehr zu den Truppen und Stäben der NATO im Sinne unserer Bündnisverpflichtungen unberührt bleiben muß.
In diesem Sinne ordne ich folgende Teilregelung mit Wirkung vom 6. April 1970 an:
1. Truppendienstliche Befugnisse üben aus:
    a) die Inspekteure der Teilstreitkräfte gegenüber ihrer nachgeordneten Teilstreitkraft;
    b) der Stellvertreter des Generalinspekteurs gegenüber den Zentralen Militärischen Dienststellen der Bundeswehr;
    c) der Inspekteur des Sanitäts- und Gesundheitswesens gegenüber dem Sanitätsamt der Bundeswehr mit nachgeordnetem Bereich.
Die entsprechenden Abteilungen und der Organisationsstab sind zu beteiligen. [...]
7. Die Personalabteilung weist zum 6.4.1970 – zunächst im Abordnungswege – den Inspekteuren der Teilstreitkräfte und dem Stellvertreter des Generalinspekteurs – diesem zugleich für den Inspekteur des Sanitäts- und Gesundheitswesens – je einen Rechtsberater zu.«

Zit. nach: Entschieden für Frieden: 50 Jahre Bundeswehr 1955 bis 2005. Virtuelle Ausstellung.

Trennung der NATO-Kommandostrukturen in der Bundesrepublik in 2. und 4. ATAF waren ihm vier Divisionen, je eine Luftangriffs- und eine Luftverteidigungsdivision für jede NATO-Luftflotte, unterstellt, sowie das Luftwaffenausbildungskommando USA (Fort Bliss). Die Korpsebene, früher Luftwaffengruppe Nord und Süd, fiel weg.

Den Ausgangspunkt für die taktische Umsetzung der neuen Einsatzprinzipien bildete die Übung »Schwarzer Himmel« im September 1970, in der zum ersten Mal eine größere Anzahl von fliegenden Kampfverbänden zusammen einen simulierten Einsatz unter konventionellen Bedingungen durchführten.

Das Luftwaffenamt, das in der ersten Zeit nach seiner Gründung im Jahre 1956 als Bearbeitungsstelle für Vorschriften und andere eher allgemeine Aufgaben gedient hatte, bekam nun wichtige Kernaufgaben übertragen (1971: 30 000 Soldaten). Ihm oblag neben den größten Teilen der Ausbildung (u.a. auch Luftwaffenausbildungsregimenter) vor allem auch die systematische Bearbeitung und Überwachung aller fachlichen, insbesondere der technischen Aspekte. Dazu zählten vor allem die Fernmelderegimenter 71 und 72 (Elektronische Kampfführung), der Flugmedizinische Dienst, das Amt für Wehrgeophysik und die Stammdienststelle der Luftwaffe. Darüber hinaus wurde ihm das Luftwaffentransportkommando unterstellt, das ab 1987 vom Luftwaffenunterstützungskommando geführt wurde.

Das Luftwaffenunterstützungskommando erhielt alle wesentlichen Funktionen und Einheiten zur Gewährleistung der Logistik und des Nachschubs zugewiesen (1971: 17 500 Soldaten). Dazu zählten insbesondere die Versorgungsregimenter, das Materialamt, die Technischen Schulen und die Materialkontrollzentren. Das Luftwaffenunterstützungskommando stand gewissermaßen an der vordersten Front der Neugestaltung der technisch-organisatorischen Feinstrukturen. Die Starfighterkrise hatte nicht nur gezeigt, dass ein ▸ Waffensystem von Anfang (letztlich bereits auf dem Reißbrett) logistisch betreut werden musste, sondern auch bewiesen, dass der logistische Prozess auch nach der Einführung bei der Truppe nicht abgeschlossen ist und unter dynamischer Teamarbeit mit modernen Managementmethoden bis zur Ausmusterung beobachtet und ausgestaltet werden muss. Die größten Herausforderungen stellten dabei Führung, Verwaltung und Überwachung dar. Bereits in den sechziger Jahren war klar gewesen, dass manuelle Buchungsmethoden hierfür nicht mehr ausreichten. Daher hatte man mit der Einführung elektronischer Datenverarbeitungsanlagen (EDV) begonnen und setzte dies kontinuierlich fort. Dabei ergaben sich auf Grund der komplizierten Strukturen und der großen Anzahl unterschiedlicher DV-Systeme teils erhebliche Probleme. Bei der Umsetzung der ursprünglichen Forderungen erreichte man daher auch nur Teilerfolge, die jedoch gemessen an der Situation in den fünfziger und sechziger Jahre substanzielle Fortschritte darstellten.

Diese Grundprinzipien und Organisationsstrukturen blieben bis 1989 im Wesentlichen die Gleichen. Daran änderte auch die seit Mitte der siebziger Jahre begonnene, weitere Effizienzstei-

114 Alpha Jet in Oldenburg auf dem Rollfeld. Foto 1989.

gerung und Flexibilisierung der Kampfverbände, vor allem die zunehmende Auflösung der Trennung zwischen Luftangriff und Luftverteidigung und Einführung des Konzeptes »Tactical Fighter« (Einsatz der Jagdgeschwader auch als Jagdbomber), nichts mehr. Die Spannung zwischen Wirtschaftlichkeits- und Effizienzerwägungen einerseits und der Steigerung der Kampfkraft vor dem Hintergrund der zahlenmäßigen Überlegenheit des Warschauer Paktes andererseits bildete ein konstitutives Merkmal des ganzen Zeitraums.

Waffensysteme der Luftwaffe (Stand: 1985)

Waffensysteme	Anzahl der Verbände/Einheiten
Aufklärer RF-4 E Jagdflugzeug/Jagdbomber F-4 F	4 Staffeln 8 Staffeln
Jagdbomber F-104 G Tornado	9 Staffeln
Jagdbomber Alphajet	7 Staffeln
Boden/Boden-Flugkörper Pershing 1 A	8 Staffeln
Boden-Luft-Lenkflugkörper Nike Patriot	24 Batterien, zusätzl. Betrieb/Einsatz von 12 US-Batterien
Boden-Luft-Lenkflugkörper Hawk Roland	36 Batterien 68 Feuereinheiten, zusätzl. Betrieb/Einsatz von 27 US-Feuereinheiten
Großradarstellungen	13 Führungsgefechtsstände
Tieffliegermelde und -leitdienst	48 Radartrupps
Transportflugzeug C-160	4 Staffeln
Transporthubschrauber UH-1D	5 Staffeln
Flugbereitschaft BMVg	2 Staffeln

Quelle: Weißbuch 1985.

An größeren Veränderungen in der Gesamtstruktur erfolgte bei den Luftangriffsverbänden am 1. Juli 1983 lediglich im Zuge der Umrüstung auf das Waffensystem Tornado die Umwandlung der Waffenschule der Luftwaffe 10 in das Jagdbombergeschwader 38 »Friesland«. Bei den Luftverteidigungsverbänden ergaben sich 1987 bis 1989 im Rahmen der Ausmusterung des bereits Ende der sechziger Jahre intern in die Kritik geratenen Raketensystems Nike und der Einführung des Nachfolgemusters Patriot sowie der Beschaffung des Tieffliegerabwehrsystems Roland einige Änderungen. Anstatt die Luftverteidigung in zwei getrennten und damit insgesamt sehr verwundbaren Gürteln (Nike und Hawk) zu organisieren, begann man mit dem Aufbau von »Cluster«-Verbänden, d.h. gemischten Einheiten aus Hawk und Patriot mit einer Komponente Roland für den Objektschutz (z.B. Flieger-Einsatzbasen). Dazu begann man die Flugabwehrregimenter in Flugabwehrraketenkommandos mit je einem Flugabwehrgeschwader (früher: FlaRaK-Bataillone) Patriot, Hawk und Roland umzuwandeln. Das »Cluster«-Konzept wurde jedoch vor 1989 nicht mehr voll umgesetzt und erwies sich nach der Wende als veraltet.

Die Modernisierung und Neuaustattung der Luftwaffe erfolgte in mehr oder weniger zwei getrennten Wellen. In den siebziger Jahren erneuerte die Luftwaffe vor allem ihre Luftangriffssysteme, in den achtziger Jahren dann die Waffensysteme für die Luftverteidigung. Zunächst wurde die F-4 E/F Phantom II als Nachfolger des F-104 G Starfighter eingeführt, der sich sowohl als Aufklärer als auch als Allwetterjäger nur begrenzt eignete. Auch zwei Jagdbombergeschwader erhielten die Phantom. Für den atomaren Strike-Einsatz blieb der Starfighter noch bis in die achtziger Jahre im Dienst. Bereits Ende der sechziger Jahre, quasi als Nachfolger für die nicht erfolgreichen Senkrechtstarterentwicklungen, begann man mit der Entwicklung der Panavia 200 MRCA Tornado als deutsch-britisch-italienisches Kooperationsprojekt. Die deutschen Jagdbombergeschwader erhielten den Tornado ab 1983 als Ersatz für den Starfighter. Auch für den leichten Bomber (»Erdkämpfer«) wurde ab Anfang der siebziger Jahre ein neues Modell entwickelt. In Zusammenarbeit mit Frankreich beschaffte man 175 Alpha Jets und führte sie ab 1979 als Ersatz für die Fiat G-91 ein. Die Leichten Kampfgeschwader wurden hierzu in Jagdbombergeschwader umbenannt (41, 42, 43 und 49). Die Umrüstung war 1983 abgeschlossen. Mitte der 1980er Jahre bestanden neben den Kampfverbänden u.a. Einheiten bei NATO-Stäben und Verbänden, Ausbildungseinheiten und der Gefechtsstand für Luftunterstützung bei den Heereskorps (engl., Air Support Operation Center, ASOC). Komplettiert wurden die Komponenten noch durch die deutschen Anteile in den integrierten NATO-Stäben, die von der Luftwaffe bereits im Frieden nur truppendienstlich geführt wurden, so z.B. der Deutsche Dienstälteste Offizier–DDO- beim NATO-E-3A-Verband (engl., NATO Airborne Early Warning and Control Forces, NAEW). Der E-3A-Verband (auch AWACS) unterstand nicht der deutschen Luftwaffe, sondern dem NATO-Oberbefehlshaber in Europa (SACEUR). Die Maschinen mit den deutschen Komponenten wurden 1982 in Dienst gestellt und sind bis heute in Geilenkirchen stationiert. Das Lufttransportkommando schließlich blieb in seiner Grundstruktur im Wesentlichen im ganzen Zeitraum gleich. Ihm unterstanden drei Lufttransportgeschwader (61, 62 und 63), ausgerüstet mit dem Typ C-160 Transall, dem

115 Eine Staffel FIAT G-91 der Deutschen Luftwaffe im Formationsflug.

Hubschraubertransportkommando 64 mit dem Transporthubschrauber Bell UH-1D, sowie die Flugbereitschaft des Bundesministeriums der Verteidigung, ausgerüstet mit Transportern und Verbindungsflugzeugen der Typen Boeing B-707, Fokker VFW-614, HFB-320, Dornier DO-28 Skyservant und Bell UH-1D.

Mitte der achtziger Jahre sah die ▶ Grundgliederung der Kampfverbände der Luftwaffe folgendermaßen aus: Eine Luftverteidigungsdivision bestand aus einem Jagdgeschwader (F-4 F Phantom II), zwei FlaRak-Regimentern mit vier Raketenbataillonen Nike Hercules, zwei FlaRak-Regimentern mit sechs Raketenbataillonen Hawk sowie zwei Femmelderegimentern mit je drei Fernmeldeabteilungen für Radarstellungen. Eine Luftangriffsdivision bestand aus einem Aufklärungsgeschwader (RF-4 E Phantom II), zwei Jagdbombergeschwadern ausgerüstet mit dem Alpha-Jet, drei bzw. zwei Jagdbombergeschwadern (je nach Umrüstungsstand noch mit F-104 G Starfighter oder bereits mit dem MRCA Tornado bzw. mit Phantom) einem Flugkörpergeschwader (Pershing 1A) sowie Einheiten bei NATO-Stäben.

Division	NATO-Luftflotte	Funktion	Standort	Unterstellte Geschwader/Regimenter
1. Luftwaffendivision	4. ATAF	Luftangriff	Meßstetten	3 Jagdbombergeschwader 2 Leichte Kampfgeschwader 1 Aufklärungsgeschwader 1 Flugkörpergeschwader Waffenschule der Luftwaffe 50
2. Luftwaffendivision	4. ATAF	Luftverteidigung	Birkenfeld	1 Jagdgeschwader 3 FlugabwehrraketenRgt. 2 Fernmelderegimenter
3. Luftwaffendivision	2. ATAF	Luftangriff	Kalkar	2 Jagdbombergeschwader 2 Leichte Kampfgeschwader 1 Aufklärungsgeschwader 1 Flugkörpergeschwader Waffenschule der Luftwaffe 10
4. Luftwaffendivision	2. ATAF	Luftverteidigung	Aurich	1 Jagdgeschwader 4 FlugabwehrraketenRgt. 2 Fernmelderegimenter

116 Luftbetankung eines deutschen MCRA Tornados durch einen US-amerikanischen Großtanker KC 135.

f) Die Bundesmarine

Auf die wachsende Bedrohung durch die Warschauer-Vertragsstaaten und auf deren erkennbare Bestrebungen zur Herstellung einer in Krisenzeiten robusten Verbindung zwischen Baltischer und Nordmeer-Flotte reagierten die NATO und die Bundesrepublik Deutschland mit klaren Grundvorstellungen. In der 1975 erlassenen dritten Konzeption der Bundesmarine wurde eine hohe Seepräsenz in Nord- und Ostsee festgelegt, um bereits in Friedenszeiten gegnerische Seestreitkräfte frühzeitig aufzuklären und ihre taktischen Fähigkeiten zu analysieren. Zu diesem Zweck übten seit 1971 Großteile der deutschen Flotte im Ständigen Einsatzverband der Flotte (SEF). Die veränderte Bedrohungslage sowie technische Weiterentwicklungen bedingten Modernisierungsmaßnahmen, kooperative Neubauvorhaben und angepasste Ausbildungskonzeptionen. In den Jahren 1974 bis 1977 wurden hierzu die Zerstörer der HAMBURG-Klasse mit Flugkörpern des Typs MM 38 kampfwertgesteigert und die Zerstörer der LÜTJENS-Klasse modernisiert. Mit der Entwicklung der Unterseeboote der Klasse 206 erzielte die Bundesmarine mit insgesamt 18 Einheiten, die von 1971 bis 1975 in die Flotte kamen, eine erhebliche Fähigkeitenverbesserung unter Wasser; über Wasser waren es 20 Flugkörper-Schnellboote der Klasse 148 (ausgerüstet mit Flugkörpern des Typs MM 38), die in Frankreich gekauft worden waren und die Schnellboote der JAGUAR-Klasse ersetzten. Mit den deutschen Schnellboot-Neubauten der Klasse 143 erhielt die Marine in den Jahren 1976/77 mit einer verstärkten Rohrwaffenkomponente, Torpedobewaffnung und dem Automatisierten Gefechts- und Informationssystem für Schnellboote (AGIS) weitere zehn kampfkräftige Einheiten. Die Herstellung von Interoperabilität aller deutschen Einheiten, vor allem auch im Zusammenspiel mit den Marineeinheiten verbündeter Marinen, erwies sich als besondere Herausforderung. Kommunikation und Lagebildaustausch (▶ LINK 11) sowie Verfahren und taktische Manöver mussten abgeglichen werden und in die Ausbildungsgänge einfließen.

Wegen einer zunehmenden Bedrohung der Nordflanken des Bündnisgebietes wurden 1980 die Aufhebung der nationalen Einsatzbeschränkung, (bis dahin 60° Nord und Linie Dover–Calais), 1982 das Concept of Maritime Operations (CONMAROPS) und 1984 der Operationsplan für den Krisenfall festgelegt. Parallel dazu hatte Deutschland seit 1982 die Mehrzweckfregatten der BREMEN-Klasse mit Bordhubschraubern (Sealynx MK 88 im Marinefliegergeschwader 3 »Graf Zeppelin«) in Dienst gestellt. Durch die Aufgabenerweiterung der NATO entwickelte sich auch das Aufgabengebiet der Flotte von der ursprünglich räumlichen Begrenzung zu einem mit breitem Wirkungsspektrum. Langfristig gesehen war dies der Beginn zur Entwicklung einer ▶ Escort Navy, die fortan in der Tiefe des Seeraumes der Nordflanke operieren sollte und gemeinsam mit der dänischen Marine die Ostseezugänge zu verteidigen hatte. Letzteres sollte durch einen Wirkverbund von Schnellbooten, U-Booten und Marinejagdbombern gewährleistet werden. Minensuch- und -legeeinheiten standen im Küstenbereich ebenfalls zur Verfügung, um gegnerische Anlandungen zu vereiteln und eigene Seewege freizuhalten. Mit dem Grundsatz, dass der Weg in den Atlantik bereits in der Ostsee verteidigt werde, da ein Zusammenschluss von Baltischer und Nordmeer-Flotte verhindert werden müsse, kann ein Teil des strategischen Nordflanken-Konzepts der NATO zusammengefasst werden.

> Das System LINK 11 wurde Anfang der 1960er Jahre durch die US Navy entwickelt und dient dem automatisierten Austausch von Lagebildinformationen zwischen den Führungssystemen von Schiffen. LINK 11 bezeichnet den militärischen Datenübermittlungsstandard der NATO und ist das digitale Führungs- und Informationssystem der Bundesmarine. Dieses System nutzt UHF- und HF-Funkverbindungen zur Übertragung von Informationen.

117 Ein Marinesoldat bei der Ausbildung, den Einsatz und das Gefecht über einen Rechner auf dem so genannten Systemschiff zu führen. Foto, 1970er Jahre.

Waffensysteme der Marine (Stand: 1985)

Waffensysteme	Anzahl der Verbände/Einheiten
Zerstörer HAMBURG-Klasse LÜTJENS-Klasse	1 Geschwader 1 Geschwader
Fregatten BREMEN-Klasse KÖLN-Klasse	1 Geschwader mit Bordhubschraubern 1 Geschwader
Schnellboote Klasse 143 Klasse 143 A Klasse 148	1 Geschwader 1 Geschwader 2 Geschwader
U-Boote Klasse 205 Klasse 206	2 Geschwader
Minenabwehrfahrzeuge	6 Geschwader
Versorgungseinheiten	2 Geschwader
U-Jagdboote THETIS-Klasse	1 Geschwader
Aufklärer F-104 G	1 Staffel
Jagdbomber F-104 G Tornado	1 Staffel 2 Staffeln
Seefernaufklärer/ U-Jagdflugzeuge Breguet Atlantic	2 Staffeln
Rettungshubschrauber und Verbindungsflugzeuge	2 Staffeln

Quelle: Weißbuch 1985.

In Abstimmung mit den NATO-Partnern stellten sich der Bundesmarine in der Zeit des Kalten Krieges Aufgaben einer Escort Navy, die bis in die 1980er Jahre annähernd unverändert blieben: Sicherung der Ostseezugänge sowie der Seeverbindungen in den heimischen Gewässern in Kooperation mit verbündeten Marinen und die Bekämpfung gegnerischer Seestreitkräfte in der Ostsee sowie (bis in die 1960er Jahre) Unterstützung des Heeres durch amphibische Operationen. Seit dem Ende des Ost-West-Konflikts 1991 befindet sich die Deutsche Marine in einem Prozess der konzeptionellen Neuausrichtung von einer Escort Navy hin zu einer Expeditionary Navy, die im Rahmen multinationaler Einsätze von NATO, EU und Vereinten Nationen weltweit einsetzbar ist.

Zwischen Konfrontation und Entspannung

118 Zerstörer HAMBURG. Öl auf Leinwand von Edgar Tinnefeld, 1968.

Weitere Modernisierungsmaßnahmen und Neubeschaffungen für veraltetes Wehrmaterial markierten die achtziger Jahre. Bis 1981 wurden zwölf Küstenminensuchboote der LINDAU-Klasse zu Minenjagdbooten, anschließend sechs Boote der gleichen Klasse zu ▶ Hohlstablenkbooten des Minenräumsystems Troika umgerüstet. 1982 wurden zehn weitere, bereits kampfwertgesteigerte Schnellboote der Klasse 143A beschafft. Im Juli des gleichen Jahres erhielt das Marinefliegergeschwader 1 die ersten MRCA Tornado als Ersatz für die dritte Generation F-104 Starfighter. 1987 wurden zwölf U-Boote des Typs 206 kampfwertgesteigert.

Strukturell wurde an dem Dreisäulenmodell in der Spitzengliederung festgehalten: Dem Führungsstab der Marine wurden das Flottenkommando in Glücksburg, das Marineamt und das Marineunterstützungskommando in Wilhelmshaven nachgeordnet.

Das Flottenkommando führte alle schwimmenden und fliegenden Einheiten in ihren Typorganisationen: Zerstörerflottille, Versorgungsflottille, Schnellbootflottille, Flottille der Minenstreitkräfte, U-Boot-Flottille, Amphibische Gruppe, Marinefliegerdivision. Zugeordnet waren dem Flottenkommando auch die Seetaktische Lehrgruppe und das Marineführungsdienstkommando.

Mit der vierten Konzeption der Marine vom 1. September 1986 wurde an der strategischen Ausrichtung der Marine festgehalten und aufgrund knapper werdender Ressourcen die Modernisierung vorhandener Seekriegsmittel gegenüber Neubauten empfohlen. Mit der Verlegung erster deutscher Kriegsschiffe im Herbst 1987 in das Mittelmeer, um den NATO-Verband Naval On Call Force Mediterranean (NAVOCFORMED) zu verstärken und so am Rande des ersten Golfkrieges durch den Abzug amerikanischer Einheiten entstandene Lücken im Mittelmeer zu schließen, erfuhr der Einsatzraum der Bundesmarine eine deutliche Erweiterung. Mit der Verlegung eines deutschen Minenabwehrverbandes in das östliche Mittelmeer

119 Das Schnelle Minensuchboot NEPTUN kam in den 1970er und 1980er Jahren zum Einsatz.

Als Hohlstablenkboote dienen heute die Einheiten der ENSDORF-Klasse, die 1999 bis 2001 durch den Umbau von Booten der HAMELN-Klasse entstanden. Zur Ausrüstung der ENSDORF-Klasse gehören so genannte Hohlstäbe. Dies sind ferngelenkte kleine Boote, die das Magnetfeld sowie die Akustik eines großen Schiffes simulieren können. Sie werden als SEEHUNDE bezeichnet und können in größerer Entfernung von der Führungsplattform operieren. Die SEEHUNDE können auch nach der Aktivierung einer Mine aufgrund ihrer robusten Bauweise weiter verwendet werden.

1990 mit dem Auftrag, später im Persischen Golf Minen zu suchen und zu beseitigen, stellte die Bundesmarine erstmals ihre Fähigkeit unter Beweis, sowohl ihr technisches Know-how als auch kleinere Einheiten in entfernten Regionen wirkungsvoll einsetzen zu können.

Vor dem Hintergrund knapper werdender Ressourcen wurde unter dem Inspekteur der Marine, Vizeadmiral Hans-Joachim Mann, im Jahr 1988 die Konzeption »Marine 2005« erlassen. Innerhalb kürzester Zeit wurde der ▸ Schiffs- und Bootsbestand erheblich verringert und den absehbaren Aufgaben für das beginnende 21. Jahrhundert angepasst. Eine vollständige Umsetzung dieser Reform konnte wegen der deutschen Einheit jedoch nicht erfolgen. Mit der Wiedervereinigung veränderten sich über Nacht die außenpolitischen Rahmenbedingungen: aus Deutschland war ein vollends souveräner Staat geworden, an den neue Anforderungen und Erwartungen gestellt wurden.

120 Der Bundesminister der Verteidigung, Helmut Schmidt, besucht die Marine. Foto, Anfang der 1970er Jahre.

In der Deutschen Marine wird ein Kriegsschiff als Boot bezeichnet, wenn dessen Kommandant der nächste und gleichzeitig einzige Disziplinarvorgesetzte an Bord für alle Besatzungsmitglieder ist.

Als Schiffe werden in der Deutschen Marine Kriegsschiffe bezeichnet, bei denen zwei disziplinare Ebenen existieren: der Erste Offizier (IO) nächster Disziplinarvorgesetzter, der Kommandant nächsthöherer.

In der Deutschen Marine gelten Fregatten, Versorger oder auch das Segelschulschiff GORCH FOCK als Schiffe.

121 Der Zerstörer MÖLDERS läuft aus dem Kieler Hafen aus. Foto, 10. Mai 1977.

2. Die NVA als Teil der Vereinten Streitkräfte des Warschauer Paktes

a) Das System der »sozialistischen Landesverteidigung«

Die NVA war als bedeutendstes bewaffnetes Organ weiterhin der Kern des Systems der »sozialistischen Landesverteidigung«. Die Verbände und Truppenteile der Land-, Luft- und Seestreitkräfte, die in die Vereinten Streitkräfte eingebunden waren, bildeten als so genannter militärisch-mobiler Bereich die Hauptkräfte. Ihre Funktion war vorrangig auf die Verteidigung des Landes nach außen gerichtet. Für den inneren Gewalteinsatz war die NVA formal seit spätestens Anfang der sechziger Jahre nicht mehr vorgesehen. Es gehörte aber zum Auftrag des Verteidigungsministers, den Einsatz der anderen bewaffneten Organe bei der Vorbereitung und Durchführung militärischer Aktionen im Spannungs- und Verteidigungsfall zu koordinieren. Da die DDR-Volksarmee als fester Bestandteil der Gesellschaft galt, war sie nicht nur ein Vorzeigeobjekt bei ▶ Paraden, sondern sie hatte spezifische, vor allem gesellschaftliche Funktionen im Innern wahrzunehmen, die in westlichen Armeen eher unüblich waren. So trug sie als Integrations- und Stabilisierungselement mittels der politisch-ideologischen Erziehung und der Vernetzung mit paramilitärischen und schulischen Einrichtungen militärspezifische Denk- und Verhaltensweisen in andere Gesellschaftsbereiche hinein.

122 Propagandaplakat zum 40. Jahrestag Gründung der DDR am 7. Oktober 1989.

Der mobile militärische Bereich der Landesverteidigung fand im so genannten territorial gebundenen Bereich seine Ergänzung, wozu seit Anfang der achtziger Jahre auch die Grenztruppen der DDR hinzugezählt wurden. Als »Kampftruppen« dieses Bereiches, die feldverwendungsfähig waren oder Gefechtsaufgaben zur Sicherung rückwärtiger Einrichtungen übernehmen konnten, galten neben den Einheiten der Grenztruppen, das MfS-Wachregiment und die VP-Bereitschaften sowie die mit gut ausgebildeten Reservisten durchsetzten ▶ »Kampfgruppen der Arbeiterklasse«.

123 Mot.-Schützen im Angriff während einer Gefechtsübung. Foto, 1983.

1 »Maiparade« (1971)

Die jährlich stattfindenden Paraden zum 1. Mai (bis 1976) und zum »Republikgeburtstag« am 7. Oktober in Ost-Berlin fanden unter den Augen der Partei- und Staatsführung und Tausenden von Zuschauern statt. Die Strapazen der Exerzierübungen im Vorfeld der Parade schildert ein ehemaliger NVA-Offizier.

»Erster April. Genau auf den Tag einen Monat vor der Maiparade beginnt unsere Sonderausbildung. Einzelexerzieren auf dem Exerzierplatz. Exerzierschritt und Wendungen in der Bewegung. Das geht tagelang so. Dann steigern sich die Anforderungen. Neue Übungen: Marschieren und Schwenken in Marschgliedern. Der Zeitpunkt ist gekommen, den Exerzierplatz mit einer geeigneten Übungsfläche zu vertauschen. Wir werden ein paar Kilometer südlich Plauen gefahren.

124 Parade zum 40. Jahrestag der Gründung der DDR in Ost-Berlin. Foto, 7. Oktober 1989.

Dort, dicht an der Staatsgrenze West, setzen wir das Exerzieren fort. Auf einem stillgelegten Teil der Autobahn. Die Offiziere kontrollieren Fußhöhe und Seitenrichtung während des Marsches. Es knallt schon ganz schön. Das müßten die Leute drüben in Hof eigentlich hören. [...] Wir marschieren nun im geschlossenen Marschblock, 144 Mann. Körperhaltung, Beinbewegungen, Waffenhaltung werden korrigiert. Kinn an die Binde! Vordermann, Seitenrichtung, links, zwei, drei, vier! Immer wieder und immer wieder. Das alles ist strapaziös, aber erstaunlicherweise gewöhnt man sich auch daran. [...] Es ist ziemlich warm, und der Stahlhelm drückt. Ständig gehen einige Sanitäter um die Marschblöcke, um bei Ohnmachten sofort zur Stelle zu sein. Manchmal kippt einer um, gerade eben einer im Marschblock der Volksmarine. Glücklicherweise stand er inmitten seines Blocks und konnte nicht auf die Zementbahn knallen. Fünfzig Minuten Standprobe, Pause. [...] Acht Uhr fünfundvierzig. Der Marschblock der Offiziersschule der Grenztruppen Rosa Luxemburg rückt an und stellt sich vor der Rednertribüne auf. Wir stehen wie ein Mann. Genosse Ulbricht ergreift das Wort. Ich vernehme nicht viel, meine Gedanken kreisen nur darum, daß ich Herr meiner Sinne und meines Körpers bleibe. Hier umfallen, das fehlte mir noch! [...] Minuten später ist alles vorüber. Das war es, wofür wir geübt hatten, links, zwei, drei, vier? Das war alles? Ein Stück marschieren wir noch durch Berlin. Manchmal im Exerzierschritt. Nach jedem Einbiegen in eine neue Straße ruft der rechte Flügelmann laut über den Marschblock: ›Die Grenztruppe begrüßt die Berliner Bevölkerung mit einem dreifachen ...‹ Dann brüllen 144 Offiziersschüler im Chor: › ... Hurra! Hurra! Hurra!‹«

Zit. nach: »Zu Befehl Genosse Unterleutnant – Authentische Berichte aus dem Alltag der Nationalen Volksarmee.« Hrsg. von Jörg Lolland, Stuttgart 1971, S. 200–203

125 Kampfgruppenangehörige während einer Übung im Spätsommer 1978.

Eingelagerte Bestände an Hauptausrüstung der »Kampfgruppen der Arbeiterklasse« (Stand Ende 1976)	
MPi Kalaschnikow	152 350
lMG Kalaschnikow	12 068
Panzerbüchse RPG-7	11 955
Fla MG 12,7 mm	5 782
Flak ZSU-23 (Zwilling)	156
Pak 76 mm	117
rückstoßfreie PAK SPG-9	117
Granatwerfer 81 mm	117
Schützenpanzerwagen	390

Zwischen Konfrontation und Entspannung

Der Aufbau der Territorialverteidigung wurde im Wesentlichen bis zum Anfang der achtziger Jahre abgeschlossen. Tatsächlich konnte man auf diesem Gebiet erhebliche Fortschritte verzeichnen. Das betraf die Modernisierung und Neuausrüstung der »Kampftruppen« mit Bewaffnung und Gerät ebenso wie die Bildung von Transportkommandanturen, die Einrichtung zentraler Lager- und Instandsetzungseinheiten oder den Aufbau von speziellen »Basiseinheiten« in verschiedenen Ministerien.

Einen wichtigen Bestandteil des territorial gebundenen Bereichs bildeten die Grenztruppen der DDR. Sie wurden vom stellvertretenden Verteidigungsminister und Chef der Grenztruppen geführt, waren aber seit dem Jahreswechsel 1973/74 offiziell kein Teil der NVA mehr. Ihre Hauptaufgabe war es, »alle erforderlichen Maßnahmen zum zuverlässigen Schutz der Staatsgrenze« zu treffen, was in der Regel darauf hinauslief, so genannte ▸ Grenzdurchbrüche an der innerdeutschen Grenze von Ost nach West zu verhindern. Im Fall einer Offensive der Warschauer-Pakt-Truppen gegen die Bundesrepublik war aber auch die Einbeziehung von Grenzregimentern in die Kampfhandlungen auf westdeutschem Territorium vorgesehen.

Die Länge der Grenze zur Bundesrepublik betrug 1393 Kilometer, davon waren Mitte der siebziger Jahre bereits zwei Drittel mit Grenzzaun (3-Meter-Streckmetall) sowie hunderte Kilometer mit Minensperren (erdverlegten Minen), mit Selbstschussanlagen SM-70, Kolonnenwegen, Grenzsignalzäunen oder mit Kfz-Sperrgraben ausgerüstet. Eine 130 Kilometer lange Grenzmauer trennte Berlin in zwei Teile. Die Länge der Seegrenze betrug 378 Kilometer. Bis 1981 war geplant, den gesamten pionier-, signal- und nachrichtentechnischen Ausbau der Staatsgrenze abzuschließen. Jährlich unternahmen hunderte DDR-Bürger den Versuch, die Grenzsperren zu überwinden. Über 90 Prozent dieser Grenzdurchbrüche wurden durch die Sicherheitskräfte verhindert. Nur wenigen Personen gelang dennoch die Flucht. Bereits 1971 hatte eine Umgliederung der Grenztruppen stattgefunden, die fast zwei Jahrzehnte Bestand haben sollte: Aus den bisherigen Grenzbrigaden wurden neue Formationen geschaffen, so dass die Grenzregimenter nunmehr drei Grenzkommandos unterstanden.

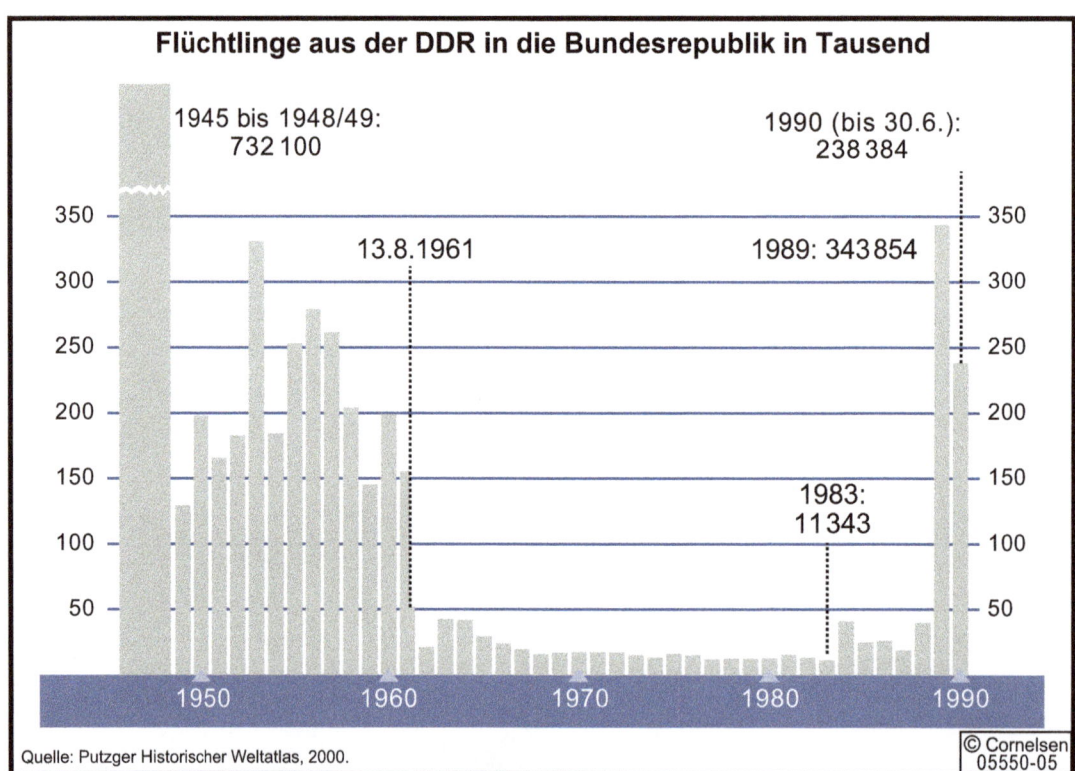

Quelle: Putzger Historischer Weltatlas, 2000.

Von der Gründung der DDR 1949 bis zur Schließung der innerdeutschen Grenze und dem Mauerbau in Berlin im Jahre 1961 verließen rund 2,6 Millionen Menschen die DDR in Richtung Bundesrepublik. Vor allem um die Abwanderung (besonders von Fachkräften, Ärzten und Spezialisten) zu unterbinden und den Aufbau der Wirtschaft zu sichern, wurde die Grenze zur Bundesrepublik abgeriegelt. Nach 1961 erforderte jeder Fluchtversuch Mut, das eigene Leben einzusetzen, zumindest aber eine hohe Haftstrafe zu riskieren. Zunächst konnten sich die Menschen wie beispielsweise in Berlin noch durch einen Sprung über einen Stacheldraht oder etwa aus einem Fenster retten, später kamen spektakulärere Methoden und Mittel zum Einsatz: eine Planierraupe, eine selbst gebaute Seilbahn, ein Fesselballon. Selbst ein Ausflugsdampfer wurde entführt und über die Spree nach West-Berlin gefahren. Mehr als 5000 DDR-Bürger wagten nach dem Mauerbau einen Fluchtversuch über die Ostsee, für 174 endete er tödlich; nur 913 Versuche verliefen erfolgreich. Auch 17 Jahre nach dem Untergang der DDR liegen noch immer keine gesicherten Angaben über die Anzahl der Fluchtversuche vor. Je nach Einteilung, Zeitraum und Definition weichen die Zahlen stark voneinander ab. Auch die Zahl der Todesopfer wird unterschiedlich angegeben. Die Zentrale Ermittlungsgruppe für Regierungs- und Vereinigungskriminalität (ZERV) ermittelte 421 Grenz- und Mauertote, die »aufgrund einer strafrechtlich verfolgbaren Handlung oder Unterlassung ums Leben gekommen sind«. Diese Angaben beziehen jedoch Menschen, die bei ihrem Fluchtversuch durch einen Unfall (Ballonabsturz, Ertrinken) starben, nicht mit ein. Viele Fluchtwillige wurden an der Grenze oder bereits bei der Planung festgenommen. Statistiken der DDR-Generalstaatsanwaltschaft weisen von 1961 bis 1988 rund 110 000 Verfahren wegen »Republikflucht« aus. Den Willen, die DDR zu verlassen, bekundeten auch DDR-Bürger, die einen Ausreiseantrag in die Bundesrepublik Deutschland stellten. Die Gruppe der Antragsteller versechsfachte sich zwischen 1980 (21 500) und 1989 (125 000) – obwohl bis 1983 jedes Übersiedlungsersuchen als rechtswidrig galt und die Antragsteller gesellschaftlich isoliert und diskriminiert wurden. Aufgrund des schnellen Ansteigens der Zahlen entschlossen sich die Behörden, im Jahre 1984 erstmals rund 30 000 Antragstellern die Übersiedelung zu gestatten, 1988 nochmals 25 300 Personen. Mit der Öffnung der österreichisch-ungarischen Grenze im Sommer 1989 gab die ungarische Regierung den Weg für ausreisewillige DDR-Bürger frei. Bis zum 1. Oktober 1989 verließen 24 500 Menschen über Ungarn die DDR. Der Damm war gebrochen. Allein im Sommer 1989 stellten 120 000 DDR-Bürger einen Antrag auf Ausreise in die Bundesrepublik. Im Juli und August versuchten darüber hinaus Hunderte, ihre Ausreise durch die Besetzung westdeutscher diplomatischer Vertretungen in Budapest, Warschau, Ost-Berlin und Prag zu erzwingen bevor der Mauerfall am 9. November die deutsch-deutsche Teilung beendete.

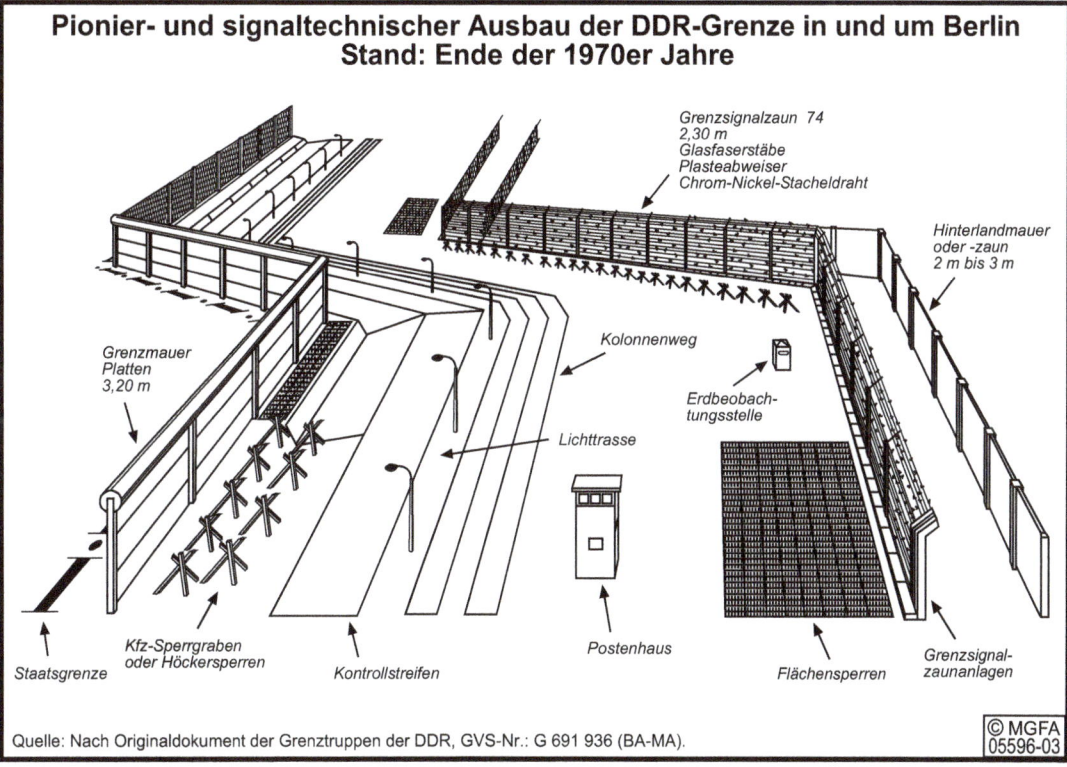

Pionier- und signaltechnischer Ausbau der DDR-Grenze in und um Berlin
Stand: Ende der 1970er Jahre

Quelle: Nach Originaldokument der Grenztruppen der DDR, GVS-Nr.: G 691 936 (BA-MA).

Eine wachsende Bedeutung im territorial gebundenen Bereich der Landesverteidigung erlangten die paramilitärischen Organisationen sowie die Schutz- und Sicherheitskräfte. Sie sollten das eigene Hinterland gegen »Agenten, Saboteure und bewaffnete Banden« von außen und innen sichern sowie den Schutz der Zivilbevölkerung und die Lebensfähigkeit des Landes gewährleisten. Unmittelbar im Dienst der SED standen dabei die »Kampfgruppen der Arbeiterklasse« als ein bewaffnetes Milizorgan. Zu den Einsatzaufgaben der Kampfgruppen zählten neben dem territorialen Schutz von Betrieben und öffentlichen Einrichtungen nunmehr stärker die operativ-taktische und logistische Unterstützung der NVA und der verbündeten Streitkräfte. Der Grundgedanke einer Zivilverteidigung bestand darin, den Schutz der Bevölkerung sowie materieller und kultureller Werte vor Gefahren zu gewährleisten sowie zur Beseitigung oder Milderung von Kriegseinwirkungen, Katastrophen usw. beizutragen. In diesem Sinne bildete auch die Zivilverteidigung der DDR eigentlich kein bewaffnetes Organ im klassischen Sinn, da eine umfassende Bewaffnung nicht vorhanden war. Dennoch spielte sie im System der Landesverteidigung eine wichtige Rolle und wurde im Warschauer Bündnis ab Mitte der siebziger Jahre sogar zu einem Faktor mit zunehmend strategischer Bedeutung hochstilisiert. Im Rahmen der »einheitlichen Planung und Führung der Landesverteidigung« bekam sie – in Koordinierung mit den bewaffneten Kräften – konkrete Aufgaben im Interesse der Handlungen der Vereinten Streitkräfte auf dem Territorium der DDR zugedacht. In Konsequenz dessen wurde die Zivilverteidigung 1976 dem Verteidigungsminister unterstellt. Im Jahr 1980 bezog man Formationen der Zivilverteidigung erstmalig in ein militärisches ▸ Großmanöver des Warschauer Paktes (»Waffenbrüderschaft 80«) ein. Die Verantwortung der Zivilverteidigung für den Katastrophenschutz trat damit zeitweise hinter den militärisch orientierten Auftrag zurück; eine vollständige Militarisierung wie sie z.B. in der UdSSR zu beobachten war, erfolgte in der DDR jedoch nicht. Erst ab Mitte der achtziger Jahre gab es Anzeichen, den Charakter der Zivilverteidigung – auch unter Einbeziehung des Deutschen Roten Kreuzes (DRK) – als Zivil- und Katastrophenschutz wieder stärker in den Mittelpunkt zu rücken.

Soweit sie Aufgaben »im Interesse der Landesverteidigung« erfüllten, wurden auch die Organe der Deutschen Volkspolizei (DVP) und der Staatssicherheit dem territorial gebundenen Bereich der DDR-Landesverteidigung zugeordnet. Die Deutsche Volkspolizei stellte das älteste Schutz- und Sicherheitsorgan der DDR dar. Sie hatte nach dem Polizeigesetz von 1968 die öffentliche Ordnung und Sicherheit jederzeit zu gewährleisten und zu erhöhen. Vor allem seit den achtziger Jahren ging es darum, in der Aus- und Weiterbildung relevante Probleme der polizeilichen Arbeit aus der Sicht der Landesverteidigung verstärkt zu behandeln. Zu den kasernierten Einheiten des Ministerium des Innern (MdI) gehörten VP-Bereitschaften und Kompanien der Transportpolizei. Sie konnten zur Absicherung bei besonderen Anlässen und von Veranstaltungen, zur Ergreifung flüchtiger Rechtsverletzter, zur Beseitigung von Katastrophenfolgen sowie zu speziellen Aufgaben der Landesverteidigung eingesetzt werden. Dazu wurden die Kampfkraft und Einsatzmöglichkeiten der 21 VP-Bereitschaften in Bataillonsstärke, denen in der Territorialverteidigung eine wichtige Rolle zukam, weiter verbessert.

Als »Schild und Schwert der Partei« blieb auch in den siebziger und achtziger Jahren das ▸Ministerium für Staatssicherheit (MfS) das vorrangige Überwachungs- und Unterdrückungsinstrument der SED im Innern, das nach dem Amtsantritt Honeckers strukturell und personell weiter ausgebaut wurde. Die Vorbereitung auf den inneren Krisen- und

126 Detailgetreue Figurine eines Mot.-Schützen der NVA mit MPi im Maßstab 1:10.

den Verteidigungsfall gehörte zu den wichtigsten Aufgaben des MfS. Das ▸Wachregiment »Feliks E. Dzierzynski« wurde von knapp 8000 Mann auf 11 000 Mann erweitert und mit Schützenpanzern und Granatwerfern ausgerüstet. Nicht zuletzt hatten die Hauptabteilungen I und VII der Staatssicherheit spezifische Aufgaben zur Absicherung und Überwachung der Angehörigen von Armee und Polizei zu erfüllen.

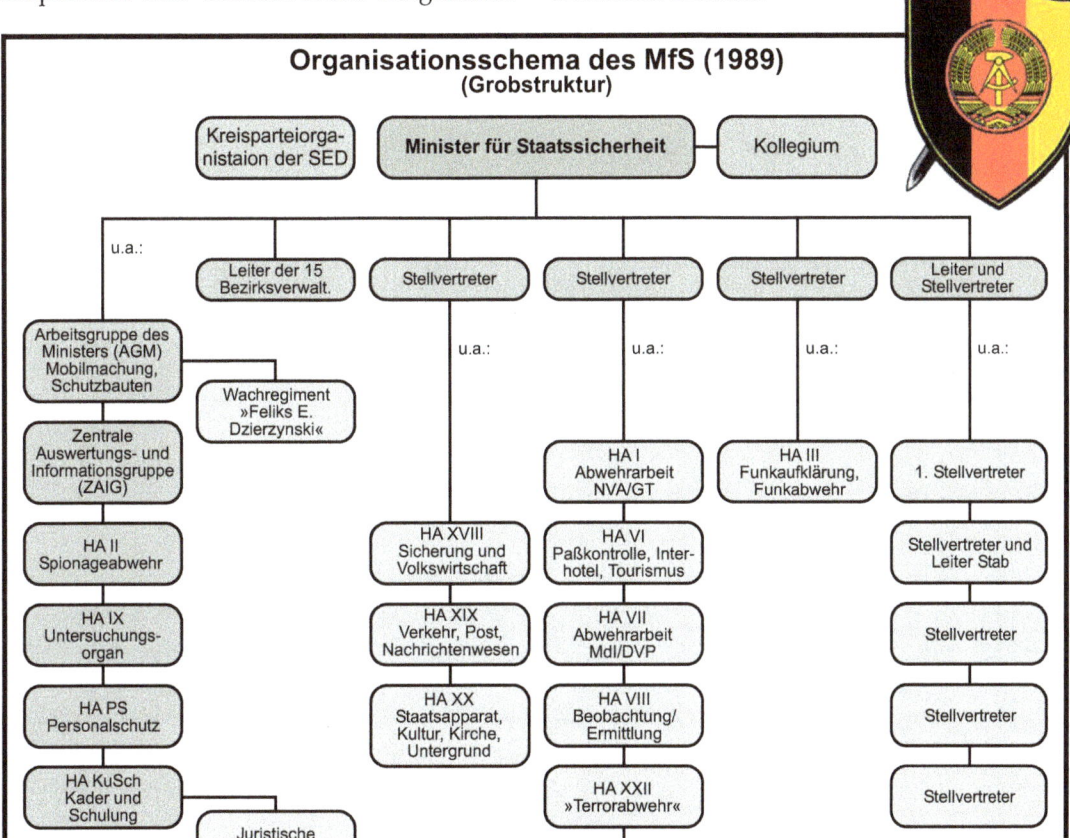

Quelle: Anatomie der Staatssicherheit - MfS-Handbuch.

Das Berliner Wachregiment wurde im Zuge der Gründung des Ministeriums für Staatssicherheit (MfS) im Jahre 1950 aufgestellt und war allein dem noch jungen Geheimdienstapparat der DDR unterstellt. Anfänglich verfügte die in Berlin-Adlershof stationierte militärische Formation des MfS über eine Gesamtstärke von etwa 1900 Mann und war für den Einsatz gegen interne und externe Bedrohungspotenziale vorgesehen. Nachdem allerdings der Volksaufstand im Juni 1953 das SED-Regime erschüttert und der Staatsführung die eigene Ohnmacht vor Augen geführt hatte, vergrößerte das MfS seinen militärischen Arm und rüstete ihn weiter auf. Mit einer Bewaffnung bis hin zu Schützenpanzern sollte das Wachregiment zukünftig bei inneren Spannungsfällen die Regierungs- und Parteigebäude schützen. 1967 wurde dem Wachregiment der Name des Begründers der bolschewistischen Geheimpolizei »Feliks E. Dzierzynski« verliehen. Seit Beginn der siebziger Jahre wurde die zu zwei Dritteln aus Wehrdienstleistenden bestehende Wacheinheit kontinuierlich ausgebaut, so dass sie im Jahre 1989 mit rund 11 000 Mann bereits Divisionsstärke erreichte. Im Herbst 1989 ging das Wachregiment »Feliks E. Dzierzynski« zusammen mit Teilen der Volkspolizei gegen demonstrierende Bürger vor.

Informationen

127 NATO-Manöver »Hold Fast« im September 1960.

Hüben ...

Im Rahmen der NATO-Manöver »Hold Fast« und »Bone Dry« trat am 20. September 1960 die deutsche 6. Panzergrenadierdivision mit britischen, kanadischen, belgischen und dänischen Verbänden in Schleswig-Holstein zu weiträumigen militärischen Übungen an.

Bereits Wochen vor dem Manöverbeginn hatten die Truppenaufmärsche die einheimische Bevölkerung in Aufregung versetzt. Das Straßenbild in jenen verregneten Herbsttagen war von militärischen Fahrzeugen und Soldaten unterschiedlichster Nationen geprägt. Über Nacht waren riesige »Zeltstädte« entstanden und die norddeutsche Presse warnte: »Deutsche, dänische und englische Divisionen rollen durchs Land«.

Ausnahmesituationen wie diese gehörten während des Kalten Krieges in der Bundesrepublik keineswegs zur Seltenheit. Kaum kündeten die Kalenderblätter den September an, wurde das friedliche Alltagsleben in den ländlichen Regionen durch die jährlich abgehaltenen NATO-Großmanöver gestört. Zu keinem anderen Zeitpunkt wurde der westdeutschen Zivilbevölkerung die Realität des Kalten Krieges stärker vor Augen geführt als in jenen Tagen der NATO-Übungen. Bis Ende der achtziger Jahre des 20. Jahrhunderts übten die westlichen Verbündeten traditionell jeden Herbst auf westdeutschem Territorium für den Ernstfall. Es war die Zeit der großen »Herbstmanöver«.

Für die westlichen Militärs waren Großmanöver außerhalb der Truppenübungsplätze unentbehrlich. Schließlich konnten nur so die für den Kriegsfall notwendigen Erkenntnisse für die Führung großräumiger Verteidigungsoperationen gewonnen und das Zusammenspiel der einzelnen Waffengattungen unter Gefechtsbedingungen geübt werden.

In klassischer Manövermanier wurden hierzu die beteiligten Truppen in einen Verteidiger »Blau« und einen

128 Der Bundesminister der Verteidigung, Franz Josef Strauß, in einem Schützenpanzer der Bundeswehr, während eines Herbstmanövers in der Lüneburger Heide.

Die großen Herbstmanöver

129 Bundeswehr-Soldaten beim Manöver »Kecker Spatz« vom 15. bis zum 25. September 1987.

Angreifer »Rot« eingeteilt, mit Aufträgen versehen und von einer Schiedsrichterorganisation während der simulierten Gefechte überwacht. Die Regionen, in denen die Großmanöver abgehalten wurden, wechselten nahezu jedes Jahr, wobei Niedersachsen stets als bevorzugter Übungsraum angesehen wurde – rechnete die NATO doch im Falle eines Krieges mit dem Warschauer Pakt mit einem Vorstoß motorisierter sowjetischer Verbände durch die norddeutsche Tiefebene.

Obwohl die großräumigen Herbstmanöver für die Zivilbevölkerung mit erheblichen Einschränkungen einhergingen, nahmen sie die Westdeutschen nach anfänglichem Widerstand mehr oder weniger hin. Angesichts der als real eingeschätzten Gefahr eines »Dritten Weltkrieges« wurden die Manöver als notwendiges Übel betrachtet.

... wie drüben

Im Gegensatz zur Bundeswehr, die erstmals 1958 in der Lüneburger Heide mit ihren NATO-Partnern für den Ernstfall übte, hatte die NVA ihrerseits bereits ein Jahr zuvor an der Seite ihres sowjetischen Verbündeten eine gemeinsame Übung durchgeführt. Im Rahmen der Forderung nach einer ständig hohen Gefechtsbereitschaft kam den Manövern eine besondere Bedeutung. Schließlich boten sie dem ostdeutschen Militär die Möglichkeit, sich gegenüber den Bruderarmeen des Warschauer Paktes zu beweisen und damit das Wohlwollen der Sowjetunion zu sichern. Ähnlich der Bundeswehr, die nach dem NATO-Herbstmanöver des Jahres 1962 aufgrund schlechter Leistungen als »zur Abwehr bedingt geeignet« befunden wurde, hatte die NVA mit anfänglichen Schwierigkeiten zu kämpfen. Doch bereits Mitte der sechziger Jahre lobten die sowjetischen Militärs ihre Manöverleistungen. 1970 und 1980 fanden in der DDR zwei der größten Manöver des Warschauerpaktes unter Beteiligung aller Bündnisarmeen statt.

Mit dem Fall der Mauer im Jahre 1989 endete schließlich die Ära der großen Herbstmanöver, bei denen sich die beiden deutschen Armeen an der Trennlinie zwischen Ost und West in ihrem jeweiligen Territorium gegenüberlagen und mit ihren Bündnispartnern auf einen Ernstfall vorbereiteten, der glücklicherweise nie eintrat.

130 Nach der Deutsch-Französischen Heeresübung »Kecker Spatz« geben der französische Staatspräsident Francois Mitterrand und Bundeskanzler Helmut Kohl auf dem Luftwaffenstützpunkt Manching eine gemeinsame Pressekonferenz.

131 DDR-Propaganda-Plakat zur Waffenbrüderschaft der sozialistischen Armeen.

132 Manöver »Waffenbrüderschaft 80«: DDR-Verteidigungsminister Armeegeneral Heinz Hoffmann (l.) und der Oberkommandierende der Truppen des Warschauer Paktes, Marschall der Sowjetunion Viktor Kulikow (Mitte), und weitere Offiziere bei einem Manöverbesuch.

b) Das operative Gesamtkonzept

Die NVA war umfassend in das operative Gesamtkonzept des westlichen Kriegsschauplatzes der Vereinten Streitkräfte des Warschauer Paktes und der Gruppe der Sowjetischen Streitkräfte in Deutschland (GSSD) – ab Frühsommer 1989 »Westgruppe der Truppen« (WGT) – eingebunden. Bis zur Mitte der achtziger Jahre wären auf dem Gebiet der DDR in einem Krieg zwei Fronten, die 1. Front und die 2. Front als Teil der 1. Strategischen Staffel gebildet worden. Die NVA wäre Teil dieser beiden Fronten geworden, ohne jedoch eine selbstständige Rolle zu übernehmen. Die Landstreitkräfte der DDR-Volksarmee und die Truppen der GSSD hätten sich zur 1. Front formiert, die mit sechs Armeen und einem Armeekorps in der ersten operativen Staffel einzusetzen waren. Die dafür ausgewählten Verbände und Einheiten befanden sich ständig auf einem sehr hohen Niveau der Gefechtsbereitschaft und waren weit gehend mobilmachungsunabhängig. Die 2. Front (Küstenfront) sollte vor allem von der Polnischen Armee unter einer nur zeitweiligen Beteiligung von Teilen der NVA gebildet werden.

Die Vereinten Streitkräfte hatten im Grunde seit den sechziger Jahren die konkrete operative Aufgabe, den politischen und militärischen Gegner im Westen – nach seinem angenommenen, tatsächlich aber nie geplanten Angriff auf den Warschauer Pakt – durch massive, tiefe Schläge gegen seine Verteidigung auf dem Boden der Bundesrepublik und in der Tiefe der Territorien Dänemarks und der Benelux-Staaten erfolgreich zu schlagen. Der Hauptteil des Kampfes war dabei zweifellos von den Truppen der GSSD/WGT mit ihren fünf Feldarmeen und der sowjetischen Luftarmee zu leisten. Die Landstreitkräfte der NVA sollten in diesem Kontext mit sechs aktiven und fünf Mob.-Divisionen in der ersten operativen Staffel der 1. Westfront und mit Teilen der Küstenfront, die Volksmarine im Rahmen der Vereinten Ostseeflotte unter Führung des Chefs der Baltischen Flotte der UdSSR und die Luftstreitkräfte im System der Luftverteidigung der Vereinten Streitkräfte und mit Kräften der 16. Luftarmee der GSSD/WGT in operativer Unterstellung des Befehlshabers der ▶ 1. Front handeln. Die Aufgabe der NVA im Kriegsfall bestand im Weiteren darin, die Handlungen der verbündeten Streitkräfte auf dem eigenen Staatsgebiet zu unterstützen und die Operationsfreiheit der Streitkräfte des Paktes sicherzustellen, also Nachschubwege sichern, Instandsetzungen durchführen und die Versorgung der Truppe gewährleisten. Daher waren unter anderem die Landstreitkräfte umfangreich mit Pionier- und Ingenieurbaueinheiten ausgerüstet. Dazu kamen territoriale Verteidigungsaufgaben.

Ab Mitte der achtziger Jahre erhielten militärische Vorstellungen von Verteidigungsoperationen zunehmend Bedeutung und es kam in der Folge auch zu Änderungen in der Einsatzplanung der NVA: so wäre auf dem Territorium der DDR zunächst nur eine Front aus der GSSD und der NVA gebildet worden. Die im Mai 1987 von der Sowjetunion unter dem Einfluss von Gorbatschow verkündete neue Militärdoktrin spiegelte zwar ein neues Denken zur Verhinderung von Kriegen wider. Das änderte aber nichts daran, dass man nach wie vor davon ausging, dem vermuteten Aggressor eine »vernichtende Abfuhr« zu erteilen.

133 Mot.-Schützen der NVA greifen während einer Gefechtsübung mit Unterstützung einer Panzerkompanie an.

Strukturen

134 Manöver »Freundschaft 87«, durchgeführt von Streitkräften der UdSSR, Polens und der DDR: Lagebesprechung im Nordwesten Polens. Foto, 1987.

135 Erinnerungsteller des Nachrichtenbataillons 4 in Erfurt.

Zusammensetzung einer Front (Anfang/Mitte der 1970er Jahre)

Kräfte und Mittel insgesamt

22–25 Divisionen, einschl. 8–10 Panzerdivisionen
160–180 operativ-taktische und taktische Boden-Boden-Raketen-Abschußrampen
4100–5700 Artilleriegeschütze und Mörser
6200–7100 Panzer
über 2000 Panzerabwehr-Kanonen und -Raketensysteme
6200–7000 Schützenpanzer und Mannschaftstransporter (BTR und BMP)
600–800 Kampfflugzeuge, einschl. 400–500 nuklearfähige

Zit. nach: Frank Umbach, Das rote Bündnis. Entwicklung und Zerfall des Warschauer Paktes 1955 bis 1991, Berlin 2005 (= Militärgeschichte der DDR, 10), S. 176

c) Für hohe Gefechtsbereitschaft: Neue Strukturen und moderne Waffensysteme

Die siebziger und achtziger Jahren waren – ungeachtet aller politischen Entwicklungen im internationalen Bereich – charakterisiert durch weitere Anstrengungen zur Modernisierung der Truppen und Flottenkräfte. Da die operativen und taktischen Verbände der NVA im Koalitionsverbund und dabei vorwiegend im engen Zusammenwirken mit der Sowjetarmee zu handeln hatten, wurde angestrebt, ihre Struktur und Ausrüstung den sowjetischen Streitkräften noch stärker anzugleichen. In erster Linie ging es dabei um eine vorwiegend qualitative Entwicklung der Kampfkraft bestimmenden Elemente wie Raketensysteme und Panzer.

Die NVA wurde fortwährend als konventionelle Armee ausgebaut und erhielt neue oder modernisierte Waffensysteme und Ausrüstungen aus den Produktionsstätten der UdSSR, der anderen Paktstaaten und des eigenen Landes. Als »neue« Modelle galten dabei auch Systeme, die in der Sowjetarmee in der Regel schon zehn Jahre zuvor eingeführt worden waren. Der technologische Stand der Waffen, welche die UdSSR an ihre Verbündeten verkaufte, befand sich somit am Ende der NVA bestenfalls auf dem der frühen achtziger Jahre.

Die Basisstruktur in den ▶ Landstreitkräften mit zwei Panzerdivisionen und fünf Mot.-Schützendivisionen blieb im Wesentlichen bestehen, wenn auch die Divisionen selbst strukturell verändert und personell reduziert wurden. Die Waffengattung ▶ Fallschirmjäger wurde Anfang der achtziger Jahre zu »Luftlandetruppen« aufgewertet. 1984 erfolgte die Unterstellung von zwei Kampfhubschraubergeschwadern unter die Kommandos der Militärbezirke, welche die neue Waffengattung Armeefliegerkräfte begründeten.

Der Verstärkung der Feuerkraft der Landstreitkräfte dienten in den siebziger und achtziger Jahren in erster Linie die Einführung weiterer Raketensysteme sowie Umgliederungen in den Verbänden. Die beiden Raketenbrigaden in den Militärbezirken waren vor allem mit den operativ-taktischen Systemen R-300 (NATO: SCUD-B) ausgerüstet. Neu hinzu kam in den achtziger Jahren das System Oka (NATO: SS-23/SPIDER), das als ein universelles Waffensystem gegenüber der SCUD einen großen technologischen Sprung bedeutete. In den taktischen Raketenabteilungen der Divisionen befanden sich Flugkörper taktischer Bestimmung verschiedener Bauart. Die Flakregimenter waren Ende der siebziger Jahre in Fla-Raketen-Regimenter umgewandelt worden. Die Anzahl der Artilleriebewaffnung hatte sich Mitte der achtziger Jahre im Vergleich zu 1971 mehr als verdoppelt. Zudem waren die Systeme überwiegend auf Selbstfahrlafetten (SFL) montiert. Mit der 152-mm-Haubitze auf SFL erhielt die Artillerie 1979 zum ersten Mal ein nuklearfähiges Geschütz. Als Hauptträger des Kampfes in den offensiven Doktrinen des Warschauer Paktes galten gepanzerte Rad- und Kettenfahrzeuge. Zum Standard-Rad-Schützenwagen avancierte der SPW/BTR-70. Auch die Einführung des Schüt-

Kampfbestand der NVA-Landstreitkräfte (Auswahl) 1987				
	Soll/Krieg	Soll/Frieden	Ist-Bestand	Mob.-Ergänzung
Personalbestand	257 960	103 996	105 983	152 024
Startrampe »Oka«	20	20	20	-
Startrampe »Luna«	40	36	40	-
Panzer T-72	635	635	385	-
Panzer T-55	2163	1084	1969	-
Panzer T-55	-	-	444	-
SPz BMP	887	880	893	-
SPW	4112	1912	3196	485
Geschütze/Geschosswerfer	1746	887	1746	-

136 NVA-Fallschirmjäger besteigen eine Antonow An-26 über die hintere Ladeluke.

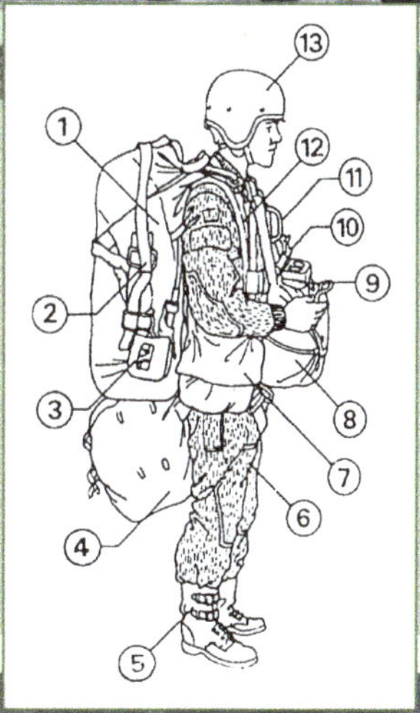

137 Die Ausrüstung der NVA-Fallschirmjäger (1972):
Hauptfallschirm (1), Aufzugleine zum Öffnen (2), Öffnungsautomat (3), Fallschirmjägertornister mit Munition, Sprengmitteln, Verpflegung und Verbandszeug (4), Sprungstiefel (5), Kampfanzug (6), Magazintasche (7), Rettungsfallschirm (8), Gerätekasten mit Stoppuhr und Höhenmesser (9), Maschinenpistole (10), Aufzugsgriff zum manuellen Öffnen (11), Gurtzeug (12) und Sprunghelm (13).

138 Ausbildung auf einem Brandmittelplatz der NVA. Foto, 1983.

zenpanzers BMP-1 (ab 1973) und BMP-2 (ab 1983) steigerte die Mobilität der Truppenteile, hier vor allem im Bestand der Mot.-Schützendivision (MSD) und erhöhte die Kampfeigenschaften der Mot.-Schützentruppen. Mit der in der zweiten Hälfte der siebziger Jahre einsetzenden Zuführung des T-72 erhielten die Landstreitkräfte neben dem bewährten T-55 einen neuen mittleren Kampfpanzer, der bis 1990 in verschiedenen Komponenten nachgerüstet wurde. Die Armeefliegerkräfte waren unter anderem mit Kampfhubschraubern der Typen Mi-8 TB (NATO: HIP E) und Mi-24D (NATO: Hind D) ausgerüstet. Nicht zuletzt erfolgten die Verbesserung der Leistungsfähigkeit moderner Nachrichtengeräte sowie eine Erweiterung der Möglichkeiten des Funkelektronischen Kampfes, der Pionier-, chemischen und rückwärtigen Sicherstellung.

In den Luftstreitkräften/Luftverteidigung (LSK/LV) bemühte man sich, eingebunden in das einheitliche System der Luftverteidigung des Warschauer Paktes, die Gefechtsmöglichkeiten der ersten Staffel des Luftverteidigungssystems im Nordbereich der DDR durch die Einführung weit reichender Fla-Raketensysteme und Umrüstungen auf die moderneren MiG-Flugzeuge (MiG-23; MiG-29) zu erhöhen.

Bereits die Auswertung des Sechs-Tage-Krieges von 1967 hatte der NVA-Führung neue Aufgabenstellungen gezeigt. Dabei ging es nicht nur um eine verstärkte Sicherung der Flugplätze, Hangars usw., sondern vor allem um ein engeres Zusammenwirken von Land- und Luftstreitkräften. Letzteres erforderte, eine spezielle Komponente der Fliegerkräfte, die Jagdbomber, aufzubauen. Im Jahre 1971 formierte sich dann das erste Jagdbombenfliegergeschwader (JBG-37) in Drewitz. 1984 kam das JBG-77 in Laage hinzu, das mit Flugzeugen Suchoj Su-22 M4 (NATO: FITTER) ausgerüstet war. Anfang der achtziger Jahre musste die militärische Führung der DDR der Forderung des Vereinten Kommandos der Paktstreitkräfte nach einer weiteren Verstärkung der Luftunterstützung der Landstreitkräfte durch Jagdbomber und Kampfhubschrauber gerecht werden. Dazu wurde in Strausberg/Eggersdorf ein Führungsorgan gebildet, das praktisch den Stab einer dritten Fliegerdivision darstellte und in der Öffentlichkeit lange Zeit geheim gehalten wurde.

Hatten bereits in der Mitte der siebziger Jahre die Funktechnischen Truppen ihre endgültige Struktur in den LSK/LV (sieben Funktechnische Bataillone) erreicht, so wurde zu diesem Zeitpunkt bei den Fla-Raketen-Truppen erst begonnen, einige Regimenter in Fla-Raketen-Brigaden umzuformieren. Die Fla-Raketen-Regimenter und -Brigaden verfügten über Raketenkomplexe der Typen »Wolchow« (NATO: SA-2), »Newa« (NATO: SA-3), »Wega« (NATO: SA-5) und »Angara« (NATO: SA-10). Letzteres war in etwa mit dem amerikanischen System »Patriot« vergleichbar.

Am Ende der achtziger Jahre bestand die Teilstreitkraft LSK/LV aus insgesamt gut ausgerüsteten und vornehmlich defensiv ausge-

139 Der schwer bewaffnete Kampfhubschrauber Mi-8TB mit sechs Behältern für je 32 ungelenkte 57-mm-Luft-Boden-Raketen.

Strukturen

140 Die MiG-29 im Kurvenflug.

Technische Daten MiG-29 A (Auswahl)

Abmessungen
Spannweite:	11,36 m
Flügelfläche:	43,50 m²

Massen
Startmasse:	14 670 kg
Waffenzuladung:	2300 kg

Flugleistungen
Höchstgeschwindigkeit:	2500 km/h
	(M 2,35 in 11 000 m)
Aktionsradius:	600–650 km
Dienstgipfelhöhe:	18 000 m
Startstrecke:	etwa 300 m

Bewaffnung
1 Kanone 30 mm mit 150 Granaten
6 Luft-Luft-Raketen

Ausrüstung
Puls-Doppel-Radar
Radarwarngerät
Infrarot-Such- und Verfolgungssystem
Laser-Entfernungsmesser für Kanone

141 Unteroffizierschüler der Fachrichtung Fliegeringenieurdienst üben das Entaktivieren einer MiG-21, 1983.

142 Erinnerungsteller zum 20-jährigen Bestehen der Sektion Truppenluftabwehr der Offiziershochschule »Ernst Thälmann«.

richteten Jagdflieger- und Fliegerabwehrraketenkräften.

Der Auftrag, eine hohe Gefechtsbereitschaft sicherzustellen, bestimmte seit den siebziger Jahren auch ein Hauptfeld der Tätigkeit der Kommandeure und Truppen in der ▸ Volksmarine. Dabei ging es um die Erhöhung der Gefechtsmöglichkeiten zur Bekämpfung der leichten und mittleren Überwasserkräfte des Gegners, insbesondere seiner Raketenzerstörer und -schnellboote sowie um die Modernisierung der U-Boot-Abwehrkräfte und der Räumkräfte.

Die Gliederung der Volksmarine mit ihren drei Flottillen als relativ unabhängige Verbände und die aufgabenorientierte Unterscheidung ihrer Einsatzmittel in Stoßkräfte, Sicherungskräfte, Landungskräfte und Sicherstellungskräfte war seit den sechziger Jahren im Wesentlichen unverändert geblieben.

Zu strukturellen Veränderungen kam es 1971/72 unter anderem durch die Umgliederung der bisher im typenreinen Verbund bestehenden RS- und TS-Brigade zu insgesamt drei Raketen-Torpedo-Schnellbootbrigaden (RTS). Damit entsprachen die Strukturen denen der sowjetischen Baltischen Rotbannerflotte und der Polnischen Seekriegsflotte.

Im August 1985 hatte man zudem in Laage mit der Aufstellung eines Marinefliegergeschwaders (MFG) begonnen.

Ende der achtziger Jahre galt die Volksmarine als modern und auftragsgerecht ausgerüstet. Sie bildete mit ihren ungefähr 15 000 Soldaten nach wie vor die kleinste Teilstreitkraft der NVA und gehörte im Frieden mit ihrem gesamten Kampfbestand zu den »Verbündeten Ostseeflotten (VOF)«, die aus den unterstellten Kontingenten der drei Flotten des Paktes gebildet worden waren und sowjetischem Oberkommando unterstanden.

Die Streitkräfteplanung in der DDR beruhte wie in den Jahren zuvor in erster Linie auf Empfehlungen des Warschauer Paktes zu Fragen der Struktur, Stärke, Ausrüstung, Mobilmachungsbereitschaft und der operativen Vorbereitung des Territoriums.

Die Beschaffung von Waffensystemen und Ausrüstung erfolgte nach den Vorgaben des Bündnisses, was nichts anderes bedeutete, als dass das Militärmaterial in der Regel aus der UdSSR oder anderen Paktstaaten importiert werden musste. Der Umfang dieser Importe einschließlich der Ersatzteile erreichte in der ersten Hälfte der achtziger Jahre mit jährlich über vier Milliarden Mark seinen Höhepunkt. Die DDR verfügte angesichts dieser Auflagen seit den fünfziger Jahren nur über eine relativ kleine Rüstungsindustrie. Aus der eigenen Produktion kamen unter anderem Kriegsschiffe, Lastwagen, Stahlhelme, Uniformen, Schutzbekleidung, Spreng-, Leucht- und Signalmittel, Pistolenschießanlagen, Feldlabore, Pioniertechnik, Minen, Funk- und Fernmeldetechnik, Tarnmittel, Sicherstellungstechnik, optische Geräte wie der Ziel-Entfernungsmesser TPD-K 1 für den Kampfpanzer T-72, aber auch die Maschinenpistole AKM und das 5,45 mm-Sturmgewehr AK 74 (plus Schützenwaffenmunition M-74), Handgranaten, reaktive Panzerbüchsen RPG-18 und Panzerabwehrlenkraketen vom Typ »Konkurs« (NATO: AT-5 SPANDREL). Die letztgenannten Waffen wurden in der DDR auf der Grundlage sowjetischer Lizenzen hergestellt. Eine große Rolle spielte die Instandsetzung von militärischem Gerät, Bewaffnung und Ausrüstung in Industriebetrieben der DDR. Nach dem Stand der Modernität ihrer Bewaffnung und Ausrüstung nahm die NVA in den achtziger Jahren im Warschauer Pakt hinter der Sowjetarmee zweifellos die zweite Stelle ein. Vor allem aufgrund der wirtschaftlichen Misere des SED-Staates kam es aber in den letzten Jahren verstärkt zu Einschränkungen bei der bis dahin vorrangigen Versorgung der Streitkräfte und zu Reduzierungen bei der Durchsetzung des notwendigen Bedarfs der NVA in der Industrie sowie zu Störungen des Imports.

Strukturen

143 Fernschreibausbildung mit Schutzmaske bei der Volksmarine. Foto, 1978.

Schiffs- und Bootsbestand der Volksmarine (1985)	
Typ	Anzahl
Raketenschiff (Tarantul I)	3
Raketenschnellboot (OSA-I)	12
Torpedoschnellboot (Shershen)	6
Kleines Torpedoschnellboot (Libelle)	15
Minensuch- und Räumschiff (Kondor II)	30
Küstenschutzschiff (Koni)	2
U-Bootsabwehr-/Küstenschutzschiff (Parchim)	16
Landungsschiff (Frosch I)	12
Schlepper	9
Tanker	10
Versorger	8
Wohnschiff/schwimmender Stützpunkt	8

Zit. nach: Friedrich Elchlepp [u.a.], Volksmarine der DDR. Deutsche Seestreitkräfte im Kalten Krieg, 2. Aufl., Hamburg, Berlin, Bonn 2000, S. 229 f.

144 Der Chef der Volksmarine, Vizeadmiral Wilhelm Ehm, übergibt die Truppenfahne an die Flottenschule »Walter Steffens«. Foto, 1. Dezember 1970.

Zwischen Konfrontation und Entspannung

145 Taktikausbildung von Fähnrichschülern an der Militärtechnischen Schule (MTS) der LSK/LV, 1983.

146 Schulungsleitfaden der Politischen Hauptverwaltung der NVA.

d) Militärische Professionalisierung

Mit Beginn der siebziger Jahre verfügte die NVA über ein zunehmend aufeinander abgestimmtes und in sich geschlossenes System der ▶ Aus- und Weiterbildung ihrer Offiziere. Der NVA-Offizier sollte militärischer Führer und politischer Erzieher seiner Untergebenen im Sinne der SED sein. Dazu hatte er sich ein grundlegendes gesellschaftswissenschaftliches, militärisches, mathematisch-naturwissenschaftliches, ingenieurtechnisches und pädagogisches Wissen und Können anzueignen.

Zur Heranbildung und Qualifizierung ihrer Führungskader schuf die NVA neben den bereits bestehenden Einrichtungen mit Hochschulstatus – der Militärakademie in Dresden als höchste militärische Bildungsstätte der DDR und der Militärmedizinischen Sektion der Ernst Moritz-Arndt-Universität Greifswald – in den siebziger Jahren neue wissenschaftliche Einrichtungen oder verlieh schon vorhandenen Bildungsstätten Hochschulcharakter. Im Jahr 1971 war allen Offizierschulen der Teilstreitkräfte ebenfalls der Hochschulstatus verliehen worden. Darüber hinaus wurden NVA-Kader an Offizierschulen der UdSSR und anderer Warschauer-Paktstaaten (z.B. in einigen technischen Studienrichtungen) sowie an zivilen Hochschulen der DDR (z.B. Militärdolmetscher, Militärbauwesen) ausgebildet. Mitte der achtziger Jahre hatten nahezu 2400 aktive Offiziere sowjetische Militärakademien absolviert. Offiziere, die für höhere Funktionen vorgesehen waren, konnten für ein zweijähriges Studium an die Akademie des Generalstabes der Streitkräfte der UdSSR »K.J. Woroschilow« nach Moskau versetzt werden. Dort wurden vor allem die Führungsebenen Armee und Front gelehrt. Von 1955 bis 1990 studierten 283 NVA-Offiziere an dieser Akademie, aus denen sich der größte Teil der Generale der DDR-Volksarmee rekrutierte.

Ein wichtiger Schritt zur weiteren Profilierung des NVA-Offizierkorps bedeutete die seit September 1983 eingeführte vierjährige Offizierausbildung mit der Ernennung zum Leutnant und dem Abschluss des ersten akademischen Grades, z.B. den eines Diplomingenieurökonomen. In 35 Ausbildungsprofilen

1 »Zu Befehl Genosse Unterleutnant« (1971)

Ein 1969 nach Westdeutschland geflüchteter Unterleutnant der NVA berichtet über das Leben und die Ausbildung an einer Offiziersschule der DDR.

»Die Dienstvorschriften werden ausgeteilt, wir unterhalten uns flüsternd, was eigentlich verboten ist, und ein paar übereifrige machen auch schon ›Psst‹. Emsig kritzeln wir unsere Unterlagen voll. Später kontrolliert der Zugführer die Notizen und Skizzen stichprobenartig und gibt Einzelheiten für den Dienst am nächsten Tag bekannt. Feierabend! Die ›Urlaubsaussprache‹ hat keine Überraschungen ergeben. Nicht ein einziger der Urlauber mußte Westkontakte angeben; keine Tante Emma war aus der Bundesrepublik zu Besuch. Ist sowieso nicht möglich. Mit enger Westverwandtschaft kann man kaum Offizier werden, bei den Grenztruppen schon gar nicht. Westfernsehen? Keiner hat im Urlaub den schwarzen Kanal eingestellt. [...]
Ausgang gibt es für unsere Kompanie heute nicht, wir gewährleisten die Gefechtsbereitschaft. Mit einem Stubenkameraden spiele ich eine Partie Billard. Zapfenstreich 22 Uhr. UvD und Diensthabender Offizier kontrollieren die Stuben. Ich muß noch einmal aus dem Bett, mein Feldspaten ist nicht auf das Koppel gezogen. Offiziersschüler Zahn muß die Kragenbinde wechseln und eine saubere einknöpfen. Ehe wir endlich einschlafen können, kommt der UvD noch einmal in unsere Stube, kontrolliert, ob mein Feldspaten nunmehr ordnungsgemäß aufgeschnallt ist und ob Zahn die Kragenbinde ausgetauscht hat. Gute Nacht, Genossen! Ein paar schlafen schon. [...]«

Zit. nach: »Zu Befehl Genosse Unterleutnant – Authentische Berichte aus dem Alltag der Nationalen Volksarmee.« Hrsg. von Jörg Lolland, Stuttgart 1971, S. 195 f.

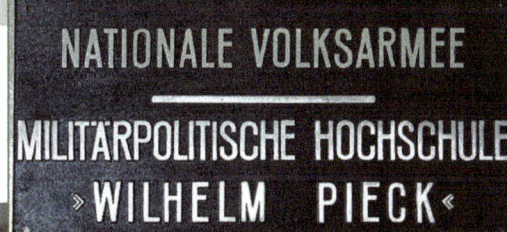

147 NVA-Kasernenschild.

148 Polituntericht an einer Unteroffizierschule, 1977.

erhielten die Offizierschüler eine ▸ Ausbildung, die sie zum Einsatz für die ersten beiden Offizierdienststellungen – Zugführer und Kompaniechef – befähigen und für die Bataillonsebene vorbereiten sollte. War vor 1983 die Ausbildung von Politoffizieren in Lehrgängen an der Militärpolitischen Hochschule in Berlin-Grünau erfolgt, so führte man nunmehr das eigenständige Ausbildungsprofil »Politoffizier« ebenfalls an den Offizierhochschulen ein. Erstmalig nahmen 1984 weibliche Offizierschüler das Studium in einigen Studiengängen an NVA-Offizierhochschulen auf.

Bereits im Mai 1973 war die Dienstlaufbahn des Fähnrichs neu in die NVA eingeführt worden. Fähnriche waren zumeist als technische Spezialisten oder in administrativen Dienststellungen tätig. Sie bildeten eine eigene Dienstgradgruppe und nahmen eine Zwischenstellung zwischen Berufsunteroffizieren und Offizieren ein. Unteroffiziere auf Zeit und Berufsunteroffiziere übten in vielen Fällen Funktionen aus, die in westlichen Armeen von Mannschaften wahrgenommen wurden. Sie erhielten ihre Ausbildung in der Regel an Ausbildungszentren und Militärtechnischen Schulen. In der NVA (ohne Grenztruppen) dienten Ende 1989 insgesamt 3861 Fähnriche und 6697 Berufsunteroffiziere.

Die militärische Ausbildung und die politisch-ideologische Erziehung wurden in der NVA und den Grenztruppen der DDR stets als ein einheitlicher Prozess verstanden. Insofern trugen die Kommandeure als so genannte Einzelleiter auch die volle Verantwortung für die politische Erziehung und Bildung ihrer Untergebenen, wenngleich die praktische Umsetzung der politischen Arbeit durch die Politorgane, Politoffiziere und SED-Parteiorganisationen erfolgte. Zu den Grundannahmen der von der Partei gesteuerten nahezu permanenten politischen ▸ Indoktrination in der Armee gehörten unter anderen die These von der Überlegenheit des Sozialismus im Weltmaßstab, von der Verteidigungswürdigkeit des Sozialismus, der »führenden Rolle« der Partei und der Freundschaft mit der Sowjetunion. Daneben nahm das Feindbild einen zentralen Platz ein. Es sprach dem Westen jegliche Friedensfähigkeit ab, beschwor die Aggressivität des »Imperialismus« vor allem in Gestalt der NATO und war eng mit der Erziehung zum Hass verbunden. Erst im Laufe der achtziger Jahre verlor diese Feindbildprägung zunehmend an Wirkung.

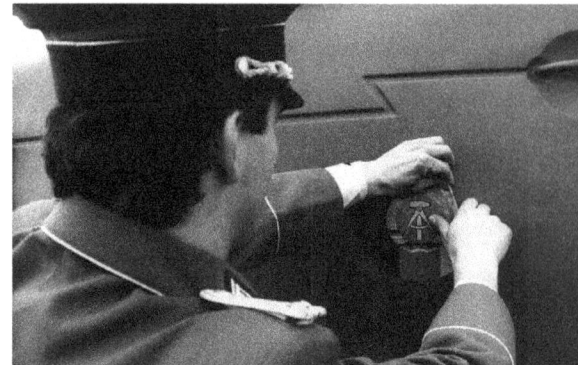

149 Die alten Symbole haben ausgedient: ein Angehöriger des Mot.-Schützenregiments 3 in Brandenburg entfernt das DDR-Emblem von einem Fahrzeug. Foto, 21. September 1990.

---

 1 »Über den Sinn des Soldatseins im Sozialismus« (1988)

Die Partei- und Armeeführung der DDR versuchte angesichts des fortschreitenden Motivationsverlustes unter den Soldaten und der sinkenden Wehrbereitschaft in der Bevölkerung die Notwendigkeit des Soldatseins zu begründen.

»Sinn des Soldatseins im Sozialismus ist es, den Frieden zu erhalten, zu verhindern, daß die Waffen sprechen. Kampfkraft und Gefechtsbereitschaft der Armeen der Mitgliedsstaaten des Warschauer Vertrages sind eine entscheidende Garantie, daß militärisches Übergewicht des Imperialismus nicht zu gelassen wird und eine Aggression zum tödlichen Risiko für ihre Urheber würde. Die verbündeten sozialistischen Staaten müssen ihre konstruktive, auf den Frieden gerichtete Außenpolitik mit der erforderlichen Stärkung ihres Verteidigungspotentials paaren, um einen Aggressor auch nicht die geringste Chance eines Erfolges zu geben.«

Zit. nach: Handbuch militärisches Grundwissen. NVA-Ausgabe. Hrsg. vom Auftrag des Ministeriums für Nationale Verteidigung der Deutschen Demokratischen Republik, Berlin (Ost) 1988, S. 29

Entwicklung zum Berufsoffizier der NVA (Prinzipschema, 1980er Jahre)

Gewinnung

Klasse 7	**Vorauswahl**	der mit großer Wahrscheinlichkeit geeigneten männlichen Schüler
Klassen 8 und 9	– Gewinnung	in den 8. und 9. Klassen
	– Bewerbung	bis zum 31. März in der 9. Klasse
	– Bestätigung	bis zum 31. Mai in der 9. Klasse

Berufsvorbereitung

Klasse 10	– **Entscheidung** über Aufnahme in die Abiturausbildung bzw. Abschluß des Lehrvertrages für die Facharbeiterausbildung
Abitur- bzw. Facharbeiterausbildung	Zielgerichtete schulische, zivilberufliche, vormilitärische, physische und charakterliche **Entwicklung der Bewerber**, ihre Forderung und Förderung durch alle Bereiche der Gesellschaft
	Zulassung zum Studium im Zeitraum Mai bis Juni des Jahres vor der Einberufung

Ausbildung zum Berufsoffizier

Militärische Hochschulen	Zivile Hochschulen der DDR
– **Studium** als Offiziersschüler an Offiziershochschulen der NVA, der Grenztruppen der DDR, des MdI bzw. am Institut für Zivilverteidigung (4 Jahre für Bewerber ohne Abitur nach einjähriger Hochschulreifeausbildung als Offiziersschüler); Offiziershochschulen sozialistischer Bruderarmeen (5 Jahre mit Sprachvorbereitung) – **Hauptprüfung** – **Diplomverfahren**	– Vorpraktikum für Absolventen der EOS mit Erwerb des Facharbeiterabschlusses – **Studium** als verpflichteter Berufsoffiziersbewerber an Universitäten bzw. Hochschulen (4 bis 5 Jahre) – **etappenweise militärische Ausbildung** vor Beginn und im Verlaufe des Studiums; – **Hauptprüfung** – **Diplomverfahren**

– **Ernennung** zum Leutnant
– Erwerb des ersten akademischen Grades u.a. als Diplomgesellschaftswissenschaftler, Diplomingenieurpädagoge, Diplomingenieur, Diplomingenieurökonom, Diplomökonom, Diplomstaatswissenschaftler

Dienst in der Truppe bzw. Flotte

– Tätigkeit in der ersten Offiziersdienststellung als Zugführer bzw. in gleichgestellten Dienststellungen,
– Beförderung zu höheren Dienstgraden,
– Kontinuierliche Entwicklung in höhere Dienststellungen,
– Absolvierung einer Militärakademie bzw. akademischer und anderer Lehrgänge

Zit. nach: Berufsbilderkatalog. Nationale Volksarmee, Grenztruppen der DDR, Zivilverteidigung, kasernierte Einheiten des MdI. Hrsg. vom Ministerium für Nationale Verteidigung, Berlin (Ost) 1986

Ein deutscher Soldat der International Security Assistance Force (ISAF) bei seinem Patrouillengang zu Fuß durch Kabul.

Vom »Kalten Krieg« zu globaler Konfliktverhütung und Krisenbewältigung – Militärgeschichte zwischen 1990 und 2006

von Reiner Pommerin

Überblick:

    Zeittafel 274
    Tipps 276
    Epochenquerschnitt 277

Kapitel I – Umfeld:
Militär, Politik und Gesellschaft im Umbruch zum 21. Jahrhundert

1. Auflösung der NVA 300
2. Aufbau der Bundeswehr in den neuen Ländern 304
3. Abzug der sowjetischen/russischen Truppen 308
4. Bundeswehr und Multinationalität 312
5. Frauen in der Bundeswehr 322

Kapitel II – Strukturen:
Von der Verteidigungs- zur Einsatzarmee

1. Reformansätze der 1990er Jahre 326
2. »Erneuerung von Grund auf« 334
3. Bundeswehr in der Transformation 338

Kapitel III – Einsätze:
»Deutschland wird auch am Hindukusch verteidigt«

1. Hilfseinsätze
   a) Humanitäre Hilfsleistungen im Ausland 348
   b) Katastrophenhilfe im Inland 352
2. Auslandseinsätze bis zum Urteil des Bundesverfassungsgerichts 1994
   a) Golfkrieg 356
   b) Südosteuropa 358
   c) Somalia 362
3. Urteil des Bundesverfassungsgerichts und Fürsorgemaßnahmen 366
4. Auslandseinsätze nach dem Urteil des Bundesverfassungsgerichts
   a) Bosnien-Herzegowina 368
   b) Kosovo 372
   c) Albanien, Mazedonien, Ost-Timor 378
   d) Libanon 380
5. Kampf gegen den Internationalen Terrorismus
   a) Afghanistan 382
   b) Sicherung der Seewege 388
6. Sonstige Einsätze 390

Neuorientierung

1990	3. Oktober	Tag der Deutschen Einheit
1991	1. Juli	Auflösung des Warschauer Paktes
	6. November	Bw-Beteiligung an UNTAC in Kambodscha
	25. Dezember	Ende der UdSSR – Gründung der GUS
1992	18. Juli	Bw-Beteiligung an Sharp Guard in der Adria
1993	12. Mai	Bw-Beteiligung an UNOSOM II in Somalia
1994	12. Juli	Urteil Bundesverfassungsgericht zu Out-of-Area-Einsätzen
1995	1. Januar	OSZE wird KSZE-Nachfolgeorganisation
	8. August	Bw-Feldlazarett für UNPROFOR Bosnien-Herzegowina
	20. Dezember	Bw-Beteiligung an IFOR (ab 1996 SFOR) in Bosnien-Herzegowina
1997	14. März	Bw-Operation Libelle in Albanien
1999	24. März	Luftangriffe der NATO gegen Jugoslawien
	1. April	Polen, Tschechien, Ungarn werden NATO-Mitglieder
	12. Juni	Bw-Beteiligung an KFOR im Kosovo

002 Der Tag der Deutschen Einheit am 3. Oktober 1990 vor dem Brandenburger Tor in Berlin.

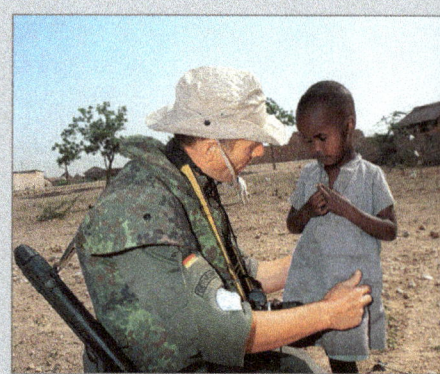

003 Ein deutscher Soldat der UNOSOM II spricht mit einem somalischen Kind. Foto, 1993.

004 Feierliche Verabschiedung der russischen Truppen aus Deutschland. Foto, 1994.

Überblick

005 Sanitätssoldaten der Bundeswehr auf dem Weg nach Split.
Foto, 2. August 1995.

006 Gerippe des World Trade Center nach dem Anschlag.
Foto, 11. September 2001.

007 Terroranschlag auf einen Bundeswehr-Bus am 7. Juni 2003 in Afghanistan.

2001	2. Januar	Eintritt von Frauen in den Truppendienst
	27. August	Beginn der Operation Essential Harvest
	11. September	Terroranschläge auf World Trade Center und Pentagon
	12. September	Beginn der Operation Enduring Freedom
	27. September	Beginn der NATO-Operation »Task Force Fox«
	4. Oktober	Bw-Beteiligung an Operation Active Endeavour
2002	2. Januar	Bw-Beteiligung an ISAF in Afghanistan
	2. Februar	Bw-Beteiligung an Task Force 150 am Horn von Afrika
	16. Dezember	Beginn der Operation Allied Harmony
2003	1. Januar	Bundesrepublik für zwei Jahre UN-Sicherheitsratsmitglied
	31. März	Beginn der EU-Operation Concordia
2004	11. März	Terroranschlag in Madrid
	2. April	Bulgarien, Estland, Lettland, Litauen, Rumänien, Slowakei, Slowenien werden NATO-Mitglieder
	2. Dezember	SFOR wird durch EUFOR abgelöst
2005	7. Juli	Terroranschlag in London
2006	12. Juli	Bw-Beteiligung an EUFOR RD Congo in Kinshasa
	19. September	Bw-Beteiligung an maritimem Einsatzverband UNIFIL

Neuorientierung

1. Literaturauswahl

Überblick

Clement, Rolf und Paul Elmar Jöris, 50 Jahre Bundeswehr 1955–2005, Hamburg, Berlin, Bonn 2005

Entschieden für Frieden. 50 Jahre Bundeswehr 1955 bis 2005. Im Auftrag des Militärgeschichtlichen Forschungsamtes hrsg. von Klaus-Jürgen Bremm, Hans-Hubertus Mack und Martin Rink, Freiburg i.Br. 2005

Meiers, Franz-Josef, Die deutsche Sicherheits- und Verteidigungspolitik in einer Welt des Wandels 1990–2000, Paderborn 2006

Uzulis, André, Die Bundeswehr. Eine politische Geschichte von 1955 bis heute, Hamburg, Berlin, Bonn 2005

Vom Kalten Krieg zur deutschen Einheit. Analysen und Zeitzeugenberichte zur deutschen Militärgeschichte 1945 bis 1995. Im Auftrag des Militärgeschichtlichen Forschungsamtes hrsg. von Bruno Thoß unter Mitarbeit von Wolfgang Schmidt, München 1995

Umfeld

Der Auslandseinsatz deutscher Streitkräfte. Eine Dokumentation des AWACS-, des Somalia- und des Adria-Verfahrens vor dem Bundesverfassungsgericht. Hrsg. von Klaus Dau und Gotthard Wöhrmann, Heidelberg 1996

Haftendorn, Helga, Deutsche Außenpolitik zwischen Selbstbeschränkung und Selbstbehauptung 1945–2000, Stuttgart, München 2001

Münkler, Herfried, Die neuen Kriege, Reinbek bei Hamburg 2002

Sicherheitspolitik in neuen Dimensionen. Kompendium zum erweiterten Sicherheitsbegriff. Hrsg. von der Bundesakademie für Sicherheitspolitik, Hamburg, Berlin, Bonn 2001

Sicherheitspolitik in neuen Dimensionen, Ergänzungsbd 1. Hrsg. von der Bundesakademie für Sicherheitspolitik, Hamburg, Berlin, Bonn 2004

Die weltweite Gefahr. Terrorismus als internationale Herausforderung. Hrsg. von Hans Frank und Kai Hirschmann, Berlin 2002

Strukturen

Fröhling, Hans-Günther, Innere Führung und Multinationalität. Eine Herausforderung für die Bundeswehr, Berlin 2006

Armee ohne Zukunft. Das Ende der NVA und die deutsche Einheit. Zeitzeugenberichte und Dokumente. Im Auftrag des Militärgeschichtlichen Forschungsamtes hrsg. von Hans Ehlert unter Mitarbeit von Hans-Joachim Beth, Berlin 2002 (= Militärgeschichte der DDR, 3)

Meyer, Georg Maria, und Sabine Collmer, Kolonisierung oder Integration? Bundeswehr und deutsche Einheit, eine Bestandsaufnahme, Opladen 1993

Pommerin, Reiner, Budget cuts and military alliances: The modernization of the armed forces of the Federal Republic of Germany. In: Acta 30th International Congress of Military History, Rabat 2005, S. 533–540

Konflikte

Biermann, Ralf, Deutsche Konfliktbewältigung auf dem Balkan: Erfahrungen und Lehren aus dem Einsatz, Baden-Baden 2002

Der ISAF-Einsatz: Die Bundeswehr in Afghanistan. Hrsg. von Rüdiger Hulin, Bonn 2004

Reinhardt, Klaus, KFOR. Streitkräfte für den Frieden, Frankfurt a.M. 2002

Von Kambodscha bis Kosovo. Auslandseinsätze der Bundeswehr. Hrsg. von Peter Goebel, Frankfurt a.M., Bonn 2000

Wegweiser zur Geschichte. Afghanistan. Im Auftrag des Militärgeschichtlichen Forschungsamtes hrsg. von Bernhard Chiari, 2., durchges. und erw. Aufl., Paderborn 2007

Wegweiser zur Geschichte. Bosnien-Herzegowina. Im Auftrag des Militärgeschichtlichen Forschungsamtes hrsg. von Agilolf Kesselring, 2., durchges. und erw. Aufl., Paderborn 2007

Wegweiser zur Geschichte. Kosovo. Im Auftrag des Militärgeschichtlichen Forschungsamtes hrsg. von Bernhard Chiari und Agilolf Kesselring, Paderborn 2006

Wölfle, Markus, Die Auslandseinsätze und die Rolle der Bundesrepublik Deutschland im internationalen System, Bonn 2005

2. Themenschwerpunkt DVD

Frauen in den Streitkräften (Gerhard Kümmel)

Epochenquerschnitt

Vorbemerkung

Die Zeit zwischen 1990 und 2006 ist ein Stück unmittelbarer Vergangenheit und gehört somit zur »neuesten Zeitgeschichte«. Eine Darstellung deutscher Militärgeschichte für diesen Zeitraum bedeutet deshalb »Geschichte zu schreiben, während sie noch qualmt« (Barbara Tuchman).

Die Aufarbeitung der neuesten Zeitgeschichte bringt einige Schwierigkeiten mit sich. Zum einen ist die für historische Darstellungen wichtige Quellenbasis eingeschränkt. Aufgrund der gesetzlich festgelegten Sperrfristen sind vor allem die offiziellen Akten kaum zugänglich. Dies führt wiederum dazu, dass die einschlägige Forschungsliteratur noch sehr schmal ist. Daher muss großenteils auf die öffentliche Berichterstattung, also auf journalistische Darstellungen, zurückgegriffen werden.

Die Zeitgeschichte ist aber auch als Geschichte der »Mitlebenden« (Hans Rothfels) bezeichnet worden. Daher können auch die persönlichen Erinnerungen der Beteiligten einbezogen werden. Mit der dabei in Kauf zu nehmenden subjektiven »Befangenheit« der Zeitzeugen stellt sich allerdings ein weiteres Problem. Der Historiker muss bei der Auswertung von Erzählungen und teilweise gedruckt vorliegenden Erinnerungen politischer und militärischer Entscheidungsträger die subjektiven Wahrnehmungen von den für die Geschichtsschreibung wichtigen Erkenntnissen trennen. Dadurch entsteht ein Konflikt, der sich zugespitzt in dem Ausspruch widerspiegelt, der Zeitzeuge sei »der natürliche Feind des Historikers«.

008 Beobachtung im Schatten eines Wiesel. Foto, 2002.

Für einen Historiker, der gleichzeitig ebenfalls Zeitzeuge ist und während des hier zu beschreibenden Zeitraums sowohl Sprecher des Beirats für Fragen der Inneren Führung als auch regelmäßig wehrübender Stabsoffizier der Reserve war, besteht daher die Gefahr, nicht immer die erforderliche Distanz zum Gegenstand einzuhalten. Es besteht aber auch die Chance, dass gerade durch das Wissen um diese Gefahr die Distanz verstärkt eingehalten wurde. Falls allerdings der Eindruck entstehen sollte, dass den Verfasser mit der Bundeswehr und den in ihr dienenden Soldaten sowie den Angehörigen der Wehrverwaltung ein besonderes Band verbindet, so ist dieser Eindruck berechtigt.

Herausforderung und Schwierigkeit für eine Darstellung der deutschen Militärgeschichte zwischen 1990 und 2006 ergeben sich zudem aus der Fülle der zeitlich schnell aufeinander folgenden einschneidenden Ereignisse in der Welt allgemein und in Europa im Besonderen. Diese ▶ Entwicklung wirkte sich wiederum im

Neuorientierung

besonderen Maße auf die Bundesrepublik und ihre Streitkräfte aus. Zu solchen Ereignissen zählen unter anderem das überraschende Ende des Kalten Krieges und somit die völlige Veränderung der bisherigen weltweiten bipolaren Bedrohungsperspektive. Damit verbunden war die Auflösung des östlichen Staatenbündnisses und die Erweiterung der Europäischen Union. Für Deutschland ging diese Entwicklung einher mit der Wiedervereinigung im Oktober 1990, die neue Aufgaben sowohl in der Innen- als auch in der Außenpolitik mit sich brachte, denen das Land sich nach wie vor stellen muss.

Das Ende des Ost-West-Konflikts führte aber nicht nur zur Vereinigung Deutschlands und zur Integration der Staaten Europas, sondern auch zu neuen kriegerischen Auseinandersetzungen.

Mit den gewalttätigen Konflikten in Jugoslawien kehrte der Krieg unerwartet nach Europa zurück. Der Anschlag auf das World Trade Center in New York und das Pentagon in Washington am 11. September 2001 verdeutlichte die Vernetzung und die Größenordnungen des weltweit operierenden Terrorismus, der mit den ▶ Anschlägen vom 11. März 2004 in Madrid und vom 7. Juli 2005 in London auch europäische Städte zu Tatorten machte.

Auf diese Entwicklungen musste auch die Bundeswehr reagieren. Sie erlebte seit 1990 die wohl am tiefsten gehenden Veränderungen in ihrer bisherigen, inzwischen gut fünfzigjährigen Geschichte. Von auf die Landes- und Bündnisverteidigung ausgerichteten Streitkräften wandelt sich die Bundeswehr zu einem Instrument globaler Konfliktverhütung und Krisenbewältigung. Diese Entwicklung ist die Reaktion auf den Wegfall der früheren relativen Berechenbarkeit von Bedrohung und der klaren Feindbilder. Der unberechenbaren Konfrontation mit dem weltweit agierenden Terrorismus und mit ▶ »ethnischen Säuberungen« sowie der möglichen Ausbreitung von Massenvernichtungswaffen musste ein neues Sicherheitskonzept entgegengestellt werden. Geografisch scheinbar weit entfernte Entwicklungen wurden zu Vorgängen mit hohen Sicherheitsrisiken – auch für das eigene Land.

Die Welt hat sich nach dem Ende des Kalten Kriegs unwiederbringlich verändert. Dies führte auch zu einem Wandel der politischen Konstellation in Europa und in der Bundesrepublik. Das wiedervereinigte Deutschland reagierte auf diese Veränderungen, indem es neue Aufgaben innerhalb der NATO und der Europäischen Union übernahm.

Internationale Entwicklung

Selbst aus der Rückschau weniger Jahre scheint es, als ob mit dem Jahr 1990 tatsächlich eine Epoche endete und eine neue ihren Anfang nahm. Das offizielle Ende des Ost-West-Konfliktes wurde mit dem Abschluss des Vertrages über Konventionelle Streitkräfte in Europa (KSE) im November 1990 in Paris besiegelt. 22 Vertreter der Mitgliedsstaaten des Warschauer Paktes und der NATO beschlossen die Angleichung des Potenzials der konventionellen Streitkräfte in den einzelnen europäischen Staaten und damit das erste umfassende Abrüstungsabkommen seit 1945. Mit der Charta von Paris erklärten die Staats- und Regierungschefs das »Zeitalter der Konfrontation und Teilung Europas« für beendet und kündigten ein »neues Zeitalter der Demokratie, des Friedens und der Einheit« an. Diese Hoffnung wurde durch die zahlreichen nationalistischen und ethnischen Konflikte der 1990er Jahre allerdings enttäuscht.

In den letzten Jahrzehnten des ausgehenden 20. Jahrhunderts veränderte sich die Erscheinungsform des Krieges schrittweise vom symmetrischen, klassischen Staatenkrieg zwischen gleichartigen miteinander ringenden Gegnern hin zum asymmetrischen Krieg.
Bei diesem neuen Kriegstypus, der durch ein Ungleichgewicht zwischen den kämpfenden Akteuren gekennzeichnet ist, wird prinzipiell zwischen Asymmetrie der Stärke und Asymmetrie aus Schwäche unterschieden.
Um potenzielle Waffengänge schnell und unter möglichst geringen Verlusten zu führen, bauen westliche Demokratien ihre militärtechnologische und militärorganisatorische Überlegenheit stets weiter aus und verhindern so, dass wirtschaftlich schwächere Gegner ihnen in einem symmetrischen Krieg Paroli bieten können. Das herausragende Beispiel für eine derartige Asymmetrie der Stärke ist die militärische, wirtschaftliche und technische Überlegenheit der USA. Mit ihrem überlegenen Militärpotenzial erschließen und sichern sich die amerikanischen Streitkräfte Sphären

Am 11. März 2004 kam es in Madrid zu einem der schwersten Terroranschläge Europas. In mehreren Zügen explodierten während des Berufsverkehrs Bomben, 191 Menschen starben, über 2000 wurden verletzt. Nachdem die spanische Regierung anfangs die baskische Untergrundorganisation ETA für die verheerenden Anschläge verantwortlich gemacht hatte, stellte sich schnell heraus, dass eine Al-Qaida Gruppe den Anschlag ausgeführt hatte. In einem Bekennerschreiben wurde Spaniens Beteiligung am Irak-Krieg als Grund für den Terror genannt.

Ein Jahr später kam es am 7. Juli 2005 in London ebenfalls zu Anschlägen, insgesamt vier Bomben wurden in U-Bahnen und in einem Bus durch so genannte Rucksackbomber gezündet. Dabei verloren 52 Menschen ihr Leben, über 700 wurden verletzt. Die Attentäter wurden bei den Anschlägen getötet, auch sie gehörten einer Al-Qaida-Gruppe an.

009
Rettungskräfte vor einem zerstörten Waggon im Bahnhof Atocha.

010 Am 7. Juli 2005 kam es in London zu einer Reihe von Bombenanschlägen im öffentlichen Nahverkehr.

Der Begriff ethnische Säuberung tauchte erstmals im Zusammenhang mit der Berichterstattung über die Jugoslawienkriege Anfang der 1990er Jahre auf. Er bezeichnet die Vertreibung von Ethnien, also Menschen die durch sprachliche und kulturelle Gemeinsamkeiten miteinander verbunden sind, aus ihren angestammten Siedlungsräumen. Hinter der Vertreibung der unerwünschten Ethnien stehen häufig weltanschauliche oder strategische Gründe. Der zynische und menschenverachtende Begriff wurde in die Liste der »Unwörter« aufgenommen, suggeriert das Wort Säuberung in diesem Zusammenhang doch, dass die Vertriebenen schmutzig, also minderwertig sind.

für ihre Kriegführung, in die rückständige Gegner ihnen nicht folgen können, wie beispielsweise den Luftraum. Ihre Gegner bedienen sich daher asymmetrischer Gegenstrategien.

Indem sie im Untergrund operieren und überfallartig zuschlagen, verwandeln sie ihre Schwäche in Stärke. Während der Partisanenkrieg – das bekannteste Beispiel für eine Asymmetrie aus Schwäche – eher als defensive Form jener asymmetrischen Kriegführung anzusehen ist, trägt der Terrorismus offensive Züge, denn mit ihm wird der Krieg ins Land des überlegenen Gegners getragen.

Bei der Asymmetrie aus Schwäche kommt den Medien eine Schlüsselfunktion zu. Die Bilder toter Zivilisten, inszenierter Flugzeugentführungen, Geiselnahmen oder geschändeter gefallener Soldaten – wie 1993 in Mogadischu – zielen direkt auf den politischen Willen des technisch überlegenen Gegners und treffen ihn an seiner empfindlichsten Stelle. Letztendlich entscheidet der »Krieg der Bilder« über den Erfolg eines aus Schwäche geführten asymmetrischen Kampfes.

Neuorientierung

Besonders deutlich zeigte sich das Ende des Kalten Krieges an der Auflösung des Warschauer Paktes 1991. Im April beschlossen die sechs verbliebenen Mitgliedsländer des Bündnisses (Sowjetunion, Polen, CSFR, Ungarn, Bulgarien und Rumänien), dessen militärische Organisation aufzulösen; im Juli folgte der Beschluss zur Aufhebung der politischen Organisation. Das damit sichtbar gewordene Ende der Ost-West-Konfrontation verfolgte die Welt mit großer Erleichterung.

In der Sowjetunion bahnten sich zudem weitere Veränderungen an. Nach der Wahl von Boris N. Jelzin zum Präsidenten der Russischen Republik im Juni 1991 und dem gescheiterten Putschversuch gegen den sowjetischen Staatspräsidenten Michail S. Gorbatschow im August desselben Jahres verbot Jelzin alle Aktivitäten der Kommunistischen Partei der Sowjetrepubliken (KPdSU) in Russland. Gorbatschow trat daraufhin von seinem Amt als Generalsekretär der Partei zurück. Am 8. Dezember des Jahres gründeten Russland, Weißrussland und die Ukraine die ▶ Gemeinschaft Unabhängiger Staaten (GUS). Dies bedeutete gleichzeitig das faktische Ende der Sowjetunion als souveräner Staat. Daraufhin konnten die Staaten Mittel- und Osteuropas, die sich bislang in starker Abhängigkeit von der Sowjetunion befunden hatten, nicht nur innenpolitische Strukturveränderungen einleiten, sondern auch einen außenpolitischen Neuanfang wagen.

Die NATO reagierte auf diese tief greifenden sicherheitspolitischen Veränderungen im Dezember 1991 mit einem neuen strategischen Konzept. Mit der Gründung des Nordatlantischen Kooperationsrats sollten die Gegner von einst in das Bündnis integriert werden. 1994 erklärte die NATO ihre generelle Bereitschaft zur Aufnahme neuer Mitglieder. Mit Russland schloss sie 1997 eine Sicherheitspartnerschaft und rief den ▶ Ständigen Gemeinsamen NATO-Russland-Rat ins Leben. Mit der Ukraine unterzeichnete das Bündnis einen Vertrag über eine Distinctive Partnership, die zur Westorientierung und zum Verzicht des Landes auf Nuklearwaffen beitrug. Im März 1999 begrüßte die NATO Polen, Tschechien und Ungarn als neue Mitglieder. Im März 2004 folgten Bulgarien, Estland, Lettland, Litauen, Rumänien und die Slowakei. Nach der Umwandlung des ▶ Nordatlantischen Kooperationsrats in den Euro-Atlantischen Partnerschaftsrat (EAPR) gehörten diesem Mitte 2006 schließlich 46 Staaten an.

Die Entlassung der früheren sowjetischen Satellitenstaaten in die Unabhängigkeit führte jedoch nicht in allen diesen Staaten automatisch zu einer freiheitlichen und demokratischen Entwicklung. Die Entscheidung, in welche Richtung die neue Freiheit der Staaten gelenkt werden sollte, konnte nicht überall konfliktfrei geklärt werde. Alte und neue Machteliten kämpfen teilweise noch heute um die Vormacht im Lande.

Auch weltweit hatte das Ende der Blockkonfrontation keineswegs zum Ende militärischer Auseinandersetzungen geführt. Ganz im Gegenteil stieg die Zahl der bewaffneten Konflikte zu Beginn der 1990er Jahre stark an und erreichte 1992 mit über fünfzig Kriegen den Höchststand seit dem Ende des Zweiten Weltkrieges. In der Mehrzahl handelte es sich dabei um innerstaatliche Auseinandersetzungen, in denen es um den Sturz von Regierungen, um Veränderung oder Erhalt des politischen Systems oder der Gesellschaftsordnung ging. Häufig kämpften Regionen um die Unabhängigkeit von einer Zentralregierung, zumal dann, wenn der Staat aus verschiedenen Gründen nur noch formal existierte.

Der Gemeinschaft Unabhängiger Staaten (GUS) traten kurz nach ihrer Gründung durch die Regierungsvertreter Russlands, der Ukraine und Weißrusslands acht weitere unabhängige Republiken bei. Sie strebten nach dem Ende der UdSSR die Wiederherstellung eines gemeinsamen Wirtschafts- und Sicherheitsraumes an. Dazu gehörten Armenien, Aserbaidschan, Kasachstan, Kirgistan, Moldawien, Tadschikistan, Turkmenistan und Usbekistan. Die Republik Georgien trat der GUS 1993 bei. Die GUS verlor nach und nach wieder an Bedeutung und neue regionale Zusammenschlüsse bildeten sich. Dazu zählten 1997 das Bündnis zwischen Georgien, der Ukraine, Aserbaidschan und Moldawien (GUAM), 1999 die Russisch-Weißrussische Union, 2000 die Eurasische Wirtschaftsgemeinschaft (EURSEC) oder 2001 die Shanghai Cooperation Organisation (SCO), denen einige der GUS-Mitglieder beitraten.

011 Unterzeichnung der Grundakte über gegenseitige Beziehungen, Zusammenarbeit und Sicherheit der Nordatlantik-Vertragsorganisation (NATO) und der Russischen Föderation im Elysee-Palast zu Paris.
Foto, 27. Mai 1997.

»Grundakte NATO-Russland« (1997)

Die Grundakte schuf die Basis für eine enge politische Zusammenarbeit zwischen Russland und der NATO.

»1. Mit der Unterzeichnung der Grundakte über gegenseitige Beziehungen, Zusammenarbeit und Sicherheit zwischen der Nordatlantikvertragsorganisation und der Russischen Förderation verpflichten sich beide Seiten, gemeinsam im euro-atlantischen Raum einen dauerhaften und umfassenden Frieden auf der Grundlage der Prinzipien der Demokratie und der kooperativen Sicherheit zu schaffen. [...]
3. Die Akte legt die Ziele und Mechanismen, Zusammenarbeit, gemeinsame Entscheidungsfindung und gemeinsames Handeln fest.
[...]
Die NATO und Russland betrachten einander nicht als Gegner. Sie verfolgen gemeinsam das Ziel, die Spuren der früheren Konfrontation und Konkurrenz zu beseitigen und das gegenseitige Vertrauen und die Zusammenarbeit zu stärken. Diese Akte bekräftigt die Entschlossenheit der NATO und Russlands, ihrer gemeinsamen Verpflichtung zum Bau eines stabilen, friedlichen und ungeteilten, geeinten und freien Europas zum Nutzen aller seiner Völker konkreten Ausdruck zu verleihen. Die Übernahme dieser Verpflichtung auf höchster politischer Ebene stellt den Beginn grundlegend neuer Beziehungen zwischen der NATO und Russland dar. Beide Seiten beabsichtigen, auf der Grundlage gemeinsamen Interesses, der Gegenseitigkeit und der Transparenz eine starke, stabile und dauerhafte Partnerschaft zu entwickeln.«

Zit. nach: Ernst-Christoph Meier, Klaus-Michael Nelte und Heinz-Uwe Schäfer, Wörterbuch zur Sicherheitspolitik. Deutschland in einem veränderten internationalen Umfeld, 6. Aufl., Hamburg 2006, S. 479

012 NATO-Stern vor dem Eingang des NATO-Hauptquartiers in Brüssel.

Der Nordatlantikrat ist das wichtigste Entscheidungsgremium der NATO. Dort werden alle Bereiche der Bündnispolitik behandelt – mit Ausnahme der Verteidigungsplanung und der Nuklearpolitik für die es eigene Gremien gibt. Beschlüsse und Entscheidungen trifft der Rat nach dem Konsensprinzip. Dabei hat die Stimme jedes einzelnen NATO-Mitglieds das gleiche Gewicht. Legt eine Seite ein Veto ein, so muss im Rat so lange weiter verhandelt werden, bis ein Konsens gefunden wird, den alle Staaten mittragen. Der Nordatlantikrat tagt auf drei verschiedenen Stufen: mindestens einmal wöchentlich auf der Ebene der NATO-Botschafter, zweimal jährlich auf der Ebene der Außen- oder Verteidigungsminister und etwa alle drei Jahre treffen die Staats- und Regierungschefs zusammen.

Neuorientierung

Ein herausragendes Beispiel für die schwierige Situation in den ehemaligen Sowjetrepubliken ist der Konflikt im Kaukasus. Dort hatte schon die Sowjetunion die mangelnde Übereinstimmung zwischen der politischen Aufteilung der Region und der ethnischen Struktur ihrer Bevölkerung weder durch willkürliche Grenzziehungen noch durch künstliche Nationenbildung und Sowjetisierung aufzuheben vermocht. Zwischen 1994 und 1996 sowie 1999 und 2000 eskalierten die dortigen Konflikte. Vor allem Tschetschenien versuchte sich in zwei Kriegen vergeblich von Russland zu lösen. Brutale Übergriffe der russischen Truppen sowie ebenso rücksichtslose Anschläge der tschetschenischen Seite bestimmen seitdem die Lage.

Außerhalb von Europa und Nordamerika kam es nach 1990 vor allem in Afrika, Asien, Lateinamerika sowie im Vorderen und Mittleren Osten zu vermehrten bewaffneten Konflikten. Neben zahllosen Toten und Verwundeten stieg die Zahl der Flüchtlinge weltweit auf über 18 Millionen an. Darüber hinaus müssen rund 25 Millionen Menschen als Vertriebene im eigenen Land leben.

Versuche der United Nations (UN), die Lösung einiger dieser Konflikte zu unterstützen, schlugen ebenso überwiegend fehl wie die Bemühungen von Einzelstaaten oder Staatengruppen ohne UN-Autorisierung. Besonders im Fall des Völkermords in Ruanda, bei dem im April 1994 weit über 800 000 Menschen ihr Leben verloren, erwiesen sich die UN als hilflos. Ähnliche Vorwürfe werden seit 2005 gegen die Staatengemeinschaft im Hinblick auf ihre Politik in der sudanesischen Region Darfur erhoben. In Somalia musste der Einsatz der UN-Blauhelmsoldaten, die dort seit 1992 stationiert und nach Übergriffen im Jahr 1993 zahlenmäßig noch verstärkt worden waren, im März 1995 erfolglos beendet werden.

Auch im Nahen Osten wurden vergeblich verschiedene diplomatische Versuche unternommen, den latenten blutigen Konflikt zwischen Israel und den Palästinensern zu lösen. Der zuletzt vereinbarte und von den UN überwachte Waffenstillstand wurde im Frühjahr 2006 durch Raketenangriffe der Hisbollah sowie Luft- und Bodeneinsätze der israelischen Armee im Südlibanon beendet.

Einer der umfangreichsten von den UN gebilligten Einsätze alliierter Streitkräfte in den frühen 1990er Jahren begann im Januar 1991 mit der Luftoffensive einer alliierten Koalition aus 33 Staaten gegen den Irak. Anlass für diesen Einsatz war der irakische Überfall auf Kuwait im August 1990. Die Bodenoffensive der alliierten Streitkräfte unter Führung der USA führte bereits im Februar 1991 zur Befreiung Kuwaits. Anschließend wurden dem irakischen Diktator Saddam Hussein mittels UN-Resolutionen Einschränkungen im Rüstungsbereich mit entsprechenden internationalen Kontrollen auferlegt.

Die ▸ weltweiten regionalen Konflikte können hier nicht alle im Einzelnen dargestellt werden, weil dies den Rahmen des vorliegenden Bandes sprengen würde. Festzuhalten ist insgesamt, dass das vom amerikanischen Regierungsberater Francis Fukuyama Anfang der 1990er Jahre verkündete ▸ »Ende der Geschichte«, und damit das Ende von Gewalt und Krieg, keinesfalls erreicht ist.

Mit Beginn der neunziger Jahre beschleunigte sich zudem der Prozess der Globalisierung. Dies bezeichnet die Einbeziehung fast aller nationalen Ökonomien in eine globale Wirtschaft und die damit einhergehende Verengung der einzelstaatlichen Spielräume. Die weltweiten Reaktionen auf Zinsentscheidungen der ▸ US-Notenbank und Bewegungen an der Börse in New York sind ein deutliches Zeichen für die

Noten- oder Zentralbanken sind für die Geld- und Währungspolitik eines Staates oder auf supranationaler Ebene für einen Währungsraum zuständig. Zu ihren Aufgaben gehören die Verwaltung der Währungsreserven, die Regulierung der Geldmenge, die Sicherung der Stabilität der Währung, die Abwicklung des Zahlungsverkehrs, der Ausgleich der Zahlungsbilanz sowie die Versorgung der Wirtschaft mit Zahlungsmitteln. Eine Zentralbank fungiert als letzte Refinanzierungsquelle von Kreditinstituten und wird daher auch als »Bank der Banken« bezeichnet. Als »Hausbank« des Staates vertritt sie das Land bei internationalen Währungsinstitutionen und ist für die Abwicklung des Giroverkehrs des Staates zuständig.

013 UN-Blauhelm mit Splitterschutzweste. Ausrüstungsgegenstände der in Somalia stationierten Soldaten.

1 Francis Fukuyama, »Have we reached the end of history?« (1989)

Der amerikanische Politikwissenschaftler Francis Fukuyama sah mit dem Zusammenbruch des Kommunismus in Osteuropa das Ende der Geschichte gekommen. Das westlich-liberale Gesellschaftssystem werde sich nun auf der ganzen Welt durchsetzen, so seine Vorhersage.

»In watching the flow of events over the past decade or so, it is hard to avoid the feeling that something very fundamental has happened in world history. The past year has seen a flood of articles commemorating the end of the Cold War, and the fact that ›peace‹ seems to be breaking out in many regions of the world. [...]
The triumph of the West, of the Western *idea*, is evident first of all in the total exhaustion of viable systematic alternatives Western liberalism. In the past decade, there have been unmistakable changes in the intellectual climate of the world's two largest communist countries, and the beginnings of significant reform movements in both. [...]
What we may be witnessing is not just the end of the Cold War, or the passing of a particular period of postwar history, but the end of history as such: that is, the end point of mankind's ideological evolution and the universalization of Western liberal democracy as the final form of human government.«

Zit. nach: Francis Fukuyama, Have we reached the end of history?, Rand Library Collection, Santa Monica, CA 1989, S. 1 f.

S Nach dem Ende des Kalten Krieges fanden weltweit mehr als 50 kriegerische Auseinandersetzungen statt: In Asien kam es zu Kriegen und bewaffneten Konflikten zwischen Indien und Pakistan, in Sri Lanka, in Myanmar (Birma), Indonesien, Malaysia und auf den Philippinen. In Afrika endete zwar die Zeit der Apartheid in Südafrika relativ friedlich, doch kam es in anderen Teilen des Kontinents zu kriegerischen Auseinandersetzungen, so etwa in Angola, Äthiopien, Burundi, Dschibuti, der Elfenbeinküste, im Kongo, auf den Komoren, in Mali, Namibia, Nigeria, Ruanda, Somalia, Senegal, Sierra Leone, Sudan, Tschad, Uganda, der Zentralafrikanischen Republik und Zimbabwe. In Lateinamerika kam es seit 1990 zu einem Grenzkrieg zwischen Peru und Ecuador und zu Bürgerkriegen in El Salvador, Guatemala, Haiti, Kolumbien und Peru.

Neuorientierung

Ausdehnung der internationalen Finanzwelt. In einer den Globus umspannenden Informations- und Kommunikationsgesellschaft fanden westliche Wertvorstellungen, Leitbilder, Lebens- und Konsumstile ihre schnelle Verbreitung. Sie erfassten allerdings nicht alle Gesellschaften gleichermaßen und stießen keineswegs überall in der Welt auf ein positives Echo. Dies galt vor allem für die entgrenzte Finanzwelt mit ihrer über die bloße Finanzierung von Handel und Dienstleistungen hinausgehenden Jagd nach Spekulationsgewinnen ohne Rücksicht auf daraus resultierende internationale Wirtschaftsturbulenzen.

Um den internationalen Handel in einem geordneten Rahmen zu liberalisieren und Handelshemmnisse abzubauen, wurde Anfang 1995 die World Trade Organization (WTO) mit Sitz in Genf gegründet. Sie fungierte als Dachorganisation des Allgemeinen Zoll- und Handelsabkommens (GATT), des Abkommens über den Handel mit Dienstleistungen (GATS) und des Übereinkommens über handelsbezogene Aspekte der Rechte über geistiges Eigentum (TRIPS). Der WTO gehörten Ende 2006 insgesamt 149 Staaten an. Zu den seit 1975 stattfindenden Treffen der Gruppe der G-7, zu denen Deutschland, Frankreich, Großbritannien, Italien, Japan, Kanada und die USA gehören, wurde seit 1998 auch Russland hinzugezogen. Von den finanz- und währungspolitischen Beratungen blieb es allerdings noch ausgeschlossen. Der 1999 angekündigte Plan der G-8-Staaten, eine neue internationale Finanzarchitektur zu entwerfen, blieb bisher eine bloße Absichtserklärung.

Die Gegner der Globalisierung betrachten die ▸ G-8-Staaten, die 50 Prozent des Weltbruttoeinkommens und des Welthandels vereinen, als Vertreter eines modernen Imperialismus. Daher begleiteten sie deren Konferenzen wie auch die Treffen der WTO immer wieder mit Demonstrationen, die von ▸ Anhängern militanter Gruppierungen auch zu gewalttätigen Übergriffen missbraucht wurden und werden.

Doch neben den Entwicklungen in der internationalen Finanz- und Wirtschaftswelt sah sich die Weltgemeinschaft noch mit einem ganz anderen neuartigen globalen Phänomen konfrontiert: dem weltweit agierenden Terrorismus. Das wohl einschneidendste Ereignis im Zeitraum zwischen 1990 und 2006 erlebte das internationale Staatensystem im Jahr 2001. Am ▸ 11. September kam es in den USA zu bis dahin unvorstellbaren Terroranschlägen. Mit zwei entführten Flugzeugen griffen Terroristen der Gruppe Al-Quaida die beiden Türme des World Trade Centers in New York, mit einem dritten Flugzeug das Pentagon in Washington an. Dabei kamen über 3000 Menschen ums Leben. Eine weitere entführte Maschine stürzte nach dem Versuch der Passagiere, die Terroristen zu überwältigen, in der Nähe von Pittsburgh ab.

Der UN-Sicherheitsrat bezeichnete diese Anschläge als Friedensgefährdung, räumte den USA das Recht zur individuellen oder kollektiven Selbstverteidigung ein und verpflichtete die UN-Mitglieder zur Bekämpfung des internationalen Terrorismus. Um diesem ein als Ausbildungs- und Rückzugsgebiet der Al-Quaida genutztes Gebiet zu nehmen, griffen die USA in der Operation Enduring Freedom am 7. Oktober 2001 mit Duldung des ▸ UN-Sicherheitsrates sowie mit britischer Unterstützung das Regime der Taliban in Afghanistan an und sicherten zudem das Seegebiet am Horn von Afrika. Es gelang zwar in kurzer Zeit, die radikalislamistischen Taliban-Milizen mit Unterstützung der so genannten Nordallianz zu

Überblick

Seit Anfang der 1990er Jahre ist kaum ein Schlagwort in der öffentlichen Diskussion derart inflationär verwendet worden wie das der Globalisierung. Als sich im Zuge von Glasnost und Perestroika der Sowjetblock dem Westen öffnete und die freie Marktwirtschaft ihren Siegeszug schließlich auch gen Osten antrat, schienen die Prinzipien der westlich-modernen Lebensgestaltung gänzlich den Globus erfasst zu haben.
Anfänglich nur als Begriff in wirtschaftswissenschaftlichen Veröffentlichungen aufkommend, mit der die weltweite Ausbreitung der Tätigkeit von Großkonzernen erfasst wurde, avancierte Globalisierung schon bald zum Sammelbegriff für die weltweit auf allen Ebenen fortschreitende wirtschaftliche, politische und kulturelle Verflechtung. Eben an dieser sich verdichtenden internationalen Vernetzung, die im Wesentlichen auf die Liberalisierung des Welthandels und die rasanten Fortschritte in der Kommunikationstechnologie zurückzuführen ist, wird von verschiedenen Seiten Kritik geübt. Während die Globalisierungsbefürworter euphorisch den Anbruch eines Zeitalters weltweiten, gerecht verteilten Wohlstands prophezeien, malen die Globalisierungskritiker das düstere Bild eines sich verschärfenden globalen wirtschaftlichen Konkurrenzkampfes zwischen multinationalen Konzernen, in dessen Zuge die westliche Welt einen Teil ihrer bedeutenden demokratischen und sozialen Errungenschaften opfern würde und der dem Ökosystem sowie den ärmeren Ländern nur zum Nachteil gereichen könne. Kritische Stimmen aus nationalistischen Kreisen prangern zudem die kulturelle Globalisierung an.
Lediglich in einem Punkt sind sich die Befürworter und Kritiker der Globalisierung einig: die Bedeutung des Nationalstaates wird durch die sich herauskristallisierende »Herrschaft des Großkapitals« in Frage gestellt.

014 Ausschreitungen von Globalisierungsgegnern in Genua gegen den dort tagenden G-8 Gipfel.

1975 trafen sich im französischen Rambouillet zum ersten Mal die Staats- und Regierungschefs wichtiger Industrienationen, um die Entwicklung der Weltwirtschaft zu diskutieren. Der Gruppe der Acht (G-8) gehören Deutschland, Frankreich, Großbritannien, Italien, Japan, Kanada, Russland und die USA an. Außerdem ist die Europäische Kommission bei allen Treffen vertreten. Die G8 sind keine Organisation mit einem eigenen Verwaltungsapparat, sondern ein informelles Forum. Der Vorsitz der Gruppe wechselt jährlich unter den Mitgliedern. Der sichtbarste Teil des G8-Prozesses sind die jährlichen Weltwirtschaftsgipfel. Seit Ende der 90er Jahre richten die Staats- und Regierungschefs bei den Treffen ihr Augenmerk zunehmend auf außen- und sicherheitspolitische, aber auch entwicklungspolitische Fragen, die angesichts der Globalisierung gemeinsame Antworten erfordern.

---

1 »Resolution 1386 des Sicherheitsrats der Vereinten Nationen zur Mandatierung der internationalen Schutztruppe« (20. Dezember 2001)

Die Aufstellung einer internationalen Sicherheitsunterstützungsgruppe in Afghanistan erfolgte auf Ersuchen der afghanischen Regierung und wurde durch die Resolution 1386 des Weltsicherheitsrates genehmigt.

»Der Sicherheitsrat hat am Donnerstagnachmittag den sechsmonatigen Einsatz der sogenannten Internationalen Sicherheits-Unterstützungstruppe (ISAF) beschlossen, um die afghanische Übergangsregierung beim Erhalt der Sicherheit in Kabul und den benachbarten Regionen zu unterstützen. Er begrüßte das Angebot Großbritanniens, die Führung und Organisation einer solchen Truppe zuerst zu übernehmen. Der Sicherheitsrat hat die Resolution 1386 (2001) einstimmig angenommen. Er hat die Mitgliedstaaten gebeten, Personal, Ausstattung und anderes Material für die Truppe bereitzustellen und die aktiv beteiligten Staaten ermächtigt, alle nötigen Schritte zu unternehmen das Mandat zu erfüllen. [...] Ferner ruft der Sicherheitsrat alle afghanischen Bürger auf, mit der Truppe und allen relevanten zwischenstaatlichen und nichtstaatlichen Organisationen zu kooperieren. Er ermutigt die Nachbarstaaten und die anderen Mitgliedstaaten, die Truppe bestmöglich zu unterstützen, zum Beispiel durch Überfluggenehmigungen und Transiterleichterungen. Die Resolution betont, dass die Kosten für die Truppe von den betroffenen und beteiligten Mitgliedstaaten getragen werden. Der UNO-Generalsekretär wird um die Einrichtung eines Treuhandfonds gebeten, durch den das Geld an die betroffenen Staaten oder operierenden Organe fließen kann. Die Mitgliedstaaten werden aufgerufen, zu diesem Fonds beizutragen.«

Zit. nach: Verantwortung für Frieden und Freiheit 3.0. Eine Textsammlung zur Sicherheitspolitik der Bundesrepublik Deutschland von 1949–2000. Hrsg. vom Presse- und Informationsamt der Bundesregierung, Berlin 2000

Informationen

015 Zerstörung der Twin Towers des World Trade Center in New York durch die Einschläge zweier entführter Flugzeuge. Foto, 11. September 2001.

016 Der Südturm stürzt ein. Foto, 11. September 2001.

Die US-Regierung machte die Terrorgruppe Al-Qaida für die Anschläge vom 11. September verantwortlich. Osama Bin Laden, der als Kopf des Terrornetzwerkes gilt, distanzierte sich anfangs von den Anschlägen, bekannte sich später allerdings dazu. 1988 gründete Osama Bin Laden in Afghanistan eine Sammel-Organisation für arabische Mudschaheddin mit dem Namen Al-Qaida (arab.; Die Basis). Zwischen 1996 und 2001 wurden weltweit rund 20 000 Djihad-Freiwillige rekrutiert und in Trainingslagern der Al-Qaida zu Kämpfern ausgebildet. Die Gruppierung entwickelte sich zu einer islamisch-fundamentalistischen Terrororganisation mit einem weltweit operierenden Netzwerk. Mit ihr verbunden sind Terrorgruppen in muslimischen Ländern in Nahost und Asien, aber auch kleinere so genannte Schläferzellen in Europa und Nordamerika. Das Ziel von Al-Qaida ist es, der muslimischen Welt eine neue Ordnung zu geben: Säkulare Regierungen und so genannte korrupte und gottlose Regime (Saudi-Arabien) sollen durch islamische Führungen abgelöst werden; US-Amerikaner und andere Nicht-Muslime aus der islamischen Welt vertrieben werden, insbesondere aus Saudi-Arabien, wo sich die »heiligen Stätten« des Islam befinden. Al-Qaida wird neben den Terrorakten am 11. September 2001 in den USA noch für weitere Taten verantwortlich gemacht. So für die Anschläge in Madrid im Jahre 2004 und in London 2005. Doch auch schon davor trat die Organisation in Erscheinung. Sie war sowohl für den Anschlag auf das amerikanische Kriegsschiff USS Cole im Oktober 2000 im Jemen verantwortlich als auch für die Bombenanschläge auf die US-Botschaften in Kenia und Tansania im Jahre 1998.

Al-Qaida bezeichnet ihre Selbstmordattentate auch als »Märtyrer-Operationen«. Ihre Mitglieder instrumentalisieren den Glauben politisch und machen aus »Märtyrern« – ursprünglich verfolgte Blutzeugen für den Glauben – Massenmörder.

Die Motive der muslimischen Selbstmordattentäter sind vielschichtig. Einen wichtigen Antrieb bilden Paradiesverheißungen, das Ziel eine möglichst hohe Zahl an Feinden zu töten, die Möglichkeit, mediale Aufmerksamkeit zu erzwingen sowie finanzielle Zuwendungen für die Familie. Wer als Selbstmordattentäter mordet, tut dies nicht aus kriminellen oder rein politischen Motiven. Er sieht diese Tat als Opfergang und sich selbst als Märtyrer in einem ideologisch legitimierten Kampf (Gläubige gegen Ungläubige, Befreier gegen Unterdrücker, Gut gegen Böse).

Die politischen, wirtschaftlichen und militärischen Folgen des 11. September waren weitreichend. Die USA marschierten in Afghanistan und später in den Irak ein. Der Irak-Krieg wurde zum Auslöser ernsthafter diplomatischer Auseinandersetzungen zwischen den Vereinigten Staaten und Europa, insbesondere Frankreich und Deutschland.

Der vom amerikanischen Präsidenten George W. Bush ausgerufene »Krieg gegen den Terror« ist noch nicht beendet und wird die internationale Staatengemeinschaft wohl auch noch längere Zeit beschäftigen.

Der 11. September 2001

B Osama Bin Laden (1957)
Islamischer Terrorist – Der in Saudi-Arabien geborene Bin Laden und diplomierte Bauingenieur beteiligte sich in den 1980er Jahren am Kampf der Mudschaheddin in Afghanistan gegen die sowjetischen Besatzer. Er gründete 1988 die islamische Geheimorganisation Al-Qaida, die er mit Hilfe seines Privatvermögens zu einem weltumspannenden Terrorunternehmen ausbaute. Nachdem er in Saudi Arabien 1992 ausgewiesen worden war, lebte er vier Jahre im Sudan, um dort an der islamischen Revolution mitzuwirken. Auf Drängen der USA wurde er 1996 des Landes verwiesen und ging nach Afghanistan, wo ihm die radikalislamischen Taliban Unterschlupf gewährten. Bin Laden, der den USA 1996 offiziell den Krieg erklärt hatte, beauftragte und finanzierte die Anschläge islamischer Terroristen am 11. September 2001 auf das World Trade Center und das Pentagon. Die im Oktober 2001 von den USA eingeleitete Militäroperation Enduring Freedom verfolgte das Ziel, Bin Laden gefangen zu nehmen, Al-Qaida zu zerschlagen und die Herrschaft der Taliban in Afghanistan zu brechen. Trotz intensiver Suche konnte der meistgesuchte Terrorist der Welt bis Ende 2007 nicht gefasst werden.

017
»Gesucht – tot oder lebendig«. Osama bin Laden, abgebildet auf einem Plakat im Finanzdistrikt von New York. Foto, 18. September 2001.

018
Teil des Trümmerfeldes von »Ground Zero«. Foto, 13. September 2001.

019 Gedenkfeiern am ersten Jahrestag der Anschläge. Foto, 11. September 2002.

Neuorientierung

020 Stammeskrieger der Anti-Taliban-Front (Ostallianz) beobachten die Bombardierung der Höhlenfestung Tora Bora durch amerikanische Flugzeuge.
Foto, 16. Dezember 2001.

vertreiben. Der politische Kopf der Al-Quaida, Osama Bin Laden, konnte jedoch nicht festgenommen werden.

Während die Kämpfe an der afghanisch-pakistanischen Grenze weitergingen und teilweise bis zu 17 000 Soldaten der Koalition daran beteiligt waren, einigten sich die verschiedenen Gruppen des Landes auf einen Friedensplan. Um den Übergang zu einem friedlichen und demokratischen Gemeinwesen zu erleichtern, sagte die internationale Gemeinschaft finanzielle Hilfe für den wirtschaftlichen Wiederaufbau des Landes zu. Sowohl der politische als auch der wirtschaftliche Neuanfang wurden jedoch durch wiederholte Angriffe und Anschläge der noch im Land verbliebenen Taliban massiv gestört. Zur Absicherung des schwierigen Prozesses setzten die UN eine International Security Assistance Force (ISAF) ein, die ihre Aufgabe bis heute wahrnimmt.

Die Gefährdung durch den Internationalen Terrorismus veranlasste die NATO, ihre Transformation durch feste Zusagen der Bündnismitglieder abzusichern. Das NATO-Gipfeltreffen 2004 in Istanbul belebte nicht nur den Mittelmeerdialog, sondern die Istanbul Cooperation Initiative (ICI) unterstrich zudem erneut die Bereitschaft der Europäischen Union (EU), sich künftig auch über Europa hinaus für Sicherheit und Stabilität in der Welt zu engagieren. Entsprechende Führungseinrichtungen sowie gemeinsame Fähigkeiten im strategischen Lufttransport sollen die dazu notwendigen Voraussetzungen erbringen.

Mit den Anschlägen von Madrid und London im März 2004 und Juli 2005 wurde auch Europa Opfer des international agierenden Terrorismus. Die EU reagierte mit der Ernennung von Gijs de Vries zum ersten EU-Koordinator für Terrorismusbekämpfung. Zudem verpflichteten sich die EU-Mitgliedsstaaten im März 2005 in der Agenda von Madrid, eine gemeinsame Strategie zur Bekämpfung des Terrorismus in allen seinen Erscheinungsformen mit demokratischen Mitteln zu entwickeln. Im Dezember des gleichen Jahres wurde zudem eine »European Union Counter-Terrorism Strategy« verabschiedet.

Die USA erklärten den Krieg gegen den Terrorismus zu einem globalen Unternehmen, dessen Dauer offen blieb. Im Rahmen einer ▶ »präventiven Selbstverteidigung«, so machte die Regierungserklärung von Präsident George W. Bush im Februar 2002 deutlich, sollte gegen so genannte Schurkenstaaten vorgegangen werden. Als einen solchen Staat betrachtete die Regierung der USA den Irak. Dem irakischen Diktator ▶ Saddam Hussein wurde vorgeworfen, er unterstütze den internationalen Terrorismus und verstoße gegen das ihm auferlegte

Mit der am 20. September 2002 veröffentlichten neuen amerikanischen Nationalen Sicherheitsstrategie reagierte die Bush-Regierung auf die Anschläge vom 11. September des Vorjahres und räumte darin für sich ein präemptives Selbstverteidigungsrecht ein. Ähnlich einem Präventivschlag oder -krieg, der unter symmetrischen Konstellationen einem sich abzeichnenden gegnerischen Angriff durch einen Gegenangriff zuvorkommen soll, handelt es sich bei einem präemptiven Losschlagen um eine präventive militärische Maßnahme. Auch sie hat das Ziel, einer Bedrohung für das eigene Territorium oder eines in seiner in Existenz bedrohten Verbündeten zuvorzukommen. Da sich Präemptivschläge oder -kriege allerdings gegen eine zukünftige Gefahr richten und die Angriffsfähigkeit der Gegenseite bereits im Keim zu ersticken suchen, bevor diese als solche für die Allgemeinheit erkennbar ist, sind sie kaum von völkerrechtlich verurteilten, willkürlichen Angriffen zu unterscheiden. Unter dem Verweis auf geheimdienstliche Informationen unterstellte Israel dem Irak 1981 die Schaffung von Grundlagen für nukleare Massenvernichtungswaffen

 Saddam Hussein (1937–2006)

B Irakischer Politiker – Hussein wuchs nahe der Stadt Tikrit in einer Kleinbauernfamilie auf. Seit 1957 war er Mitglied der verbotenen Baath-Partei. 1959 flüchtete er nach einem gescheiterten Putschversuch gegen den irakischen Militärherrscher General Kassam ins Ausland. 1963 kehrte er zurück, studierte Jura und wurde nach einem erneuten Putschversuch gegen Abdul Salam Aref in Haft genommen (1964–1966). Nach der Machtübernahme der Baath-Partei 1968 war Hussein zuerst stellvertretender Generalsekretär der Bewegung. 1979 stieg er zum Staats- und Regierungschef auf. Er ließ Kommunisten, Schiiten und Gegner aus der eigenen Partei brutal verfolgen. Der von Hussein geführte Erste Golfkrieg gegen den Iran (1980–1988) und der Zweite Golfkrieg (1990–1991) gegen die USA und ihre Verbündeten, ausgelöst durch den Überfall auf Kuwait, endeten mit der Niederlage seines Landes. Nachdem sich der irakische Diktator geweigert hatte, UN-Waffeninspektionen wieder im Irak zu erlauben, griffen die USA und ihre Alliierten das Land an. Das Saddam-Regime brach im April 2003 zusammen. Aufgrund seiner politischen Verantwortung für Massaker an Schiiten und Kurden wurde Saddam Hussein von einem irakischen Gericht zum Tode verurteilt und im Dezember 2006 hingerichtet.

021 Überlebensgroßes Porträt von Saddam Hussein in Bagdad. Foto, 1987.

---

1 George W. Bush, »Krieg in Afghanistan und dem Irak« (2003)

Nach dem Angriff auf Afghanistan im Jahre 2001 erfolgte zwei Jahre später der Einmarsch amerikanischer und verbündeter Truppen in den Irak. Die so genannte Koalition der Willigen wurde von 48 Staaten gebildet. Als Kriegsgrund wurde der Besitz von Massenvernichtungswaffen angegeben. Nachdem diese nicht gefunden werden konnten schieden viele Verbündete aus der »Koalition der Willigen« aus.

022 Ein zerstörter irakischer Panzer vor den brennenden Ölfeldern in Kuwait, 1991.

»Die Ereignisse der letzten beiden Jahre haben uns die deutlichste aller Trennlinien geliefert: zwischen jenen, die nach Ordnung streben, und jenen, die Chaos verbreiten; zwischen jenen, die für friedliche Veränderungen arbeiten, und jenen, die Gangstermethoden anwenden; zwischen jenen, die die Menschenrechte würdigen, und jenen, die Männern, Frauen und Kindern absichtlich, ohne Gnade und Scham das Leben nehmen. Zwischen diesen Alternativen gibt es keinen neutralen Boden. Alle Regierungen, die den Terror unterstützen, sind Komplizen im Krieg gegen die Zivilisation. Keine Regierung sollte die Bedrohung des Terrors ignorieren, denn die Augen zu verschließen bedeutet, dass Terroristen die Chance haben, sich neu zu gruppieren, zu rekrutieren und sich vorzubereiten. Alle Nationen, die gegen den Terror kämpfen, als hänge das Leben ihres eigenen Volkes davon ab, werden in der Geschichte positiv beurteilt. [...] Unsere Einsätze in Afghanistan und im Irak wurden von vielen Regierungen unterstützt, und die Vereinigten Staaten sind jeder einzelnen dankbar. Ich weiß auch, dass einige der souveränen Staaten dieser Versammlung mit unseren Maßnahmen nicht einverstanden waren. Dennoch gab und gibt es Übereinstimmung unter uns bezüglich der grundlegenden Prinzipien und Ziele der Vereinten Nationen.«

Zit. nach: Internationale Politik, 10 (2003), S. 129 f.

---

und vereinnahmte für sich das Recht, gegen diese vermeintliche Gefahr präemptiv vorzugehen. Der am 7. Juni des selben Jahres durchgeführte israelische Luftschlag gegen den irakischen Atomreaktor nahe Bagdad wurde von der Völkergemeinschaft aufs Schärfste verurteilt. Das israelische Militär wertete den präemptiven Schlag seinerseits als vollen Erfolg, da er die irakische Kernforschung auf Jahre zurückgeworfen hätte. Ein Präventivschlag oder -krieg wird hingegen weitgehend als Selbstverteidigungsrecht akzeptiert, weil er ausschließlich eine Reaktion auf eine mehr oder weniger klare erkennbare gegnerische Aggression darstellt, wie beispielsweise erhöhte gegnerische Truppenkonzentrationen an der eigenen Grenze oder die Stationierung von gegnerischen Abschussrampen. Der 1967 von Israel geführte »Sechstagekrieg« kann beispielsweise als eine allgemein anerkannte präventive Verteidigungsmaßnahme gegen den bevorstehenden Angriff der von Ägypten angeführten Allianz angesehen werden.

Neuorientierung

Verbot der Herstellung von Massenvernichtungswaffen. Die Inspektionen der UN konnten das Vorhandensein solcher Waffen jedoch nicht nachweisen. Im März 2003 begannen die USA zusammen mit anfangs 48 Nationen, allerdings gegen den Willen der Mehrheit des UN-Sicherheitsrates, einen erneuten Bomben- und Bodenkrieg gegen das Land. Militärisch endete der Krieg zwar bereits Anfang Mai 2003, doch bestimmen bis heute Kriegshandlungen, Gewalt und Terroranschläge die Lage im Irak.

Auch dem Iran und Nordkorea werden der Bau von Massenvernichtungswaffen, konkret die Entwicklung von Nuklearwaffen vorgeworfen. Militärische Gegenmaßnahmen sind zurzeit allerdings nicht absehbar.

Zunehmende Aufmerksamkeit zogen schließlich neben den kriegerischen Auseinandersetzungen im Zeitraum zwischen 1990 und 2006 große Naturkatastrophen auf sich, bei denen stets Zerstörungen und zahllose Tote zu beklagen waren. Zu schweren Erdbeben kam es 1990 im Iran, 1992 in Nicaragua, 1993 in Indien, 1995 in Japan, 1999 in der Türkei, 2001 in Indien, 2003 im Iran, 2004 im Indischen Ozean vor Sumatra mit verheerenden Auswirkungen eines Tsunamis bis Sri Lanka und Nordostafrika, 2005 in Indien und Pakistan sowie 2006 vor der indonesischen Insel Java. Hinzu traten ungewöhnliche starke Zyklone wie 1991 in Bangladesch oder der Hurrikan »Kathrina« 2005 im Golf vom Mexiko in der Region um New Orleans. Diese Naturkatastrophen führten der Internationalen Staatengemeinschaft eindringlich vor Augen, dass den Forderungen nach Schutz der Umwelt und Maßnahmen zum Klimaschutz, wie bereits im ▸ Kyoto-Protokoll 1997 angestrebt, Konsequenzen folgen müssen.

Europa

Das Ende des Kalten Krieges hatte seine deutlichsten Auswirkungen im Staatengefüge Europas. Für die ehemaligen Satellitenstaaten der Sowjetunion zählte zunächst die Eingliederung in die EU zu einem der wichtigsten politischen wie wirtschaftlichen Ziele. Neben der Erwartung wirtschaftlicher Vorteile sollten vor allem die unterbrochenen historischen und kulturellen Verbindungen zum übrigen Europa wieder aufgenommen werden. Das Interesse an Integration war beidseitig, nicht zuletzt um durch die Annäherung der einstigen Gegner einen Rückfall in alte Blockkonfrontationen zu verhindern.

Die Basis der gemeinsamen Außen- und Sicherheitspolitik sowie der polizeilichen und rechtlichen Zusammenarbeit in Europa stellt seit Januar 1993 der Vertrag über die Europäische Union (EU) dar. Die Voraussetzungen für eine Aufnahme in die EU sind neben der Existenz einer Demokratie, der offiziellen Anerkennung der Menschenrechte, dem Schutz von Minderheiten und einer funktionierenden Marktwirtschaft in erster Linie die Übernahme der Rechtsvorschriften und Normen der EU. Zur Vorbereitung der Aufnahme wurden mit den Beitrittsländern zunächst Abkommen zur Liberalisierung des Handels und zur Kooperation in Bereichen wie Verkehr, Umweltschutz und Industrie geschlossen. Anschließend mussten bestehende nationale Rechtsbestimmungen an das EU-Recht angepasst werden.

Aus wirtschaftlicher Perspektive erschien gerade das bestehende Lohngefälle zu den östlichen Nachbarn vielen westlichen Unternehmen lukrativ für Direktinvestitionen und Firmengründungen. Vorab musste aber die rechtliche Sicherheit ihrer Investitionen ge-

023 Bilder der Zerstörung durch den Tsunami. Ein Touristen-Hotel in Banda Aceh. Foto, 2004.

1 »Das Protokoll von Kyoto« (Dezember 1997)

Nachdem das russische Parlament das Kyoto-Protokoll im Jahre 2005 ratifiziert hatte, trat es offiziell in Kraft. Das Abkommen schreibt für die teilnehmenden Staaten bestimmte Werte für den Ausstoß von Treibhausgasen fest.

»Rund 10 000 Delegierte, Beobachter und Journalisten nahmen an dieser hochkarätigen Konferenz teil, die im Dezember 1997 in Kyoto, Japan, stattfand. Die Konferenz mündete in eine Konsensentscheidung [...] mit der ein Protokoll verabschiedet wurde, dem zufolge industrialisierte Länder ihre gemeinsamen Treibhausgasemissionen innerhalb des Zeitraums 2008 bis 2012 um mindestens 5 Prozent gegenüber dem Niveau von 1990 reduzieren werden.
Diese rechtsverbindliche Verpflichtung verspricht eine historische Umkehrung des Anstiegs der Emissionen, der in diesen Ländern vor rund 150 Jahren begann.
Das Protokoll von Kyoto wurde am 16. März 1998 zur Zeichnung aufgelegt. Es wird in Kraft treten 90 Tage, nachdem es von mindestens 55 Vertragsparteien des Übereinkommens ratifiziert worden ist, darunter entwickelte Länder, deren Kohlendioxid-Ausstoß zusammengenommen mindestens 55 Prozent der von dieser Ländergruppe im Jahr 1990 ausgebrachten Kohlendioxid-Emissionen ausmacht. In der Zwischenzeit werden die Vertragsparteien des Rahmenübereinkommens über Klimaänderungen mit der Erfüllung ihrer Verpflichtungen aus dem Übereinkommen fortfahren und sich auf die zukünftige Umsetzung des Protokolls vorbereiten.«

Zit. nach: Das Protokoll von Kyoto zum Rahmenübereinkommen der Vereinten Nationen über Klimaänderungen. Herausgegeben vom Sekretariat der Klimarahmenkonvention mit Unterstützung des deutschen Bundesumweltministeriums, Bonn 1997, S. 1

Die CO_2-Emissionen ausgewählter Unterzeichner des Kyoto-Protokolls (2004)

	Emissionen 1990 in Mio. t CO_2-Äquivalent	Verpflichtete Emissionsreduktion	Ist-Stand 2004	Abweichung in Prozentpunkten
USA	6103	keine (urspr. -7,0 %)	+15,8 %	+15,8 %
Russland	2975	0 %	-32,0 %	-32,0 %
Japan	1272	-6,0 %	+6,5 %	+12,5 %
Deutschland	1226	–21 %	-17,2 %	+3,8 %
Ukraine	925	0 %	-55,3 %	-55,3 %
Großbritannien	776	–12,5 %	-14,3 %	-1,8 %
Kanada	599	-6,0 %	+26,6 %	+32,6 %
Frankreich	567	+/–0 %	-0,8 %	-0,8 %
Polen	459	-6,0 %	-31,2 %	-25,2 %
Italien	520	–6,5 %	+12,1 %	+18,7 %
Australien	423	keine (urspr. +8,0 %)	+25,1 %	+25,1 %
Spanien	287	+15 %	+49,0 %	+34,0 %
Rumänien	230	-8,0 %	-41,0 %	-33,0 %
Niederlande	213	-6 %	+2,4 %	+8,4 %
Tschechische Republik	196	-8,0 %	-25,0 %	-17,0 %

Informationen

024 Ein Helikopter beim Katastropheneinsatz über überschwemmten Gebieten Hamburgs. Foto, 1962.

In der Nacht vom 16. auf den 17. Februar 1962 brach über die deutsche Nordseeküste die schwerste Sturmflut seit über 100 Jahren herein. An der Unterelbe brachen an 50 Stellen die Deiche. Ein großräumiger Katastrophenschutzplan lag nicht vor, Leitungen zu den Alarmsirenen waren unterbrochen und Stromausfälle erschwerten die Arbeit. In Hamburg waren insbesondere die Wohngebiete Wilhelmsburg und Georgswerder betroffen. Insgesamt waren etwa 100 000 Menschen eingeschlossen, 337 Menschen verloren ihr Leben, 30 000 wurden obdachlos. Polizeisenator Helmut Schmidt forderte die Bundeswehr zur Rettung der Betroffenen an. Dabei setzte er sich pragmatisch und zielstrebig über die damalige Verfassungsregelung hinweg, dass die Bundeswehr nicht im Innern eingesetzt werden dürfe. Hubschrauberbesatzungen – im Volksmund »fliegende Engel« genannt – retteten nicht selten in gewagten Flugmanövern am 17. Februar etwa 400 Hilfesuchende von Hamburgs Hausdächern. Pioniere befreiten mit Booten und Flößen Eingeschlossene aus ihren Häusern. Insgesamt wurden vermutlich bis zu 40 000 Soldaten bei der Flutkatastrophe von 1962 eingesetzt. Erst 1968 wurde der Artikel 35 des Grundgesetzes dahingehend geändert, dass bei einem überregionalen Notstand der Bund befugt ist Streitkräfte einzusetzen und bei regionalem Katastrophenfall die Länder diese beim Bund anfordern können.

025 Soldaten der Bundeswehr helfen bei der Hochwasserkatastrophe in Regensburg 1965.

026 Hochwasserkatastrophe in Koblenz 1995.

Katastrophenhilfe

027 Bundeswehrsoldaten erkunden mit Transportpanzer Fuchs die Lage in der Dresdener Innenstadt.

Im Sommer 1997 kam es an der Oder und der March zu verheerenden Überschwemmungen. Im nördlichen Oderbruch wurden vorsorglich 6500 Menschen evakuiert. Vom 18. Juli bis zum 10. Oktober waren bei der Bekämpfung des Hochwassers und dessen Auswirkungen etwa 15 000 Soldaten der Bundeswehr im Einsatz. Hubschrauber beförderten in über 2700 Flugstunden rund 2000 Personen. Im Jahre 2002 kam es bei den Hochwasserkatastrophen an Elbe und Donau zum größten Katastropheneinsatz der Bundeswehr. In Dresden wurde die historische Altstadt verwüstet, in Bitterfeld drohte der Chemiepark geflutet zu werden. Beim »Wunder von Mühlberg« verteidigte die Bundeswehr den bereits aufgegebenen und evakuierten Ort. Allein in Sachsen-Anhalt und Brandenburg wurden 60 000 Menschen evakuiert. In Niedersachsen und Mecklenburg-Vorpommern mussten etwa 30 000 Menschen in Notquartieren untergebracht werden. An Elbe und Donau waren 2002 insgesamt rund 73 000 Einsatzkräfte eingesetzt. Davon waren über die Hälfte (44 000) Soldaten, davon 60 Prozent Wehrdienstleistende. In 2100 Flugstunden konnten 778 Menschen aus lebensgefährlichen Situationen gerettet werden. Die Einsätze reichten von Deichsicherung mittels Sandsäcken, Evakuierungen und Versorgung der Bevölkerung bis hin zu Aufklärungsflügen mit ECR-Tornados.

028 Soldaten des Gebirgsjägerbataillons 571 sichern Mühlberg mit Sandsäcken vor dem Hochwasser der Elbe.

029 Luftbildaufnahmen von Tornado-Aufklärungsflugzeugen des Geschwaders »Immelmann« zeigen überschwemmte Abschnitte im Raum Dresden.

Neuorientierung

währleistet sein. Die mögliche Abwanderung westlicher Firmen und mit ihnen von Arbeitsplätzen führte aber auch zu wachsenden Ängsten in den alten EU-Ländern. Ebenso gab es in den neuen Mitgliedsländern Befürchtungen hinsichtlich der wachsenden Konkurrenz ausländischer Unternehmer und deren Finanzkraft. Daher wurden verschiedene Übergangsregelungen festgelegt, in denen die Freizügigkeit in bestimmten Bereichen wie dem Arbeitsmarkt oder dem Grund- und Bodenerwerb vorerst eingeschränkt blieben.

Neben den verschiedenen nationalen Ängsten ließ die ▸ EU-Erweiterung allerdings auch generell Zweifel aufkommen, ob eine EU mit nunmehr 25 und ab 2007 mit 27 statt ursprünglich 15 Mitgliedern überhaupt noch zu gemeinsam getragenen Entscheidungen in der Lage sein würde. Befürchtet wurde zudem ein weiterer Ausbau der EU-Administration. Im Frühjahr 2005 scheiterte daher auch der für die EU vorgelegte Verfassungsvertrag an Volksabstimmungen in Frankreich und den Niederlanden, das Ratifizierungsverfahren wurde vorläufig für eine einjährige »Denkpause« gestoppt.

Die Kriege in Jugoslawien

Zu den wohl erschütterndsten Ereignissen der europäischen Nachkriegsgeschichte kam es im Zusammenhang mit dem Zerfall Jugoslawiens. Das Ende des Ost-West-Konflikts und der Kollaps der sozialistischen Systeme in Osteuropa zogen zunächst das Ende der ▸ Sonderrolle Jugoslawiens als »blockfreier« Staat nach sich, welche das Selbstverständnis des Landes lange bestimmt hatte. Die bereits nach dem Tod des jugoslawischen Staatspräsidenten ▸ Josip Broz Tito seit 1980 in verschiedenen Bundesstaaten des Landes aufgeflammten nationalistischen Bewegungen, die deutlichen regionalen Entwicklungsunterschiede und Verteilungskämpfe sowie sozioökonomische Probleme hatten zu einer Wirtschaftskrise geführt und die ethnischen Vorurteile und Feindbilder verstärkt.

Nach den Unabhängigkeitserklärungen Kroatiens und Sloweniens im Juni 1991 kam es zu ersten bewaffneten Konflikten mit der Jugoslawischen Volksarmee. Die blutigen Nachfolgekriege erfassten zunächst 1991 Slowenien, 1991/1992 und 1995 Kroatien, von 1992 bis 1995 Bosnien, von 1998 bis 1999 das Kosovo und schließlich 2001 Mazedonien.

Während der Krieg in Slowenien bereits nach wenigen Wochen beendet war, weiteten sich die folgenden Konflikte zu langfristigen und äußerst brutalen Kriegen aus. Nach einem ersten offiziellen Waffenstillstand 1992 rückten zwar Friedenstruppen der UN in Kroatien ein, vermochten jedoch eine Vertreibung von 300 000 Serben durch die kroatische Armee und den Zusammenbruch der Serbischen Republik Krajina, aus der die Serben allerdings zuvor 220 000 Kroaten vertrieben hatten, nicht zu verhindern.

Nach der internationalen Anerkennung von Bosnien-Herzegowina im April 1992 kam es auch dort zu gewalttätigen Auseinandersetzungen zwischen ethnisch definierten Parteien und bewaffneten Verbänden, die jeweils Eigenstaatlichkeit beanspruchten. Die Kämpfe zwischen regulären Armeeteilen, Spezialtruppen, Milizen und Freischärlern der muslimischen und kroatischen Bevölkerung gegen den von der Jugoslawischen Volksarmee unterstützten serbischen Bevölkerungsteil konnten erst nach dem Eingreifen der NATO im Sommer 1995 und dem Abkommen von Dayton im November desselben Jahres unterbrochen werden.

Eine erste Erweiterung der EU erfolgte 1995 mit dem bereits seit längerem geplanten Beitritt der vormaligen Mitgliedsstaaten der European Free Trade Association (EFTA) Finnland, Österreich und Schweden. Nachdem die Umrechnungskurse zwischen der neuen gemeinsamen Währung, dem Euro, und den Währungen der Europäischen Wirtschafts- und Währungsunion (EWWU) festgelegt worden waren, führten Belgien, Deutschland, Finnland, Frankreich, Irland, Italien, Luxemburg, Niederlande, Österreich, Portugal und Spanien am 1. Januar 2002 den Euro ein. Seit Januar 2007 gehört auch Slowenien zum Euroraum. Großbritannien, Dänemark und Schweden verzichteten aus innenpolitischen Gründen auf die Mitgliedschaft in der EWWU. Ein Stabilitäts- und Wachstumspakt verpflichtete

Eine besondere Stellung nahm Jugoslawien in Europa nach Kriegsende ein. Obgleich 1945 als Volksrepublik unter kommunistischer Herrschaft gegründet, verfolgte dessen Staats- und Parteiführung unter Josip Broz Tito nach dem Bruch mit Stalin 1948 eine eigenständige Wirtschafts- und Außenpolitik zwischen Ost und West. So trat Jugoslawien nicht dem Warschauer Pakt bei und war ab 1964 nur assoziiertes Mitglied des Rates für gegenseitige Wirtschaftshilfe (RGW). Jugoslawien gehörte zu den führenden Ländern der 1961 in Belgrad gegründeten Bewegung der Blockfreien Staaten, die einen eigenständigen Kurs zwischen den beiden großen Machtblöcken verfolgte. Jugoslawien war auch das einzige sozialistische Land in Europa, das seinen Bürgern ohne größere Einschränkungen Reisen in »nichtsozialistische« Staaten erlaubte wie auch die Möglichkeit gab, sich als »Gastarbeiter« im Ausland anwerben zu lassen.

Innenpolitisch und wirtschaftlich versuchte das Tito-Regime, die unterschiedlichen nationalen und regionalen Interessen auszugleichen. Mehrfache Verfassungsänderungen dienten nicht zuletzt dem Ziel, ein stabiles Verhältnis zwischen den überwiegend national definierten Republiken und der Bundesregierung in Belgrad zu finden, ohne jedoch die kommunistische Herrschaft zu gefährden.1963 erfolgte die Umbenennung der Föderativen Volksrepublik zur Sozialistischen Föderativen Republik Jugoslawien (SFRJ), 1974 wurde eine Verfassung eingeführt, die maßgeblich die Rechte der sechs Republiken und zwei autonomen Provinzen stärkte. Dennoch verschärften sich nach dem Tode Titos 1980 sowohl die wirtschaftlichen als auch die nationalen Spannungen, die 1991 zur Unabhängigkeit Kroatiens und Sloweniens, Mazedoniens und Bosnien-Herzegowinas, aber auch zu mehrjährigen Kriegen in Kroatien und Bosnien-Herzegowina führten. Ab 1992 bildeten Serbien und Montenegro die Bundesrepublik Jugoslawien, die 2003 durch den Staatenbund Serbien und Montenegro (bis 2006) ersetzt wurde.

B Josip Broz Tito (1892–1980)
Jugoslawischer Politiker – 1937 wurde Tito Generalsekretär der Kommunistischen Partei Jugoslawiens. Er organisierte mit britischer Unterstützung die kommunistische Partisanenbewegung im Zweiten Weltkrieg. Von 1945 bis 1953 war er Ministerpräsident der Föderativen Volksrepublik Jugoslawien. Anschließend übte er bis zu seinem Tode das Amt des Staatspräsidenten aus und lenkte in diktatorischer Manier die Geschicke des Landes. Tito widersetzte sich den sowjetischen Hegemoniebestrebungen nach dem Krieg und nahm 1948 einen Bruch mit Stalin in Kauf. Seitdem entwickelte er einen spezifisch jugoslawischen Weg zum Sozialismus, der auch den nationalen Gegebenheiten eines Vielvölkerstaates Rechnung trug und historisches Konfliktpotenzial abbaute. Mit einer Annäherungspolitik an die westlichen Staaten suchte er die Wirtschaftsblockade der Sowjetunion zu umgehen. 1955 kam es zur jugoslawisch-sowjetischen Aussöhnung. Doch auch danach wahrte Jugoslawien unter Tito seine politische Unabhängigkeit und wurde zu einem wichtigen Sprachrohr der blockfreien Staaten.

030 Der jugoslawische Staatspräsident Josip Broz Tito.

die Mitgliedsstaaten der europäischen Währungsunion künftig zur Vorlage von mehrjährigen Stabilitäts- und Wachstumsprogrammen. Im Mai 2004 erfolgte die bisher größte Erweiterung der EU. Neue Mitgliedsstaaten wurden Estland, Lettland, Litauen, Malta, Polen, Ungarn, Zypern, Slowenien sowie Tschechien und die Slowakei. Formal trat zwar ganz Zypern der EU bei, faktisch allerdings nur der südliche, der griechische Teil der Insel. 2007 wurden Bulgarien und Rumänien EU-Mitglieder. An die zunächst von Frankreich und Deutschland angedachte Aufnahme der Türkei knüpften sich in mehreren Mitgliedsstaaten Bedenken, deren Ausräumung ebenso wie die Lösung der strukturellen Anpassungsprobleme der EU noch größerer Anstrengungen bedürfen.

Neuorientierung

Der seit 1989 schwelende Kosovo-Konflikt wurde bei den Verhandlungen in Dayton ausgeklammert. Die Entscheidung Serbiens, dem Kosovo die in der Verfassung festgelegten Autonomierechte zu nehmen, blieb von der Weltgemeinschaft somit unangetastet. Auf die zunehmende Entziehung selbst der kleinsten institutionellen Vertretungen der albanischen Bevölkerung reagierte vor allem die jüngere Generation mit der Unterstützung der UCK (Befreiungsarmee des Kosovo), die seit 1996 wiederholt Anschläge auf die serbischen Sicherheitskräfte verübte. Es kam schließlich zu blutigen Auseinandersetzungen zwischen Serben und Kosovo-Albanern. Daraufhin flüchteten mehr als 200 000 Menschen in die Berge des Kosovo und überschritten die Grenzen zu den Nachbarstaaten Albanien und Mazedonien. Im September 1998 versuchten die UN mit der Resolution 1199, den serbischen Übergriffen ein Ende zu setzen. Parallel drohte die NATO militärisches Eingreifen an, sollten die brutalen Auseinandersetzungen nicht beendet werden. Die Massaker der serbischen Seite verminderten sich jedoch trotz anderslautender Versicherungen keineswegs, sondern eskalierten sogar in einer Reihe brutaler Massenmorde.

Nach dem Scheitern der Verhandlungen von Rambouillet und Paris, bei denen der serbische Regierungschef Slobodan Milosevic sich weigerte seine Streitkräfte aus dem Kosovo abzuziehen, begann die NATO im März 1999 unter deutscher Beteiligung und ohne UN-Mandat mit der Operation »Allied Force«. Sie führte Luftangriffe auf serbische Verbände und Infrastruktur von strategischer Bedeutung durch, und zwar unter Inkaufnahme so genannter ▸ Kollateralschäden. Die Vertreibung der albanischen Bevölkerung aus dem Kosovo konnte durch die militärischen Eingriffe nicht verhindert werden. Im Laufe des Krieges flohen rund 865 000 Menschen und damit die Hälfte der albanischen Bevölkerung im Kosovo in provisorische Lager der Nachbarstaaten. Der Krieg endete somit nur teilweise erfolgreich, nämlich mit dem Rückzug der serbischen Streitkräfte im Juni des Jahres.

Der Kosovo-Krieg markiert das Ende der Jugoslawienkriege und auch der Herrschaft Milosevics, der im Oktober 2000 zunächst von seinem Amt zurücktrat, ein halbes Jahr später an das Haager Kriegsverbrechertribunal ausgeliefert und dort wegen Völkermordes und Kriegsverbrechen angeklagt wurde. Im März 2006 starb er während der Haft an Herzversagen.

Fünfzig Jahre nach dem Ende des Zweiten Weltkriegs war der Krieg – zusammen mit den überwunden geglaubten Phänomenen der Flucht, Vertreibung und »ethnischen Säuberung« – in brutaler Weise nach Europa zurückgekehrt. Die Europäische Gemeinschaft traf diese Entwicklung unvorbereitet und daher fast hilflos. Nur mit Unterstützung von außen konnten das Ende der Kriege und der Wiederaufbau der ehemals jugoslawischen Regionen bewerkstelligt werden.

Die Wiederherstellung funktionierender Strukturen auf dem Gebiet des früheren Jugoslawien und vor allem das friedliche Zusammenleben der einstigen Gegner im Kosovo stellen einen langwierigen Prozess dar, der teilweise nach wie vor von NATO-Streitkräften geschützt wird. Seit der Zustimmung der jugoslawischen Regierung zum G-8-Friedensplan im Juni 1999 sichert die internationale Staatengemeinschaft mit der NATO-geführten Kosovo Force (KFOR) und der United Nations Mission in Kosovo (UNMIK) den Aufbau einer multiethnischen Verwaltung und Exekutive, um für das Zusammenleben von Serben und Albanern eine Basis zu schaffen.

Die kriegerischen Ereignisse im europäischen Raum und die militärischen Eingriffe der USA führten die EU schließlich zur Ausarbeitung eigener militärischer Handlungsstrategien. Vor allem dem 1999 von der Bundesrepublik vorgebrachten Vorschlag einer gemeinsamen »Europäischen Sicherheits- und Verteidigungspolitik« (ESVP) wurde zugestimmt. Diese Vereinbarung sollte der EU die Fähigkeit zur Planung und Führung von Operationen ohne Rückgriff auf die NATO ermöglichen. In der Folgezeit kam es zur Schaffung entsprechender Institutionen, und im Dezember 2003 er-

Joschka Fischer, »Rede im Bundestag« (15. April 1999)

Der deutsche Außenminister verteidigte den Einsatz der NATO in Jugoslawien. An die PDS gewandt sagte er:

»Sie sprechen vom Völkerrecht. Ich frage Sie: Wo ist das Recht der Ermordeten in den Massengräbern? Wo ist bei Ihnen das Recht der vergewaltigten Frauen? Wo ist das Recht der Vertriebenen? Ich sage das als jemand, der sich [...] schwer getan hat, diese Pest der europäischen Vergangenheit, einen großserbischen Nationalismus wie den, den wir mit dem großdeutschen Nationalismus auch hatten, [...] zu akzeptieren. [...] Das Europa der Demokratie kann diese Form des Faschismus nicht akzeptieren. [...] Wir hatten 300 000 Binnenvertriebene, das heißt, die Sache war bereits in vollem Gange. [...] Das Militär machte die militärische Arbeit. Anschließend kommen die Sondereinheiten – fast hätte ich gesagt: die ›Einsatzgruppen‹ [...] die dann das Geschäft der Vertreibung erledigten. Hätten Sie es für möglich gehalten, dass eine Kriegsführung wie die der Belgrader Regierung wieder möglich wird, mit Deportationen: rein in die Züge, raus aus dem Land? [...] Wir sind davon überzeugt: Wenn wir hier nachgeben würden, würden wir nicht Frieden bekommen, sondern eine weitere blutige Runde des Krieges.«

Zit. nach: Presse- und Informationsamt der Bundesregierung, 4 (1999), S. 44 ff.

031 NATO-Luftschläge: Zerstörungen in einem Viertel der Stadt Mitrovica im Kosovo, 1999.

Am 7. Mai 1999 bombardierte die NATO im Rahmen ihrer Luftangriffe versehentlich die chinesische Botschaft in Belgrad. Drei Menschen starben. Für dieses Geschehen gebrauchte die NATO im Kosovokrieg das Wort »Kollateralschaden«. Der Begriff geht auf das lateinische Wort »kollateral« (seitlich) zurück. Als Kollateralschaden wird ein unbeabsichtigter, jedoch in Kauf genommener Begleitschaden, der beim Einsatz militärischer Gewalt gegenüber Zivilpersonen und zivilen Objekten auftreten kann, bezeichnet. 1999 wurde der Begriff von der Gesellschaft für Deutsche Sprache zum Unwort des Jahres gewählt. In der Begründung dazu hieß es, das Wort erwecke den Eindruck als seien Menschen eine Sache, die zu Nebensächlichkeiten degradiert werde.

Neuorientierung

folgte die gemeinsame Verabschiedung einer »Europäischen Sicherheitsstrategie« (ESS). Mit dem im Mai 2005 eingesetzten Europaen Union Military Staff (EUMS) fand diese Entwicklung ihren vorläufigen Abschluss. Der Forderung nach neuen Möglichkeiten der Krisenbewältigung trug die EU mit den »European Battlegroups« Rechnung. Danach sollen künftige Einsätze keinerlei geografischen Einschränkungen mehr unterliegen. Ziel ist es, ab 2010 stets zwei dieser »Battlegroups« in höchster Verfügbarkeit zu halten. Damit soll die EU in die Lage versetzt werden, schnell und flexibel zwei Krisen-Management-Operationen gleichzeitig durchführen zu können. Die EU folgt damit dem Vorbild der NATO Response Force (NRF), die Ende 2006 beim NATO-Gipfel in Riga für einsatzbereit erklärt wurde.

Darüber hinaus wurde die bereits bestehende strategische Partnerschaft zwischen der EU und der NATO im Dezember 2003 durch die Entschließung »Europäische Verteidigung: NATO/EU-Konsultationen, Planung und Operationen« verstärkt. Auch die enge Kooperation der EU mit der Anfang 1995 entstandenen Nachfolgeorganisation der Konferenz für Sicherheit und Zusammenarbeit in Europa (KSZE), der Organisation für Sicherheit und Zusammenarbeit in Europa (OSZE) mit Sitz in Wien, wurde fortgesetzt. Mit der »Plattform für kooperative Sicherheit« hatten zudem seit 1999 die Beziehungen zwischen der OSZE und der NATO ihre feste Regelung gefunden. Die OSZE agierte als das zentrale Instrument der konventionellen Rüstungskontrolle, der Abrüstung und der Konfliktprävention in Europa. Mitte 2006 konnte sie auf 18 erfolgreich durchgeführte Missionen und Langzeitaktivitäten verweisen.

Deutschland

Mit dem Ende des Kalten Krieges veränderte sich auch die Lage Deutschlands, das als geteiltes Land immer auch als ein Spiegel der bipolaren Weltordnung betrachtet wurde. Nach der Öffnung der innerdeutschen Grenze im November 1989 und den ersten freien Wahlen in der DDR im März 1990 rückte die Möglichkeit der ▸ Wiedervereinigung Deutschlands in greifbare Nähe. Diese war aber ohne die Zustimmung der einstigen Siegermächte des Zweiten Weltkriegs nicht möglich. Daher verhandelten ab Mai 1990 die Außenminister der Vereinigten Staaten, der Sowjetunion, Großbritanniens und Frankreichs mit ihren Kollegen aus den beiden deutschen Staaten in den »Zwei-plus-Vier«-Gesprächen über die Rahmenbedingungen der Wiedervereinigung. Im Ergebnis wurde dem vereinigten Deutschland die volle staatliche Souveränität und damit auch die freie Bündniswahl gewährt. Dafür garantierte die Bundesrepublik Deutschland die Unverrückbarkeit ihrer bestehenden Grenzen, die Reduzierung ihrer Streitkräfte und den Verzicht auf ABC-Waffen.

Die anschließende Entwicklung führte nach dem Inkrafttreten der Währungsunion zwischen Bundesrepublik und DDR im Juli und dem Austritt der DDR aus dem Warschauer Pakt im September im Eilschritt zur Vereinigung Deutschlands am 3. Oktober 1990. Der Abbruch der Berliner Mauer und die Entfernung des Stacheldrahts an der innerdeutschen Grenze sowie der Abzug der Truppen der vier Siegermächte aus Berlin verdeutlichten das Ende der Nachkriegsordnung in Deutschland darüber hinaus in eindringlichen Bildern, die um die Welt gingen.

Für die Bundesrepublik stellte sich die Aufgabe, das Zusammenwachsen der beiden Teile Deutschlands voranzutreiben. Das vordringlichste Problem des vereinigten Deutschlands lag in der Angleichung der wirtschaftlichen und sozialen Situation der »neuen« Bundesländer an das Niveau der alten Bundesrepublik. Staatliche Investitionen in die marode Infrastruktur der neuen Länder erschienen zunächst als wichtigste Aufbaumaßnahme. Sie

1 Margaret Thatcher, »Das wiedervereinigte Deutschland« (1993)

In ihren Erinnerungen beschreibt die ehemalige britische Premierministerin ihre elfjährige Regierungszeit und erläutert u.a. ihre ablehnende Haltung zur deutschen Wiedervereinigung.

»Ein wiedervereinigtes Deutschland ist schlichtweg viel zu groß und zu mächtig, als dass es nur einer von vielen Mitstreitern auf dem europäischen Spielfeld wäre. Überdies hat Deutschland sich immer auch nach Osten hin orientiert, nicht nur in Richtung Westens, obwohl die moderne Version solcher Tendenzen eher auf wirtschaftliche denn auf kriegerische territoriale Expansion abzielt. Daher ist Deutschland vom Wesen her eher eine destabilisierende als eine stabilisierende Kraft im europäischen Gefüge. Nur das militärische und politische Engagement der USA in Europa und die engen Beziehungen zwischen den beiden anderen starken, souveränen Staaten Europas, nämlich Großbritannien und Frankreich, können ein Gegengewicht zur Stärke der Deutschen bilden. Ein Hindernis auf dem Wege zu einem solchen Gleichgewicht der Kräfte war zu meiner Amtszeit die Weigerung des von Präsident Mitterrand regierten Frankreich, französischen Instinkten zu folgen und den deutschen Interessen den Kampf anzusagen. Denn das hätte bedeutet, die französisch-deutsche Achse aufzugeben, auf die Mitterrand sich stützte. [...]
Sobald die Entscheidung gefallen war, dass die DDR der Europäischen Gemeinschaft ohne besondere Beitrittsverhandlungen beitreten konnte – aus meinen eigenen Gründen war ich gegen eine Vertragsänderung und irgendwelche Gemeinschaftshilfen –, konnten wir mithilfe der EG-Institutionen kaum noch etwas gegen die rasche Wiedervereinigung unternehmen. Meine Hoffnungen stützten sich nun auf die vier Siegermächte – Großbritannien, Frankreich, die Vereinigten Staaten und die Sowjetunion –, bei denen die Verantwortung für die Sicherheit Berlins lag. Doch nachdem die USA – und bald auch die Sowjets – in den Vier Mächten nichts anderes mehr sahen als ein Diskussionsforum für die Einzelheiten der Wiedervereinigung, war auch dieses Gremium nur noch von beschränktem Nutzen.«

Zit. nach: Margaret Thatcher, Downing Street No. 10, Düsseldorf 1993, S. 110 f.

032 Abschiedsparade der Westalliierten in Berlin. Foto, 18. Juni 1994.

beanspruchten den Staatshaushalt enorm und fielen zudem in eine Zeit der weltweiten wirtschaftlichen Krise. Speziell in der Bundesrepublik stiegen die Arbeitslosenzahlen und die Staatsverschuldung dramatisch an.

Auch auf der politischen Ebene hatte das vereinigte Deutschland mit der Aufarbeitung der DDR-Vergangenheit und insbesondere der Tätigkeit des Ministeriums für Staatssicherheit, der »Stasi«, ein schweres Erbe angetreten. Militärisch mussten die Reste der aufgelösten Nationalen Volksarmee (NVA) übernommen bzw. abgewickelt werden. Zudem galt es, die gesamtdeutschen Streitkräfte zu reduzieren und den Vertrag über Konventionelle Streitkräfte in Europa umzusetzen.

Neben der Lösung der politischen, strukturellen und wirtschaftlichen Aufgaben schien das geistige Zusammenwachsen der beiden Teile Deutschlands besonders schwierig. Dieser Prozess erwies sich als schwieriger denn erwartet und keineswegs innerhalb einer Generation lösbar.

Zudem sah sich die Bundesrepublik nach dem Ende der bipolaren Konfrontation mit den großen Herausforderungen einer globalen Risikogesellschaft konfrontiert. Sie brachte sich verstärkt in die internationale Politik ein und stellte Soldaten der Bundeswehr für weltweite multilaterale Friedensmissionen im Rahmen der Europäischen Union, der NATO und 1998/99 auch der OSZE zur Verfügung.

Sechzig Jahre nach dem Ende des von Deutschland ausgegangenen Zweiten Weltkriegs ist die Bundesrepublik Deutschland somit ein gleichberechtigter und anerkannter Partner der internationalen und der Europäischen Gemeinschaft geworden.

Neuorientierung

Kapitel I – Umfeld:

Militär, Politik und Gesellschaft im Umbruch zum 21. Jahrhundert

1. Auflösung der NVA

033 Friedens-Kundgebung vor der Bonner Universität anlässlich des ersten Golfkrieges.
Foto, 26. Januar 1991.

Offiziell bestanden nach der Öffnung der Mauer im November 1989 zwischen der ▶ Bundeswehr und der Nationalen Volksarmee (NVA) keine Kontakte. Bis zur Wahl der Volkskammer am 18. März 1990 überwog auf der Seite des Bundesministeriums der Verteidigung (BMVg) Zurückhaltung, galt doch die Armee der Sozialistischen Einheitspartei als ein Unterdrückungsinstrument des Unrechtsstaates Deutsche Demokratische Republik (DDR), das durch Kontakte mit der Bundeswehr keine Aufwertung erfahren sollte. Allerdings kam es seit Anfang 1990 durchaus zu persönlichen Begegnungen zwischen Soldaten der NVA und der Bundeswehr.

Die erste demokratisch legitimierte Regierung der DDR ernannte den ehemaligen »Bausoldaten« und Pfarrer Rainer Eppelmann zum Minister für Abrüstung und Verteidigung. Während dieser von der künftigen Weiterexistenz der beiden Militärbündnisse NATO und Warschauer Pakt und damit auch von zwei Armeen auf deutschem Boden ausging, konnte sich Bundesverteidigungsminister Gerhard Stoltenberg nur eine einzige Armee für Deutschland sowie deren weitere Zugehörigkeit zur NATO vorstellen. Dafür prägte er die Formel: »Ein Staat – Eine Armee«.

Unterdessen arbeitete eine kleinere Gruppe von Offizieren der NVA-Führung an einer Militärreform, die allerdings für eine Realisierung zu spät kam. Auf Weisung Eppelmanns vom 15. August 1990 wurden alle NVA-Angehörigen über 55 Jahre entlassen. Am 30. August erhielten die Einheiten der NVA den Befehl, alle Gefechtsfahrzeuge, Schiffe und Flugzeuge bis zum 28. September zu entmunitionieren. Am gleichen Tag begann ein Verbindungskommando des Bundesministeriums der Verteidigung unter der militärischen Führung von Brigadegeneral Ekkehard Richter und der zivilen Führung unter Gunnar Simon seine Tätigkeit in Strausberg. Am 28. September überreichte der Staatssekretär des Ministeriums für Abrüstung und Verteidigung Werner E. Ablaß 24 Generalen und Admiralen der NVA die Entlassungsurkunde. Am 2. Oktober 1990 hörte die NVA auf zu bestehen.

Am 3. Oktober 1990 nahm das ▶ Bundeswehrkommando Ost als zentrale Führungseinrichtung aller Truppenteile, Stäbe und Einrichtungen auf dem Gebiet der neuen Bundesländer seine Arbeit in Strausberg auf. Es umfasste etwa 2000 Soldaten sowie 250 zivile Beam-

034 Jörg Schönbohm.

Jörg Schönbohm (1937)
General und Politiker – Schönbohm durchlief eine Ausbildung zum Artillerie-Offizier und diente in verschiedenen Kommandeurs- und Stabsverwendungen in der Bundeswehr und der NATO. 1990 wurde er zum Befehlshaber des Bundeswehrkommandos Ost ernannt. In dieser Funktion war er mit der Auflösung der NVA, der Eingliederung ihrer Soldaten in die Bundeswehr und Abrüstungsmaßnahmen betraut. 1991 zm Inspekteur des Heeres ernannt, berief ihn der Verteidigungsminister ein Jahr später zum Staatssekretär. Schönbohm wurde 1995 Innensenator in Berlin und übernahm 1999 den Vorsitz des Landesverbandes der CDU in Brandenburg. Seit 1999 ist Schönbohm Innenminister des Landes Brandenburg.

Umfeld

 »Beschluss der Volkskammer über den Beitritt der Deutschen Demokratischen Republik zum Geltungsbereich des Grundgesetzes der Bundesrepublik Deutschland« (23. August 1990)

Die Volkskammer, die am 18. März 1990 erstmals demokratisch gewählt worden war, beschloss mit der erforderlichen Zweidrittelmehrheit den Beitritt der DDR zur Bundesrepublik.

»Die Volkskammer erklärt den Beitritt der Deutschen Demokratischen Republik zum Geltungsbereich des Grundgesetzes der Bundesrepublik Deutschland gemäß Artikel 23 des Grundgesetzes mit Wirkung vom 3. Oktober 1990.
Sie geht davon aus,
– daß die Beratungen zum Einigungsvertrag zu diesem Termin abgeschlossen sind,
– die Zwei-plus-vier-Verhandlungen einen Stand erreicht haben, der die außen- und sicherheitspolitischen Bedingungen der deutschen Einheit regelt,
– die Länderbildung so weit vorbereitet ist, daß die Wahl in den Länderparlamenten am 14. Oktober 1990 durchgeführt werden kann.
Vorstehender Beschluß wurde von der Volkskammer der Deutschen Demokratischen Republik in ihrer 30. Tagung am 23. August 1990 gefaßt.

Berlin 23. August 1990«

Zit. nach: Udo Sauther, Deutsche Geschichte seit 1815: Daten, Fakten, Dokumente, Bd 3: Historische Quellen, Tübingen, Basel 2004, S. 271

035 Verabschiedung der entlassenen Generale und Admirale der NVA durch Minister Rainer Eppelmann am 24. September 1990.

 Henning von Ondarza, »Rede vor dem Bundeswehrkommando Ost« (1990)

Der Heeresinspekteur sprach vor rund 850 Angehörigen des neu geschaffenen Bundeswehrkommandos Ost, das die Aufgabe hatte die Auflösung der NVA durchzuführen.

»Meine Herren, wir haben ihnen gesagt, was wir wissen. Vieles wissen wir heute nicht; viele Fragen müssen deshalb bis auf weiteres unbeantwortet bleiben. Fahren Sie morgen früh los an Ihre Bestimmungsorte. Sehen Sie wer dort ist. Stellen Sie fest was dort ist. Geben Sie Vertrauensvorschuss an die Führungsverantwortlichen in der NVA. Unterlassen Sie jede Selbstgerechtigkeit und gewinnen Sie deren Loyalität. Bedenken Sie die schwierige Situation, in der diese Soldaten stehen. Sie kennen jetzt meine Absicht und die des Bundesministers. Handeln Sie selbständig danach. Sie haben gelernt, eine Lage zu beurteilen, auch wenn diese ungewöhnlich ist und viele Ungewissheiten einschließt. Sie haben gelernt zu entscheiden. Entscheiden Sie, was nötig ist, auf der Stelle und melden Sie dann. Insofern ist es nicht anders als im Kampfeinsatz, wo das Ungewisse die Regel und Friktionen das Unvermeidliche sind.«

Zit. nach: Werner von Scheven, Die Bundeswehr und der Aufbau Ost. In: Entschieden für Frieden. 50 Jahre Bundeswehr 1955 bis 2005. Im Auftrag des Militärgeschichtlichen Forschungsamtes hrsg. von Klaus-Jürgen Bremm, Hans-Hubertus Mack und Martin Rink, Freiburg i.Br. 2005, S. 442 f.

036 Die Verteidigungsminister beider deutscher Staaten, Rainer Eppelmann und Gerhard Stoltenberg, sowie Generalleutnant Jörg Schönbohm bei der Übernahme der Nationalen Volksarmee der DDR am 3. Oktober 1990.

037 Abrüstungsmaßnahmen nach der Wiedervereinigung: Die Verschrottung einer MiG-21.

Neuorientierung

038 NVA-Soldaten des Wachregiments »Friedrich Engels« beim Abmarsch vom letzten Großen Wachaufzug vor der Neuen Wache in Berlin am 26. September 1990.

te und Angestellte der Bundeswehr aus dem Westen. Befehlshaber des Kommandos wurde Generalleutnant ▸ Jörg Schönbohm. Auf seinen Schultern lag nicht nur die Verantwortung für die Auflösung der NVA und die Integration von ehemaligen NVA-Angehörigen in die Bundeswehr, sondern zudem die Übernahme und Sicherung von Waffen, Material und Liegenschaften der NVA. Wesentliche Mitarbeit leisteten dabei die Wehrverwaltung VII sowie die in Strausberg eingerichtete Außenstelle des Bundesministeriums der Verteidigung.

Auf der Grundlage des am 31. August von der DDR und der Bundesrepublik unterschriebenen Einigungsvertrages übernahm der Bundesminister der Verteidigung am 3. Oktober 1990 auch die Verantwortung für die rund 98 000 Soldaten der NVA. Der ▸ Einigungsvertrag enthielt zahlreiche Regelungen über den Status, die Besoldung sowie die Altersversorgung ehemaliger NVA-Soldaten. Die etwa 39 000 Wehrpflichtigen aus den neuen Bundesländern erhielten sogleich den Status eines Soldaten nach dem Soldatengesetz der Bundesrepublik Deutschland. Das Dienstverhältnis der etwa 51 000 Zeit- und Berufssoldaten der NVA ruhte mit dem Beitritt zur Bundeswehr. Ihre ▸ Integration erfolgte in einem dreistufigen Verfahren. Die Entscheidung über ihr Verbleiben im Wartestand oder eine Weiterverwendung hing zunächst davon ab, ob ihre NVA-Einheiten aufgelöst oder von der Bundeswehr übernommen werden sollten. Danach konnte für eine Dauer von zwei Jahren die Übernahme im Status eines Soldaten auf Zeit erfolgen und schließlich die Übernahme in die Bundeswehr in ein längeres Dienstverhältnis als Soldat auf Zeit oder als Berufssoldat. Diese hing wesentlich von der Frage nach der Zugehörigkeit zum Staatssicherheitsdienst ab, denn natürlich kamen frühere Mitarbeiter des Ministeriums für Staatssicherheit (MfS), des Amtes für Nationale Sicherheit oder Soldaten aus Verwendungen wie etwa Politoffizier für eine Übernahme in die Bundeswehr nicht in Frage.

Über 60 Prozent der Offiziere der NVA entschieden sich, in realistischer Einschätzung ihrer Zukunftsperspektive, bis zum 31. Dezember 1990 zu erträglichen sozialen Bedingungen freiwillig aus der Bundeswehr auszuscheiden. Von 24 000 Offizieren, 23 000 Unteroffizieren und Mannschaften bewarb sich jeder Zweite für eine Übernahme als Soldat auf Zeit. Die Altersgrenze für eine Übernahme in die Bundeswehr lag für Berufs- und Zeitsoldaten der NVA bei 50 Jahren. Insgesamt wurden 6000 Offiziere, 11 200 Unteroffiziere und 800 Mannschaften als Soldaten auf Zeit für zwei Jahre übernommen. Ihre Auswahl erfolgte in zentralen Konferenzen nach den Kriterien des strukturellen Bedarfs, der Verfügbarkeit einer entsprechenden Planstelle sowie persönlicher Eignung und Führung. Zusätzlich erfolgte mit Hilfe des Bundesbeauftragten für die Unterlagen des Staatssicherheitsdienstes der DDR (BStU) eine Sicherheitsüberprüfung. Berufssoldat konnte nur der Bewerber werden, der ein

Klaus Dieter Naumann (1939)
B General – Er trat 1958 in die Bundeswehr ein. Neben der Führungsakademie der Bundeswehr in Hamburg besuchte und bestand er im Royal College of Defence Studies in London. 1970 bis 1972 durchlief der nunmehr zum Major beförderte Naumann, eine Ausbildung zum Generalstabsoffizier. Ursprünglich für die Laufbahn bei der Panzerartillerie vorgesehen diente er als G3 im Stab der Panzerbrigade 15 in Koblenz, sowie in verschiedenen Kommandanturen, darunter die als Batteriechef beim Panzerartilleriebataillon 135 in Wetzlar, als Kommandeur des Panzerartilleriebataillons 55 in Homberg und die als Oberst der

039 Klaus Dieter Naumann.

Umfeld

Bis zum 31. Dezember 1990 hatten alle NVA-Soldaten, die älter als 50 Jahre waren, die Armee zu verlassen. Generale und Admirale waren noch von der DDR-Regierung entlassen worden. Nachdem die grundsätzliche Entscheidung zur teilweisen Integration von NVA-Angehörigen in die Bundeswehr gefallen war, legte man die Kriterien für die Übernahme fest. Zuerst wurden die Truppenteile und Dienststellen der NVA intern in drei Kategorien unterteilt. A: Truppenteile, aus denen Formationen der Bundeswehr gebildet werden sollten; B: Truppenteile, die für eine Übergangsfrist noch benötigt wurden; C: NVA-Einheiten, die sofort aufgelöst werden sollten: der Politapparat, die Grenztruppen, und die Militärgerichtsbarkeit. Ab dem 3. Oktober 1990 konnten sich die zeitweise in die Bundeswehr aufgenommenen ehemaligen NVA-Soldaten für eine »Testphase« von zwei Jahren (SaZ 2-Status) bewerben. Zwei Drittel aller Offiziere reichten ihren Abschied ein, weil sie ihre Chancen übernommen zu werden als gering einstuften. Kriterien waren Eignung, Befähigung und Leistung. Ausschluss-

040 Abschlussappell im Ministerium für Abrüstung und Verteidigung am 2. Oktober 1990. Die Fahne der DDR ist zum letzten Mal eingeholt.

kriterien für die Übernahme in die Bundeswehr waren: Mitarbeit beim MfS oder beim Amt für Nationale Sicherheit der früheren DDR, Verwendung als Politoffizier und Zugehörigkeit zur militärischen Aufklärung. Zuerst verließ man sich auf die Selbstauskünfte des Bewerbers, holte dann aber für alle Dienstgrade ab Feldwebel Auskünfte des Bundesbeauftragten für die Unterlagen des Staatssicherheitsdienstes der ehemaligen DDR ein. Daraufhin wurden aufgrund von wahrheitswidrigen Angaben bei der Bewerbung etwa 500 Offiziere und 900 Unteroffiziere entlassen. Nach Ablauf der zwei Jahre konnten sich Soldaten (mit SaZ 2-Status) für eine Übernahme als Berufssoldaten oder für eine Dienstzeitverlängerung bewerben. Entsprechend der Eignung des Bewerbers, des Bedarfs und gemäß der Beurteilung durch den neu geschaffenen »Unabhängigen Ausschuss Eignungsprüfung (AEP)« wurde darüber entschieden. Als Vorbild diente hier der Personalgutachterausschuss (PGA), der 1955 über die Übernahme von ehemaligen Wehrmachtsoldaten in die neugeschaffene Bundeswehr entschieden hatte. Meist jüngere und militärisch bewährte Offiziere waren hier politisch und charakterlich durchleuchtet worden.
Der AEP tagte bis ins Frühjahr 1993. Über 2000 Bewerber erhielten einen positiven Bescheid. 642 wurden zu persönlichen Gesprächen geladen. Von diesen lehnte der Ausschuss 35 ab. Schließlich wurden insgesamt 2613 ehemalige Offiziere der NVA als Berufssoldaten in die Bundeswehr übernommen.

Panzergrenadierbrigade 30 in Ellwangen. General Naumann übernahm immer wieder Verantwortung in Brüssel und Bonn. Hierunter war er Dezernent für Militärpolitik, Militärstrategie und Rüstungskontrolle im Stab der Deutschen Militärischen Vertreter im Militärausschuss der NATO, als auch Stabsabteilungsleiter Planung und später Leiter der Stabsabteilung III verantwortlich für »Militärpolitische Grundlagen« und Operationen im Bundesministerium der Verteidigung. 1991 übertrug man ihm den Befehl über das I. Korps des deutschen Heeres in Münster bis er kurz darauf am 1. Oktober 1991 zum Generalinspekteur der Bundeswehr ernannt wurde. General Naumann wurde zehnter Generalinspekteur der Bundeswehr. Er begleitete die Auflösung der Nationalen Volksarmee und die strategische Neuausrichtung des gesamtdeutschen Militärs nach dem Fall des Eisernen Vorhangs. Im Zuge dessen stimmte er den ersten UN-Einsätzen der Bundeswehr unter anderem im Irak, in Bosnien und Somalia zu. 1996 folgte er einem Ruf als vierter deutscher General im Vorsitz des NATO-Militärausschusses und gab das Amt des Generalinspekteurs der Bundeswehr an General Hartmut Bagger ab.

Neuorientierung

positives Votum eines unabhängigen Auswahlausschusses erhielt, der sich aus Persönlichkeiten des öffentlichen Lebens zusammensetzte.

Insgesamt wurden von den 51 000 Berufssoldaten der NVA 10 800, also etwa 20 Prozent, davon 3000 Offiziere, 7600 Unteroffiziere und 200 Mannschaften in ein längeres Dienstverhältnis auf Zeit oder als Berufssoldaten übernommen. Die Zahl der für die NVA tätig gewesenen 50 000 zivilen Mitarbeiter konnte sozialverträglich auf etwa 14 200 Mitarbeiter verkleinert werden.

In jedem Fall, so die Planung der Bundeswehr, musste die Zahl der Zeit- und Berufssoldaten in den neuen Bundesländern bis zum Ende des Jahres 1994 auf etwa 25 000 Mann reduziert worden sein. Nur auf diese Weise konnte das dem sowjetischen Staatspräsidenten Michail Gorbatschow am 16. Juli 1990 von Bundeskanzler Helmut Kohl gegebene Versprechen, die Bundeswehr bis Ende 1994 von 580 000 auf 370 000 Mann zu verkleinern, auch eingehalten werden.

Die zahlreichen Angehörigen der NVA, die nicht übernommen werden konnten, fühlten sich, obgleich sie doch bei der ▸ Auflösung ihrer Armee überwiegend loyal mitgearbeitet hatten, ungerecht behandelt. Trotz der Bemühungen der aus dem Westen Deutschlands kommenden Offiziere, mit ihren neuen Kameraden fair umzugehen, machte schnell das Wort von einer angeblichen »Zwei-Klassen-Armee« die Runde. Die Bundeswehr suchte durch verschiedene Maßnahmen, die Eingliederung früherer NVA-Soldaten in das zivile Berufsleben zu erleichtern. Neben den von der Bundeswehr und Wehrverwaltung angebotenen Beratungen und Fortbildungsmaßnahmen mobilisierten einzelne Kommandeure dazu noch auf eigene Faust erfolgreich Bildungsträger und Firmen.

2. Aufbau der Bundeswehr in den neuen Bundesländern

Die NVA-Truppenteile, die nicht in die Bundeswehr überführt werden sollten, wurden Zug um Zug aufgelöst. Die ▸ höheren Kommandeure, Befehlshaber und Behördenleiter, die im Osten Teile der NVA in die Bundeswehr überführten, kamen ausnahmslos aus dem Westen. Jeder Truppenteil im Osten erhielt bereits im August/September einen Truppenteil im Westen als Paten, einen so genannten Couleurverband, zugeteilt.

Als besonders schweres Erbe erwies sich die Steuerung, Übernahme, Bewachung, Lagerung, Weiterverwendung, Abgabe, Demontage und Vernichtung von Ausrüstung, Technik und Waffen der NVA und anderer ebenfalls bewaffneter Organe der DDR. Die hierzu aus den alten in die neuen Bundesländer kommandierten Offiziere und Unteroffiziere, überwiegend besonders qualifizierte und ausgewählte Persönlichkeiten, sowie die sie dabei unterstützenden ehemaligen Angehörigen der NVA leisteten hervorragende Arbeit.

Es mussten 15 000 Waffensysteme und etwa 300 000 Tonnen Munition übernommen werden. Dazu kamen 90 000 Lastkraftwagen, 8000 Personenkraftwagen, 3000 Krafträder, 2700 Kampfpanzer, 9500 gepanzerte Fahrzeuge, 2500 Artilleriegeschütze, 400 Kampfflugzeuge, 50 Kampfhubschrauber, 70 Schiffe und Boote der Volksmarine sowie 50 Transportflugzeuge. Die Menge des am 3. Oktober 1990 übernommenen Materials sowie die Zahl der Waffen ließ sich mit letzter Genauigkeit gar nicht ermitteln. Dies galt besonders für die Handfeuerwaffen, deren Zahl auf rund 1,2 Millionen geschätzt wurde. Für Gefahrenstoffe erfolgte eine umweltgerechte Entsorgung. Übernom-

B Hartmut Bagger (1938)
General – Bagger trat 1958 als Offizieranwärter in das Panzergrenadierbataillon 13 ein und diente als jüngerer Offizier in verschiedenen Truppenverwendungen. Nach Abschluss der Generalstabsausbildung 1969 versah er den Dienst als Generalstabsoffizier in den Stäben mehrerer Großverbände, im BMVg und an der Führungsakademie. Von 1990 bis 1992 war er Kommandeur der 12. Panzerdivision. Im April 1992 wurde Bagger Stellvertretender Inspekteur, zwei Jahre später Inspekteur des Heeres und im Februar 1996 Generalinspekteur der Bundeswehr. Im März 1999 schied er aus dem aktiven Dienst aus.

041 Hartmut Bagger.

Werner E. Ablaß, »Auflösung der NVA« (2002)

Die Auflösung der NVA brachte in erster Linie soziale Probleme mit sich. Viele Soldaten und Zivilangestellte fühlten sich im Stich gelassen und sahen einer ungewissen beruflichen Zukunft entgegen. Ablaß war von 1990 bis 1996 Leiter der Außenstelle des Bundesministers der Verteidigung in Strausberg und berichtete auf einem Zeitzeugenforum des MGFA über seine Eindrücke aus dieser Zeit.

»Zu dem Vorwurf, daß wir uns nicht um die NVA-Angehörigen gekümmert hätten. Die NVA – das waren rund 170 000 Menschen, die meisten verheiratet, Kinder, Enkelkinder. Ende Juli 1990 hatten wir 980 000 bis 985 000 Arbeitslose, Kurzarbeiter und von Entlassung bedrohte Arbeitskräfte in der DDR, Ende August, acht Wochen nach Einführung der D-Mark, war diese Zahl auf 1,34 Millionen gestiegen.
Ich sage es einmal ganz deutlich: Die NVA hatte keine Lobby. So habe ich das empfunden, so ist es im Parlament gewesen, so ist es im Kabinett gewesen. Meine sehr bekannte Kollegin, nämlich Frau Regine Hildebrandt, die Ministerin für Arbeit und Soziales, hat mir gesagt: Hör mir mit deinen Soldaten auf, ich habe genug andere Sorgen. Es war schwierig, im Kabinett – mit Ausnahme des Innenministers, der bei seinen Polizisten ähnliche Probleme hatte – Kollegen überhaupt für das Thema NVA zu gewinnen. Mit Abgeordneten darüber zu sprechen, war mit Ausnahme des Ausschusses für Abrüstung und Verteidigung und des Haushaltsausschusses, der uns immer die Mittel kürzen wollte, äußerst schwierig.«

Zit. nach: Armee ohne Zukunft. Das Ende der NVA und die deutsche Einheit. Zeitzeugenberichte und Dokumente. Im Auftrag des Militärgeschichtlichen Forschungsamtes hrsg. von Hans Ehlert unter Mitarb. von Hans-Joachim Beth, Berlin 2002, S. 150 f.

 Gunnar Simon, »Tätigkeit im Verbindungskommando« (2002)

Von August bis Oktober 1990 leitete Simon das Verbindungsbüro des Verteidigungsministeriums beim Ministerium für Abrüstung und Verteidigung der DDR. Auf einem Zeitzeugenforum des Militärgeschichtlichen Forschungsamtes berichtete er über seine Aufgaben während dieser Tätigkeit.

»Die Männer, die wir für unser Team ausgesucht haben, hatten auch keine Zeit. Die wurden von einem Tag auf den anderen ins Flugzeug gesetzt und sind nach Strausberg gekommen. Sie waren nicht gezielt auf die Aufgabe vorbereitet, sie waren nicht einmal darüber informiert, wen sie treffen würden. Keiner von denen wußte, wer ein Herr Hoffmann, ein Herr Grätz oder ein Herr Ablaß waren, das werden sie nicht einmal in der Zeitung gelesen haben, nehme ich an. [...] Den Beginn unserer Arbeit begleiteten, wie sich das gehört, mehrere Papiere. Enthalten war ein ausdrücklicher Hinweis darauf, daß die Verbindungsgruppe Informationen sammeln sollte. Natürlich sind als Aufgaben die Vorbereitungen zur Übernahme der Befehls- und Kommandogewalt, zum Aufbau der Verwaltung, der militärischen und der zivilen Organisation, d.h. der Standortverwaltungen, der Kreiswehrersatzämter usw., erwähnt. Die Frage des Materials und der Waffentechnik war als wichtiger Punkt in einem Absatz wegen der Bedeutung des Abrüstungsthemas besonders herausgestrichen worden, weil damals schon klar war, daß dieser Punkt uns noch intensiv beschäftigen würde.«

Zit. nach: Armee ohne Zukunft. Das Ende der NVA und die deutsche Einheit. Zeitzeugenberichte und Dokumente. Im Auftrag des Militärgeschichtlichen Forschungsamtes hrsg. von Hans Ehlert unter Mitarb. von Hans-Joachim Beth, Berlin 2002, S. 209

Neuorientierung

042 Abrüstung von NVA-Fahrzeugen. Das abgetrennte Rohr eines BTR 60.

mene Waffen und Munition wurden zu großen Teilen zerstört. Nur verschwindend wenig Material konnte noch Gewinn bringend verkauft werden. So standen den Ausgaben für Bewirtschaftung, Bewachung, industrielle Zerstörung und Entsorgung von 1,76 Milliarden DM schließlich lediglich Einnahmen von 345 Millionen DM gegenüber.

Die NVA hatte über etwa 2250 Liegenschaften an 900 Standorten im gesamten Gebiet der DDR verfügt. Hinzu kamen noch die dem militärischen Komplex zugerechneten Liegenschaften des Ministeriums für Staatssicherheit und des Ministeriums des Innern. Bei Hinzurechnung der frei werdenden Liegenschaften der Grenztruppen und Zollorgane sowie der Truppen der sowjetischen Armee betrug der Gesamtumfang dieser Liegenschaften etwa zehn Prozent der Fläche der DDR. Dazu gehörten noch unzählige Gebäude. Die Liegenschaften der NVA gingen in das Verwaltungsvermögen des Bundes und als militärische Einrichtungen in die Verantwortung des Bundesministeriums der Verteidigung über. Andere wurden auch den Ländern unentgeltlich zur Verfügung gestellt, wiesen allerdings wie viele dieser Liegenschaften häufig größere Altlastprobleme auf. Am 1. Juli 1991 konnte das Bundeswehrkommando Ost nach erfolgreicher Arbeit von Bundesverteidigungsminister Stoltenberg außer Dienst gestellt und die Führungsverantwortung den Teilstreitkräften der Bundeswehr übertragen werden.

Einen besonderen Beitrag zum Zusammenwachsen Ost- und Westdeutschlands stellte die Verlagerung von 18 bedeutenden Führungs- und Ausbildungseinrichtungen der Bundeswehr von den alten in die neuen Bundesländer dar. Zu diesen Einrichtungen zählte neben dem Marineamt oder dem ▸ Militärgeschichtlichen Forschungsamt auch die Offizierschule des Heeres, die von Hannover nach Dresden umzog. Die teilweise erschreckend marode Infrastruktur in den Kasernen wurde mit den Schwerpunkten Küchen und sanitäre Einrichtungen mithilfe eines Sofortprogramms von einer halben Milliarde DM in Stand gesetzt. Die Territoriale Wehrverwaltung errichtete neben der Wehrbereichsverwaltung fünf Landesstellen und eine ganze Reihe weiterer Verwaltungseinrichtungen. Nach groben Schätzungen kostete der Aufbau der Bundeswehr in den neuen Bundesländern etwa 20 Milliarden DM in Form von Material, Versorgungsgütern und Dienstleistungen, die teilweise direkt oder indirekt der Wirtschaft in diesen Ländern zu Gute kamen.

Am 3. August 1992 begann die Bundesrepublik als erstes Land mit der Zerstörung von konventionellen Waffen nach dem ▸ KSE-Vertrag. Bedingt durch die Übernahme der zahlreichen Waffensysteme der NVA zerstörte allein die Bundesrepublik in der Folge fast 10 000 der insgesamt in Europa zu vernichtenden 40 000 Waffensysteme. Am 25. Mai 1995 erfüllte die Bundesrepublik in Charlottenhof bei Görlitz mit der Zerstörung

Bestimmungen des KSE-Änderungsvertrags von 1999 für Deutschland		
	Nationale Obergrenzen	Territoriale Obergrenzen
Kampfpanzer	3444	4704
gepanzerte Kampffahrzeuge	3281	6772
Artilleriewaffen	2255	3407
Kampfflugzeuge	765	
Angriffshubschrauber	280	

Zit. nach: Wörterbuch zur Sicherheitspolitik. Deutschland in einem veränderten internationalen Umfeld, Ernst-Christoph Meier, Klaus-Michael Nelte und Heinz-Uwe Schäfer, Hamburg 2006, 6. Aufl., S. 226

Umfeld

Das Militärgeschichtliche Forschungsamt wurde 1957 gegründet. Nach der Wiedervereinigung verlegte es seinen Dienstsitz von Freiburg i.Br. nach Potsdam. Das MGFA ist eine der größten außeruniversitären historischen Forschungseinrichtungen in Deutschland. Die Schwerpunkte der Forschung liegen auf dem Zeitalter der Weltkriege und auf der Militärgeschichte der Bundesrepublik und der DDR. Eine wichtige Aufgabe des MGFA besteht in der Bereitstellung von wissenschaftlichen Gutachten für die politische Leitung und militärische Führung sowie für die Öffentlichkeit im In- und Ausland. Als Dienststelle der Bundeswehr und Teil der Streitkräftebasis widmet sich das MGFA auch der historischen Bildung innerhalb der Armee. Damit übt das Amt Einfluss auf die Traditionsbildung der Bundeswehr aus und vermittelt militärhistorisches Orientierungswissen innerhalb der Streitkräfte. Neben einer Vielzahl von Büchern gibt das MGFA regelmäßig die Zeitschriften »Militärgeschichte« und »Militärgeschichtliche Zeitschrift« heraus und erarbeitet Ausstellungen zu wichtigen politisch-militärischen Themen (z.B. Militärischer Widerstand; Deutsche Jüdische Soldaten). Unterstellt sind ihm außerdem das Militärhistorische Museum in Dresden und das Luftwaffenmuseum in Berlin-Gatow. Die Dienststelle übernimmt in letzter Zeit zunehmend Aufgaben im Bereich der Einsatzvorbereitung und -unterstützung.

043 Die Villa Ingenheim, Dienstsitz des MGFA in Potsdam.

044 Der Generalinspekteur der Bundeswehr Wolfgang Schneiderhan, Bundespräsident Horst Köhler und der Amtschef des Militärgeschichtlichen Forschungsamtes Hans Ehlert bei der Eröffnung der Wanderausstellung »Entschieden für Frieden – 50 Jahre Bundeswehr« im Haus der Geschichte in Bonn.

Im Dienstwappen des Militärgeschichtlichen Forschungsamtes symbolisieren Feder und Schwert die Verbindung von Militär und Wissenschaft. Der Spanische Helm »Morio« steht für das Museumswesen der Bundeswehr. Das Kreuz im Hintergrund ist das stilisierte »Zähringer Kreuz«, Stadtwappen von Freiburg i. Br., dem ersten Dienstsitz des Amtes (1958-1994). Im Vordergrund das Stadtwappen von Potsdam, wo das MGFA seit 1994 beheimatet ist.

Im Verlauf des 19. Jahrhunderts hatte sich an den Militärakademien und in den historischen Abteilungen der Generalstäbe eine historiografische Spezialdisziplin ausgebildet, die so genannte Kriegswissenschaft, die den Offizieren anhand vergangener Schlachten Lehren für künftige Kriege vermitteln sollte. Mit der Zunahme der amtlichen kriegswissenschaftlichen Publikationen fingen auch zivile Geschichtswissenschaftler an sich für diese Fragestellungen zu interessieren. Eine Verwissenschaftlichung der bisher rein fachlich ausgerichteten Kriegesgeschichte begann. Im Zuge des »Strategiestreits« wurde Ende des 19. Jahrhunderts schließlich die akademische Militärgeschichtsschreibung von Hans Delbrück begründet. Erstmals wurden außerhalb des Militärs militärhistorische Fragestellungen an den Universitäten gelehrt und entsprechende Professuren eingerichtet. Während des Dritten Reiches stellte sich die Wehrgeschichte in den Dienst der Diktatur, folglich konnten die in diesem Zeitraum entstandenen Arbeiten kaum als Anknüpfungspunkte für eine weitere wissenschaftliche Beschäftigung dienen. Anders als in Frankreich, England und den USA spielte die Militärgeschichte an deutschen Universitäten nach dem Zweiten Weltkrieg kaum eine Rolle. Erst seit den 1990er Jahren ist es zu einem regelrechten Forschungsboom gekommen. Ausschlaggebend dafür waren die von vielen Historikern wahrgenommenen Forschungsdefizite im Vergleich mit anderen europäischen und amerikanischen Kollegen. Hinzu kommt die wachsende Bereitschaft sich mit den Forschungsansätzen der »Wehrgeschichte« der dreißiger und vierziger Jahre auseinanderzusetzen.

Neuorientierung

von zwei Kampfpanzern die übernommenen Verpflichtungen sogar sechs Monate vor dem im KSE-Vertrag festgesetzten Termin.

Nach Abzug der russischen Streitkräfte aus den neuen Bundesländern erfolgte am 1. Januar 1995 die NATO-Assignierung der operativen Verbände der Bundeswehr in den neuen Bundesländern. Dazu gehörten das IV. Korps in Potsdam mit der 13. Panzergrenadierdivision in Leipzig sowie der 14. Panzergrenadierdivision in Neubrandenburg. Die Marine unterstellte der NATO zwei Schnellbootgeschwader in Rostock und die Luftwaffe ein Jagdgeschwader, ein Flugabwehrgeschwader sowie zwei Radar-Führungsabteilungen. Die NATO-Assignierung signalisierte den erfolgreichen Abschluss des Prozesses der »Armee der Einheit«.

Insgesamt zählten die Übernahme von Soldaten der Nationalen Volksarmee in die Bundeswehr, die Verlegung militärischer Einrichtungen aus den alten in die neuen Bundesländer sowie die Ableistung des Wehrdienstes für die aus dem Osten Deutschlands stammenden Wehrpflichtigen in den alten Bundesländern zu wichtigen Meilensteinen auf dem Weg zur inneren Einheit Deutschlands. Während die unterschiedliche Höhe des Wehrsolds für einen Wehrpflichtigen aus den neuen und den alten Bundesländern inzwischen gleich ist, erhalten Soldaten, die von ihrer erstmaligen Ernennung an in den neuen Bundesländern Verwendung finden, abgesenkte Dienstbezüge in Höhe von 92,5 Prozent der in den alten Bundesländern geltenden Bezüge. Insoweit ist das Ziel einer »Armee der Einheit« auch 17 Jahre nach der Vereinigung noch nicht erreicht worden. Es ist beabsichtigt, diese Differenzierung in der Ost- und West-Besoldung bis zur Einkommensstufe A 9 (Leutnant; Stabsfeldwebel) bis 2007 und bei höheren Einkommen bis 2009 aufzuheben.

3. Abzug der sowjetischen/ russischen Truppen

Die Vereinigung der beiden Teile Deutschlands brachte für die Bundesrepublik das Ende der bisherigen Einschränkungen ihrer Souveränität. Der somit überflüssig gewordene Verbleib sowjetischer Truppen im östlichen Teil Deutschlands erforderte allerdings eine einvernehmliche Regelung. Deshalb erfolgte am 12. Oktober 1990 in Bonn die Unterzeichnung eines »Vertrags zwischen der Bundesrepublik Deutschland und der UdSSR über die Bedingungen des befristeten Aufenthalts- und die Modalitäten des planmäßigen Abzugs der sowjetischen Truppen auf dem Gebiet der Bundesrepublik Deutschland«. Dieser ▶ Abzug sollte innerhalb von vier Jahren, also bis zum Dezember 1994 abgeschlossen werden.

Schon zuvor hatte sich die Bundesrepublik, in deren Interesse der Abzug lag, bereit erklärt, dessen Kosten weit gehend zu decken. Für ein Wohnungsbauprogramm in den aufnehmenden Regionen mussten 7,8 Mrd. für den Unterhalt und den Abzug drei, für Transportkosten eine Mrd. und für Umschulungsmaßnahmen 200 Millionen DM zur Verfügung gestellt werden. Gleichzeitig erhielt die UdSSR einen zinslosen Kredit über drei Milliarden DM. Den gesetzlichen Schutz, die Erhaltung sowie die Pflege der auf deutschem Boden befindlichen ▶ sowjetischen Denkmäler für die Opfer des Krieges und der Gewaltherrschaft übernahm die Bundesrepublik ebenfalls. Als später eine Änderung des Vertrags erfolgte, weil die politische Führung Russlands beschloss, bereits im August 1994, also vier Monate vor dem ursprünglichen Termin, mit den restlichen Truppen abzuziehen, kam noch ein Betrag von 550 Millionen DM zur Erleichterung der Wie-

---

S Unmittelbar nach dem erfolgreichen Abschluss der »Schlacht um Berlin« begannen die Sowjets mit der Planung eines Ehrenmals im Zentrum der ehemaligen Reichshauptstadt. Dort, wo einst Adolf Hitler und sein Architekt Albert Speer das Fundament für die »Welthauptstadt Germania« gelegt hatten, sollte nun ein steinernes Monument vom Sieg der Roten Armee über die »faschistische deutsche Wehrmacht« künden und die sowjetischen Gefallenen im Kampf um die Stadt an der Spree ehren. Unter Verwendung von deutschen Arbeitskräften wurde der Bau zügig vorangetrieben. Bereits am 11. November 1945 wurde das unweit von Hitlers zerstörter Reichskanzlei im Tiergarten gelegene erste sowjetische Ehrenmal Berlins feierlich eingeweiht. Es riegelte symbolisch den Schnittpunkt der Nord-Süd- mit der Ost-West-Achse ab – dem einstigen Verkehrsknotenpunkt der Metropole. Da sich das Ehrenmal aber in einem Sektor der Westalliierten befand, begann die sowjetische Besatzungsmacht umgehend im Osten Berlins mit

Umfeld

B Hartmut Foertsch (1936)

Generalmajor – Nach dem Abitur trat er 1957 in die Bundeswehr ein. Im Anschluss an den Generalstabslehrgang wurde er im BMVg als Referent für militärstrategische Grundsatzfragen eingesetzt. An den Lehrgang am NATO Defence College in Rom schlossen sich zahlreiche Verwendungen in führenden Positionen der Allianz an. So war Foertsch 1987 bis 1989 Deputy Assistant Director beim Internationalen Militärstab der NATO in Brüssel. In der Bundeswehr war er Kommandeur der Panzerbrigade 20 in Iserlohn sowie Befehlshaber der 12. Panzerdivision in Veitshöchheim. Von 1990 bis zu seinem Ausscheiden aus dem aktiven Dienst 1994 koordinierte der Generalmajor den Abzug der sowjetischen/russischen Streitkräfte aus Deutschland.

045 Hartmut Foertsch.

1 Hartmut Foertsch, »Abzug der sowjetischen Streitkräfte« (2002)

Von 1990 bis 1994 koordinierte Foertsch den Abzug der sowjetischen/russischen Streitkräfte aus der ehemaligen DDR. Auf dem Zeitzeugenforum des Militärgeschichtlichen Forschungsamtes berichtete der General a.D. von dieser Aufgabe.

046 Abschiedsplakat der Westgruppe der sowjetischen Streitkräfte.

»Nach meiner Meinung haben drei Ereignisse den Abzug der sowjetischen bzw. russischen Streitkräfte so komplex gemacht. Da ist erstens der Zerfall der alten Sowjetunion und damit auch der Verlust der staatlichen Identität für die Soldaten zu nennen. Außerdem wurden die Strukturen der gesamten Sowjetarmee, besonders im Heer, reorganisiert. Die abziehenden Verbände der WGT sowie die bereits aus Ungarn, Polen und der Tschechoslowakei abgezogenen sowjetischen Truppen mußten räumlich und organisatorisch in eine neue Struktur eingegliedert werden, bei nicht vorhandener Infrastruktur. Das alles machte die Aufgabe des Abzuges für die russische wie für die unterstützende Seite so schwer.

Es wird oft betont, was es für eine organisatorische Leistung war, die russischen Streitkräfte in diesem Zeitraum abzuziehen. Ich behaupte, dass es keine besondere organisatorische Leistung war. Das war eine Selbstverständlichkeit für Leute, deren einer Job Organisation ist. Es gibt ernstzunehmende Kommentare, nach denen der Abzug aus organisatorischer Sicht hätte viel schneller stattfinden können. Nur war er von der russischen Seite so nicht gewollt, und die Zeitspanne bis Ende 1994, die dann noch einmal reduziert wurde, hat sich aus anderen Gründen ergeben. Ich erinnere nur an die fehlende Infrastruktur im Aufnahmeland.«

Zit. nach: Armee ohne Zukunft. Das Ende der NVA und die deutsche Einheit. Zeitzeugenberichte und Dokumente. Im Auftrag des Militärgeschichtlichen Forschungsamtes hrsg. von Hans Ehlert unter Mitarb. von Hans-Joachim Beth, Berlin 2002, S. 235

047 Am 9. Mai 2006 legen Teilnehmer des Seminars »Dialog mit den Streitkräften der Ukraine« Blumen am Russischen Ehrenmal Berlin-Tiergarten nieder.

dem Bau zweier weiterer Ehrenmale. Im Jahre 1949 wurden sie schließlich im Treptower Park und im Volkspark Schönholzer Heide fertig gestellt, wobei das Erstere auf Grund seiner Lage und Größe als das zentrale anzusehen ist. Alle drei sowjetischen Ehrenmale in Berlin fungierten nicht nur als Zeugnisse des sowjetischen Sieges, sondern waren zugleich Kriegsgräberstätten für die im Kampf um Berlin gefallenen Soldaten der Roten Armee. Im Rahmen der Verhandlungen über die deutsche Wiedervereinigung mit der Sowjetunion verpflichtete sich die Bundesrepublik im Jahre 1990 für ihre Pflege und Instandsetzung aufzukommen.

Neuorientierung

dereingliederung dieser Truppen in Russland hinzu.

Bereits am 3. Oktober 1990 hatte die Bundeswehr in Strausberg ein Verbindungskommando zum Hauptquartier des Oberkommandos der sowjetischen Truppen in Wünsdorf aufgestellt. Dieses Deutsche Verbindungskommando zu den Sowjetischen Streitkräften in Deutschland (DtVKdoSowjSK), später in Deutsches Verbindungskommando zur Westgruppe der Truppen (WGT) umbenannt, unterstand Generalmajor ▸ Hartmut Foertsch. Es setzte sich zu fast 70 Prozent aus früherem Personal der NVA zusammen, deren Kenntnisse der sowjetischen Streitkräfte sowie die Beherrschung der russischen Sprache sich als besonders wertvoll erwiesen.

Im Januar 1991 fand in Strausberg eine Beratung der deutsch-sowjetischen Arbeitsgruppe zur Vorbereitung und Koordinierung eines planmäßigen ▸ Abzugs der sowjetischen Truppen statt. Der von sowjetischer Seite übergebene Gesamtabzugsplan fand die Zustimmung beider Staaten, und dies galt auch für die in der Folge vorgelegten Teilabzugspläne. Zeitaufwendiger war allerdings die Aufstellung von Zählkriterien für Bewaffnung und Gerät als eine wesentliche Voraussetzung zur Verifizierung des Abzuges. Eine Zollkontrolle war nicht erlaubt, nur das Zählen des offen verladenen Geräts, was in der Praxis allerdings kaum zu Zahlendifferenzen führte. Der Abzug von Personal erfolgte über militäreigene Züge und mit Flugzeugen, so dass die deutsche Seite stets auf die russischen Angaben angewiesen blieb. Insgesamt zogen 546 200 Personen ab, darunter 338 000 Soldaten und 208 000 Familienangehörige.

An Material waren 2 754 530 Tonnen Material und technische Mittel, davon 677 032 Tonnen Munition, 691 Flugzeuge, 683 Hubschrauber, 4209 Panzer, 3682 Artilleriesysteme, 8208 gepanzerte Fahrzeuge und 106 008 Kfz und sonstiges Gerät zu transportieren. 30 Prozent der Kampffahrzeuge erfuhr ihre Zerstörung nach dem KSE-Vertrag noch auf deutschem Boden. Straßentransporte und Märsche konnten nur zu den deutschen Häfen und Verladebahnhöfen erfolgen. Transit für Transporte auf der Straße hatte Polen nicht zugelassen. So verlagerte sich der Schwerpunkt des Abzuges auf den Seeweg, der zumeist am Fährhafen Mukran auf Rügen begann.

An den neuen Stationierungsorten in der UdSSR errichtete die Bundesrepublik Wohnungen, da sich ansonsten der Abzug als undurchführbar erwiesen hätte. Nach dem Zusammenbruch der Sowjetunion erschwerte sich die Durchführung des vereinbarten Wohnungsbauprogramms, zumal die Sowjetunion sich verpflichtet hatte, die gleiche Zahl von Wohnungen bauen zu lassen wie die Bundesrepublik. Präsident ▸ Boris Jelzin hatte sich zwar zur Übernahme der vertraglichen Pflichten und Rechte der Sowjetunion durch Russland in einem Erlass vom 4. Februar 1992 bereit erklärt, doch mussten sich zunächst die GUS-Staaten Russland, Weißrussland und Ukraine neu über die Verteilung der Streitkräfte einigen. Es gelang am Ende, mit den 8,35 Milliarden DM statt 36 000 sogar 46 000 Wohnungen an 42 Standorten zu errichten. Die abziehenden Verbände sollten möglichst geschlossen bleiben; ob sie auch in der Heimat zusammen bleiben würden, schien hingegen eher fraglich. Drei Monate vor Abzug begann für die einzelnen Einheiten die Vorbereitung, zu der auch in geringem Umfang Säuberungs- und Rekultivierungsarbeiten zählten. Die bis dahin noch durchführbare militärische Ausbildung musste beendet werden.

Die fast 1500 Liegenschaften der Westgruppe umfassten etwa 300 000 Hektar. Auf diesen befanden sich unter anderem 172 große Ka-

B Dieter Wellershoff (1933–2005)
Admiral – Wellershoff trat 1957 in die Bundesmarine ein (Crew IV/57). Neben Stabsverwendungen im Verteidigungsministerium und im Flottenkommando war er in den 70er Jahren Kommandant des Zerstörers Hessen und später Kommandeur der Flottille der Minenstreitkräfte. 1981 wurde er Kommandeur der Führungsakademie der Bundeswehr, 1984 Stellvertretender Inspekteur und im April 1985 Inspekteur der Marine. In seine Dienstzeit als Generalinspekteur der Bundeswehr vom Oktober 1986 bis zum September 1991 fiel die Wiedervereinigung Deutschlands und somit die Aufgabe, die deutschen Streitkräfte auf die völlig veränderte sicherheitspolitische Lage ein- und umzustellen.

048 Dieter Wellershoff

Umfeld

1 Dieter Wellershoff, »Abzug der sowjetischen Truppen« (2002)

Als Generalinspekteur hatte Admiral Wellershoff den Abzug der sowjetischen/russischen Truppen aus der ehemaligen DDR miterlebt.

»Es gab damals, wie sie sich vielleicht erinnern werden, zum Beispiel die Demonstration der sowjetischen Offiziersfrauen, die nicht nach Hause wollten, und auch andere Zwischenfälle.
Mitte November 1990 hatte ich dann die Gelegenheit, mit General Moisseev, der im Gefolge von Gorbatschow nach Bonn kam, darüber zu sprechen. Ich habe das mit unmißverständlichen Worten getan. Wir haben beide über vertrauensbildende Maßnahmen beraten, weil wir in der Sorge waren, daß es zwischen der Bevölkerung in den neuen Bundesländern und der Westgruppe der Truppen zum Knirschen kommen könnte. Moisseev hat sich meiner Lagebeurteilung angeschlossen. Kurz danach wurde General Snetkov durch General Burlakov ersetzt, der mit mehr Charme, aber genauso knochenhart agiert hat.

049 Feierliche Verabschiedung der russischen Truppen aus Deutschland. Foto, 31. August 1994.

Bei der gleichen Gelegenheit hat mich General Moisseev erheblich in der Frage der sowjetischen Fahnenflüchtigen bearbeitet. Es gab zu dem Zeitpunkt angeblich, ich konnte das nie nachprüfen, etwa 200 Angehörige der Sowjetarmee, die bei westdeutschen Behörden um Asyl gebeten hatten. Das ist eine Frage, die ich nicht weiter verfolgt habe. Ich konnte nur auf die deutschen Gesetze hinweisen. Da in der Sowjetunion nach wie vor die Todesstrafe existierte, war die Aussicht auf Auslieferung dieser Leute natürlich gleich Null. So war die Rechtslage in der Bundesrepublik Deutschland.«

Zit. nach: Armee ohne Zukunft. Das Ende der NVA und die deutsche Einheit. Zeitzeugenberichte und Dokumente. Im Auftrag des Militärgeschichtlichen Forschungsamtes hrsg. von Hans Ehlert unter Mitarb. von Hans-Joachim Beth, Berlin 2002, S. 241 f.

050 Bundeskanzler Helmut Kohl und der russische Staatspräsident Boris Jelzin schreiten die Ehrenformation des Wachbataillons auf dem Gendarmenmarkt ab. Foto, Mai 1994.

B Boris Jelzin (1931–2007)
Russischer Politiker – Jelzin machte eine Ausbildung zum Bauingenieur. Seit 1961 gehörte er der KPdSU an. 1984 hatte er einen Sitz im Präsidium des Obersten Sowjet der UdSSR. Gorbatschow berief Jelzin 1985 in sein Zentralkomitee, wo er sich als Kämpfer gegen Korruption profilierte. 1986 wurde Jelzin Parteichef in Moskau. Nach dem Putsch gegen Gorbatschow 1991 stellte er sich gegen die Putschisten und setzte die politische Auflösung der UdSSR fort. Boris Jelzin war der erste Staatspräsident der Russischen Föderation (1991–1999) und das erste demokratisch gewählte Staatsoberhaupt Russlands. Ende 1999 trat er als Präsident zurück und übergab die Regierungsgeschäfte an Wladimir Putin.

Neuorientierung

sernenkomplexe, 54 Flugplätze aller Art, 100 Depots, 27 größere Truppenübungsplätze, 100 Standortübungsplätze aber auch zahlreiche Häuser, Wohnungen und Krankenhäuser. Die Aufnahme der entstandenen Umweltschäden stellte für das Verbindungskommando eine besondere Herausforderung dar. Es gelang in Zusammenarbeit mit dem Umweltministerium, diese Schäden zu erfassen. Die Flächen konnten vollständig an den Bundesminister der Finanzen übergeben werden.

Am 31. August 1994 verabschiedeten Bundeskanzler Kohl sowie Präsident Jelzin die letzten russischen Truppen der Westgruppe nach fast fünfzigjähriger Anwesenheit aus Deutschland.

4. Bundeswehr und Multinationalität

Mit der Tagung des Nordatlantikrats am 5./6. Juli 1990 in ▸ London erhielt das Thema »Multinationalität« erhöhtes Gewicht. Eine Grundlage für weitere Planungen legte das im Dezember 1991 verabschiedete Papier »NATO Force Structures for the Mid 1990's and Beyond«. Während Multinationalität für Luftwaffe und Marine bereits seit der Gründung der Bundeswehr und dem Eintritt ins Bündnis eine feste und vertraute Größe darstellte, betrat das Heer nun Neuland.

Hatten Freundschaft und enge Zusammenarbeit mit den Verbündeten stets zum Kern deutscher Sicherheitspolitik gehört, so trat bei den folgenden multinationalen Verbindungen neben den Wunsch einer Vertiefung der politischen und wirtschaftlichen Bündnisintegration noch das Motiv hinzu, die militärische Einheit sowie die Handlungsfähigkeit Europas voranzutreiben. Mit der Aufstellung ebensolcher Großverbände, also von Truppenkörpern der Landstreitkräfte von der Brigadeebene aufwärts, sollte zudem eine gewisse Ausgewogenheit bei der Lastenteilung innerhalb des Bündnisses erreicht werden. Mithilfe der notwendigen Standardisierung ließen sich eventuell Rationalisierungsgewinne erzielen und das Mitspracherecht bei der weiteren Bündnisentwicklung verbreitern. Allerdings mussten nationale Eigentümlichkeiten, Traditionen, Rechtslagen und verbleibende nationale Verantwortlichkeiten berücksichtigt werden. Beispielsweise hatte Frankreich 1966 die militärische Organisation der NATO verlassen. Deshalb blieb für eine erneute ▸ sicherheitspolitische Eingliederung nur der europäische Weg offen.

Nach der Anfang 1989 erfolgten Aufstellung der Deutsch-Französischen Brigade beschlossen Bundeskanzler Kohl und Frankreichs Präsident François Mitterand, die Zusammenarbeit im militärischen Bereich unter den Mitgliedsstaaten der Westeuropäischen Union (WEU) weiter voranzutreiben. Als Modell für eine engere Kooperation sahen sie die Gründung eines Europäischen Korps an. Den Präsidenten des Europäischen Rats unterrichtete am 14. Oktober 1991 ein entsprechendes Schreiben der beiden Staatsmänner von diesem Vorhaben. Am 22. Mai 1992 unterzeichneten Kohl und Mitterand während des 59. Deutsch-Französischen Gipfeltreffens die Gründungsakte des Eurokorps, und im Juli des Jahres nahm ein von beiden Nationen besetzter Stab in Straßburg die Vorarbeiten für die Aufstellung des Verbandes auf.

Das mit Hauptquartier in Straßburg geplante Korps sollte zunächst deutsche und französische Soldaten umfassen und damit den Kern einer europäischen Verteidigungsidentität bilden. Die

Barettabzeichen der Deutsch-Französischen Brigade.

Mitgliedschaften in den Institutionen der euro-atlantischen Sicherheitsordnung im Jahr 2000

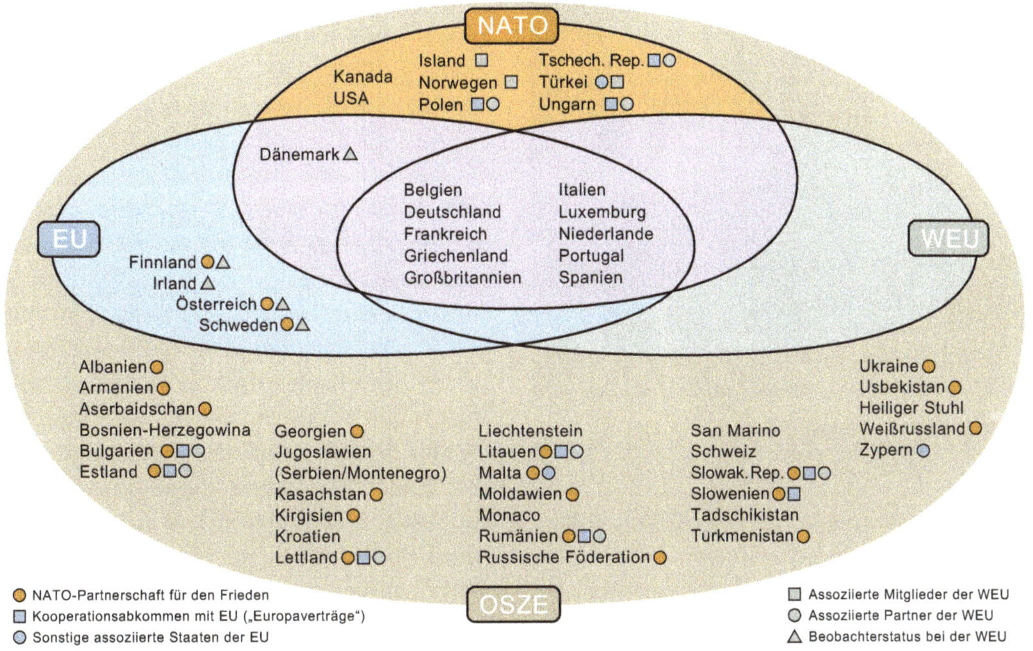

NATO: Kanada, USA, Island □, Norwegen □, Polen □○, Tschech. Rep. □○, Türkei ○□, Ungarn □○

NATO ∩ WEU: Dänemark △

NATO ∩ EU ∩ WEU (Kern): Belgien, Deutschland, Frankreich, Griechenland, Großbritannien, Italien, Luxemburg, Niederlande, Portugal, Spanien

EU: Finnland ○△, Irland △, Österreich ○△, Schweden ○△

OSZE (äußerer Kreis): Albanien ○, Armenien ○, Aserbaidschan ○, Bosnien-Herzegowina, Bulgarien ○□○, Estland ○□○, Georgien ○, Jugoslawien (Serbien/Montenegro), Kasachstan ○, Kirgisien ○, Kroatien, Lettland ○□○, Liechtenstein, Litauen ○□○, Malta ○○, Moldawien ○, Monaco, Rumänien ○□○, Russische Föderation ○, San Marino, Schweiz, Slowak. Rep. ○□○, Slowenien ○□, Tadschikistan, Turkmenistan ○, Ukraine ○, Usbekistan ○, Heiliger Stuhl, Weißrussland ○, Zypern ○

- ○ NATO-Partnerschaft für den Frieden
- □ Kooperationsabkommen mit EU („Europaverträge")
- ○ Sonstige assoziierte Staaten der EU
- □ Assoziierte Mitglieder der WEU
- ○ Assoziierte Partner der WEU
- △ Beobachterstatus bei der WEU

Quelle: Putzger Historischer Weltatlas 2000.

---

1 »Londoner Erklärung« (6. Juli 1990)

Die zweitägige Gipfelkonferenz der Staats- und Regierungschefs der NATO endete mit der so genannten Londoner Erklärung.

»3. Mit der Vereinigung Deutschlands wird auch die Teilung Europas überwunden. Das geeinte Deutschland im Atlantischen Bündnis freiheitlicher Demokratien und als Teil der wachsenden politischen und wirtschaftlichen Integration der Europäischen Gemeinschaft wird ein unentbehrlicher Stabilitätsfaktor sein, den Europa in seiner Mitte braucht. die Entwicklung der Europäischen Gemeinschaft zu einer politischen Union, einschließlich des Entstehens einer europäischen Identität im Bereich der Sicherheit, wird auch zur atlantischen Solidarität und zur Schaffung einer gerechten und dauerhaften Friedensordnung in ganz Europa beitragen.

4. Wir wissen, dass in dem neuen Europa die Sicherheit eines jeden Staates untrennbar mit der Sicherheit seiner Nachbarn verbunden ist. Die NATO muss zu einem Forum werden, in der Europäer, Kanadier und Amerikaner zusammenarbeiten, nicht nur zur gemeinsamen Verteidigung, sondern auch beim Aufbau einer neuen Partnerschaft mit allen Ländern Europas. Die Atlantische Gemeinschaft wendet sich den Ländern Mittel- und Osteuropas zu, die im Kalten Krieg unsere Gegner waren, und reicht ihnen die Hand zur Freundschaft.

5. Wir bleiben ein defensives Bündnis und werden das gesamte Gebiet aller unserer Mitglieder auch künftig schützen. Wir haben keinerlei aggressive Absichten und verpflichten uns zur friedlichen Lösung aller Streitigkeiten. Wir werden niemals und unter keinen Umständen als erste Gewalt anwenden.

6. Die Mitgliedsstaaten des Nordatlantischen Bündnisses schlagen daher den Mitgliedsstaaten der Warschauer Vertragsorganisation eine gemeinsame Erklärung vor, in der wir feierlich bekunden, dass wir uns nicht länger als Gegner betrachten, und in der wir unsere Absicht bekräftigen, uns der Androhung oder Anwendung von Gewalt zu enthalten, die gegen die territoriale Integrität oder politische Unabhängigkeit irgendeines Staates gerichtet oder auf irgendeine andere Weise mit den Zielen und Prinzipien der Charta der Vereinten Nationen und mit der KSZE-Schlussakte unvereinbar ist. Wir fordern alle anderen KSZE-Mitgliedsstaaten auf, sich uns in der Verpflichtung zum Nichtangriff anzuschließen.«

Zit. nach: Ernst-Christoph Meier, Klaus-Michael Nelte und Heinz-Uwe Schäfer, Wörterbuch zur Sicherheitspolitik. Deutschland in einem veränderten internationalen Umfeld, 6. Aufl., Hamburg 2006, S. 477

Neuorientierung

051 Feierliche Indienststellung des Eurokorps in Straßburg. Foto, 5. November 1993.

beiden Staatsmänner luden jedoch auch andere Staaten der WEU ein, sich an diesem Korps zu beteiligen. Ein Abkommen mit dem Oberbefehlshaber der NATO-Truppen in Europa legte am 31. Januar 1993 die Bedingungen von Einsätzen des Eurokorps im Rahmen der NATO fest. Das Korps sollte im Rahmen von Operationen der Hauptverteidigungskräfte ebenso einsetzbar sein wie in denen der Krisenreaktionskräfte (KRK) und die operative Führung beim SACEUR liegen. Die letzte Entscheidung über Einsätze im Bündnisrahmen verblieb allerdings bei den am Korps beteiligten Nationen. Im Mai 1993 wurde das Eurokorps als Großverband der WEU zugeordnet.

Die belgische Regierung beschloss am 25. Juni 1993, sich ebenfalls am Eurokorps zu beteiligen. Am 1. Oktober konnte die Deutsch-Französische Brigade dem Korps unterstellt werden. Am 5. November 1993 erfolgte in Straßburg die feierliche Indienststellung des Eurokorps durch die Verteidigungsminister Frankreichs und der Bundesrepublik. Erster Kommandierender General wurde der deutsche Generalleutnant Helmut Willmann. Wie in allen multinationalen Großverbänden üblich, rotierten künftig das Kommando sowie die Dienstposten im Stab in einem festgelegten Rhythmus anteilmäßig und gleichberechtigt unter den beteiligten Staaten. Dem Korps unterstanden eine deutsche, die 10. Panzerdivision (KRK), eine französische sowie eine belgische Division. Am 1. Juli 1994 kamen spanische und am 7. Mai 1996 luxemburgische Soldaten hinzu.

Soldaten des Stabes des Eurokorps verstärkten ab Juni 1998 das Hauptquartier der Stabilisierungsstreitkräfte für Bosnien und Herzegowina (SFOR) und insgesamt nahmen vier Kontingente des Korps bis zum 7. Juni 2000 am SFOR-Einsatz teil. Auf Anforderung der NATO bildete das Eurokorps ab März 2000 den Kern des Hauptquartiers für KFOR. 350 Soldaten des Eurokorps nahmen von März bis Oktober 2000 an dieser Friedensmission in Pristina und Skopje teil. Zur Stärkung der gemeinsamen ▶ europäischen Sicherheits- und Verteidigungspolitik wiesen die Mitgliedsnationen dem Eurokorps im Mai 1999 eine Rolle als Instrument der EU zur schnellen Krisenbewältigung zu. Der NATO konnte das Hauptquartier des Korps als NATO Rapid Deployable Corps Headquarter zur Verfügung gestellt werden. Im Rahmen des europäischen Streitkräfteziels wurde in Helsinki die Aufstellung von Eingreifkräften in der Stärke von 50 000–60 000 Mann beschlossen, und das Eurokorps begann sich ab Juni 2001 zu einem schnellen Krisenreaktionskorps umzustrukturieren. In diesem Zusammenhang erfolgte die Aufnahme von Verbindungsoffizieren aus Griechenland, Polen, Kanada, Finnland, Österreich sowie Italien. Vom August 2004 bis zum Februar 2005 stellte das Eurokorps den Kern des Hauptquartiers für ISAF in Kabul.

1992 beschloss die NATO die Aufstellung eines ▶ Allied Command Europe Rapid Reaction Corps (ARRC). Unmittelbar dem Alliierten Oberbefehlshaber Europa unterstellt, lag das Hauptquartier, in dem 13 Nationen vertreten waren, in Rheindahlen bei Mönchengladbach. Aus zehn Divisionsäquivalenten konnten dem Korps je nach militärischer Lage und Einsatzgebiet bis zu vier Divisionen unterstellt werden. Den deutschen Beitrag stellte die 7. Panzerdivision (KRK). 1995 meldete das ARRC seine Einsatzbereitschaft.

Am 30. März 1993 unterzeichneten die Verteidigungsminister der Niederlande und der Bundesrepublik ein Abkommen über die Aufstellung eines weiteren multinationalen Korps. Die Einsparungen im Verteidigungshaushalt

Umfeld

Struktur der NATO-Reaktionskräfte

```
                    SACEUR
                 SHAPE   ARFPS
                                      
AFCENT                   XXX                    X
                         ARRC                 AMF (L)
LANDCENT
                              RF (A)
                              Staff
                              CAOC
                              (mobil)

   X *        XX         XXX
                         MND

                                    UNITS   RF (A) UNITS   AMF (L) UNITS
```

- * Spanischer Beitrag gem. bes. Vereinbarungen (MC 313)
- ——— operational command im Frieden
- ········ Koordinierungsbefugnis
- A = Air   L = Land

Quelle: Wörterbuch zur Sicherheitspoltik, S. 106.

© MGFA
05553-01

 »EU-Gipfel von Köln« (1999)

Der Europäische Rat bekräftigte auf dem Gipfeltreffen seine Bemühungen für den Aufbau einer gemeinsamen europäischen Sicherheits- und Verteidigungspolitik.

»Wir, die Mitglieder des Europäischen Rates, wollen entschlossen dafür eintreten, dass die Europäische Union ihre Rolle auf der internationalen Bühne uneingeschränkt wahrnimmt. Hierzu beabsichtigen wir, der Europäischen Union die notwendigen Mittel und Fähigkeiten an die Hand zu geben, damit sie ihrer Verantwortung im Zusammenhang mit einer gemeinsamen Europäischen Sicherheits- und Verteidigungspolitik gerecht werden kann. Die auf Initiative des deutschen Vorsitzes unternommenen Arbeiten und das Inkrafttreten des Vertrags von Amsterdam erlauben wir uns heute, einen entscheidenden Schritt nach vorne zu tun.

Wir sind davon überzeugt, dass der Rat bei der Verfolgung der Ziele unserer Gemeinsamen Außen- und Sicherheitspolitik und der schrittweisen Festlegung einer gemeinsamen Verteidigungspolitik die Möglichkeit haben sollte, Beschlüsse über die gesamte Palette der im Vertrag über die europäische Union definierten Aufgaben der Konfliktverhütung und der Krisenbewältigung, der so genannten ›Petersberg-Aufgaben‹, zu fassen. Im Hinblick darauf muss die Union die Fähigkeit zu autonomen Handeln, gestützt auf glaubwürdige militärische Fähigkeiten, sowie die Mittel und die Bereitschaft besitzen, dessen Einsatz zu beschließen, um unbeschadet von Maßnahmen der NATO auf internationale Krisensituationen zu reagieren. Die EU verbessert damit ihre Fähigkeit, im Einklang mit den Prinzipien der Charta der Vereinten Nationen auf internationaler Ebene zu Frieden und Sicherheit beizutragen.

Wir sind davon überzeugt, dass die Europäische Union zur uneingeschränkten Wahrnehmung ihrer Aufgaben im Bereich der Konfliktverhütung und der Krisenbewältigung über die entsprechenden Fähigkeiten und Instrumente verfügen muss. Wir verpflichten uns daher, auf den Ausbau von wirksameren europäischen militärischen Fähigkeiten auf der Grundlage der bestehenden nationalen, binationalen und multinationalen Fähigkeiten hinzuwirken und zu diesem Zweck unsere eigenen Fähigkeiten zu stärken.«

Zit. nach: Ernst-Christoph Meier, Klaus-Michael Nelte und Heinz-Uwe Schäfer, Wörterbuch zur Sicherheitspolitik. Deutschland in einem veränderten internationalen Umfeld, 6. Aufl., Hamburg 2006, S. 520

Neuorientierung

stellten ebenfalls ein niederländisches Problem dar und betrafen besonders das einzige niederländische Korps. Nach dessen Verkleinerung verfügten die Niederlande über keine Heerestruppen mehr, die nach NATO-Kriterien in einem Korps zusammengefasst werden konnten. Einfluss in der NATO als auch Kenntnisse und Erfahrungen auf Korpsebene drohten den niederländischen Streitkräften verloren zu gehen. Die Kaderung der für die Landesverteidigung zuständigen Hauptverteidigungskräfte sowie die Abstellung eines Verbandes zur schnellen Eingreiftruppe der NATO gefährdete auf der deutschen Seite den Bestand des I. Korps. Aus der Zusammenlegung der wesentlichen Elemente des niederländischen Heeres sowie der verbliebenen Teile des I. Korps entstand das I. Deutsch-Niederländische Korps. Der Korpsstab in Münster wurde nach dem Integrationsprinzip als binationaler Stab organisiert und die Dienstposten gleichwertig auf beide Nationen aufgeteilt oder abwechselnd nach einem festgelegten Schlüssel besetzt.

Die Indienststellung des I. Deutsch-Niederländischen Korps erfolgte am 30. August 1995 als Teil der Hauptverteidigungskräfte der NATO. Die Bundeswehr unterstellte ihre 1. Panzerdivision. Das Korps umfasste etwa 27 000 Deutsche und etwa 13 000 Niederländer. Ab dem 17. Oktober 1997 stand das Korps nach dem Willen beider Staaten ebenfalls der WEU als Forces Answerable to Western European Union zur Verfügung. Gemäß der Abmachungen des Washingtoner NATO-Gipfels von 1999 erfolgte der Umbau des Stabes in Münster zu einem High Readiness Forces Headquarter. Im Hauptquartier leisteten inzwischen Soldaten aus neun Nationen Dienst. Von Februar bis Oktober 2003 übernahm das Korps von der Türkei die Führung der ISAF in Afghanistan. Die Erfahrungen zeigten jedoch, dass trotz aller vorhandenen Kooperationsbereitschaft ▸ unterschiedliche Einsatzgrundsätze und nationale Gesetzgebung die Operationen multinationaler Verbände immer noch erschweren.

Im Kontext der weiteren multinationalen Einbindung des Heeres folgte am 22. April 1993 im fränkischen Giebelstadt die Indienststellung des V. Amerikanisch-Deutschen sowie des II. Deutsch-Amerikanischen Korps. Die Funktion der Lead-Nation im V. Amerikanisch-Deutschen Korps – dessen Hauptquartier in Heidelberg eingerichtet wurde – übernahm die USA. Dauerhaft unterstellte Verbände gab es keine, denn erst im Bedarfsfall sollten dem Korps die U.S. 1st Infantery Division, eine weitere amerikanische Division sowie die deutsche 5. Panzerdivision unterstellt werden. Hauptquartier des II. Deutsch-Amerikanischen Korps wurde Ulm. Auch bei diesem Korps handelte es sich um einen Zweckverband, in dem der Korpsstab national gegliedert blieb und über Verbindungsoffiziere kommuniziert wurde. Lead-Nation war in diesem Fall allerdings die Bundesrepublik. Auch dieses Korps verfügte über keine ihm dauerhaft unterstellten Verbände; denn die U.S. 1st Armored Division und die 1. Gebirgsdivision unterstanden dem Korps lediglich für Übungen oder im Rahmen eines eventuellen NATO-Verteidigungseinsatzes. Das Konzept der Lead-Nation respektierte die nationalen Besonderheiten der jeweiligen Führungsnation und vermied auf diese Weise bei Stabsverfahren oder Übungen Kompromisslösungen. Doch eine Vermischung des Personals und der unterschiedlichen Denk- und Führungsansätze fand nur in geringem Umfang statt und somit konnte dieses Konzept der Multinationalität im engeren Sinn nicht gleichgestellt werden.

Verbandsabzeichen des Deutsch-Niederländischen Korps.

Verbandsabzeichen des Eurokorps.

Klaus Reinhardt (1941)

General – Im Jahre 1960 trat Reinhardt als Offizieranwärter bei der Gebirgsjägertruppe in die Bundeswehr ein. Sieben Jahre später studierte er in Freiburg Geschichte und politische Wissenschaften und wurde 1973 zum Dr. phil. promoviert. Neben seinen akademischen Fähigkeiten bewies Reinhardt ebenfalls militärische Führungsqualitäten. Nach zahlreichen Stabs- und Truppenverwendungen, die ihn unter anderem zweimal ins Bundesministerium der Verteidigung geführt hatten, wurde er 1994 als Befehlshaber des Heeresführungskommandos mit dessen Aufbau betraut. Die in dieser Position erlangte Reputation empfahl Reinhardt vier Jahre später für den Posten des Befehlshabers der Alliierten Landstreitkräfte Europa Mitte in Heidelberg. In dieser Funktion kommandierte er von 1999 bis 2000 als erster deutscher Militär die internationalen Friedenstruppen im Kosovo. Nachdem der General im Frühjahr 2001 in den Ruhestand verabschiedet worden war, nahm er verschiedene Tätigkeiten in deutschen Rüstungsbetrieben wahr. Zudem wirkte der Historiker bis 2006 als Präsident der Clausewitz-Gesellschaft.

052 Klaus Reinhardt.

1 Klaus Reinhardt, »KFOR Streitkräfte für den Frieden« (2002)

Als Commander der Kosovo Implementation Force (KFOR) war der deutsche General Reinhardt für den Einsatz von Soldaten aus 39 Nationen verantwortlich.

»Man mußte die jeweiligen nationalen Restriktionen genau kennen und sich in einem System unterschiedlicher nationaler Koordinatenkreuze bewegen, um mit keiner der beteiligten Hauptstädte in Konflikt zu kommen. Dies war nur durch engste Zusammenarbeit und vorausschauende Konsultation möglich. Ich habe bis etwa Ende Februar gebraucht, bis es uns endlich gelungen war, fast alle ursprünglichen Restriktionen und Beschränkungen für Einsätze außerhalb des jeweils eigenen Verantwortungsbereichs abzubauen. Diese lange Frist war eigentlich ein unhaltbarer Zustand, zeigt aber nur die politische Labilität bei derartigen Einsätzen, in denen trotz aller Zusagen zur Multinationalität das nationale Eigeninteresse deutlich überwiegt. Ich hätte mir hier als COMKFOR mehr Solidarität der NATO-Staaten erwünscht.
[...]
Die Effizienz der multinationalen Kooperation leidet aber nicht nur an den politisch vorgegebenen Restriktionen der verschiedenen nationalen Kontingente eines multinationalen Großverbandes, sondern auch an deren unterschiedlicher Ausbildung und Ausrüstung, an unterschiedlichen Traditionen und Gepflogenheiten sowie an unterschiedlichen taktisch-operativen Doktrinen. Noch problematischer sind die bis heute immer noch rein nationalen Versorgungswege, die sich aus der Heimat bis in die jeweiligen Bataillone durchziehen. Diese parallelen nationalen Versorgungs- und Sanitätsstränge kosten nicht nur unnötiges Personal und Material, sondern belasten die Mobilität und Autarkie der multinationalen Truppe ganz erheblich.«

Zit. nach: Klaus Reinhardt, KFOR Streitkräfte für den Frieden. Tagebuchaufzeichnungen als deutscher Kommandeur im Kosovo, Frankfurt a.M. 2002, S. 559

Neuorientierung

Das II. Deutsch-Amerikanische Korps in Ulm erfuhr bis 2006 eine Umwandlung, welche die bisherige multinationale in eine nationale deutsche Aufgabenstellung änderte. Das Korps umfasste jetzt lediglich noch einen Kernstab, zu dem 280 Soldaten aus allen deutschen Teilstreitkräften sowie ein Führungsunterstützungsregiment gehörten. Aufgabe des neuen Kommando Operative Führung Eingreifkräfte (KdoOpFüEingrKr) soll die Führung von Einsätzen unter EU-Mandat von humanitärer Hilfeleistung bis zum möglichen Kampfeinsatz als Force Headquarter werden.

Am 4. März 1994 unterzeichneten die Verteidigungsminister Polens und der Bundesrepublik eine gemeinsame Erklärung, in der sie eine bilaterale Zusammenarbeit auf militärischem Gebiet vereinbarten. Ein erstes Ergebnis war die im September beginnende Partnerschaft zwischen der 12. Mechanisierten Division aus Stettin und der Division sowie des Wehrbereichskommandos VII in Neubrandenburg. Nach Gesprächen zwischen den Verteidigungsministern Dänemarks, Deutschlands und Polens fiel 1997 die Entscheidung zur Gründung eines ▸ Multinationalen Korps Nord-Ost, mit Hauptquartier in Stettin. Nach der Auflösung des Stabes der Alliierten Landstreitkräfte Schleswig-Holstein und Jütland (LANDJUT) am 31. März 1999 begann noch in Rendsburg die Aufstellung des neuen Korpsstabes. Am 18. September 1999 konnte das Korps in Stettin in Dienst gestellt werden. Das Korps wurde zwar nicht Teil der NATO-Kommandostruktur, ist jedoch als Teil der Hauptverteidigungskräfte ▸ assigniert. Als Arbeitssprache diente im Hauptquartier Englisch, und es fanden die Doktrin sowie die Verfahren der NATO Anwendung. Die dem Korpsstab zugeordneten Truppenteile blieben rein national gegliedert. Deutschland stellte für das Korps die 14. Panzergrenadierdivision zur Verfügung. Im November 2005 erfolgte die NATO-Zertifizierung Full Operational Capability (FOC) samt dem Status Forces Lower Readiness (FLR). Damit waren mit Ausnahme des Korps/Territorialkommando Ost in Potsdam alle nationalen deutschen Korps ganz im Sinn der Vorgaben des NATO-Verteidigungsrates zu multinationalen Großverbänden geworden.

Multinationalität, so kann abschließend hinzugefügt werden, ist inzwischen schon durch die Auslandseinsätze für die Soldaten der Bundeswehr zur gewohnten, unverzichtbaren und künftigen Form militärischer Kooperation geworden. Multinationalität signalisiert gleichberechtigte Partnerschaft und Bündnissolidarität. Dass sie zur Weiterentwicklung der militärischen Integration im Bündnis und in Europa beigetragen hat und weiterhin beiträgt, steht außer Zweifel. Doch macht Multinationalität auch noch einmal aufmerksam auf unterschiedliche Kulturen, Sprachen, Traditionen, Führungsphilosophien und Streitkräftestrukturen. Unterschiede zum Teil schwer wiegender Art existieren im Bereich der Berücksichtigung von Streitkräften in den nationalen Verfassungen, in ihrer Kontrolle durch die Parlamente, in den Wehrrechtssystemen, im Rechtsschutz und vor allem in den nationalen Vorgaben zum Streitkräfteeinsatz. Bei der unverzichtbaren weiteren Zusammenarbeit unterschiedlicher nationaler Streitkräfte auf dem Weg zu einer europäischen Sicherheitsidentität müssen diese Unterschiede bei Unterstellungen von Soldaten unter Befehlsträger einer anderen Nation wie bisher mit Verständnis, Takt und Einfühlungsvermögen berücksichtigt werden. Dann dürfte die Entwicklung einer gemeinsamen tragfähigen ▸ europäischen militärischen Führungsphilosophie keine bloße Vision bleiben.

Umfeld

053 Soldaten der drei Nationen des Multinationalen Korps Nord-Ost in Stettin im Gespräch.

054 Wache vor der baltischen Kaserne in Stettin, in der das Multinationale Korps Nord-Ost untergebracht ist.

Das Wappen des Multinationalen Korps Nord-Ost versinnbildlicht die Struktur und Geschichte des Verbandes. Hervorgegangen aus dem deutsch-dänischen Korps LANDJUT (gegr. 1961), mit dem Sitz in Rendsburg, entstand 1999 nach jahrelanger Planung das neue trinationale Korps »Northeast« mit dem Sitz in Stettin. Dem neuen Verband wurde ein Wappen gestiftet, das auf dem von LANDJUT aufgebaut ist. Der blaue Hintergrund deutet auf die grundsätzliche Beziehung zur NATO. Die drei Wellen symbolisieren die Ostsee, welche die drei Korpsmitglieder Dänemark, Deutschland und Polen miteinander verbindet. Drei gekreuzte Schwerter symbolisieren ebenso die drei Partner. Alle drei hält der rote Greif zusammen, das Wappentier der Stadt Stettin und der Region Pommern, in welcher das Hauptquartier angesiedelt ist.

Die integrierte Militärstruktur des nordatlantischen Bündnisses wird aus der Gesamtheit der Streitkräfte gebildet, die gemäß festgelegter Bedingungen durch die einzelnen NATO-Mitglieder zur Wahrnehmung des Bündnisauftrages abgestellt werden. Jene Bereitstellung nationaler Streitkräfte unter Führung der NATO für Einsätze unterschiedlichster Ausprägung wird gemeinhin als Assignierung bezeichnet.

Während *earmarked forces* Verbände bezeichnen, die durch die Mitgliedsstaaten in unterschiedlichen Bereitschaftsgraden gestellt werden, um sie gegebenenfalls zu einem späteren Zeitpunkt lageabhängig unter NATO-Befehl zu stellen, handelt es sich bei *assigned forces* um jene Einheiten, die im Verteidigungsfall unter der direkten Befehlsbefugnis der NATO stehen. Als schnelle Eingreifkräfte vorgesehen, setzen sich die assignierten Einheiten aus vielseitig einsetzbaren, mobilen Land-, Luft- und Seestreitkräften der Bündnismitglieder zusammen, die sich ständig in hoher Einsatzbereitschaft befinden und daher der NATO im Krisenfall kurzfristig zur Verfügung stehen.

Seit 2006 werden NATO-assignierte Einheiten zusätzlich von jenen Einheiten unterschieden, die sich im Rahmen von NATO-Operationen im Einsatz befinden, und jenen, die erstere ersetzen können.

Informationen

055 Feierliche Zeremonie zum NATO-Beitritt sieben ehemaliger Ostblockstaaten am 29. März 2004 vor dem Weißen Haus in Washington.

056 Unterzeichnung des Abkommens über den Beitritt Polens, Ungarns und Tschechiens in die NATO. Foto, 1997.

Im Jahr 1970 hatte die 12. Polnische Mechanisierte Division im Kriegsfall den Auftrag Hamburg von Süden her einzuschließen. Im »Feindkräfte-Hörsaal« der Breslauer Verteidigungsakademie hingen noch Mitte der 1990er Jahre leicht verstaubt die Wappen der Bundeswehrdivisionen. Nach dem Ende des »Kalten Krieges« und einem politischen und wirtschaftlichen Transformationsprozess in den Ländern des ehemaligen »Ostblocks« sind aus Feinden von damals nun Verbündete geworden. Im Jahre 1994 legte die Northatlantic Treaty Organization (NATO) das Programm »Partnership for Peace« auf: Es beinhaltete die militärische und sicherheitspolitische Kooperation für die Staaten Osteuropas. Außerdem stellte die NATO einen zukünftigen Beitritt in Aussicht. Etwa zeitgleich regten die Verteidigungsminister von Dänemark, Deutschland und Polen eine trilaterale vertiefte militärische Zusammenarbeit bis auf Divisionsebene an. Für den Beitritt zur NATO legte eine im September 1995 verabschiedete NATO-Erweiterungsstudie fest, dass es keinen starren Katalog von Beitrittsvoraussetzungen geben solle. Zukünftige Kandidaten müssten aber die Grundsätze des Washingtoner Vertrages akzeptieren, die Leistungsfähigkeit der NATO insgesamt stärken und die Grundsätze der Allianz, wie beispielsweise politische Kontrolle der Streitkräfte, anwenden. Dänemark, Deutschland und Polen beschlossen 1997 die Aufstel-

NATO-Osterweiterung

057 Die Flaggen der NATO-Mitgliedsstaaten.

lung eines gemeinsamen Korps. Dessen Verwirklichung sollte nach einem NATO-Beitritt Polens erfolgen. Der »Membership Action Plan« der NATO legte 1999 die Kriterien für zukünftige NATO-Mitglieder fest: Militärische Fähigkeiten sowie die Bereitschaft zur Übernahme militärischer Verantwortung bildeten hierbei die Basis. Ethnische und territoriale Streitigkeiten sollten gelöst sein, aber auch wirtschaftliche Freiheit, soziale Gerechtigkeit und ökologische Verantwortung sollten angestrebt werden. Als am 12. März 1999 Polen, Tschechien und Ungarn dem Bündnis beitraten, bezeichnete der polnische Außenminister Bronislaw Geremek dies als das »größte Ereignis seit der Christianisierung Polens vor 1000 Jahren«. Auf militärischer Ebene folgte die personelle Aufstellung des Korpsstabes des Multinational Corps North-East (MNC N-E). Im Einsatzfall werden diesem die deutsche 14. Panzergrenadierdivision, die dänische Jutland Division und die polnische 12. Panzergrenadierdivision unterstellt.

In einer zweiten Beitrittsrunde folgten am 29. März 2004 Bulgarien, Rumänien, Slowenien und die Slowakei. Mit Estland, Lettland und Litauen waren erstmals auch ehemalige Sowjetrepubliken unter den 26 Mitgliedern. Im Stab des MNC N-E sind inzwischen auch slowakische, lettische, litauische und tschechische Offiziere vertreten.

058 Unterzeichnung der Gründungsakte eines umfangreichen Sicherheitspaketes zwischen den NATO-Staaten und Russland, das den Weg frei macht für eine Osterweiterung der NATO. Foto, 1997.

5. Frauen in der Bundeswehr

Gegen Ende der 1970er Jahre äußerten junge deutsche Frauen zunehmend den Wunsch, alle Laufbahnen in der Bundeswehr auch für weibliche Bewerber öffnen zu lassen und damit ihre Gleichbehandlung in einem ihnen bisher verschlossenen Bereich des Öffentlichen Dienstes zu ermöglichen. Sanitätssoldaten, die in der Bundeswehr nur eine militärische Grundausbildung erhalten, genießen nach den Regeln des Völkerrechts als Nicht-Kombattanten ohne Waffendienst besonderen Schutz. Seit 1975 konnten deshalb staatlich zugelassene Ärztinnen und Apothekerinnen als Zeit- oder Berufs-Sanitätsoffiziere in die Bundeswehr eintreten. Ab 1989 wurde diese Möglichkeit auch auf Sanitätsoffizieranwärterinnen, die während ihrer militärischen Dienstzeit studieren, ausgedehnt. Seit 1991 standen die Laufbahngruppen für Mannschaften und Unteroffiziere im Militärmusikdienst und vor allem im Sanitätsdienst auch Frauen offen. In den Auslandseinsätzen in Kambodscha, Somalia, Osttimor, in Bosnien-Herzegowina sowie im Kosovo unterstrichen die weiblichen Mitglieder des Sanitätsdienstes ihre hohe fachliche Kompetenz und Motivation. Nachdem eine entsprechende Klage vor dem Verwaltungsgericht Hannover gescheitert war, legte eine deutsche Klägerin ihr Anliegen dem Europäischen Gerichtshof vor. Dieser entschied am 11. Januar 2000, dass die deutschen Gesetze, die Frauen allgemein vom Dienst mit der Waffe ausschlossen, eindeutig gegen die Gleichbehandlungsrichtlinien des Europäischen Rates aus dem Jahre 1976 verstießen.

Bundesverteidigungsminister Rudolf Scharping (SPD) erklärte noch am Tag der Urteilsverkündung, dass die Bundeswehr künftig »in ihrer ganzen Vielfalt« auch weiblichen Soldaten offen stehen werde. Bis Ende des Jahres 2000 wurden die Voraussetzungen geschaffen, um ab Januar 2001 die ▸ ersten Frauen für neue, ihnen bisher nicht zugängliche Verwendungen einzustellen: Am 7. Juni 2000 verabschiedete das Bundeskabinett eine entsprechende Anpassung des Soldatengesetzes sowie der Soldatenlaufbahnverordnung. Am 27. Oktober 2000 beschloss der Deutsche Bundestag auf Anregung der Oppositionspartei CDU eine Änderung des Artikels 12a des Grundgesetzes, die den uneingeschränkten Waffendienst von Frauen ermöglichte. Alle Laufbahnen, Laufbahngruppen sowie Tätigkeitsbereiche standen jetzt dem freiwilligen Dienst von Frauen offen. Diese Öffnung aller Laufbahnen der Streitkräfte für Frauen darf gewiss ebenfalls als ein weiterer wesentlicher Einschnitt in der jüngsten deutschen Militärgeschichte angesehen werden.

In der zivilen Wehrverwaltung, die gemäß dem Grundgesetz von den Streitkräften getrennt

059 Die ersten weiblichen Sanitätsoffiziere am 1. Oktober 1975 mit Bundesverteidigungsminister Georg Leber.

060 Oberfähnrich Ulrike Flender, die erste Frau in der Geschichte der Bundeswehr, die erfolgreich eine Ausbildung zur Jetpilotin absolvierte. Foto, 21. September 2006.

»Soldat, weiblich, Jahrgang« (2001)

Seit dem Januar 2001 stehen nach dem Urteilsspruch des Europäischen Gerichtshofs Frauen alle Bereiche der Bundeswehr offen. Viele Soldaten stehen einer Öffnung der Bundeswehr skeptisch gegenüber. So verlief die Integration der Frauen in die Armee nicht immer reibungslos, wie folgendes Beispiel zeigt.

»Der schlimmste Tag, das war in der Grundausbildung. Ich war die einzige Frau. Sie haben mich ganz schön runtergemacht, weil keiner wusste, dass ich komme. Da ist irgendwie ein Fehler passiert im Zentrum Nachwuchsgewinnung. [...] Als einzige Frau kommt man dahin. Als erstes, womit ich begrüßt worden bin: Ach du Scheiße, eine Frau. Von ihnen wissen wir gar nichts. Wo setzen wir sie jetzt hin? Und dann Spießrutenlaufen, dahin, dorthin, dahin. Bis zwei Uhr nachts waren wir beschäftigt gewesen, bis man mir endlich eine Stube zugeteilt hatte. [...] Der Stabsunteroffizier, der damals mein Gruppenführer war, hat mit Frauen gar nichts anfangen können. Er hat gleich gesagt: Gegen Frauen habe ich was. Im Unterricht hat er gesagt, ich soll die Finger in die Ohren stecken. Da hat er wieder etwas Frauenfeindliches gesagt. Ich musste es natürlich dann machen, denn sonst hat er nicht mehr weiter geredet.«

061 Sitzung des Gerichtshofs der Europäischen Gemeinschaft in Luxemburg, Entscheidung zum Dienst an der Waffe von Frauen bei der Bundeswehr: Tanja Kreil (2.v.r.) als Klagende für den Dienst und Oberst Bernhard Gertz, Vorsitzender des Bundeswehrverbandes (r.). Foto, 11. Januar 2000.

Zit. nach: Soldat, weiblich, Jahrgang 2001.
Sozialwissenschaftliche Begleituntersuchung zur Integration von Frauen in die Bundeswehr – Erste Befunde. Hrsg. von Gerhard Kümmel und Ines-Jacqueline Werkner, Strausberg 2003, S. 103

Gerhard Kümmel und Heiko Biehl, »Warum nicht?« (2001)

Die Untersuchung zeigte, dass viele Soldaten der Öffnung der Bundeswehr für Frauen skeptisch gegenüberstanden.

»Der Studie zufolge ergibt sich ein Bild, wonach eine deutliche Mehrheit der befragten Soldaten die weitere Öffnung der Bundeswehr für Frauen begrüßt, gleichzeitig aber eine nicht unbedeutende Minderheit in dieser Frage skeptisch bis strikt ablehnend eingestellt ist. [...] Die Vorbehalte können auf zwei analytisch zu trennende Deutungsmuster zurückgeführt werden. Es handelt sich zum einen um eine Form von Vorbehalten gegenüber Frauen, die aus einem stark traditionalen Bild von Militär (und Mann) erwächst. Zum anderen ist es eine Form von Vorbehalten gegenüber dem weiblichen Geschlecht, die sehr stark auf die Faktoren Konkurrenz von Frauen im eigenen Berufsfeld und Gleichbehandlung im Umgang mit Soldaten beiderlei Geschlechts zurückgeht. [...]
(1) Im Heer finden sich stärkere Vorbehalte gegen die weitere Öffnung der Bundeswehr für Frauen, die überwiegend auf traditionelle Bilder von Militär und entsprechende traditionale Vorstellungen vom Geschlechterverhältnis zurückgeführt werden können.
(2) Soldaten auf Zeit, und insbesondere diejenigen mit kürzerer Verpflichtungszeit, äußern ebenfalls stärkere Vorbehalte, was vornehmlich mit der Konkurrenz von Frauen im Berufsfeld Bundeswehr erklärt werden kann.
(3) Soldaten, die bereits über konkrete Erfahrungen mit Frauen als weibliche Soldaten in ihrem unmittelbaren beruflichen Umfeld verfügen (Sanitätsdienst), hegen stärkere Vorbehalte, die neben den tatsächlichen Eindrücken der Konkurrenz von Frauen in der Bundeswehr auch auf empfundene Ungleichbehandlung zurückgehen können.«

Zit. nach: Warum nicht? – Die ambivalente Sicht männlicher Soldaten auf die weitere Öffnung der Bundeswehr für Frauen. Hrsg. von Gerhard Kümmel und Heiko Biehl, Strausberg 2001 (= SOWI-Bericht, 71), S. 14–16

Neuorientierung

ist, zählten weibliche Mitarbeiter als Arbeiterinnen, Angestellte oder Beamtinnen bereits seit Gründung der Bundeswehr zum festen Personalbestand. Im Sommer 2004 arbeiteten etwa 49 000 Frauen bei der Wehrverwaltung und stellten damit fast 35 Prozent aller Mitarbeiter.

Zunächst galt es, in einer bisher von Männern beherrschten Berufswelt Akzeptanzprobleme und Vorurteile abzubauen. Integrationsseminare und Handlungsempfehlungen bereiteten das militärische Führungspersonal der Einheiten, die bisher noch über keine Erfahrungen mit Soldatinnen verfügten, auf deren Eintritt vor. Die allgemeine Führerausbildung nahm entsprechende Empfehlungen fest in das Lehrprogramm auf und vom März bis Oktober 2003 fanden beispielsweise an den Truppenschulen und Ausbildungseinrichtungen der Bundeswehr Seminare im Rahmen des ▸ Gender-Mainstreaming-Projekts statt. Nach dem In-Kraft-Treten des 2. Gleichstellungsgesetzes, welches allerdings nicht für die Streitkräfte Gültigkeit besaß, wurden 1995 als eine Art Gegenstück zu den Frauenbeauftragten in der Bundeswehrverwaltung Ansprechstellen für spezifische Probleme weiblicher Soldaten eingerichtet. Abgesehen von einigen geschlechtsspezifischen Regelungen verfügen Soldatinnen über die gleichen Rechte und Pflichten wie ihre männlichen Kameraden, und sie werden nach identischen Kriterien geprüft, ausgebildet, gefördert, befördert und besoldet.

Ein Hauptthema in den Medien, so schien es zeitweilig, bildete die Frage der Sexualität in der Bundeswehr. General Harald Kujat hatte bereits am 20. Dezember 2000 eine Führungshilfe für Vorgesetzte mit dem Titel »Umgang mit Sexualität« erlassen. Dieser folgte am 20. Februar 2002 die Ergänzung B 173 »Sexuelles Verhalten von und zwischen Soldaten« zur Zentralen Dienstvorschrift (ZDv) 14/3, der Wehrdisziplinar- und Wehrbeschwerdeordnung. Dass die sexuelle Betätigung außerhalb der Dienstzeit in militärischen Liegenschaften grundsätzlich disziplinarrechtlich nicht bedeutsam war, und der Umgang mit Sexualität nur dann eine Rolle spielte, wenn der Dienstbetrieb, der kameradschaftliche Zusammenhalt oder die dienstliche Ordnung in der Bundeswehr beeinträchtigt wurde, unterstrich die Ergänzung der ZDv 14/3 B 173 zur Führungshilfe ▸ »Umgang mit Sexualität in der Bundeswehr« vom 9. Juli 2004.

Am 24. November 2004 beschloss der Bundestag das »Gesetz zur Durchsetzung der Gleichstellung von Soldatinnen und Soldaten in den Streitkräften«, welches sich weit gehend an das Bundesgleichstellungsgesetz anlehnte. Frauen sollen in der Bundeswehr künftig bei gleicher Qualifikation dann bevorzugt befördert werden, wenn die Frauenquote im Sanitätsdienst unter 50 Prozent oder in anderen Laufbahnen weniger als fünfzehn Prozent beträgt. Das Gesetz trat am 1. Januar 2005 in Kraft.

Anfang Januar 2006 leisteten etwa 12 000 Soldatinnen Dienst in der Bundeswehr. 1250 von ihnen sind Offiziere, 1300 Offizieranwärterinnen, 8000 Unteroffiziere und 1700 Mannschaftsdienstgrade. Im Sanitätsdienst liegt ihr Anteil bei rund 30, bei den Berufs- und Zeitsoldaten bei 6,5 Prozent. Langfristig wird für die Bundeswehr mit einem Frauen-Anteil von etwa 15 000 Soldatinnen gerechnet: Dies wären dann etwa acht Prozent aller Berufs- und Zeitsoldaten. Natürlich verstärken Frauen inzwischen auch die Reserve.

Insgesamt kann nach der völligen Öffnung der Streitkräfte für Frauen und den mit ihnen im In- und Auslandseinsatz gemachten Erfahrungen festgestellt werden, dass die Integration der Soldatinnen in die Bundeswehr ohne größere Schwierigkeiten erfolgte.

Mit dem Begriff Gender Mainstreaming werden die Bemühungen bezeichnet bei allen gesellschaftlichen Vorhaben die unterschiedlichen Lebenssituationen und Interessen von Frauen und Männern zu berücksichtigen, da es keine geschlechtsneutrale Wirklichkeit gibt. Dabei sollen bewusst nicht nur »frauenspezifische« Probleme Beachtung finden, sondern versucht werden die Geschlechter auf allen Ebenen gleichzustellen und ihre Unterschiede zu beachten. Seit 1999 ist Gender Mainstreaming zum offiziellen Ziel der EU-Politik erklärt worden.

Umfeld

> **1** »Umgang mit Sexualität in der Bundeswehr« (9. Juli 2004)
>
> *Die Neufassung des Erlasses war durch die uneingeschränkte Öffnung der Streitkräfte für Frauen notwendig geworden.*
>
> »Grundsatz
> Die Intimsphäre von Soldatinnen und Soldaten ist als Teil ihres Persönlichkeitsrechts einer Einflussnahme durch den Dienstherrn grundsätzlich entzogen. Der Umgang mit Sexualität ist für das Dienstverhältnis nur dann von Bedeutung, wenn dadurch der Dienstbetrieb gestört wird, der kameradschaftliche Zusammenhalt beeinträchtigt wird oder es in sonstiger Weise zu einer nachhaltigen Störung der dienstlichen Ordnung kommt. [...]
> Das Grundrecht auf freie Entfaltung der Persönlichkeit, das die sexuelle Selbstbestimmung schützt, findet seine Grenzen unter anderem in den gesetzlich festgelegten soldatischen Pflichten. Ein schuldhafter Verstoß gegen diese Pflichten stellt ein Dienstvergehen dar, das mit den Mitteln der Wehrdisziplinarordnung geahndet werden kann. Vorgesetzte, die nicht gegen sexuelle Übergriffe und Entgleisungen von Soldatinnen und Soldaten einschreiten und nicht die gebotenen Maßnahmen veranlassen, verletzen ihre Dienstpflichten.«
>
> Zit. nach: BMVg – R I 5, »Umgang mit Sexualität in der Bundeswehr«, 2004

062 Öffentliche Vereidigung von 300 Offizieranwärtern der Crew VII/04 der Marine am 13. August 2004.

063 Tagung »Frauen in den Streitkräften« – Soldatinnen vor dem Brandenburger Tor.

Neuorientierung

Kapitel II – Strukturen

Von der Verteidigungs- zur Einsatzarmee

1. Reformansätze der 1990er Jahre

Bereits die der Sowjetunion von Bundeskanzler Kohl zugesicherte personelle Verkleinerung der Bundeswehr von 580 000 auf 370 000 Soldaten bis Ende 1994 musste zwangsläufig zu neuen Strukturen in den Streitkräften führen. Zudem galt es, auf die neue sicherheitspolitische Lage in Europa und der Welt mit entsprechenden Reformen zu reagieren.

Im Mai 1991 erfolgte eine neue Dislozierung der Kommandobehörden der Bundeswehr mit dem Ziel, ihre Zahl sowie ihre Stäbe zu reduzieren. Aus der Zusammenfassung von Feld- und Territorialheer ergaben sich weitere personelle und organisatorische Rationalisierungseffekte. In den alten Bundesländern sollten ab 1995 ungefähr 310 000, in den neuen Bundesländern etwa 60 000 Soldaten stationiert werden. Dabei galt es sowohl in den neuen Bundesländern als auch in Berlin eine angemessene Präsenz zentraler Einrichtungen der Bundeswehr sowie von Truppenteilen und Dienststellen herbeizuführen. Ein »Personalstärke- und Beamtenanpassungsgesetz« schuf die Voraussetzungen, um den bis Ende 1994 durchzuführenden Personalabbau auch sozialverträglich realisieren zu können. Es folgte eine Neuordnung der Territorialen Wehrverwaltung sowie des Rüstungsbereichs. Zielvorgabe für das Jahr 2000 bildeten hier 66 200 Dienstposten in den alten und 11 200 in den neuen Bundesländern.

064 Gecko auf dem ISAF-Ärmelabzeichen.

Die von Bundesverteidigungsminister Stoltenberg berufene unabhängige Kommission für künftige Aufgaben der Bundeswehr unter Leitung des langjährigen Sprechers des Beirats für Fragen der Inneren Führung, Hans-Adolf Jacobsen, schlug in ihrem Abschlussbericht im September 1991 vor, die Bundeswehr auch an internationalen Einsätzen im Rahmen der UN zu beteiligen, falls die UN die Bundesregierung dazu aufforderten. Die veränderten Bedingungen der politischen und militärischen Lage veranlassten Stoltenbergs Nachfolger ▶ Volker Rühe (CDU) am 26. November des folgenden Jahres »Verteidigungspolitische Richtlinien« vorzulegen. Die bis zu diesem Zeitpunkt gül-

Volker Rühe (1942)
Politiker – Von 1968 bis 1976 war er im Hamburger Schulwesen, zuletzt als Oberstudienrat, tätig. Seit 1963 Mitglied der CDU gehörte er von 1973 bis 1975 dem Bundesvorstand der Jungen Union an. Zwischen 1976 und 2005 war er Mitglied des Deutschen Bundestags. Rühe machte sich als Experte für Außen- und Deutschlandpolitik der CDU-Fraktion einen Namen. Unter dem Parteivorsitzenden Helmut Kohl

065 Volker Rühe.

Als Bendler-Block wird ein historischer Gebäudekomplex in der Nähe des Berliner Tiergartens bezeichnet. Er wurde 1911 bis 1914 für das Reichsmarineamt errichtet und beherbergte verschiedene militärische Einrichtungen: die Seekriegsleitung, das Amt Ausland/Abwehr des OKW, den Chef der Heeresrüstung und Befehlshaber des Ersatzheeres sowie das Allgemeine Heeresamt. Während des Zweiten Weltkrieges wurde der Bendler-Block zum Mittelpunkt der Verschwörer vom 20. Juli 1944. Graf von Stauffenberg, der schließlich das Attentat auf Hitler ausführte, hatte hier sein Arbeitszimmer. In der Nacht nach dem gescheiterten Attentat wurden Stauffenberg und sein Adjutant Oberleutnant Werner von Haeften gemeinsam mit General Olbricht und Oberst i.G. Albrecht Ritter Mertz von Quirnheim im Innenhof des Bendler-Blocks, dem heutigen Ehrenhof, erschossen. Nach Kriegsende wurde das schwer beschädigte Gebäude wiederaufgebaut und beherbergt unter anderem die »Gedenkstätte deutscher Widerstand« in seinen Mauern und dient dem Verteidigungsministerium als zweiter Dienstsitz.

066 Eingang des Bendler-Blocks, zweiter Dienstsitz des Bundesministeriums der Verteidigung in Berlin.

067 Feierstunde und Kranzniederlegung im Ehrenhof des Bendler-Blocks zum Gedenken an Oberst Claus Schenk Graf von Stauffenberg.

bekleidete er von 1989 bis 1992 das Amt des Generalsekretärs der CDU. In den Jahren von 1992 bis 1998 war er Bundesminister der Verteidigung. Während seiner Amtszeit nahm die Bundeswehr erstmals an UN-Einsätzen außerhalb des NATO-Bündnisgebietes teil. Deutsche Soldaten unterstützten UN-Missionen in Kambodscha, Somalia und auf dem Balkan. Im Jahr 2000 kandidierte er bei der Landtagswahl in Schleswig-Holstein erfolglos für das Amt des Ministerpräsidenten. Von November 2002 bis Oktober 2005 war er Vorsitzender des Auswärtigen Ausschusses im Bundestag.

Neuorientierung

tigen Richtlinien stammten noch aus dem Jahr 1979.

Die neuen Bestimmungen suchten, der Entwicklung wenigstens teilweise Rechnung zu tragen. Sie schlossen eine unmittelbare Bedrohung Deutschlands zwar nicht völlig aus, sahen diese jedoch als höchst unwahrscheinlich an. Den als »Friedenshüter der Völkergemeinschaft« angesehenen UN sowie der KSZE sollten, wie die NATO 1992 angekündigt hatte, bei Bedarf entsprechend ausgebildete und ausgerüstete Truppenkontingente der Mitgliedsstaaten umgehend zur Verfügung gestellt werden. Solche Kontingente wollte künftig auch die Bundesrepublik bereitstellen. Zwar blieb die Hauptaufgabe der Bundeswehr die Landes- und Bündnisverteidigung, zu der die Hauptverteidigungskräfte dienten, doch trat jetzt das Krisenmanagement als eine Schwerpunktaufgabe hinzu. Zu einer schnellen Krisen- und Konfliktreaktion auch in »peripheren Regionen« sollte der Aufbau von ▶ Krisenreaktionskräften erfolgen und deren Anteil am Gesamtumfang der Bundeswehr etwa 15 Prozent betragen.

Im Dezember 1992 legte Rühe den »Bundeswehrplan 94« vor. Dieser berücksichtigte sowohl die veränderte Sicherheitslage als auch die sinkenden Haushaltsmittel. Er sah eine Untergliederung der Streitkräfte zum einen in präsente und schnell einsetzbare ▶ Krisenreaktionskräfte vor, die dem Krisenmanagement des Bündnisses zur schnellen Verfügung stehen sollten. Zum anderen erfolgte die Bereitstellung mobilmachungsabhängiger so genannter Hauptverteidigungskräfte für die Landes- und Bündnisverteidigung. Doch schon im Februar 1993 kündigte Rühe eine strenge Überprüfung des »Bundeswehrplanes 94« an, weil im Verteidigungshaushalt 863 Millionen DM eingespart werden mussten.

Im Februar des folgenden Jahres unterrichtete Rühe den Verteidigungsausschuss des Bundestages darüber, dass die Mittel für den Verteidigungshaushalt nochmals um 1,25 Mrd. DM gekürzt werden würden. Abstriche bei der Ausbildung, Verzicht auf Beschaffungen, vorzeitiges Ausmustern von Gerät und eine weitere Absenkung der Personalstärke auf zwischen 350 000 und 345 000 Soldaten seien daher bis zum Jahresende 1994 unvermeidbar. Im Mai 1994 erfolgte die Bekanntgabe von Plänen zur weiteren Ausgabenbegrenzung sowie zur Reorganisation des Bundesministeriums der Verteidigung. Das Ministerium sollte bis Ende der 1990er Jahre von 5300 auf 3300 Mitarbeiter reduziert und davon 350 Mitarbeiter am ▶ zweiten Dienstsitz des Verteidigungsministers in Berlin beschäftigt werden. Die »Verschlankung« des Bundesverteidigungsministeriums führte in erster Linie zur Abgabe von truppendienstlichen Aufgaben, aber auch zu einer von da an zu beobachtenden ständig größer werdenden Arbeitsbelastung der verbliebenen Stäbe. Ende 2006 befanden sich von 3178 militärischen und zivilen Dienstposten des Ministeriums 338 in Berlin.

Im Juli 1994 erließ Bundesverteidigungsminister Rühe eine ▶ »Konzeptionelle Leitlinie zur Weiterentwicklung der Bundeswehr«. Der Friedensumfang der Bundeswehr sollte künftig bei 340 000 Soldaten liegen, allerdings eine schnelle Aufwuchsfähigkeit auf 370 000 Soldaten möglich bleiben. Für diesen Personalumfang sah die Leitlinie 200 000 Berufs- und Zeitsoldaten, 135 000 Grundwehrdienstleistende und 3000 Wehrübungsplätze für Reservisten vor.

Da sich deutliche Defizite bei der Führung der ersten ▶ Auslandseinsätze mangels Streitkräfte übergreifender operativer Führungsstäbe und nationaler Stäbe oberhalb der Korpsebene ergeben hatten, unterstanden ab Oktober 1994 die

»Hauptverteidigungs- und Krisenreaktionskräfte« (1994)

Das Weißbuch definiert die beiden Streitkräftekategorien wie folgt:

»528. Die Hauptverteidigungskräfte (HVK) umfassen die Gesamtheit der aufwuchsfähigen und präsenten Kräfte, die in der Landes- und Bündnisverteidigung eingesetzt werden. Das Fundament der Landesverteidigung wird von den aufwuchsfähigen Anteilen der Hauptverteidigungskräfte gebildet.

Die Hauptverteidigungskräfte sind so abgestuft bereitzustellen und aufwuchsfähig zu halten, daß sie im Rahmen der militärisch nutzbaren Vorbereitungszeit für die Landes- und Bündnisverteidigung die Einsatzbereitschaft herstellen können. Dabei stützen sie sich auf aktive Soldaten und noch stärker als bisher auf Reservisten aller Dienstgradgruppen ab, die im Rahmen ihres aktiven Wehrdienstes und in Wehrübungen aus- und fortgebildet werden. Ausgewählte Truppenteile präsenter HVK, insbesondere der Logistik- und Sanitätstruppe, werden auch zur Unterstützung der Krisenreaktionskräfte herangezogen.

529. Die Krisenreaktionskräfte (KRK) sind der Teil der Streitkräfte, der für die Konfliktverhütung und Krisenbewältigung im Rahmen des Bündnisses sowie als Beitrag zu internationalen Friedensmissionen eingesetzt werden kann. Sie tragen als präsente Verteidigungskräfte zur Landesverteidigung bei und schützen den Aufwuchs der mobilmachungsabhängigen Hauptverteidigungskräfte. Bei Bedarf können sie gezielt durch aufwuchsfähige Elemente oder durch Kräfte der Militärischen Grundorganisation unterstützt werden.

Zit. nach: Weißbuch 1994. Weißbuch zur Sicherheit der Bundesrepublik Deutschland und zur Lage und Zukunft der Bundeswehr. Hrsg. vom Bundesministerium der Verteidigung, Bonn 1994, S. 93

068 Soldaten des deutschen Kontingents in Somalia. Foto, 1993.

069 Deckblatt des Weißbuches 1994.

Informationen

Bei der Aufstellung der Bundeswehr ab 1955 war deren Einsatz außerhalb des NATO-Gebietes nicht vorgesehen. Als am 29. Februar 1960 ein verheerendes Erdbeben in Agadir etwa 12 000 Opfer forderte, bat die marokkanische Regierung alle Länder der Welt um Hilfe. Die USA schickten unmittelbar in Deutschland stationierte Streitkräfte ins Katastrophengebiet. Am 2. März wurden 110 Sanitätssoldaten der Bundeswehr nach Agadir verlegt, um dort die medizinische Versorgung der Opfer sicherzustellen. Die Luftwaffe übernahm Hilfstransporte.

Weitere humanitäre Einsätze folgten. Erdbeben, Dürre und Hochwasser führten die Bundeswehr in die Türkei, nach Griechenland und nach Italien, aber auch nach Südamerika, Asien und immer wieder nach Nordafrika. Die Liste der Einsätze bei den Dürrekatastrophen der 1970er Jahren liest sich wie eine Aufzählung der Armenhäuser der Welt: Sudan, Äthiopien, Mali, Senegal, Niger, Nigeria, Obervolta, Somalia – um nur einige zu nennen. Im Jahre 1988 lieferte die Bundeswehr nach dem Erdbeben im armenischen Spitak auch erstmals Hilfsgüter in die Sowjetunion. Im Hungerwinter 1990/1991 brachten deutsche Transportflugzeuge Kindernahrung nach Russland.

Nach dem Erreichen der vollen Souveränität stellte sich Deutschland der internationalen Verantwortung und nahm – wenn auch zögerlich – an »Blauhelmeinsätzen« der Vereinten Nationen teil. Den Auftakt bildete 1991 der Einsatz im Irak zur Unterstützung der United Nations Special Commission mit 30 Soldaten in Bagdad. Es folgte 1992 die Entsendung von etwa 150 Sanitätssoldaten nach Kambodscha, um in Phnom Penh ein Feldlazarett mit 60 Betten zu betreiben. Die Entwicklung verlief rasant. Noch während dieser Einsatz lief, wurden etwa 1700 Heeressoldaten nach Belet Uen in Somalia zur logistischen Unterstützung für UNOSOM II geschickt.

Auch im zerfallenden Jugoslawien begann die deutsche Beteiligung unter Führung der UN: 1992 mit der Luftbrücke nach Sarajewo (UNPROFOR), ab Juli 1995 mit einem Feldlazarett bei Split im Rahmen der UNPF. Der Weg zur Teilnahme am NATO-Einsatz in Bosnien (IFOR, SFOR, EUFOR) sowie zur Teilnahme an der NATO-Operation Allied Force in Jugoslawien 1999 war nicht mehr weit.

Bis März 2006 haben 195 000 Soldaten an friedenssichernden Einsätzen der Bundeswehr teilgenommen, 64 Bundeswehrsoldaten verloren dabei ihr Leben.

Chronologie der Auslandseinsätze der Bundeswehr ab 1990

1991	Irak: United Nations Special Commission (UNSCOM)
1992	Bosnien-Herzegowina: United Nations Protection Force (UNPROFOR)
	Kambodscha: United Nations Transitional Authority in Cambodia (UNTAC)
1993	Somalia: United Nations Operation in Somalia (UNOSOM II)
	Adria: NATO/WEU-Operation Sharp Guard
1994	Georgien: United Nations Mission in Georgia (UNOMIG)*
	Ruanda: United Nations Assistance Mission for Ruanda (UNAMIR)
1995	Kroatien: United Nations Peace Forces (UNPF)
	Bosnien-Herzegowina: Implementation Force (IFOR),
1996	Bosnien-Herzegowina: Stabilization Force (SFOR), NATO-Operation Joint Guard
1998	Bosnien-Herzegowina: Stabilization Force (SFOR), NATO-Operation Joint Forge
	Kosovo: OSCE Kosovo Verification Mission (KVM)
1999	Jugoslawien: NATO-Operation Allied Force
	Adria: NATO-Operation Allied Harvest
	Kosovo: Kosovo Force (KFOR)*
	Ost-Timor: International Force East Timor (INTERFET)
2001	Mazedonien: Task Force Harvest (TFH), NATO-Operation Essential Harvest
	Mazedonien: Task Force Fox (TFF), NATO-Operation Amber Fox
	Mittelmeer: NATO-Operation Active Endeveaur
	USA: NATO-Operation Eagle Assist
	Afghanistan: Operation Enduring Freedom*
	Afghanistan: International Security Assistance Force (ISAF)*
2002	Mazedonien: Task Force Fox (TFF), NATO-Operation Allied Harmony
	Horn von Afrika: Operation Enduring Freedom*
	Kuwait: Operation Enduring Freedom
	Afghanistan: United Nations Assistance Mission in Afghanistan (UNAMA)*
2003	Mazedonien: EU-Operation Concordia
2003	DR Kongo, Ruanda: Operation Artemis
2004	Bosnien Herzegowina: European Union Force (EUFOR) Operation Althea*
	Äthiopien, Eritrea: United Nations Mission Ethiopia Eritrea (UNMEE)*
2005	Sudan: United Nations Mission in Sudan (UNMIS)*
2006	DR Kongo: European Union Force RD Congo (EUFOR RD Congo)*
	Libanon: United Nations Interim Force (UNIFIL)*

* = Deutsche Beteiligung am Einsatz dauert an (Stand 2006)

Auslandseinsätze der Bundeswehr

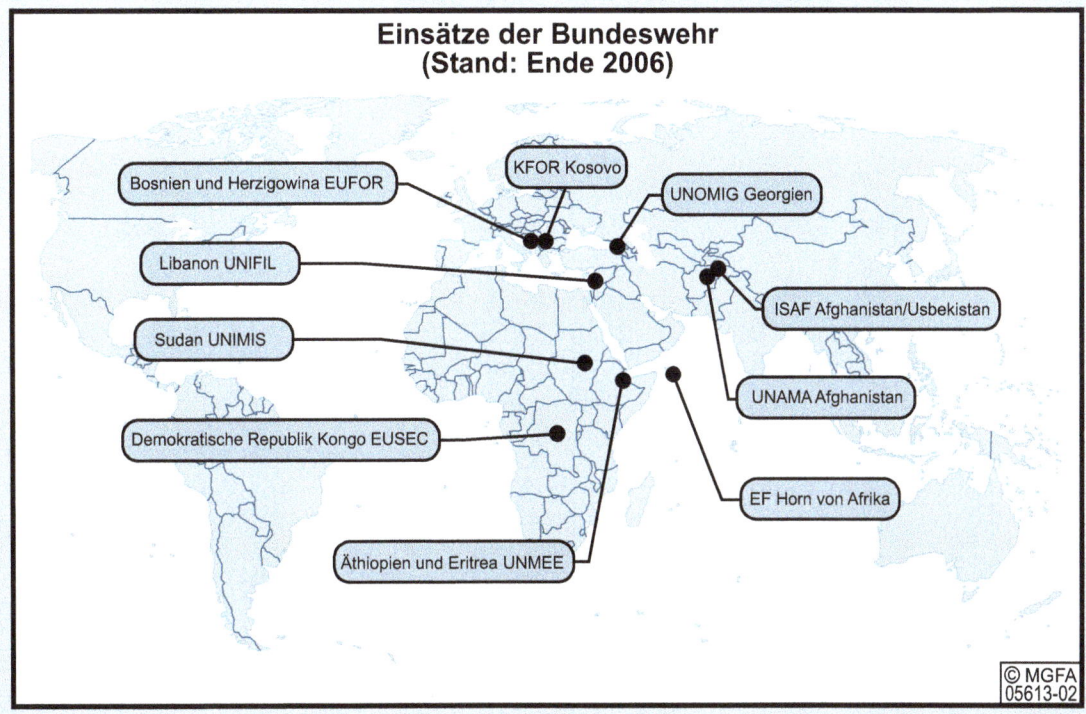

Noch heute haben in vielen Dörfern und Städten die Denkmäler für die Gefallenen des Ersten Weltkrieges einen zentralen Ort. Für die Gefallenen des Zweiten Weltkrieges stehen weiße Kreuze oder schlichte Gedenksteine auf den Soldatenfriedhöfen. Seit Verteidigungsminister Jung 2005 den Bau eines Ehrenmales gefordert hatte, diskutieren Politiker, Bundeswehrvertreter und die Öffentlichkeit darüber, in welcher Form Bundeswehrsoldaten gedacht werden soll, die in Ausübung ihres Dienstes starben. »Die Toten haben Anspruch auf einen zentralen Ort ehrenden Gedenkens«, so Verteidigungsminister Franz Josef Jung (CDU). Seit Aufstellung der Bundeswehr im Jahr 1956 waren dies etwa 2600. Vom Ende des Kalten Krieges bis 2007 starben fast 70 Soldaten in Auslandseinsätzen – Soldaten die vom Deutschen Bundestag in Krisengebiete geschickt und dort getötet wurden oder einen tödlichen Unfall erlitten. Das Ehrenmal wird am Berliner Bendler-Block, dem Sitz des Verteidigungsministeriums in Berlin entstehen. Das zentrale Ehrenmal der Bundeswehr soll an alle Bundeswehrangehörigen erinnern, die seit Bestehen der Streitkräfte im Dienst ums Leben kamen.

070 Bundesminister der Verteidigung Franz Josef Jung informierte im Rahmen einer Pressekonferenz über die beabsichtige Errichtung des Ehrenmals der Bundeswehr. Begleitet wurde er vom Generalinspekteur der Bundeswehr, General Wolfgang Schneiderhan und dem Architekten Andreas Meck. Foto, 13. Juni 2007.

Neuorientierung

Großverbände des Heeres unmittelbar dem am 1. April aus dem Stab des ehemaligen III. Korps neu gebildeten Heeresführungskommando in Koblenz. Dieses sollte künftig im Frieden, in der Krise und auch im Kriegsfall Koordinierungs- und Führungsfunktionen wahrnehmen, und es zeichnete für alle notwendigen Maßnahmen im nationalen Rahmen, im multinationalen Verbund sowie in der zivil-militärischen Zusammenarbeit verantwortlich. Gleichzeitig übernahm es die Führung der Auslandseinsätze.

Im Juni 1995 folgte die Bekanntgabe der Anpassung der Streitkräftestrukturen, der Territorialen Wehrverwaltung und der Dislozierung. Aus Heer, Luftwaffe und Marine waren 53 000 Soldaten für Krisenreaktionskräfte vorgesehen, die bereits im Frieden präsent, einsatzbereit und schnell verlegbar sein sollten. Alle anderen Verbände gehörten jetzt den Hauptverteidigungskräften an. Das Heer erhielt einen Friedensumfang von 233 400, die Luftwaffe von 77 400 und die Marine von 27 200 Soldaten zugewiesen. In der Wehrverwaltung verringerte sich die Zahl der Kreiswehrersatzämter um 20 auf 83, von 734 Standorten wurden 16 aufgelöst und weitere 36 personell verkleinert. Allerdings war vorgesehen, die Einnahme dieser neuen Strukturen über einen Zeitraum von zehn Jahren, also von 1995 bis 2005 zu strecken.

1996 erfolgte die Aufstellung eines Kommandos Spezialkräfte (KSK), das der ▶ Division Spezielle Operationen (DSO) unterstellt wurde. Ein wichtiger Einschnitt in der Geschichte der Bundeswehr stellte das am 27. Oktober 1997 vom Bundestag beschlossene »Wehrdienständerungsgesetz« dar. Die Dauer des Wehrdienstes erfuhr ab dem 1. Januar 1996 eine Herabsetzung auf zehn Monate. Bei besserer Bezahlung konnten sich Grundwehrdienstleistende künftig bis zu einer Höchstdauer von 23 Monaten freiwillig länger verpflichten. Für die Wehrpflichtigen wurden die bisherigen Mindestbeförderungszeiten verkürzt und als neuer Spitzendienstgrad für Mannschaften der Rang eines nach der Besoldungsgruppe A 5 besoldeten Oberstabsgefreiten eingeführt. Im Fall von heimatfernen Einberufungen erhielten Wehrpflichtige einen Mobilitätszuschlag.

Ende der neunziger Jahre war allerdings nicht mehr zu übersehen, dass die konzeptionellen und planerischen Vorgaben für die Bundeswehr im Wesentlichen noch immer auf der Landes- und Bündnisverteidigung lagen, und die Streitkräfte offensichtlich von der Substanz lebten. Das veraltete Material belastete die Einsatzbereitschaft und trieb die Betriebskosten in die Höhe. Zudem hatte sich der Verteidigungshaushalt, der 1990 noch etwa drei Prozent des Bruttoinlandsprodukts betrug, bis 1998 um die Hälfte verringert. Zwar stieß das strategische Konzept der NATO mit seiner starken Hervorhebung der Befähigung zu Krisenreaktionseinsätzen in der Bundesrepublik und bei den übrigen Bündnispartnern durchaus auf Zustimmung, jedoch auf nur geringe Bereitschaft, dazu auch die notwendigen finanziellen Mittel zur Verfügung zu stellen. Die Entwicklung neuer Fähigkeiten schien kaum mehr möglich, das erweiterte Aufgabenspektrum der Bundeswehr und der NATO verlangte jedoch eine moderne, hocheffiziente und international einsatzfähige Bundeswehr.

Auftrag, Umfang, Ausrüstung und Finanzmittel der Bundeswehr waren aus der Balance geraten. Diese galt es durch grundlegende Reformen wiederherzustellen. Dieses Ziel setzten sich in der Ende 1998 neu gewählten Bundesregierung der Bundesminister der Verteidigung ▶ Rudolf Scharping (SPD) sowie der Chef des Planungsstabes und spätere Generalinspekteur ▶ Harald

Rudolf Scharping (1947)
Politiker – Seine politische Laufbahn begann er 1975 als Landtagsabgeordneter in Rheinland-Pfalz. Von 1991 bis 1994 bekleidete er dort das Amt des Ministerpräsidenten. Zwischen 1993 bis 1995 hatte er den SPD-Parteivorsitz inne. 1994 trat er bei den Bundestagswahlen als Kanzlerkandidat der SPD gegen Helmut Kohl an und unterlag. Rudolf Scharping übernahm 1998 als Minister der ersten rot-grünen Bun-

071 Rudolf Scharping.

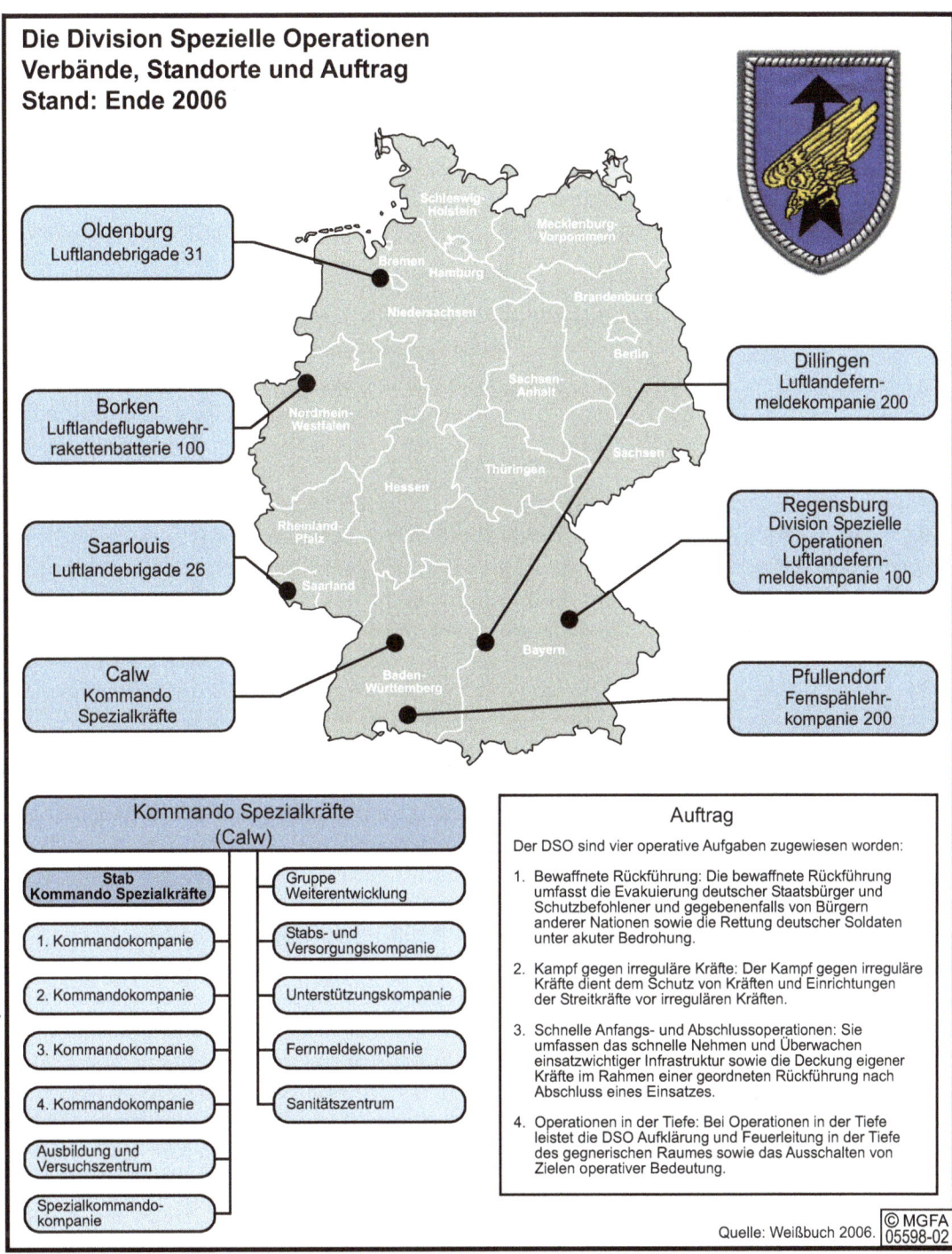

desregierung das Verteidigungsministerium. In seine Amtszeit fielen der Kosovo-Konflikt, die nachfolgende KFOR-Mission, die Unterstützung der Mission »Enduring Freedom« nach dem 11. September 2001 und der Einsatz der Bundeswehr in Afghanistan. Ein weiteres zentrales Thema seiner Amtszeit war die Reform der Bundeswehr. Das Bundeskabinett billigte 2000 Scharpings Pläne zum Umbau und zur schrittweisen Verkleinerung der Truppe unter Beibehaltung der Wehrpflicht. Im Juli 2002 entließ Bundeskanzler Schröder Scharping als Verteidigungsminister.

Kujat. Um die Felder, in denen Reformbedarf bestand, genauer erkennen und mit Vorrang behandeln zu können, erstellte die Bundeswehr im Mai 1999 eine »Bestandsaufnahme. Die Bundeswehr an der Schwelle zum 21. Jahrhundert«. Gleichzeitig setzte die Bundesregierung eine unabhängige Kommission für »Gemeinsame Sicherheit und Zukunft der Bundeswehr« unter Leitung des ehemaligen Bundespräsidenten Richard von Weizsäcker ein, die ihren Abschlussbericht am 23. Mai 2000 vorlegte.

2. »Erneuerung von Grund auf«

Die »Bestandsaufnahme« sowie der Bericht der Kommission kamen übereinstimmend zu dem Ergebnis, dass die Bundeswehr angesichts der aktuellen sicherheitspolitischen Forderungen zu groß, falsch zusammengesetzt und zunehmend unmodern war. Der Kommissionsbericht gab dem von Bundesverteidigungsminister Scharping anvisierten Reformvorhaben Impulse, die allerdings größtenteils bereits von der Planung erfasst worden waren. Einige der weiter gehenden Vorschläge der Kommission erwiesen sich aus politischen und vor allem aus finanziellen Gründen jedoch als nicht realisierbar. Eine wesentliche Forderung der Kommission, sowohl in den Streitkräften als auch in der Wehrverwaltung mehr betriebswirtschaftliches Denken und Handeln wirken zu lassen, wurde hingegen schnell aufgegriffen.

Der ▶ Generalinspekteur der Bundeswehr General ▶ Hans-Peter von Kirchbach hatte zu diesem Zeitpunkt »Eckwerte für die konzeptionelle und planerische Weiterentwicklung der Streitkräfte« vorgelegt. Das jetzt vom Bundesminister der Verteidigung geplante Reformvorhaben fand die Zustimmung der Bundesregierung und ab September 2000 konnte mit der »Grobausplanung« begonnen werden. Als eine wesentliche Veränderung galt die als Einsparungsmaßnahme notwendige erneute personelle Reduzierung der Streitkräfte, die jetzt bis zum Jahr 2010 einen Zielumfang von 282 000 Soldaten erreichen sollte. In dem Zusammenhang verschärfte sich auch die Diskussion über Beibehaltung der Wehrpflicht oder Umwandlung der Bundeswehr in eine Berufsarmee. Dies zog eine Fülle von organisatorischen Veränderungen in den Streitkräften sowie in der Wehrverwaltung nach sich, führte zu einem neuen Stationierungskonzept und zu neuen Erlassen und Gesetzen. In diesen Kontext fiel ab dem 1. Januar 2001 die Öffnung aller Laufbahnen und Verwendungen für den freiwilligen Dienst von ▶ Frauen in der Bundeswehr. Im Mai 2002 folgte eine entsprechende Anpassung der »Soldatenlaufbahnverordnung«.

Ein neues Material- und Ausrüstungskonzept suchte ab März 2001 die Ausstattung der Streitkräfte im Bereich von Waffen und von Material trotz der abgesunkenen investiven Mittel des Verteidigungshaushaltes durch ein Modernisierungsprogramm mit den veränderten Anforderungen und Aufgaben Schritt halten zu lassen. Anknüpfend an das inzwischen neue strategische Konzept der NATO vom 24. April 1999 standen dabei Forderungen nach einer globalen Aufklärung, nach Führungs- und Kommandofähigkeit sowie schneller Verlegefähigkeit im Vordergrund.

Die »Reform der Bundeswehr von Grund auf« hatte kaum begonnen, als es zu den terroristischen Anschlägen des 11. September 2001 in New York und Washington kam. Zwar blieb es wichtig, die Reform zur Balance der Aufgaben, Struktur, Ausrüstung und Mittel der Bundeswehr fortzuführen, doch deutete sich bereits an,

B Hans-Peter von Kirchbach (1941)
General – Hans-Peter von Kirchbach trat 1960 als Offizieranwärter in die Panzerartillerietruppe ein. An die Generalstabsausbildung schlossen sich 1974 Verwendungen im Führungsstab des Heeres, in der Truppe und im Planungsstab des BMVg an. Im Rahmen der Übernahme von Teilen der NVA wurde von Kirchbach Kommandeur der 9. Panzerdivision in Eggesin. Als Kommandeur der 14. Panzergrenadierdivision befehligte er 1997 beim Oder-Hochwasser die dort eingesetzten 30 000 Soldaten und wurde einer breiteren Öffentlichkeit bekannt. Von 1999 bis 2000 war er Generalinspekteur der Bundeswehr. Seit 2002 ist er Präsident der Johanniter-Unfallhilfe.

072 Hans-Peter von Kirchbach.

073 Harald Kujat.

Harald Kujat (1942)
B General – Harald Kujat trat 1959 der Luftwaffe bei. Im Jahre 1972 wurde er ins Bundesministerium für Verteidigung berufen und erwarb dort als Ordonnanzoffizier seine ersten Erfahrungen auf dem politischen Parkett. Seinem 1977 absolvierten Generalstabslehrgang folgten weitere Verwendungen in Bonn. Nach einer fünfjährigen Tätigkeit als sicherheitspolitischer Referent im Bundeskanzleramt erhielt Kujat 1985 ein Truppenkommando. Drei Jahre später durchlief er einen Lehrgang im NATO Defense College in Rom. Von nun an war seine Laufbahn durch permanente Wechsel zwischen der Bonner Hardthöhe und dem NATO-Sitz in Brüssel gekennzeichnet, bis er schließlich am 1. Juli 2000 zum 13. Generalinspekteur der Bundeswehr ernannt wurde. Als ranghöchster Soldat der Bundesrepublik bemühte sich Harald Kujat, die Streitkräfte zu reformieren und sie an die neuen Anforderungen der Auslandseinsätze anzupassen. Im Juli 2002 durch seinen Nachfolger Wolfgang Schneiderhan abgelöst, saß er fortan dem Militärausschuss der NATO in Brüssel vor. Nach dieser nahezu dreijährigen Funktion als höchster militärischer Repräsentant und Berater des transatlantischen Bündnisses wurde Kujat im Juni 2005 mit einem Großen Zapfenstreich aus dem aktiven Dienst verabschiedet.

S Der Generalinspekteur der Bundeswehr (GenInspBw) ist in seiner Stellung der ranghöchste Soldat der Bundesrepublik Deutschland. Er vertritt die Bundeswehr als ihr höchster Repräsentant in den internationalen Gremien der NATO und steht dem Bundesminister für Verteidigung sowie der Bundesregierung als militärischer Berater zur Seite. Im Zuge der Transformation der Bundeswehr zu einer Interventionsarmee wurden die Kompetenzen des GenInspBw 2005 durch den damaligen Bundesverteidigungsminister Peter Struck erheblich erweitert. Mit dem so genannten Berliner Erlass vom 21. Januar 2005 gestand Struck dem GenInspBw eine »herausgehobene Stellung« als »zentrale militärische Instanz« unterhalb der zivilen Führung zu. Der GenInspBw trägt seither die Hauptverantwortung für »die Entwicklung und Realisierung der Gesamtkonzeption der militärischen Verteidigung«. Zwar ist er gegenüber den ihm unterstehenden Inspekteuren der drei Teilstreitkräfte sowie der Streitkräftebasis und des Sanitätsdienstes auch weiterhin lediglich weisungsberechtigt, doch indem er verstärkt Einfluss auf deren Ressourcenverteilung und die Richtlinien der Inneren Führung und Ausbildung nehmen kann, ist es ihm möglich, die Entwicklung der Streitkräfte entscheidend zu prägen. Die in den Medien des Öfteren unternommenen Vergleiche mit einem »klassischen« Generalstabschef sind trotz des erweiterten Aufgabenspektrums des GenInspBw unzutreffend, da er auch weiterhin nicht als truppendienstlicher Vorgesetzter aller Bundeswehrsoldaten fungiert.

Dienstflagge des Generalinspekteurs der Bundeswehr.

Wolfgang Schneiderhan (1946)
B General – Schneiderhan trat 1966 in die Bundeswehr ein. Nach der Ausbildung zum Offizier der Panzertruppe und dem Abschluss der Generalstabsausbildung 1979 folgten Verwendungen in höheren Stäben wie im Führungsstab der Streitkräfte und im NATO-Hauptquartier Europa-Mitte im Wechsel mit Dienst in der Truppe. In den 90er Jahren bekleidete Schneiderhan höhere Dienstposten im Ministerium, im NATO-Hauptquartier in Brüssel, an der Führungsakademie und als Kommandeur der Panzerbrigade 39 »Thüringen«. Seit dem Jahr 2000 in der Verwendung des Leiters des Planungsstabes BMVg, wurde er im Juli 2002 zum 14. Generalinspekteur ernannt.

074 Wolfgang Schneiderhan.

Neuorientierung

dass die terroristischen und andere »asymmetrische« Bedrohungen weitere neue Anforderungen an die Sicherheitspolitik der Bundesrepublik stellen würden. Sie mussten zwangsläufig Veränderungen für das Fähigkeitsprofil der Bundeswehr nach sich ziehen, wobei sich die finanziellen Rahmenbedingungen allerdings nicht verändern ließen. Landesverteidigung, so eine erste Lehre aus den Terroranschlägen, konnte künftig nicht mehr ausschließlich geografisch definiert werden; vielmehr wurden Angriffe eines eben nicht im Voraus rechtzeitig oder wenigstens kurzfristig identifizierbaren Gegners als möglich angesehen.

Gänzlich neue Wege in der deutschen Militärgeschichte beschritt der Bundesverteidigungsminister bei der Umsetzung des Reformziels ▸ Wirtschaftlichkeit und dem Bemühen, Effizienz von Beschaffung, Ausrüstung und Betrieb zu steigern. Das im Rahmen des staatswirtschaftlichen Systems höchst begrenzte Entscheidungsfeld von Einnahmen und Ausgaben hatte auf die tatsächlichen Kosten, Leistungen oder etwa auf Veränderungen von Vermögenswerten nicht oder nur höchst unzureichend reagieren können. Für ein wirtschaftliches Management musste daher auf die Fähigkeiten der Industrie zurückgegriffen werden. Deshalb schloss Scharping zunächst im Juli 1999 mit Unternehmen der Wirtschaft eine »Rahmenvereinbarung über eine Zusammenarbeit mit der Bundeswehr im Bereich beruflicher Qualifizierung und Beschäftigung« ab.

Ein Jahr später unterzeichneten Scharping und Vertreter der Wirtschaft einen Rahmenvertrag zur »Innovation, Investition und Wirtschaftlichkeit der Bundeswehr«. Mehrere hundert Unternehmen aus allen Branchen schlossen sich diesem Rahmenvertrag an. In Pilotprojekten sollte geprüft werden, ob und durch welche kooperativen Formen die Konzentration der Bundeswehr auf ihre Kernaufgaben erleichtert und eine Senkung der Betriebskosten sowie die Freiwerdung gebundenen Kapitals ermöglicht werden konnte. Der Vertrag sah die Gründung einer Agentur vor, die gesellschaftsrechtliche Lösungen für Servicefunktionen der Bundeswehr mit Beteiligung der Wirtschaft in die Wege leiten sollte.

Nach der Zusammenfassung des Informationsmanagements der Bundeswehr unter einem IT-Direktor am 1. August 2000, folgte am 22. August in Köln die Gründung dieser Agentur. Sie erhielt den Namen Gesellschaft für Entwicklung, Beschaffung und Betrieb mbH (GEBB). Mit zur Zeit etwa 103 festen und acht freien Mitarbeitern und privaten Partner übernahm sie die operative Unterstützung der Bundeswehr bei den so genannten Serviceaufgaben. Alleiniger Gesellschafter wurde das Bundesministerium der Verteidigung. Die GEBB hat beratende Funktion in Fragen von Wirtschaftlichkeit bei Beschaffung und Betrieb, entwickelt Konzepte für die Reorganisation von Servicefunktionen der Bundeswehr und fungiert als ▸ Holding für von ihr gehaltenen Beteiligungsunternehmen. Zunächst wurden die ▸ BwFuhrparkService GmbH sowie die LH-Bundeswehr Bekleidungsgesellschaft mbH sowie die IT-Gesellschaft gegründet.

In der unmittelbaren Zukunft stehen für die GEBB Aktivitäten im Bereich der Neuordnung des Verpflegungswesens der Bundeswehr sowie der Telefon- und Computerverbindungen an. Ob dadurch die erwünschten Einsparungen, Haushaltsentlastungen sowie das Freiwerden bisher gebundener Mittel für andere Investitionen erreicht und in welchem Maße die Auftragserfüllung der Bundeswehr vermindert wird, lässt sich auf Grund der zeitlichen Kürze der Aktivitäten der Gesellschaft noch nicht abschließend bewerten.

Die im August 2002 gegründete LH-Bundeswehr Bekleidungsgesellschaft mbH umfasst im Rahmen einer Public Private Partnership die GEBB sowie zwei private Partner, die Hellmann Logistics und Lion Apparel. Die beiden privaten Partner verfügen über eine 74,9 prozentige Mehrheit. Die Gesellschaft löste die früheren Bekleidungskammern ab und baute ein modernes Bekleidungsmanagement auf. Ihre Tochtergesellschaft LH Dienstbekleidungs GmbH (LHD) übernahm die Aufgaben der Kleiderkasse der Bundeswehr, erweiterte das Sortiment, eröffnete neue Ladengeschäfte sowie einen Online-Shop. Sie will zudem Drittgeschäfte außerhalb der Bundeswehr akquirieren.

1 »Berliner Erklärung zur Zusammenarbeit von Bundeswehr und Wirtschaft« (2002)

Verteidigungsminister Rudolf Scharping hatte 1999 mit namhaften Wirtschaftsunternehmen eine Vereinbarung über die Förderung der Zusammenarbeit im Bereich beruflicher Qualifizierung und Beschäftigung unterzeichnet.

»Bundeswehr, Wirtschaft und Handwerk gehen eine strategische Partnerschaft zum gegenseitigen Nutzen und Erfolg ein. Durch Kooperation schaffen sie die notwendigen Grundlagen für neues unternehmerisches Handeln. [...]
Der Rahmenvertrag ›Innovation, Investition und Wirtschaftlichkeit in der Bundeswehr‹ vom 15. Dezember 1999 bestimmt die gemeinsamen Instrumente der Kooperation: die Agentur für Entwicklung, Beschaffung und Betrieb und Pilotprojekte für zukünftige Zusammenarbeitsmöglichkeiten von Bundeswehr, Wirtschaft und Handwerk.
Bundeswehr, Wirtschaft und Handwerk werden durch die Agentur für Entwicklung, Beschaffung und Betrieb den Streitkräften eine bessere Konzentration auf ihre militärischen Kernaufgaben ermöglichen. Außerhalb dieses Kerns erforderliche Leistungen werden anhand unternehmerischer Kriterien daraufhin untersucht, ob sie weiterhin von der Bundeswehr, in enger Kooperation mit oder allein von der Wirtschaft zu erbringen sind. Mit Pilotprojekten werden die Betriebsabläufe in den Streitkräften mit dem Ziel überprüft, Leistungen zu steigern, Ressourceneinsätze zu minimieren und Fähigkeiten zu optimieren. Interne Strukturen und Abläufe werden effizienter gestaltet. Moderne Managementformen werden eingeführt, konsequent angewendet und ausgebaut. Für den Wettbewerb unter Anbietern wird die Transparenz von Anforderung und Beteiligungsmöglichkeiten gesteigert.«

Zit. nach: Bundesministerium der Verteidigung, Homepage, Stand 3. März 2002

075 Unterzeichnung des Vertrages zur Gründung der LH-Bundeswehr Bekleidungsgesellschaft mbH am 15. August 2002.

076 Ein Fahrzeug des BwFuhrparkservice.

S Der Begriff der Holdinggesellschaft bezeichnet eine Unternehmensform, bei der eine Dach- oder Kontrollgesellschaft Kapitalbeteiligungen bei mehreren rechtlich selbstständigen Unternehmen hält. Da sie als Muttergesellschaft selbst keine Produktions- und Handelsaufgaben wahrnimmt, besteht ihre eigentliche Aufgabe lediglich darin, die Anteile ihrer Tochterunternehmen zu verwalten und die mit ihr verbundenen Unternehmen einheitlich zu leiten. Die wesentlichen Vorzüge einer solchen reinen Finanzierungs- und Verwaltungsgesellschaft sind eine beschränkte Haftbarkeit und Steuervorteile.

S Das Mobilitätsmanagement für die Bundeswehr übernahm im Juni 2002 die BwFuhrparkService GmbH. Ihre etwa 50 000 modernen Fahrzeuge verschiedener Hersteller ersetzten die häufig bis zu zehn Jahre alten olivgrünen Pkw. Die Gesellschaft umfasst zur Zeit über 30 Mobilitätscenter und 120 Servicestationen, hat etwa 5400 Fahrzeuge in der Disposition und hält 21 000 Fahrzeuge, davon 14 500 Neufahrzeuge, sowie 300 Mitarbeiter und bis zu 3000 Zivilkraftfahrer bereit. Damit soll der Fuhrpark effizienter und nach privatwirtschaftlichen Aspekten organisiert werden und der Verteidigungsetat langfristig Entlastung finden. Neben dem Hauptgesellschafter GEBB hält ein bundeseigenes Unternehmen, die Deutsche Bahn AG, als Minderheitspartner 24,9 Prozent dieser GmbH. Am 10. März 2006 eröffnete die Fuhrparkservice GmbH in Raijlovac in Bosnien-Herzegowina ihren ersten ausländischen Stützpunkt.

Neuorientierung

Einen wesentlichen Reformschritt innerhalb der Bundeswehr stellte die Gründung der Streitkräftebasis (SKB) dar. Sie wurde im Oktober 2001 in Dienst gestellt und unterstand zunächst einem eigenen Inspekteur. Seit dem 21. Januar 2004 ist der Stellvertreter des Generalinspekteurs gleichzeitig der Inspekteur der SKB. Sie umfasste im Sommer 2006 etwa 66 400 Soldaten aus allen Teilstreitkräften sowie 26 400 Zivilbedienstete und ist damit der zweitgrößte Bereich in der Bundeswehr. Die SKB übernahm die gesamte Führungsunterstützung, die logistische Versorgung für die drei Teilstreitkräfte sowie für den zentralen Sanitätsdienst. Ihr unterstehen die Territorialen Kommandobehörden und eine Vielzahl von Ämtern, Zentren, die Universitäten und die Schulen der Bundeswehr. Die SKB ist für die Basisversorgung der Truppe im Einsatz zuständig und sorgt für die notwendigen Fernmeldeverbindungen.

Die sanitätsdienstlichen Kräfte und Mittel der Bundeswehr wurden im Zentralen Sanitätsdienst zusammengeführt. In truppendienstlicher und fachdienstlicher Hinsicht unterstanden sie künftig dem Inspekteur des Sanitätsdienstes mit seinem Führungsstab. Einem neuen Sanitätsführungskommando wurden vier Sanitätskommandos unterstellt und das Sanitätsamt der Bundeswehr aufgelöst. Schließlich wurde 2004 die Zahl der Bundeswehrkrankenhäuser von acht auf vier reduziert.

Um die Leitung des Bundesministeriums der Verteidigung bei der zentralen Steuerung und der Umsetzung der langfristigen Zielsetzungen zu unterstützen, erfolgte am 1. November 2001 die dazu notwendige Einrichtung eines »Stab Controlling«.

Da Auslandseinsätze teilstreitkräfteübergreifend erfolgen, wurde im April 2002 das Einsatzführungskommando der Bundeswehr in Potsdam gebildet. Das Heeresführungskommando konnte deshalb von der Führung der Auslandseinsätze entbunden werden und zeichnet nun verantwortlich für die Einsatzbereitschaft der Großverbände des Heeres, führt alle Divisionen des Heeres sowie die deutschen Anteile in den multinationalen Korpsstäben sowie in der Deutsch-Französischen Brigade. Das Einsatzführungskommando war im Sommer 2001 aufgestellt worden, und es musste, bedingt durch die anfallenden Einsätze, sogleich aktiv werden. Das ▸ Einsatzführungskommando kann auch als »EU Operations Headquarter« genutzt werden, was im Zuge des Kosovo-Einsatzes 2006 auch erfolgte. Die Aufstellung des Einsatzführungskommandos erfolgte nur wenige Wochen nach den terroristischen Angriffen des 11. September. Die Reform »von Grund auf« musste also parallel zu den Einsätzen der Bundeswehr auf dem Balkan sowie zu den sich aus dem gemeinsamen Kampf gegen den internationalen Terrorismus ergebenden Verpflichtungen im Rahmen der Operation Active Endeavour fortgeführt werden.

3. Bundeswehr in der Transformation

Nach seiner Amtsübernahme im Juli 2002 machte der Nachfolger Scharpings, ▸ Peter Struck (SPD) deutlich, dass er die von seinem Vorgänger und Generalinspekteur General Kujat begonnenen Reformen fortzusetzen gedachte. Der von ihm im Dezember 2002 geäußerte und danach heiß diskutierte Satz, dass Deutschland auch am Hindukusch verteidigt werde, unterstrich bereits diese Zielsetzung. Die Reformen hatten den Bereichen des Beschaffungswesens, der Nachrichtengewinnung und Aufklärung, der Führungs-

B Peter Struck (1943)
Politiker – Als Sohn eines Schlossers widmete sich Peter Struck in Göttingen und Hamburg dem Studium der Rechtswissenschaften und trat 1964 der SPD bei. Seiner 1971 abgelegten Promotion schloss sich nach zweijährigen Verwaltungstätigkeiten in Hamburg Strucks Wahl zum Stadtrat und stellvertretenden Stadtdirektor der Stadt Uelzen an. Im Jahre 1980 zog er als Abgeordneter in den Deutschen Bundestag ein. Zehn Jahre später wurde er der parlamentarische Geschäftsführer der SPD-

077 Peter Struck.

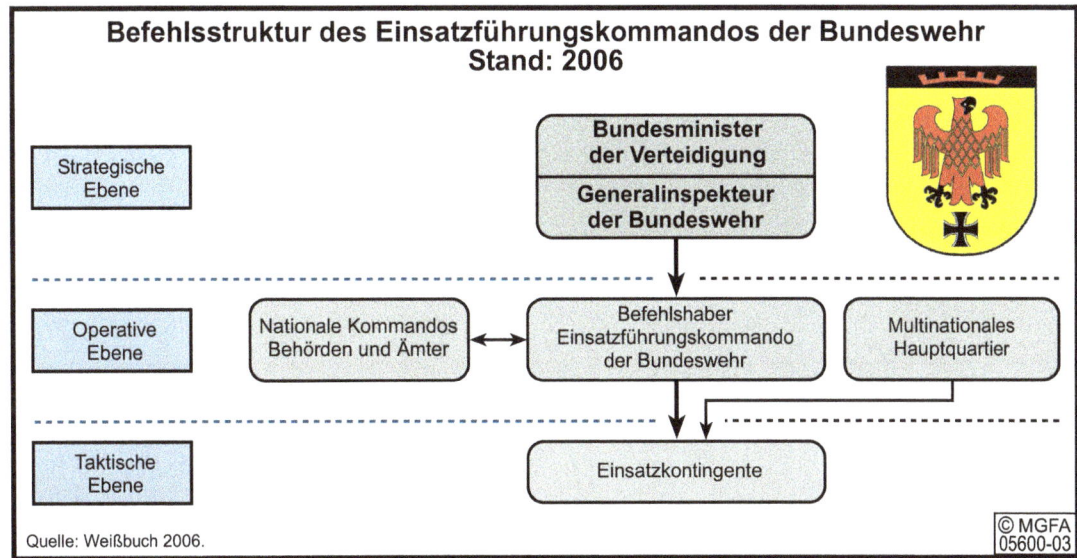

 »Kernbotschaften zur Bundeswehrreform« (2001)

Unter der Leitung des ehemaligen Bundespräsidenten Richard von Weizsäcker erarbeitete eine Zukunftskommission einen Bericht über die geplante Modernisierung der Bundeswehr. Die Vorschläge der Kommission wurden teilweise in der so genannten Bundeswehrreform umgesetzt.

»Wir richten die Bundeswehr auf die Herausforderungen des 21. Jahrhunderts aus. Aufbau und Weiterentwicklung zukunftsweisender Fähigkeiten dienen unserem nationalen Interesse und erfüllen unsere internationalen Verpflichtungen.
Wir passen unsere Organisation den neuen Anforderungen an und investieren zielgerichtet in Menschen, Ausrüstung sowie in Maßnahmen zur Steigerung von Wirtschaftlichkeit und Effizienz.
Wir konzentrieren uns auf Kernfähigkeiten und passen unsere Ausbildung, unsere Ausstattung sowie unsere Strukturen und Verfahren den Erfordernissen des Einsatzes an.
Wir beseitigen Ungleichgewichte in Personalstruktur und Besoldung und setzen die Ausbildungs- und Qualifizierungsoffensive fort. Damit steigern wir die Attraktivität des Arbeitsplatzes Bundeswehr und sichern die Rekrutierung qualifizierten Nachwuchses.
Wir modernisieren unsere Materialausstattung und berücksichtigen bei der Auftragsvergabe das nationale Interesse an der langfristigen Sicherung hochwertiger Arbeitsplätze in Deutschland.
Wir beseitigen bürokratische Hemmnisse und verfahren nach modernen Management-Grundsätzen, sofern es der hoheitliche Auftrag zulässt. Wir binden die militärischen und zivilen Angehörigen der Bundeswehr ein und machen Betroffene zu Beteiligten.
Am Ende werden wir Aufgaben, Umfang, Organisation, Ausrüstung und Mittel der Bundeswehr wieder in die Balance gebracht und zugleich wesentliche Beiträge zur Sicherung des Standorts Deutschland geleistet haben.«

Zit. nach: Bundesministerium der Verteidigung, Stichworte für die Öffentlichkeit und Truppeninformation, Hrsg. Bundesministerium der Verteidigung, Presse und Informationsstab, Referat Öffentlichkeitsarbeit, Bonn 2001

Bundestagsfraktion. Im Juli 2000 löste Struck Rudolf Scharping im Amt des Bundesministers der Verteidigung ab, nachdem er bereits vier Jahre zuvor erstmals dessen Nachfolge angetreten hatte, damals allerdings im Amt des Fraktionsvorsitzenden der SPD. Der ungediente Jurist erwarb sich durch sein umsichtiges und pragmatisches Handeln im Bendler-Block den Respekt der militärischen Führung und trieb die Bundeswehrreform voran. Nach dreijährigem Wirken als Verteidigungsminister wurde Struck 2005 erneut zum Vorsitzenden der SPD-Bundestagsfraktion gewählt.

Neuorientierung

fähigkeit, der strategischen Verlegefähigkeit und Mobilität, der Wirksamkeit im Einsatz sowie der logistischen Unterstützung und Durchhaltefähigkeit Vorrang zugewiesen. Demzufolge wurde die Entscheidung getroffen, das Aufklärungssystem SAR Lupe, das Datenfunksystem MIDS, das Transportflugzeug A 400 M, die Korvette K-130 und den Unterstützungshubschrauber Tiger zu beschaffen. Allerdings musste die Verwirklichung dieser Beschaffungsmaßnahmen, sofern es die jeweilige Vertragslage erlaubte, aus finanztechnischen Gründen über größere Zeiträume gestreckt werden.

Im Mai 2003 erließ Bundesverteidigungsminister Struck neue »Verteidigungspolitische Richtlinien«. Dies belegte die hohe Geschwindigkeit der sich verändernden sicherheitspolitischen Parameter und den daraus resultierenden Zwang, die Streitkräfte erneut und stetig an veränderte Gegebenheiten anpassen zu müssen. Neben den ebenfalls gestiegenen Anforderungen an die Bundeswehr von Seiten der NATO und der EU, brachte die vom gemeinsamen Willen der UN getragene und von der Bundesrepublik gestützte Absicht sich am gemeinsamen Kampf gegen den Terrorismus zu beteiligen zusätzlichen Neuerungsdruck. Die herkömmliche Landesverteidigung entsprach, da deutsches Territorium durch konventionelle Kräfte nicht mehr gefährdet war, kaum noch den sicherheitspolitischen Gegebenheiten. Eine schnelle und wirksame Ausrichtung der Bundeswehr auf die wahrscheinlicheren Aufgaben einer internationalen Konfliktverhütung und Krisenbewältigung musste jetzt das Ziel sein. Alle Struktur-, Ausbildungs- und Beschaffungsmaßnahmen hatten sich daher diesem neuen Schwerpunkt unterzuordnen.

Im März 2004 erläuterte Struck seinen Material- und Ausrüstungsplan. Er umfasste die Beschaffung von 3400 geschützten Fahrzeugen der verschiedensten Typen und hielt am Kauf von Transportflugzeugen sowie Hubschraubern fest. Doch machte er auch in den Bereichen der Anschaffungen für Heer, Luftwaffe und Marine deutlich, dass sich alles am künftigen Einsatzspektrum der Bundeswehr orientierte. Im Sommer 2004 erhielten das Geschwader »Steinhoff« der Luftwaffe in Laage die ersten Kampfflugzeuge vom Typ Eurofighter und die in Kunduz in Afghanistan stationierten Soldaten das erste von 15 Systemen für die Ausstattung des ▸ »Infanteristen der Zukunft«.

Während Reformen normalerweise einen Anfang und ein Ende haben, sollte der jetzt für die künftigen Veränderungen in der Bundeswehr verwandte Begriff Transformation unterstreichen, dass diese praktisch sowohl zeitlich als auch inhaltlich unbegrenzt war. Ihre wesentliche Aufgabe bestand darin, die Streitkräfte der Bundesrepublik dauerhaft auf die Herausforderungen der Zukunft in einer globalisierten Welt vorzubereiten und diese somit stets für erneuernde Prozesse offen zu halten. Das Hauptaugenmerk der Transformation richtete sich zunächst auf den Einsatz sowie auf ein neues Streitkräfte umfassendes Denken. Die tief greifenden Konsequenzen, welche die im Rahmen der Transformation erfolgenden Veränderungen für die Angehörigen der Bundeswehr sowie für ihre Familien, für den Soldatenberuf, die Wehrform und das Verhältnis der Gesellschaft zu den Streitkräften haben würden, ließen sich nicht abschätzen.

Ende August 2006 umfasste die Bundeswehr etwa 370 000 Angehörige, davon waren etwa 250 000 Soldatinnen und Soldaten. Für Verwaltungsaufgaben der Streitkräfte unterhielt die Bundesrepublik Deutschland nach Artikel 87b des Grundgesetzes auch weiterhin eine unabhängige zivile Verwaltung. Diese beschäftigte

078 Eurofighter im Formationsflug.

Vor dem Hintergrund des sich erweiternden Einsatzspektrums der Bundeswehr und den damit zusammenhängenden vielschichtigen Anforderungen an die infanteristisch eingesetzten Soldaten führt die Bundeswehr seit 2004 das System »Infanterist der Zukunft« (IdZ) ein. Unter Einbindung moderner Technologien soll die neue modulare Infanterieausrüstung die Überlebens-, Führungs- und Durchhaltefähigkeit sowie die Mobilität der Soldaten im Einsatz steigern.

Neben einer neuen Schutzausstattung und einem umfangreichen Sortiment moderner Handwaffen umfassen die 20 Ausstattungskomponenten des Systems ebenfalls elektronische Hilfsmittel, die eine verstärkte vernetzte Operationsführung ermöglichen sollen. Um auf die Erfordernisse im Einsatz flexibel zu reagieren, steht einer zehn Mann starken Infanteriegruppe, der Grundeinheit des Systems IdZ, ein Fahrzeug zur Verfügung, in dem überschüssige Module der Ausrüstung zurückgelassen werden können. Somit wird gewährleistet, dass die einzelnen Soldaten jederzeit ihre persönliche Ausrüstung und Bewaffnung vor Ort auf Veränderungen des Auftrags und der Lage abstimmen können.

Der modulare Aufbau der Kampfausstattung erleichtert weiterhin die künftige Ergänzung und den Austausch von IdZ-Komponenten durch neue Ausrüstungsteile.

079 Soldat mit der Ausrüstung »Infanterist der Zukunft« in einer Häuserkampfsituation.

Organisationsstruktur des Einsatzführungskommandos der Bundeswehr (Stand: 2006)

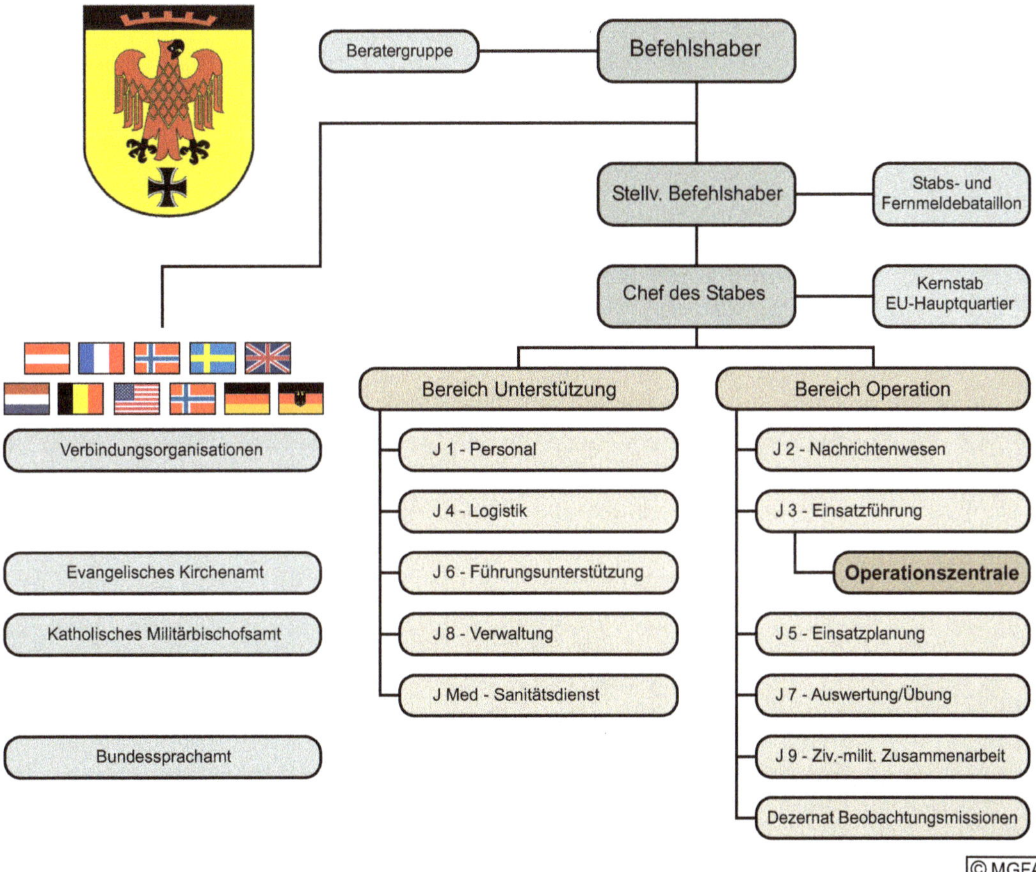

- Befehlshaber
  - Beratergruppe
  - Stellv. Befehlshaber
    - Stabs- und Fernmeldebataillon
  - Chef des Stabes
    - Kernstab EU-Hauptquartier
    - Bereich Unterstützung
      - J 1 - Personal
      - J 4 - Logistik
      - J 6 - Führungsunterstützung
      - J 8 - Verwaltung
      - J Med - Sanitätsdienst
    - Bereich Operation
      - J 2 - Nachrichtenwesen
      - J 3 - Einsatzführung
        - **Operationszentrale**
      - J 5 - Einsatzplanung
      - J 7 - Auswertung/Übung
      - J 9 - Ziv.-milit. Zusammenarbeit
      - Dezernat Beobachtungsmissionen

- Verbindungsorganisationen
- Evangelisches Kirchenamt
- Katholisches Militärbischofsamt
- Bundessprachamt

Quelle: Weißbuch 2006.

Neuorientierung

im Sommer 2006 in den Bereichen Wehrverwaltung, Rüstung, IT-Bereich, Militärseelsorge und Rechtspflege etwa 117 000 Mitarbeiter. Ihre Zahl wird im Zuge der Transformation der Bundeswehr bis zum Jahr 2010 auf 75 000 abgesenkt. Die drei bisherigen Organisationsbereiche Territoriale Wehrverwaltung, Rüstung sowie die Zivilbeschäftigten der Truppenverwaltungen werden in eine zusammenhängende Serviceorganisation umgestaltet.

Ein wesentlicher Aspekt der Transformation und damit der Verbesserung der Fähigkeiten der Bundeswehr bestand in der Schaffung von drei Kräftekategorien: Eingreifkräfte mit insgesamt 35 000 Soldatinnen und Soldaten aller Teilstreitkräfte, die für multinationale Operationen vorgesehen sind. Derartige Einsätze sollen bei hoher Intensität allerdings möglichst nur von kurzer Dauer sein. Sie könnten durch die schnellen Eingreiftruppen von NATO oder EU wahrgenommen werden. Die Eingreifkräfte stehen zudem für schnelle Rettungs- oder Evakuierungsaufgaben in Krisen- und Kriegsgebieten zur Verfügung.

Um multinationale militärische Operationen niedriger und mittlerer Intensität im breiten Spektrum friedensstabilisierender Maßnahmen über längere Dauer durchführen zu können, sind Stabilisierungskräfte im Umfang von etwa 70 000 Soldaten erforderlich. Die möglichen Szenarien sehen den Einsatz dieser Kräfte bei der Trennung von Konfliktparteien, bei der Überwachung von Waffenstillstandsvereinbarungen, dem Ausschalten friedensstörender Kräfte oder bei der Durchführung von Embargomaßnahmen vor. Gleichzeitig sollen jeweils bis zu 14 000 Soldaten in fünf verschiedenen Einsatzgebieten operieren können.

Die Eingreif- sowie die Stabilisierungskräfte bedürfen einer umfassenden und durchhaltefähigen Unterstützung bei der Einsatzvorbereitung und der Durchführung eines Einsatzes. Die dazu geplanten Unterstützungskräfte von etwa 147 000 Soldaten sind zudem für den Grundbetrieb der Bundeswehr einschließlich der Führungs- und Ausbildungsorganisation zuständig.

Seit Januar 2005 regelt der »Berliner Erlass« die Führungsorganisation der Bundeswehr. Durch die Bundeswehrplanung ist der Generalinspekteur auch mit der Transformation der Streitkräfte betraut. Planung, Vorbereitung, Führung und Nachbereitung von Einsätzen gehören ebenso zu seinem Aufgabengebiet wie die Vorgabe streitkräftegemeinsamer Grundsätze. Ob die bisherigen Kompetenzen für den immer größer werdenden Rahmen der Aufgaben eines Generalinspekteurs wirklich ausreichen, lässt sich allerdings bezweifeln.

Die ▸ Streitkräftebasis bleibt der zentrale militärische Organisationsbereich und unterstützt die Bundeswehr sowohl im Grundbetrieb als auch im Einsatz, um die Teilstreitkräfte zu entlasten. Führungsorganisation, Führungsunterstützung, logistische Unterstützung, ABC-Abwehr- und Schutzaufgaben, die ▸ Operative Information und das Geo-Informationswesen bilden neben einer Fülle anderer Aufgaben das breite Profil der SKB.

Das Einsatzführungskommando in Potsdam nimmt die nationalen Aufgaben der Einsatzplanung und Führung auf operativer Ebene wahr und dient, wie die Führung der EUFOR RD Congo bewies, als effektives Operational Headquarter (OHQ) für EU-Operationen. Den Kern für einen multinationalen Gefechtsstand stellt das Kommando Führung Operationen von Spezialkräften dar. Das Kommando Operative Führung Eingreifkräfte bildet wiederum die Zelle eines nationalen und verlegefähigen Einsatzhauptquartiers für EU-Operationen.

Die Truppe für Operative Information (OpInfoTr) ist eine eigene Truppengattung der Bundeswehr und untersteht der Streitkräftebasis. Ihr Aufgabenbereich umfasst die Beeinflussung des Verhaltens gegnerischer Streitkräfte und der feindlich gesinnten Zivilbevölkerung im Operationsgebiet. Indem sie für die Erfüllung ihres Auftrages von einfachen Flugblättern, über Zeitungen bis hin zu Funk und Fernsehen alle ihr zur Verfügung stehenden kommunikativen Mittel und Methoden nutzt, trägt sie dazu bei, Kampfhandlungen zu vermeiden oder schneller zu beenden und bei »Friedensmissionen« deeskalierend zu wirken. Obwohl die Operative Information dem Bereich der Psychologischen Kriegführung entstammt, kann sie nicht mit der Propagandatätigkeit früherer Tage gleichge-

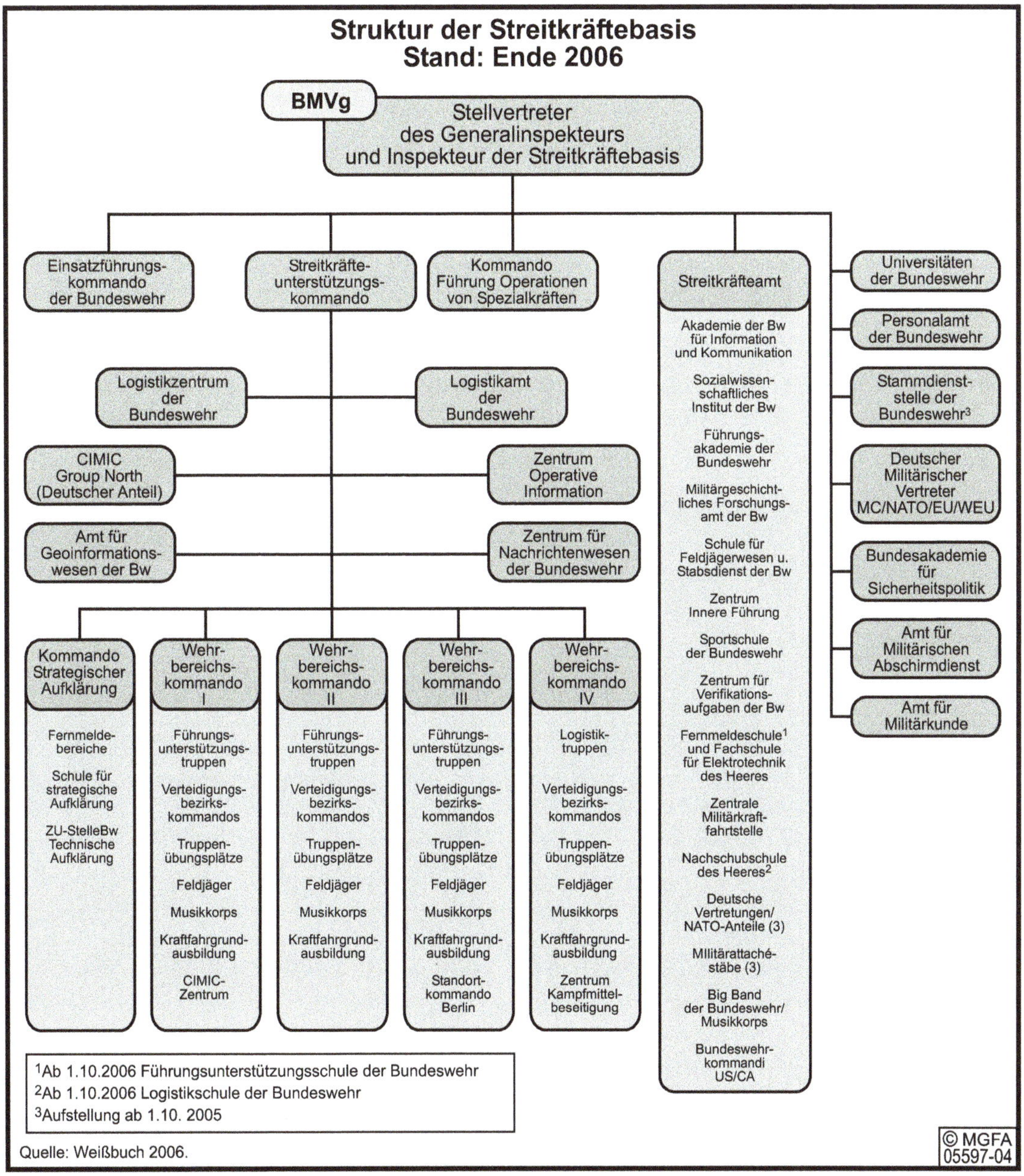

Struktur der Streitkräftebasis
Stand: Ende 2006

BMVg — Stellvertreter des Generalinspekteurs und Inspekteur der Streitkräftebasis

- Einsatzführungskommando der Bundeswehr
- Streitkräfteunterstützungskommando
  - Logistikzentrum der Bundeswehr
  - CIMIC Group North (Deutscher Anteil)
  - Amt für Geoinformationswesen der Bw
  - Logistikamt der Bundeswehr
  - Zentrum Operative Information
  - Zentrum für Nachrichtenwesen der Bundeswehr
  - **Kommando Strategischer Aufklärung**
    - Fernmeldebereiche
    - Schule für strategische Aufklärung
    - ZU-StelleBw Technische Aufklärung
  - **Wehrbereichskommando I**
    - Führungsunterstützungstruppen
    - Verteidigungsbezirkskommandos
    - Truppenübungsplätze
    - Feldjäger
    - Musikkorps
    - Kraftfahrgrundausbildung
  - **Wehrbereichskommando II**
    - Führungsunterstützungstruppen
    - Verteidigungsbezirkskommandos
    - Truppenübungsplätze
    - Feldjäger
    - Musikkorps
    - Kraftfahrgrundausbildung
    - CIMIC-Zentrum
  - **Wehrbereichskommando III**
    - Führungsunterstützungstruppen
    - Verteidigungsbezirkskommandos
    - Truppenübungsplätze
    - Feldjäger
    - Musikkorps
    - Kraftfahrgrundausbildung
    - Standortkommando Berlin
  - **Wehrbereichskommando IV**
    - Logistiktruppen
    - Verteidigungsbezirkskommandos
    - Truppenübungsplätze
    - Feldjäger
    - Musikkorps
    - Kraftfahrgrundausbildung
    - Zentrum Kampfmittelbeseitigung
- Kommando Führung Operationen von Spezialkräften
- **Streitkräfteamt**
  - Akademie der Bw für Information und Kommunikation
  - Sozialwissenschaftliches Institut der Bw
  - Führungsakademie der Bundeswehr
  - Militärgeschichtliches Forschungsamt der Bw
  - Schule für Feldjägerwesen u. Stabsdienst der Bw
  - Zentrum Innere Führung
  - Sportschule der Bundeswehr
  - Zentrum für Verifikationsaufgaben der Bw
  - Fernmeldeschule[1] und Fachschule für Elektrotechnik des Heeres
  - Zentrale Militärkraftfahrtstelle
  - Nachschubschule des Heeres[2]
  - Deutsche Vertretungen/ NATO-Anteile (3)
  - Militärattachéstäbe (3)
  - Big Band der Bundeswehr/ Musikkorps
  - Bundeswehrkommandi US/CA
- Universitäten der Bundeswehr
- Personalamt der Bundeswehr
- Stammdienststelle der Bundeswehr[3]
- Deutscher Militärischer Vertreter MC/NATO/EU/WEU
- Bundesakademie für Sicherheitspolitik
- Amt für Militärischen Abschirmdienst
- Amt für Militärkunde

[1] Ab 1.10.2006 Führungsunterstützungsschule der Bundeswehr
[2] Ab 1.10.2006 Logistikschule der Bundeswehr
[3] Aufstellung ab 1.10. 2005

Quelle: Weißbuch 2006.

© MGFA 05597-04

setzt werden. Denn im Gegensatz zu dieser Form der Psychologischen Kriegführung verbreitet die Operative Information lediglich nachprüfbare Informationen, um somit auch nachhaltig wirken zu können. Im Zuge der deutschen Auslandseinsätze erwies sich dieser Umstand als grundlegende Voraussetzung, das Vertrauen der Bevölkerung und der Konfliktparteien zu gewinnen sowie die Glaubwürdigkeit der deutschen Streitkräfte vor Ort zu stärken.

Emblem des Zentrums für Operative Information.

Neuorientierung

Die Schaffung neuer Kräftekategorien machte Veränderungen in den Teilstreitkräften unumgänglich. So wird das Heer künftig fünf Divisionen umfassen, darunter eine Division Luftbewegliche Operationen und eine Division Spezielle Operationen. In der Luftwaffe unterstehen dem Luftwaffenführungskommando künftig drei Divisionen mit sieben fliegenden Kampfverbänden, drei Flugabwehr-Raketengeschwadern sowie drei Lufttransportgeschwadern. Das Lufttransportkommando wird künftig durch das Europäische Lufttransportkommando abgelöst werden. Das Luftwaffenamt wird den in der Luftwaffe verbliebenen Teil der Einsatzunterstützung sichern und für den Einsatz dem Luftwaffenführungskommando unterstellt. Zum Luftwaffenamt gehören unter anderem die Ausbildungsverbände und Schulen.

Mit ihren Führungsstrukturen hat sich die Bundesmarine, die Mitte der neunziger Jahre in »Deutsche Marine« umbenannt wurde, den veränderten Rahmenbedingungen angepasst. Der Wille, auch in den neuen Bundesländern mit Marinedienststellen vertreten zu sein, erforderte eine räumliche Neuorientierung in der Dislozierung der Standorte. Die Gründung der Streitkräftebasis als neue Teilstreitkraft der Bundeswehr erforderte eine Neuorganisation, so dass seit 2006 dem Führungsstab der Marine in Bonn (mit einer Verbindungszelle in Berlin) das ▸ Flottenkommando in Glücksburg mit jeweils einer Einsatzflottille in Kiel und Wilhelmshaven und das Marineamt in Rostock nachgeordnet sind. Die Marinejagdbomberkomponente wurde 2004 an die Luftwaffe übergeben.

Mit den Fregatten der Klassen 123 (BRANDENBURG-Klasse) und 124 (SACHSEN-Klasse) sowie den Einsatzgruppenversorgern der BERLIN-Klasse hat die Deutsche Marine ihre operative und weltweite, politisch gewollte Handlungsfähigkeit weiterentwickelt. Die neuen Unterseeboote der Klasse 212A werden mit ihrem luftunabhängigen Antrieb als Teil ihres Hybridantriebes eine hohe Durchhaltefähigkeit bieten und ebenso wie das Kommando Spezialisierte Kräfte die maritime außenpolitische Handlungsfähigkeit Deutschlands gewährleisten können. Neubauten der Fregatten-Klasse 125 und der Korvetten-Klasse 130 (BRAUNSCHWEIG-Klasse) sowie die Seefernaufklärer P-3 c Orion (Ersatz Breguet Atlantique) werden dieses Profil optimieren.

Durchhaltefähigkeit und Interoperabilität sind gemeinsam mit der Fähigkeit, rechtzeitig den Einsatzraum erreichen zu können, Grundvoraussetzungen zur wirksamen Aufgabenerfüllung im Bündnis. Schlanke Führungsstrukturen, sparsame Ressourcenhaushaltung und effektive Ausbildungsstrukturen sind weitere Grundvoraussetzungen, die Marine zu einer Expeditionary Navy umzugestalten.

Mit einer veränderten Sinnstiftung des Marine-Ehrenmals in Kiel-Laboe im Jahr 1996, der Einführung des ▸ Jahrestages der Marine (14. Juni) und einer transparenten Schiffs- und Kasernenbenennung sowie des Beibehalts der Marineschule Mürwik in Flensburg in ihrer alten baulichen Hülle, aber mit einer modernen Innenausstattung, ist es den Marineführungen über die Jahre gelungen, der Deutschen Marine eine eigene Identität zu geben.

Der Zentrale Sanitätsdienst der Bundeswehr kann mithilfe seines Sanitätsführungskommandos (SanFüKdo) künftig das im April 2003 in Dienst gestellte Kommando Schnelle Einsatzkräfte Sanität (Kdo SES) einsetzen. Das Kommando hat 2006 seine volle Einsatzbereitschaft erreicht. Die Zahl der Bundeswehrkrankenhäuser wurde halbiert und vier Sanitätskommandos mit insgesamt acht Regimentern sind aufgestellt worden. Doch durch die starke personelle Belastung der

---

Der 14. Juni wird jedes Jahr feierlich als »Tag der Marine« begangen. An diesem Tag bewilligte im Jahre 1848 die Nationalversammlung, die wenige Wochen zuvor erstmals in der Frankfurter Paulskirche zusammengekommen war, rund sechs Millionen Taler für den Aufbau einer deutschen Flotte und legte damit den Grundstein für die deutsche Marine. Den Aufbau der Flotte koordinierte der Handelsminister Arnold Duckwitz. Als Befehlshaber wurde der erfahrene Seeoffizier Rudolf Brommy eingesetzt. Bereits ein Jahr später war die Bundesflotte einsatzbereit.

080 Die Fregatte MECKLENBURG-VORPOMMERN im Deutschen Marineverband des Einsatzkontingentes Enduring Freedom vor der Küste von Djibouti am 14. Dezember 2002.

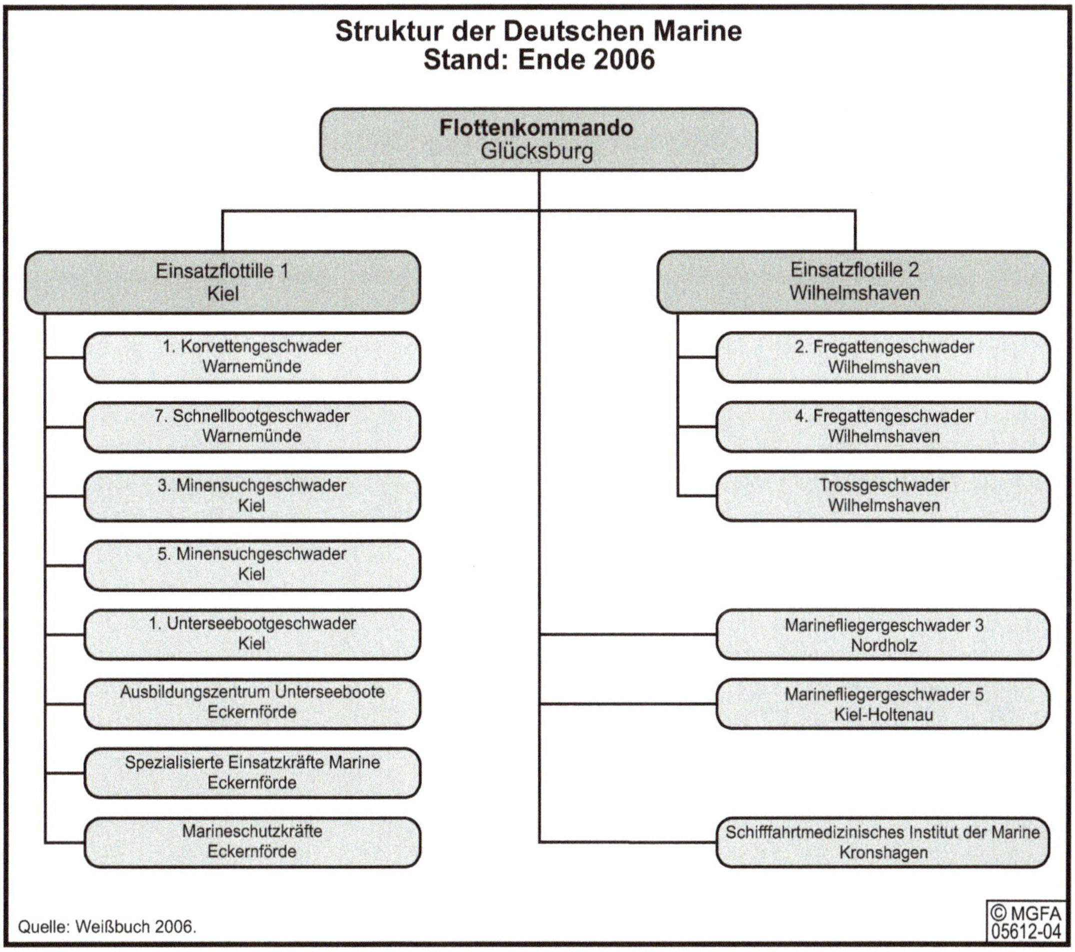

Struktur der Deutschen Marine
Stand: Ende 2006

- **Flottenkommando** Glücksburg
  - Einsatzflottille 1 — Kiel
    - 1. Korvettengeschwader — Warnemünde
    - 7. Schnellbootgeschwader — Warnemünde
    - 3. Minensuchgeschwader — Kiel
    - 5. Minensuchgeschwader — Kiel
    - 1. Unterseebootgeschwader — Kiel
    - Ausbildungszentrum Unterseeboote — Eckernförde
    - Spezialisierte Einsatzkräfte Marine — Eckernförde
    - Marineschutzkräfte — Eckernförde
  - Einsatzflottille 2 — Wilhelmshaven
    - 2. Fregattengeschwader — Wilhelmshaven
    - 4. Fregattengeschwader — Wilhelmshaven
    - Trossgeschwader — Wilhelmshaven
    - Marinefliegergeschwader 3 — Nordholz
    - Marinefliegergeschwader 5 — Kiel-Holtenau
    - Schifffahrtmedizinisches Institut der Marine — Kronshagen

Quelle: Weißbuch 2006.

© MGFA
05612-04

Neuorientierung

Sanität gerade im Hinblick auf die zunehmenden Auslandseinsätze wird die truppenärztliche Versorgung in Deutschland stationierter Einheiten auf eine harte Bewährungsprobe gestellt.

Eine Konsequenz aus dem künftig geringeren Ergänzungsumfang der Streitkräfte ergibt sich für die Reservisten, von denen es noch 1,8 Millionen Männer und Frauen gibt und von denen bisher etwa 280 000 mobilmachungsbeordert waren. Da Heimatschutzaufgaben zur Zeit nicht mehr im Vordergrund stehen, werden viele Reservisten aus ihrer Beorderung ausgeplant und von den Streitkräften nicht mehr benötigt. Wie viele von ihnen in aktive Verbände eingebunden werden können, bleibt noch offen. Ein Teil wird künftig die Verbindung der Bundeswehr zu den Behörden der Städte, Kreise und Bundesländer wahrnehmen. Die Zahl der benötigten Reservisten verringert sich von 300 000 auf 80 000.

Dass die noch im Sommer 2004 existierenden 572 Standorte im Rahmen der Transformation nicht alle weiter bestehen bleiben würden, war angesichts der Haushaltslage, der weiteren Personalreduzierung sowie der Einteilung der Streitkräfte in die drei neuen Kräftekategorien zu erwarten. Allerdings war die Schließung von 76 dieser Standorte bereits aus der von Bundesverteidigungsminister Scharping am 16. Januar 2001 vorgelegten Stationierungskonzeption bekannt. Erneut spielte dann im Jahr 2004 die Notwendigkeit zur Verringerung und Einsparung von Betriebskosten durch eine Konzentration von Dienststellen und Truppenteilen bei der Auswahl weiterer zu schließender Standorte eine Rolle. Am 2. November 2004 machte Bundesverteidigungsminister Struck die Öffentlichkeit mit einem neuen Konzept für die künftigen Standorte der Bundeswehr vertraut. Weitere 105 Standorte werden geschlossen. Die Zahl der Standorte wird bis zum Jahr 2010 auf 392 verringert.

Einen wichtigen Baustein im Rahmen der rechtlichen und sozialen Rahmenbedingungen der Transformation erbrachte das am 30. September 2004 vom Bundestag verabschiedete ▸ »Einsatzversorgungsgesetz«. Es passte das Versorgungsrecht der Soldaten, Beamten und Hinterbliebenen an die erhöhten Gefahren und Belastungen der Auslandseinsätze an.

Auch das am 25. Oktober 2006 von der Bundesregierung verabschiedete »Weißbuch zur Sicherheitspolitik Deutschlands und zur Zukunft der Bundeswehr« wiederholte das schon zuvor vom neuen Bundesminister der Verteidigung ▸ Franz Josef Jung (CDU) abgelegte Bekenntnis zur Wehrpflicht. Das erstmals seit 1994 wieder vorgelegte sicherheitspolitische Grundlagendokument für die Bundesrepublik beschreibt die strategischen und strukturellen Rahmenbedingungen für eine vorausschauende und nachhaltige deutsche Sicherheitspolitik. Es nennt als Ziele die Fortführung des engen Verhältnisses zu den USA, die Stärkung des »europäischen Stabilitätsraumes« sowie eine aktive Nachbarschaftspolitik zu den Staaten in Osteuropa, des südlichen Kaukasus, Zentralasiens und des Mittelmeerraumes. Ausdrücklich bekennt es sich zur Fortsetzung des Transformationsprozesses.

Transformation umfasst ein breites Spektrum von der inneren Verwaltung über Stationierung und Strukturen, über Umfänge und Fähigkeiten, über Material und Ausrüstung bis hin zum Personal und dessen Ausbildung, um den Streitkräften eine moderne vernetzte Operationsführung zu ermöglichen. Zur ständigen Begleitung dieses Prozesses hat die Bundeswehrführung das Zentrum für Analysen und Studien der Bundeswehr (ZASBw) in das »Zentrum für Transformation der Bundeswehr« umgewandelt.

Franz Josef Jung (1949)
Politiker – Bereits während seines Jurastudiums hatte sich Franz Josef Jung politisch engagiert und war 1971 der CDU beigetreten. Nach zehnjährigem Wirken im Bundesvorstand der Jungen Union wurde der mittlerweile promovierte Rechtsanwalt 1983 Mitglied des Hessischen Landtags. Dort rückte er 1987 zum Parlamentarischen Geschäftsführer der CDU-Landtagsfraktion und damit in den engsten Führungszirkel

081 Franz Josef Jung.

Das Einsatzversorgungsgesetz, das 2004 verabschiedet wurde und rückwirkend am 1. Dezember 2002 in Kraft trat, berücksichtigt erstmals die gestiegene Zahl von Auslandseinsätzen und die besonderen Gefahren die damit für die Soldaten der Bundeswehr entstehen. Mit ihm wurde der Begriff des »Einsatzunfalls« eingeführt, der für die Hinterbliebenen eine höhere Entschädigung vorsieht als für einen Dienstunfall in der Heimat.

Vorausgegangen waren dem neuen Gesetz Klagen und Beschwerden von Hinterbliebenen, denen eine höhere Entschädigung versagt wurde, obwohl die Soldaten während eines Auslandseinsatzes ums Leben gekommen waren. Diese Unfälle wurden anfangs als normaler und nicht als so genannter qualifizierter Dienstunfall gewertet mit der Begründung, dass sie auch in Deutschland möglich gewesen wären.

 »Informationen zum Einsatzversorgungsgesetz« (29. Dezember 2004)

Das Gesetz trägt den vermehrten Auslandseinsätzen der Bundeswehr Rechnung und trat rückwirkend am 1. Dezember 2002 in Kraft.

»Kernpunkt ist die Einführung des Begriffs ›Einsatzunfall‹, bei dessen Vorliegen für Soldatinnen und Soldaten bei Schädigungen im Auslandseinsatz eine spezielle, erhöhte Einsatzversorgung gewährt wird.

Ein Einsatzunfall liegt dann vor, wenn eine Soldatin/ein Soldat im Rahmen eines auf Beschluss der Bundesregierung durchgeführten besonderen Auslandseinsatzes oder bei einem vergleichbar gefährlichen Auslandseinsatz einen Dienstunfall oder eine sonstige, dienstlich bedingte oder auf gesundheitsschädigende oder sonst vom Inland wesentlich abweichende Verhältnisse zurückzuführende gesundheitliche Schädigung erleidet. Hiermit sind generell alle Unfälle im Einsatzgebiet sowie Erkrankungen, die auf die besonderen Verhältnisse im Einsatzgebiet zurückzuführen sind, erfasst. Das EinsVG berücksichtigt hierbei, dass der Dienst bei einer besonderen Auslandsverwendung in der Regel gefahrvoller ist als der sonstige Dienst im In- und wie im sonstigen Ausland. Das Verfahren der Prüfung der Unfallursachen zur Festsetzung der Versorgung wird dadurch vereinfacht; die aufwändige Prüfung unterschiedlicher Tatbestandsvoraussetzungen kann somit entfallen. Mit der ›Einsatzversorgung‹ wird in einem Leistungskatalog festgelegt, welche Versorgungsleistungen bei einem Einsatzunfall in Betracht kommen.«

Zit. nach: G1/A1-Information zum »Gesetz zur Regelung der Versorgung bei besonderen Auslandseinsätzen (Einsatzversorgungsgesetz)«. Hrsg. vom Bundesministerium der Verteidigung, Bonn 2004

082 Ein Soldat hält am 11. August 2003 im Camp Warehouse, Kabul, am Ehrenmal für die getöteten ISAF-Soldaten Ehrenwache.

der hessischen Union auf und wurde 1999 in die Landesregierung berufen. Im September 2000 trat Jung von seinen Ämtern als Minister für Bundes- und Europaangelegenheiten und Chef der Hessischen Staatskanzlei zurück. Drei Jahre später wurde er zum CDU-Fraktionsvorsitzenden im Hessischen Landtag gewählt. Nach seiner Wahl in den Deutschen Bundestag folgte am 22. November 2005 die Ernennung Jungs zum Bundesminister der Verteidigung.

Neuorientierung

Kapitel III – Konflikte:

»Deutschland wird auch am Hindukusch verteidigt«

1. Hilfseinsätze

a) Humanitäre Hilfseinsätze im Ausland
Internationale Einsätze der Bundeswehr im Rahmen humanitärer Hilfeleistungen gehören für die Transport-Geschwader der Luftwaffe bereits seit dem Erdbeben in der marokkanischen Stadt Agadir im Jahr 1960 zur Tradition. Lediglich die wesentlichsten dieser mittlerweile in über 50 Staaten erfolgten Einsätze sollen im Folgenden kurz Erwähnung finden:

Nach Bekanntwerden der Versorgungsschwierigkeiten in der Sowjetunion im Herbst 1990 beschloss die Bundesregierung mit der Lieferung von Nahrungsmitteln zu helfen. Die Bundeswehr konnte auf Grund der veränderten Sicherheitslage ihre bisherigen Verpflegungsvorräte herabsetzen und 32 000 Tonnen Lebensmittel zur Verfügung stellen. Mit deren Transport begann die Luftwaffe Ende 1990 mit Flügen nach Iwanow, nördlich von Moskau. Einen Teil der Transporte nach Leningrad und Tallin übernahmen ab Januar 1991 die Bundesmarine sowie sowjetische Handelsschiffe.

Nach Ausbruch des Golfkriegs flüchteten 1990 mehrere hunderttausend Kurden über die irakischen Grenzen in die unzugänglichen Gebirgsregionen der Türkei sowie des Iran. Mit der UN-Resolution 687 wurde im April 1991 die United Nations Special Commission (UNSCOM) ins Leben gerufen. Sie erhielt

083 Heckbeobachter bei einem Kontrollflug einer CH-53 über Afghanistan. Foto, 28. März 2004.

die Aufgabe, Hilfsgüter, Lebensmittel, Wasser und Material für die medizinische Versorgung zu den kurdischen Flüchtlingen zu bringen. Hieran beteiligte sich ab April 1991 die Luftwaffe mit Transportflugzeugen. Hubschrauber des Heeres übernahmen von Batman in der Türkei und von Bakhtaran im Iran den Weitertransport der Hilfsgüter in die unwegsamen Gebirgsregionen.

Von Mai 1992 bis November 1993 unterstützte ein deutsches Sanitätskontingent die UN-Mission United Nations Transitional Authority in Cambodscha (UNTAC). Mithilfe eines Feldlazaretts in ▶ Phnom Penh konnten Angehörige der UNTAC sowie Angehörige der kambodschanischen Zivilbevölkerung medizinisch versorgt werden. Mit der Ermordung eines Sanitätsfeldwebels am 14. Oktober 1993 verlor der erste deutsche Soldat sein Leben bei der Erfüllung eines humanitären Auftrags in einer Friedensmission der UN.

Vom 4. Juli 1992 bis zum 9. Januar 1996 nahmen Transportflugzeuge der Luftwaffe an der Luftbrücke zur Versorgung der Bevölkerung der umkämpften Stadt Sarajewo teil. Zudem

084
Versorgung kurdischer Flüchtlinge im Iran durch die Bundeswehr. Foto, 11. Juni 1991.

Die kommunistischen Roten Khmer errichteten 1975 unter Führung von Pol Pot eine Terrorherrschaft in Kambodscha, in deren Verlauf rund eine Million Menschen entweder verhungerten oder umgebracht wurden. Im Dezember 1978 marschierte Vietnam in Kambodscha ein, beendete die Herrschaft von Pol Pot und zog sich 1989 wieder zurück. Nach 20 Jahren Revolten, Bürgerkrieg, Völkermord und Fremdherrschaft war Kambodscha ein zerstörtes Land. Im Oktober 1991 unterzeichneten die Konfliktparteien Kambodschas und der Vereinten Nationen einen Friedensplan, auf dessen Grundlage der UN-Sicherheitsrat die Einrichtung einer Übergangsverwaltung der UN in Kambodscha beschloss, um dem Land beim Wiederaufbau zu helfen. Die wichtigsten Aufgaben waren die Rückführung und Eingliederung von 350 000 Flüchtlingen und Vertriebenen, die Vorbereitung und Durchführung von freien Wahlen, ein Minenräumprogramm sowie wirtschaftliche und humanitäre Hilfe. Während des 18-monatigen Einsatzes (UNTAC) 1992/93 waren rund 87 000 militärische und zivile Mitarbeiter aus 104 Nationen im Einsatz.

085 Deutsche Blauhelmsoldaten vor dem German Fieldhospital in Phnom Penh, Kambodscha. Foto, 7. Juni 1993.

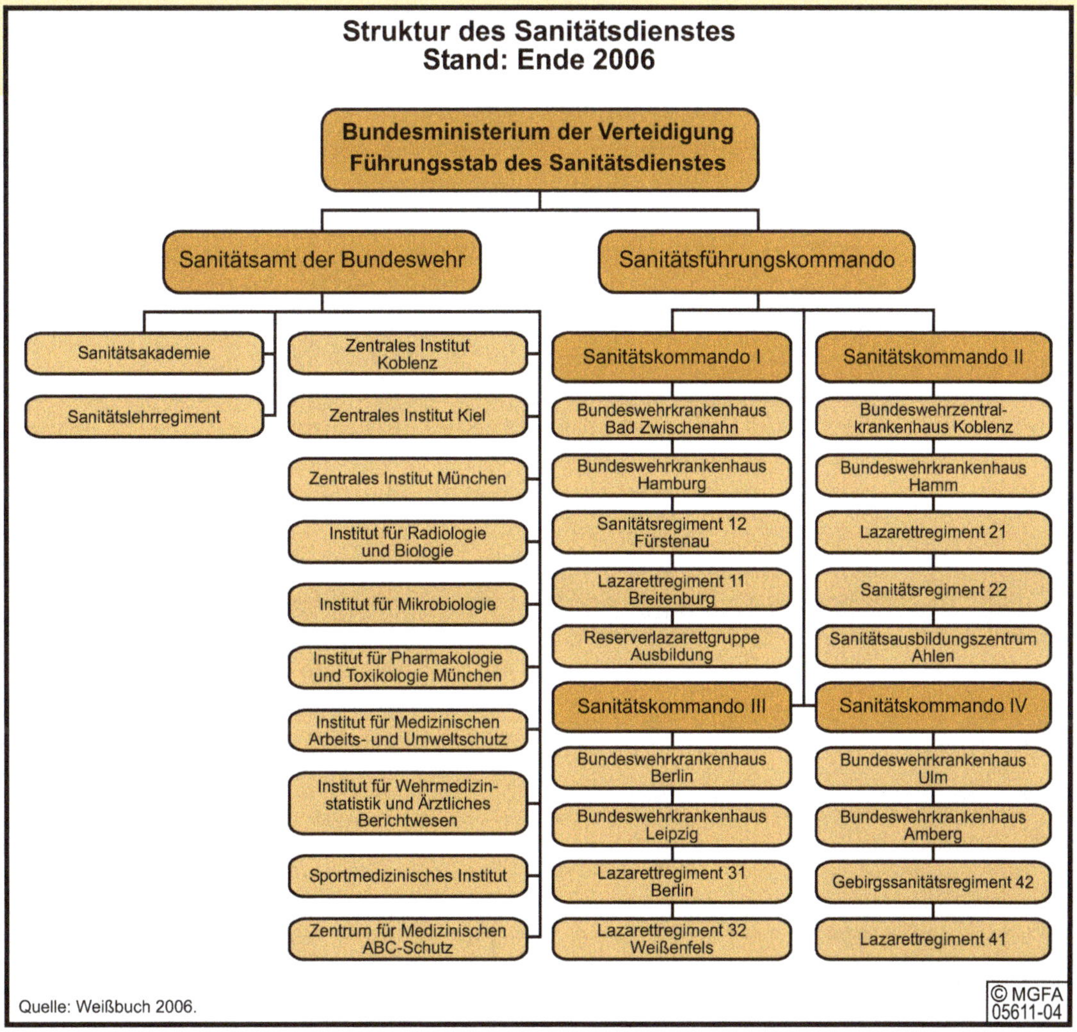

Struktur des Sanitätsdienstes
Stand: Ende 2006

Bundesministerium der Verteidigung — Führungsstab des Sanitätsdienstes

- **Sanitätsamt der Bundeswehr**
  - Sanitätsakademie
  - Sanitätslehrregiment
  - Zentrales Institut Koblenz
  - Zentrales Institut Kiel
  - Zentrales Institut München
  - Institut für Radiologie und Biologie
  - Institut für Mikrobiologie
  - Institut für Pharmakologie und Toxikologie München
  - Institut für Medizinischen Arbeits- und Umweltschutz
  - Institut für Wehrmedizinstatistik und Ärztliches Berichtwesen
  - Sportmedizinisches Institut
  - Zentrum für Medizinischen ABC-Schutz

- **Sanitätsführungskommando**
  - **Sanitätskommando I**
    - Bundeswehrkrankenhaus Bad Zwischenahn
    - Bundeswehrkrankenhaus Hamburg
    - Sanitätsregiment 12 Fürstenau
    - Lazarettregiment 11 Breitenburg
    - Reserverlazarettgruppe Ausbildung
  - **Sanitätskommando II**
    - Bundeswehrzentralkrankenhaus Koblenz
    - Bundeswehrkrankenhaus Hamm
    - Lazarettregiment 21
    - Sanitätsregiment 22
    - Sanitätsausbildungszentrum Ahlen
  - **Sanitätskommando III**
    - Bundeswehrkrankenhaus Berlin
    - Bundeswehrkrankenhaus Leipzig
    - Lazarettregiment 31 Berlin
    - Lazarettregiment 32 Weißenfels
  - **Sanitätskommando IV**
    - Bundeswehrkrankenhaus Ulm
    - Bundeswehrkrankenhaus Amberg
    - Gebirgssanitätsregiment 42
    - Lazarettregiment 41

Quelle: Weißbuch 2006.

© MGFA 05611-04

Neuorientierung

wurde die Not leidende Bevölkerung Bosnien-Herzegowinas von März 1993 bis August 1995 durch den Abwurf von Lebensmitteln und Medikamenten versorgt.

Im August 1992 brachten Transportflugzeuge der Luftwaffe Versorgungsgüter für die hungernde Zivilbevölkerung von Mombasa in Kenia nach Somalia.

Zwei Jahre später errichtete die Luftwaffe im Rahmen der United Nations Assistance Mission for Rwanda (UNAMIR) von Juli bis Ende Dezember mit Flugzeugen der Flugbereitschaft und Transportflugzeugen eine Luftbrücke von Nairobi und Johannesburg nach Goma und Kigali, um dort bei der Versorgung von ▸ ruandischen Flüchtlinge mitzuhelfen und eine drohende Hungerkatastrophe abzuwenden.

In der Operation Life Line Sudan führten Transportflugzeuge der Luftwaffe von September bis November 1998 Versorgungsflüge für die vom Hochwasser des Nil eingeschlossene Bevölkerung bei Wau im Sudan durch.

Nach der Schneekatastrophe von Galtür in Österreich trugen Transporthubschrauber des Heeres vom 23. bis 27. Februar 1999 zur Evakuierung von Personen aus Gebieten mit akuter Lawinengefahr bei.

In der humanitären Hilfsoperation Allied Harbour leistete die Bundeswehr einen Beitrag, um die Not der aus dem Kosovo nach Albanien und Mazedonien vertriebenen Menschen zu lindern. Diese Hilfe erstreckte sich vom Aufbau und Betrieb von Flüchtlingslagern über die Wiederherstellung von Infrastruktur in kritischen Bereichen bis zur Unterstützung der Rückkehr von Vertriebenen und den Wiederaufbau in der zerstörten Region auch über das Ende der NATO-Luftangriffe auf die Bundesrepublik Jugoslawien hinaus. Solche Hilfeleistungen wurden in der Folge ebenfalls im Kosovo erbracht.

Als sich im März 2000 Mosambik mit einer der größten Überschwemmungskatastrophen seit 50 Jahren konfrontiert sah, beschloss die Bundesregierung humanitäre Hilfe zu leisten. Vom 5. März bis zum 27. März stellte die Bundeswehr zwei Transportflugzeuge sowie vier Hubschrauber und zwei medizinische Einrichtungen zur Verfügung. Durch diese Einsätze konnten viele Menschen gerettet, medizinisch versorgt und lebensnotwendige Hilfsgüter in das Land gebracht werden.

Im November des Jahres 2000 setzte die Bundeswehr, einer Zusage des Bundeskanzlers an die palästinensische Exekutivbehörde nachkommend, einen Airbus (▸ MedEvac) zur medizinischen Evakuierung von 50 verletzten Palästinensern von Gaza nach Deutschland ein, wo die Verletzten in Bundeswehr- und anderen Krankenhäusern zur Behandlung gebracht wurden.

Im November 2004 beteiligte sich die Luftwaffe an der Evakuierung von Deutschen und Bürgern befreundeter Nationen von der Elfenbeinküste, in der erneut ein Bürgerkrieg ausgebrochen war. Die Koordination übernahm erstmals ein von der Bundeswehr mitgebildetes Krisenunterstützungsteam (KUT).

Am 26. Dezember 2004 löste ein Seebeben eine riesige Tsunami-Welle aus, die völlig überraschend Küstenregionen der indonesischen Insel Sumatra, Thailands und Sri Lankas verwüstete. Auf Bitten Thailands und Indonesiens nahm die Bundeswehr ihren bisher größten humanitären Hilfseinsatz (HumHiSOA) auf. Zunächst flog die Luftwaffe deutsche Touristen aus Thailand in die Heimat und entsandte einen MedEvac-Airbus, der verletzte Touristen vor Ort versorgte und ebenfalls zurückbrachte.

In den Jahren 1990 bis 1993 brachen in Ruanda Kämpfe zwischen Regierungstruppen und Rebellen aus. Eine aus Tutsi-Flüchtlingen sowie Deserteuren der ugandischen Armee gebildete Rebellenarmee (RPF) überschritt von Uganda aus die Grenze nach Ruanda und okkupierte einige Landesteile. Die Invasion führte zu einer Militarisierung und Radikalisierung der ruandischen Hutus. In der Folge bildeten sich Parteimilizen und private Verteidigungsarmeen. Die Regierungspropaganda bezeichnete alle Tutsis Ruandas als Sympathisanten der RPF und bereitete so das Klima für das spätere Massaker. Auf internationalen Druck hin schlossen die verfeindeten Gruppen 1993 ein Friedensabkommen. Zur Überwachung des Friedensprozesses und freier Wahlen wurde eine UNO-Friedenstruppe (UNAMIR) entsandt. Als im April 1994 das Flugzeug mit dem Präsidenten Ugandas abgeschossen wurde, kam es zu heftigen Gewaltausbrüchen.

086 Ein MedEvac Airbus A310 am Militärflughafen in Köln-Wahn mit 50 verletzten deutschen Urlaubern nach der Tsunami-Katastrophe.

Mit den Einheiten der MedEvac (Medical Evacuation) werden schwer verwundete Personen zu einer besseren medizinischen Versorgung aus Krisen- oder Kriegsgebieten evakuiert. Neben verschiedenen zugedachten Hubschraubern verfügt die Bundeswehr über das weltweit wohl modernste Med-Evac-Langstreckenflugzeug, den Airbus A310 MRT MedEvac. Aufgrund seiner Innenausstattung, die selbst den höchsten Ansprüchen der Intensivmedizin entspricht, erwarb sich der umgebaute Truppentransporter den Ruf einer »fliegenden Intensivstation«.

Seit der Jahrtausendwende flog der Airbus A310 MRT MedEvac zahlreiche medizinische Transporteinsätze und schlug somit eine Brücke zwischen den Einsatzgebieten der Bundeswehr im Ausland und den heimischen Bundeswehrkrankenhäusern.

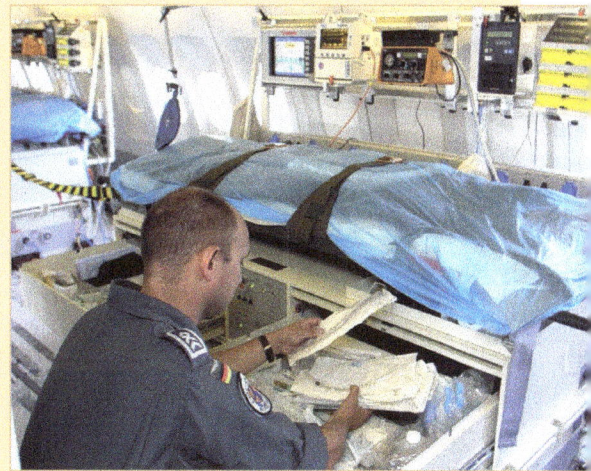

087 Im Inneren eines Airbus A310 MRT MedEvac.

Zivile Milizen ermordeten oppositionelle Hutu-Politiker vor allem aber Angehörige der Tutsi-Minderheit – Frauen, Männer und Kinder. Mord, Raub, Vergewaltigungen und Plünderungen waren an der Tagesordnung. Armee und Gendarmerie sahen tatenlos zu. Die Gewalt gegen die Tutsis war politisch und ethnisch motiviert und folgte zusätzlich kriminellem Antrieb. Die UNO schätzt die Zahl der Todesopfer auf 800 000. Das Massaker wurde von der Präsidentengarde, den Milizen, Teilen der Verwaltung, Armee und Polizei geplant und gelenkt. Die UNO-Friedenstruppe griff auf Grund des begrenzten Mandats und mangelnder Ressourcen nicht ein. Das militärische Personal wurde abgezogen – dies auch als Folge der Ermordung von zehn belgischen UN-Soldaten. 1994 wurde ein internationales Ruanda-Tribunal eingesetzt, das die Aufgabe hat, den Völkermord strafrechtlich zu verfolgen.

Neuorientierung

In der Provinz Banda Aceh auf Sumatra wurde ein mobiles Rettungszentrum errichtet. Vor der Insel ankerte der dorthin entsandte ▸ Einsatzgruppenversorger (EVG) BERLIN. Mit seinem Rettungshubschrauber wurden Schwerverletzte auf das Schiff geflogen und in dessen Marinerettungszentrum behandelt. Schließlich halfen Zahnärzte der Bundeswehr bei der schweren Aufgabe der Identifizierung von Toten. Nach der von der Bundeswehr unterstützten Wiederinbetriebnahme des General Hospitals in Banda Aceh wurde der Hilfseinsatz Mitte März 2005 beendet. Insgesamt nahmen knapp 380 Bundeswehrangehörige an diesem Einsatz teil, und es wurden zahlreiche Operationen, ambulante und stationäre Behandlungen sowie Impfungen durchgeführt. Die Bundeswehr übergab Geräte und Medikamente im Wert von 2,7 Millionen Euro aus ihren Beständen an die indonesischen Behörden. Sanitätsmaterial, Decken und Handtücher aus Bundeswehrbeständen wurden auch Sri Lanka zur Verfügung gestellt.

2005 beteiligte sich die Bundeswehr nach der Erdbebenkatastrophe in Pakistan an der Operation Humanitäre Hilfe Pakistan (HumHiPak).

Im Juli und August 2006 flog die Luftwaffe aus Adana in der Türkei, Lanarca auf Zypern sowie aus Damaskus in Syrien auf Anforderung des Auswärtigen Amts deutsche Staatsbürger zurück nach Deutschland, die durch die Kampfhandlungen im Libanon zur Flucht gezwungen worden waren. Gleichzeitig nahmen Flugzeuge der Luftwaffe gemäß der UN-Resolution 1701 vom 11. August den Transport von Hilfsgütern wie Kleidung, medizinische Geräte und Zelte für die zahlreichen, wegen der Zerstörung ihrer Häuser obdachlos gewordenen Einwohner des Libanons auf. Auch hierzu wurde wiederum ein Krisenunterstützungsteam eingerichtet.

b) Katastrophenhilfe im Inland

Seit der Sturmflut an der Nordseeküste 1962, den Waldbränden in Niedersachsen 1975, der Schneekatastrophe in Norddeutschland sowie der Hochwasserkatastrophe in Bayern 1988 war schnelle umfassende Hilfe bei ▸ Katastrophen im Inland für die Bundeswehr und die Bürger der Bundesrepublik eine Selbstverständlichkeit. Die rechtliche Basis für solche Einsätze bildete das Grundgesetz, welches bei Naturkatastrophen oder schweren Unglücksfällen unter anderem auch die Anforderung von Grenzschutz und Bundeswehr vorsah. Verantwortung und Koordination eines Katastropheneinsatzes lagen dabei stets bei dem zivilen Einsatzleiter des betroffenen Bundeslandes. Seit der Vereinigung der beiden Teile Deutschlands kam es zu weiteren Hilfseinsätzen der Bundeswehr:

Der erste größere Hilfseinsatz der Bundeswehr mit Soldaten, die sowohl aus den alten als auch aus den neuen Bundesländern stammten, erfolgte im Rheinland. Am 22. Januar 1995 traten der Rhein, die Mosel, die Nahe, der Main und weitere Flüsse ungewöhnlich weit über ihre Ufer. Evakuierungsmaßnahmen, schnelle medizinische Hilfe, die Versorgung der Bevölkerung mit Lebensmitteln sowie die Verhinderung weiterer Schäden standen auf den Einsatzbefehlen von etwa 6300 deutschen Soldaten. Ihre Einsätze mit Kraftfahrzeugen, Booten, Hubschraubern sowie die Nutzung von Pioniergerät erhielten von weiteren 600 französischen sowie 200 amerikanischen Kameraden Unterstützung. Schließlich halfen die Soldaten nach dem Rückgang des Hochwassers noch bei den Aufräumarbeiten.

Sieben Jahre nach der Vereinigung Deutschlands leistete die Bundeswehr ihre erste Katastrophenhilfe in den neuen Bundesländern. Nach Dauerregen in Polen und Tschechien

---

Ende Dezember 1978 wurde Schleswig-Holstein über mehrere Tage lang von einem schweren Unwetter heimgesucht. Orkan- und Sturmböen sorgten dafür, dass das öffentliche Leben weit gehend zum Erliegen kam. Schienen- und Straßenverkehr waren blockiert und damit viele Ortschaften und Gehöfte von der Umwelt abgeschnitten. In dieser kritischen Situation konnte sich die Bundeswehr mit über 3000 Soldaten von Heer, Luftwaffe und Marine als engagierte Helfer in der Not beweisen. Ausgerüstet mit modernen Fernmeldemitteln sowie Hubschraubern, Kettenfahrzeugen und Schneeräumgerät für Flugplätze organisierte und leistete die Bundeswehr rasche und effektive Hilfe. Sie befreite eingeschlossene Autofahrer, transportierte Lebensmittel in abgelegene Bauernhöfe und brachte

Der Einsatzgruppenversorger BERLIN ist ein Versorgungsschiff der Deutschen Marine, das die Aufgabe hat, Kampfschiffe einer Marine-Einsatzgruppe auf See unabhängig von einem Hafen mit den erforderlichen Nachschubgütern zu versorgen. Im Wesentlichen gehören dazu Kraftstoff und Öl, Frischwasser, Proviant, Munition und Verbrauchsgüter. Der Kraftstoffvorrat des Schiffes für den Eigenbedarf und zur Abgabe an andere Einheiten beträgt ca. 9500 m³. Die an Bord verfügbare Frischwassermenge wird aus eigenen Frischwassererzeugern (Tagesleistung: 25 m³) permanent ergänzt. Aus diesem Vorrat, der den Eigenverbrauch des Schiffes weit übersteigt, kann Wasser an andere Einheiten abgegeben werden. An Proviant können ca. 230 t in unterschiedlichen Stauräumen (z.B. Tiefkühllasten und Trockenproviant-Lagerräumen) mitgeführt werden. Zusätzlich verfügt das Schiff an Oberdeck über Stellplätze für 12 der üblichen seeverlastbaren Standard-20 FT-Container. Es ist möglich, sämtliche Versorgungsgüter auf See in Fahrt mittels speziellem Geschirr an andere Einheiten zu übergeben. Im Hafen verfügt das Schiff über eigenes Ladegeschirr, um den Umschlag von Gütern unabhängig von einer Hafeninfrastruktur durchführen zu können.

088 Einsatzgruppenversorger BERLIN.

089 Hochwasserkatastrophe in Bonn-Bad Godesberg 1995.

Patienten zum Arzt. Das Wetter machte aber nicht vor Grenzen halt, sondern hatte auch Ostdeutschland fest im Griff. In der DDR brach ebenfalls zeitweise die Stromversorgung zusammen, der Bahnverkehr kam zum Erliegen und die Industrie- und Energieproduktion waren gefährdet. Daher mussten über mehrere Wochen zehntausende Soldaten eingesetzt werden, um Schienen- und Straßenverbindungen freizuhalten oder den Kohletagebau mit Arbeitskräften zu unterstützen. Allein die NVA stellte hierfür über 1000 Fahrzeuge, 55 Hubschrauber sowie 47 500 Mann zur Verfügung. Zu den Helfern zählten darüber hinaus 7750 Bereitschaftspolizisten, 4000 Mitarbeiter der Staatssicherheit und eine unbekannte Anzahl von Angehörigen der in der DDR stationierten sowjetischen Soldaten.

stieg die Oder dramatisch an. Am 17. Juli 1997 erreichte die Flutwelle das Land Brandenburg. Deiche brachen und weite Landflächen gerieten unter Wasser. Zusammen mit der einheimischen Bevölkerung versuchten etwa 30 000 Bundeswehrsoldaten weitere Deichbrüche zu verhindern und die Uferlinien des Flusses von 160 Kilometern Länge zu sichern. Ihr Einsatz erwies sich als erfolgreich, und sie halfen bei den sich anschließenden Aufräum- und Instandsetzungsarbeiten.

Am 3. Juni 1998 ereignete sich in Eschede das bisher schwerste Zugunglück in der Geschichte der Bundesrepublik Deutschland. Ein InterCityExpress (ICE) entgleiste mit hoher Geschwindigkeit und verkeilte sich in einer Unterführung. Soldaten und zivile Mitarbeiter der Bundeswehr unterstützten die eingesetzten Kräfte bei der Rettung sowie der Bergung der Opfer. Es waren 101 Tote und zahlreiche Schwer- und Leichtverletzte zu beklagen. Wie im Einsatz an der Oder übernahm auch diesmal die ▸ Search-and-Rescue-Leitstelle (SAR) der Bundeswehr die Koordinierung der Rettungsflüge von zivilen und militärischen Hubschraubern.

Im August des Jahres 2002 kam es in weiten Teilen Deutschlands zu starken Regenfällen und die Pegel stiegen vor allem an Donau, Elbe, Weißeritz und Mulde auf bisher nicht gekannte Höhe. Ruhige kleinere Bäche und Flüsse wuchsen zu reißenden Strömen mit Geröllawinen an. Straßen und Eisenbahnlinien wurden ebenso weggerissen wie Häuser und es waren mehrere Todesfälle zu beklagen. Nach der Auslösung von Katastrophenalarm in Bayern kam die Bundeswehr zunächst dort mit Soldaten und Gerät zur Hilfe. Betroffen waren jedoch neben Bayern ganz besonders Sachsen sowie die Länder Sachsen-Anhalt, Thüringen, Brandenburg, Niedersachsen und Mecklenburg-Vorpommern. Unter der Leitung des Bundesministeriums des Innern entstand am 14. August der Staatssekretär-Ausschuss »Hilfe für die Krisenregionen an Elbe und Donau«.

Die Bundeswehr brachte in den Krisenregionen fast 16 000 Soldaten aller Truppengattungen in den Katastropheneinsatz. Hubschrauber und Motorboote ermöglichten die Evakuierung von bereits vom Wasser eingeschlossenen Menschen und gefährdeter Krankenhäuser. Besonderes Augenmerk galt der Sicherung der Deiche, für deren Schutz neben der Bevölkerung auch die Soldaten unzählige Sandsäcke füllten und verbauten. Flugzeuge und Hubschrauber suchten gefährdete Stellen in den Deichen frühzeitig zu entdecken. Neben der Luftbildaufklärung erfolgten Transportunterstützung, Bereitstellung von Unterkünften sowie die Ausgabe von Verpflegung und Bekleidung. Nach drei Wochen Dauereinsatz sanken endlich die Pegel. Verteidigungsminister Struck stellte den betroffenen Ländern, Städten und Gemeinden die Soldaten der Bundeswehr bis zum 12. September zur Verfügung, in einzelnen Fällen wurde noch länger geholfen. Viele Bürger in den neuen Bundesländern erlebten das große Engagement der Soldaten der Bundeswehr sowie von Mitgliedern der Wehrverwaltung und – wie stets nach solchen Katastropheneinsätzen – stieg das Ansehen der Bundeswehr in der Bevölkerung.

Von der Bundesregierung gestiftete Einsatzmedaille »Fluthilfe 2002«.

Mit dem Eintritt der Bundesrepublik Deutschland in die internationale zivile Luftfahrtsorganisation (ICAO) am 8. Juni 1956 übernahm sie auch die Verpflichtung für die Organisation eines Luft- und Seenotrettungsdienstes. Im Auftrag des Bundesministeriums für Verkehr, Bau und Wohnungswesen übernahm dies die Bundeswehr. Die Deutsche Flugsicherungs GmbH regelt in diesem Zusammenhang den Alarmdienst, die Bundeswehr dagegen die Bereitstellung von Personal und Ressourcen. Im Einzelnen sind die Lufttransportgeschwader (LTG) 61, 62 und 63 sowie das Marinefliegergeschwader (MFG) 5 in den Rettungsdienst miteinbezogen. Ihre Aufgabenbereiche reichen von der Suche nach vermissten und abgestürzten Luftfahrzeugen und der Rettung der Insassen, der Unterstützung der eigenen und verbündeten Soldaten, der Durchführung von Erste-Hilfe-Maßnahmen, der Seenotrettung bis hin zu Nothilfen bei Katastropheneinsätzen. Der SAR arbeitet dabei eng mit zivilen Rettungskräften zusammen. Die Koordination der Einsätze erfolgt über zwei Leitstellen: für die Luftwaffen-Einheiten von Münster, für die Marine-Einheiten von Glücksburg.

090 Rettungsflieger des SAR-Teams des Lufttransportgeschwader 61.

091 Ein CH-53 startet mit Sandsäcken auf dem Flughafen Neuhardenberg zu einem Hilfseinsatz in das überschwemmte Katastrophengebiet.

Neuorientierung

2. Auslandseinsätze bis zum Urteil des Bundesverfassungsgerichts 1994

Vor der politischen Wende des Jahres 1990 bestand in der Bundesrepublik weithin Übereinstimmung darüber, dass die Bundeswehr gemäß dem Grundgesetz lediglich zur Verteidigung des eigenen sowie des Territoriums der NATO-Partner eingesetzt werden dürfe. Bei Anfragen von Seiten der ▶ UN oder von Verbündeten nach deutschen Einsätzen out of area verwies die Bundesregierung stets auf die Verfassungslage, wobei diese von juristischer Seite durchaus unterschiedliche Interpretationen fand. Internationale Missionen hatten daher entweder durch logistische Leistungen, bei eindeutig humanitären Einsätzen auch mit militärischem Personal und Gerät, oder durch finanzielle Zuwendungen deutsche Unterstützung erfahren.

Nach der Vereinigung der beiden Teile Deutschlands und besonders ab Januar 1991, als die Bundesrepublik während des Golfkriegs erneut sowohl große finanzielle als auch organisatorische Leistungen erbrachte, sah sich die Bundesregierung zunehmend mit dem Wunsch ihrer Bündnispartner und anderer Mitglieder der UN konfrontiert, ein Überdenken der deutschen Haltung sowie eine Überprüfung der bisherigen deutschen Rechtslage vorzunehmen. Konkret wurde angesichts der wiedergewonnenen deutschen Souveränität angefragt, ob die bisherige ablehnende Haltung zu einer Mitwirkung an internationalen Militäreinsätzen nicht verändert werden könne. Der Bereitschaft dazu hatte Bundeskanzler Kohl am 3. Oktober 1990 Ausdruck verliehen, als er ausführte: »Nach Wiedererlangung der Deutschen Einheit in voller Souveränität ist die Bundesrepublik Deutschland bereit, sich künftig an Maßnahmen der Vereinten Nationen zur Wahrung und zur Wiederherstellung des Friedens auch durch den Einsatz ihrer Streitkräfte zu beteiligen.« Auch die Angehörigen der Bundeswehr selbst, so verdeutlicht der Bericht des Wehrbeauftragten für das Jahr 1990, wünschten einen breiten parlamentarischen Konsens für die Beteiligung der Bundeswehr an internationalen Einsätzen im Rahmen der UN.

a) Golfkrieg

Ihre grundsätzliche Bereitschaft, international größere Verantwortung zu übernehmen, unterstrich die Bundesregierung bereits vor der Wiedervereinigung. Im August 1990 wurden angesichts des nach der Besetzung Kuwaits durch den Irak stattfindenden Golfkrieges deutsche Minenabwehreinheiten in das östliche Mittelmeer verlegt. Sie ersetzten einige der im Persischen Golf benötigten amerikanischen Schiffseinheiten und sollten im Fall einer Verminung der internationalen Schifffahrtswege im Ostmittelmeerraum eingesetzt werden. Gleichzeitig fand eine Verlegung von ABC-Spürpanzern Fuchs in die Golfregion statt. Dort und in Sont-

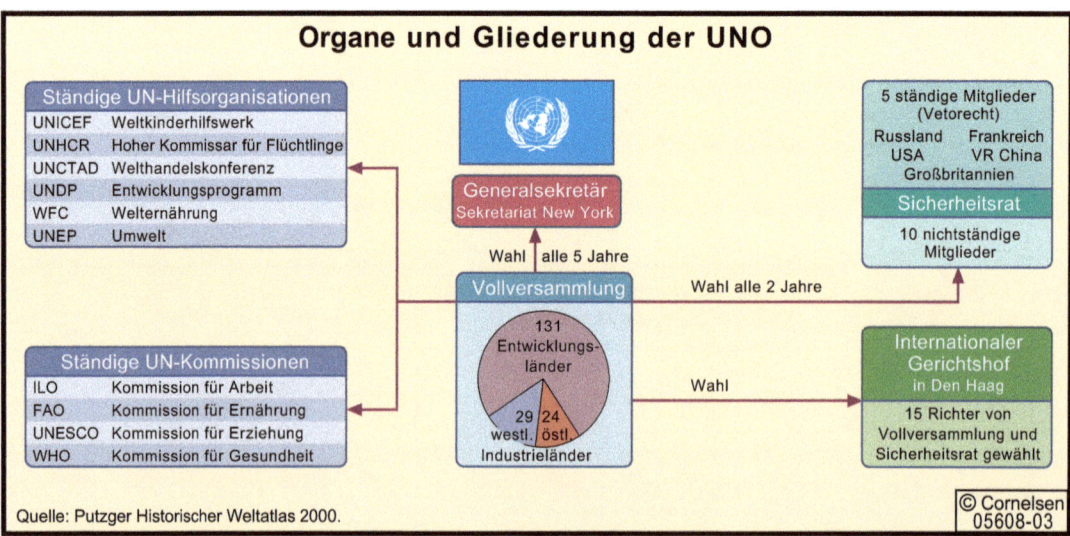

Quelle: Putzger Historischer Weltatlas 2000.

Nach dem Ersten Weltkrieg wurde auf Anregung des amerikanischen Präsidenten Woodrow Wilson der Völkerbund mit Sitz in Genf gegründet. Aus der Erfahrung des Zweiten Weltkrieges heraus bekräftigten der amerikanische Präsident Roosevelt und der britische Premier Churchill am 14. August 1941 ihre Friedensziele für die Nachkriegszeit (»Atlantik-Charta«). Mit kleinen Veränderungen wurde daraus die Charta der Vereinten Nationen, die am 24. Oktober 1945 in Kraft trat. 51 Staaten schufen eine internationale Organisation mit dem Ziel, den Frieden in der Welt zu fördern und zu erhalten.

Die UN verfügten über eine Vielzahl an Institutionen. Neben Hauptausschüssen, Wirtschafts- und Fachkommissionen, Sonder- und Spezialbereichen gibt es sechs Hauptorgane: Generalversammlung, Sicherheitsrat, Wirtschafts- und Sozialrat, Treuhandrat, Internationaler Gerichtshof und Generalsekretariat. In der Generalversammlung sind alle UNO-Mitglieder versammelt. Anfang 2007 waren dies 192 Staaten. Sie erörtern Fragen und geben Empfehlungen. Der Sicherheitsrat, der seit 1965 aus 15 Mitgliedern (5 ständigen und zehn auf zwei Jahre gewählten) besteht, hat allein das Recht, Beschlüsse zu fassen. Das Generalsekretariat mit dem Generalsekretär an der Spitze, der auf fünf Jahre gewählt wird, kann die Aufmerksamkeit des Sicherheitsrates auf dringliche Probleme lenken. Die Vereinten Nationen nehmen heute Aufgaben in den Bereichen Sicherung des Weltfriedens, Menschenrechte, internationale Sicherheit, Wirtschaft, Entwicklung und Umwelt wahr.

UNO-Blauhelmeinsätze seit 1945
Abgeschlossene UN-Friedensmissionen

UNEF I	1956–1967	Nahost (Sinai)
UNOGIL	1958	Nahost (Libnanon)
ONUC	1960–1964	Kongo
UNSF	1962	West-Neuguinea
UNYOM	1963–1964	Jemen
DOMREP	1965–1966	Dominikanische Rep.
UNIPOM	1965–1966	Kaschmir (Indien/Pakistan)
UNEF II	1973–1979	Nahost (Sinai)
UNIIMOG	1988–1991	Iran/Irak
UNGOMAP	1988–1990	Afghanistan/Pakistan
UNAVEM I	1989–1991	Angola
ONUSAL	1991–1995	El Salvador
UNAMIC	1991–1992	Kambodscha
UNIKOM	1991–2003	Irak/Kuwait
UNPROFOR	1992–1995	Kroatien/Bosnien-Herzegowina
UNTAC	1992–1993	Kambodscha
UNOSOM I	1992–1993	Somalia
UNOMOZ	1992–1994	Mosambik
UNOSOM II	1993–1995	Somalia
UNOMIL	1993–1997	Liberia
UNAMIR	1993–1996	Ruanda
UNOMUR	1993–1994	Ruanda/Uganda
UNMIH	1993–1996	Haiti
UNASOG	1994	Tschad/Libyen
UNMOT	1994–2000	Tadschikistan
UNCRO	1995–1996	Kroatien
UNAVEM III	1995–1997	Angola
UNPREDEP	1995–1999	Mazedonien
UNMIBH	1995–2002	Bosnien-Herzegowina
UNTAS	1996–1998	Kroatien (Ostslawonien)
UNSMIH	1996–1997	Haiti
UNMOP	1996–2002	Prevlaka
MINUGUA	1997	Guatemala
UNTMIH	1997	Haiti
MONUA	1997–1999	Angola
MIPONUH	1997–2000	Haiti
UNPSG	1998	Kroatien
UNOMSIL	1998–1999	Sierra Leone
MINURCA	1998–2000	Zentralafrika
UNTAET	1999–2002	Ost-Timor
UNAMSIC	1999–2005	Sierra Leone
UNMISET	2002–2005	Ost-Timor
ONUB	2004–2005	Burundi

092 Das Gebäude der Vereinten Nationen in New York.

Neuorientierung

hofen wurden amerikanische Soldaten zu deren Bedienung ausgebildet. Zudem wurde den USA kostenlos Wehrmaterial aus Beständen von Bundeswehr und NVA im Wert von einer Milliarde DM zur Verfügung gestellt.

Anfang 1991 beschloss die Bundesregierung, obgleich es zwischen FDP und CDU eine Meinungsverschiedenheit bezüglich der verfassungsrechtlichen Zulässigkeit dieses Einsatzes außerhalb des NATO-Gebietes gab, den Minenabwehrverband im Rahmen eines humanitären Einsatzes gemäß der UN-Resolution 686 vom März des Jahres vom Ostmittelmeer in den Arabischen Golf zu verlegen. Dort half der deutsche Verband in einem schließlich insgesamt aus neun Nationen zusammengesetzten Minenabwehrverband unter Führung der WEU, den zeitweilig auch ein deutscher Admiral kommandierte, den Arabischen Golf und die Zufahrten nach Kuwait von insgesamt 1245 Minen aller Art zu räumen. Der Einsatz konnte Mitte des Jahres erfolgreich beendet werden. Obgleich mit späteren Einsätzen nur schwer vergleichbar, wird er juristisch als erster Kampfeinsatz der Bundeswehr angesehen, weil er zwar nach Beendigung der Kampfhandlungen im Irak, jedoch noch vor dem Abschluss der offiziellen Waffenstillstandsvereinbarungen stattfand.

Das NATO-Mitglied Türkei hatte schon zu Beginn des Golfkrieges zur Abschreckung eines Übergreifens der Kriegshandlungen auf türkisches Gebiet um Entsendung der Allied Mobile Force (Air) gebeten. Daraufhin hatte die Bundesregierung im Januar 1991 eine Luftwaffeneinheit der Bundeswehr mit 18 Alpha-Jets samt Personal von Oldenburg auf den türkischen Flugplatz Erhac, der etwa 400 Kilometer von der türkisch-irakischen Grenze entfernt ist, verlegen lassen. Beide Einsätze belegten trotz ihres Erfolges, dass die Bundeswehr auf solche Einsätze im Ausland weder materiell noch – wie sich besonders in Erhac zeigte – mental ausreichend vorbereitet war. Die andauernden Diskussionen in der Bundesrepublik zu den Themen Einsatz »out of Area« oder »provozierter Bündnisfall« erwiesen sich zudem auch für die Einschätzung der Bündnisfähigkeit der Bundesrepublik bei ihren Partnern als nicht förderlich.

Nach dem Ende des Golfkrieges verhängten die UN im April 1991 mit der Resolution 687 Abrüstungs- und Sanktionsmaßnahmen gegen den Irak. Die dafür eingerichtete UNSCOM hatte für die Verifizierung und Zerstörung von Massenvernichtungswaffen ebenso wie für die Zerstörung von Raketen mit definierter Reichweite zu sorgen. Auf Beschluss der Bundesregierung stellte die Bundeswehr ab August des Jahres neben Personal für den Stab des Hauptquartiers der UNSCOM sowohl Inspektionspersonal als auch Hubschrauber sowie Transportflugzeuge zur Unterstützung der Inspektionsteams zur Verfügung. Dieser deutsche Einsatz für die UN fand im September 1996 seinen Abschluss.

b) Südosteuropa

Am Ende des Kalten Krieges schien es zunächst so, als habe sich Krieg endgültig aus Europa verabschiedet. Doch im Jahr 1991 kehrte er mit allen seinen Schrecken plötzlich nach Europa – und zwar auf den Balkan – zurück. Die nach dem Tod von Staatspräsident Tito immer schwächer gewordene jugoslawische Zentralregierung vermochte die bisher unterdrückten Nationalitätenkonflikte nicht länger zu entschärfen. Am 25. Juni 1991 erklärten Slowenien und Kroatien gleichzeitig ihre Unabhängigkeit, damit brach der Staat Jugoslawien auseinander. Im Juni/Juli kam es in Kroatien zu einem ▸ Bürgerkrieg, in dem die überwiegend aus Serben zusammengesetzte jugoslawische Ar-

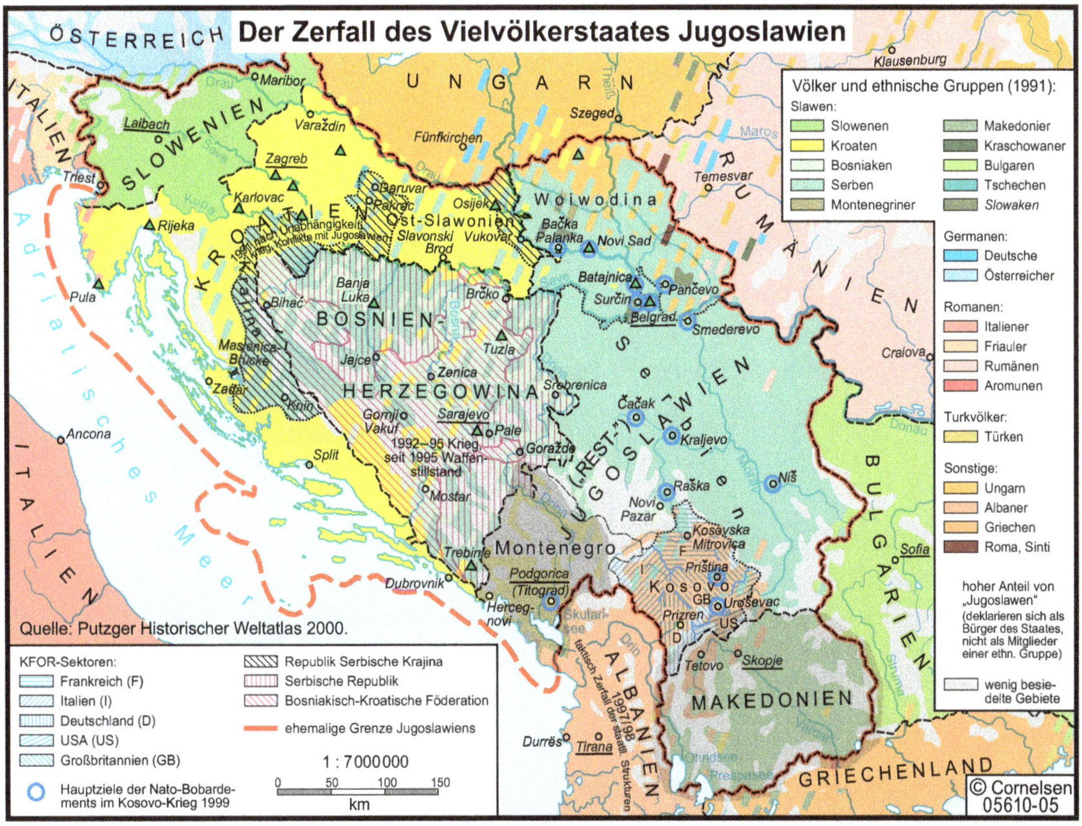
Der Zerfall des Vielvölkerstaates Jugoslawien
Völker und ethnische Gruppen (1991):
Slawen:
Slowenen
Kroaten
Bosniaken
Serben
Montenegriner
Makedonier
Kraschowaner
Bulgaren
Tschechen
Slowaken
Germanen:
Deutsche
Österreicher
Romanen:
Italiener
Friauler
Rumänen
Aromunen
Turkvölker:
Türken
Sonstige:
Ungarn
Albaner
Griechen
Roma, Sinti
hoher Anteil von „Jugoslawen" (deklarieren sich als Bürger des Staates, nicht als Mitglieder einer ethn. Gruppe)
wenig besiedelte Gebiete
KFOR-Sektoren:
Frankreich (F)
Italien (I)
Deutschland (D)
USA (US)
Großbritannien (GB)
Hauptziele der Nato-Bobardements im Kosovo-Krieg 1999
Republik Serbische Krajina
Serbische Republik
Bosniakisch-Kroatische Föderation
ehemalige Grenze Jugoslawiens
1 : 7 000 000
0 50 100 150
km
Quelle: Putzger Historischer Weltatlas 2000.
© Cornelsen
05610-05
ÖSTERREICH
UNGARN
RUMÄNIEN
BULGARIEN
GRIECHENLAND
ALBANIEN
ITALIEN
SLOWENIEN
KROATIEN
BOSNIEN-HERZEGOWINA
(„REST-")JUGOSLAWIEN
Serbien
Montenegro
Kosovo
Woiwodina
Ost-Slawonien
MAKEDONIEN
Adriatisches Meer
1991 nach Unabhängigkeit Krieg, Konflikte mit Jugoslawien
1992–95 Krieg, seit 1995 Waffenstillstand
faktisch Zerfall der staatl. Strukturen 1997/98
Klausenburg
Maribor
Laibach
Varaždin
Zagreb
Karlovac
Rijeka
Triest
Pula
Fünfkirchen
Szeged
Temesvar
Baruvar
Pakrac
Osijek
Slavonski Brod
Vukovar
Bačka Palanka
Novi Sad
Batajnica
Surčin
Pančevo
Belgrad
Smederevo
Banja Luka
Bihać
Brčko
Tuzla
Jajce
Zenica
Srebrenica
Sarajevo
Pale
Goražde
Gornji Vakuf
Mostar
Trebinje
Dubrovnik
Herceg-novi
Podgorica (Titograd)
Knin
Zadar
Split
Ancona
Čačak
Kraljevo
Raška
Niš
Novi Pazar
Kosovska Mitrovica
Priština
Uroševac
Prizren
Tetovo
Skopje
Sofia
Cralova
Durrës
Tirana
Skutarisee
Ohridsee
Prespasee
Drau
Save
Kupa
Theiß
Maros
Donau
Bosna
Morava
Drin
Vardar
Struma
F
I
D
GB
US

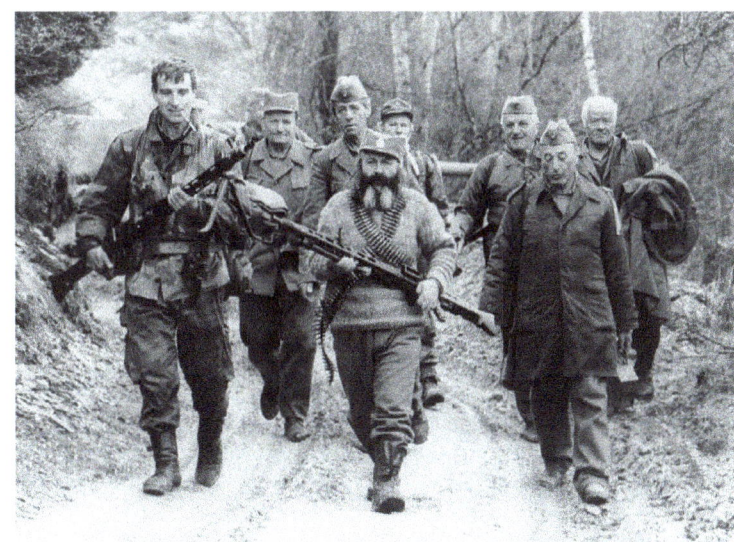

093 Bosnische Serben auf dem Vormarsch auf die ostbosnische Moslem-Enklave Gorazde, Foto, 9. April 1994.

Neuorientierung

mee für die bewaffnete serbische Minderheit in Kroatien Partei ergriff. Am 18. September 1991 erklärte Mazedonien seine Unabhängigkeit; am 15. Oktober 1991 folgte die Unabhängigkeitserklärung der Republik Bosnien-Herzegowina. Nach Abzug der jugoslawischen Armee aus Slowenien und aus Kroatien marschierte diese auf Bitten der bosnischen Serben in Bosnien-Herzegowina ein und bezog Stellungen um Sarajewo sowie weitere bosnische Städte. Um eine Eskalation in Bosnien-Herzegowina zumindest zu erschweren, verhängten die UN mit der Resolution 713 gegen die Staaten des ehemaligen Jugoslawiens ein Waffenembargo.

Dennoch brach Anfang März 1992 in Bosnien-Herzegowina ein Bürgerkrieg zwischen Serben, Kroaten und Muslimen aus, den auch die am 7. April 1992 erfolgende völkerrechtliche Anerkennung des Staates durch die EU nicht zu beenden vermochte. Im Verlauf der Kämpfe kam es zu Zerstörungen, Massenvertreibungen und zu schweren Kriegsverbrechen gegenüber den verschiedenen Bevölkerungsgruppen. Die UN verhängten mit der Resolution 757 im Mai 1992 ein Handelsembargo gegen die Föderative Republik Jugoslawien (Serbien und Montenegro), dessen Einhaltung Seestreitkräfte der NATO und der WEU in der Adria überwachten. Da eine militärische Durchsetzung des Embargos nicht vorgesehen war, erleichterte dies der Bundesregierung im Juli den Beschluss, sich zusammen mit anderen Staaten mit Schiffseinheiten sowie Flugzeugen der Marine an den Überwachungsmaßnahmen zu beteiligen. Die gemeinsamen Anstrengungen von NATO und WEU wurden knapp ein Jahr später in der Operation Sharp Guard gebündelt.

Als der UN-Sicherheitsrat die am Einsatz Beteiligten jedoch mit der Resolution 787 am 16. November 1992 ermächtigte, die Einhaltung des Embargos nicht nur zu überwachen, sondern – falls notwendig – auch mit Gewalt durchzusetzen, durften die deutschen Marineeinheiten zwar weiterhin an Sharp Guard, nicht jedoch an eventuell erforderlichen Zwangsmaßnahmen mitwirken, was den Bündnispartnern nur schwer zu vermitteln war. Der Einsatz mit zwei Fregatten sowie drei Seefernaufklärern dauerte insgesamt knapp vier Jahre und wurde damit zum bisher längsten Einsatz der Marine. Da die an der Überwachung beteiligten Einheiten der NATO der Standing Naval Force Mediterranean (STANAVFORMED) unterstanden, führte nach einem routinemäßigen Kommandowechsel ab September 1995 mit Flottillenadmiral Frank Ropers ein deutscher Admiral für ein Jahr die Operation Sharp Guard.

Das von den UN verhängte Handelsembargo wurde 1995 aufgehoben, und das Waffenembargo ein Jahr später ausgesetzt. Bis zur endgültigen Einstellung der Operation Sharp Guard am 1. Oktober 1996 blieben jedoch drei deutsche Seefernaufklärer des Marinefliegergeschwaders 3 in Nordholz sowie eine deutsche Fregatte in der STANAVFORMED in einer Fünf-Tage-Bereitschaft. Die Einschränkung des Ausmaßes der deutschen Teilnahme bei der Durchführung der Embargokontrolle zur See unterstrich erneut die unklare rechtliche Lage für Auslandseinsätze der Bundeswehr.

Mit der Resolution 781 hatten die UN im Oktober 1992 eine Flugverbotszone über Bosnien-Herzegowina errichtet. Mit der Resolution 816 erhielt die NATO am 31. März 1993 von den UN den Auftrag, dieses Flugverbot militärisch durchzusetzen. Die Deny Flight benannte Operation mit Kampfflugzeugen aus sechs NATO-Staaten sowie ▸ AWACS-Überwachungsflugzeugen begann im April 1993 und endete am 20. Dezember 1995 mit der Indienststellung

Aufnäher eines an der Operation Deny Flight beteiligten Geschwaders.

1 Deutsche Presse Agentur, »Der Hufeisenplan existiert« (2000)

Der so genannte Hufeisenplan diente zur Legitimation des Luftkrieges der NATO gegen Rest-Jugoslawien unter seinem Präsidenten Slobodan Milosevic. Die Existenz des Plans wird zum Teil angezweifelt. Fest steht allerdings, dass es im Kosovo zu massiven Vertreibungen durch serbische Truppen gekommen ist.

»Verteidigungsminister Rudolf Scharping (SPD) hat im Verteidigungsausschuss des Bundestages die Existenz des so genannten Hufeisenplans bekräftigt. ›Es gibt diesen Plan‹, versicherte Scharping am 5. April. Er habe die Abgeordneten über die Fülle der Informationen unterrichtet, die diesen Geheimplan Belgrads zur systematischen Vertreibung der Albaner aus dem Kosovo belegten. Verschiedene Abgeordnete hatten den Minister um Aufklärung im Ausschuss gebeten, nachdem in der Öffentlichkeit immer wieder Zweifel an der Existenz dieses Plans aufgetaucht waren.
[...] Der Hufeisenplan diente im Frühjahr 1999 wiederholt als Rechtfertigung des NATO-Luftkriegs gegen die Vertreibungspolitik des jugoslawischen Präsidenten Slobodan Milosevic. Die Seriösität dieses Plans war vor allem wegen seiner Herkunft aus bulgarischen Geheimdienstquellen in Frage gestellt worden. Außer mehreren Hinweisen, auch aus dem Ausland, beweise vor allem die Realität die Existenz dieses Plans, meinte Scharping. ›Man kann nicht 1,4 Millionen Menschen ohne einen systematischen Plan dafür vertreiben.‹
Eine Vorlage des Hufeisenplans lehnte der Minister mit Verweis auf den Quellenschutz für geheimdienstliche Erkenntnisse ab. Zudem sei es naiv, ein Dokument mit Unterschrift und Siegel von Milosevic zu erwarten. ›Erwarten Sie etwa, jemand im Belgrader Generalstab habe einen Militärplan fotokopieren können?‹ Die ursprünglichen Unterlagen sind nach den Angaben Scharpings in seinem Haus mit eigenen Erkenntnissen aus verschiedenen Quellen verglichen und für seriös befunden worden. [...]
Zudem habe nicht das Verteidigungsministerium, sondern der österreichische Außenminister den Plan an die EU weiter gegeben. Die Londoner ›Times‹ habe am gleichen Tag dem 8. April 1999 über Hinweise in CIA-Kreisen auf den Hufeisenplan berichtet, an dem die Hardthöhe den Plan das erste Mal der Öffentlichkeit vorgestellt habe, betonte Scharping.«

Zit. nach: Das Parlament, 16 (2000), S. 5

S Das luftgestützte Frühwarnsystem AWACS (Airborne Early Warning and Control System) wurde während des Kalten Krieges seitens der NATO entwickelt, um die damals bestehende »Tieffliegerlücke« in der Luftraumüberwachung zu schließen. Im Idealfall operieren die AWACS-Aufklärungsflugzeuge in einer Flughöhe von 9000 bis 10 000 Metern. Mit dem auf ihren Rücken positionierten Radar können die Maschinen vom Typ Boeing B-707 in dieser Höhe selbst jene sehr niedrig fliegende Flugzeuge bereits aus großer Entfernung erfassen, die für landgestützte Radarsysteme aufgrund topografischer Hindernisse nicht frühzeitig zu orten sind. Seit dem 11. September 2001 werden die fliegenden Frühwarnsysteme auch bei Großveranstaltungen zur Verhinderung terroristischer Anschläge eingesetzt. So überwachten sie beispielsweise während der Fußballweltmeisterschaft im Jahre 2006 den deutschen Luftraum.

094 Eine Boeing E-3A Sentry AWACS, die als fliegende Aufklärungs- und Leitzentrale dient, bei der Landung.

Verbandsabzeichen des NATO-AWACS-Verbandes.

Neuorientierung

der Peace Implementation Force (IFOR). Zu den AWACS-Besatzungen gehörten auch 484 deutsche Soldaten. Im April 1993 hatte die Bundesregierung beschlossen, an der Kontrolle des Flugverbots über Bosnien-Herzegowina durch den NATO-AWACS-Verband unter deutscher Beteiligung mitzuwirken. Ihr Entschluss führte zu einem Antrag auf einstweilige Anordnung von FDP und SPD an das Bundesverfassungsgericht (BVerfG), mit der ein Einsatz deutscher Besatzungsmitglieder in den AWACS verhindert werden sollte, da deren Flüge außerhalb des Bündnisgebiets stattfanden und diese zudem, wie es später in vier Fällen tatsächlich geschah, den Einsatz von Kampfflugzeugen gegen das Flugverbot brechende Flugzeuge leiten würden. Das BVerfG lehnte diese Forderung jedoch ab. Nach der Grundsatzentscheidung des BVerfG vom 12. Juli 1994 erfolgten die Nachholbeschlüsse zu den Operationen Deny Flight und Sharp Guard des Bundeskabinetts sowie des Deutschen Bundestages.

c) Somalia

Nach dem Auseinanderbrechen des Staates ▸Somalia und den blutigen Kämpfen zwischen marodierenden Clans, der daraus resultierenden Unmöglichkeit die Felder zu bestellen sowie Dürreperioden, die bereits hunderttausende von Toten gefordert hatten, drohte im Sommer 1992 etwa 4,5 Millionen Somalis der Hungertod. Lieferungen internationaler Hilfsorganisationen – an der Luftbrücke Somalia wirkte ab August 1992 auch die Bundeswehr mit – wurden zu 80 Prozent von den verfeindeten Milizen geplündert. Auf der Basis der Resolution 751 vom April 1991 entschlossen sich die UN 1992 zur United Nations Operation in Somalia (UNOSOM I), deren Aufgaben in der Koordination der humanitären Hilfe sowie in der Überwachung eines Waffenstillstandes von zwei der drei Konfliktparteien bestanden. UNOSOM I vermochte mangels eines »robusten Mandats« jedoch nicht, die Hilfslieferungen zu sichern und dadurch die Hungerkatastrophe aufzuhalten. Als die Situation weiter eskalierte, übertrugen die UN mit der Resolution 794 vom Dezember 1992 den USA als Lead-Nation die Bildung eines multinationalen Eingreifverbands, der United Nations Task Force (UNITAF). Diese sollte mit allen erforderlichen Mitteln die Waffenruhe überwachen, illegale Waffen beschlagnahmen, Minen räumen und somit für die humanitären Hilfe sichere Voraussetzungen schaffen.

Im März 1993 führte UNISOM II mit etwa 20 000 Blauhelmsoldaten aus 29 Staaten den Auftrag weiter und es gelang ihr durch die Operation Restore Hope, die humanitären Transporte zu sichern sowie die hohe Sterblichkeitsrate zu vermindern. Voraussetzung dafür bildete der Rückzug der zerstrittenen Milizen in das Landesinnere. Deren Entwaffnung durch die UNITAF stieß jedoch auf zunehmenden Widerstand. Dieser führte im März 1993 mit der Resolution 814 zu einer Ausweitung des UN-Mandats sowie einer militärischen Verstärkung der UNITAF.

Zur Unterstützung der Arbeit der UNOSOM I hatte Bundeskanzler Kohl dem Generalsekretär der UN, Boutros Boutros-Ghali, schon Ende 1992 die Entsendung eines verstärkten Nachschub- und Transportbataillons in Aussicht gestellt. Auf dieses Angebot kamen die UN bei der Zusammenstellung der UNOSOM II im Frühjahr 1993 zurück. Am 21. April 1993 beschloss das Bundeskabinett eine Beteiligung der Bundeswehr, und der Deutsche Bundestag stimmte dem Einsatz noch am selben Tag mit den Stimmen der Regierungskoalition zu. Dies

---

Ein UN-Mandat für Friedensmissionen kann nach Kapitel VI oder VII der UN-Charta erteilt werden. Von einem »robusten Mandat« spricht man, wenn es den UN-Truppen nach Kapitel VII (Artikel 42) der UN-Charta erlaubt ist, die »zur Wahrung oder Wiederherstellung des Weltfriedens und der internationalen Sicherheit« erforderlichen Maßnahmen zu treffen. Das heißt, die Blauhelm-Soldaten haben nicht nur das Recht sich selbst zu verteidigen, sondern auch die Zivilbevölkerung eines Krisengebietes mit Waffengewalt zu schützen. Über ein solches Mandat entscheidet der UN-Sicherheitsrat per Resolution, wenn gewaltfreie Aktionen keinen Erfolg versprechen oder gebracht haben. Die fehlgeschlagenen Einsätze in Ruanda 1994 und Srebrenica 1995 führten zu einer Debatte über die Notwendigkeit eines »robusten Mandates«. Die UN-Einsätze in Osttimor und im Kongo sind mit diesem Mandat ausgestattet.

Seit August 1992 leistete Deutschland humanitäre Hilfe für Somalia, wo seit dem Sturz des Diktators Mohamed Siad Barre im Januar 1991 ein blutiger Bürgerkrieg herrscht. Schnell wurde daher der Ruf nach militärischem Beistand laut. Am 21. April 1993 beschloss das Bundeskabinett, die UNO durch die Entsendung eines verstärkten Nachschub- und Transportbataillons nach Somalia zu unterstützen. Diese Kräfte sollten im Rahmen der humanitären Bemühungen der UNO in einer befriedeten Region bei Aufbau, Unterstützung und Sicherstellung der Verteilerorganisation für Hilfs- und Logistikgüter mitwirken. Der Deutsche Bundestag stimmte dem Beschluss am 2. Juli zu. Ein Kontingent von rund 1700 Soldaten trat daraufhin die Reise nach Afrika an. Der Einsatz wurde am 31. März 1994 auf Grund der veränderten politischen und militärischen Lage vor Ort vorzeitig beendet, nachdem die Vereinten Nationen beschlossen hatten die Mission abzubrechen.

095 Sicherungstruppe des UNOSOM II Kontingents in Belet Uen.

1988 brachen in der Republik Somalia Kämpfe aus. Oppositionelle Gruppen griffen die somalische Armee an, um das autoritär-zentralistische Barre-Regime zu stürzen. Die Armee brannte Städte im Norden nieder und terrorisierte die Zivilbevölkerung. Nachdem die Truppen Barres 1991 geschlagen waren, folgte ein Separationskrieg. Im Nordwesten wurde die Republik Somaliland ausgerufen, im Süden führten bewaffnete Gruppen einen Kleinkrieg. Bürgerkrieg und Staatszerfall gerieten ab 1992/93 in den Blickpunkt der Weltöffentlichkeit, nachdem Bilder der kriegsbedingten Hungersnot und der nachfolgenden UN-Interventionen durch die westlichen Medien gingen. Die UN sandte zwischen 1992 und 1995 Truppen, um die humanitären Probleme abzumildern, die Gewaltkonflikte einzudämmen und die Staatlichkeit wiederherzustellen. Die UN-Missionen UNOSOM I, UNITAF und UNOSOM II beschreiben Beobachter als »Experimentierfeld der Vereinten Nationen«: In Somalia fand die erste humanitäre Intervention (UNITAF) und der erste »robuste« Einsatz von UN-Blauhelmen im Rahmen von UNOSOM II statt. Nachdem im Juni 1993 Anhänger Aidids pakistanische UN-Soldaten ermordet hatten, begann eine Jagd auf den Rädelsführer im Rahmen von UNOSOM II. Dies kulminierte in der Konfrontation somalischer Kämpfer des Rebellenführers Aidids mit US-Spezialkräften in Mogadischu im Oktober 1993. Bis heute gibt es in Somalia keine zufriedenstellende politische Lösung, die den Interessen der Clans, der interventionsbereiten Nachbarstaaten und der somalischen Bevölkerung gerecht wird.

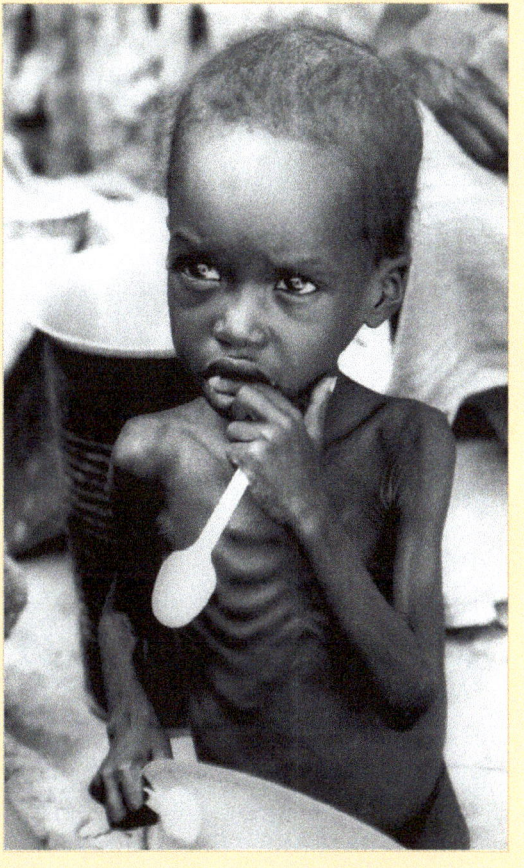

096 Hungerndes Kind im Flüchtlingslager Oddurvin in Nord-Somalia. Foto, 3. April 1993.

Neuorientierung

097 Ein Flugzeug der UN wirft Hilfsgüter über Somalia ab. Foto, September 1992.

war der erste große Bundeswehreinsatz »out of area«. Anders als die übrigen an UNOSOM II beteiligten Kontingente, die ein ▶ »robustes Mandat« ausübten, beschränkte sich das Bundeswehrkontingent, der unklaren Rechtslage in der Bundesrepublik Rechnung tragend, ausdrücklich auf logistische und humanitäre Hilfe. Unberührt davon blieb natürlich das Recht der Soldaten auf Selbstverteidigung. Sicherheitshalber hatte die Bundesregierung den UN den Einsatz deutscher Soldaten lediglich in einer befriedeten Region Somalias zugesagt. Eine solche Region war nach Meinung der UN der Raum Belet Uen. Im Fall von Kampfhandlungen sollten 500 italienische Blauhelmsoldaten eingreifen, die zur Sicherung der Deutschen ebenfalls dort stationiert wurden.

Nach der Entsendung eines Vorkommandos im Mai unterstützen schließlich von August 1993 bis März 1994 fast 2000 Heeressoldaten von Belet Uen aus logistisch zunächst eine nigerianische UNOSOM-II-Einheit und später Teile des italienischen Kontingents. Erstmals nach dem Zweiten Weltkrieg ging damit ein größerer Verband deutscher Soldaten in einen Auslandseinsatz, nachdem der Deutsche Bundestag gemäß einer Entscheidung des BVerfG einer Aufrechterhaltung und Fortführung dieses Einsatzes am 2. Juli 1993 erneut zugestimmt hatte. Grundwehrdienstleistende und Angehörige der Reserve durften nach Befragung lediglich auf freiwilliger Basis teilnehmen. Die eigentlich vorgesehene Hauptaufgabe des deutschen Verbands, die Unterstützung einer indischen Brigade, konnte allerdings nicht erfüllt werden, da eine Änderung des Dislozierungsplanes der UN-Truppen mit der Bundesrepublik nicht rechtzeitig abgesprochen worden war. So konzentrierten sich die Soldaten von Heer, Marine und Luftwaffe auf die Ausführung humanitärer Projekte in der Umgebung, auf Hilfsflüge sowie auf die medizinische Behandlung der Bevölkerung.

Nach der Ankündigung der USA, ihr Kontingent bis zum 31. März abziehen zu wollen, schloss sich die Bundesregierung – wie auch die meisten anderen ▶ UN-Kontingentsteller – diesem Abzugsdatum an. Den Rücktransport der Soldaten von Somalia nach Deutschland übernahmen Marine und Luftwaffe. Am 23. März 1994 verließen die letzten deutschen Soldaten das Land und Bundesverteidigungsminister Rühe stellte den »Deutschen Unterstützungsverband Somalia« außer Dienst. Offiziell wurde die Mission UNOSOM II von den UN im März 1995 beendet.

Fiel auch der Einsatz in Somalia aus der Sicht der UN nur dürftig aus, so brachte er der Bundeswehr für künftige Auslandseinsätze eine Fülle wichtiger Erkenntnisse im Hinblick auf Ausbildung, Logistik, Einsatzführung und strategische Transportkapazität. So erließ der Deutsche Bundestag am 28. Juli 1993 ein »Auslandsverwendungsgesetz«, welches rückwirkend zum Juli 1992 in Kraft trat. Der Somaliaeinsatz aber führte jetzt zu einer generellen rechtlichen Klärung und Absicherung von Auslandseinsätzen der Bundeswehr durch das BVerfG. Unter politischen Gesichtspunkten stellt der Somaliaeinsatz einen Übergangsprozess von bisher rein humanitären zu künftigen militärischen Auslandseinsätzen der Bundeswehr dar. Offen bleibt die Frage, ob dieser auch eine Art »Gewöhnungsstrategie« der Politiker gegenüber einer noch eher »zögerlichen« Öffentlichkeit war.

1 Madeleine Albright, »Die Suche nach Aidid« (2003)

Die ehemalige amerikanische Außenministerin beschreibt die Vorfälle die zum Abzug der amerikanischen Truppen aus Somalia führten. Seit 1992 führten die USA ein multinationales Hilfsunternehmen an und versuchten die Warlords, darunter der ehemalige General Aidid, zur Aufgabe der Kämpfe zu bewegen.

»Der Befehl für die Ranger-Truppe in Mogadischu galt unverändert: Erwischt Aidid. Am Sonntag, dem 3. Oktober 1993, stürmten amerikanische Truppen am Nachmittag das Hotel Olympic bei Mogadischu. Aidid war nicht im Gebäude, aber die Amerikaner nahmen über zwei Dutzend seiner Berater gefangen und bereiteten gerade deren Abtransport vor, als ein Blackhawk-Hubschrauber abgeschossen wurde.
Bei dem Versuch, die abgestürzte Besatzung zu bergen, gerieten die Amerikaner unter heftigen Beschuss. Somalische Kämpfer errichteten Straßensperren, um ihnen den Rückzug abzuschneiden. Ein Rettungshubschrauber wurde von Handfeuerwaffen getroffen und musste zu seinem Stützpunkt zurückkehren, während die größeren und stärker bewaffneten Blackhawks in den engen Straßen rund um die Absturzstelle nicht landen konnten. Gegen Abend versuchte ein Konvoi aus Humvees und Lastwagen, zu den eingeschlossenen Truppen vorzudringen, kam jedoch nicht durch. Ein zweiter Blackhawk wurde abgeschossen. Truppen und Sanitätspersonal gerieten an der ersten Absturzstelle in einen Hinterhalt. Ein anderer Verband wurde unter Feuer genommen, als er mit den Verwundeten und Gefangenen durch die Stadt fuhr. Ein drittes Kontingent versuchte, die zweite Absturzstelle zu erreichen. Erst nach Mitternacht gelangte eine Kompanie amerikanischer Infanterie, unterstützt von malaysischen und pakistanischen Truppen, zur größten Gruppe von eingekesselten Männern. [...] Als endlich Rettungskräfte an der Absturzstelle eintrafen, waren die Leichen schon weggeschafft worden. Der eine Überlebende war der Hubschrauberpilot Michael Durant, der elf Tage in Geiselhaft verbringen musste. Die abendlichen Fernsehnachrichten zeigten, wie johlende Somalier die Leiche eines seiner Besatzungsmitglieder durch die Straßen schleiften und mit Füßen traten.«

Zit. nach: Madeleine Albright, Die Autobiographie, München 2003, S. 182 f.

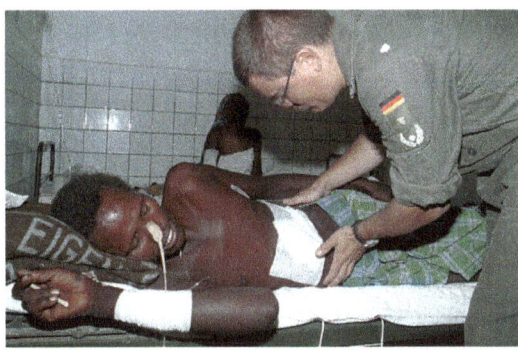

098 Im Feldhospital in Belet Uen versorgt ein Oberstabsarzt einen verletzten Einheimischen.

099 Ein deutscher Konvoi auf dem Weg nach Belet Uen in Somalia.

S UNO-Blauhelmeinsätze seit 1945
laufende UN-Friedensmissionen

	seit	
UNTSO	1948	Nahost (Palästina)
UNMOGIP	1949	Kaschmir (Indien/Pakistan)
UNFICYP	1964	Zypern
UNDOF	1974	Nahost (Golan-Höhen)
UNIFIL	1978	Nahost (Libanon)
UNIKOM	1991	Irak/Kuwait
MINURSO	1991	West-Sahara
UNOMIG	1993	Georgien
UNMIBH	1995	Bosnien-Herzegowina
UNMOP	1996	Kroatien (Prevlaka)
UNAMSIL	1999	Sierra Leone
MONUC	1999	Kongo
UNMIK	1999	Kosovo
UNMEE	2000	Eritrea/Äthiopien
ISAF	2001	Afghanistan
UNIMISET	2002	Ost-Timor
UNMIL	2003	Liberia
UNOCI	2004	Elfenbeinküste
MINUSTAH	2004	Haiti
UNMIS	2005	Sudan
UNMIT	2006	Ost-Timor

Neuorientierung

3. Urteil des Bundesverfassungsgerichts und Fürsorgemaßnahmen

Gegen die Mitwirkung deutscher Besatzungsmitglieder in den AWACS-Flügen für die Operation Deny Flight hatten, wie bereits erwähnt, sowohl die in der Regierungskoalition befindliche FDP als auch die oppositionelle SPD einen – erfolglosen – Antrag auf einstweilige Anordnung beim BVerfG gestellt. Die SPD stellte zudem die Beteiligung der deutschen See- und Luftstreitkräfte an den Maßnahmen zur Überwachung des Embargos in der Adria im Rahmen von Sharp Guard sowie den Einsatz des deutschen Unterstützungsverbandes an UNOSOM II verfassungsrechtlich in Frage. Einen Eilantrag auf einstweilige Anordnung und Einstellung der Einsätze lehnte das BVerfG am 23. Juni 1993 ab.

Im Sommer 1994 entschied das ▸ BVerfG, dass die Bundeswehr im Rahmen kollektiver Sicherheitssysteme künftig geografisch unbegrenzt an Friedensmissionen teilnehmen kann. Im Gegensatz zu humanitären Hilfeleistungen bedarf jeder Einsatz zur Konfliktverhütung und Krisenbewältigung der Zustimmung einer einfachen Mehrheit des Deutschen Bundestages. Für Friedensmissionen im Ausland können lediglich Berufs- und Zeitsoldaten eingesetzt werden. Der Einsatz von Soldaten, die Grundwehrdienst, freiwilligen zusätzlichen Wehrdienst sowie Wehrübungen leisten, kann nur dann erfolgen, wenn sich diese für eine solche besondere Auslandsverwendung freiwillig verpflichtet haben. Die Entscheidung des BVerfG stellte für die Auslandseinsätze einen Wendepunkt dar, denn sie schuf für die Angehörigen der Streitkräfte und für das Parlament die notwendige Rechtssicherheit.

Zu diesen Angehörigen gehören, was häufig übersehen wird, auch die Mitarbeiter der Territorialen Wehrverwaltung, welche die Soldaten seit 1995 bei den Auslandseinsätzen vor Ort unterstützen. Zur Verabschiedung eines vom BVerfG angeregten »Parlamentsbeteiligungsgesetzes«, welches die Mitwirkungs- und Kontrollrechte des Parlaments bei der Entscheidung über die Entsendung von Soldaten ins Ausland regeln sollte und ihm ein Rückholrecht einräumte, kam es allerdings erst Ende 2004.

100 Der 2. Senat des Bundesverfassungsgerichtes, 1994.

1 »Urteil des Bundesverfassungsgerichts« (12. Juli 1994)

Das Bundesverfassungsgericht in Karlsruhe fällte das Urteil zu Auslandseinsätzen der Bundeswehr unter UN-Mandat. Danach darf sich Deutschland an bewaffneten Einsätzen im Ausland beteiligen, wenn der Bundestag mit einfacher Mehrheit seine Zustimmung erteilt.

»Jedenfalls wird durch Art. 87a des GG der Einsatz bewaffneter deutscher Streitkräfte im Rahmen eines Systems gegenseitiger kollektiver Sicherheit, dem die Bundesrepublik Deutschland gemäß Art. 24, Abs. 2 GG beigetreten ist, nicht ausgeschlossen. Während die auswärtige Gewalt von der Verfassung weitgehend dem Kompetenzbereich der Exekutive zugeordnet wird, sehen die grundgesetzlichen Regelungen über die Wehrverfassung für den Einsatz bewaffneter Streitkräfte grundsätzlich eine Beteiligung des Parlaments vor. Die auf die Streitkräfte bezogenen Regelungen des GG sind in den verschiedenen Stufen ihrer Ausformung stets darauf angelegt, die Bundeswehr nicht als Machtpotential allein der Exekutive zu überlassen, sondern als Parlamentsheer in die demokratisch-rechtsstaatliche Verfassungsordnung einzufügen, das heißt dem Parlament einen rechtserheblichen Einfluß auf Aufbau und Verwendung der Streitkräfte zu sichern.
Das GG verpflichtet die Bundesregierung, für einen Einsatz bewaffneter Streitkräfte die grundsätzliche vorherige, konstitutive Zustimmung des deutschen Bundestags einzuholen. [...] Bei Einsätzen bewaffneter Streitkräfte im Rahmen von Resolutionen des Sicherheitsrats ist die vorherige Zustimmung des Bundestages unabhängig davon erforderlich, ob den Streitkräften Zugangsbefugnisse nach Kapitel VI.I. der Satzung der VN eingeräumt sind und wie die Kommandostrukturen ausgestaltet sind. Eine unterschiedliche Behandlung der verschiedenen Einsatzformen von Friedenstruppen verbietet sich, weil die Grenze zwischen den traditionellen Blauhelm-Einsätzen und solchen mit der Befugnis zu bewaffneten Sicherungsmaßnahmen in der Realität fließend geworden sind.«

Zit. nach: IAP-Dienst »Sicherheitspolitik« Nr. 15 bis 16/12. August 1994, S. 18

Generell führten diese Einsätze zu einer ganzen Reihe von Maßnahmen, die sowohl Ausbildung, Fürsorge als auch die soziale Absicherung von Soldaten bei Auslandseinsätzen in Gesetzen und Erlassen verbessern halfen. Seit 2004 wurden in der für alle Soldaten und Soldatinnen gleichen Allgemeinen Grundausbildung streitkräftegemeinsames Grundwissen sowie erste Kenntnisse und Fähigkeiten für einen Auslandseinsatz vermittelt. Zur Bewältigung einsatzbedingter Belastungen erfolgte die Bereitstellung zusätzlicher Dienstposten für Psychologen. Mit den Auslandseinsätzen kam es auch zu einer Art »Neuentdeckung« der Bedeutung der Familien und des familiären Umfelds für Soldaten und Soldatinnen. Deren Fürsorge und Betreuung fanden jetzt eine ganz andere Aufmerksamkeit als dies in den Zeiten des Kalten Krieges geschehen war. So entstanden im Bundesgebiet 19 Familienbetreuungszentren (FBZ) und nachgeordnete Familienbetreuungsstellen (FBSt), in denen Familien in den häufig langen Trennungszeiten während der Auslandseinsätze Hilfe und Unterstützung erhielten. Die Soldaten konnten vor Beginn ihrer Einsätze die für sie am günstigsten gelegenen FBZ oder FBSt auswählen. Dort lernten sich auch Angehörige von Soldaten und Soldatinnen, die gerade im Auslandseinsatz waren, kennen und konnten Erfahrungen austauschen.

Die Sicherstellung der seelsorgerischen Betreuung von Soldaten und deren Familien durch die evangelische und katholische Kirche, aber auch die individuelle Inanspruchnahme einer solchen Betreuung durch Soldaten anderen Glaubens, war zwar schon seit vielen Jahren ein vertraglich geregeltes und unverzichtbares Recht der Bundeswehrangehörigen. Doch unterstrichen gerade die Auslandseinsätze in besonderer Weise die Bedeutung der ▸ Militärseelsorge, die an allen Auslandseinsätzen zur internationalen Friedenssicherung mit Militärseelsorgern teilnahm. Die seelsorgerliche Betreuung sowie die Hilfe bei der Bewältigung der seelischen und persönlichen Belastungen der eingesetzten Soldatinnen und Soldaten am Einsatzort sowie nicht zuletzt auch für deren Familien und Angehörige in der Heimat erhielt für viele Soldaten einen ganz neuen und besonderen Stellenwert.

101 Ein katholischer Militärgeistlicher. Mit dem erweiterten Auftragsspektrum der Bundeswehr erweisen sich die Militärgeistlichen im Einsatz als wichtige Anlaufstelle für Soldatinnen und Soldaten.

Die deutsche Militärseelsorge bezeichnet den von Vorgaben des Staates unabhängigen, aber von ihm gewünschten und unterstützten Beitrag der evangelischen und katholischen Kirche »zur Sicherung der freien religiösen Betätigung« in den deutschen Streitkräften. Bis zu ihrer heutigen Form durchlief die Militärseelsorge eine lange Entwicklung und ist wahrscheinlich so alt wie der Krieg selbst. Bereits in der Antike verrichteten Priester religiöse Dienste an Soldaten. Nachdem der römische Kaiser Konstantin Anfang des vierten Jahrhunderts die erste christlich geprägte und organisierte Seelsorge an Soldaten eingerichtet hatte, wurden auf dem Concilium Germanicum im Jahre 742 auch auf deutschem Territorium Regelungen für die das Heer begleitenden christlichen Feldgeistlichen erlassen. Jene mehr als zwei Jahrzehnte später durch Karl den Großen nochmals präzisierten Regelungen sollten im Wesentlichen über die folgenden Jahrhunderte ihre Gültigkeit behalten. Mit dem Aufkommen der stehenden Heere in der Frühen Neuzeit begann schließlich die Institutionalisierung der Militärseelsorge. Als nun ständige Einrichtung wurde sie insbesondere im preußischen Militärkirchenwesen an die Anforderungen von Armee und Staat angepasst. Abgekoppelt von der zivilen Kirchenorganisation ordnete die Militärgeistlichkeit ihre kirchliche Arbeit fortan staatlichen Vorschriften unter und vermittelte den Soldaten eine »christlich-nationale Gesinnung«. In dem Selbstverständnis, die »religiösen Angelegenheiten mit den vaterländisch-geschichtlichen innig zu verschmelzen«, ließ sich die deutsche Militärseelsorge bis 1945 für politische und militärische Zwecke instrumentalisieren. Erst der zwischen der Bundesrepublik Deutschland und der evangelischen Kirche im Jahre 1957 abgeschlossene Militärseelsorgevertrag stellte die religiösen Dienste an den Soldaten auf eine neue Basis. In ihm wurde festgelegt, dass die Militärgeistlichen in der Bundeswehr bei der Erfüllung ihres geistlichen Auftrages nicht durch den Staat beeinflusst oder gar bevormundet werden dürfen. Jene Ordnung wurde im Juli desselben Jahres auch für die katholische Militärseelsorge angenommen.

Neuorientierung

4. Auslandseinsätze nach dem Urteil des Bundesverfassungsgerichts

a) Bosnien-Herzegowina

Am 22. Juli 1994 hatte der Deutsche Bundestag, wie bereits erwähnt, einer deutschen Beteiligung an Maßnahmen der NATO und der WEU zur Durchsetzung der Beschlüsse des UN-Sicherheitsrates zur Überwachung des Adria-Embargo sowie des Flugverbots über Bosnien-Herzegowina zugestimmt. Mit dem Beschluss des Deutschen Bundestages vom 30. Juni 1995 stand auch einer Unterstützung des von Großbritannien und Frankreich zum Erhalt der Bewegungsfreiheit der United Nations Protection Force (UN-PROFOR) in Bosnien-Herzegowina gebildeten Schnellen Einsatzverbandes für einen eventuell notwendig werdenden Abzug der UN-Friedenstruppen nichts mehr im Weg. Die UNPROFOR verfügte über keinen Kampfauftrag, sondern sie sollte als friedenserhaltende Aufgaben sichere Schutzzonen für die Zivilbevölkerung bilden. Zu ihrer Unterstützung baute ein Sanitätskontingent des Heeres zusammen mit französischen Soldaten im Sommer 1995 das deutsch-französische Feldlazarett in Trogir an der kroatischen Küste auf. Der Schnelle Eingreifverband selbst bestand aus im Raum Sarajewo stationierten 12 500 Soldaten, die Großbritannien, Frankreich sowie die Niederlande stellten.

Die Luftwaffe stationierte in Piacenza in Italien 14 ▶ Tornados und sorgte zudem für die notwendigen Lufttransportkapazitäten für Trogir und Piacenza. Die Marine hielt das bereits für die Operation Deny Flight zur Verfügung gestellte Personal sowie zwei Seeaufklärer bereit. Am 30. August begann die NATO nach serbischen Angriffen auf die UN-Schutzzonen

102 Ein Feldlazarett im Rahmen des UNPROFOR-Einsatzes in Trogir bei Split in Kroatien, im Sommer 1995.

Srebrenica und Zepa sowie einem Granatangriff auf Sarajewo mit der Operation Deliberate Force und bombardierte serbische Stellungen und Einrichtungen. Eine gleichzeitige Offensive von Moslems und Kroaten brachte diesen im September Geländegewinne in West- und Nordwest-Bosnien. Am 14. September trat für Sarajewo ein Waffenstillstand ein, und die Serben mussten auf Grund des internationalen Drucks ihre schweren Waffen abziehen.

Ein internationaler diplomatischer Vorstoß unter Führung der USA öffnete im November 1995 den Weg zu Friedensverhandlungen in ▶ Dayton, Ohio, bei dem den diplomatischen Aktivitäten der Bundesrepublik eine gewisse Bedeutung zukam. Den dort ausgehandelten Friedensvertrag unterzeichneten die Präsidenten Bosniens, Serbiens und Kroatiens am 21. Dezember 1995 in Paris. Die Konfliktparteien stimmten der Entsendung einer multinationalen Friedenstruppe zu. Der UN-Sicherheitsrat ermächtigte die NATO Mitte Dezember 1995 mit der Resolution 1031

Der Tornado wurde 1981 als Mehrzweckkampfflugzeug in die Bundeswehr eingeführt. Da das Flugzeug für die unterschiedlichsten Aufgaben einsatzfähig sein sollte, wurden mehrere Einsatzmuster entwickelt.
- Der Tornado IDS (Interdiction and Strike) wird als Jagdbomber zur Bekämpfung unterschiedlicher Ziele eingesetzt.
- Der Tornado IDS bildet die Basis für die Aufklärungsversion dieses Flugzeuges. Die Aufklärungssensoren werden dabei in einem Behälter, dem so genannten Recce-Pod, unter dem Rumpf mitgeführt.
- Der Tornado ECR (Electronic-Combat-Reconnaissance-Version) wurde auf Forderung der Luftwaffe entwickelt. Er dient zur Lokalisierung, Identifizierung und Bekämpfung von Radaranlagen. Mit dem ELS (Emitter Location System) kann die Richtung eines Radarsignales und der Radartyp bestimmt werden.

Der Name Srebrenica steht für das größte Massaker in Europa nach dem Zweiten Weltkrieg. In Folge der Unabhängigkeit und internationalen Anerkennung der vormaligen jugoslawischen Gebiete von Bosnien und Herzegowina 1992 griffen serbische Freischärler und die jugoslawische Armee Ostbosnien an. Im März 1993 hatten die Streitkräfte der bosnischen Serben die Stadt Srebrenica, die mit Flüchtlingen überfüllt war, eingeschlossen. Um eine humanitäre Katastrophe zu verhindern entsandte die internationale Gemeinschaft Truppen (UNPROFOR) und errichtete eine Schutzzone. Trotz der Absprachen startete die bosnisch-serbische Armee am 11. Juli 1995 eine Offensive und nahm die Stadt ein. Der Oberkommandierende Ratko Mladic befahl die Erschießung von knapp 8000 gefangenen muslimischen Männern und Jungen. Zehntausende Frauen und Kinder wurden ins Niemandsland zwischen den Fronten verschleppt und flüchteten sich in bosniakisches Gebiet. Das Massaker und die Deportationen sind vor dem Hintergrund der Politik der »ethnischen Säuberung« zu sehen, die darauf zielte, die religiöse und nationale Zusammensetzung in einer Region zu verändern – in diesem Fall die muslimische Bevölkerung aus Srebrenica zu vertreiben. Der Name Srebrenica steht auch für die Untätigkeit der westlichen Staatengemeinschaft gegenüber den serbischen Aggressoren und für das Versagen der Blauhelm-Truppen, die Bevölkerung zu schützen. Der eingesetzte niederländische UN-Verband zählte 540 Mann und 27 gepanzerte Mannschaftstransportwagen. Er hatte keine Erlaubnis für den Einsatz von Waffengewalt und musste eigene Versorgungsprobleme lösen, außerdem war sein Handlungsspielraum nach der Geiselnahme von 55 Soldaten beschränkt. Ein UN-Untersuchungsbericht von 1999 und ein Bericht der Niederlande von 2002 deckten Versäumnisse und strukturelle Mängel auf. Der Völkermord in Srebrenica leitete einen Paradigmenwechsel innerhalb der internationalen Gemeinschaft hinsichtlich ihrer Einstellung zu militärischen Interventionen ein.

103 Graffiti an einer Wand in Sarajewo, Bosnien. Foto, 2003.

104 Spezialisten für forensische Medizin untersuchen Leichen in einem Massengrab in Bogdanovci, Kroatien, das auf dem örtlichen Friedhof entdeckt wurde. Foto, 21. März 2003.

Der Internationale Gerichtshof (IG) geht auf den in der Haager Friedenskonferenz beschlossenen »Ständigen Schiedsgerichtshof« zurück, der 1913 seine Arbeit aufnahm. Seit Gründung der Vereinten Nationen nach dem Zweiten Weltkrieg besteht er als »Internationaler Gerichtshof« (seit 1946) weiter und hat seinen Sitz nach wie vor im Friedenspalast in Den Haag, Niederlande. Als Hauptorgan der Rechtsprechung (Art. 92 der UN-Charta) regelt er internationale Streitfälle. Er entscheidet in Rechtsstreitigkeiten zwischen Staaten und fungiert als Gutachter in Rechtsfragen. Der IG besteht aus 15 Richtern, die von der UN-Generalversammlung und dem UN-Sicherheitsrat für jeweils neun Jahre ernannt werden. Sie stammen aus 15 unterschiedlichen Ländern, die sich in ihren Gesetzen, ihrer Religion und Kultur unterscheiden Die UN-Justiz unterhält neben dem IG weitere Gerichte in Den Haag: das Kriegsverbrecher-Tribunal für Ex-Jugoslawien und das so genannte Ruanda-Tribunal. Seit Juli 2002 verhandelt in Den Haag zudem der ständige Internationale Strafgerichtshof, der sich ebenfalls mit Kriegsverbrechen befasst, zuerst mit den Fällen Kongo und Darfur.

Neuorientierung

zur Aufstellung dieses Schutzverbandes. Aufgabe der fünf Tage später von allen NATO-Staaten sowie von 20 Nicht-NATO-Staaten – darunter 14 PfP-Mitglieder – gebildeten IFOR, die etwa 60 000 Soldaten umfasste, war es, den ausgehandelten Friedensprozess nachhaltig und falls nötig auch mit Waffengewalt wirkungsvoll zu unterstützen.

Nachdem der Deutsche Bundestag Ende 1995 der Entsendung deutscher Soldaten für die IFOR zugestimmt hatte, engagierte sich die Bundeswehr hier erstmalig von Beginn an bei einer internationalen friedenserhaltenden militärischen Operation. Die ersten Soldaten des German Contingent Implementation Force (Land) (GECONIFOR-L) trafen Ende Dezember 1995 in Kroatien ein, denn der Beschluss des Bundestages hatte eine dauerhafte Stationierung in Bosnien-Herzegowina ausgeschlossen. Anfang 1996 konnte die GECONIFOR-L, deren Hauptquartier in Trogir eingerichtet worden war, ihre volle Einsatzbereitschaft melden. Der Hafen von Sibenik wurde als logistische Auslandsbasis angemietet und in seiner Nähe ein Lager (Camp Solaris) für einen Einsatzunterstützungsverband eingerichtet. Die Heeresflieger fanden in Zadar, die Pioniere in Benkovac, die Feldjäger in Primosten Unterbringung. Ab Februar 1996 trat noch der Standort Visoko, 15 Kilometer nördlich von Sarajewo, in Bosnien-Herzegowina hinzu. Mit 2647 Soldaten, Soldatinnen und Reservisten übernahmen die verschiedenen Einheiten des Heeres die medizinische Versorgung, die Logistik, den Transport sowie die Technik für die IFOR und wirkten außerdem an der Wieder- und Neuerrichtung lokaler Infrastrukturen mit. Die zu versorgenden Verbände der IFOR umfassten drei multinationale Divisionen mit Verbänden aus 30 Nationen. Die übrigen deutschen Kräfte wurden von der Luftwaffe im Einsatzgeschwader 1 in Piacenza in Italien stationiert oder von der Marine als schwimmende Einheiten an ihre Einsatzorte verlegt.

Im Dezember 1996 verabschiedeten die UN die Resolution 1088, um die erfolgreiche Arbeit der IFOR-Schutztruppe für Bosnien-Herzegowina fortsetzen zu können. Der ab dem 20. Dezember 1996 eingesetzte und ebenfalls von der NATO geführte Folgeverband der IFOR trug die Bezeichnung Stabilization Force (SFOR). Die Stärke dieses Verbandes umfasste etwa 22 500 Soldaten, nahm aber im Laufe des Einsatzes langsam ab. An der SFOR beteiligten sich 18 NATO-Staaten und 17 Nicht-NATO-Staaten. Die Bundesrepublik, die inzwischen über 350 000 Bosnienflüchtlinge aufgenommen hatte, stellte nach der Genehmigung durch den Deutschen Bundestag Ende 1996 mit der German Contigent Stabilization Force (GECONSFOR) schließlich rund 1800 Soldaten. Anfang 1997 meldete das deutsche SFOR-Kontingent seine Einsatzbereitschaft, zeigte Präsenz an den zugewiesenen Checkpoints und kooperierte eng mit den ▶ CIMIC-Organsationen der UN beim Wiederaufbau des Landes. Eine der zum Schutz des Landes aufgestellten drei multinationalen Brigaden stand im Südosten des Landes unter deutscher Führung. Das zuvor in Kroatien betriebene Feldlazarett konnte nach Rajlovac unweit von Sarajewo verlegt werden, dem zentralen Feldlager der deutschen SFOR-Einheiten, da sich die Lage in Bosnien-Herzegowina inzwischen stabilisiert hatte.

Das SFOR-Mandat wurde in der Folge stets sowohl durch die UN als auch für die Bundeswehr durch den Deutschen Bundestag verlängert. Vom 2. Dezember 2002 bis zum 21. Mai 2003 kam es im Rahmen von SFOR nach entsprechenden Abmachungen zwischen den beiden Staaten zur Bildung einer Deutsch-Ita-

---

Der im NATO-Sprachgebrauch gängige Begriff CIMIC (Civil military cooperation) umfasst alle Tätigkeiten, Maßnahmen, Mittel und Kräfte zur Erfüllung von Aufträgen zwischen zivilen und militärischen Organisationen. Innerhalb der Bundeswehr stellt CIMIC einen eigenständigen Aufgabenbereich dar, der in zwei verschiedene Typen unterschieden werden kann: CIMIC im Ausland und CIMIC im Inland.

Im Ausland flankiert die zivilmilitärische Zusammenarbeit den rein militärischen Auftrag und unterstützt die Eingreif- und Stabilisierungskräfte beim Wiederaufbau der zerstörten Infrastruktur im Einsatzland. Angesichts des zunehmenden Engagements der Bundeswehr in Krisenregionen ist die Bedeutung der CIMIC für die deutschen

Am 21. Dezember 1995 unterzeichneten die Präsidenten der Bundesrepublik Jugoslawien, Kroatiens und Bosnien-Herzegowinas das Friedensabkommen von Dayton in Paris. Bis heute bildete es die politische Grundlage für die Existenz des Staates Bosnien-Herzegowina. Die wichtigsten Bestimmungen des Vertrages lauten:

• Bosnien und Herzegowina bleibt ein einheitlicher Staat, der von der internationalen Staatengemeinschaft und von der Förderativen Republik Jugoslawien anerkannt wird.
• Muslime und Kroaten erhalten 51 Prozent des Gesamtgebietes, die Serben 49 Prozent. Pale, Srebrenica und Zepa gehören zum serbischen Gebiet.
• Die unabhängige, demokratische, förderative Republik besteht aus der muslimisch-kroatischen Föderation (bosniakisch-kroatische Förderation Bosnien und Herzegowina; FBiH) und der Serbischen Republik in Bosnien (Republika Srpska; RS).
• Neben der Zentralregierung und dem Zweikammerparlament gibt es ein dreiköpfiges kollektives Staatspräsidium (je ein Bosniake, Kroate und Serbe), das im Verhältnis 2:1 von der Bevölkerung der FBiH und von der Bevölkerung RS auf vier Jahre direkt gewählt wird. Der Vorsitz wechselt alle acht Monate.

105 Konferenz zur Umsetzung des Abkommens von Dayton in London am 4. Dezember 1996.

106 Zivilmilitärische Zusammenarbeit der SFOR-Truppen. Foto, 1. Dezember 1997.

107 Warnschild: Kontrollpunkt der SFOR.

Streitkräfte im letzten Jahrzehnt bedeutend gestiegen. Zugeschnitten auf die Herausforderungen im Einsatz bildet sie heute einen integralen Bestandteil jeder militärischen Operation im Ausland. Die CIMIC im Inland ist hingegen eher von ihrem militärischen Auftrag abgerückt. Lag ihr Schwerpunkt zu Zeiten des Kalten Krieges noch in der Unterstützung der Landesverteidigung, so kommt ihr heute im Rahmen des Katastrophenschutzes eine besondere Rolle zu. Insbesondere bei den Hochwasserkatastrophen der letzten Jahre bewährte sich die zivilmilitärische Zusammenarbeit.

Neuorientierung

lienischen Brigade. Neben der Weiterführung der bereits von der IFOR wahrgenommenen Aufgaben der Absicherung des Friedensprozesses galt es im Rahmen der SFOR, im Bereich der zivil-militärischen Zusammenarbeit die infrastrukturellen Voraussetzungen für die Rückkehr der Flüchtlinge in ihre Heimat zu schaffen. Im September 1997 erweiterte sich der deutsche CIMIC-Verband daher um eine Zivile Infrastruktur Projektbegleitung (ZIPB), die den Wiederaufbau zerstörter Infrastruktur mithilfe von einheimischen Unternehmen vorantrieb und Wege zur Finanzierung aufzeigte. Die Wahrung der deutschen Interessen im Einsatzgebiet Bosnien-Herzegowina nahm der Kommandeur des deutschen Heereskontingents mit Sitz in Sarajewo wahr. Nachdem die UN im Juni 2004 mit der Resolution 1551 das SFOR-Mandat bis zum Dezember des Jahres verlängert hatten, beschloss die NATO anlässlich ihrer Sitzung in Istanbul, die SFOR-Mission bis zum 2. Dezember 2004 abzuschließen und die weitere Absicherung des Friedensprozesses an die EU zu übergeben.

Am 2. Dezember 2004 übernahm die EU die Weiterführung des bisherigen SFOR-Einsatzes. Die Schutztruppe der EU erhielt den Namen European Union Force (EUFOR), ihre Mission die Bezeichnung Althea und ihr Hauptquartier wurde ins militärische Hauptquartier der NATO nach Mons gelegt. Die Stärke der beteiligten Truppen betrug noch etwa 7000 Mann aus 35 Nationen. Der Deutsche Bundestag hatte bereits Ende 2004 beschlossen, die Bundeswehr auch an dieser Weiterführung des Einsatzes zur Friedenssicherung zu beteiligen. Allerdings sollte die Zahl der in Bosnien-Herzegowina befindlichen deutschen Soldaten nicht weiter erhöht werden. Mitte 2006 standen noch 945 Soldaten in Bosnien-Herzegowina. Der EUFOR-Einsatz dauert an, und die weitere Notwendigkeit der Anwesenheit internationaler ziviler und militärischer Kräfte in der Region bleibt vorläufig noch erforderlich. Deshalb hat der Bundestag den Einsatz in Bosnien-Herzegowina Ende 2006 um ein weiteres Jahr verlängert, aber gleichzeitig die Obergrenze von 3000 auf 2400 Soldaten reduziert. Im Dezember 2006 übernahm erstmals mit Konteradmiral Hans-Jochen Witthauer ein Deutscher das Kommando über diesen multinationalen Einsatzverband. Auf Grund der positiven Entwicklung in Bosnien und Herzegowina wurden Überlegungen über eine Reduzierung der internationalen Sicherheitspräsenz angestellt, die bereits im Frühjahr 2007 zu einem Abzug von 300 Soldaten der Bundeswehr führten.

b) Kosovo

Im Oktober 1989 hob der serbische Präsident ▸ Slobodan Milosevic unter Bruch der Verfassung Jugoslawiens die bisher garantierten politischen und wirtschaftlichen Autonomierechte des Kosovo auf. Diese Region bewohnen zu etwa 90 Prozent ethnische Albaner. Im Oktober 1990 sprachen sich bei einem von Milosevic als illegal eingestuften Referendum 99,7 Prozent der Kosovo-Albaner für eine Unabhängigkeit des Kosovo aus. Im Mai 1992 wählten sie eine Schattenregierung sowie einen Präsidenten für eine »Republik Kosova«. In den Verhandlungen von Dayton gelang es Milosevic 1995, die Kosovo-Frage auszuklammern. Im Frühjahr 1998 nahmen die Gewalttätigkeiten im Kosovo zu. Eine »Befreiungsarmee des Kosovo«, die ▸ UCK, unternahm Anschläge auf die serbischen Sicherheitskräfte sowie auf angebliche Kollaborateure. Diese gewaltsamen Aktionen zogen wiederum brutale Polizei- und Militäraktionen Belgrads nach sich. Das Elend von mehr

---

Der Kosovo-Mythos zählt zu den zentralen und identitätsstiftenden Mythen der serbischen Nation. Den Kernpunkt des Mythos bildet die Schlacht auf dem Amselfeld, welche 1389 unweit von Pristina auf kosovarischem Gebiet stattfand. Ein osmanisches Heer besiegte hier die Serben und besiegelte damit das Ende eines unabhängigen Serbiens. Das Kosovo als Ort des Mythos spielt daher für das serbische Nationalbewusstsein eine herausragende Rolle. Nach dem Tod Titos und den politischen und wirtschaftlichen Krisen Jugoslawiens lebte der Kosovo-Mythos wieder auf. Milosevic setzte ihn gezielt ein, um seine Forderung nach einem Großserbien zu untermauern. Mit seiner Rede auf dem Amselfeld anlässlich des 600. Jahrestages der Schlacht schürte er die ethnischen Konflikte im Kosovo.

B Slobodan Milosevic (1941–2006)
Serbischer Politiker – Milosevic gilt als Schlüsselfigur des Jugoslawienkrieges. Von 1989 bis 1997 war er Vorsitzender der Kommunistischen Partei Jugoslawiens und serbischer Präsident sowie von 1997 bis 2000 Präsident der Bundesrepublik Jugoslawien. Während seiner Regierungszeit unterstützte er radikale serbische Gruppen, die in Kroatien und Bosnien-Herzegowina bewaffnete Milizen aufstellten, und hob die Sonderstellung des autonomen Gebietes Kosovo auf. Im so genannten Kosovo-Krieg kam es auf seinen Befehl zur systematischen Vertreibung der dort lebenden albanischen Bevölkerung. Noch während seiner Amtszeit wurde er 1999 vom Haager Internationalen Kriegsverbrechertribunal für das ehemalige Jugoslawien wegen Völkermordes angeklagt. Ein Volksaufstand im Jahre 2000 brachte ihn schließlich zum Sturz. Im Jahr 2001 wurde er verhaftet und nach Den Haag ausgeliefert. Der Prozess gegen ihn konnte nicht zu Ende geführt werden, Milosevic starb während der Haft an einem Herzanfall. Im Beisein von zehntausenden Menschen wurde er in seiner Heimat beigesetzt.

108 Slobodan Milosevic.

1 Slobodan Milosevic, »Amselfeldrede« (28. Juni 1989)

Die Ansprache des serbischen Präsidenten wird heute von vielen Politikern als Vorbote des jugoslawischen Bürgerkrieges gewertet. Anlass der Rede war der 600. Jahrestag der Schlacht auf dem Amselfeld, in der ein serbisches Heer gegen die Osmanen gekämpft hatte. Die Schlacht wurde in Serbien zu einem Mythos stilisiert.

»Im ungewissen Lauf der Geschichte und des Lebens scheint es, dass Serbien in diesem Jahr 1989 sein Staatswesen und seine Würde zurückgewonnen und somit Grund hat, ein Ereignis zu feiern, das sich als ein historisch und symbolisch überaus bedeutsames für seine Zukunft erweisen sollte. [...] Uneinigkeit und Verrat in Kosovo haben die serbische Nation wie ein übles Schicksal während der gesamten Geschichte verfolgt. [...] Später, als das sozialistische Jugoslawien gegründet wurde, blieb die serbische Führung in diesem neuen Land gespalten und ging auf Kosten der eigenen Bevölkerung viele Kompromisse ein. Kein Volk der Welt könnte unter ethnischen und historischen Gesichtspunkten die Zugeständnisse akzeptieren, welche die verschiedenen serbischen Führer zulasten ihres Volkes gemacht haben. [...] Sechs Jahrhunderte später befinden wir uns wieder in Kämpfen und vor Kämpfen. Das sind keine bewaffneten Kämpfe, obwohl diese nicht ausgeschlossen werden können. [...] Vor sechs Jahrhunderten hat Serbien sich hier auf dem Kosovo heldenhaft selbst verteidigt und auch Europa verteidigt. Es befand sich damals an seinem Schutzwall, der die europäische Kultur, Religion, die europäische Gesellschaft im Ganzen schützte. Folglich erscheint es heute nicht nur ungerecht, sondern auch historisch absurd, darüber zu diskutieren, ob Serbien zu Europa gehört. Es gehörte immer dazu, heute wie früher. Natürlich auf seine Art und Weise, die es im historischen Sinne nie seiner Würde beraubte. In diesem Geiste streben wir heute danach, eine reiche und demokratische Gesellschaft zu errichten. Und damit tragen wir zum Wohlstand unseres schönen und in diesem Augenblick zu Unrecht geplagten Landes bei. [...] Lang lebe Serbien! Lang lebe Jugoslawien! Es lebe der Frieden und die Brüderlichkeit zwischen den Völkern.«

Zit. nach: Ralph Hartmann, Die glorreichen Sieger: Die Wende in Belgrad und die wundersame Ehrenrettung deutscher Angriffskriege, Berlin 2001, S. 74 ff.

S Die UCK (Kosovo-Befreiungsarmee) war eine paramilitärische Organisation die in den 1990er Jahren im Kosovo entstand. Die systematische Unterdrückung der albanischen Bevölkerung in der serbischen Provinz Kosovo, bis zu »ethnischen Säuberungen« durch das Milosevic-Regime, waren die Gründe für das Entstehen der »Befreiungsarmee«. Die UCK verübte Ende der 90er Jahre eine Reihe von Attentaten auf serbische Politiker und Polizisten und kämpfte während des Kosovo-Krieges mit Unterstützung der NATO gegen die jugoslawische Armee. Obwohl die UCK behauptete, während des Kosovokrieges gegen das Regime von Milosevic nach den internationalen Konventionen gehandelt zu haben, wurden im Jahr 2004 die ersten Prozesse vor dem Internationalen Strafgerichtshof gegen ehemalige ranghohe UCK-Mitglieder eröffnet. Sie sollen an Kriegsverbrechen sowie an der Ermordung und Vertreibung von Serben nach Kriegsende beteiligt gewesen sein. Nach dem Kosovokrieg wurde die Organisation offiziell aufgelöst und von KFOR-Truppen entwaffnet, was allerdings nur unzureichend gelang.

Neuorientierung

109 Warteschlange von albanischen Flüchtlingen im Bundeswehr-Feldlager im mazedonischen Tetovo.

110 Die Abgeordneten des Deutschen Bundestages stimmen mit großer Mehrheit für einen Einsatz der NATO im Kosovo unter Beteiligung der Bundeswehr.

als 300 000 Flüchtlingen und mehreren zehntausend unter freiem Himmel kampierenden Menschen brachten die UN auf den Plan, nachdem die UN-Resolution 1160 bereits Ende März 1998 beide Seiten gleichermaßen für die militärische Eskalation verantwortlich gemacht hatte.

Im September 1998 forderten die UN Präsident Milosevic mit der Resolution 1199 auf, die serbische Sonderpolizei sowie die Volksarmee Jugoslawiens aus dem Kosovo abzuziehen. Erst nach Androhung von Luftangriffen durch die NATO sah sich Milosevic veranlasst, sowohl dem Einsatz einer unbewaffneten OSZE-Verifikationsmission als auch einer Luftüberwachung durch die NATO in der Operation Eagle Eye zuzustimmen. Die Bundeswehr stellte nach einem Kabinettsbeschluss und der Zustimmung des Deutschen Bundestages im November 1998 Mitglieder der Kosovo Verification Mission (KVM) sowie Drohnenbatterien und Aufklärungsflugzeuge für die Luftüberwachung. Zudem wurde eine Kompanie nach Mazedonien entsandt, wo die NATO für den Fall, dass die Mitglieder der OSZE-Verifikationsmission schnell außer Landes gebracht werden mussten (Operation Joint Guarator), Streitkräfte bereit hielt.

Die serbischen Truppen führten ihre menschenrechtswidrigen Übergriffe im Kosovo unbeeindruckt fort. Es wurden etwa 30 000 Menschen ermordet, und von den unmittelbaren Nachbarstaaten mussten große Flüchtlingswellen aufgenommen und versorgt werden. Im Februar 1999 begann auf internationalen Druck eine Konferenz der Konfliktparteien in Rambouillet, die später in Paris fortgesetzt wurde. Während die kosovo-albanischen Unterhändler am 18. März einen nach dem Vorbild des Vertrags von Dayton gestalteten Friedensvertrag unterzeichneten, lehnte Milosevic diesen jedoch ab. Um eine Katastrophe im ▸ Kosovo zu verhindern, entschloss sich die NATO zur Durchführung der Milosevic bereits angedrohten Operation Allied Force. Von März bis Juni 1999 wurden Angriffe auf Ziele im Kosovo und in Serbien geflogen. Die Luftwaffe beteiligte sich an diesen Luftangriffen mit etwa 500 Einsätzen von 14 Tornados, die von Piacenza aus operierten. Außerdem kamen Transportflugzeuge der Luftwaffe und Seeaufklärer der Marine, eine Drohnenbatterie des Heeres sowie schwimmende Einheiten der Marine zum Einsatz. Dies war der erste Kampfeinsatz der Bundeswehr bei einer friedensschaffenden Operation im Rahmen der NATO. Auch an den humanitären Einsätzen der NATO zur Unterbringung und Verpflegung der Flüchtlingsströme aus dem Kosovo beteiligten sich die Angehörigen der Bundeswehr mit dem Bau von Lagern sowie medizinischer Versorgung.

111 NATO-Luftschläge: Luftbild, aufgenommen mit der Aufklärungsdrohne CL 289, von der Ortschaft Randubrava im Kosovo.

112 Panzerkompanie vor ihrer Abfahrt in den Raum Prizren.

Nach der Zustimmung Belgrads zu den Inhalten des so genannten Petersberger Dokuments, dem Friedensplan der G-8-Staaten vom 6. Mai 1999, erfolgte einen Monat später die Unterzeichnung einer Militärisch-Technischen Übereinkunft (MTA), und die Luftangriffe wurden eingestellt. Die UN stellten die Provinz Kosovo mit der Resolution 1244 unter Protektoratsverwaltung. Die United Nations Interim Administration Mission in Kosovo (UNMIK) erhielt das Mandat, staatliche Institutionen in der Provinz aufzubauen und das Wirtschafts-, Sozial- und Rechtssystem zu erneuern, allerdings blieb der völkerrechtliche Status des Kosovo auch weiterhin offen. Zur Absicherung dieser Aufgaben und der Rückkehr der Flüchtlinge erhielt die NATO ein Mandat zur Aufstellung einer Friedenstruppe, der Kosovo Force (KFOR). Sie umfasste zunächst mehr als 50 000 Mann aus über 40 Nationen. Ihr Hauptquartier (HQ) wurde in Pristina, der Hauptstadt des Kosovo eingerichtet. Der Bundestag stimmte am 11. Juni 1999 einer Entsendung von bis zu 5000 deutschen Soldaten in das Kosovo zu und verlängerte das Mandat seitdem jedes Jahr. Planmäßig marschierten die ersten Teile der deutschen KFOR-Truppen dort am 12. Juni ein. Da das Hauptquartier der KFOR

> Der Kosovo-Konflikt führte in der bundesrepublikanischen Öffentlichkeit zu einer heftigen Debatte über die Beteiligung der Bundeswehr an einer militärischen NATO-Intervention in der Region. Eben erst als Außenminister der rot-grünen Regierung vereidigt, befürwortete Joschka Fischer einen Einsatz deutscher Soldaten. Im Rückgriff auf die deutsche Geschichte ließ er die Erinnerung an Auschwitz zur Begründung einer deutschen Beteiligung am Kosovo-Krieg wach werden. Am 7. April 1999 sagte er: »Ich habe nicht nur gelernt: Nie wieder Krieg. Ich habe auch gelernt: Nie wieder Auschwitz.« Die Äußerung geriet in die Kritik, weil Fischer damit die deutsche Geschichte zur Rechtfertigung des Krieges in Ex-Jugoslawien herangezogen hatte, nachdem sie ihm vier Jahre zuvor noch als Begründung für militärische Zurückhaltung gedient hatte. Weiterhin wurde der Vorwurf laut, Fischer instrumentalisiere die Erinnerung an den Holocaust und setze ihn mit dem Mord der Serben an den Kosovo-Albanern gleich.
> Die radikale Kehre, weg von den alten pazifistischen Überzeugungen, führte zu heftigen Auseinandersetzungen innerhalb der deutschen Öffentlichkeit, insbesondere im linken politischen Spektrum. Fischers Befürwortung einer deutschen Beteiligung an einem NATO-Einsatz im Kosovo stieß auch innerhalb seiner Partei auf Ablehnung. Auf dem Grünen-Parteitag im Mai 1999 wurde er mit einem Farbbeutel beworfen und dabei leicht verletzt.
> Fünf Monate nachdem eine rot-grüne Koalition die Regierung übernommen hatte, zogen deutsche Soldaten im Kosovo in den Krieg – das erste Mal nach Ende des Zweiten Weltkrieges.

Neuorientierung

113 Ein Kampfpanzer Leopard 2 A5 in einem zerstörten Ort bei Nasec im Kosovo. Foto, 21. Juni 1999.

von den Alliierten Streitkräften Europa Mitte (LANDCENT) gestellt wurde, führte deren Befehlshaber, General Klaus Reinhardt, auch die KFOR und wurde damit zum ersten deutschen General, der ein NATO-Kommando außerhalb des Bündnisgebietes wahrnahm. Vom 3. Oktober 2003 bis zum 1. August 2004 führte mit Generalleutnant Holger Kammerhoff erneut ein deutscher General die KFOR. Am 1. September 2006 übernahm mit Generalleutnant Roland Kather zum dritten Mal ein Deutscher das Kommando über die KFOR. Mitte 2006 stellte die Bundeswehr rund 2900 Soldaten für die 16 000 Soldaten aus 35 Ländern.

Fünf Multinational ▶ Task Forces (MNTF) erhielten die Zuständigkeit für die Sicherung jeweils eines Teilbereichs des Kosovo. Die Bundesrepublik übernahm die Führung der MNTF-Süd, die nach der Umstrukturierung mit der unter italienischem Kommando stehenden Brigade West Ende 2002 zur MNTF-Südwest fusionierte. Ihr Hauptquartier blieb, wie schon zuvor für die MNTF-Süd, in Prizren. Neben der Sicherung der rückkehrenden Flüchtlinge, dem Unterbinden von Kriminalität, dem Räumen von Minen sowie dem Wiederaufbau von Infrastruktur konnte die UCK aufgelöst und weit gehend entwaffnet werden. Ihre Untergrundstrukturen blieben freilich bestehen. Die Besetzung des Hauptquartiers KFOR ging im Frühjahr 2000 von LANDCENT auf das HQ des Eurokorps über. Am 17. November 2001 erfolgten Wahlen zu Provisorischen Institutionen der Selbstverwaltung (PISG).

Vom 17. bis 24. März 2004 fand im Raum Mitrovica ein Aufruhr statt, der sich schnell über das gesamte Kosovo ausbreitete und 19 Todesopfer sowie 1138 Verletzte forderte. Deutsche Soldaten konnten zur Eindämmung und Befriedung der später so genannten ▶ März-Unruhen beitragen. Die Serben, die schon vorher die Zusammenarbeit aufgekündigt hatten, zogen sich in der Folge vollständig aus den Provisorischen Institutionen der Selbstverwaltung zurück und boykottierten die Wahlen im Oktober 2004, aus denen erwartungsgemäß die Partei von Präsident Ibrahim Rugova erfolgreich hervorging. Der erste Präsident des Kosovo starb jedoch im Januar 2006 und Fatmir Sejdiu wurde zu seinem Nachfolger gewählt. Das deutsche Kontingent wuchs als Reaktion auf den Aufruhr 2004 vorübergehend auf 3200 Soldaten an. Die Ereignisse verdeutlichten, dass zur Beruhigung und zur Stabilisierung des Kosovo die Anwesenheit von UNMIK oder einer Nachfolgemission der EU und damit auch der KFOR wohl noch für längere Zeit erforderlich sein wird. Im Juni 2006 verlängerte der Deutsche Bundestag den Einsatz der Bundeswehr im Rahmen der KFOR wie auch erneut im Juni 2007 um ein weiteres Jahr. Das deutsche Kontingent umfasste Ende 2007 etwa 2800 Soldaten.

Angesichts der hohen Anforderungen, die das Gefecht der verbundenen Waffen an die militärische Führung stellte, entwickelte sich im Zweiten Weltkrieg das Konzept der Task Force. Hierbei wurden gemischte Kampfverbände lagegerecht für einen konkreten militärischen Auftrag zeitweilig zusammengefasst und unter ein Kommando gestellt. Während die deutsche Wehrmacht meist lediglich Infanterie, Artillerie und Panzer in so genannten »Kampfgruppen« vereinte, gingen die US-Amerikaner bei ihren Operationen im Pazifik bereits dazu über, teilstreitkräfteübergreifende Einsatzverbände für zeitlich begrenzte Aufgaben zu bilden. Das seinerzeit als organisatorische Improvisation entstandene Task-Force-Konzept ist seit dem Ende des Kalten Krieges verstärkt in die NATO-Kommandostrukturen eingeflossen, um schnelle Einsätze in weltweiten Krisenherden zu gewährleisten.

114 Zerstörte Dörfer in dem von der deutschen KFOR überwachten Sektor.

 1 Rudolf Scharping, »Tagesbefehl« (11. Juni 1999)

Die Bundeswehr beteiligt sich bis heute mit tausenden Soldaten an der NATO-Sicherheitstruppe für den Kosovo. Zu den ersten Aufgaben zählte die Überwachung der Entmilitarisierung des Kosovo.

»Heute hat der Deutsche Bundestag auf der Grundlage einer Resolution der Vereinten Nationen beschlossen, daß sich die Bundeswehr im Rahmen einer internationalen Truppe an der Absicherung der Friedensregelung für das Kosovo mit bis zu 8500 Soldaten beteiligen wird. Der Auftrag der Bundeswehr wird von einer breiten Zustimmung des Parlaments und der Bevölkerung unseres Landes getragen.
Die Geschlossenheit des westlichen Bündnisses trägt Früchte. Unsere Hoffnung, daß Mord und Vertreibung nun ein Ende haben, steht vor der Erfüllung. Die drei Pfeiler einer gemeinsamen Strategie von konsequentem militärischem Druck, energischen diplomatischen Anstrengungen und umfassender humanitärer Hilfe dienten einem Ziel: die Menschenrechte zu verteidigen und die Menschenwürde zu schützen. Die schnelle und beispiellose Hilfe durch unsere Soldaten hat entschieden dazu beigetragen, die Lage in den angrenzenden Ländern zu stabilisieren und vor allem den Menschen in ihrer Not zu helfen. [...]
Vor uns liegen große Herausforderungen. Der Einsatz ist schwierig und birgt Gefahren. Aber wir müssen im Kosovo ein sicheres und stabiles Umfeld schaffen und die Versorgung der notleidenden Menschen mit Unterkunft, Nahrung und medizinischer Hilfe gewährleisten. Sie müssen überzeugt sein, daß der Friede in Freiheit und die Menschenrechte zuverlässig geschützt werden. Nur dann werden die Flüchtlinge und Vertriebenen in ihre Heimat zurückkehren.«

Zit. nach: Verantwortung für Frieden und Freiheit 4.0. Eine Textsammlung zur Sicherheitspolitik der Bundesrepublik Deutschland von 1949–2002. Hrsg. vom Presse- und Informationsamt der Bundesregierung, Berlin 2002

Im Frühjahr 2004 kam es im Kosovo zu den so genannten März-Unruhen, in deren Verlauf 19 Tote und mehr als 1100 Verletzte zu beklagen waren. Die Unruhen spielten sich im Wesentlichen zwischen dem 16. Februar und 20. März ab, rund 50 000 Menschen nahmen an den gewaltsamen Aktionen teil. Ausgelöst wurden die blutigen Demonstrationen durch den Tod von zwei Kindern. Das Gerücht, die beiden Kinder seien von Kosovo-Serben in den Fluss geworfen worden und dabei ertrunken, war die Initialzündung für den Ausbruch des schwelenden Konfliktes zwischen Kosovo-Albanern und Kosovo-Serben. In den folgenden Tagen wurden serbische Wohngebiete, Kirchen und andere Einrichtungen von einer Welle der Gewalt getroffen. Die offenen Auseinandersetzungen zwischen den Ethnien zeigten, dass die von der internationalen Gemeinschaft überwachte Übergangsordnung äußerst labil war. Die vor Ort befindlichen KFOR und UNMIK-Polizeieinheiten konnten den massenhaften Demonstrationen kaum etwas entgegensetzen. Den Höhepunkt der Auseinandersetzungen bildete die Zerstörung des serbisch-orthodoxen Erzengelklosters bei Prizren. Die dort eingesetzten deutschen KFOR-Kräfte konnten zwar das Leben der serbischen Mönche retten, die Vernichtung der Klosteranlage durch eine wütende Menge von 500 Demonstranten allerdings nicht verhindern.

Neuorientierung

115 Die Evakuierung deutscher Staatsbürger aus Albanien im Rahmen der Operation Libelle am 14. März 1997.

c) Albanien, Mazedonien, Ost-Timor
Albanien

Unruhen in Albanien machten im März 1997 eine Rückkehr deutscher Staatsbürger aus der Hauptstadt Tirana auf dem Landweg zur Küste unmöglich. Für die in der Obhut des Deutschen Konsulats in Tirana befindlichen Staatsangehörigen der Bundesrepublik und anderer Nationen blieb nur die Evakuierung auf dem Luftweg. Am 14. März wurden diese Personen mit Hilfe von Transporthubschraubern der Heeresflieger, die Teil des deutschen SFOR-Kontingents waren, von Tirana nach Podgorica in Montenegro gebracht, von wo sie mit Transall-Maschinen nach Köln/Bonn weitergeflogen wurden. Bei diesem Einsatz, der vom Heeresführungskommando in Koblenz geleiteten ▶ Operation Libelle, kam es zum Waffeneinsatz, doch alle 120 Zivilisten aus insgesamt 23 Nationen konnten unverletzt in Sicherheit gebracht werden. Die Operation Libelle wurde wegen Gefahr im Verzug vom Kabinett am 14. März beschlossen und sofort durchgeführt. Der Bundestag stimmte dem Antrag der Bundesregierung auf nachträgliche Billigung dieses erfolgreichen Einsatzes am 19. März mit großer Mehrheit zu.

Mazedonien

Im Frühjahr des Jahres 2001 kam es im Nordwesten Mazedoniens zu bewaffneten Auseinandersetzungen zwischen mazedonischen Sicherheitskräften und albanisch-stämmigen Gruppen. Die Gruppe der Albaner, die etwa 22,9 Prozent der Bevölkerung stellen, forderte in der neuen Republik Mazedonien eine Gleichbehandlung mit der Gruppe der Slawomazedonier, die etwa 65,5 Prozent der Bevölkerung des Landes ausmachen. Die Übergriffe der »Nationalen Befreiungsarmee« (UCK) führten zu gewaltsamen Auseinandersetzungen und einer Flüchtlingswelle. Im Rahmen der in der ▶ Partnerschaft für den Frieden (PfP) vorgesehenen Konsultationen bat der mazedonische Staatspräsident Boris Trajkowski die EU sowie die OSZE um Mithilfe bei der Lösung der Krise. Nach intensiven Verhandlungen konnte am 13. August 2001 ein »Rahmenabkommen zur Befriedung und Stabilisierung Mazedoniens« in Ohrid unterzeichnet werden. Die albanische Seite verpflichtete sich zu einer freiwilligen Abgabe ihrer Waffen. In der am 26. August 2001 beginnenden NATO-Operation ▶ Essential Harvest, an der sich etwa 3500 Soldaten aus 14 NATO-Staaten, darunter auch 500 deutsche, unter der Führung Großbritanniens in der Task Force Harvest beteiligten, gelang es, einen großen Teil dieser Waffen bis zum 26. September 2001 einzusammeln.

Um die Durchführung des Friedensplans weiterhin zu gewährleisten, bat die mazedonische Regierung die NATO um Mithilfe bei der Sicherung der von der EU und der OSZE entsandten Beobachter. Die NATO begann daher am 27. September 2001, gestützt auf die am Vortag verabschiedete UN-Resolution 1371, aber ohne explizites UN-Mandat, mit der Operation (Amber Fox). Die etwa 1000 Mann starke Task Force Fox (TFF) unter Beteiligung von etwa 540

Mit der Operation Libelle erfolgte am 14. März 1997 der erste Kampfeinsatz der Bundeswehr seit ihrer Gründung. Im März 1997 kam es in Albanien zum so genannten Lotterieaufstand, in dessen Verlauf die öffentliche Ordnung zusammenbrach. Das Auswärtige Amt forderte die deutschen Staatsbürger auf, das Land zu verlassen, doch existierten keine geordneten Ausreisemöglichkeiten mehr. So beschloss die Bundesregierung am 13. März die in Albanien Festsitzenden zu evakuieren. Die in Kroatien stationierten deutschen Soldaten der SFOR wurden mit der Durchführung der Operation beauftragt. Mit mehreren Hubschraubern landeten 89 Soldaten am 14. März in der albanischen Hauptstadt Tirana und gerieten schon beim Landeanflug unter Beschuss. Doch gelang es, die Evakuierung erfolgreich und ohne Verlust durchzuführen. Insgesamt wurden während der Operation 98 Menschen aus 22 Nationen evakuiert; unter ihnen befanden sich 21 deutsche Staatsbürger.

116
Sondersitzung des Bundestags zum Einsatz von 500 Soldaten der Bundeswehr, die das Einsammeln und Zerstören von freiwillig abgegebenen Waffen der albanischen Gruppen in Mazedonien durchführen sollen. Foto, 29. August 2001.

1 »Beschluss des Deutschen Bundestages zur Beteiligung an der Operation Amber Fox« (27. September 2001)

Der Bundestag beschloss die Beteiligung bewaffneter deutscher Streitkräfte an der NATO-geführten Operation in Mazedonien. Mit überwältigender Mehrheit stimmte das Parlament ein Jahr später dem Antrag der Regierung auf Verlängerung des Mandates zu.

»Die NATO-geführte Operation Essential Harvest wurde am 26. September 2001 erfolgreich beendet. Das Bündnis hat mit dem Einsammeln und Zerstören der von den ethnisch albanischen bewaffneten Gruppen abgegebenen Waffen den politischen Prozess in Mazedonien gefördert und den Willen der internationalen Gemeinschaft, zur friedlichen Streitbeilegung in Mazedonien beizutragen, sichtbar unterstrichen.
In Mazedonien sind in den vergangenen Wochen deutliche Fortschritte bei der Verständigung der politischen Parteien untereinander erzielt worden. Dennoch bestehen Spannungen – besonders in den nördlichen Regionen des Landes – innerhalb der Bevölkerung fort. [...] Dem Einsatz von internationalen Beobachtern kommt bei der Wiederherstellung normaler Lebensverhältnisse herausragende Bedeutung zu. Er dient der länderspezifischen Konfliktprävention; gleichzeitig ist er Teil einer langfristig angelegten politischen und ökonomischen Gesamtstrategie für die Balkanregion und Südosteuropa, die auf den bisherigen Erfolgen des Stabilitätspakts aufbaut. [...]
Der Deutsche Bundestag stimmt daher der Beteiligung bewaffneter deutscher Streitkräfte an dem NATO-geführten Einsatz auf mazedonischem Territorium zum Schutz von Beobachtern internationaler Organisationen im Rahmen der weiteren Implementierung des politischen Rahmenabkommens vom 13. August 2001 auf Basis der Bitte des mazedonischen Präsidenten vom 18. September 2001 und der Beschlüsse des NATO-Rats vom 26. September 2001 sowie gemäß dem Beschluss der Bundesregierung vom 27. September 2001 zu.«

Zit. nach: Drucksache 14/6970, Deutscher Bundestag, 14. Wahlperiode, 27.9.2001

117
UCK-Soldaten geben am WCP (Weapon Collection Point) Radusa ihre Waffen ab. Foto, 15. September 2001.

S Die Partnerschaft für den Frieden ist eine von den Staats- und Regierungschefs der NATO begründete Initiative zur militärischen Zusammenarbeit mit Staaten, die noch nicht dem nordatlantischen Verteidigungsbündnis angehören. Da die Bereiche der praktischen militärischen Kooperation, die gemeinsame Manöver und Ausbildungen umfasst, seitens dieser Staaten festgelegt wird, bestehen für sie keinerlei Teilnahmeverpflichtungen. Neben der Erhöhung der Stabilität und Sicherheit im Euro-Atlantischen Raum hat die PfP die Funktion, beitrittswillige Staaten auf einen NATO-Beitritt vorzubereiten. Seit ihrer Gründung auf dem NATO-Gipfel in Brüssel im Januar 1994 haben sich der PfP mehr als 30 Staaten angeschlossen, von denen manche – wie etwa Polen – inzwischen bereits der NATO beigetreten sind.

Neuorientierung

Bundeswehrangehörigen stand zunächst unter deutscher Führung. Die Operation war zunächst auf drei Monate begrenzt, wurde jedoch schließlich bis Ende 2002 verlängert. Um die noch vorhandenen Spannungen auszugleichen und das gegenseitige Misstrauen der beiden ethnischen Gruppen weiter abzubauen, folgte im Dezember 2002 die Operation Allied Harmony, die im März 2003 endete. Sie erfuhr ihre Fortführung sodann unter Leitung der EU in der Operation Concordia, die bis zum Dezember 2003 dauerte. Etwa 350 Soldaten aus 27 Nationen der EU, der NATO sowie der PfP-Staaten, darunter etwa 40 Bundeswehrangehörige, waren an ihr beteiligt. Concordia konnte am 15. Dezember 2003 beendet und in die EU-Polizeimission Proxima überführt werden.

Ost-Timor

In einer von den UN beaufsichtigten Volksbefragung sprach sich die Bevölkerung von Ost-Timor am 30. August 1999 mit großer Mehrheit für die Trennung von Indonesien und die Unabhängigkeit Ost-Timors aus. Diese Entscheidung beendete jedoch keineswegs den jahrelangen Bürgerkrieg, sondern entfachte ihn erneut. Die Vertreibung von 400 000 und die Ermordung von etwa 7000 Menschen führte dazu, dass die UN im September die Resolution 1264 verabschiedeten. Diese autorisierte und veranlasste den Einsatz eines ▸ internationalen Streitkräfteverbandes, der International Force East Timor (INTERFET). Nach Erteilung eines entsprechenden Mandats des Deutschen Bundestages vom 7. Oktober 1999 beteiligte sich die Bundeswehr mit zwei Transportflugzeugen sowie einem Sanitätskontingent von 70 Soldaten vom 17. Oktober 1999 bis zum 23. Februar 2000 von Australien aus an diesem Einsatz und flog verwundete INTERFET-Soldaten von Ost-Timor nach Darwin in Australien.

d) Libanon

Nach zahlreichen Raketenangriffen auf israelisches Territorium und der Entführung israelischer Soldaten durch die 1982 gegründete islamistische ▸ Hisbollah brachen im Juni 2006 zwischen der Hisbollah, die im Libanon mit fast 30 000 Soldaten praktisch einen »Staat im Staate« bildet, und Israel heftige Kämpfe aus. Um die Raketenangriffe der radikalen Islamisten aus ihren Stellungen im Südlibanon auf Orte im nördlichen Israel zu unterbinden, überschritten israelische Bodentruppen die libanesische Grenze. Die israelische Luftwaffe flog Angriffe auf Kräfte und Führungsstrukturen der Hisbollah und fügte dabei auch der Infrastruktur des gesamten Libanons schwere Schäden zu. Zudem verhängte Israel eine Seeblockade. Infolge der UN-Resolution 1701 trat am 14. August ein Waffenstillstand ein. Die libanesische Regierung, welche die Attacken der Hisbollah auf Israel zwar missbilligte, aber nicht durch den Einsatz der eigenen Armee unterbunden hatte, protestierte gegen die israelischen Angriffe und ersuchte die UN um die Einsetzung einer internationalen Friedenstruppe oder Aufstockung der ▸ UNIFIL. Gestützt auf die UN-Resolution erfolgte eine Vergrößerung der UNIFIL auf 15 000 Soldaten, um die Einhaltung der Waffenruhe sicherzustellen. Die Soldaten der UNIFIL werden von Frankreich, Italien, Spanien sowie der Türkei und China gestellt. Der Libanon erklärte sich zudem bereit, einem internationalen Marineverband den Schutz und die Überwachung des eigenen Seegebiets zu überantworten, um dadurch den Waffenschmuggel über See für die Hisbollah zu unterbinden. Lufttransporte für humanitäre Hilfeleistungen sowie technische und Ausrüstungs- und Ausbildungshilfe für libanesische Sicherheitskräfte wurden ebenfalls von Staaten der internationalen Gemeinschaft erbracht.

UN-Generalsekretär Dag Hammarskjöld stellte Mitte der 1950er Jahre in zwei Berichten an die UN-Generalversammlung Kriterien für die Zusammensetzung, die Funktion und das Mandat von Kriseninterventionstruppen vor, für die es bis dahin weder ein Vorbild noch eine unmittelbare Rechtsgrundlage in der UN-Charta gab. Hammerskjölds Prinzipien prägten bis in die 1990er Jahre die Blauhelmeinsätze der UN. Nur wenige Kernsätze seien an dieser Stelle erwähnt: Der Kommandeur einer Blauhelmtruppe wird von den UN ernannt und ist nur der Generalversammlung oder dem Sicherheitsrat gegenüber verantwortlich. Von den Interessen seines Herkunftslandes oder einzelner Mitgliedsstaaten ist er unabhängig. Er berichtet an den UN-Generalsekretär. Die Soldaten sollen aus UN-Mitgliedsstaaten stammen, die nicht im Sicherheitsrat vertreten sind. In Ausnahmefällen können nicht ständige Mitglieder dieses

Die islamistische Hisbollah (arab.; »die Partei Gottes«) wurde 1982 durch den Zusammenschluss verschiedener schiitischer Gruppen gegründet. Oberste Ziele der Hisbollah sind ein islamischer Gottesstaat im Libanon und die Vernichtung Israels. Als oberste geistliche Autorität wird der iranische Revolutionsführer Seyyed Ali Chameini angesehen. Die Anführer der Hisbollah sind religiöse Gelehrte. An ihrer Spitze steht Sayyid Hassan Nasrallah. Zahlreiche Länder, darunter die Vereinigten Staaten, sehen die Hisbollah als terroristische Organisation an. Der Europäische Rat hingegen unterstützt zwar Maßnahmen zu ihrer Entwaffnung, qualifiziert jedoch nur einzelne Mitglieder als Terroristen. Seit 1992 ist die Hisbollah im libanesischen Parlament vertreten und stellt unter anderem den Energieminister. Die Hochburgen der Organisation liegen im Süden des Landes. Nach dem Ende des Bürgerkriegs und dem Rückzug der israelischen Streitkräfte im Jahre 2000 lehnte sie entgegen einer UN-Resolution die Entwaffnung ihrer Milizen ab und griff seitdem wiederholt militärische Ziele im Norden Israels an. Infolge einer bewaffneten Konfrontation zwischen Soldaten der israelischen Armee und der Hisbollah, bei der mehrere Soldaten getötet und zwei israelische Soldaten entführt wurden, kam es im Juli 2006 zum Ausbruch des Kriegs zwischen Israel und dem Libanon.

Die Geschichte des UN-Einsatzes im Libanon reicht bis in das Jahr 1978 zurück. Israelische Truppen marschierten in den Südlibanon ein, um die von dort operierende PLO zu bekämpfen. Der UN-Sicherheitsrat verabschiedete die Resolution 425. Sie forderte Israel zum Rückzug auf und stationierte zur Überwachung des Abzugs und zur Wiederherstellung von Frieden und Sicherheit die United Nations Interim Force in Lebanon (UNIFIL). 1982 drang Israel erneut in den Libanon ein. In dem gewalttätigen Konflikt, an dem die israelische Armee, die libanesische Regierung, verschiedene Milizen, die PLO und später die Hisbollah beteiligt waren, nahm UNIFIL eine Beobachterrolle ein und beschränkte sich auf humanitäre Aufgaben. Israel zog sich im Jahr 2000 bis zur festgelegten »Blauen Linie« zurück. Die Zahl der UNIFIL-Soldaten wurde von 8000 Soldaten (2000) auf 2000 (2006) verringert. Im Juli 2006 kam es zu einem erneuten Ausbruch von Feindseligkeiten im Libanon, ausgelöst durch Kämpfe zwischen der israelischen Armee und der Hisbollah. Im August 2006 verlängerte der UN-Sicherheitsrat das Mandat um ein Jahr und erhöhte die Stärke der Blauhelmsoldaten auf 15 000. Die UNIFIL-Einheiten wurden zur Unterstützung der libanesischen Regierung mit Sicherungsaufgaben im gesamten libanesischen Hoheitsgebiet (Luftraum, libanesische Küste) beauftragt.

118 Nach einem fast sechsmonatigen Einsatz kehrt die Fregatte Brandenburg F 215, aus ihrem UNIFIL-Einsatz in ihren Heimathafen Wilhelmshaven zurück. Die Mannschaft wird von ihren Verwandten und Bekannten begrüßt. Foto, 5. Mai 2007.

Gremiums Truppen zur Verfügung stellen. Die nationalen Kontingente stehen unter dem Befehl der jeweiligen nationalen Kommandeure und bleiben Angehörige ihrer Streitkräfte. Der Staat, auf dessen Gebiet die UN-Truppe eingesetzt ist (= Aufnahmestaat), und die Konfliktparteien dürfen keinen Einfluss auf die Zusammensetzung der Friedenstruppe nehmen. Die Friedenstruppe wird nur vorübergehend und nur im Einverständnis des Aufnahmestaates im Konfliktgebiet stationiert und darf die Kräfteverhältnisse in der Region nicht beeinflussen. Sie hat sich strikt an das vom Sicherheitsrat oder von der Generalversammlung erteilte Mandat zu halten und ist auf die Zusammenarbeit mit den staatlichen Institutionen im Stationierungsraum angewiesen. Sie ist unparteiisch, nicht neutral (Grundsatz der impartiality).

Neuorientierung

Nach Festlegung des Operationsplans und der ▸ Rules of Engagement durch die UN im September 2006 beschloss die Bundesregierung, sich an der UNIFIL durch Entsendung eines Verbandes der Deutschen Marine mit zwei Fregatten, vier Schnellbooten, einem Tender sowie einem Einsatzgruppenversorger zu beteiligen. Der Deutsche Bundestag stimmte diesem Beschluss zu und begrenzte das Mandat auf maximal 2400 Mann. Den deutschen Einsatzverband sowie die gesamte internationale maritime Operation der UNIFIL, die Maritime Task Force 448 im Einsatzgebiet vor der libanesischen Küste, führte ab 15. Oktober Flottillenadmiral Andreas Krause. Das Hauptkontingent umfasste 1500 Soldaten, 100 standen für den Lufttransport, 400 für Führung und Logistik, 300 als Reserve und 100 für die Beratung und Ausbildung libanesischer Sicherheitskräfte bereit. Ein neues Mandat für 1400 Soldaten gilt bis September 2008.

5. Kampf gegen den Internationalen Terrorismus

a) Afghanistan

Nach den terroristischen Angriffen der Al-Quaida auf die USA am 11. September 2001 stellte die NATO, nachdem das ▸ Eintreten des Bündnisfalles erklärt worden war, den Vereinigten Staaten bis zum Mai 2002 AWACS-Maschinen zur Überwachung des amerikanischen Luftraums zur Verfügung. Zu den 826 NATO-Soldaten für die Operation Eagle Assist zählten auch deutsche Besatzungsmitglieder.

Mit der ▸ Resolution des UN-Sicherheitsrats 1368 vom 21. September 2001 wurde die Bedrohung des internationalen Friedens durch die Anschläge und die Berechtigung zur Selbstverteidigung nach Artikel 51 der UN-Charta festgestellt. Unter Führung der USA begann am 7. Oktober die Operation Enduring Freedom. Eine erste militärische Aktion richtete sich gegen das von den Taliban geführte Afghanistan, Zufluchtsland für Terroristen und geheimes Zentrum für Ausbildungs- und Führungseinrichtungen des Internationalen Terrorismus und besonders der Al-Qaida. Luftangriffe und Kämpfe am Boden, getragen von militärischen Kräften der USA, Großbritanniens und Pakistans mit Kräften der so genannten ▸ Nordallianz, zerstörten einen großen Teil der dortigen Ausbildungslager und Schlupfwinkel der Terrororganisation. Es gelang, die ▸ Taliban-Regierung zu entmachten, einen Teil der Terroristen auszuschalten und andere gefangen zu nehmen. Auf der Petersberger Konferenz vom 17. November bis zum 5. Dezember einigten sich die größten ethnischen Gruppen Afghanistans in der »Bonner Vereinbarung« über das weitere Vorgehen beim Aufbau einer provisorischen Regierung.

Um die friedliche Entwicklung in Afghanistan nach Beendigung der Taliban-Herrschaft zu schützen und zu unterstützen, die im Oktober 2004 in demokratischen Wahlen gipfeln sollte, beschlossen die UN die Einrichtung einer International Security Assistance Force (ISAF) mit einem zunächst auf sechs Monate befristeten Mandat. Von Beginn an war jedoch offensichtlich, dass der Einsatz der ISAF länger dauern würde. Das Mandat für die ISAF wurde daher seitdem von den UN stets verlängert.

Der Deutsche Bundestag hatte am 16. November 2001 entschieden, den internationalen Kampf gegen den Terrorismus mit Kräften für Einsatz- und Einsatzunterstützung, Führung und Aufklärung, Beteiligung an internationa-

---

Die 1993 in Pakistan entstandene islamische Sekte der Taliban (Religionsschüler) bestand ursprünglich aus afghanischen Kriegswaisen. Führer der Taliban war der Paschtune Mullah Omar. Er ließ die jungen Männer militärisch ausbilden und auf Koranschulen fundamentalistisch erziehen. Mit Unterstützung des pakistanischen Geheimdienstes stellte er Milizen auf und kehrte 1994 mit 1500 Taliban-Kämpfern nach Afghanistan zurück. Die Taliban eroberten in den folgenden Jahren große Teile von Afghanistan. Ab 1996 gerieten sie zunehmend unter den Einfluss der saudischen Opposition in Gestalt von Osama Bin Laden. Die USA und ihre Verbündeten stürzten das Taliban-Regime, das dem Al-Quaida Netzwerk Unterschlupf und Trainingslager geboten hatte, im März 2001. Trotz massiver Militäroperationen der USA und ihrer Verbündeten gelang es den Taliban, sich im afghanisch-pakistanischen Grenzgebiet zu reorganisieren. Die Taliban kämpfen bis heute weiter um die Macht in Afghanistan und gegen die Präsenz ausländischer Truppen im Land.

»NATO-Erklärung zum Terroranschlag vom 11. September« (12. September 2001)

Nach den Anschlägen in New York und Washington, bei denen tausende Menschen ums Leben kamen, erklärte die NATO erstmals in ihrer Geschichte den Bündnisfall.

»Der Rat stimmte überein, dass – falls ermittelt wird, dass dieser Angriff von außerhalb der Vereinigten Staaten gesteuert wurde – er als eine Aktion angesehen wird, die unter Artikel 5 des Washingtoner Vertrages fällt; dieser stellt fest, dass ein bewaffneter Angriff gegen einen oder mehrere der Bündnispartner in Europa oder Nordamerika als ein Angriff gegen alle angesehen wird. Die im Washingtoner Vertrag enthaltene Verpflichtung zur gemeinsamen Selbstverteidigung wurde eingegangen unter Umständen, die sich sehr von den heutigen unterscheiden; aber sie bleibt heute nicht weniger gültig und nicht weniger wichtig, in einer Welt, die der Geißel des internationalen Terrorismus ausgesetzt ist. Als sich die Staats- und Regierungschefs der NATO 1999 in Washington trafen, würdigten sie den Erfolg des Bündnisses, das die Freiheit seiner Mitglieder während des Kalten Krieges sicher gestellt und ein einiges und freies Europa ermöglicht hat. Aber sie erkannten auch die Existenz einer großen Bandbreite von Gefahren für die Sicherheit, von denen sich einige deutlich unterscheiden von jenen, die zur Gründung der NATO geführt hatten. Deutlicher gesagt, sie (die Staats- und Regierungschefs) verurteilten Terrorismus als eine ernste Bedrohung für Frieden und Stabilität und bekräftigten ihre Entschlossenheit, ihn gemäß ihrer gegenseitigen und internationalen Verpflichtungen sowie nach ihren nationalen Gesetzen zu bekämpfen. Artikel 5 des Washingtoner Vertrages verlangt, dass im Fall von Angriffen, die in seinen Rahmen fallen, jeder Bündnisstaat dem angegriffenen Land mit den Mitteln hilft, die er für notwendig hält. Entsprechend stehen die Verbündeten der USA in der NATO bereit, die Hilfe zu leisten, die in der Folge dieser Barbarei angefordert werden könnte.«

119 US-Soldaten halten eine Stellung in den Bergen nahe der pakistanischen Grenze während der Operation Mongoose, in der Höhlen nach Kämpfern der Taliban durchsucht werden, 2003.

120 Kämpfer der Nordallianz zwischen getöteten Taliban bei Mazar-e-Sharif, 2001.

Zit. nach: Verantwortung für Frieden und Freiheit 4.0. Eine Textsammlung zur Sicherheitspolitik der Bundesrepublik Deutschland von 1949–2002. Hrsg. vom Presse- und Informationsamt der Bundesregierung, Berlin 2002

S Nachdem die Taliban 1996 die Macht in Afghanistan übernommen hatten stießen sie auf heftigen Widerstand der Nordallianz unter dem militärischen Oberkommando von General Ahmed Schah Massud. Das bereits gegen den kommunistischen Diktator Najibullah gebildete Zweckbündnis repräsentierte die überwiegend im Norden Afghanistans lebenden Minderheiten der Tadschiken, Usbeken und der schiitischen Hazara. Im September 2001 wurde General Massud von Selbstmordattentätern der Taliban getötet. Die Luftangriffe der USA und Großbritanniens auf Stellungen der Taliban im Rahmen der Operation Enduring Freedom im Oktober 2001 und neue russische Waffenlieferungen ermöglichen der Nordallianz eine militärische Offensive gegen die Taliban zu starten. Sie eroberte die Städte Masar-e-Sharif, Kabul, Kundus und zuletzt Kandahar. Dem Führer der siegreichen Nordallianz General Abdul Rashid Dostum wurde vorgeworfen, für den gewaltsamen Tod von bis zu 3000 gefangenen Taliban-Anhängern verantwortlich zu sein.

len militärischen Hauptquartieren sowie Stellung von Verbindungsorganen militärisch zu unterstützen. Zunächst stellte die Bundeswehr ab November für den Kranken- und Verwundetentransport einen als fliegende Intensivstation umgerüsteten Airbus für strategische medizinische Evakuierung (StratAir MedEvac) aus Afghanistan auf dem Flughafen Köln/Bonn in ständige Bereitschaft. Von November 2001 bis Januar 2002 nahm die Luftwaffe Transportflüge zwischen der amerikanischen Luftwaffenbasis Ramstein und dem türkischen Incirlik auf. Durch diese Übernahme von Transporten für humanitäre Hilfsgüter konnte die US Air Force entlastet werden.

Vom Februar 2002 bis zum Juli 2003 stellte die Bundeswehr im Rahmen von Enduring Freedom einen ABC-Abwehrverband für eine eventuell notwendig werdende ABC-Aufklärung und Dekontamination unter anderem mit sechs ABC-Spürpanzern Fuchs zum Schutz der kuwaitischen Bevölkerung sowie der dortigen Koalitionsstreitkräfte. Das deutsche ABC-Abwehrkontingent führte mit US-Soldaten gemeinsame ABC-Abwehrübungen in Kuwait durch. Die Masse der deutschen Soldaten konnte ab März nach Deutschland zurückkehren, blieb allerdings in Bereitschaft, während das schwere Gerät zunächst noch in Kuwait belassen wurde.

Am 21. Dezember beschloss das Kabinett, der Bundeswehr ein ▸ Mandat für eine Beteiligung an der ISAF zu erteilen. Der Deutsche Bundestag stimmte dieser Entscheidung am folgenden Tag zu. Schon am 2. Januar 2002 traf ein deutsches Vorauskommando in Kabul ein, und vom 14. Januar an beteiligten sich deutsche Soldaten an Patrouillen in der afghanischen Hauptstadt. Neben den Kontingenten von weiteren 18 Nationen umfasste die deutsche ISAF-Beteiligung etwa 1200 Soldaten. Als Lead-Nation fungierte zunächst von Dezember 2001 bis zum Juni 2002 Großbritannien, ihr folgte bis zum Februar 2004 die Türkei. Neben der Beteiligung an der personellen Ausstattung des Hauptquartiers der ISAF (COMISAF), welches zur Zeit aus 600 Soldaten aus 28 Nationen zusammengesetzt ist, wie an der Multinationalen Brigade Kabul, zu der ebenfalls die unter den Nationen wechselnde Besetzung der Position des Kommandeurs dieser Brigade gehörte, stellte die Bundesrepublik Soldaten und übernahm gleichzeitig auch die Führung für eine der drei im Land aufgestellten internationalen Multinational Battle Groups. Etwa 100 Soldaten des Kommandos Spezialkräfte (KSK) suchten in den Bergen des Landes zusammen mit Spezialeinheiten aus Großbritannien und den USA unter dem Mandat von Enduring Freedom nach Terroristen. Am 6. März 2002 kamen bei Kabul beim Entschärfen einer Flugabwehrrakete sowjetischer Bauart zwei deutsche und drei dänische Soldaten ums Leben, weitere wurden schwer verletzt.

Die ständige Stationierung deutscher Soldaten in Afghanistan erforderte die Einrichtung eines Lufttransportstützpunktes. Dieser operierte seit Mitte Februar 2002 mithilfe von etwa 160 Angehörigen der Luftwaffe in Termez in Usbekistan. Vom Februar 2004 an gestattete die Russische Föderation den deutschen Transportflugzeugen, als einzigen aus den NATO-Staaten, zur Versorgung der deutschen ISAF-Einheiten den russischen Luftraum zu nutzen. Im November 2004 kam es zu einem weiteren Abkommen zwischen Russland und der Bundesrepublik, welches den Transport von Gütern der Bundeswehr über die fast 4000 Kilometer lange Eisenbahnstrecke von der Ostsee bis an die afghanische Grenze ermöglichte. Ende 2007 waren in Termez 200 Angehörige der Luftwaffe stationiert.

121 Namentliche Abstimmung im Deutschen Bundestag für den Einsatz von Bundeswehr-Soldaten in Afghanistan zur Bekämpfung des Internationalen Terrorismus. Foto, 22. Dezember 2001.

 Gerhard Schröder, **1** »Rede vor dem Deutschen Bundestag« (22. Dezember 2001)

Der Bundeskanzler plädierte in seiner Rede für eine Beteiligung bewaffneter deutscher Streitkräfte an dem Einsatz der Internationalen Sicherheitsunterstützungstruppe in Afghanistan.

»Die internationale Friedenstruppe ist also die Konsequenz politisch entschiedenen Handelns. Sie ist die Konsequenz einer Solidarität, die ich – dabei bleibe ich – uneingeschränkt genannt habe, weil sie sich eben auch auf den Gebrauch militärischer Mittel bezog. Sie ist die Konsequenz dessen, was in den letzten Monaten an Möglichkeiten entwickelt und durchgesetzt worden ist.
Weil das so ist, ist die Entscheidung, um die ich heute das ganze Haus bitten will, eine, die man in voller Verantwortung treffen kann. Ich denke, dass alle Punkte, die wir hinsichtlich des Mandats miteinander diskutiert haben, so weit erfüllt sind, dass sich ein Ja von jedem Einzelnen rechtfertigen lässt. [...]
Meine Bitte ist also, dass Sie, meine Damen und Herren, dem Antrag zustimmen. Ich verbinde das mit meinem ungeteilten Respekt, meiner Anerkennung und meinen guten Wünschen für diejenigen, die auf der Basis unserer demokratischen Entscheidung sehr bald in Afghanistan Dienst tun müssen. Es ist kein einfacher Dienst – wir wissen das wohl –, aber es ist ein verantwortbarer Dienst, der im Interesse der Menschen in unserem Land ist und den wir deswegen beschließen sollten, weil wir ihn beschließen müssen.
Ich will das mit dem Dank an die Soldaten verbinden, die im Zusammenhang mit den Beschlüssen zu ›Enduring Freedom‹ oder auch auf dem Balkan ihren schweren Dienst tun. Sie tun das für uns alle. Deswegen gehört unser Respekt all denjenigen, die diesen schweren Dienst tun. In diesem Sinne bitte ich um Zustimmung.«

Zit. nach: Bulletin der Bundesregierung, Nr. 92, 22. Dezember 2001

122 Dekontamination eines Spürpanzers Fuchs durch Soldaten des 3. Einsatzkontigents des ABC-Abwehrbataillons Kuwait. Foto, 1. Februar 2003.

Neuorientierung

Mit der Verlängerung des ISAF-Mandats Ende 2002 erfolgte eine Verstärkung des deutschen Kontingents auf 2500 Soldaten. Zur selben Zeit kamen bei einem Hubschrauberabsturz über Kabul sieben deutsche Soldaten ums Leben. Von Februar bis Oktober 2003 übernahmen die Niederlande und Deutschland mit dem I. Deutsch-Niederländischen Korps gemeinsam die Verantwortung über ISAF als Lead-Nations. ISAF-Kommandeur wurde bis zum 10. August 2003 der damalige Kommandeur des Korps, Generalleutnant ▸ Norbert van Heyst. Am 29. Mai fuhr ein deutsches Fahrzeug bei einer Erkundungsfahrt auf eine Mine, dabei fand ein deutscher Soldat den Tod. Am 7. Juni kam es zu einem Terroranschlag auf einen deutschen Bus, der sich auf der Fahrt zum Flugplatz Kabul befand. Vier Soldaten wurden getötet, weitere 29 zum Teil schwer verletzt.

Am 9. August 2003 übernahm die NATO die Führung der ISAF vom I. Deutsch-Niederländischen Korps, die durch das Allied Joint Force Command Headquarter in Brunssum in den Niederlanden erfolgte. Am 11. August erhielt Generalleutnant Götz von Gliemeroth das Kommando über die ISAF, welches er bis Oktober inne hatte. Nachdem sich die UN im Oktober 2003 auf der Basis der Resolution 1510 entschieden hatten, das ISAF-Mandat zu verlängern und es auf Gebiete außerhalb Kabuls zu vergrößern, schloss sich der Deutsche Bundestag dieser Entscheidung am 24. Oktober 2003 an.

Von Oktober 2003 bis August 2004 führte Kanada die ISAF. Die NATO und die Bundeswehr nahmen in Afghanistan erstmals Aufgaben außerhalb der Region um die Hauptstadt Kabul wahr, als am 6. Januar 2004 das erste deutsche Einsatzkontingent in der Stadt Kunduz der ISAF unterstellt wurde. Erste Soldaten des deutschen Kontingents waren im Oktober 2003 in Kunduz eingetroffen und sie konnten am 30. Dezember das ursprünglich von den USA ins Leben gerufene Provincial Reconstruction Team (PRT) in der nordafghanischen Provinzhauptstadt in die Obhut der NATO übernehmen. Das PRT, welches von einer militärisch-diplomatischen »Doppelspitze« geführt wurde, sollte den Einfluss der afghanischen Zentralregierung in den nordöstlichen Provinzen stärken und dort beim wirtschaftlichen, politischen und sozialen Wiederaufbau helfen. Es sollte damit das sichere Umfeld liefern, welches alle staatlichen und nichtstaatlichen Organisationen für ihre Aufbau- und Entwicklungsarbeit benötigten. Eine Außenstelle des PRT wurde Ende 2003 in der Stadt Taloqan eröffnet und ein weiteres PRT, so die Entscheidung im März 2004, in der Stadt Feyzabad in der Provinz Badakhsan eingerichtet. Erste deutsche Soldaten trafen dort im Juli 2004 ein. Seit Dezember 2005 wurde ein weiteres PRT in Mazar-e-Sharif errichtet. Den Posten des Regional Area Coordinator Nord übte seit August 2005 ein deutscher Brigadegeneral zunächst in Kunduz, ab 1. Juni 2006 in Mazar-e-Sharif aus.

Vom 9. August 2004 bis Februar 2005 übernahm das Eurokorps die Führung der ISAF. Damit bildeten etwa 1000 Soldaten der Deutsch-Französischen Brigade den Kern der Kabul Multinational Brigade (ISAF KMNB). Im September 2004 erfolgte ein Raketenangriff auf das Lager des PRT in Kunduz, bei dem drei deutsche und zwei Schweizer Soldaten verletzt wurden. Nicht zuletzt waren es die Soldaten der ISAF, die mithalfen, die erste im Land stattfindende freie Präsidentenwahl am 9. Oktober 2004 zu einem Erfolg werden zu lassen. Am 25. Juni 2005 starben zwei deutsche Soldaten beim Beladen von Lastwagen mit abgegebener Munition und Waffen in Rustaq. Im November kam der erste Reservist der Bun-

Abzeichen Operation Enduring Freedom.

»Sicherheitsratresolution 1368« (12. September 2001)

Der Sicherheitsrat der Vereinten Nationen reagierte auf die Anschläge vom 11. September 2001 mit der Resolution 1368.

»Der Sicherheitsrat, in Bekräftigung der Grundsätze und Ziele der Charta der Vereinten Nationen, entschlossen, die durch terroristische Handlungen verursachten Bedrohungen des Weltfriedens und der internationalen Sicherheit mit allen Mitteln zu bekämpfen, in Anerkennung des naturgegebenen Rechts zur individuellen und kollektiven Selbstverteidigung im Einklang mit der Charta,

1. *verurteilt* unmissverständlich mit allem Nachdruck die grauenhaften Terroranschläge, die am 11. September 2001 in New York, Washington und Pennsylvania stattgefunden haben, und *betrachtet* diese Handlungen, wie alle internationalen terroristischen Handlungen, als Bedrohung des Weltfriedens und der internationalen Sicherheit;
2. *bekundet* den Opfern und ihren Angehörigen sowie dem Volk und der Regierung der Vereinigten Staaten von Amerika sein tiefstes Mitgefühl und Beileid;
3. *fordert* alle Staaten dringend zur Zusammenarbeit *auf*, um die Täter, Organisatoren und Förderer dieser Terroranschläge vor Gericht zu stellen, und betont, dass diejenigen, die den Tätern, Organisatoren und Förderern dieser Handlungen geholfen, sie unterstützt oder ihnen Unterschlupf gewährt haben zur Verantwortung gezogen werden;
4. *fordert* außerdem die internationale Gemeinschaft *auf*, ihre Anstrengungen zu verdoppeln, um terroristische Handlungen zu verhüten und zu bekämpfen, namentlich durch verstärkte Zusammenarbeit und die volle Durchführung der einschlägigen internationalen Übereinkünfte gegen den Terrorismus sowie der Resolution des Sicherheitsrats, insbesondere der Resolution 1269 (1999) vom 19. Oktober 1999;
5. *bekundet* seine Bereitschaft, alle erforderlichen Schritte zu unternehmen, um auf die Terroranschläge vom 11. September 2001 zu antworten, und alle Formen des Terrorismus zu bekämpfen, im Einklang mit seiner Verantwortung nach der Charta der Vereinten Nationen;
6. *beschließt*, mit der Angelegenheit befasst zu bleiben.«

Zit. nach: Ernst-Christoph Meier, Klaus-Michael Nelte und Heinz-Uwe Schäfer, Wörterbuch zur Sicherheitspolitik. Deutschland in einem veränderten internationalen Umfeld, 6. Aufl., Hamburg 2006, S. 539

Norbert van Heyst,
»Afghanistankonzept der Bundesregierung« (2003)

Die Aufgaben und Ziele des deutschen Engagements in Afghanistan wurden im September 2003 im so genannten Afghanistankonzept formuliert. Das Konzept ist auf die enge Verflechtung von Außen-, Innen-, Entwicklungs- und Sicherheitspolitik ausgelegt.

»Politische Verbindungs- und Überzeugungsarbeit in den Provinz-, Polizei- und Militärstrukturen bei der Durchsetzung der Politik und der Prioritäten der Zentralregierung, die Kontaktpflege mit der Bevölkerung durch Präsenzpatrouillen und somit Erhöhung des Gefühls der Sicherheit, Unterstützung des Aufbaus der Polizei und Grenzpolizei durch deutsche Polizeiausbilder, die Unterstützung der Reform des Sicherheitssektors insgesamt, insbesondere im Bereich des Streitkräfteaufbaus (Ausbildung) sowie bei Entwaffnung, Demobilisierung und Reintegration ehemaliger Kombattanten (monitoring), Beratungsangebote an die örtliche Verwaltung wie beim Aufbau von Rechtsstaatsstrukturen, [...] Wahlschulung und Wahldurchführung, die Förderung von Zivilgesellschaft und des vorpolitischen Raumes [...] vor allem auch die Entwicklungszusammenarbeit im Bereich des arbeitsintensiven Wiederaufbaus von Infrastruktur (Straßen, Wasserversorgung, Gesundheitseinrichtungen, Schulen) sowie [...] Schaffung von alternativen Einkommensquellen durch Beschäftigungsförderung, Aus- und Fortbildung.«

123 Appell zur Kommandoübergabe der ISAF an die NATO. Foto, 11. August 2003.

Zit. nach: Norbert van Heyst, Der deutsche Beitrag zur ISAF in Afghanistan. In: Entschieden für Frieden. 50 Jahre Bundeswehr. Im Auftrag des Militärgeschichtlichen Forschungsamtes hrsg. von Klaus-Jürgen Bremm, Hans-Hubertus Mack und Martin Rink, Berlin 2005, S. 617 f.

Neuorientierung

deswehr in einem Auslandseinsatz bei einem Terroranschlag in Kabul ums Leben, ein Soldat wurde schwerst, ein weiterer schwer verletzt.

Von Februar bis August 2005 führte die Türkei mit dem NATO Rapid Reaction Corps Turkey (NRCD-T) und von August 2005 bis Mai 2006 Italien mit dem NRDC-IT die ISAF. Seit Mai 2006 führte das Allied Rapid Reaction Corps (ARRC) die ISAF. Seit dem 31. Juli umfasst das Einsatzgebiet der ISAF nunmehr fast 75 Prozent des ▸ afghanischen Territoriums. Nach dem »transfer of authority« über den Süden des Landes an die NATO stellten seit August 2006 insgesamt 37 NATO- und Nicht-NATO-Staaten 18 500 Soldaten für Afghanistan. Anfang Oktober wurden der ISAF auch 12 000 der 20 000 amerikanischen Soldaten im unruhigen Osten des Landes unterstellt.

Das Truppenkontingent der Bundeswehr in Afghanistan und Usbekistan umfasste im Dezember 2007 3500 Soldaten und Soldatinnen. Zur United Nations Assistance Mission in Afghanistan (UNAMA), die der Regierung des Landes beim Aufbau rechtsstaatlicher Strukturen behilflich ist, gehört ein deutscher Stabsoffizier. Da ein Ende des Einsatzes in Afghanistan noch nicht absehbar war, verlängerte der Deutsche Bundestag im Oktober 2007 das Mandat um weitere zwölf Monate.

124 Militärische Ehren für die beim Terroranschlag in Kabul getöteten deutschen Soldaten.

b) Sicherung der Seewege

Zum Schutz der Seeverbindungslinien und zur Verhinderung des Transports von Waffen und Gütern zur Unterstützung der Terroristen auch in Afghanistan mussten im Rahmen von Enduring Freedom bestimmte Seewege überwacht und Handelsschiffen, falls gewünscht, Geleitschutz angeboten werden. Für die Kontrolle eines Seegebiets in der etwa achtfachen Größe von Deutschland, welches vom Roten Meer bis zur Küste Kenias sowie bis zur Straße von Hormuz reicht, wurde der multinationale Flottenverband Task Force 150 aufgestellt. Zu ihm gehörten seit Anfang 2002 auch Einheiten der Deutschen Marine und drei ihrer Seeaufklärer, die in Mombasa in Kenia stationiert wurden. Als Stützpunkt dient der Marine der Hafen von Djibouti. Die Basis der Seefernaufklärer in Mombasa wurde nach 310 Einsatzflügen Ende 2003 aufgelöst, ein Fernaufklärer operierte bis zum März 2005 von Djibouti. Die Task Force 150 führte von Mai bis September 2002 erstmals mit Flottillenadmiral Gottfried Hoch ein deutscher Admiral. Flottillenadmiral Manfred Nielson führte den Verband zwischen Mai und Oktober 2003 und von Dezember 2004 bis Ende März 2005 führte ihn Flottillenadmiral Henning Hoops. Mitte 2006 bestand das Marinekontingent am Horn von Afrika aus einer Fregatte sowie einem Tanker und etwa 265 Soldaten. Mit Flottillenadmiral Heinrich Lange übernahm im September 2006 erneut ein deutscher Marineoffizier das Kommando über die Task Force 150. Im November 2007 verlängerte der Deutsche Bundestag das Mandat für Enduring Freedom und somit den Einsatz der Marine am Horn von Afrika für ein weiteres Jahr, setzte allerdings die maximale Höchstgrenze des Kontingents auf 1400 Soldaten herab.

1 Gerhard Schröder, »Regierungserklärung zur Beteiligung bewaffneter deutscher Streitkräfte an der Bekämpfung des Internationalen Terrorismus« (8. November 2001)

Am 16. November 2001 beschloss der Bundestag den Einsatz deutscher Streitkräfte an der Operation Enduring Freedom. Dabei handelte es sich um eine koordinierte Vorgehensweise gegen den internationalen Terrorismus in Afghanistan sowie im Bereich des Indischen Ozeans, seiner Randmeere und angrenzenden Küstenländer.

»Der NATO-Rat hat am 4. Oktober dieses Jahres erstmalig in der Geschichte des Bündnisses den Bündnisfall nach Art. 5 des NATO-Vertrages festgestellt. Das ist eine Entscheidung von großer Tragweite, die uns übrigens nicht nur formal, also nach den Buchstaben des Vertrages, verpflichtet. Nein, ich denke, unsere Verpflichtung geht weiter, als lediglich eine Bündnispflicht zu erfüllen. Wir haben gemeinsam immer wieder darauf hingewiesen, dass insbesondere die Angriffe auf New York und Washington, also die Angriffe auf die Vereinigten Staaten von Amerika, nicht nur Angriffe auf die Werte waren, nach denen sich die Amerikaner politisch konstituieren, sondern auch Angriffe auf jene Werte, die für uns politisch konstitutiv sind, nämlich die Werte des Grundgesetzes. Deshalb geht es nicht nur um eine formale Verpflichtung, die aus Bündnispflichten resultiert. Das ist sie auch und das ist bereits wichtig genug. [...] Wir haben über Jahrzehnte Solidarität erfahren. Deshalb ist es schlicht unsere Pflicht – das entspricht unserem Verständnis von Selbstachtung –, wenn wir in der jetzigen Situation Bündnissolidarität zurückgeben. [...] Alles in allem werden an der Operation ›Enduring Freedom‹ maximal 3900 deutsche Berufs- und Zeitsoldaten beteiligt sein. Das ist eine Obergrenze, die auf der Basis der konkreten Anforderungen berechnet worden ist. Ich habe in jeder öffentlichen Verlautbarung darauf hingewiesen, dass man diese Zahlen nicht als exakte Zahlen nehmen kann; diese Obergrenze ist aber festgestellt und steht auch in dem Antrag, den die Bundesregierung dem Deutschen Bundestag zugeleitet hat. Ein gleichzeitiger Einsatz aller Soldaten ist nicht zu erwarten. [...] Es geht weder um eine deutsche Beteiligung an Luftangriffen noch um die Bereitstellung von Kampftruppen am Boden. Der Beitrag, den wir leisten wollen, ist auch Ausdruck unserer Bereitschaft, der gewachsenen Verantwortung Deutschlands in der Welt durch konkretes Handeln Rechnung zu tragen. Es muss deutlich werden: Es geht nicht um irgendeine außenpolitische Strategie; es geht um die Vertretung der eigenen Interessen und um den Schutz der eigenen Werte, nach denen wir leben und weiter leben wollen.«

Zit. nach: Verantwortung für Frieden und Freiheit 4.0. Eine Textsammlung zur Sicherheitspolitik der Bundesrepublik Deutschland von 1949–2002. Hrsg. vom Presse- und Informationsamt der Bundesregierung, Berlin 2002

Quelle: Wegweiser zur Geschichte: Afghanistan.

125 Schnellboot der Klasse 143 A in der Straße von Gibraltar.

Im Rahmen von Enduring Freedom wurde in der Operation Active Endeavour vom 5. Oktober 2001 an ein Flottenverband der NATO unter Beteiligung von Schnellbooteinheiten der Deutschen Marine im westlichen Mittelmeerraum eingesetzt (Operation Strait of Gibraltar). Dabei eskortierten sie Handelsschiffe durch die schmale Meerenge zwischen dem afrikanischen und europäischen Kontinent, um eventuelle Terroranschläge an dieser kritischen Stelle abzuwehren. Der Einsatz der Schnellboote endete Mitte 2004, da nach Meinung des zuständigen NATO-Befehlshabers zu wenig Nachfrage nach Eskorten eine weitere Dauerpräsenz der Einheiten nicht erforderte. Allerdings wurde eine 14-tägige Verfügungsbereitschaft angeordnet, die jedoch den Einheiten die Rückkehr in ihre Heimathäfen gestattete. Auch dieser Einsatz erfuhr mit der erwähnten Entscheidung der weiteren Unterstützung von Enduring Freedom eine Verlängerung durch den Deutschen Bundestag.

6. Sonstige Einsätze

Georgien

Am 14. August 1992 brach in Georgien ein blutiger Bürgerkrieg aus, als die Region Abchasien eine »Autonome Republik Abchasien« ausrief, und daraufhin georgische Truppen in das abchasische Gebiet einmarschierten. Nach einem gescheiterten Waffenstillstand am 3. September 1992 gelang es den UN am 27. Juli 1993, ein Waffenstillstandsabkommen zwischen der georgischen Regierung und der abchasischen Führung zu vermitteln. Am 24. August 1993 verabschiedeten die UN die Resolution 858, welche die Einrichtung einer United Nations Observer Mission in Georgia (UNOMIG) vorsah. Obgleich die Kämpfe in Georgien erneut ausbrachen, gelang es den UN auf der Basis ihrer Resolution 881 den Kontakt mit beiden Seiten weiter aufrecht zu erhalten. Im Januar 1994 baten die UN die Bundesrepublik, sich an der UNOMIG zu beteiligen. Dem Wunsch der UN folgend entsandte diese im März 1994 einen Arzt sowie einen Sanitätsfeldwebel zur medizinischen Versorgung der ▸ Beobachtermission.

Seit Unterzeichnung eines Waffenstillstands- und Truppenentflechtungsabkommens am 14. Mai 1994 in Moskau durch die beiden Konfliktparteien überwachen auf beiden Seiten des zur Waffenstillstandslinie erklärten Flusses Inguri Militärbeobachter der UN gemeinsam mit einer von den GUS-Staaten eingerichteten Friedenstruppe auf der Basis der im Juli des Jahres verabschiedeten UN-Resolution 937 die Einhaltung dieses Abkommens. Der neben weiteren acht UNOMIG-Angehörigen beim Abschuss eines UN-Transporthubschraubers durch Raketen am 8. Oktober 2001 getötete deutsche Oberstabsarzt

Im Dezember 2004 beschloss der Bundestag die Überwachungsmission African Mission in Sudan (AMIS) der Afrikanischen Union (AU) im Sudan zu unterstützen. Mit etwa 200 Soldaten half die Luftwaffe mit Transportflugzeugen, verschiedene Kontingente der afrikanischen Friedenstruppen aus Gambia, Nigeria, Ruanda und Tansania in die sudanesische Krisenregion Dafur zu verlegen. Zu den Lufttransport- und Logistikaufgaben trat noch die Militärbeobachtung, denn im April 2005 beschloss der Bundestag eine Beteiligung der Bundeswehr an der von den UN zur Friedenssicherung im Sudan eingerichteten Mission (UNMIS) mit Militärbeobachtern. Ende 2006 befanden sich 36 unbewaffnete Militärbeobachter der Bundeswehr im Sudan. Beide Einsätze sind bis zum Frühjahr bzw. Sommer 2007 verlängert worden.

Im Februar 2004 entsandte die Bundesregierung erstmals zwei unbewaffnete Militärbeobachter zur »United Nations Mission in Ethiopia and Eritrea« (UNMEE). Neben etwa 210 Militärbeobachtern sind etwa 3650 Soldaten innerhalb der entmilitarisierten Zone zwischen Äthiopien und Eritrea stationiert. Die UNMEE sucht einen Kompromiss in der schwierigen Frage des künftigen Grenzverlaufs zwischen beiden Staaten zu finden. Das Ende des Einsatzes der UNMEE ist zur Zeit noch nicht absehbar.

Am 20. November 2004 begann ein Ausbildungskommando der Bundeswehr mit der Ausbildung irakischer Sicherheitskräfte in den Vereinigten Arabischen Emiraten. 30 Bundeswehrangehörige bildeten in sechs Wochen 100 irakische Kraftfahrer sowie 25 Kfz-Mechaniker und Elektriker in der Nähe der Stadt Abu Dhabi an ehemaligen Fahrzeugen der Bundeswehr aus. Die Fahrzeuge wurden im Rahmen der Ausbildungs- und Ausstattungshilfe von der Bundesrepublik dem Irak bereit gestellt.

Auf Grundlage eines »Memorandum of Understanding« der beiden Konfliktparteien vom August 2005 überwacht die »Aceh Monitoring Mission« (AMM) unter Führung der EU den Waffenstillstand zwischen der indonesischen Regierung und der »Bewegung für ein freies Aceh«. Die Bundeswehr hatte sich verpflichtet, bis zu zehn Beobachter in Zivil und ohne Waffen für die AMM zu stellen.

Karl-Christoph Karbe von Stünzer, »Erfahrungen einer Beobachtermission« (2000)

Im folgenden Bericht schildert ein deutscher Offizier seine Erfahrungen als Militärbeobachter der UN-Mission in Georgien im Jahre 1998.

»Hier fragt man sich jetzt natürlich, ob es denn richtig war, in dieser Lage unbewaffnet im Einsatz zu sein. Eine kurze Antwort: Unser Leben war unbewaffnet besser geschützt als bewaffnet – unser Eigentum oder das Eigentum der UN dagegen nicht. Es ist sehr schwer, in New York zu entscheiden, wann die Grenze erreicht ist. Unsere Lage im Sommer 1998 ließ den Einsatz ohne Waffen zu; aber mit Waffen ausgestattete Sicherheitskräfte der UN hätten vielen UN-Mitarbeitern die verdiente Nachtruhe leichter gemacht. Durch wiederholte nächtliche Handgranatenwürfe in den Bereichen des HQ [Hauptquartiers] (M) erwirkte die abchasische Präsidentengarde z.B. unsere Bewachung – ein unbeschreiblicher Vorgang.

Leider führte das Mandat »Beobachten« zu einer passiven Grundhaltung. Als DCMO habe ich im Stab viele Gespräche geführt, um zu erreichen, dass die Beobachter in dieser Lage aktiver werden und nicht als »Sonnenscheinsoldaten« wieder in Verruf geraten, sondern umfassend Flagge zeigen. Auch UNMO können z.B. CP [Kontrollpunkte] beobachten, auch nachts kann man viel sehen, auch mobile CP kann man einrichten. Aber das aus New York zu dieser Zeit gebilligte Konzept war in der angespannten Situation nicht zu ergänzen. Völlig aussichtslos wurden weitere Überlegungen, nachdem wir am 21. September mit neun leitenden UN-Mitarbeitern abends auf der Hauptstraße von Sukhumi in einen Hinterhalt geraten waren. Die Disziplin und Geistesgegenwart des abchasischen Fahrer bewahrte uns vor einer Katastrophe. Mit einem Streifschuss am Kopf, Ausschüssen an der Frontscheibe und den nebeligen Schwaden des verdampften Rückspiegels auf dem Glas fuhr er den Bus mit zwei platten Reifen aus dem Feuer in die Unterkunft, wo vier Verwundete versorgt und später zur Operation transportiert werden mussten. Auch hier bewährte sich wieder die gute Zusammenarbeit unseres Flottenarztes mit dem CIS-PKF.«

Zit. nach: Karl-Christoph Karbe von Stünzer, Erfahrungen einer Beobachtermission – UNOMIG. In: Von Kambodscha bis Kosovo. Auslandseinsätze der Bundeswehr. Hrsg. von Peter Goebel, Frankfurt a.M., Bonn 2000, S. 314 f.

Neuorientierung

war der erste Soldat der Bundeswehr, der bei Kampfhandlungen ums Leben kam.

UNOMIG umfasst etwa 120 Militärbeobachter und 100 internationale Zivilbeschäftigte aus 24 Staaten sowie etwa 170 lokale Mitarbeiter. Im Dezember 2007 waren dort zwölf Angehörige der Bundeswehr eingesetzt. Neben Militärbeobachtern stellen Ärzte sowie Sanitätsfeldwebel der Bundeswehr weiterhin die medizinische Versorgung der UNOMIG sicher, eine Funktion welche seit März 1993 durchgehend von der Bundeswehr wahrgenommen wird. Ziel der Mission bleibt weiterhin die Entschärfung des Grenzkonflikts zwischen den ethnischen Gruppen der Georgier und der Abchasen sowie die Verhinderung eines erneuten Bürgerkrieges. Zudem sollen die Rückkehr von Vertriebenen und die Aktivitäten der internationalen Hilfsorganisationen gesichert werden. Da dieses Ziel noch nicht erreicht worden ist, musste der Einsatz von UNOMIG, die zudem auch Projekte im sozialen Bereich fördert, von den UN bisher noch verlängert werden.

Die Bundeswehr entsendet außerdem einen Stabsoffizier zu der am 6. November 1992 eingerichteten OSZE-Langzeitmission nach Georgien. Diese soll helfen, die Konfliktparteien, denn neben Abchasien existieren auch in Ossetien Bestrebungen, sich vom Staat Georgien zu lösen, zu einer friedlichen Zusammenarbeit zu führen. Die OSZE-Mission arbeitet eng mit der UNIMOG zusammen. Ihre Leitung haben unter anderem auch deutsche Diplomaten inne gehabt.

Kongo/Uganda

Das Bundeskabinett beschloss am 13. Juni 2003 sich an der EU-Operation Artemis in der ▸ Demokratischen Republik Kongo, dem drittgrößten und wohl rohstoffreichsten Land Afrikas sowie in Uganda zu beteiligen. Der ▸ Deutsche Bundestag stimmte dieser Entscheidung zu. Die Operation sollte die zur Unterstützung der UN-Mission MONUC zusammengestellte Interim Emergency Multinational Force versorgen. Dazu führte die Luftwaffe von Juni bis September Versorgungsflüge von Deutschland nach Entebbe in Uganda durch. Zudem verstärkten zwei deutsche Offiziere die Führung der Operation in dem dazu in Frankreich errichteten Hauptquartier. Für einen eventuell notwendig werdenden Transport von Verwundeten hielt die Luftwaffe über den gesamten Zeitraum einen Sanitäts-Airbus A310 in Bereitschaft, dessen Einsatz allerdings nicht notwendig wurde. An Artemis nahmen, abgesehen von Kanada, erstmals auch Staaten wie Brasilien und Südafrika teil, die nicht den nordatlantischen Strukturen angehören.

Nach den blutigen Unruhen im Kongo Anfang des Jahres 2003 entsandten die UN gemäss der Resolution 1484 für drei Monate eine internationale Friedenstruppe in den Kongo. Aufgabe der unter französischer Führung stehenden Soldaten war die Sicherung des Flugplatzes der Stadt Bunia und für die Einstellung der Kämpfe in der Stadt zu sorgen. In der von der EU unterstützten Operation Avenir, deren Basis die UN-Resolution 1522 vom Januar 2004 ist, die auf Ersuchen Belgiens zu Stande kam, unterstützen Frankreich, Luxemburg, die Niederlande und Deutschland jetzt den Aufbau einer kongolesischen Armee. Diese soll befähigt werden, friedenssichernde Einsätze im Kongo künftig selbst durchzuführen. Am 26. April

---

Die Existenz zweier Staaten mit dem Namen Kongo geht auf die Kolonialzeit zurück. Während Kongo-Kinshasa in den 1870er Jahren im Auftrag des belgischen Königs erkundet wurde, konnte zwischen 1876 und 1878 der Franzose Pierre Savorgnan de Brazza (Namensgeber für die Hauptstadt Brazzaville) die Gebiete westlich des Kongoflusses an Frankreich binden. Auf der Kongokonferenz von 1885 wurde die Aufteilung der Gebiete im Kongobecken festgelegt. Während der größere östliche Teil zu Belgien kam (Belgisch-Kongo), blieb der kleinere westliche Teil bei Frankreich (Französisch-Kongo oder Mittlerer Kongo). Der Mittlere Kongo, ab 1891 offiziell französische Kolonie, bildete zwischen 1910 und 1946 zusammen mit Gabun, Tschad und Ubangi-Schari (heute

»Bundestagsmandat EUFOR RD Congo«
(17. Mai 2006)

Unter Führung der EU sollten deutsche Soldaten die Friedensmission MONUC der Vereinten Nationen während der Wahlen im Kongo unterstützen.

»Der Deutsche Bundestag stimmt der Beteiligung bewaffneter deutscher Streitkräfte an der EU-geführten Operation EUFORD RD CONGO zur zeitlich befristeten Unterstützung der Friedensmission MONUC der Vereinten Nationen während des Wahlprozesses in der Demokratischen Republik Kongo auf Grundlage der Resolution 1671 (2006) des Sicherheitsrates der Vereinten Nationen vom 25. April 2006 gemäß dem folgenden Beschluss der Bundesregierung zu. [...]

2. Verfassungsrechtliche Grundlagen
Die deutschen Streitkräfte handeln bei ihrer Beteiligung an der EU-geführten multinationalen Unterstützungstruppe und ihren Aufgaben auf der Grundlage der Resolution 1671 (2006) des Sicherheitsrates der Vereinten Nationen vom 25. April 2006, auf der die ›Gemeinsame Aktion‹ der Europäischen Union vom 27. April 2006 aufbaut, im Rahmen und nach den Regeln eines Systems gegenseitiger kollektiver Sicherheit im Sinne des Artikels 24 Abs. 2 des Grundgesetzes.
Der Einsatz der Kräfte darf erfolgen, sobald der Deutsche Bundestag seine konstitutive Zustimmung erteilt hat.

3. Auftrag
Die EU-geführte Operation EUFORD RD CONGO ist Teil eines umfassenden EU Engagements in der Demokratischen Republik Kongo. Auf der Grundlage der Resolution 1671 (2006) des Sicherheitsrates der Vereinten Nationen unterstützt sie die Friedensmission MONUC der Vereinten Nationen im Rahmen ihrer Mittel und Fähigkeiten.
Sie trägt damit zur Schaffung eines sicheren Umfeldes zur Durchführung der Wahlen in der Demokratischen Republik Kongo bei und unterstützt damit die Internationale Gemeinschaft bei den politischen Bemühungen zur Schaffung einer stabilen und friedlichen Demokratischen Republik Kongo.«

Zit. nach: Ernst-Christoph Meier, Klaus-Michael Nelte und Heinz-Uwe Schäfer, Wörterbuch zur Sicherheitspolitik. Deutschland in einem veränderten internationalen Umfeld, 6. Aufl., Hamburg 2006, S. 552 f.

126 Angehörige von Milizen im Stadtzentrum von Brazzaville. Foto, 2. September 2005.

127 Eine MONUC-Truppe der UN bei einer Kontrollfahrt durch Kinshasa. Foto, 25. Oktober 2005.

Zentralafrikanische Republik) die Föderation Afrique Équatoriale Française mit der Hauptstadt Brazzaville. Der Übergang in die Unabhängigkeit 1960 verlief zwar nicht reibungslos, jedoch ruhiger als im Nachbarstaat. Trotz der engen Bindung an die Sowjetunion und China und der Umbenennung in »Volksrepublik Kongo« (1971 bis 1991) blieb der politische und wirtschaftliche Kontakt zum ehemaligen Mutterland Frankreich stets gut, was zu einer gewissen Stabilisierung des Landes beitrug. Obwohl Staatspräsident Denis Sassou-Nguesso 2002 offiziell die Demokratie verkündet hat, lebt das Land auch heute weit gehend unter den Bedingungen einer Diktatur.

128 Deutscher Soldat der EUFOR RD Congo in Kinshasa vor Wahlplakat für Jean Pierre Bemba, der dort als Präsident zur Wahl stand.
Foto, 26. Oktober 2006.

2004 entsandte die Bundeswehr zwei Offiziere in den Kongo, die dort bei der Ausbildung dieser kongolesischen Armee mitwirken sollten. Der Mitte Oktober 2004 von der EU als »EU Military Liaison Officer to the African Union« nach Addis Abbeba entsandte Offizier, der die sicherheitspolitische Kooperation beider Institutionen voranbringen soll, wird ebenfalls von der Bundeswehr gestellt.

Im Dezember 2005 baten die UN die Ratspräsidentschaft der EU um die Entsendung einer multinationalen Truppe zu einer zeitlich begrenzten Unterstützung der UN-Friedensmission MONUC in der Demokratischen Republik Kongo. Da die etwa 17 800 Soldaten und Polizisten umfassende MONUC zumeist im Ostteil des Landes gebunden war und in der Hauptstadt Kinshasa lediglich mit geringen Kräften stand, sollte die Truppe der EU gerade auch hier für eine begrenzte Zeit helfen, die ersten demokratischen Präsidentschaftswahlen und Wahlen zum Parlament seit 1960, nach Jahren des Bürgerkriegs und zweier Kriege in der Demokratischen Republik Kongo, auch vom benachbarten Gabun aus abzusichern. Die Wahlen wurden als unabdingbare Voraussetzung für eine dauerhafte Friedensordnung im Kongo angesehen, der eine große Bedeutung nicht nur für die zentralafrikanische Region, sondern für den gesamten afrikanischen Kontinent zugemessen wurde. Nachdem die EU sich unter bestimmten Bedingungen bereit erklärt hatte, eine solche Unterstützungstruppe zu entsenden, autorisierten die UN am 25. April 2006 mit der Resolution 1671 die EU zur Durchführung dieser Mission. Unter der Bezeichnung EUFOR RD CONGO, so der Beschluss des EU-Rats vom 27. April, arbeiteten etwa 2400 Einsatz- und Unterstützungskräfte aus 16 EU-Mitgliedstaaten sowie der Türkei eng mit der MONUC zusammen. Konkret galt es, durch den Schutz von Personen vor gewalttätigen Aktionen die Wahlen möglichst störungsfrei verlaufen zu lassen, den Flugplatz in Kinshasa zu sichern und eventuell begrenzte Operationen zur Evakuierung von gefährdeten Personen durchzuführen.

Die Bundesregierung stimmte dem Beschluss der EU zu. Nachdem der EU-Rat den Operationsplan sowie die Rules of Engagement gebilligt hatte, erfolgte die zur Entsendung von bis zu 780 Angehörigen der Bundeswehr für diesen Einsatz. Dieser wurde allerdings auf den Raum Kinshasa sowie eine Dauer von vier Monaten begrenzt und sollte mit dem Datum der ersten Runde der Wahlen am 30. Juli 2006 beginnen und mit dem 30. November enden. Für die in Gabun stationierte Unterstützungs- und Eingreifreserve der Mission stellte die Bundeswehr 500 Mann. Für das Lager der EUFOR RD CONGO in Kinshasa stellte die Bundeswehr 280 Soldaten. Zusätzlich hielt die EU in Europa noch eine strategische Reserve bereit. Am 10. Juli begann die Bundeswehr mit der Verlegung des Hauptkontingents in den Kongo, zwischen dem 12. und 18. Juli brachen vier weitere Teilkontingente von Köln/Bonn in den Kongo auf. Am 18. Juli war die volle Einsatzbereitschaft hergestellt.

Die Bundesrepublik hatte sich, wie bereits erwähnt, schon vor längerer Zeit gegenüber der EU verpflichtet, ein Europäisches Operatives Hauptquartier (OHQ) zur Führung militärischer Operationen der EU bereit zu stellen und dafür das Einsatzführungskommando in Potsdam ausgestattet und benannt. Dieses übernahm daher mit etwa 140 Soldaten aus 21 Nationen die Führung des Einsatzes im Kongo. European Operational Commander (EU OpCdr) des Einsatzes wurde somit gleichsam automatisch der Kommandeur des Einsatzführungskommandos sowie des OHQ, Generalleutnant Karlheinz Viereck. Das Kommando über die in Gabun und im Kongo stationierten 2000 Soldaten übernahm ein französischer General vor Ort. Die deutschen Kräfte standen unter der Führung von Flottillenadmiral Henning Bess. Sie kehrten nach erfolgreicher Mission, da die Wahlen weitgehend ungestört abliefen, im Dezember 2006 in die Bundesrepublik zurück.

2 »Kongo« (2004)

Die Mehrzahl der Kindersoldaten wird bei Konflikten in Afrika eingesetzt. Nach Schätzungen der UN sind zwischen 1990 und 2000 etwa zwei Millionen Kinder in blutigen Auseinandersetzungen gefallen. Weitere sechs Millionen wurden dadurch zu Invaliden. Ein ehemaliger Kindersoldat berichtet:

»Sie [die Kriegsherren] haben Jungs, die etwas älter waren, mitgenommen. [...] Die Mädchen haben sie vor unseren Augen vergewaltigt und einfach liegen gelassen. [...] Die haben Kinder und Jugendliche immer in die vorderste Reihe gestellt. Dahinter waren die schwersten Waffen, mit denen der Feind zuerst beschossen wurde. Das hat den Feind verwirrt und in dem Moment haben die Kindersoldaten aus der ersten Reihe angegriffen. [...] Sie haben uns zum Plündern benutzt und um Leute zu töten, die als Verräter verdächtigt wurden. [...] Wir waren denen völlig unterstellt. Die konnten mit uns machen, was sie wollten. Wir fühlen uns wie Sklaven.«

Zit. nach: Kongo. Geschichte eines geschundenen Landes, Hamburg 2004, S. 97 ff.

129 Kindersoldat der Rebellen im Kongo. Nicht nur die Rebellen im Kongo, sondern auch die Regierungstruppen von Präsident Laurent Kabila rekrutieren im großen Stil Kindersoldaten. Foto, 1998.

Abkürzungsverzeichnis

ABC-Waffen	Atomare, biologische und chemische Waffen
Abt.	Abteilung
ACE	*Allied Command Europe* (engl.; NATO-Kommandobereich Europa)
ACLANT	*Allied Command Atlantic* (engl.; NATO-Kommandobereich Atlantik)
ADM	*Atomic Demolition Munition* (engl.; atomare Bodensprengkörper)
AEP	Unabhängiger Ausschuss Eignungsprüfung
AFCENT	*Allied Forces Central Europe* (engl.; Alliierte Streitkräfte Europa Mitte)
AG	Aufklärungsgeschwader
AG	Aktiengesellschaft
AGIS	Automatisiertes Gefechts- und Informationssystem für Schnellboote (der Bundeswehr)
ALB	*Air-Land-Battle* (engl.; Luft-Boden-Schlacht/US-Militärdoktrin)
AMF	*Allied Mobile Force* (engl.; Bewegliche Eingreiftruppe im ACE)
AMIS	*African Mission in Sudan* (engl.; Mission der Afrikanischen Union im Sudan)
AMM	*Aceh Monitoring Mission* (engl.; Beobachtermission in Aceh)
APuZ	Aus Politik und Zeitgeschichte
ARFPS	*Allied Command Europe Reaction Force Planning Staff* (engl.; Planungsstab der Krisenreaktionskräfte im ACE)
ARRC	*Allied Command Europe Rapid Reaction Corps* (engl; Schnelles Krisenreaktionskorps ACE)
ASBw	Amt für Sicherheit der Bundeswehr
ATAF	*Allied Tactical Air Force* (engl.; Alliierte Taktische Luftwaffe)
AU	Afrikanische Union
AWACS	*Airborne Warning and Control System* (engl.; Luftgestütztes Frühwarn- und Kontrollsystem)
BAföG	Bundesausbildungsförderungsgesetz
BA-MA	Bundesarchiv-Militärarchiv
BAOR	*British Army of the Rhine* (engl.; Britische Rhein-Armee)
Bd	Band
Bde	Bände
BG	Brigadegeneral
BGS	Bundesgrenzschutz
Bl.	Blatt
BMP	*Bojevaja Maschina Pechoty* (russ.; Schützenpanzer)
BMVg	Bundesministerium für/der Verteidigung
BRD	Bundesrepublik Deutschland
BSN	Befehlshaber der Bundeswehr-Seestreitkräfte der Nordsee
BSO	Befehlshaber der Bundeswehr-Seestreitkräfte der Ostsee
BSR	Bundessicherheitsrat
BStU	Bundesbeauftragte/r für die Unterlagen des Staatssicherheitsdienstes der ehemaligen DDR
BVerfG	Bundesverfassungsgericht
Bw	Bundeswehr

Abkürzungsverzeichnis

BwKdo	Bundeswehr-Kommando
CAOC	*Combined Air Operations Center* (engl.; kombinierter Luftgefechtsstand)
CDU	Christlich-Demokratische Union
CENTAG	*Central Army Group* (engl.; Heeresgruppe Europa Mitte)
CENTO	*Central Treaty Organization* (engl.; Verteidigungsbündnis zwischen Irak, Türkei, Iran, Pakistan und Großbritannien)
chem.	chemisch
CIMIC	*Civil Military Cooperation* (engl.; Zivil-Militärische Zusammenarbeit)
CINC	*Commander-in-Chief* (engl.; Oberbefehlshaber)
CINCENT	*Commander-in-Chief Allied Forces Central Europe* (engl.; Oberbefehlshaber NATO-Streitkräfte Mitteleuropa)
CINCHAN	*Commander-in-Chief Channel* (engl.; Oberbefehlshaber NATO-Streitkräfte Ärmelkanal und südliche Nordsee)
CNV	*Central Nuclear War* (engl.; Der große Atomkrieg)
COMAAFCE	*Commander Allied Air Forces Central Europe* (engl..; Befehlshaber NATO-Luftstreitkräfte Europa Mitte)
COMBALTAP	*Commander Baltic Approaches* (engl.; Befehlshaber NATO-Streitkräfte Ostseezugänge)
COMBENECHAN	*Commander Benelux Subarea Channel* (engl.; Befehlshaber NATO-Streitkräfte Benelux-Staaten/Ärmelkanal)
COMISAF	*Commander International Security Assistance Force* (engl.; Oberbefehlhaber ISAF)
COMKFOR	*Commander Kosovo-Force* (engl.; Oberbefehlhaber KFOR)
COMNAVBALTAP	*Commander Allied Naval Baltic Approaches* (engl.; Befehlshaber der NATO-Seestreitkräfte Ostsee)
COMNAVSCAP	*Commander Allied Naval Forces Scandinavian Approaches* (engl.; Befehlshaber der NATO-Seestreitkräfte Skandinavien)
CP	Control Points (engl.; Kontrollpunkte)
CSFR	*Cesko-Slovenska Federativna Republika* (tsch.;Tschechische und Slowakische Föderative Republik)
CSSR	*Ceskoslovenska Socialisticka Republika* (tsch.; Tschechoslowakische Sozialistische Republik)
CSU	Christlich-Soziale Union
DD	Dienst für Deutschland (der DDR)
DDR	Deutsche Demokratische Republik
DGP	Deutsche Grenzpolizei (der DDR)
DHS	Diensthabendes System (des Warschauer Pakts)
DOMREP	*Mission of the Representative of the Secretary General in the Dominican Republic* (engl.; Mission des Vertreters des Generalsekretärs in der Dominikanischen Republik)
DP	Demokratische Partei
DP	*Displaced Person* (engl.; verschleppte Personen)
d.R.	der Reserve
DRK	Deutsches Rotes Kreuz
DSO	Division Spezielle Operationen (der Bundeswehr)
DtVKdoSowjSK	Deutsches Verbindungskommando zu den Sowjetischen Streitkräften in Deutschland

DVdI	Deutsche Verwaltung des Innern (in der SBZ)
DVP	Deutsche Volkspolizei (der DDR)
EA	Erstausgabe
EAPR	Euro-Atlantische Partnerschaftsrat
ECR	*Electronic-Combat-Reconnaissance* (engl.; Elektronische Kampfaufklärung)
EFTA	*European Free Trade Association* (engl.; Europäische Freihandelsassoziation)
EG	Europäische Gemeinschaft
EGKS	Europäische Gemeinschaft für Kohle und Stahl
EGV	Einsatzgruppenversorger (der Deutschen Marine)
EinsVg	Einsatzversorgungsgesetz
EK	Entlassungskandidat (der NVA)
ELS	*Emitter Location System* (engl.; Radarortungssystem)
EPG	Europäische Politische Gemeinschaft
ESS	Europäische Sicherheitsstrategie
ESVP	Europäische Sicherheits- und Verteidigungspolitik
EU	Europäische Union
EUBG	*European Union Battle Groups* (engl.; Heeresgruppe der EU)
EUFOR	*European Union Force* (engl.; Streitkräfte der EU)
EUFOR RD	*European Force République démocratique du Congo* (franz.; Europäische Streitkräfte in der Demokratischen Republik Kongo)
EUMS	*European Union Military Staff* (engl.; Militärstab der EU)
EURASEC	*Eurasian Economic Community* (engl.; Eurasische Wirtschaftsgemeinschaft)
EURATOM	Europäische Atomgemeinschaft
EVG	Europäische Verteidigungsgemeinschaft
EWG	Europäische Wirtschaftsgemeinschaft
EWWU	Europäische Wirtschafts- und Währungsunion
F	Frieden
FAO	*Food and Agricultur Organization of the United Nations* (engl.; Kommission der Vereinten Nationen für Ernährung)
FBiH	*Federacija Bosne i Hercegovine* (serb./kroat./bosn.; Föderation Bosnien und Herzegowina)
FBSt	Familienbetreuungsstellen (der Bundeswehr)
FBZ	Familienbetreuungszentren (der Bundeswehr)
FDJ	Freie Deutsche Jugend (der DDR)
FDP	Freie Demokratische Partei
FFS	Flugzeugführerschulen (der Bundeswehr)
FHQ	*Forces Headquarters* (engl.; multinationaler Gefechtsstand)
FK	Flugkörper
Fla	Flugabwehr
FlAnwRgt	Fliegeranwärterregiment (der NVA)
FlaRak	Flugabwehrraketen
FLR	*Forces Lower Readiness* (engl.; Streitkräfte mit einer Einsatzbereitschaft von 90 bis 180 Tagen)

Abkürzungsverzeichnis

Fm	Fernmelde-
FOC	*Full Operational Capability* (engl.; volle Einsatzbereitschaft)
FOFA	*Follow-On-Forces Attack* (engl.; Bekämpfung der nachrückenden Truppen/ NATO-Strategie,)
FOG	*Flag Officer Germany* (engl.; Flaggoffizier Deutschland)
FOG	Forschungsgruppe Informationsgesellschaft und Sicherheitspolitik
Fü B	Führungsstab der Bundeswehr
Fü H	Führungsstab des Heeres
Fü L	Führungsstab der Luftwaffe
Fü M	Führungsstab der Marine
GATT	*General Agreement on Trade and Tariffs* (engl.; Allgemeines Zoll- und Handelsabkommen)
GEBB	Gesellschaft für Entwicklung, Beschaffung und Betrieb
GECONIFOR	*German Contingent Implementation Force* (engl.; Deutsches Kontingent IFOR)
GECONSFOR	*German Contingent Stabilisation Force* (engl.; Deutsches Kontingent SFOR)
GenInspBw	Generalinspekteur der Bundeswehr
GG	Geschichte und Gesellschaft
GG	Grundgesetz
GmbH	Gesellschaft mit beschränkter Haftung
Grp	Gruppe
GSSD	Gruppe der Sowjetischen Streitkräfte in Deutschland
GST	Gesellschaft für Sport und Technik (der DDR)
GUAM	Sicherheitsallianz der vier GUS-Staaten Georgien, Ukraine, Aserbaidschan, Moldawien
GUS	Gemeinschaft unabhängiger Staaten
GVP	Gesamtdeutsche Volkspartei
GWU	Geschichte in Wissenschaft und Unterricht
HDv	Heeresdienstvorschrift (der Bundeswehr)
HQ	*Headquarters* (engl.; Hauptquartier)
HumHiPak	Humanitäre Hilfe Pakistan
HumHiSOA	Humanitäre Hilfe Südostasien
HUS	Heeresunteroffizierschule (der Bundeswehr)
HVA	Hauptverwaltung für Ausbildung (der NVA)
HVK	Hauptverteidigungskräfte (der Bundeswehr)
HVL	Hauptverwaltung Luftpolizei (der DDR)
HVS	Hauptverwaltung Seepolizei (der DDR)
HZ	Historische Zeitschrift
ICI	*Istanbul Cooperation Initiative* (engl.; Dialogprogramm zwischen NATO und Staaten der Nahost- und Golfregion)
IDS	*Interdiction and Strike* (engl.; Gefechtsfeldabriegelung/Angriff)
IdZ	Infanterist der Zukunft
IFOR	*Peace Implementation Force* (engl.; Friedenstruppe in Bosnien-Herzegowina unter NATO-Kommando)

IG	Internationaler Gerichtshof
ILO	*International Labour Organisation of the United Nations* (engl.; Kommission der Vereinten Nationen für Arbeit)
IM	Inoffizieller Mitarbeiter (des MfS)
INF	*Intermediate-Range Nuclear Forces* (engl.; Nuklearwaffen mittlerer Reichweite)
InSan	Inspektion des Sanitäts- und Gesundheitswesens (der Bundeswehr)
INTERFET	*International Force East Timor* (engl.; Internationale Streitkräfte in Osttimor)
ISAF	*International Security Assistance Force* (engl.; Internationale Sicherheitsunterstützungstruppe in Afghanistan)
JBG	Jagdbombergeschwader (der NVA)
JBLG	Jahrbuch für Brandenburgische Landesgeschichte
JG	Jagdgeschwader (der Bundeswehr)
Kdo	Kommando (der Bundeswehr)
KdoOpFüEingrKr	Kommando Operative Führung Eingreifkräfte (der Bundeswehr)
KFOR	*Kosovo-Force* (engl.; Streitkräfte im Kosovo)
KMNB	Kabul Multinationale Brigade
KPD	Kommunistische Partei Deutschlands
KPdSU	Kommunistische Partei der Sowjetunion
KRK	Krisenreaktionskräfte (der Bundeswehr)
KSE	Konventionelle Streitkräfte in Europa
KSK	Kommando Spezialkräfte (der Bundeswehr)
KSZE	Konferenz über Sicherheit und Zusammenarbeit in Europa
KUT	Krisenunterstützungsteam (der Bundeswehr)
KVM	*Kosovo Verification Mission* (engl.; Mission zur Überprüfung der Abkommen im Kosovo)
KVP	Kasernierte Volkspolizei (der DDR)
LANDCENT	*Allied Land Forces Central Europe* (engl.; NATO-Landstreitkräfte Mitteleuropa)
LANDJUT	*Allied Land Forces Jutland* (engl.; NATO-Landstreitkräfte Schleswig-Holstein und Dänemark)
LHD	Lion Apparel Deutschland GmbH, Hellmann Worldwide Logistics GmbH & Co Dienstbekleidungs GmbH
LSK	Luftstreitkräfte (der DDR)
LTG	Lufttransportgeschwader (der Bundeswehr)
Ltr	Leiter
LV	Luftverteidigung (der DDR)
LVD	Luft-Verteidigungs-Division (der NVA)
Lw-Grp	Luftwaffengruppe (der Bundeswehr)
MAD	*Mutual Assured Destruction* (engl.; Sichere Möglichkeit der gegenseitigen Vernichtung)
MAD	Militärischer Abschirmdienst (der Bundeswehr)
MB	Militärbezirk (der DDR)

Abkürzungsverzeichnis

MBFR	*Mutual and Balanced Force Reductions* (engl.; Verhandlungen über die gegenseitige Verminderung von Streitkräften und Rüstungen und damit zusammenhängenden Maßnahmen in Europa)
MdI	Ministerium des Innern (der DDR)
MEDEVAC	*Medical Evacuation* (engl.; Verwundetentransport)
MFG	Marinefliegergeschwader (der NVA)
MfNV	Ministerium für Nationale Verteidigung (der DDR)
MfS	Ministerium für Staatssicherheit (der DDR)
MGFA	Militärgeschichtliches Forschungsamt (der Bundeswehr)
MGM	Militärgeschichtliche Mitteilungen
MGZ	Militärgeschichtliche Zeitschrift
MiG	Mikojan-Gurewitsch (sowjetisches Kampfflugzeug)
MINUGUA	*United Nations Verification Mission in Guatamala* (engl.; Verifikationsmission der Vereinten Nationen in Guatamala)
MINURCA	*Mission des Nations Unies en République centrafricaine* (franz.; Mission der Vereinten Nationen in der Zentralafrikanischen Republik)
MINURSO	*Mission des Nations Unies pour l'organisation d'un référendum au Sahara Occidental* (franz.; Mission der Vereinten Nationen für das Referendum in der Westsahara)
MINUSTAH	*Mission des Nations Unies pour la Stabilisation en Haïti* (franz.; Stabilisierungsmission der Vereinten Nationen in Haiti)
MIPONUH	*Mission de Police civile des Nations Unies en Haiti* (franz.; Zivilpolizeiliche UN-Mission in Haiti)
MNB-SE	*Multinational Brigade South-East* (engl.; Multinationale Brigade Südost)
MNC-NE	*Multinational Corps North-East* (engl.; Multinationales Korps Nordost)
MND	*Multinational Division* (engl.; multinationale Division)
MNTF	Multinationale Taskforce
Mob	Mobilmachung
MONUA	*Mission d'Observation des Nations Unies en Angola* (franz.; Beobachtermission der Vereinten Nationen in Angola)
MONUC	*Mission des Nations Unies en République démocratique du Congo* (franz.; Mission der Vereinten Nationen in der Demokratischen Republik Kongo)
mot	motorisierte (Einheiten der WP-Staaten)
MRCA	*Multi Role Combat Aircraft* (engl.; Mehrzweck-Kampfflugzeug)
MSD	Motorisierte Schützendivision (der NVA)
MTA	Militärisch-Technischen Übereinkunft
MX	*Missile X* (engl.; Interkontinentalrakete)
NATO	*North Atlantic Treaty Organization* (engl.; Nordatlantische Vertragsorganisation)
NAVOCFORMED	*Naval On-Call Force Mediterrean* (engl.; Abrufbereiter NATO-Flottenverband Mittelmeer)
NF	Neue Folge
NORTHAG	*Northern Army Group* (engl.; NATO-Heeresgruppe Europa Nord)
NRDC-T	*NATO Rapid Deployable Corps-Turkey* (engl.; NATO-Eingreifkorps Türkei)
NRF	NATO Response Force
NSS	Nachschubschule (der NVA)
NVA	Nationale Volksarmee (der DDR)

NVR	Nationaler Verteidigungsrat (der DDR)
OEEC	*Organization for European Economic Cooperation* (engl.; Organisation für wirtschaftliche Zusammenarbeit in Europa)
ONUB	*United Nations Operation in Burundi* (engl.; Mission der Vereinten Nationen in Burundi)
ONUC	*United Nations Operation in Congo* (engl.; Operation der Vereinten Nationen im Kongo)
ONUSAL	*Observadores de las Naciones Unidas en El Salvador* (span.; Beobachter der Vereinten Nationen in El Salvador)
OpInfoTr	Truppe für Operative Information (der Bundeswehr)
OSZE	Organisation für Sicherheit und Zusammenarbeit in Europa
PAH	Panzerabwehrhubschrauber (der Bundeswehr)
PD	Panzerdivision (der NVA)
PDS	Partei des demokratischen Sozialismus
PfP	*Partnership for Peace* (engl.; Partnerschaft für den Frieden)
PGA	Personalgutachterausschuss
PHV	Politische Hauptverwaltung (der NVA)
PISG	Provisorische Institutionen der Selbstverwaltung
PKW	Personenkraftwagen
PLO	*Palestine Liberation Organisation* (engl.; Palästinensische Befreiungsorganisation)
POS	Polytechnische Oberschule (der DDR)
PRT	*Provincial Reconstruction Team* (engl.; regionale Wiederaufbauteams)
RAF	*Royal Air Force* (engl.; Königliche Luftwaffe Großbritanniens)
Rak	Rakete
RD	Rückwärtige Dienste (der NVA)
RPF	Ruandisch-Patriotische Front
RS	*Republika Srbska* (serb.; Serbische Republik)
RS-Boot	Raketenschnellboot (der NVA)
RTS	Raketen-Torpedo-Schnellboot (der NVA)
SACEUR	*Supreme Allied Commander Europe* (engl.; Alliierter Oberbefehlshaber Europa)
SACLANT	*Supreme Allied Commander Atlantic* (engl.; Alliierter Oberbefehlshaber Atlantik)
SALT	*Strategic Arms Limitation Talks* (engl.; Gespräche zur nuklearen Rüstungsbegrenzung)
SanFüKdo	Sanitätsführungskommando (der Bundeswehr)
SAR	*Search and Rescue* (engl.; Such- und Rettungsdienst)
SaZ	Soldat auf Zeit
SBZ	Sowjetische Besatzungszone (in Deutschland)
SCO	*Shanghai Cooperation Organization* (engl.; Shanghaier Organisation für Zusammenarbeit)
SDI	*Strategic Defence Initiative* (engl.; Initiative zum Aufbau eines Abwehrsystems gegen Interkontinentalraketen)

Abkürzungsverzeichnis

SEATO	*South East Asia Treaty Organisation* (engl.; südostasiatisches Verteidigungsbündnis)
SED	Sozialistische Einheitspartei Deutschlands
SEF	Ständige Einsatzverband der Flotte (der Bundeswehr)
SFL	Selbstfahrlafette (der NVA)
SFOR	*Stabilisation Force* (engl.; Stabilisierungskräfte)
SG	Soldatengesetz (der Bundesrepublik)
SHAPE	*Supreme Headquarters Allied Powers Europe* (engl.; NATO-Hauptquartier Europa)
SKB	Streitkräftebasis (der Bundeswehr)
SKK	Sowjetische Kontrollkommission (in der DDR)
SMAD	Sowjetische Militäradministration in Deutschland
SOWI	Sozialwissenschaftliches Institut (der Bundeswehr)
SPD	Sozialdemokratische Partei Deutschlands
SPW	Schützenpanzerwagen (der NVA)
SPz	Schützenpanzer (der Bundeswehr)
STAN	Stärke- und Ausrüstungsnachweis (der Bundeswehr)
STANAVFORCHAN	*Standing Naval Force Channel* (engl.; Ständige NATO-Seestreitkräfte Ärmelkanal)
STANAVFORLANT	*Standing Naval Forces Atlantic* (engl.; Ständige NATO-Seestreitkräfte Atlantik)
STANAVFORMED	*Standing Naval Force Mediterranean* (engl.; Ständige NATO-Seestreitkräfte Mittelmeer)
StaOffz	Stabsoffizier
Stasi	siehe MfS
StratAirMedEvac	*Strategical Air Medical Evacuation* (engl.; strategischer und taktischer Verwundetentransport)
TerrRes	Territorial-Reserve (der Bundeswehr)
TFF	*Task Force Fox* (engl.; Einsatzkräfte Fuchs)
TFH	*Task Force Harvest* (engl.; Einsatzkräfte Ernte)
TK	Territorialkommando (der Bundeswehr)
TS-Boot	Torpedoschnellboot (der NVA)
TSLw	Technische Schule der Luftwaffe (der Bundeswehr)
TV	Territorialverteidigung (der Bundesrepublik)
u.a.	unter anderem/und andere
UAbt	Unterabteilung
UAW	U-Boot-Abwehr
U-Boot	Unterseeboot
UCK	*Ushtria Clirimtare e Kosoves* (alb.; Kosovo-Befreiungsarmee)
UdSSR	Union der Sozialistischen Sowjetrepubliken
UN	*United Nations* (engl.; Vereinte Nationen)
UNAMA	*United Nations Assistance Mission in Afghanistan* (engl.; Unterstützungsmission der Vereinten Nationen in Afghanistan)
UNAMIC	*United Nations Advance Mission in Cambodia* (engl.; Vorausmission der Vereinten Nationen in Kambodscha)
UNAMIR	*United Nations Assistance Mission for Rwanda* (engl.; Unterstützungsmission der Vereinten Nationen für Ruanda)

UNAMSIL	*United Nations Mission in Sierra Leone* (engl.; Mission der Vereinten Nationen in Sierra Leone)
UNASOG	*United Nations Aouzou Strip Observer Group* (engl.; Beobachtertruppe der Vereinten Nationen im Aouzoustreifen)
UNAVEM	*United Nations Angola Verification Mission* (engl.; Verifikationsmission der Vereinten Nationen in Angola)
UNCRO	*United Nations Confidence Restoration Operation in Croatia* (engl.; Operation der Vereinten Nationen zur Wiederherstellung des Vertrauens in Kroatien)
UNCTAD	*United Nations Conference on Trade and Development* (engl.; Welthandelskonferenz)
UNDOF	*United Nations Disengagement Observe Force* (engl.; Beobachtermission der Vereinten Nationen für die Truppenentflechtung)
UNDP	*United Nations Development Programme* (engl.; Entwicklungsprogramm der Vereinten Nationen)
UNEF	*United Nations Emergency Force* (engl.; Noteinsatztruppe der Vereinten Nationen auf der Sinaihalbinsel)
UNEP	*United Nations Environment Programs* (engl.; Umweltprogramme der Vereinten Nationen)
UNESCO	*United Nations Scientific and Cultural Organization* (engl.; Kommission der Vereinten Nationen für Erziehung)
UNFICYP	*United Nations Peacekeeping Force in Cyprus* (engl.; Friedenstruppe der Vereinten Nationen in Zypern)
UNGOMAP	*United Nations Good Offices Mission in Afghanistan and Pakistan* (engl.; Mission der Vereinten Nationen der guten Dienste in Afghanistan und Pakistan)
UNHCR	*United Nations High Commissioner for Refugees* (engl.; Hoher Kommissar der Vereinten Nationen für Flüchtlinge)
UNICEF	*United Nations International Children's Emergency Fund* (engl.; Weltkinderhilfswerk)
UNIFIL	*United Nations Interim Force in Lebanon* (engl.; Interimstruppe der Vereinten Nationen in Libanon)
UNIIMOG	*United Nations Iran-Iraq Military Observer Group* (engl.; Militärische Beobachtergruppe der Vereinten Nationen im Iran und Irak)
UNIKOM	*United Nations Iraq-Kuwait Observation Mission* (engl.; Beobachtermission der Vereinten Nationen in Irak und Kuwait)
UNIPOM	*United Nations India Pakistan Observations Mission* (engl.; Beobachtermission der Vereinten Nationen in Indien und Pakistan)
UNITAF	*United Task Force* (engl.; Vereinte Eingreiftruppe)
UNMEE	*United Nations Mission in Ethopia and Eritrea* (engl.; Mission der Vereinten Nationen in Äthopien und Eritrea)
UNMIBH	*United Nations Mission in Bosnia and Herzegovina* (engl.; Mission der Vereinten Nationen in Bosnien-Herzegowina)
UNMIH	*United Nations Mission in Haiti* (engl.; Mission der Vereinten Nationen in Haiti)
UNMIK	*United Nations Mission in Kosovo* (engl.; Mission der Vereinten Nationen im Kosovo)
UNMIK	*United Nations Interim Administration Mission in Kosovo* (engl.; Übergangsregierung der Vereinten Nationen im Kosovo)

Abkürzungsverzeichnis

UNMIL	*United Nations Mission in Liberia* (engl.; Mission der Vereinten Nationen in Liberia)
UNMIS	*United Nations Mission in Sudan* (engl.; Mission der Vereinten Nationen im Sudan)
UNMISET	*United Nations Mission of Support East Timor* (engl.; Unterstützungsmission der Vereinten Nationen in Osttimor)
UNMOGIP	*United Nations Military Observer Group in India and Pakistan* (engl.; Militärbeobachtertruppe der Vereinten Nationen in Indien und Pakistan)
UNMOP	*United Nations Mission of Observers in Prevlaka* (engl.; Beobachtermission der Vereinten Nationen in Prevlaka)
UNMOT	*United Nations Mission of Observers in Tajikistan* (engl.; Beobachtermission der Vereinten Nationen in Tadschikistan)
UNOCI	*United Nations Operation in Côte d'Ivoire* (engl.; Einsatz der Vereinten Nationen an der Elfenbeinküste)
UNOGIL	*United Nations Observation Group in Lebanon* (engl.; Beobachtungstruppe der Vereinten Nationen im Libanon)
UNOMIG	*United Nations Observer Mission in Georgia* (engl.; Beobachtermission der Vereinten Nationen in Georgien)
UNOMIL	*United Nations Observer Mission in Liberia* (engl.; Beobachtermission der Vereinten Nationen in Liberia)
UNOMOZ	*United Nations Operation in Mozambique* (engl.; Einsatz der Vereinten Nationen in Mosambik)
UNOMSIL	*United Nations Observer Mission in Sierra Leone* (engl.; Beobachtermission der Vereinten Nationen in Sierra Leone)
UNOMUR	*United Nations Observer Mission in Rwanda and Uganda* (engl.; Beobachtermission der Vereinten Nationen in Ruanda und Uganda)
UNOSOM	*United Nations Operation in Somalia* (engl.; Einsatz der Vereinten Nationen in Somalia)
UNPF	*United Nations Peace Forces* (engl.; Friedenstruppe der Vereinten Nationen)
UNPREDEP	*United Nations Preventive Deployment Force* (engl.; Präventiveinsatzgruppe der Vereinten Nationen in Mazedonien)
UNPROFOR	*United Nations Protection Force* (engl.; Schutztruppe der Vereinten Nationen in Kroatien)
UNPSG	*United Nations Police Support Group* (engl.; Polizeiunterstützungsgruppe der Vereinten Nationen)
UNSCOM	*United Nations Special Commission* (engl.; Sonderkommission der Vereinten Nationen)
UNSF	*United Nations Security Force in West New Guinea* (engl.; Sicherheitstruppe der Vereinten Nationen in West-Neuguinea)
UNSMIH	*United Nations Support Mission in Haiti* (engl.; Unterstützungsmission der Vereinten Nationen in Haiti)

UNTAC	*United Nations Transitional Authority in Cambodia* (engl.; Übergangsverwaltung der Vereinten Nationen in Kambodscha)
UNTAET	*United Nations Transitional Administration in East Timor* (engl.; Übergangsverwaltung der Vereinten Nationen in Osttimor)
UNTAS	*United Nation Transitional Administration for Eastern Slavonia* (Übergangsverwaltung der Vereinten Nationen für Ostslawonien)
UNTMIH	*United Nations Transitional Mission in Haiti* (engl.; Übergangsmission der Vereinten Nationen in Haiti)
UNTSO	*United Nations Truce Supervision Organization* (engl.; Organisation der Vereinten Nationen zur Überwachung des Waffenstillstandes)
UNYOM	*United Nations Yemen Observation Mission* (engl.; Beobachtermission der Vereinten Nationen im Jemen)
USA	*United States of America* (engl.; Vereinigte Staaten von Amerika)
USAAF	*US Army Air Force* (engl.; Luftstreitkräfte der US Army)
VdAK	Verwaltung der Aeroklubs (der DDR)
VfZ	Vierteljahreshefte für Zeitgeschichte
VN	Vereinten Nationen
VOF	Verbündete Ostseeflotten (des Warschauer Paktes)
VP	Volkspolizei (der DDR)
W+G	Waffen- und Gerätsysteme
WaSLw	Waffenschule der Luftwaffe
WCP	*Weapons Collection Point* (engl.; Waffensammelpunkt)
WEU	Westeuropäische Union
WFC	*World Food Council* (engl.; Welternährungsrat)
WGT	Westgruppe der Truppen (der Roten Armee)
WHO	*World Health Organization* (engl.; Weltgesundheitsorganisation)
WP	Warschauer Pakt
WTO	*World Trade Organisation* (engl.; Welt-Handels-Organisation)
WVO	Warschauer Vertragsorganisation
ZASBw	Zentrum für Analysen und Studien der Bundeswehr
ZDv	Zentrale Dienstvorschrift (der Bundeswehr)
ZfH	Zeitschrift für Historische Forschung
ZIPB	Zivile Infrastruktur-Projektbegleitung
ZK	Zentralkomitee
ZMilDBw	Zentrale Militärische Dienststellen der Bundeswehr
ZMZ	Zivil-Militärische Zusammenarbeit
ZVBw	Zentrum für Verifikationsaufgaben der Bundeswehr

Verzeichnis der Sachtexte

Abhöraffäre des MAD   225
Abwanderung aus der DDR   255
Anfragen Bundestag   127
Atomare Zweitschlagfähigkeit   13
Assignierung   319
Atomwaffen-Sperrvertrag   167
Auslandseinsätze der Bundeswehr   330
Außenpolitik der UdSSR   21
AWACS   361

Bedingungslose Kapitulation   5
Bendler-Block   327
Benennung Bundeswehr   80
Berlin-Blockade   23
Berlin-Ultimatum   67
Betriebskampfgruppen   45
Bewaffnete Kräfte der DDR   74
Breschnew-Doktrin   171
Bundeswehr Bekleidungsgesellschaft   336
Bundeswehr-Einsatz im Sudan   391
Bundeswehr-Einsatz in Somalia   363
Bundeswehr Fuhrparkservice   337

Domino-Theorie   182
Dritte Welt   12

Ehrenmal der Bundeswehr   331
Einmarsch der UdSSR in Afghanistan   185
Einsatzgruppenversorger   353
Einsatzversorgungsgesetz   347
Elfter September 2001   286
Entscheidungsspielraum von Offizieren   164
Erziehungssystem der DDR   201
Escort Navy   249
Ethnische Säuberung   279
EU-Erweiterung   294

Fachbegriffe Marine   133
Feierliches Gelöbnis (Bremen 1980)   223
Fluchtbewegung aus der DDR   73

Föderalismus   25
Freie Deutsche Jugend   36
Friedensabkommen von Dayton   371
Friedensbewegung   190

Geiselnahme von Teheran   181
Gemeinschaft Unabhängiger Staaten   280
Gender Mainstreaming   324
Generalinspekteur der Bundeswehr   335
Gesellschaft für Sport und Technik   40
Glasnost und Perestroika   192
Globalisierung   285
Gruppe der Acht (G-8)   285

Hegemonie   20
Heißer Draht   16
Herbstmanöver   258
Hisbollah   381
Hohlstablenkboot   250
Holdinggesellschaft   337
Horn von Afrika   181

Infanterist der Zukunft   341
Innerdeutsche Grenze   72
Integration von NVA-Angehörigen in die Bundeswehr   303
Internationale Gerichtshof   369
Internationale Rüstungskontrolle   168

Jak-11   39
Jak-18   39

Kalte Krieg in der Arena   186
Katastrophenhilfe   292
Kernwaffensysteme   167
Kießling-Affäre   225
Kollateralschaden   297
Konferenz von Jalta   27
Kongo   392
Koreakrieg   37

Kosovo-Konflikt 375
Kosovo-Mythos 372
Kriege seit 1990 283
Kriegsgefange Zweiter Weltkrieg 8
Kriseninterventionstruppen 380
Kuba-Krise 68

LINK 11 248
Luft- und Seenotrettungsdienst 355

März-Unruhen Kosovo 377
Massaker in Peking 1989 204
Medical Evacuation 351
Meinungsumfrage zur Bundeswehr 111
MiG-21 M 143
Militärgeschichte 307
Militärische Abschirmdienst 225
Militärischer Strafvollzug der NVA 144
Militärseelsorge 367
Militärgeschichtliches Forschungsamt 307
Monroe-Doktrin 51
Morgenthau- und Marschallplan 21
Mudjahedin 184
Multinationales Korps Nord-Ost 319

Nagold-Affäre 86
NATO-Doppelbeschluss 160
NATO-Osterweiterung 320
Naval Historical Team 126
Neutronenbombe 242
Nordallianz 383
Nordatlantikrat 281
Notenbank 282
Notopfer Berlin 176
Nürnberger Prozesse 11

Offizierkorps der HVA 42
Offizierschüler der KVP/NVA 48
Operation Libelle 378
Ostseestreitkräfte 1959 138

Partnerschaft für den Frieden 379
Paulskirchenbewegung 58
Pentagon 179
Personalstärke der NVA 1989 208
Personelle Kontinuitäten 42
Potsdamer Konferenz 7
Prager Frühling 147

Regierung Dönitz 6
Reparationskosten in der SBZ 28
Robustes Mandat 362
Römischen Verträge 56
Ruanda 350

Schneekatastrophe 1978 352
Schützenpanzer HS 30 115
SED 29
SHAPE 179
Sicherheitsdoktrin USA 2002 288
Sinnkrise westlicher Sicherheitspolitik 222
Somalia 363
Sonderrolle Jugoslawiens 295
Sowjetisch-Kubanischer Expansionismus 180
Sowjetische Atombombe 50
Sowjetische Ehrenmale 308
Spiegel-Affäre 100
Srebrenica 369
Ständige Gefechtsbereitschaft 203
Ständige Vertretung 156
Stalin-Note 61
Starfighter-Krise 122
Strategic Arms Limitation Talks 166
Strategic Defense Initiative 188
Sturmflut in Hamburg 83
Suezkanal 64
symetrischer/asymetrischer Krieg 278

T-34 34
Tag der Marine 344
Taliban 382

Verzeichnis der Sachtexte

Task-Force   376
Terroranschläge in London und Madrid   279
Tornado   368
Traditionspflege der NVA   145
Treffen im Kaukasus   210
Truppe für Operative Information   342
Truppenfahne   81
Truppengattungen 1959   117

U-Boot Hai   131
UCK   373
UN-Einsatz im Libanon   381
UN-Einsatz in Kambodscha   349
Uniformierung NVA   137
Uno-Blauhelmeinsätze seit 1945   365
Unterscheidung Schiff/Boot   251

Vereinten Nationen   357
Verteidigungsausgaben der NATO   179

Vertriebene   174
Vietnam-Krieg   183
Volksaufstand in der DDR   46
Volksaufstand in Ungarn   65
Volkswirtschaftliche Einsätze der NVA   205

Wachregiment Feliks E. Dzierzynski   257
Währungsreform   22
Watergate-Affäre   177
Wehrbeauftragte des Deutschen Bundestages   218
Wehrdienstverweigerung   234
Wehrerziehung in der DDR   197
Weißbuch   103
Wettlauf in den Weltraum   17

Zivil-Militärische Zusammenarbeit   370
Zivilverteidigung der DDR   200
Zweiter Weltkrieg in Literatur und Film   14

Personenregister

Es sind lediglich die Personen der Zeitgeschichte angegeben, die im Haupttext Erwähnung finden. Die Platzierung des jeweiligen Biogramms, falls vorhanden, ist fett ausgezeichnet.

Ablaß, Werner 300
Adenauer, Konrad **24**, 52 f., 54, 58, 94, 96, 98, 104, 106, 108
Apel, Hans **237 f.**
Augstein, Rudolf 98

Bagger, Hartmut 304
Bahr, Egon 172, **175**
Bastian, Gert **191**
Baudessin, Wolf Graf von 54, **84–86**, 88, 90
Bess, Henning 395
Bin Laden, Osama **287 f.**
Blank, Theodor **76 f.**, 96, 98, 102, 104
Boelcke, Oswald 120
Boutros-Gali, Boutros 362
Brandt, Willy **156–158**, 172
Breschnew, Leonid **170 f.**
Broz, Josip siehe Tito
Bush, George W. 288
Byrnes, James F. 20

Carter, Jimmy 158, 170, **178–180**, 182, 184
Chruschtschow, Nikita S. 3, **66**
Churchill, Winston S. 6

De Vries, Gijs 288
Dönitz, Karl 126
Dubcek Alexander 16, 149

Eppelmann, Rainer **208 f.**, 300
Erhard, Ludwig 98

Fock, Gorch **129**
Foertsch, Harmtut **309 f.**
Foertsch, Hermann 54
Foertsch, Friedrich Albert **88**
Ford, Gerald **178**
Fukuyama, Francis 282

Gaulle, Charles de **94**
Genscher, Helmut 158
Gliemeroth, Götz von 386
Gorbatschow, Michail 153, 158, **192–194**, 260, 280, 304
Grashey, Helmut **90**
Grotewohl, Otto 70
Guillaume, Günther 158

Hassel, Kai-Uwe 98, **103**
Heinemann, Gustav 58 f.,
Heusinger, Adolf 54, **96 f.**, 106
Heuss, Theodor **24**, 80
Heye, Hellmut **86 f.**
Heyst, Norbert van 386
Hoch, Gottfried 388
Höcherl, Hermann 224
Hoffmann, Heinz **202 f.**
Hoffmann, Theodor **206**, 209
Honecker, Erich 153, 156, 158, 196, **198**, 256
Hoops, Henning 388
Hussein, Saddam 282, **288 f.**

Jacobsen, Hans-Adolf 326
Jaeger, Richard 80

Personenregister

Jelzin, Boris 280, **310–312**,
Jung, Franz Josef **346**
Kammerhoff, Holger 376
Kammhuber, Josef **118**, 120 f.
Karst, Heinz 88
Kather, Roland 376
Kelly, Petra **191**
Keßler, Heinz **202 f.**, 206
Kielmansegg, Johann Adolf Graf von **54 f.**, 86, 88
Kiesinger, Kurt-Georg 3
Kinau, Johann Wilhelm *siehe* Gorch Fock
Kissinger, Henry **172**
Kießling, Günter **225**
Kohl, Helmut 158, **194 f.**, 304, 312, 356, 362
Krause, Andreas 382
Kirchbach, Hans-Peter von **334 f.**
Kujat, Harald 324, 332, **334 f.**, 338

Lange, Heinrich 388
Leber, Georg **225**
Lübke, Heinrich **80 f.**
Lütjens, Günther **132**

McNamara, Robert S. 177
Maiziere, Lothar de 208
Maizière, Ulrich de 86, **88 f.**,
Mann, Hans-Joachim 251
Marshall, George C. 22
Mielke, Erich **74 f.**,
Milosevic, Slobodan 296, **372–374**
Mitterand, François 312
Monet, Jean 52

Naumann, Klaus Dieter **302**
Nielson, Manfred 388
Niemöller, Martin **58 f.**,
Nixon, Richard 152, 166, **177 f.**, 182
Norstadt, Lauris 94

Panitzki, Werner **121 f.**
Pleven, René 54

Raeder, Erich 126
Reagan, Ronald 152, 158, **188 f.**, 192, 228
Reinhardt, Klaus **317**, 376

Richter, Ekkehard 300
Richthofen, Manfred von 120
Röttiger, Hans 112
Ropers, Frank 360
Rühe, Volker **326**, 328, 364
Ruge, Friedrich **128**
Rugova, Ibrahim 376

Scharnhorst, Gerhard von 106
Scharping, Rudolf 322, **332**, 334, 336
Schmidt, Helmut 90, 102, 121, 153, **158 f.**, 184, 224
Schneiderhan, Wolfgang **335**
Schnez, Albert **90 f.**
Schönbohm, Jörg **300**, 302
Scholz, Rupert **229**
Schröder, Gerhard 98, **102 f.**
Schuman, Robert 52
Schwerin, Gerhard Graf von **52 f.**, 54, 96
Sejdiu, Fatmir 376
Simon, Gunnar 300
Speidel, Hans 54, 96, 106, **112 f.**, 236
Stalin, Josef 2, 12, **26**, 38, 45
Steinhoff, Johannes **120 f.**
Stoltenberg, Gerhard 210, **229**, 300, 306, 326
Stoph, Willi **38**, 70, 156
Strauß, Franz Josef 96, **98 f.**, 106, 108, 112, 212
Struck, Peter **338**, 340
Studnitz, Hans-Georg von 88

Tito **294 f.**
Trajkowski, Boris 378

Ulbricht, Walter **32**, 71, 74, 156

Viereck, Karlheinz 395

Weizsäcker, Richard von 334
Wellershoff, Dieter **310**
Wessel, Helene 58
Willmann, Helmut 314
Witthauer, Hans-Jochen 372
Wörner, Manfred **224**, 240

Zenker, Karl-Adolf **126 f.**

Gesamtliteraturverzeichnis

Das nachfolgende Literaturverzeichnis stellt ledigliche eine Auswahl der gängigen Publikationen zu den jeweiligen Epochenabschnitten der vier Bände »Grundkurs deutsche Militärgeschichte« dar und erhebt keinen Anspruch auf Vollständigkeit. Aus Gründen der Übersichtlichkeit wurden einige Epochenabschnitte zusammengeführt und dem Verzeichnis eine Auswahl von Überblicksdarstellungen vorangestellt.

Einführungen, Handbücher, Überblicksdarstellungen

Adel, Geistlichkeit, Militär. Festschrift für Eckardt Opitz zum 60. Geburtstag. Hrsg. von Michael Busch und Jörg Hillmann, Bochum 1999 (= Schriftenreihe der Stiftung Herzogtum Lauenburg, Sonderbd)

Allgemeine Wehrpflicht. Geschichte – Probleme – Perspektiven. Hrsg. von Eckhardt Opitz und Frank Rödiger, Bremen 1994

Anderson, Matthew, War and Society in Europe of the Old Regime (1618–1789), Leicester, London 1988

Armeen und ihre Deserteure. Vernachlässigte Kapitel einer Militärgeschichte der Neuzeit. Hrsg. von Ulrich Bröckling und Michael Sikora, Göttingen 1998

Bachmann, Peter, und Kurt Zeisler, Der deutsche Militarismus. Illustrierte Geschichte, 2 Bde, Berlin, Köln 1971, 1983

Die Bedeutung der Logistik für die militärische Führung von der Antike bis in die neueste Zeit. Mit Beiträgen von Horst Boog, Peter Broucek, Paul Heinsius, Dieter Hülsemann, Walter Hummelberger, Wolfgang Petter, Horst Rohde, Jakob Seibert und Reinhard Stumpf. Hrsg. vom Militärgeschichtlichen Forschungsamt, Herford, Bonn 1968 (= Vorträge zur Militärgeschichte, 7)

Bald, Detlef, Der deutsche Offizier. Sozial- und Bildungsgeschichte des deutschen Offizierkorps im 20. Jahrhundert, München 1982

Berger, Michael, Eisernes Kreuz und Davidstern. Die Geschichte Jüdischer Soldaten in Deutschen Armeen, Berlin 2006

Besatzung. Funktion und Gestalt militärischer Fremdherrschaft von der Antike bis zum 20. Jahrhundert. Hrsg. von Günther Kronenbitter, Markus Pöhlmann und Dierk Walter, Paderborn 2006 (= Krieg in der Geschichte, 28)

Best, Geoffrey, and Francis Andrew, War and society in revolutionary Europe (1770–1870), Leicester, London 1983

Busch, Eckart, Der Oberbefehl. Seine rechtliche Struktur in Preußen und Deutschland seit 1848, 2. Aufl., München 1967 (= Militärgeschichtliche Studien, 5)

Caspar, Gustav-Adolf, Ullrich Marwitz und Hans-Martin Ottmer, Tradition in deutschen Streitkräften bis 1945, Bonn, Herford 1986 (= Entwicklung deutscher militärischer Tradition, 1)

Craig, Gordon A., Die preußisch-deutsche Armee 1640–1945. Staat im Staate, Königstein/Ts. 1980

Croitoru, Joseph, Der Märtyrer als Waffe. Die historischen Wurzeln des Selbstmordattentats, München 2006

Deist, Wilhelm, Militär, Staat und Gesellschaft. Studien zur preußisch-deutschen Militärgeschichte, München 1991 (= Beiträge zur Militärgeschichte, 34)

Delbrück, Hans, Geschichte der Kriegskunst im Rahmen der politischen Geschichte, 4 Bde, Berlin 1900–1920

Demeter, Karl, Das deutsche Offizierkorps in Gesellschaft und Staat (1650–1945), 4. Aufl., Frankfurt a.M. 1965 [EA 1930]

Die Deutsche Flotte im Spannungsfeld der Politik 1848–1985. Hrsg. vom Deutschen Marine-Institut und vom Militärhistorischen Forschungsamt, Herford 1985

Deutsche Jüdische Soldaten. Von der Epoche der Emanzipation bis zum Zeitalter der Weltkriege. Eine Ausstellung des Militärgeschichtlichen Forschungsamtes in Zusammenarbeit mit dem Moses Mendelssohn Zentrum Potsdam und dem Centrum Judaicum, Berlin. Bearb. von Frank Nägler, Hamburg [u.a.] 1996

Die Deutsche Marine. Historisches Selbstverständnis und Standortbestimmung. Hrsg. vom Deutschen Marine-Institut und der Deutschen Marine-Akademie, Herford 1983

Deutsche Marinen im Wandel. Vom Symbol nationaler Einheit zum Instrument internationaler Sicherheit. Im Auftrag des Militärgeschichtlichen Forschungsamtes hrsg. von Werner Rahn, München 2005 (= Beiträge zur Militärgeschichte, 63)

Das deutsche Offizierkorps 1860–1960. Büdinger Vorträge 1977. In Verbindung mit dem Militärgeschichtlichen Forschungsamt hrsg. von Hanns Hubert Hofmann, Boppard a.Rh. 1980 (= Deutsche Führungsschichten der Neuzeit, 11)

A dictionary of military history and the art of war. Ed. by John Childs and André Corvisier, Oxford 1994

Dollinger, Hans, Schwarzbuch der Weltgeschichte. 5000 Jahre der Mensch des Menschen Feind, aktualisierte Neuausg., Erftstadt 2004

Entwicklungsgeschichte des deutschen Heerwesens, 5 Bde. Hrsg. von Eugen von Frauenholz, München 1935–1941

Die Erfahrung des Krieges. Erfahrungsgeschichtliche Perspektiven von der Französischen Revolution bis zum Zweiten Weltkrieg. Hrsg. von Nikolaus Buschmann und Horst Carl, Paderborn 2001 (= Krieg in der Geschichte, 9)

Fiedler, Siegfried, Grundriß der Militär- und Kriegsgeschichte, 3 Bde, München 1972–1978

Fiedler, Siegfried, und Georg Ortenburg, Heerwesen der Neuzeit, 10 Bde, Augsburg 2005

Floyd, Dale E., World Bibliography of Armed Land Conflict from Waterloo to World War I. Wars, campaigns, battles, revolutions, revolts, coups d'état, insurrections, riots, armed confrontations, 2 vols., London 1981

Formen des Krieges. Von der Antike bis zur Gegenwart. Hrsg. von Dietrich Beyrauch, Michael Hochgeschwender und Dieter Langewiesche, Paderborn 2007 (= Krieg in der Geschichte, 37)

Friedensforschung. Entscheidungshilfe gegen Gewalt. Hrsg. von Manfred Funke, Bonn 1975 (= Schriftenreihe der Bundeszentrale für politische Bildung, 103)

Fuchs, Theodor, Geschichte des europäischen Kriegswesens, 3 Bde, Müchen 1972–1978

Führungsdenken in europäischen und nordamerikanischen Streitkräften im 19. und 20. Jahrhundert. Im Auftrag des Militärgeschichtlichen Forschungsamtes hrsg. von Gerhard P. Groß, Hamburg, Berlin, Bonn 2001 (= Vorträge zur Militärgeschichte, 19)

Germania auf dem Meere. Bilder und Dokumente zur Deutschen Marinegeschichte 1848 bis 1998. Im Auftrag der Deutschen Marine und in Zusammenarbeit mit dem Militärgeschichtlichen Forschungsamt hrsg. von Jörg Duppler, Hamburg, Berlin, Bonn 1998

Görlitz, Walter, Kleine Geschichte des deutschen Generalstabes, 2. Aufl., Berlin, 1977

Groehler, Olaf, Geschichte des Luftkrieges 1910 bis 1970, Berlin (Ost) 1975

Grundzüge der deutschen Militärgeschichte. Im Auftrag des Militärgeschichtlichen Forschungsamtes hrsg. von Karl-Volker Neugebauer, Freiburg i.Br. 1993

Gutmann, Roy und David Rieff, Kriegsverbrechen. Was jeder wissen sollte, Stuttgart, München 1999

Handbuch Militär und Sozialwissenschaften. Hrsg. von Sven Bernhard Gareis und Paul Klein, Wiesbaden 2004

Handbuch zur deutschen Militärgeschichte 1648–1939. Begründet von Hans Meier-Welcker. Projektleitung und Gesamtredaktion: Gerhard Papke und Wolfgang Petter. 5 Bde und ein Registerbd. Hrsg. vom Militärgeschichtlichen Forschungsamt durch Friedrich Forstmeier, Wolfgang von Groote, Othmar Hackl, Hans Meier-Welcker und Manfred Messerschmidt, München, Freiburg i.Br. 1979–1981

Heinrich, Dieter, Die Handfeuerwaffen von ihrem ersten Aufkommen bis zu den Repetierwaffen, Osnabrück 1985 (= Die Ausstellungen der Wehrtechnischen Studiensammlung des Bundesamtes für Wehrtechnik und Beschaffung, 1)

Hermann, Carl Hans, Deutsche Militärgeschichte. Eine Einführung. Hrsg. im Auftrag des Arbeitskreises für Wehrforschung, Frankfurt a.M. 1966, 1979

Heuser, Beatrice, Clausewitz lesen! Eine Einführung, München 2005 (= Beiträge zur Militärgeschichte. Militärgeschichte kompakt, 1)

Hilgers, Philipp von, Kriegsspiele. Eine Geschichte der Ausnahmezustände und Unberechenbarkeiten, Paderborn 2008

Howard, Michael, Der Krieg in der europäischen Geschichte. Vom Ritterheer zur Atomstreitmacht, Müchen 1981

Hubatsch, Walter, Navalismus. Wechselwirkung von Seeinteressen, Politik und Technik im 19. und 20. Jahrhundert, Koblenz 1983

Huber, Ernst Rudolf, Heer und Staat in der deutschen Geschichte, 2. Aufl., Hamburg 1943

Illustrirtes deutsches Militär-Lexikon. Mit einem Anhang Militär-Literatur. Hrsg. von Justus Scheibert, Berlin 1897

In der Hand des Feindes. Kriegsgefangenschaft von der Antike bis zum Zweiten Weltkrieg. Hrsg. von Rüdiger Overmans, Köln 1999

Jähns, Max, Geschichte der Kriegeswissenschaften, vornehmlich in Deutschland, 3 Bde, München, Leipzig 1889–1891

Jähns, Max, Handbuch einer Geschichte des Kriegswesens. Von der Urzeit bis zur Renaissance. Neudr. der Ausg. 1878–1880. Mit einer Einl. von Ursula von Gersdorff, 2 Bde, Osnabrück 1979 (= Bibliotheca Rerum Militarium, 22)

Keegan, John, Das Antlitz des Krieges. Die Schlachten von Azincourt 1415, Waterloo 1815 und an der Somme 1916, Frankfurt a.M., New York 1991

Keegan, John, Die Kultur des Krieges, Reinbek bei Hamburg 1997

Keegan, John, und Andrew Wheatcroft, Who's who in miltary history. From 1453 to the present day, London 1996 [EA 1976]

Kennedy, Paul M., The Rise and Fall of the Great Powers. Economic Exchange and Military Conflict form 1900 to 2000, London 1988

Kiernan, Victor, Gordon, European empires from conquest to collapse (1815–1960), Leicester, London 1982

Kinder und Jugendliche in Krieg und Revolution. Vom Dreißigjährigen Krieg bis zu den Kindersoldaten Afrikas. Hrsg. von Dittmar Dahlmann, Paderborn 2000 (= Krieg in der Geschichte, 7)

Klassiker der Pädagogik im deutschen Militär. Hrsg. von Detlef Bald, Uwe Hartmann und Claus von Rosen, Baden-Baden 1999 (= Forum Innere Führung, 5)

Klein, Paul, und Ekkehard Lippert, Militär und Gesellschaft. Bibliographie zur Militärsoziologie, Koblenz 1979 (= Schriften der Bibliothek für Zeitgeschichte, 19)

Der Krieg des kleinen Mannes. Eine Militärgeschichte von unten. Hrsg. von Wolfram Wette, München, Zürich 1992

Der Krieg im Bild – Bilder vom Krieg. Hamburger Beiträge zur historischen Bildforschung. Hrsg. vom Arbeitskreis Historische Bildforschung, Frankfurt a.M. 2003

Kriegsgreuel. Die Entgrenzung der Gewalt in kriegerischen Konflikten vom Mittelalter bis ins 20. Jahrhundert, Paderborn 2007 (= Krieg in der Geschichte, 40)

Krieg und Militär im Film des 20. Jahrhunderts. Im Auftrag des Militärgeschichtlichen Forschungsamtes hrsg. von Bernhard Chiari, Matthias Rogg und Wolfgang Schmidt, München 2003 (= Beiträge zur Militärgeschichte, 59)

Kroener, Bernhard R., Kriegerische Gewalt und militärische Präsenz in der Neuzeit. Ausgewählte Schriften. Im Auftrag des Militärgeschichtlichen Forschungsamtes hrsg. von Ralf Pröve und Bruno Thoß, Paderborn 2008

Kurzer Abriß der Militärgeschichte von den Anfängen der Geschichte des deutschen Volkes bis 1945. Hrsg. vom Militärgeschichtlichen Institut der DDR, 2. Aufl., Berlin (Ost) 1977

Lahne, Werner, Unteroffiziere. Gestern – heute – morgen, 2. Aufl., Herford 1974

Landkriegführung. Operation, Taktik, Logistik, Mittel. Ein Handbuch. Hrsg. und eingel. von Johannes Gerber, Osnabrück 1992

Landsknechte, Soldatenfrauen und Nationalkrieger. Militär, Krieg und Geschlechterordnung im historischen Wandel. Hrsg. von Karen Hagemann und Ralf Pröve, Frankfurt a.M. 1998 (= Geschichte und Geschlechter, 26)

Lange, Sven, Der Fahneneid. Die Geschichte der Schwurverpflichtung im deutschen Militär, Bremen 2002 (= Schriftenreihe des Wissenschaftlichen Forums für Internationale Sicherheit e.V., 19)

McNeill, Wiliam H., Krieg und Macht. Militär, Wirtschaft und Gesellschaft vom Altertum bis heute, München 1984

Mahan, Alfred Th., Der Einfluß der Seemacht auf die Geschichte 1660–1812. Überarb. und hrsg. von Gustav-Adolf Wolter, Herford 1967

Meier-Welcker, Hans, Soldat und Geschichte. Aufsätze, Freiburg i.Br. 1976

Meier-Welcker, Hans, Deutsches Heerwesen im Wandel der Zeit. Ein Überblick über die Entwicklung vom Aufkommen der stehenden Heere bis zur Wehrfrage der Gegenwart, Frankfurt a.M. 1956

Menschenführung im Heer. Mit Beiträgen von Johann Christoph Allmayer-Beck, Werner Gembruch, Gunter Holzweißig, Manfred Messerschmidt, Georg Meyer, Ernst Nittner, Manfried Rauchensteiner, Hans Senn und Bruno Thoß hrsg. vom Militärgeschichtlichen Forschungsamt, Herford 1982 (= Vorträge zur Militärgeschichte, 3)

Messerschmidt, Manfred, Militarismus, Vernichtungskrieg, Geschichtspolitik. Zur deutschen Militär- und Rechtsgeschichte. Im Auftrag des Militärgeschichtlichen Forschungsamtes hrsg. von Hans Ehlert, Arnim Lang und Bernd Wegner, Paderborn 2006

Militär und Gesellschaft im 19. und 20. Jahrhundert. Hrsg. von Ute Frevert, Stuttgart 1997 (= Industrielle Welt, 58)

Militärische Erinnerungskultur. Soldaten im Spiegel von Biographien, Memoiren und Selbstzeugnissen. Hrsg. von Michael Epkenhans, Stig Förster und Karen Hagemann, Paderborn 2006 (= Krieg in der Geschichte, 29)

Militärgeschichte – Erfahrung und Nutzen. Beiträge zum 80. Geburtstag von Reinhard Brühl. Hrsg. von Detlef Nakath und Lothar Schröter, Schkeuditz 2005 (= Beiträge zur Militärgeschichte und Militärpolitik, 6)

Militärgeschichtliche Aspekte der Entwicklung des deutschen Nationalstaates. Hrsg. vom Militärgeschichtlichen Forschungsamt, Düsseldorf 1988

Militärische Verantwortung in Staat und Gesellschaft. 175 Jahre Generalstabsausbildung in Deutschland. Hrsg. von Detlef Bald in Zusammenarbeit mit dem Arbeitskreis für Wehrforschung, Koblenz 1986

Militärisches Wörterbuch. Hrsg. von Fritz Eberhardt, Stuttgart 1940

Mohr, Eike, Die Heeres- und Truppengeschichte des Deutschen Reiches und seiner Länder (1806–1918). Eine Bibliographie, Osnabrück 1989

Montgomery of Alamein, Bernard Law, Kriegsgeschichte. Weltgeschichte der Schlachten und Kriegszüge, Erftstadt 2005

Neumann, Hertwig, Festungsbaukunst und Festungsbautechnik. Deutsche Wehrbauarchitektur vom 15. bis zum 20. Jahrhundert, Koblenz 1988

Offiziere im Bild von Dokumenten aus drei Jahrhunderten. Hrsg. von Hans Meier-Welcker, mit einer Einf. von Manfred Messerschmidt, Stuttgart 1964 (= Beiträge zur Militär- und Kriegsgeschichte, 6)

Operatives Denken bei Clausewitz, Moltke, Schlieffen und Manstein. Hrsg. vom Militärgeschichtlichen Forschungsamt, Bonn, Herford 1989 (= Operatives Denken und Handeln in deutschen Streitkräften, 1)

Operatives Denken und Handeln in deutschen Streitkräften im 19. und 20. Jahrhundert, Herford, Bonn 1988 (= Vorträge zur Militärgeschichte, 9)

Ortstermine. Stationen Brandenburg-Preußens auf dem Weg in die Moderne Welt. Hrsg. vom Museumsverband des Landes Brandenburg e.V., Berlin 2001

Parlamentarische und öffentliche Kontrolle von Rüstung in Deutschland 1700 bis 1970. Beiträge zur historischen Friedensforschung. Hrsg. vom Militärgeschichtlichen Forschungsamt und dem Arbeitskreis Historische Friedensforschung durch Jost Dülffer, Düsseldorf 1992

Pohler, Johann, Bibliotheca historico-militaris. Systematische Uebersicht der Erscheinungen aller Sprachen auf dem Gebiete der Geschichte der Kriege und Kriegswissenschaft seit der Erfindung der Buchdruckerkunst bis zum Schluß des Jahres 1880, 3 Bde, Kassel [u.a.] 1887–1899, Nachdr. New York 1961

Putzger. Atlas und Chronik zur Weltgeschichte, Berlin 2002

Die Politik der Nation. Deutscher Nationalismus in Krieg und Krisen 1760 bis 1960. Im Auftrag des Militärgeschichtlichen Forschungsamtes hrsg. von Jörg Echternkamp und Sven Oliver Müller, München 2002 (= Beiträge zur Militärgeschichte, 56)

Poten, Bernhard von, Geschichte des Militär-, Erziehungs- und Bildungswesens in den Landen deutscher Zunge, 4 Bde, Berlin 1889–1896, Nachdr. Osnabrück 1982

Potsdam. Staat, Armee, Residenz in der preußisch-deutschen Militärgeschichte. Im Auftrag des Militärgeschichtlichen Forschungsamtes hrsg. von Bernhard R. Kroener unter Mitarb. von Heiger Ostertag, Frankfurt a.M., Berlin 1993

Potter, Elmar, und Chester W. Nimitz, Seemacht. Eine Seekriegsgeschichte von der Antike bis zur Gegenwart. Deutsche Fassung hrsg. im Auftrag des Arbeitskreises für Wehrforschung von Jürgen Rohwer, Herrsching 1986

Proposed Battlefields Register. Ed. by English Heritage, London 1994

Quellenkunde der Kriegswissenschaften für den Zeitraum 1740–1910 nebst einem Verfasser- und Schlagwortverzeichnis. Im dienstlichen Auftrage aus Anlaß des hundertjährigen Bestehens der Königlichen Kriegsakademie, 2 Bde. Hrsg. von Louis von Scharfenort, Berlin 1910, 1913

Reagan, Geoffrey, Militärische Blindgänger und ihre größten Schlachten, Hamburg 1997
Ritter, Gerhard, Staatskunst und Kriegshandwerk. Das Problem des Militarismus in Deutschland, 4 Bde, München 1954–1968
Das rote Schloß am Meer. Die Marineschule Mürwik seit ihrer Gründung. Text von Jörg Hillmann, Fotografien von Reinhard Scheiblich, Hamburg 2002

Salewski, Michael, Geschichte Europas. Staaten und Nationen von der Antike bis zur Gegenwart, München 2000
Schilling, René, »Kriegshelden«. Deutungsmuster heroischer Männlichkeit in Deutschland, Paderborn 2002 (= Krieg in der Geschichte, 15)
Schlachten. Die größten Gefechte der Weltgeschichte. Hrsg. von Christer Jorgensen, Bath 2004
Schlachten der Weltgeschichte. Von Salamis bis Sinai. Hrsg. von Stig Förster, Markus Pöhlmann und Dierk Walter, Stuttgart 1997
Schnitthenner, Paul, Krieg und Kriegführung im Wandel der Weltgeschichte, Potsdam 1930
Schulze-Wegener, Guntram, Deutschland zur See. 150 Jahre Marinegeschichte, Hamburg 1998
Seestrategische Konzepte vom Kaiserlichen Weltmachtstreben zu Out-of-Area-Einsätze der Deutschen Marine. Hrsg. von Eckardt Opitz, Bremen 2004
Showalter, Dennis E., German Military History 1648–1982. A Critical Bibliography, New York, London 1984 (= Military History Bibliographies, 3)
Soldatisches Führertum, 10 Bde. Hrsg. von Kurt von Priesdorff, Hamburg 1937–1942
Staat und Krieg. Vom Mittelalter bis zur Moderne. Hrsg. von Werner Rösener, Göttingen 2000
Stein, Hans-Peter, Symbole und Zeremoniell in deutschen Streitkräften vom 18. bis zum 20. Jahrhundert, 2. Aufl., Bonn, Herford 1986 (= Entwicklung deutscher militärischer Tradition, 3)

Terra et Mars. Aspekte der Landes- und Militärgeschichte. Festschrift für Eckardt Opitz zum 65. Geburtstag. Mit Unterstützung des Militärgeschichtlichen Forschungsamtes hrsg. von Michael Busch, Neumünster 2003
Tradition und Reform im militärischen Bildungswesen. Von der preußischen Allgemeinen Kriegsschule zur Führungsakademie der Bundeswehr. Eine Dokumentation 1810–1985. Hrsg. von Detlef Bald, Gerhild Bald-Gerlich, Eduard Ambros, Baden-Baden 1985
Transfeldt, Werner, Wort und Brauch in Heer und Flotte, 9., überarb. und erw. Aufl., Stuttgart 1986

Untersuchungen zur Geschichte des Offizierkorps. Ancienität und Beförderung nach Leistung. Im Auftrag des Militärgeschichtlichen Forschungsamtes hrsg. von Hans Meier-Welcker, Stuttgart 1962 (= Beiträge zur Militär- und Kriegsgeschichte, 4)

Die Wehrpflicht. Entstehung, Erscheinungsformen und politisch-militärische Wirkung. Im Auftrag des Militärgeschichtlichen Forschungsamtes hrsg. von Roland G. Foerster, München 1994 (= Beiträge zur Militärgeschichte, 43)
Wie Kriege enden. Wege zum Frieden von der Antike bis zur Gegenwart. Hrsg. von Bernd Wegner, Paderborn 2002 (= Krieg in der Geschichte, 14)
Wie Krieg entstehen. Zum historischen Hintergrund von Staatenkonflikten. Hrsg. von Bernd Wegner, Paderborn 2000 (= Krieg in der Geschichte, 4)

Winkler, Heinrich August, Der lange Weg nach Westen, 2 Bde, München 2000
Witthöft, Hans Jürgen, Lexikon zur deutschen Marinegeschichte, 2 Bde, Herfordt 1977/78
Wörterbuch zur deutschen Militärgeschichte, 2 Bde. Hrsg. vom Militärgeschichtlichen Institut der DDR. Bearbeitet von einem Autorenkollektiv unter der Leitung von Reinhard Brühl, Berlin (Ost) 1985
Wolfrum, Edgar, Krieg und Frieden in der Neuzeit. Vom Westfälischen Frieden bis zum Zweiten Weltkrieg, Darmstadt 2003 (= Kontroversen um die Geschichte)

Geschichte der Militärgeschichtsschreibung

Geschichte und Militärgeschichte. Wege der Forschung. Hrsg. von Ursula von Gersdorff mit Unterstützung des Militärgeschichtlichen Forschungsamtes, Frankfurt a.M. 1974
Groote, Wolfgang von, Militärgeschichte. In: MGM, 1 (1967), 1, S. 5–19
Militärgeschichte in Deutschland und Österreich vom 18. Jahrhundert bis zur Gegenwart. Mit Beiträgen von Johann Christoph Allmeyer-Beck, Peter Broucek, Othmar Hackl, Gerhard Heyl, Friedrich Frhr. Hiller von Gaertringen, Friedhelm Klein, Manfried Rauchensteiner, Walter Rehm und Michael Salewski, hrsg. vom Militärgeschichtlichen Forschungsamt, Herford [u.a.] 1985
Militärgeschichte, Militärwissenschaft und Konfliktforschung. Eine Festschrift für Werner Hahlweg zum 65. Lebensjahr. Hrsg. von Dermont Bradley und Ulrich Marwedel, Osnabrück 1977 (= Studien zur Militärgeschichte, Militärwissenschaft und Konfliktforschung, 15)
Militärgeschichte. Probleme – Thesen – Wege. Im Auftrag des Militärgeschichtlichen Forschungsamtes ausgew. und zusgest. von Manfred Messerschmidt, Klaus A. Maier, Werner Rahn und Bruno Thoß, Stuttgart 1982 (= Beiträge zur Militär- und Kriegsgeschichte, 25)
Nowosadtko, Jutta, Krieg, Gewalt und Ordnung. Einführung in die Militärgeschichte, Tübingen 2002 (= Historische Einführungen, 6)
Was ist Militärgeschichte? Hrsg. von Thomas Kühne und Benjamin Ziemann, Paderborn 2000 (= Krieg in der Geschiche, 6)

Ursprünge

Allmeyer-Beck, Johann-Christoph, und Erich Lessing, Das Heer unter dem Doppeladler. Habsburgs Armeen 1718–1848, München 1981
Allmeyer-Beck, Johann-Christoph, und Erich Lessing, Die kaiserlichen Kriegsvölker. Von Maximilian I. bis Prinz Eugen 1479–1718, München 1978
Aretin, Karl Otmar von, Friedrich der Große. Größe und Grenzen des Preußenkönigs. Bilder und Gegenbilder, Freiburg i.Br. 1985

Barudio, Günter, Der Teutsche Krieg 1618–1648, Frankfurt a.M. 1985
Baumann, Reinhard, Landsknechte. Ihre Geschichte und Kultur vom späten Mittelalter bis zum Dreißigjährigen Krieg, München 1994
Bedürftig, Friedemann, Der Dreißigjährige Krieg. Ein Lexikon, Darmstadt 2006
Birk, Eberhard, Militärgeschichtliche Skizzen zur Frühen Neuzeit. Anmerkungen zu einer Phänomenologie der bewaffneten Macht im 17. und 18. Jahrhundert, Hamburg 2005
Black, Jeremy, Die Kriege des 18. Jahrhunderts, Berlin 2001
Bleckwenn, Hans, Unter dem Preußen-Adler. Das brandenburgisch-preußische Heer 1640–1807, München 1978

Böning, Holger, Ulrich Bräker. Der arme Mann aus dem Toggenburg. Leben, Werk und Zeitgeschichte, Königstein i.T. 1985

Brzezinski, Richard, Lützen 1632. Climax of the thirty years' war, Oxford 2001

Burkhardt, Johannes, Der Dreißigjährige Krieg, Frankfurt a.M. 1992

Burkhardt, Johannes, Der Dreißigjährige Krieg als frühmoderner Staatsbildungskrieg. In: GWU, 45 (1994), S. 487–499

Burschel, Peter, Söldner in Nordwestdeutschland des 16. und 17. Jahrhunderts. Sozialgeschichtliche Studien, Göttingen 1994

Contamine, Philippe, La guerre au Moyen Âge, 4. ed., Paris 1997

Corvisier, André, Armées et sociétes en Europe de 1494 à 1789, Paris 1972

De Vries, Kelly, Infantry Warfare in the early fourteenth century. Discipline, Tactics and Technology, 3. ed., Woodbridge 2000

Dickmann, Fritz, Der Westfälische Frieden. Hrsg. von Konrad Repgen, Münster 1992

Dülmen, Richard van, Entstehung des frühneuzeitlichen Europa 1550–1648, Frankfurt a.M. 1982

Duffy, Christopher, Friedrich der Große. Ein Soldatenleben, Zürich 1986

Duffy, Christopher, Friedrich der Große und seine Armee, Stuttgart 1978

Ehlert, Hans, Ursprünge des modernen Militärwesens. Die nassau-oranischen Heeresreformen. In: MGM, 38 (1985), S. 27–56

Eichberg, Henning, Festung, Zentralmacht und Sozialgeometrie. Kriegsingenieurwesen des 17. Jahrhunderts in den Herzogtümern Bremen und Verden, Köln 1989

Engelen, Beate, Die Soldatenfrauen der preußischen Armee im späten 17. und 18. Jahrhundert. Eine Strukturanalyse der preußischen Garnisonsgesellschaft, Münster 2005 (= Herrschaft und soziale Systeme in der Frühen Neuzeit, 7)

Englund, Peter, Die Verwüstung Deutschlands. Eine Geschichte des Dreißigjährigen Krieges, 3. Aufl., Stuttgart 1997

Europa im Zeitalter Friedrichs des Großen. Wirtschaft, Gesellschaft, Kriege. Im Auftrag des Militärgeschichtlichen Forschungsamtes hrsg. von Bernhard R. Kroener, München 1989 (= Beiträge zur Militärgeschichte, 26)

Fleckenstein, Josef, Vom Rittertum im Mittelalter. Perspektive und Probleme, Goldbach 1997

Friedrich der Große und das Militärwesen seiner Zeit. Hrsg. vom Militärgeschichtlichen Forschungsamt, Herford, Bonn 1987 (= Vorträge zur Militärgeschichte, 8)

Frost, Robert, The Northern Wars. War, State and Society in Northeastern Europe, 1558–1721, Harlow 2000

Frühe Neuzeit. Hrsg. von Anette Völker-Rasor, München 2000

Groehler, Olaf, Das Heerwesen, Berlin 1993 (= Das Heerwesen in Brandenburg und Preußen von 1640 bis 1806, 2)

Hale, John R., War and Society in Renaissance Europe 1450–1620, Phoenix Hill 1998

Hechberger, Werner, Adel, Ministerialität und Rittertum im Mittelalter, München 2004 (= Enzyklopädie Deutscher Geschichte, 72)

Hoyer, Siegfried, Das Militärwesen im deutschen Bauernkrieg, Berlin 1974 (= Militärhistorische Studien, NF, 16)

Huizinga, Jan, Herbst des Mittelalters. Studien über Lebens- und Geistesformen des 14. und 15. Jahrhunderts in Frankreich und in den Niederlanden, 11. Aufl., Stuttgart 1975

Jany, Curt, Geschichte der preußischen Armee bis zum Jahr 1807, 4 Bde, Berlin 1928–1933

Kessel, Eberhard, Das Ende des Siebenjährigen Krieges 1760 bis 1763, Teilbd 1: Torgau und Bunzelwitz; Teilbd 2: Schweidnitz und Freiberg. Textband und Kartenschuber. Im Auftrag des Militärgeschichtlichen Forschungsamtes hrsg. von Thomas Lindner, Paderborn 2007
Klio in Uniform? Probleme und Perspektiven einer modernen Militärgeschichte der Frühen Neuzeit. Hrsg. von Ralf Pröve, Köln 1997
Krieg und Frieden. Militär und Gesellschaft in der Frühen Neuzeit. Hrsg. von Bernhard R. Kroener und Ralf Pröve, Paderborn 1996
Die Kriege Friedrichs des Großen. Hrsg. vom Großen Generalstabe, Kriegsgeschichtliche Abteilung II, 3. Teil: Siebenjähriger Krieg 1756–1763, Bd 6: Leuthen, Berlin 1904
Krieger, Karl-Friedrich, Die Habsburger im Mittelalter. Von Rudolf I. bis Friedrich III., Stuttgart 2004
Die Kriegskunst im Lichte der Vernunft. Militär und Aufklärung im 18. Jahrhundert, T. I/II. Hrsg. von Daniel Hohrath und Klaus Gerteis, Hamburg 1999/2000 (= Aufklärung, Jg. 11/2 und 12/1)
Kroener, Bernhard R., Vom »extraordinari Kriegsvolk« zum »miles perpetuus«. Zur Rolle der bewaffneten Macht in der europäischen Gesellschaft der frühen Neuzeit. Ein Forschungs- und Literaturbericht. In: MGM, 43 (1988), S. 141–188
Kroener, Bernhard R., Wien 1683. In: HZ, 12 (1985), S. 181–216
Kunisch, Johannes, Absolutismus. Europäische Geschichte vom Westfälischen Frieden bis zur Krise des Ancien Régime, Göttingen 1986
Kunisch, Johannes, Friedrich der Große. Der König und seine Zeit, München 2004
Kunisch, Johannes, La guerre c'est moi! Zum Problem der Staatenkonflikte im Zeitalter des Absolutismus. In: ZfH, 14 (1987), S. 407–438
Kunisch, Johannes, Staatsverfassung und Heeresverfassung in der europäischen Geschichte der frühen Neuzeit, Berlin 1986

Lahrkamp, Helmut, Dreißigjähiger Krieg – Westfälischer Frieden. Eine Darstellung der Jahre 1618–1648, Münster 1997
Langer, Herbert, Der Dreißigjährige Krieg. Eine Kulturgeschichte, 3. Aufl., Gütersloh 1982
Legendäre »lange Kerls«. Quellen zur Regimentskultur der Königsgrenadiere Friedrich Wilhelms I., 1713–1740. Hrsg. von Jürgen Kloosterhuis, Berlin 2004
Luh, Jürgen, Ancien Régime Warfare and the Military Revolution. A Study, Groningen 2000
Luh, Jürgen, Kriegskunst in Europa 1650–1800, Köln 2004

Matschke, Klaus-Peter, Das Kreuz und der Halbmond. Die Geschichte der Türkenkriege, Düsseldorf, Zürich 2004
Meier, Martin, Vorpommern nördlich der Peene unter dänischer Verwaltung zur Zeit des Großen Nordischen Krieges 1715 bis 1721. Aufbau einer funktionierenden Verwaltung und Herrschaftssicherung in einem im Kriege eroberten Gebiet, München 2007 (= Beiträge zur Militärgeschichte, 65)
Medieval Warfare. Ed. by Maurice Keen, Oxford 1999
Metalle und Macht 1000–1600. Hrsg. von Karl-Heinz Ludwig und Volker Schmidtchen, Berlin 1992 (= Propyläen Technik-Geschichte, 2)

Mieck, Ilja, Europäische Geschichte der Frühen Neuzeit. Eine Einführung, 5. Aufl., Stuttgart 1994

Militär und Religiosität in der Frühen Neuzeit. Hrsg. von Michael Kaiser und Stephan Kroll, Münster 2004 (= Herrschaft und soziale Systeme, 4)

Mit dem Zehnten fing es an. Eine Kulturgeschichte der Steuer. Hrsg. von Uwe Schultz, München 1986

Möller, Hans-Michael, Das Regiment der Landsknechte. Untersuchungen zu Verfassung, Recht und Selbstverständnis in deutschen Söldnerheeren des 16. Jahrhunderts, Wiesbaden 1976 (= Frankfurter historische Abhandlungen, 12)

Morel, Yves-Alain, Die Schlacht bei Sempach 1386. Ursachen, Verlauf und Folgen des Konfliktes zwischen den Eidgenossen und Österreich-Habsburg zu Ende des 14. Jahrhunderts, Zürich 1993

Müller, Reinhold, Die Armee Augusts des Starken. Das sächsische Heer von 1730 bis 1733, Berlin (Ost) 1984

Münch, Paul, Lebensformen in der Frühen Neuzeit: 1500 bis 1800, Berlin 1998

Preil, Arndt, Österreichs Schlachtfelder. Bd 1: Breitenfeld 1631, Lützen 1632, Breitenfeld 1642, Graz 1990

Ohler, Norbert, Krieg und Frieden im Mittelalter, München 1997

Ortenburg, Georg, Waffen der Kabinettskriege, 1650–1792, Augsburg 2005 (= Heerwesen der Neuzeit)

Ortenburg, Georg, Waffen der Landsknechte, 1500–1650, Augsburg 2005 (= Heerwesen der Neuzeit)

Das Osmanische Reich und Europa 1683 bis 1789. Konflikt, Entspannung und Austausch. Hrsg. von Gernot Heiß und Grete Klingenstein, München 1983 (= Wiener Beiträge zur Geschichte der Neuzeit, 10)

Parker, Geoffrey, Der Dreißigjährige Krieg, Frankfurt a.M. 1987

Parker, Geoffrey, Die militärische Revolution. Die Kriegskunst und der Aufstieg des Westens 1500–1800, Frankfurt a.M. 1990

Pröve, Ralf, Stehendes Heer und städtische Gesellschaft im 18. Jahrhundert. Göttingen und seine Militärbevölkerung 1713–1756, München 1995 (= Beiträge zur Militärgeschichte, 47)

Pröve, Ralf, Vom Schmuddelkind zur anerkannten Subdisziplin? Die »neue Militärgeschichte« der Frühen Neuzeit. In: GWU, 51 (2000), S. 597–621

Redlich, Fritz, The German Military Enterpriser and His Work Force. A Study in European Economic and Social History, 2 vols., Wiesbaden 1964/65 (= VSWG, Beiheft 47/48)

Repgen, Konrad, Dreißigjähriger Krieg und Westfälischer Friede. Studien und Quellen. Hrsg. von Franz Bosbach und Christoph Kampmann, Paderborn 1998 (= Rechts- und staatswissenschaftliche Veröffentlichungen der Görres-Gesellschaft, 81)

Rogg, Matthias, Landsknechte und Reisläufer. Bilder vom Soldaten. Ein Stand in der Kunst des 16. Jahrhunderts, Paderborn 2002 (= Krieg in der Geschichte, 5)

Rohdich, Walther, Leuthen 5. Dezember 1757. Ein Wintertag in Schlesien, Wölfersheim-Berstadt 1996

Schaufelberger, Walter, Der Alte Schweizer und sein Krieg. Studien zur Kriegführung vornehmlich im 15. Jahrhundert, 3. Aufl., Frauenfeld 1987

Schieder, Theodor, Friedrich der Große. Ein Königtum der Widersprüche, Frankfurt a.M. 1983

Schilling, Heinz, Aufbruch und Krise. Deutschland 1517–1648, Berlin 1994 (= Das Reich und die Deutschen, 5)

Schilling, Heinz, Höfe und Allianzen. Deutschland 1648–1763, Berlin (= Das Reich und die Deutschen, 6)

Schmidt, Georg, Der Dreißigjährige Krieg, München 1995

Schormann, Gerhard, Der Dreißigjährige Krieg, Göttingen 1993

Schulze, Winfried, Reich und Türkengefahr im späten 16. Jahrhundert. Studien zu den politischen und gesellschaftlichen Auswirkungen einer äußeren Bedrohung, München 1978

Schwark, Thomas, Lübecks Stadtmilitär im 17. und 18. Jahrhundert. Untersuchungen zur Sozialgeschichte einer reichsstädtischen Berufsgruppe, Lübeck 1990 (= Veröffentlichungen zur Geschichte der Hansestadt Lübeck hrsg. vom Archiv der Hansestadt, Reihe B, 18)

Selzer, Stephan, Deutsche Söldner im Italien des Trecento, Tübingen 2001

Sikora, Michael, Disziplin und Desertion. Strukturprobleme militärischer Organisation im 18. Jahrhundert, Berlin 1996 (= Historische Forschungen, 57)

Sikora, Michael, Söldner – historische Annäherung an einen Kriegertypus. In: GG, 29 (2003), S. 210–238

Skalweit, Stephan, Frankreich und Friedrich der Große. Der Aufstieg Preußens im »ancien régime«, Bonn 1952 (= Bonner Historische Forschungen, 1)

Ein Söldnerleben im Dreißigjährigen Krieg. Eine Quelle zur Sozialgeschichte. Hrsg. von Jahn Peters, Berlin 1993 (= Selbstzeugnisse der Neuzeit. Quellen und Darstellungen zur Sozial und Erfahrungsgeschichte)

Der Soldatenkönig. Friedrich Wilhelm I. in seiner Zeit. Hrsg. von Friedrich Beck und Julius H. Schoeps unter Mitarbeit von Thomas Gerber und Martin Zabel, Berlin 2003

Sozialer Aufstieg. Funktionseliten im Spätmittelalter und in der Frühen Neuzeit. Hrsg. von Günther Schulz, München 2002 (= Büdinger Forschungen zur Sozialgeschichte. Deutsche Führungsschichten in der Neuzeit, 25)

Tallet, Frank, War and Society in Early Modern Europe, 1495–1715, London 1992

Trease, Geoffrey, Die Condottieri. Söldnerführer, Glücksritter und Fürsten der Renaissance, München 1974

Tresp, Uwe, Söldner aus Böhmen. Im Dienst deutscher Fürsten. Kriegsgeschäft und Heeresorganisation im 15. Jahrhundert, Paderborn 2002 (= Krieg in der Geschichte, 19)

Wagner, Eduard, Tracht, Wehr und Waffen im Dreißigjährigen Krieg, Hanau 1980

Wedgwood, Cicely V., Der Dreißigjährige Krieg, München 2002

Der Westfälische Friede. Diplomatie – politische Zäsur – kulturelles Umfeld – Rezeptionsgeschichte. Hrsg. von Heinz Duchhardt, München 1998

Wilson, Peter, German Armies. War and German Politics 1648–1806, London 1998

Winkel, Carmen, Militär und Gesellschaft im 18. Jahrhundert – Die Garnisonsstadt Rathenow 1733–1806. In: JBLG, 57 (2006), S. 84–108

Winter, Martin, Untertanengeist durch Militärpflicht? Das preußische Kantonsystem in brandenburgischen Städten im 18. Jahrhundert, Bielefeld 2005 (= Studien zur Regionalgeschichte, 20)

Wirtgen, Rolf, Das preußische Offizierkorps 1701–1806. Uniformierung – Bewaffnung – Ausrüstung. Katalog der Sonderausstellung der Wehrtechnischen Studiensammlung, Koblenz 2004

Zwischen Alltag und Katastrophe. Der Dreißigjährige Krieg aus der Nähe. Hrsg. von Benigna von Krusenstjern und Hans Medick, Göttingen 2001 (= Veröffentlichungen des Max-Planck-Instituts für Geschichte, 148)

Freiheitskriege

Akaltin, Ferdi, Die Befreiungskriege im Geschichtsbild der Deutschen im 19. Jahrhundert, Frankfurt a.M. 1997

Allmayer-Beck, Johann Christoph, und Erich Lessing,, Das Heer unter dem Doppeladler. Habsburgs Armeen 1718–1848, München 1981

Anderson, Benedict, Die Erfindung der Nation. Zur Karriere eines folgenreichen Konzepts, 2. Aufl., Frankfurt a.M. 1993

Bauer, Frank, Die Völkerschlacht bei Leipzig. Oktober 1813, Berlin (Ost) 1988 (= Militärgeschichtliche Skizzen)

Bayern und seine Armee. Eine Ausstellung des Bayerischen Hauptstaatsarchivs aus den Beständen des Kriegsarchivs, Ausstellungskatalog. Hrsg. von der Generaldirektion der Staatlichen Archive Bayerns, München 1987

Die Befreiungskriege in Augenzeugenberichten. Hrsg. und eingel. von Eckart Kleßmann, München 1973

Briefe August Neidhardts von Gneisenau. Eine Auswahl, München, Berlin 2000

Bürgertum und bürgerlich-liberale Bewegung in Mitteleuropa seit dem 18. Jahrhundert. Hrsg. von Lothar Gall, München 1997 (= Historische Zeitschrift, Sonderheft 17)

Bussche, Albrecht von dem, Auf dem Pferderücken durch Europa, Mainz 1997

Demandt, Philipp, Luisenkult. Die Unsterblichkeit der Königin von Preußen, Köln 2003

Die Erhebung gegen Napoleon 1806–1814/15. Hrsg. von Hans-Bernd Spies, Darmstadt 1981

Fehrenbach, Elisabeth, Bürgertum und Liberalismus. Die Umbruchsperiode 1770–1815. In: Bürgertum und bürgerlich-liberale Bewegung, S. 1–62

Fehrenbach, Elisabeth, Traditionale Gesellschaft und revolutionäres Recht. Die Einführung des Code Napoléon in den Rheinbundstaaten, 3. Aufl., Göttingen 1983 (= Kritische Studien zur Geschichtswissenschaft, 13)

Fehrenbach, Elisabeth, Vom Ancien Régime zum Wiener Kongreß, 4. Aufl., München 2001 (= Oldenbourg Grundriß der Geschichte, 12)

Fesser, Gerd, Jena und Auerstedt: Der preußisch-französische Krieg von 1806/07, Jena 1996

Friederich, Rudolf, Die Befreiungskriege 1813–1815, 4 Bde, Berlin 1911–1913

Gembruch, Werner, Staat und Heer. Ausgewählte historische Studien zum Ancien Régime, zur Französischen Revolution und zu den Befreiungskriegen. Hrsg. von Johannes Kunisch, Berlin 1990 (= Historische Forschungen, 40)

Gerhard von Scharnhorst. Vom Wesen und Wirken der preußischen Heeresform. Ein Tagungsband. Hrsg. von Eckardt Opitz, Bremen 1998 (= Schriftenreihe des Wissenschaftlichen Forums für Internationale Sicherheit e.V., 12)

Görtemaker, Manfred, Deutschland im 19. Jahrhundert. Entwicklungslinien, 5. Aufl., Opladen 1996 (= Schriftenreihe zur politischen Bildung, 274)

Gudzent, Christa, Neidhardt von Gneisenau, Berlin (Ost) 1987 (= Militärgeschichtliche Skizzen)

Hackl, Othmar, Die Vorgeschichte, Gründung und frühe Entwicklung der Generalstäbe Österreichs, Bayerns und Preußens. Ein Überblick. Hrsg. mit Unterstützung des Militärgeschichtlichen Forschungsamtes, Osnabrück 1997

Hagemann, Karen, »Mannlicher Muth und teutsche Ehre«. Nation, Militär und Geschlecht zur Zeit der antinapoleonischen Kriege Preußens, Paderborn 2002 (= Krieg in der Geschichte, 8)
Huck, Stephan, Geschichte der Freiheitskriege, CD-ROM mit Begleitband. Hrsg. vom Militärgeschichtlichen Forschungsamt, Sankt Augustin 2004 (= Hilfen für die historische Bildung, 1)

Kissinger, Henry A., Großmacht Diplomatie. Von der Staatskunst Castlereaghs und Metternichs, Frankfurt a.M. 1972
Koch, Hansjoachim, Die Befeiungskriege 1807-1815. Napoleon gegen Europa, Berg 1998
Kunisch, Johannes, Absolutismus. Europäische Geschichte vom Westfälischen Frieden bis zur Krise des Ancien Régime, Göttingen 1986

Langewiesche, Dieter, Europa zwischen Restauration und Revolution 1815–1849, München 1989 (= Oldenbourg Grundriß der Geschichte, 13)
Lefèbvre, Georges, Napoleon, Stuttgart 1989
Leipzig 1813: Tagebuch und Erinnerungen an die Völkerschlacht von Johann Carl Meissner. Bearb. von Holger Hamecher, Kassel 2001

Memoiren des Freiwilligen Jägers Löser Cohen, Kriegserlebnisse 1813/14. Hrsg. von Erik Lindner, Berlin 1993
Merten, Hans Rüdiger, Louis Ferdinand: Prinz von Preußen, Berlin 2001

Pawlas, Andreas, Militär, Freiheit und Demokratie in sozialethischer Perspektive. Texte und Kommentare zum Umbruch des Militärwesens und seiner geistigen Grundlagen im Zeitalter der Befreiungskriege, Frankfurt a.M 1986

Nipperdey, Thomas, Deutsche Geschichte 1800-1866. Bürgerwelt und starker Staat, München 1998
Nowak, Holger, und Birgit Hellmann, Die Schlacht bei Jena und Auerstedt am 14. Oktober 1806, Jena 1994

Obenaus, Herbert, Anfänge des Parlamentarismus in Preußen bis 1848, Düsseldorf 1984 (= Handbuch der Geschichte des deutschen Parlamentarismus, 3)
Opitz, Eckardt, Von der Kritik zur Reform. In: Gerhard von Scharnhorst, S. 31–48

Pohle, Hans, Geschichte in Bildern. Die napoleonischen Kriege, Bd II: Die Schlacht bei Leipzig 1813, Leipzig 2005

Rink, Martin, Vom »Partheygänger« zum Partisanen. Die Konzeption des kleinen Krieges in Preußen 1740–1813, Frankfurt a.M. 1999

Schulin, Ernst, Die Französische Revolution, 2. Aufl., München 1990
Schulze, Winfried, Der 14. Juli 1789. Biographie eines Tages, Stuttgart 1989
Smith, Digby, 1813, Leipzig: Napoleon and the Battle of the Nations, London [et al.] 2001
Stübig, Heinz, Armee und Nation. Die pädagogisch-politischen Motive der preußischen Heeresreform 1807–1814, Frankfurt a.M. 1971 (= Europäische Hochschulschriften, 11)

Thiele, Gerhard, Gneisenau: Leben und Werk des Königlich-Preußischen Generalfeldmarschalls: Eine Chronik, Potsdam 1999
Thiele, Ralph, Jena und Auerstedt: Die Schlacht und ihr Vermächtnis, Frankfurt a.M. 1996

Treitschke, Heinrich von, Deutsche Geschichte im Neunzehnten Jahrhundert, T. 1: Bis zum zweiten Pariser Frieden, 11. Aufl., Leipzig 1923

Die Völkerschlacht bei Leipzig in zeitgenössischen Berichten. Zu einem Lesebuch zusammengestellt und erläutert von Gerhard Graf, Leipzig 1988
Das Völkerschlachtdenkmal. Hrsg. von Klaus Sohl, Leipzig 1993
Von der Französischen Revolution bis zum Wiener Kongreß. Hrsg. von Walter Demel und Uwe Puschner, Stuttgart 1995
Vor Leipzig 1813. Die Völkerschlacht in Augenzeugenberichten. Hrsg. von Karl-Heinz Börner, Berlin 1988

Walter, Dierk, Preußische Heeresreform 1807–1870. Militärische Innovation und der Mythos der »Roonschen Reform«, Paderborn 2003 (= Krieg in der Geschichte, 16)
Walz, Dieter, Sachsenland war abgebrannt. Leipziger Völkerschlacht 1813, Leipzig 1996
Wehler, Hans-Ulrich, Deutsche Gesellschaftsgeschichte, Bd 1: Vom Feudalismus des Alten Reichs bis zur defensiven Modernisierung der Reformära 1700–1815, Frankfurt a.M. 1987
Wittelsbach und Bayern. Krone und Verfassung. König Max Joseph I. und der neue Staat. Hrsg. von Hubert Glaser, München 1980 (= Beiträge zur Bayerischen Geschichte und Kunst 1799–1825, Bd 3/1)
Wohlfeil, Rainer, Vom Stehenden Heer des Absolutismus zur Allgemeinen Wehrpflicht. In: Handbuch zur deutschen Militärgeschichte, Bd 1, Abschnitt II, S. 9–188

Deutscher Bund/Reichsgründung

1848. Revolution in Deutschland. Hrsg. von Christof Dipper und Ulrich Speck, Frankfurt a.M., Leipzig 1998
1848/49. Revolution der deutschen Demokraten in Baden. Hrsg. vom Badischen Landesmuseum Karlsruhe, Baden-Baden 1998
Allmayer-Beck, Johann Christoph, und Erich Lessing, Die K.(u.)K.-Armee 1848–1914, München 1974
Anderson, Eugene N., The Social and Political Conflict in Prussia 1858–1864, Lincoln, NE 1954
Angelow, Jürgen, Von Wien nach Königgrätz. Die Sicherheitspolitik des deutschen Bundes im europäischen Gleichgewicht 1815–1866, München 1996 (= Beiträge zur Militärgeschichte, 52)
Ascoli, David, A Day of Battle. Mars-la-Tour, 16 August 1870, London 1987
Audoin-Rouzeau, Stéphane, 1870. La France dans la guerre, Paris 1989

Barclay, David E., Anarchie und guter Wille. Friedrich Wilhelm IV. und die preußische Monarchie, Berlin 1995
Becker, Frank, Bilder von Krieg und Nation. Die Einigungskriege in der bürgerlichen Öffentlichkeit Deutschlands 1864–1913, München 2001
Bentfeldt, Ludwig, Der Deutsche Bund als nationales Band 1815 bis 1866, Göttingen 1985
Biefang, Andreas, Politisches Bürgertum in Deutschland 1857–1868. Nationale Organisationen und Eliten, Düsseldorf 1994
Bismarck, Otto von, Die gesammelten Werke, 15 Bde. Hrsg. von Hermann von Petersdorf [et al.], Berlin 1924–1935
Bismarck und die Deutschen. Hrsg. von Bernd Heidenreich, Hans-Christof Kraus und Frank Lothar Knoll, Berlin 2005
Bismarck und seine Zeit. Hrsg. von Johannes Kunisch, Berlin 1992

Böhme, Helmut, Deutschlands Weg zur Großmacht. Studien zum Verhältnis von Wirtschaft und Staat während der Reichsgründungszeit 1848–1881, Köln 1966

Botzenhart, Manfred, 1848/49. Europa im Umbruch, Paderborn 1998

Brandt, Harm-Hinrich, Deutsche Geschichte 1850–1870, Stuttgart 1999

Bremm, Klaus-Jürgen, Von der Chaussee zur Schiene. Militärstrategie und Eisenbahnen in Preußen von 1833 bis zum Feldzug von 1866, München 2005 (= Militärgeschichtliche Studien, 40)

Buchholz, Arden, Moltke and the German Wars, 1864–1871, New York 2001

Busch, Michael, »Deserteure, Feiglinge, Refractairs«. Das lauenburgische Jägerkorps in der dänischen Zeit 1815–1849. In: Krieg und Frieden im Herzogtum Lauenburg und in seinen Nachbarterritorien vom Mittelalter bis zum Ende des Kalten Krieges. Hrsg. von Eckardt Opitz, Bochum 2000, S. 235–262

Calließ, Jörg, Militär in der Krise. Die bayerische Armee in der Revolution 1848/49, Boppard a.Rh. 1976 (= Militärgeschichliche Studien, 22)

Canis, Konrad, Bismarcks Außenpolitik 1870 bis 1890. Aufstieg und Gefährdung, Paderborn 2004 (= Wissenschaftliche Reihe der Otto-von-Bismarck-Stiftung, 6)

Carr, William, The Origins of the German Wars of Unifaction, London 1991

Craig, Gordon A., Deutsche Geschichte 1866–1945. Vom Norddeutschen Bund bis zum Ende des Dritten Reiches, 2. Aufl., München 1980

Craig, Gordon A., Königgrätz 1866 – Eine Schlacht macht Weltgeschichte, Wien 1997

Cuntz, Eckart, Verfassungstreue der Soldaten. Zur politischen Treuepflicht im Soldatenverhältnis aus historischer, dogmatischer und rechtsvergleichender Sicht, Berlin 1985

Der Deutsch-Dänische Krieg 1864, 2 Bde. Hrsg. vom Großen Generalstabe, Abteilung für Kriegsgeschichte, Berlin 1866, 1888

Deutsche Sozialgeschichte 1815–1870. Ein historisches Lesebuch. Hrsg. von Werner Pöls, 4. Aufl., München 1988

Deutscher Bund und deutsche Frage 1815–1866. Hrsg. von Helmut Rumpler, München 1990 (= Wiener Beiträge zur Geschichte der Neuzeit, 16/17)

Der Deutsch-Französische Krieg 1870–71, 5 Bde. Redigiert von der Kriegsgeschichtlichen Abteilung des Großen Generalstabes, Berlin 1874–1881

Doering-Manteuffel, Anselm, Die deutsche Frage und das europäische Staatensystem 1815–1871, 2. Aufl., München 2001

Doering-Manteuffel, Anselm, Vom Wiener Kongress zur Pariser Konferenz. England, die deutsche Frage und das Mächtesystem 1815 bis 1856, Göttingen 1991

Eckert, Heinrich Ambros, und Dietrich Monten, Das deutsche Bundesheer, 6 Bde. Nach dem Uniformwerk aus den Jahren 1838 bis 1843. Bearb. von Georg Ortenburg, Dortmund 1981

Engelberg, Ernst, Bismarck, 2 Bde, Berlin 1985, 1990

Engelberg, Ernst, Bismarck. Das Reich in der Mitte Europas, Berlin 1990

Entscheidung 1866. Der Krieg zwischen Österreich und Preußen. Hrsg. vom Militärgeschichtlichen Forschungsamt durch Wolfgang von Groote und Ursula von Gersdorff, Stuttgart 1966

Entscheidung 1870. Der Deutsch-Französische Krieg. Hrsg. vom Militärgeschichtlichen Forschungsamt durch Wolfgang von Groote und Ursula von Gersdorff, Stuttgart 1970

Erinnerungen aus dem Leben des Generalfeldmarschalls Hermann von Boyen, 2 Bde. Hrsg. von Dorothea Schmidt, Berlin 1990

Eyck, Erich, Bismarck. Leben und Werk, 3 Bde, Erlenbach 1941–1944

Faber, Karl-Georg, Deutsche Geschichte im 19. Jahrhundert. Restauration und Revolution. Von 1815 bis 1851, Wiesbaden 1979 (= Handbuch der Deutschen Geschichte, 3/1, T. 2)
Fahl, Andreas, Das Hamburger Bürgermilitär 1814–1868, Berlin 1987
Fehrenbach, Elisabeth, Verfassungsstaat und Nationsbildung 1815–1871, München 1992
Der Feldzug von 1866 in Deutschland. Redigiert von der Kriegsgeschichtlichen Abteilung des Großen Generalstabes, Berlin 1867
Flöter, Jonas, Beust und die Reform des Deutschen Bundes 1850–1866. Sächsisch-mittelstaatliche Koalitionspolitik im Kontext der deutschen Frage, Köln 2001
Fontane, Theodor, Der deutsche Krieg von 1866, 2 Bde, Berlin 1870/71
Fontane, Theodor, Der Krieg gegen Frankreich 1870–1871, 4 Bde, 2. Aufl., Zürich 1985
Fontane, Theodor, Der Schleswig-Holsteinische Krieg im Jahre 1864, Berlin 1866
Frei, Albrecht Georg, Wegbereiter der Demokratie. Die badische Revolution 1848/49, Karlsruhe 1997
Friedjung, Heinrich, Der Kampf um die Vorherrschaft in Deutschland 1859–1866, 2 Bde, 9. Aufl., Stuttgart 1912/13

Gall, Lothar, Bismarck. Der weiße Revolutionär, Frankfurt a.M. 1980
Garnisonsleben 1866 in der Bundesfestung Rastatt. In: Um Rhein und Murg, 9 (1969), S. 124–139
Generalfeldmarschall von Moltke, Bedeutung und Wirkung. Im Auftrag des Militärgeschichtlichen Forschungsamtes hrsg. von Roland G. Foerster, München 1991 (= Beiträge zur Militärgeschichte, 33)
Die Grundrechtsdiskussion in der Paulskirche. Eine Dokumentation. Hrsg. von Heinrich Scholler, 2. überarb. Aufl., Darmstadt 1982
Gruner, Wolf D., Das Bayerische Heer 1825 bis 1864. Eine kritische Analyse der bewaffneten Macht Bayerns vom Regierungsantritt Ludwigs I. bis zum Vorabend des deutschen Krieges, Boppard a.Rh. 1972 (= Militärgeschichtliche Studien, 14)
Gugel, Michael, Industrieller Aufstieg und bürgerliche Herrschaft. Sozioökonomische Interessen und politische Ziele des liberalen Bürgertums zur Zeit des Verfassungskonflikts 1857–1867, Köln 1975

Hachtmann, Rüdiger, Berlin Achtzehnhundertachtundvierzig (1848). Eine Politik- und Gesellschaftsgeschichte der Revolution, Bonn 2002
Hachtmann, Rüdiger, Epochenschwelle zur Moderne. Einführung in die Revolution von 1848/49, Tübingen 2002
Hamerow, Theodore S., The Social Foundations of German Unification 1858–1871, 2 vols, Princeton, NJ 1969/1972
Harder, Hans-Joachim, Militärgeschichtliches Handbuch Baden-Württemberg, Stuttgart 1987
Helfert, Rolf, Der preußische Liberalismus und die Heeresreform von 1860, Bonn 1989
Helmert, Heinz, Militärsystem und Streitkräfte im Deutschen Bunde am Vorabend des preußisch-österreichischen Krieges von 1866, Berlin 1964
Hermes, Sabina, und Joachim Niemeyer, Unter dem Greifen, Altbadisches Militär von der Vereinigung der Markgrafschaften bis zur Reichsgründung 1771–1871, Karlsruhe 1984
Herre, Franz, Kaiser Wilhelm I. Der letzte Preuße, 2. Aufl., Köln 1993
Hess, Adalbert, Das Parlament, das Bismarck widerstrebte. Zur Politik und sozialen Zusammensetzung des preußischen Abgeordnetenhauses der Konfliktszeit (1862–1866), Köln 1964
Hildebrandt, Karl-Heinz, Das Luxemburger Kontingent zum Deutschen Bund. In: ZfH, 1990, 349, S. 65–69
Hippel, Wolfgang von, Revolution im deutschen Südwesten, Stuttgart 1998

Hohlfeld, Andreas, Das Frankfurter Parlament und sein Kampf um das deutsche Heer, Berlin 1932

Holmes, Richard, The Road to Sedan: The Fench Army, 1866–70, London 1984

Howard, Michael, The Franco-Prussian War. The German Invasion of France, 1870–1871, London 1962

Hubatsch, Walther, Die erste deutsche Flotte 1848–1853. Hrsg. von der Deutschen Marine-Akademie und dem Deutschen Marine Institut, Herford 1981

Huber, Ernst Rudolf, Deutsche Verfassungsgeschichte seit 1789, Bd 3: Bismarck und das Reich, Stuttgart 1963

Jansen, Christian, Einheit, Macht und Freiheit. Die Paulskirchenlinke und die deutsche Politik in der nachrevolutionären Epoche 1849–1867, Düsseldorf 2000

Kaernbach, Andreas, Bismarcks Konzepte zur Reform des deutschen Bundes. Zur Kontinuität der Politik Bismarcks und Preußens in der deutschen Frage, Göttingen 1991

Kersten, Fritz, und Georg Ortenburg, Die Sächsische Armee von 1763 bis 1862, Beckum 1982

Kessel, Eberhard, Moltke, Stuttgart 1957

Ketterer, Iris, Gedanken zum Soldatenalltag auf preußischen Festungen um 1850. In: Neue Forschungen zur Festung Koblenz und Ehrenbreitstein, Bd 1. Hrsg. von Burgen, Schlösser, Altertümer Rheinland-Pfalz und der Deutschen Gesellschaft für Festungsforschung, 2. überarb. Aufl., Regensburg 2005, S. 143–155

Keubke, Klaus-Ulrich und Erna, Das Mecklenburger Militär und seine Uniformen im Biedermeier (1815–1849), Rostock 1991

Keubke, Klaus-Ulrich, und Ralf Mumm, Mecklenburgische Militärgeschichte 1701–1918, Schwerin 2000

Keul, Wolfgang, Die Bundesmilitärkommission (1819–1866) als politisches Gremium. Ein Beitrag zur Geschichte des Deutschen Bundes, Frankfurt a.M. 1977

Koch, Rainer, Deutsche Geschichte 1815–1848. Restauration oder Vormärz?, Stuttgart 1985

Köster, Burkhard, Militär und Eisenbahn in der Habsburgermonarchie 1825–1859, München 1999 (= Militärgeschichtliche Studien, 37)

Kolb, Eberhard, Der Weg aus dem Krieg. Bismarcks Politik im Krieg und die Friedensanbahnung 1870/71, München 1990

Kriegstheorie und Kriegsgeschichte. Carl von Clausewitz. Helmuth von Moltke. Hrsg. von Reinhard Stumpf, Frankfurt a.M. 1993

Kühlich, Frank, Die deutschen Soldaten im Krieg von 1870/71, Frankfurt a.M. 1995

Kunze, Rolf-Ulrich, Nation und Nationalismus, Darmstadt 2005

Liberalismus in der Gesellschaft des deutschen Vormärz. Hrsg. von Theodor Schieder, Göttingen 1983 (= Geschichte und Gesellschaft, Sonderheft 9)

Lutz, Heinrich, Zwischen Habsburg und Preußen. Deutschland 1815–1866, Berlin 1985

Messerschmidt, Manfred, Die politische Geschichte der preußischen Armee. In: Handbuch zur deutschen Militärgeschichte, Bd 2, Abschnitt IV, T. 1, S. 9–380

Moltke, Helmuth, Gesammelte Schriften und Denkwürdigkeiten des General-Feldmarschalls Grafen Helmuth von Moltke, 8 Bde. Hrsg. von Stanislaus von Lescynski, Berlin 1891–1893

Mommsen, Wolfgang J., 1848. Die ungewollte Revolution, Frankfurt a.M. 1998

Mommsen, Wolfgang J., Das Ringen um den nationalen Staat. Die Gründung und der innere Ausbau des Deutschen Reiches unter Otto von Bismarck 1850–1890, Berlin 1993

Müller, Frank Lorenz, Die Revolution von 1848/49, Darmstadt 2002
Müller, Sabrina, Soldaten in der deutschen Revolution von 1848/49, Paderborn 1999 (= Krieg in der Geschichte, 3)

Niemeyer, Joachim, Königliches Hannöversches Militär 1815–1866, Beckum 1992
Nipperdey, Thomas, Deutsche Geschichte 1800–1866. Bürgerwelt und starker Staat, München 1998

Österreichs Kämpfe im Jahre 1866. Nach Feldacten bearb. durch das k.k. Generalstabsbureau für Kriegsgeschichte, 5 Bde, Wien 1867–1869
On the Road to Total War. The American Civil War and the German Wars of Unification, 1861–1871. Ed. by Stig Förster and Jörg Nagler, New York 1997
Ortenburg, Georg, Oldenburger Uniformen 1813 bis 1867. In: ZfH, 1997, 385, S. 102–106

Pflanze, Otto, Bismarck, 2 Bde, München 1997/98
Die Preußische Armee zwischen Ancien Régime und Reichsgründung. Hrsg. von Peter Baumgart, Bernhard R. Kroener und Heinz Stübig, Paderborn 2008
Price, Roger, The French Second Empire: An Anatomy of Political Power, New York 2001
Pröve, Ralf, Militär, Staat und Gesellschaft im 19. Jahrhundert, München 2006 (= Enzyklopädie deutscher Geschichte, 77)
Pröve, Ralf, Stadtgemeinschaftlicher Republikanismus und die »Macht des Volkes«. Civile Ordnungsformationen und kommunale Leitbilder politischer Partizipation in den deutschen Staaten vom Ende des 18. bis zur Mitte des 19. Jahrhunderts, Göttingen 1998

Rastatt und die Revolution von 1848/49. Vom Rastatter Kongreß zur Freiheitsfestung. Hrsg. von der Stadt Rastatt, Rastatt 1999
Die Reichsgründung. Hrsg. von Helmut Böhme, München 1967
Reichsgründung 1870/71. Tatsachen, Kontroversen, Interpretationen. Hrsg. von Theodor Schieder und Ernst Deuerlein, Stuttgart 1970
Revolution in Deutschland und Europa 1848/49. Hrsg. von Wolfgang Hartwig, Göttingen 1998
Roon, Albrecht Graf von, Denkwürdigkeiten aus dem Leben des General-Feldmarschalls Kriegsminister Grafen von Roon. Sammlung von Briefen, Schriftstücken und Erinnerungen, 3 Bde. Hrsg. von Waldemar Graf von Roon, Berlin 1897

Sauer, Wolfgang, Das württembergische Heer in der Zeit des Deutschen und des Norddeutschen Bundes, Stuttgart 1958
Schlürmann, Jan, Die Schleswig-Holsteinische Armee 1948 bis 1851, Tönning 2004
Schmid, Michael, Der »Eiserne Kanzler« und die Generäle. Deutsche Rüstungspolitik in der Ära Bismarck (1871–1890), Paderborn 2003 (= Wissenschaftliche Reihe der Otto-von-Bismarck-Stiftung, 4)
Schmidt, Dorothea, Die preußische Landwehr. Ein Beitrag zur Geschichte der allgemeinen Wehrpflicht in Preußen zwischen 1813 und 1830, Berlin 1981 (= Militärhistorische Studien, N.F., 21)
Schmidt-Brentano, Antonio, Die Armee in Österreich. Militär, Staat und Gesellschaft 1848–1867, Boppard a.Rh. 1975 (= Militärgeschichtliche Studien, 20)
Schmidt-Bückeburg, Rudolf, Das Militärkabinett der preußischen Könige und deutschen Kaiser. Seine geschichtliche Entwicklung und staatsrechtliche Stellung 1787–1918, Berlin 1933
Schnabel, Franz, Deutsche Geschichte im neunzehnten Jahrhundert, Bd 2: Monarchie und Volkssouveränität, München 1987 [EA 1933]

Schnabel, Franz, Deutsche Geschichte im neunzehnten Jahrhundert, Bd 3: Erfahrungswissenschaften und Technik, München 1987 [EA 1933]
Schnabel, Walter, Die Kriegs- und Finanzverfassung des Deutschen Bundes, Marburg 1966
Schott, Rudolf, Die Sammlungen des Wehrgeschichtlichen Museums im Schloß Rastatt. Reihe 4 Festungswesen, T. 2: Pläne von Festungen und befestigten Städten. Hrsg. vom Militärgeschichtlichen Forschungsamt und dem Wehrgeschichtlichen Museum Rastatt, Freiburg i.Br. 1985
Schriften, Aufsätze, Studien, Briefe: Dokumente aus dem Clausewitz-, Scharnhorst- und Gneisenau-Nachlaß sowie aus öffentlichen und privaten Sammlungen. Hrsg. von Werner Hahlweg, 2 Bde, Göttingen 1966–1990
Schulze, Hagen, Der Weg zum Nationalstaat, München 1994
Seier, Helmut, Der Oberbefehl im Bundesheer. Zur Entstehung der deutschen Bundeskriegsverfassung 1817–1822. In: MGM, 21 (1977), S. 7–33
Showalter, Dennis, Railroads and Rifles: Soldiers, Technology, and the Unification of Germany, Hamden, CT 1975
Showalter, Dennis, The Wars of German Unification, London 2004
Siemann, Wolfram, Die deutsche Revolution von 1848/49, 7. Aufl., Frankfurt a.M. 1997
Siemann, Wolfram, Gesellschaft im Aufbruch. Deutschland 1849–1871, Frankfurt a.M. 1990
Siemann, Wolfram, Vom Staatenbund zum Nationalstaat. Deutschland 1806–1871, München 1995
Steinbach, Matthias, Abgrund Metz, München 2002
Stubenhöfer, Erika, »Mit Gott für König und Vaterland!« Soldatenbriefe aus dem Deutsch-Französischen Krieg. In: MGZ, 63 (2004), S. 79–113

Tanner, Jakob, Die Instrumentalisierung der Gefühle. Propaganda im Krieg. In: Der blaue Reiter. Journal für Philosophie, 20 (2004), S. 48–51

Valentin, Veit, Geschichte der deutschen Revolution von 1848–49, 2 Bde, Berlin 1998 [EA 1930/31]
Vogel, Winfried, Entscheidung 1864. Das Gefecht bei Düppel im Deutsch-Dänischen Krieg und seine Bedeutung für die Lösung der deutschen Frage, 3. Aufl., Bonn 1996
Vollmer, Udo, Die Armee des Königreichs Hannover. Bewaffnung und Geschichte von 1803–1866, Schwäbisch Hall 1978

Wacker, Paul, Die herzoglich nassauischen Truppen. In: ZfH, 1981, 296/297, S. 101–108
Walter, Dierk, Preußische Heeresreformen 1807–1870. Militärische Innovation und der Mythos der »Roonschen Reform«, Paderborn 2003 (= Krieg in der Geschichte, 16)
Wawro, Geoffrey, The Austro-Prussian War. Austria's War with Prussia and Italy 1866, New York 1996
Wawro, Geoffrey, The Franco-Prussian War, Cambridge, MA 2003
Wehler, Hans-Ulrich, Deutsche Gesellschaftsgeschichte, Bd 2: Von der Reformära bis zur industriellen und politischen »Deutschen Doppelrevolution«: 1815–1848/49, München 1995
Wehler, Hans-Ulrich, Deutsche Gesellschaftsgeschichte, Bd 3: Von der »Deutschen Doppelrevolution« bis zum Beginn des Ersten Weltkriegs: 1849–1914, München 1996
Wetzel, David, Duell der Giganten. Bismarck, Napoleon III. und die Ursachen des Deutsch-Französischen Krieges 1870–71, Paderborn 2005 (= Wissenschaftliche Reihe der Otto-von-Bismarck-Stiftung, 7)
Wienhöfer, Elmar, Das Militärwesen des Deutschen Bundes und das Ringen zwischen Österreich und Preußen um die Vorherrschaft in Deutschland 1815–1866, Osnabrück 1973

Winkler, Heinrich August, Preußischer Liberalismus und deutscher Nationalstaat. Studien zur Geschichte der Deutschen Fortschrittspartei 1861–1866, Tübingen 1964
Wollenschneider, Rainer, und Michael Feik, Bundesfestung Rastatt, 3. Aufl., Ötigheim 2004

Zechlin, Egmont, Bismarck und die Grundlegung der deutschen Großmacht, Stuttgart 1930
Zimmer, Frank, Bismarcks Kampf gegen Kaiser Franz Joseph. Königgrätz und seine Folgen, Graz 1996

Kaiserreich

Anker, Josef, Die Militärstrafgerichtsordnung des Deutschen Reiches von 1898. Entwicklung, Einführung und Anwendung, dargestellt an der Auseinandersetzung zwischen Bayern und Preußen, Frankfurt a.M. 1995 (= Europäische Hochschulschriften, Reihe 3, Geschichte und ihre Hilfswissenschaften, 633)

Bald, Detlef, Der deutsche Offizier. Sozial- und Bildungsgeschichte des deutschen Offizierkorps im 20. Jahrhundert, München 1982
Bendele, Ulrich, Krieg, Kopf und Körper: Lernen für das Leben – Erziehung zum Tod, Frankfurt a.M. 1984
Berghahn, Volker R., Das Kaiserreich 1871–1914. Industriegesellschaft, bürgerliche Kultur und autoritärer Staat, 10. Aufl., Stuttgart 2003 (= Gebhardt, Handbuch der deutschen Geschichte, 16)
Berghahn, Volker R., Rüstung und Machtpolitik. Zur Anatomie des »Kalten Krieges« vor 1914, Düsseldorf 1973 (= Mannheimer Schriften zur Politik und Zeitgeschichte, 5)
Berghahn, Volker R., Der Tirpitz-Plan. Genesis und Verfall einer innenpolitischen Krisenstrategie unter Wilhelm II., Düsseldorf 1971 (= Geschichtliche Studien zu Politik und Gesellschaft, 1)
Besteck, Eva, Die trügerische »First Line of Defence«. Zum deutsch-britischen Wettrüsten vor dem Ersten Weltkrieg, Freibrug i.Br. 2006 (= Einzelschriften zur Militärgeschichte, 43)
Buchholz, Arden H., Moltke, Schlieffen and Prussian War Planning, New York 1991

Deist, Wilhelm, Flottenpolitik und Flottenpropaganda. Das Nachrichtenbureau des Reichsmarineamtes 1897 bis 1914, Stuttgart 1976 (= Beiträge zur Militär- und Kriegsgeschichte, 17)
Das Deutsche Kaiserreich 1871–1914. Ein historisches Lesebuch. Hrsg. und eingel. von Gerhard A. Ritter, 4., durchges. Aufl., Göttingen 1981
Deutsche Parteien vor 1918. Hrsg. von Gerhard A. Ritter, Köln 1973 (= Neue Wissenschaftliche Bibliothek, Geschichte, 61)
Das Deutsche Reich und der Boxeraufstand. Hrsg. von Susanne Kuß und Bernd Martin, München 2002 (= Erfurter Reihe zur Geschichte Asiens)

Eberspächer, Cord, Die deutsche Yangtse-Patrouille. Deutsche Kanonenbootpolitik in China im Zeitalter des Imperialismus 1900–1914, Bochum 2004 (= Kleine Schriftenreihe zur Militär- und Marinegeschichte, 8)
Eberspächer, Cord, »Germans to the front«. Die deutsche Marine und der Boxeraufstand in China 1900. In: Militärgeschichte, 1 (2003), S. 4–8
Eichler, Jürgen, und Egon Friedrich Krenz, Die Kaiserliche Flotte. Kriegsschiffe und Hafenansichten auf historischen Postkarten, Berlin 1991
Epkenhans, Michael, Die wilhelminische Flottenrüstung 1908 bis 1914. Weltmachtstreben, industrieller Fortschritt, soziale Integration, München 1991 (= Beiträge zur Militärgeschichte, 32)

Freytag, Nils, Das Wilhelminische Kaiserreich 1890–1914, Paderborn 2007
Frie, Ewald, Das Deutsche Kaiserreich, Darmstadt 2004

Hecker, Gerhard, Walther Rathenau und sein Verhältnis zu Militär und Krieg, Boppard a.Rh. 1983 (= Militärgeschichtliche Studien, 30)
Hildebrand, Klaus, Das vergangene Reich. Deutsche Außenpolitik von Bismarck bis Hitler 1871–1945, Stuttgart 1995
Hillgruber, Andreas, Bismarcks Außenpolitik, 2. Aufl., Freiburg i.Br. 1980
Hillgruber, Andreas, Die gescheiterte Großmacht. Eine Skizze des Deutschen Reiches 1871–1945, Düsseldorf 1980
Hobson, Rolf, Maritimer Imperialismus. Seemachtideologie, seestrategisches Denken und der Tirpitzplan 1875 bis 1914. Hrsg. vom Militärgeschichtlichen Forschungsamt, Potsdam, und dem Institut für Verteidigungsstudien, Oslo, München 2004 (= Beiträge zur Militärgeschichte, 61)
Hopman, Albert, Das ereignisreiche Leben eines Wilhelminers. Tagebücher, Briefe, Aufzeichnungen 1901 bis 1920. Im Auftrag des Militärgeschichtlichen Forschungsamtes hrsg. von Michael Epkenhans, München 2004 (= Beiträge zur Militärgeschichte, 62)
Huber, Ernst Rudolf, Deutsche Verfassungsgeschichte seit 1789, Bd 3: Bismarck und das Reich, Stuttgart 1963
Huber, Ernst Rudolf, Deutsche Verfassungsgeschichte seit 1789, Bd 4: Struktur und Krisen des Kaiserreichs, Stuttgart 1969

John, Hartmut, Das Reserveoffizierkorps im Deutschen Kaiserreich 1890–1914. Ein sozialgeschichtlicher Beitrag zur Untersuchung der gesellschaftlichen Militarisierung im wilhelminischen Deutschland, Frankfurt a.M., New York 1981
Jung, Peter, Sturm über China. Österreich-Ungarns Einsatz im Boxeraufstand 1900, Wien 2000 (= Österreichische Militärgeschichte, Sonderbd, 1)

König, Wolfgang, Wilhelm II. und die Moderne. Der Kaiser und die technisch-industrielle Welt, Paderborn 2007
Kolonialismus als Kultur. Literatur, Medien, Wissenschaft in der deutschen Gründerzeit des Fremden, Bd 2. Hrsg. von Alexander Honold und Oliver Simons, Tübingen 2002
Kolonialkrieg in China. Die Niederschlagung der Boxerbewegung 1900–1901. Hrsg. von Mechthild Leutner und Klaus Mühlhaus, Berlin 2007

Lange, Sven, Hans Delbrück und der »Strategiestreit«. Kriegführung und Kriegsgeschichte 1879–1914, Freibrug i.Br. 1995 (= Einzelschriften zur Militärgeschichte, 40)
Leistenschneider, Stephan, Auftragstaktik im preußisch-deutschen Heer 1871 bis 1914. Hrsg. vom Militärgeschichtlichen Forschungsamt, Hamburg 2002
Lemmermann, Heinz, Kriegserziehung im Kaiserreich. Studien zur politischen Funktion von Schule und Schulmusik 1890–1918, 2 Bde, Bremen 1984

Der Maji-Maji-Krieg in Deutsch-Ostafrika 1905–1907. Hrsg. von Felicitas Becker und Jigal Beez, Berlin 2003,
Marine und Marinepolitik im kaiserlichen Deutschland 1871–1914. Im Auftrag des Militärgeschichtlichen Forschungsamtes hrsg. von Herbert Schottelius und Wilhelm Deist, Düsseldorf 1972
May, Otto, Deutsch sein heisst treu sein. Ansichtskarten als Spiegel von Mentalität und Untertanenerziehung in der Wilhelminischen Ära (1888–1918), Bd 1, Hildesheim 1998

Messerschmidt, Manfred, Militär und Politik in der Bismarckzeit und im wilhelminischen Deutschland, Darmstadt 1975 (= Erträge der Forschung, 43)

Das Militär und der Aufbruch in die Moderne 1860 bis 1890. Armeen, Marinen und der Wandel von Politik, Gesellschaft und Wirtschaft in Europa, den USA sowie Japan. Im Auftrag des Militärgeschichtlichen Forschungsamtes und der Otto-von-Bismarck-Stiftung hrsg. von Michael Epkenhans und Gerhard P. Groß, München 2003 (= Beiträge zur Militärgeschichte, 60)

Die Militärluftfahrt bis zum Beginn des Weltkrieges 1914. Hrsg. vom Militärgeschichtlichen Forschungsamt, 2., überarb. Aufl., Frankfurt a.M. 1965

»Musterkolonie Kiautschou«: Die Expansion des Deutschen Reiches in China. Deutsch-chinesische Beziehungen 1897 bis 1914. Eine Quellensammlung. Hrsg. von Mechthild Leutner, Berlin 1997

Plaschka, Richard Georg, Matrosen, Offiziere, Rebellen. Krisenkonfrontationen zur See 1900–1918, Bd 1, Wien, Köln, Graz 1984 (= Veröffentlichungen des Österreichischen Ost- und Südosteuropa-Instituts, 12)

Preston, Diana, Rebellion in Peking. Die Geschichte des Boxeraufstands, München, Stuttgart 2001

Rödel, Christian, Krieger, Denker, Amateure. Alfred von Tirpitz und das Seekriegsbild vor dem Ersten Weltkrieg, Stuttgart 2003

Röhl, John C.G., Kaiser, Hof und Staat. Wilhelm II. und die deutsche Politik, München 1987

Rohkrämer, Thomas, Der Militarismus der »kleinen Leute«. Die Kriegervereine im Deutschen Kaiserreich 1871 bis 1914, München 1990 (= Beiträge zur Militärgeschichte, 29)

Salewski, Michael, Tirpitz. Aufstieg, Macht, Scheitern, Göttingen 1979

Scherer, Thomas, Die Marineoffiziere der Kaiserlichen Marine. Sozialisation und Konflikte, Bochum 2002 (= Kleine Schriftenreihe zur Militär- und Marinegeschichte, 2)

Schmid, Michael, Der »Eiserne Kanzler« und die Generäle. Deutsche Rüstungspolitik in der Ära Bismarck (1871 bis 1890), Paderborn 2003 (= Wissenschaftliche Reihe der Otto-von-Bismarck-Stiftung, 4)

Sieg, Dirk, Die Ära Stosch, Die Marine im Spannungsfeld der deutschen Politik 1872 bis 1883, Bochum 2005 (= Kleine Schriftenreihe zur Militär- und Marinegeschichte, 11)

Stein, Oliver, Die deutsche Heeresrüstungspolitik 1890–1914. Das Militär und der Primat der Politik, Paderborn 2007 (= Krieg in der Geschichte, 39)

Stolberg-Wernigerode, Otto Graf zu, Die unentschiedene Generation. Deutschlands konservative Führungsschichten am Vorabend des Ersten Weltkrieges, München 1968

Storz, Dieter, Kriegsbild und Rüstung vor 1914. Europäische Landstreitkräfte vor dem Ersten Weltkrieg, Herford 1992 (= Militärgeschichte und Wehrwissenschaften, 1)

Stürmer, Michael, Das ruhelose Reich. Deutschland 1866–1918, Berlin 1983 (= Die Deutschen und ihre Nation, 3)

Strizek, Helmut, Geschenkte Kolonien. Ruanda und Burundi unter deutscher Herrschaft, Berlin 2006

Tsingtau – Ein Kapitel deutscher Kolonialgeschichte. Hrsg. von Hans-Martin Hinz und Christoph Lind, Ausstellungskatalog des Deutschen Historischen Museums, Berlin 1998

Uhle-Wettler, Franz, Alfred von Tirpitz in seiner Zeit, Berlin 1998

Untertan in Uniform. Militär und Militarismus im Kaiserreich 1871–1914. Hrsg. von Bernd Ulrich, Jakob Vogel und Benjamin Ziemann, Frankfurt a.M. 2001

Völkermord in Deutsch-Südwestafrika. Der Kolonialkrieg (1904–1908) in Namibia und seine Folgen. Hrsg. von Jürgen Zimmerer und Joachim Zeller, Berlin 2003

Wehler, Hans-Ulrich, Bismarck und der Imperialismus, Köln, Berlin 1969
Wehler, Hans-Ulrich, Krisenherde des Kaiserreichs 1871–1918. Studien zur deutschen Sozial- und Verfassungsgeschichte, Göttingen 1970
Westphal, Wilfried, Geschichte der deutschen Kolonien, Berlin 1987

Erster Weltkrieg

Adrienne, Thomas, Aufzeichnungen aus dem Ersten Weltkrieg. Ein Tagebuch. Hrsg. von Günther Scholdt, Köln, Weimar, Wien 2004 (= Selbstzeugnisse der Neuzeit, 14)
Afflerbach, Holger, Falkenhayn. Politisches Denken und Handeln im Kaiserreich, München 1994 (= Beiträge zur Militärgeschichte, 42)

Beckett, Ian Frederick William, The Great War 1914–1918, Harlow 2001
Bennett, Geoffrey, Die Skagerrakschlacht. Die größte Seeschlacht der Geschichte, München 1976
Berghahn, Volker R., Der Erste Weltkrieg, München 2003
Bericht aus dem Fort Douaumont. Hrsg. von Kurt Fischer, Bonn 2004
Birken, Andreas, und Hans-Henning Gerlach, Atlas und Lexikon zum Ersten Weltkrieg, Bd 1: Karten, Königsbronn 2002

Castan, Joachim, Der Rote Baron. Die ganze Geschichte des Manfred von Richthofens, 2. Aufl., Stuttgart 2007
Chickering, Roger, Das Deutsche Reich und der Erste Weltkrieg, München 2002
Clashausen, Hansjörg, Die Sonne sank im Westen! Der erste Weltkrieg, Postkarten von 1899–1918 aus Deutschland und Frankreich, Textdokumente, Wülfrath 2001
Creutz, Martin, Die Pressepolitik der kaiserlichen Regierung während des Ersten Weltkrieges. Die Exekutive, die Journalisten und der Teufelskreis der Berichterstattung, Frankfurt a.M. 1996 (= Europäische Hochschulschriften, Reihe 3, Geschichte und ihre Hilfswissenschaften, 704)
Deutschland im Ersten Weltkrieg. Texte und Dokumente 1914–1918. Hrsg. Von Ulrich Cartarius, München 1982
Denizot, Alain, Verdun 1914–1918, Paris 1996

Enzyklopädie Erster Weltkrieg. Hrsg. von Gerhard Hirschfeld, Gerd Krumeich und Irina Renz in Verbindung mit Markus Pöhlmann, Paderborn 2003
Der Erste Weltkrieg. Hrsg. von Christine Beil [u.a], Berlin 2004
Der Erste Weltkrieg und das 20. Jahrhundert. Hrsg. von Jay Winter, Geoffrey Parker, Mary R. Habeck, Hamburg 2002
Der Erste Weltkrieg. Wirkung – Wahrnehmung – Analyse. Im Auftrag des Militärgeschichtlichen Forschungsamtes hrsg. von Wolfgang Michalka, München, Zürich 1994
Erster Weltkrieg – Zweiter Weltkrieg. Ein Vergleich. Krieg, Kriegserlebnis, Kriegserfahrung in Deutschland. Im Auftrag des Militärgeschichtlichen Forschungsamtes hrsg. von Bruno Thoß und Hans-Erich Volkmann, Paderborn 2002

Farwell, Byron, The Great Boer War, London 1977
Ferguson, Niall, Der falsche Krieg. Der Erste Weltkrieg und das 20. Jahrhundert, München 2001

Fischer, Fritz, Griff nach der Weltmacht. Die Kriegszielpolitik des kaiserlichen Deutschland 1914/1918, Düsseldorf 1961

Fischer, Kurt, und Stephan Klink, Spurensuche bei Verdun. Ein Führer über die Schlachtfelder, Bonn 2000

Flemming, Thomas, Grüße aus dem Schützengraben. Feldpostkarten im Ersten Weltkrieg aus der Sammlung Ulf Heinrich, Berlin 2004

Franzosen und Deutsche: Orte der gemeinsamen Geschichte. Hrsg. von Horst Möller und Jacques Morizet, München 1996

Friedrich, Ernst, Krieg dem Kriege, unveränderter Nachdruck der Erstausgabe von 1924, 19. Aufl., Frankfurt a.M. 1988

Geiss, Immanuel, Julikrise und Kriegsausbruch 1914, 2 Bde, Hannover 1964

Great War, Total War. Combat and Mobilization on the Western Front, 1914–1918. Ed. by Roger Chickering and Stig Förster, Cambridge 2000

Groehler, Olaf, Der lautlose Tod, Berlin (Ost) 1978

Halpern, Paul G., A Naval History of World War I, Annapolis, MD 1994

Hank, Sabine, und Hermann Simon, Feldpostbriefe jüdischer Soldaten 1914–1918. Briefe ehemaliger Zöglinge an Sigmund Feist, Direktor des Reichenheimschen Waisenhauses der Jüdischen Gemeinde zu Berlin, 2 Bde. Hrsg. von der Stiftung »Neue Synagoge Berlin – Centrum Judaicum« und dem Militärgeschichtlichen Forschungsamt, Teetz 2002

Horne, Alistair, Des Ruhmes Lohn. Verdun 1916, Minden 1964

Hull, Isabel V., Absolute Destruction. Military Culture and the Practices of War in Imperial Germany, Ithaca, NY 2005

Jürgs, Michael, Der kleine Friede im Großen Krieg. Westfront 1914: Als Deutsche, Franzosen und Briten gemeinsam Weihnachten feierten, 3. Aufl., München 2003

Kaiser Wilhelm II. als Oberster Kriegsherr im Ersten Weltkrieg. Quellen aus der militärischen Umgebung des Kaisers 1914–1918. Bearb. und eingel. von Holger Afflerbach, München 2005

Kielmannsegg, Peter Graf von, Deutschland und der Erste Weltkrieg, Stuttgart 1980

Der Krieg zur See 1914–1918, 7 Reihen mit 23 Bden. Hrsg. vom Marine-Archiv, Berlin 1920–1964

Der Krieg zur See 1914–1918. Der Krieg in der Nordsee, Bd 7: Vom Sommer 1917 bis zum Kriegsende 1918. Kritische Edition. Im Auftrage des Militärgeschichtlichen Forschungsamtes hrsg. von Gerhard P. Groß unter Mitarbeit von Werner Rahn, Hamburg 2006

Kriegsbriefe gefallener deutscher Juden. Mit einem Geleitwort von Franz Josef Strauß, Stuttgart 1961

Kriegsende 1918. Ereignis, Wirkung, Nachwirkung. Im Auftrag des Militärgeschichtlichen Forschungsamtes hrsg. von Jörg Duppler und Gerhard P. Groß, München 1999 (= Beiträge zur Militärgeschichte, 53)

Kriegsgefangene im Europa des Ersten Weltkrieges. Hrsg. von Jochen Oltmer, Paderborn 2005 (= Krieg in der Geschichte, 24)

Legahn, Ernst, Meuterei in der Kaiserlichen Marine 1917/1918. Ursachen und Folgen, Herford 1970

Die letzten Tage der Menschheit. Bilder des Ersten Weltkrieges. Eine Ausstellung des Deutschen Historischen Museums, Berlin, der Barbican Art Gallery, London, und der Staatlichen Museen zu Berlin – Preußischer Kulturbesitz in Verbindung mit dem Imperial War Museum, London. Hrsg. von Rainer Rother, Berlin 1994

Linnenkohl, Hans, Vom Einzelschuß zur Feuerwalze. Der Wettlauf zwischen Technik und Taktik im Ersten Weltkrieg, Bonn 1996

Lipp, Anne, Meinungslenkung im Krieg. Kriegserfahrungen deutscher Soldaten und ihre Deutung 1914–1918, Göttingen 2003

März, Peter, Der Erste Weltkrieg. Deutschland zwischen dem langen 19. Jahrhundert und dem kurzen 20. Jahrhundert, München 2004 (= Studien zur Politik und Geschichte, 1)

Massie, Robert K., Castles of steel. Britain, Germany, and the Winning of the Great War at Sea, London 2004

Militärgeschichtlicher Reiseführer Tannenberg. Hrsg. von Karl-Bernhard Müller und Michael A. Tegtmeier, Hamburg 2000

Mommsen, Wolfgang J., Die Urkatastrophe Deutschlands. Der Erste Weltkrieg 1914–1918, 10., völlig neu bearb. Aufl., Stuttgart 2002 (= Gebhardt, Handbuch der deutschen Geschichte, 17)

Neitzel, Sönke, Blut und Eisen. Deutschland im Ersten Weltkrieg, Zürich 2003 (= Deutsche Geschichte im 20. Jahrhundert)

Nipperdey, Thomas, Deutsche Geschichte 1866–1918, 2 Bde, 2. Aufl., München 1993

Die Pöhlands im Krieg. Briefe einer sozialdemokratischen Bremer Arbeiterfamilie aus dem 1. Weltkrieg. Hrsg. von Doris Kachulle, Köln 1982

Pöhlmann, Markus, Kriegsgeschichte und Geschichtspolitik: Der Erste Weltkrieg. Die amtliche deutsche Militärgeschichtsschreibung 1914–1956, Paderborn 2002 (= Krieg in der Geschichte, 12)

Potempa, Harald, Die Königlich-Bayerische Fliegertruppe 1914–1918, Frankfurt a.M. 1997 (= Europäische Hochschulschriften, Reihe 3: Geschichte und ihre Hilfswissenschaften, 727)

Regulski, Christoph, Bibliographie zum Ersten Weltkrieg, Marburg 2005

Richert, Dominik, Beste Gelegenheit zum Sterben. Meine Erlebnisse im Kriege 1914–1918. Hrsg. von Angelika Tramitz und Bernd Ulrich, München 1989

Ringelnatz als Mariner im Krieg 1914–1918. Hrsg. von Stephan Huck, Bochum 2003 (= Kleine Schriftenreihe zur Militär- und Marinegeschichte, 4)

Rohde, Horst, und Robert Ostrovsky, Verdun. Militärgeschichtlicher Reiseführer, Bonn 1992

Salewski, Michael, Der Erste Weltkrieg, Paderborn 2003

Schweinitz, Hermann Graf von, Das Kriegstagebuch eines kaiserlichen Seeoffiziers (1914–1918). Hrsg. von Kurt Graf von Schweinitz, Bochum 2003 (= Kleine Schriftenreihe zur Militär- und Marinegeschichte, 3)

Der Schlieffenplan. Analysen und Dokumente. Im Auftrag des Militärgeschichtlichen Forschungsamtes und der Otto-von-Bismarck-Stiftung hrsg. von Hans Ehlert, Michael Epkenhans und Gerhard P. Groß, Paderborn 2006 (= Zeitalter der Weltkriege, 2)

Schulte-Varendorff, Kolonialheld für Kaiser und Führer. General Lettow-Vorbeck – Mythos und Wirklichkeit, Berlin 2006

Showalter, Dennis E., Tannenberg. Clash of Empires, Hamden, CT 1991

Spector, Ronald H., At War at Sea. Sailors and Naval Combat in the Twentieth Century, London 2001

Stenner, Hermann, Briefe an die Familie 1909–1914. Hrsg. und bearb. von Karin von Maur und Markus Pöhlmann, Bielefeld 2006

Stone, Norman, The Eastern Front, 1914–1917, 2. ed., London [et al.] 1998

Strachan, Hew, Der Erste Weltkrieg. Eine neue illustrierte Geschichte, München 2004

Tarrant, V.E., Jutland. The German Perspective, London 1995
Der Tod als Maschinist. Der industrialisierte Krieg 1914–1918. Hrsg. von Rolf Spiker und Bernd Ulrich, Ausstellungskatalog, Osnabrück 1998
Die vergessene Front. Der Osten 1914/15. Ereignis, Wirkung, Nachwirkung. Im Auftrag des Militärgeschichtlichen Forschungsamtes hrsg. von Gerhard P. Groß, Paderborn 2006 (= Zeitalter der Weltkriege, 1)

Wehler, Hans-Ulrich, Das deutsche Kaiserreich 1871–1918, 5. Aufl., Göttingen 1983 (= Deutsche Geschichte, 9)
Der Weltkrieg 1914–1918. Die militärischen Operationen zu Lande, 14 Bde. Bearb. im Reichsarchiv, Berlin 1925–1944
Werth, German, Verdun: Die Schlacht und der Mythos, 2. Aufl., Bergisch Gladbach 1986
Winkle, Ralph, Der Dank des Vaterlandes. Eine Symbolgeschichte des Eisernen Kreuzes 1914 bis 1936, Essen 2007
Wolz, Nicolas, Das lange Warten. Kriegserfahrungen deutscher und britischer Seeoffiziere 1914 bis 1918, Paderborn 2008 (= Zeitalter der Weltkriege, 3)

Zentner, Christian, Der Erste Weltkrieg. Daten, Fakten, Kommentare, Rastatt 2000

Die Weimarer Republik

Bernary, Albert, Unsere Reichswehr. Das Buch von Heer und Flotte, Berlin 1932
Bracher, Karl Dietrich, Die Auflösung der Weimarer Republik, 5. Aufl., Villingen 1971
Bracher, Karl Dietrich, Die Krise Europas 1917–1975, Frankfurt a.M. 1975 (= Propyläen Geschichte Europas, 6)
Bucher, Peter, Der Reichswehrprozeß. Der Hochverrat der Ulmer Reichswehroffiziere 1929/30, Boppard a.Rh. 1967 (= Militärgeschichtliche Studien, 4)
Buchner, Bernd, Um nationale und republikanische Identität. Die deutsche Sozialdemokratie und der Kampf um die politischen Symbole in der Weimarer Republik, Bonn 2001 (= Politik und Gesellschaftsgeschichte, 57)

Carsten, Francis L., Reichswehr und Politik 1918–1933, 2. Aufl., Köln 1965
Christopheit, Markus, Das Erziehungs- und Menschenbild in der Reichswehr und der Wehrmacht, Hamburg 1980

Dülffer, Jost, Die Reichs- und Kriegsmarine 1918–1919. In: Handbuch zur deutschen Militärgeschichte, Bd 4, Abschnitt VIII, S. 337–488
Dülffer, Jost, Weimar, Hitler und die Marine. Reichspolitik und Flottenbau 1920–1939. Mit einem Anhang von Jürgen Rohwer, Düsseldorf 1973

Endres, Franz Carl, Reichswehr und Demokratie, München 1919
Erger, Johannes, Der Kapp-Lüttwitz Putsch. Ein Beitrag zur deutschen Innenpolitik 1919–1920, Düsseldorf 1967

Der Fall Remarque. Im Westen nichts Neues. Eine Dokumentation. Hrsg. von Bärbel Schrader, Leipzig 1992
Friedlander, Henry, The German Revolution of 1918, New York, London 1992

Die Generalstäbe in Deutschland 1871 bis 1945. Aufgaben in der Armee und Stellung im Staate. – Die Entwicklung der militärischen Luftfahrt in Deutschland 1920 bis 1933. Planung und Maßnahmen zur Schaffung einer Fliegertruppe in der Reichswehr, Stuttgart 1962 (= Beiträge zur Militär- und Kriegsgeschichte, 3)

Gessler, Otto, Reichswehrpolitik in der Weimarer Zeit. Hrsg. von Kurt Sendter, Stuttgart 1958

Geyer, Michael, Aufrüstung oder Sicherheit. Die Reichswehr in der Krise der Machtpolitik 1924–1936, Wiesbaden 1980

Gordon, Harold J., Die Reichswehr und die Weimarer Republik 1919–1926, Frankfurt a.M. 1959

Guth, Ekkehart P., Der Loyalitätskonflikt des deutschen Offizierkorps in der Revolution 1918–1920, Frankfurt a.M. 1983

Hansen, Ernst Willi, Reichswehr und Industrie. Rüstungswirtschaftliche Zusammenarbeit und wirtschaftliche Mobilmachungsvorbereitungen 1923 bis 1932, Boppard a.Rh. 1978 (= Militärgeschichtliche Studien, 24)

Hartwig, Dieter, Kriegsplanung und -rüstung der Reichs- und Kriegsmarine 1920–1945. In: Seestrategische Konzepte, S. 92–108

Hillmann, Jörg, Seestrategische Überlegungen und Planungen in der Reichsmarine und in der Kriegsmarine bis zum Kriegsausbruch 1939. In: Seestrategische Konzepte, S. 25–91

Hürten, Heinz, Das Offizierkorps des Reichsheeres. In: Das deutsche Offizierkorps, S. 231–245

Hürten, Heinz, Reichswehr und Republik. Eine Nation im Umbruch. In: Ploetz Weimarer Republik, S. 80–89

Hürter, Johannes, Wilhelm Groener. Reichswehrminister am Ende der Weimarer Republik (1928 bis 1932), München 1993 (= Beiträge zur Militärgeschichte, 39)

Kluge, Ulrich, Soldatenräte und Revolution. Studien zur Militärpolitik in Deutschland 1918/19, Göttingen 1975

Kolb, Eberhard, Die Weimarer Republik, 4. durchges. und erg. Aufl., München 1998 (= Oldenbourg Grundriss der Geschichte, 16)

Korte, Helmut, Der Spielfilm und das Ende der Weimarer Republik. Ein rezeptionshistorischer Versuch, Göttingen 1998

Longerich, Peter, Deutschland 1918–1933. Die Weimarer Republik, Hannover 1995

Matuschka, Edgar Graf von, Organisation des Reichsheeres. In: Handbuch zur deutschen Militärgeschichte 1618–1939, Bd 3, Abschnitt VI, S. 305–379

Mauch, Hans-Joachim, Nationalistische Wehrorganisationen in der Weimarer Republik. Zur Entwicklung und Ideologie des »Paramilitarismus«, Frankfurt a.M. 1982

Meier-Welcker, Hans, Seeckt, Frankfurt a.M. 1967

Militär und Militarismus in der Weimarer Republik. Beiträge eines internationalen Symposiums an der Hochschule der Bundeswehr Hamburg am 5./6. Mai 1977 [Militarismus-Symposium]. Hrsg. von Klaus-Jürgen Müller und Eckardt Opitz, Düsseldorf 1978

Möller, Horst, Europa zwischen den Weltkriegen, München 1998 (= Oldenbourg Grundriss der Geschichte, 21)

Möllers, Heiner, Reichswehrminister Otto Geßler. Eine Studie zu »unpolitischer« Militärpolitik in der Weimarer Republik, Frankfurt a.M. 1998 (= Europäische Hochschulschriften, Reihe 3, Geschichte und ihre Hilfswissenschaften, 794)

Mommsen, Hans, Die verspielte Freiheit. Der Weg der Republik von Weimar in den Untergang, Berlin 1989 (= Propyläen Geschichte Deutschlands, 8)

Mühleisen, Horst, Annehmen oder Ablehnen? Das Kabinett Scheidemann, die oberste Heeresleitung und der Vertrag von Versailles. In: VfZ, 35 (1987), S. 419–481
Müller, Hans-Harald, Der Krieg und die Schriftsteller. Der Kriegsroman der Weimarer Republik, Stuttgart 1986
Mulligan, William, The creation of the modern German army. General Walther Reinhardt and the Weimar Republic, 1914–1930, New York, Oxford 2005 (= Monographs in German history, 12)

Nakata, Jun, Der Grenz- und Landesschutz in der Weimarer Republik 1918 bis 1933. Die geheime Aufrüstung und die deutsche Gesellschaft. Hrsg. vom Militärgeschichtlichen Forschungsamt, Freiburg i. Br. 2002 (= Einzelschriften zur Militärgeschichte, 41)
Nehring, Walter Kurt, Die Geschichte der deutschen Panzerwaffe 1916 bis 1945, Berlin 1969

Ploetz – Weimarer Republik. Hrsg. von Gerhard Schulz, Freiburg i.Br. 1987
Politische Identität und nationale Gedenktage. Zur politischen Kultur in der Weimarer Republik. Hrsg. von Detlef Lehnert und Klaus Megerle, Opladen 1989

Rahn, Werner, Reichsmarine und Landesverteidigung 1919–1928. Konzeption und Führung der Marine in der Weimarer Republik, München 1976
Reinicke, Adolf, Das Reichsheer 1921–1934. Ziele, Methoden der Ausbildung und Erziehung sowie der Dienstgestaltung, Osnabrück 1986 (= Studien zur Militärgeschichte, Militärwissenschaft und Konfliktforschung, 32)
Remmele, Bernd, Die maritime Geheimrüstung unter Kapitän z.S. Lohmann. In: MGM, 56 (1997), S. 313–376

Salewski, Michael, Entwaffnung und Militärkontrolle in Deutschland 1919–1927, München 1966
Sauer, Bernhard, Schwarze Reichswehr und Fememorde. Eine Milieustudie zum Rechtsradikalismus in der Weimarer Republik, Berlin 2004
Sauer, Bernhard, Vom »Mythos eines ewigen Soldatentums«. Der Feldzug deutscher Freikorps im Baltikum im Jahre 1919. In: ZfG, 43 (1995), S. 869–902
Schüddekopf, Otto-Ernst, Das Heer und die Republik. Quellen zur Politik der Reichsführung 1918 bis 1933, Hannover 1955
Schulze, Hagen, Freikorps und Republik 1918 bis 1920, Boppard a.Rh. 1969 (= Militärgeschichtliche Studien, 8)
Seestrategische Konzepte vom kaiserlichen Weltmachtstreben zur Out-of-Area-Einsätze der Deutschen Marine. Hrsg. von Eckardt Opitz, Bremen 2004
Sontheimer, Kurt, Antidemokratisches Denken in der Weimarer Republik. Die politischen Ideen des deutschen Nationalismus zwischen 1918 und 1933, 4. Aufl., München 1994
Spielberger, Walter J., Die Motorisierung der deutschen Reichswehr 1920–1935, Stuttgart 1979
Stuhlmann, Friedrich, Deutsche Wehrmacht, Berlin 1934

Trampe, Gustav, Reichswehr und Presse. Das Wehrproblem der Weimarer Republik im Spiegel von »Frankfurter Zeitung«, »Münchner Neueste Nachrichten« und »Vorwärts«, Diss., München 1962

Venner, Dominique, Söldner ohne Sold. Die deutschen Freikorps 1918–1923, Kiel 1984
Völker, Karl-Heinz, Die Entwicklung der militärischen Luftfahrt in Deutschland 1920–1933. In: Die Generalstäbe in Deutschland, S. 123–292

Wette, Wolfram, Gustav Noske. Eine politische Biographie, Düsseldorf 1987
Winkler, Heinrich August, Weimar 1918–1933. Die Geschichte der ersten deutschen Demokratie, München 1993
Wördehoff, Bernhard, Flaggenwechsel. Ein Land und viele Fahnen, Berlin 1990
Wohlfeil, Rainer, und Hans Dollinger, Die deutsche Reichswehr. Bilder, Dokumente, Texte. Zur Geschichte des Hunderttausend-Mann-Heeres 1919–1933, Frankfurt a.M. 1972
Wohlfeil, Rainer, Heer und Republik. In: Handbuch zur deutschen Militärgeschichte, Bd 3, Abschnitt VI, S. 5–303

Zeidler, Manfred, Reichswehr und Rote Armee 1920 bis 1933. Wege und Stationen einer ungewöhnlichen Zusammenarbeit, München 1993 (= Beiträge zur Militärgeschichte, 36)

Das »Dritte Reich«/Der Zweite Weltkrieg

Absolon, Rudolf, Die Wehrmacht im Dritten Reich. Aufbau, Gliederung, Recht, Verwaltung, 6 Bde, Boppard a.Rh. 1969–1995 (= Schriften des Bundesarchivs, 16)
Aly, Götz, Hitlers Volksstaat. Raub, Rassenkrieg und nationaler Sozialismus, Frankfurt a.M. 2005
Als Feuer vom Himmel fiel ... Der Bombenkrieg in Deutschland. Hrsg. von Stephan Burgdorff und Christian Habbe, Stuttgart 2003
Arnold, Klaus Jochen, Die Wehrmacht und die Besatzungspolitik in den besetzten Gebieten der Sowjetunion. Kriegführung und Radikalisierung im »Unternehmen Barbarossa«, Berlin 2005 (= Zeitgeschichtliche Forschungen, 23)
Aufstand des Gewissens. Der militärische Widerstand gegen Hitler und das NS-Regime 1933 bis 1945. Im Auftrag des Bundesministeriums der Verteidigung zur Wanderausstellung hrsg. vom Militärgeschichtlichen Forschungsamt, Herford [et al.] 1984
Aufstand des Gewissens. Militärischer Widerstand gegen Hitler und das NS-Regime 1933 bis 1945. Begleitband zur Wanderausstellung des Militärgeschichtlichen Forschungsamtes. Im Auftrag des Militärgeschichtlichen Forschungsamtes hrsg. von Thomas Vogel, 5., völlig überarb. und erw. Aufl., Hamburg 2000

Balke, Ulf, Der Luftkrieg in Europa. Die operativen Einsätze des Kampfgeschwaders 2 im Zweiten Weltkrieg, 2 T., Koblenz 1989/90 (= Beiträge zur Luftkriegsgeschichte, 2)
The battle of Britain then and now. Ed. by Winston G. Ramsay, London 2000
Beevor, Antony, Der Spanische Bürgerkrieg, München 2006
Beevor, Antony, Stalingrad, München 2002
Behrendt, Hans-Otto, Rommels Kenntnis vom Feind im Afrikafeldzug. Ein Bericht über die Feindnachrichtenarbeit, insbesondere die Funkaufklärung, Freiburg i.Br. 1980 (= Einzelschriften zur militärischen Geschichte des Zweiten Weltkrieges, 25)
Ben Arie, Katriel, Die Schlacht bei Monte Cassino 1944, Freiburg i.Br. 1985 (= Einzelschriften zur militärischen Geschichte des Zweiten Weltkrieges, 29)
Benz, Wolfgang, Geschichte des Dritten Reiches, München 2000
Benz, Wolfgang, Der Holocaust, München 1999
Bernecker, Walther L., und Sören Brinkmann, Kampf der Erinnerungen. Der Spanische Bürgerkrieg in Politik und Gesellschaft 1936–2006, Nettersheim 2006
Bernecker, Walther L., Krieg in Spanien 1936–1939, 2., überarb. und erw. Aufl., Darmstadt 2005
Besson, Waldemar, Zur Geschichte des Nationalsozialistischen Führungsoffiziers (NSFO). Dokumentation. In: VfZ, 9 (1961), S. 76–116

Gesamtliteraturverzeichnis

Beutestücke. Kriegsgefangene in der deutschen und sowjetischen Fotografie 1941 bis 1945. Ausstellungskatalog. Hrsg. vom Deutsch-Russischen Museum Berlin-Karlshorst, Berlin 2003

Bitzel, Uwe, Die Konzeption des Blitzkrieges bei der deutschen Wehrmacht, Frankfurt a.M. 1991

Böhler, Jochen, Auftakt zum Vernichtungskrieg. Die Wehrmacht in Polen 1939, Frankfurt a.M. 2006

Boelcke, Willi A., Die Kosten von Hitlers Krieg. Kriegsfinanzierung und finanzielles Kriegserbe in Deutschland 1933–1948, Paderborn 1985

Bohn, Robert, Reichskommissariat Norwegen. »Nationalsozialistische Neuordnung« und Kriegswirtschaft, München 2000 (= Beiträge zur Militärgeschichte, 54)

Boog, Horst, Die deutsche Luftwaffenführung 1935–1945. Führungsprobleme, Spitzengliederung, Generalstabsausbildung, Stuttgart 1982 (= Beiträge zur Militär- und Kriegsgeschichte, 21)

Bracher, Karl Dietrich, Die deutsche Diktatur. Entstehung, Struktur, Folgen des Nationalsozialismus, Köln 1993

Bradley, Dermot, Generaloberst Heinz Guderian und die Entstehungsgeschichte des modernen Blitzkrieges, Osnabrück 1986

Brammer, Uwe, Spionageabwehr und »geheimer Meldedienst«. Die Abwehrstelle im Wehrkreis X Hamburg 1935 bis 1945, Freiburg i.Br. 1989 (= Einzelschriften zur Militärgeschichte, 33)

Brennecke, Jochen, Die Wende im U-Boot-Krieg, Ursachen und Folgen 1939–1943, München 1991

Breyer, Sigfried, und Gerhard Koop, Die deutsche Kriegsmarine 1935–1945, Bd 3, Augsburg 1994

Brückner, Joachim, Kriegsende in Bayern 1945. Der Wehrkreis VII und die Kämpfe zwischen Donau und Alpen, Freiburg i.Br. 1987 (= Einzelschriften zur militärischen Geschichte des Zweiten Weltkrieges, 30)

Buchheim, Hans, Martin Broszat, Hans-Adolf Jacobsen und Helmut Krausnick, Anatomie des SS-Staates, 2 Bde, 6. Aufl., München 1994

Bungay, Stephen, The most dangerous enemy. A history of the battle of Britain, London 2000

Chiari, Bernhard, Alltag hinter der Front. Besatzung, Kollaboration und Widerstand in Weißrußland 1941–1944, Düsseldorf 1998

Corum, James S., The Luftwaffe. Creating the Operational Air War, 1918–1940, Lawrence, KS 1997

Dahms, Helmut Guenter, Die Geschichte des Zweiten Weltkrieges, München, Berlin 1983

Das Deutsche Reich und der Zweite Weltkrieg, Bd 1: Wilhelm Deist, Manfred Messerschmidt, Hans-Erich Volkmann und Wolfram Wette, Ursachen und Voraussetzungen der deutschen Kriegspolitik;
Bd 2: Klaus A. Maier, Horst Rohde, Bernd Stegemann und Hans Umbreit, Die Errichtung der Hegemonie auf dem europäischen Kontinent;
Bd 3: Gerhard Schreiber, Bernd Stegemann und Detlef Vogel, Der Mittelmeerraum und Südosteuropa. Von der »non belligeranza« Italiens bis zum Kriegseintritt der Vereinigten Staaten;
Bd 4: Horst Boog, Jürgen Förster, Joachim Hoffmann, Ernst Klink, Rolf-Dieter Müller und Gerd R. Ueberschär, Der Angriff auf die Sowjetunion;
Bd 5: Bernhard R. Kroener, Rolf-Dieter Müller und Hans Umbreit, Organisation und Mobilisierung des deutschen Machtbereichs, Halbbd 1: Kriegsverwaltung, Wirtschaft und personelle Ressourcen 1939 bis 1941; Halbbd 2: Kriegsverwaltung, Wirtschaft und personelle Ressourcen 1942 bis 1944/45;
Bd 6: Horst Boog, Werner Rahn, Reinhard Stumpf und Bernd Wegner, Der globale Krieg. Die Ausweitung zum Weltkrieg und der Wechsel der Initiative 1941 bis 1943;
Bd 7: Horst Boog, Gerhard Krebs und Detlef Vogel, Das Deutsche Reich in der Defensive. Strategischer Luftkrieg in Europa, Krieg im Westen und in Ostasien 1943–1944/45;

Bd 8: Die Ostfront 1945/44. Der Krieg im Osten und an den Nebenfronten. Im Auftrag des Militärgeschichtlichen Forschungsamtes hrsg. von Karl-Heinz Frieser;
Bd 9: Die deutsche Kriegsgesellschaft 1939 bis 1945. Halbbd 1: Politisierung, Vernichtung, Überleben, Halbbd 2: Ausbeutung – Deutungen – Ausgrenzung. Im Auftrag des Militärgeschichtlichen Forschungsamtes hrsg. von Jörg Echternkamp;
Bd 10: Der Zusammenbruch des Deutschen Reiches 1945 und die Folgen des Zweiten Weltkrieges, Teilbd 1: Die militärische Niederwerfung der Wehrmacht; Teilbd 2: Die Auflösung der Wehrmacht und die Auswirkungen des Kriegs. Im Auftrag des Militärgeschichtlichen Forschungsamtes hrsg. von Rolf-Dieter Müller, Stuttgart, München 1979–2008

Dokumente zur Vorgeschichte des Westfeldzuges 1939–1940. Hrsg. von Hans-Adolf Jacobsen, Göttingen 1956

Das Dritte Reich im Überblick. Chronik, Ereignisse, Zusammenhänge. Hrsg. von Martin Broszat und Norbert Frei, 6. Aufl., München 1999

Dülffer, Jost, Deutsche Geschichte 1933–1945. Führerglaube und Vernichtungskrieg, Stuttgart 1992

Dülffer, Jost, Die Reichs- und Kriegsmarine 1918–1919. In: Handbuch zur deutschen Militärgeschichte, Bd 4, Abschnitt VIII, S. 337–488

Dussel, Konrad, Die nationalsozialistische Diktatur und das anarchische Potential des Rundfunks. In: Historische Mitteilungen, 13 (2000), S. 175–194

Eichholtz, Dietrich, Geschichte der deutschen Kriegswirtschaft, 3 Bde, Berlin 1969–1996 (= Forschungen zur Wirtschaftsgeschichte, 1)

Engel, Gerhard, Heeresadjutant bei Hitler 1938–1943. Aufzeichnungen des Majors Engel. Hrsg. und komm. von Hildegard von Kotze, Stuttgart 1975 (= Schriftenreihe der VfZ, 29)

Entscheidungsschlachten des Zweiten Weltkrieges. Im Auftrag des Arbeitskreises für Wehrforschung hrsg. von Hans-Adolf Jacobsen und Jürgen Rohwer, Frankfurt a.M. 1960

Enzyklopädie deutscher U-Boote: von 1904 bis zur Gegenwart. Hrsg. von Eberhard Möller und Werner Brack, München 2002

Erdmann, Karl Dietrich, Die Zeit der Weltkriege, 2 Bde, Stuttgart 1973 und 1976 (= Gebhardt, Handbuch der deutschen Geschichte, 4)

Erfurth, Waldemar, Die Geschichte des deutschen Generalstabes von 1918 bis 1945, 2. Aufl., Göttingen, Berlin, Frankfurt a.M. 1960

»Der Fall Weiß«. Der Weg in das Jahr 1939. Hrsg. von Jörg Hillmann, Bochum 2001 (= Kleine Reihe zur Militär- und Marinegeschichte,)

Faszination und Gewalt. Zur politischen Ästhetik des Nationalsozialismus. Hrsg. von Bernd Organ und Wolfgang Weiß, Nürnberg 1992

Fest, Joachim, Staatsstreich. Der lange Weg zum 20. Juli, Berlin 1994

Förster, Jürgen, Stalingrad - Risse im Bündnis 1942/43, Freiburg i.Br. 1975 (= Einzelschriften zur militärischen Geschichte des Zweiten Weltkrieges, 16)

Förster, Jürgen, Die Wehrmacht im NS-Staat. Eine strukturgeschichtliche Analyse, München 2007 (= Beiträge zur Militärgeschichte. Militärgeschichte kompakt, 2)

Foertsch, Hermann, Schuld und Verhängnis. Die Fritsch-Krise im Frühjahr 1938 als Wendepunkt in der Geschichte der nationalsozialistischen Zeit, Stuttgart 1951 (= Veröffentlichungen des Deutschen Instituts für Geschichte der nationalsozialistischen Zeit, 1)

Foertsch, Hermann, Wer soll Offizier werden? In: Deutsche Infanterie, 9 (1938), S. 3 f.

Frieser, Karl-Heinz, Blitzkrieg-Legende. Der Westfeldzug 1940, 2. Aufl., München 1996 (= Operationen des Zweiten Weltkrieges, 2)

Gamm, Hans-Jochen, Der Flüsterwitz im Dritten Reich, München 1963
Gerlach, Christian, Kalkulierte Morde. Die deutsche Wirtschafts- und Vernichtungspolitik in Weißrußland 1941 bis 1944, Hamburg 1999
Groehler, Olaf, Geschichte des Luftkriegs 1910 bis 1970, Berlin (Ost) 1975
Gruchmann, Lothar, Der Zweite Weltkrieg. Kriegführung und Politik, München 1967
Guderian, Heinz, Erinnerungen eines Soldaten, Heidelberg 1951
Güth, Rolf, Die Marine des Deutschen Reiches 1919–1939, Frankfurt a.M. 1972
Güth, Rolf, Die Organisation der Kriegsmarine bis 1939. In: Handbuch zur deutschen Militärgeschichte, Bd 4, Abschnitt VII, S. 401–499
Gundelach, Karl, Die deutsche Luftwaffe im Mittelmeer 1940–1945, 2 Bde, Frankfurt a.M., Bern, Cirencester 1981 (= Europäische Hochschulschriften, Reihe 3: Geschichte und ihre Hilfswissenschaften, 136)
Haffner, Sebastian, Anmerkung zu Hitler, 21. Aufl., München 1978
Halder, Franz, Kriegstagebuch. Tägliche Aufzeichnungen des Chefs des Generalstabes des Heeres, 1939–1942, 3 Bde. Hrsg. vom Arbeitskreis für Wehrforschung, bearb. von Hans-Adolf Jacobsen, Stuttgart 1962–1964
Hermann, Carl Hans, Deutsche Militärgeschichte. Eine Einführung, Teil C.II: Die Wehrmacht im »Dritten Reich«, Frankfurt a.M. 1966
Hildebrand, Klaus, Deutsche Außenpolitik 1933–1945. Kalkül oder Dogma?, Stuttgart [et al.] 1971
Hildebrand, Klaus, Das Dritte Reich, München 2003 (= Oldenbourg Grundriss der Geschichte, 17)
Hildebrand, Klaus, Das vergangene Reich. Deutsche Außenpolitik von Bismarck bis Hitler 1871–1945, Stuttgart 1995
Hill, Alexander, The war behind the Eastern Front. The Soviet partisan movement in North-west Russia 1941–1944, London [et al.] 2005 (= Cass series on the Soviet (Russian) study of war, 18)
Hillgruber, Andreas, Hitlers Strategie. Politik und Kriegführung 1940–1941, 2. Aufl., Frankfurt a.M., München 1982
Hitlers Weisungen für die Kriegführung 1939–1945. Dokumente des Oberkommandos der Wehrmacht. Hrsg. von Walther Hubatsch, Frankfurt a.M. 1962
Hoffmann, Joachim, Deutsche und Kalmyken 1942 bis 1945, 4. Aufl., Freiburg i.Br. 1986 (= Einzelschriften zur militärischen Geschichte des Zweiten Weltkrieges, 14)
Hoffmann, Joachim, Die Geschichte der Wlassow-Armee, Freiburg i.Br. 1984 (= Einzelschriften zur militärischen Geschichte des Zweiten Weltkrieges, 27)
Hoffmann, Joachim, Kaukasien 1942/43. Das deutsche Heer und die Orientvölker der Sowjetunion, Freiburg i.Br. 1991 (= Einzelschriften zur Militärgeschichte, 35)
Hoffmann, Joachim, Die Ostlegionen 1941 bis 1943. Turkotataren, Kaukasier und Wolgafinnen im deutschen Heer, Freiburg i.Br.; 3. Aufl. 1986 (= Einzelschriften zur militärischen Geschichte des Zweiten Weltkrieges, 19)
Hoffmann, Peter, Claus Schenk Graf von Stauffenberg und seine Brüder, Stuttgart 2004
Hoffmann, Peter, Widerstand – Staatsstreich – Attentat. Der Kampf der Opposition gegen Hitler, 3., neu überarb. und erw. Aufl., München 1979
Hürter, Johannes, Hitlers Heerführer. Die deutschen Oberbefehlshaber im Krieg gegen die Sowjetunion 1941/1942, München 2006 (= Quellen und Darstellungen zur Zeitgeschichte, 66)

Jacobsen, Hans-Adolf, Nationalsozialistische Außenpolitik 1933 bis 1938, Frankfurt a.M. 1968
Jacobsen, Hans-Adolf, 1939–1945. Der Zweite Weltkrieg in Chronik und Dokumenten, Darmstadt 1961
Jacobsen, Hans-Adolf, Der Zweite Weltkrieg. Grundzüge der Politik und Strategie in Dokumenten, Frankfurt a.M. 1965

Köhler, Karl, und Karl-Heinz Hummel, Die Organisation der Luftwaffe 1933–1939. In: Handbuch zur deutschen Militärgeschichte, Bd 4, Abschnitt XII, S. 501–579

Koop, Gerhard, Kampf und Untergang der deutschen U-Boot-Waffe. Eine Bilanz in Wort und Bild aus der Sicht des Gegners, Bonn 1998

Krausnick, Helmut, Kommissarbefehl und »Gerichtsbarkeitserlass Barbarossa« in neuer Sicht. In: VfZ, 35 (1977), S. 682–738

Krausnick, Helmut, und Hans-Heinrich Wilhelm, Die Truppe des Weltanschauungskrieges. Die Einsatzgruppen der Sicherheitspolizei und des SD 1938–1942, Stuttgart 1981

Kriegsende 1945 in Deutschland. Im Auftrag des Militärgeschichtlichen Forschungsamtes hrsg. von Jörg Hillmann und John Zimmermann, München 2002 (= Beiträge zur Militärgeschichte, 55)

Kriegswirtschaft und Rüstung 1939 bis 1945. Im Auftrag des Militärgeschichtlichen Forschungsamtes hrsg. von Friedrich Forstmeier und Hans-Erich Volkmann, Düsseldorf 1977

Kroener, Bernhard R., »Der starke Mann im Heimatkriegsgebiet«. Generaloberst Friedrich Fromm. Eine Biographie, Paderborn 2005

Kunz, Andreas, Wehrmacht und Niederlage. Die bewaffnete Macht in der Endphase der nationalsozialistischen Herrschaft 1944 bis 1945, München 2005 (= Beiträge zur Militärgeschichte, 64)

Lagevorträge des Oberbefehlshabers der Kriegsmarine vor Hitler 1939–1945. Im Auftrag des Arbeitskreises für Wehrforschung hrsg. von Gerhard Wagner, München 1972

Lannon, Frances, The Spanish Civil War. 1936–1939, Oxford 2002 (= Essential Histories, 37)

Lexikon des Widerstandes 1933–1945. Hrsg. von Peter Steinbach und Johannes Tuchel, München 1994

Lorbeer, Hans-Joachim, Westmächte gegen die Sowjetunion 1939 bis 1941, Freiburg i.Br. 1975 (= Einzelschriften zur militärischen Geschichte des Zweiten Weltkrieges, 18)

Ludewig, Joachim, Der deutsche Rückzug aus Frankreich 1944, Freiburg i.Br. 1994 (= Einzelschriften zur Militärgeschichte, 39)

Luftkriegführung im Zweiten Weltkrieg. Ein internationaler Vergleich. Im Auftrag des Militärgeschichtlichen Forschungsamtes hrsg. von Horst Boog, Herford, Bonn 1993 (= Vorträge zur Militärgeschichte, 12)

Magenheimer, Heinz, Abwehrschlacht an der Weichsel 1945. Vorbereitungen, Ablauf, Erfahrungen, Freiburg i.Br., 2., überarb. Aufl. 1986 (= Einzelschriften zur militärischen Geschichte des Zweiten Weltkrieges, 20)

Maier, Klaus A., Guernica 26.4.1937. Die deutsche Intervention in Spanien und der »Fall Guernica«, 2. Aufl., Freiburg i.Br. 1977 (= Einzelschriften zur militärischen Geschichte des Zweiten Weltkrieges, 17)

Mallman-Showell, J.P., Uboote gegen England, 11. Aufl., Stuttgart 1998

Manoschek, Walter, »Serbien ist judenfrei.« Militärische Besatzungspolitik und Judenvernichtung in Serbien 1941/42, München 1993 (= Beiträge zur Militärgeschichte, 38)

Manstein, Erich von, Verlorene Siege, 16. Aufl., Bonn 2000

Mehringer, Hartmut, Widerstand und Emigration. Das NS-Regime und seine Gegner, München 1997

Meier-Welcker, Hans, Aufzeichnungen eines Generalstabsoffiziers 1939 bis 1942, Freiburg i.Br. 1982 (= Einzelschriften zur militärischen Geschichte des Zweiten Weltkrieges, 26)

Messenger, Charles, Blitzkrieg. Eine Strategie macht Geschichte, Bergisch Gladbach 1978

Messerschmidt, Manfred, Die Wehrmachtjustiz 1933 bis 1945, Paderborn 2005

Messerschmidt, Manfred, Die Wehrmacht im NS-Staat. Zeit der Indoktrination, Hamburg 1969 (= Truppe und Verwaltung, 16)

Mommsen, Hans, Von Weimar nach Auschwitz. Zur Geschichte Deutschlands in der Weltkriegsepoche, München 2001

Müller, Klaus-Jürgen, Armee, Politik und Gesellschaft in Deutschland 1933–1945. Studien zum Verhältnis von Armee und NS-System, 4., unveränd. Aufl., Paderborn 1986

Müller, Klaus-Jürgen, Armee und Drittes Reich 1933–1939. Darstellung und Dokumentation. Unter Mitarb. von Ernst Willi Hansen, 2., unveränd. Aufl., Paderborn 1989

Müller, Klaus-Jürgen, Das Heer und Hitler. Armee und nationalsozialistisches Regime 1933 bis 1940, 2. Aufl., Stuttgart 1988 (= Beiträge zur Militär- und Kriegsgeschichte, 10)

Müller, Rolf-Dieter, Der Bombenkrieg 1939–1945, Berlin 2005

Müller, Rolf-Dieter, und Gerd R. Ueberschär, Hitlers Krieg im Osten 1941–1945. Ein Forschungsbericht, Darmstadt 2000

Müller, Rolf-Dieter, Der Zweite Weltkrieg 1939–1945, Stuttgart 2004 (= Gebhardt, Handbuch der deutschen Geschichte, 21)

Müller-Hillebrand, Burkhart, Das Heer 1933–1945. Entwicklung des organisatorischen Aufbaus, 3 Bde, Darmstadt, Frankfurt a.M. 1954–1969

Overmans, Rüdiger, Deutsche militärische Verluste im Zweiten Weltkrieg, München 1999 (= Beiträge zur Militärgeschichte, 46)

Padfield, Peter, Der U-Boot-Krieg 1939–1945, Augsburg 1999

Peillard, Léonce, Geschichte des U-Bootkriegs 1939–1945, Wien 1970

Die polnische Heimatarmee. Geschichte und Mythos der Armia Krajowa seit dem Zweiten Weltkrieg. Im Auftrag des Militärgeschichtlichen Forschungsamtes hrsg. von Bernhard Chiari unter Mitarbeit von Jerzy Kochanowski, München 2003 (= Beiträge zur Militärgeschichte, 57)

Rahn, Werner, Die Entstehung neuer deutscher U-Boot-Typen im Zweiten Weltkrieg. Bau, Erprobung und erste operative Erfahrungen. In: Militärgeschichte, 1 (1993), S. 13–20

Rass, Christoph, »Menschenmaterial«. Deutsche Soldaten an der Ostfront. Innenansichten einer Infanteriedivision 1939–1945, Paderborn 2003 (= Krieg in der Geschichte, 17)

Retter in Uniform. Handlungsspielräume im Vernichtungskrieg der Wehrmacht. Hrsg. von Wolfram Wette, Frankfurt a.M. 2002

Rössler, Eberhard, Geschichte des deutschen Ubootbaus, 2 Bde, Koblenz 1986/87

Rohwer, Jürgen, und Gerhard Hümmelchen, Chronik des Seekrieges 1939–1945, Oldenburg, Hamburg 1968

Ruge, Friedrich, Der Seekrieg 1939–1945, 2. Aufl., Stuttgart 1962

Salewski, Michael, Die bewaffnete Macht im Dritten Reich 1933 bis 1939. In: Handbuch zur deutschen Militärgeschichte, Bd 4, Abschnitt VII, S. 13–287

Salewski, Michael, Die deutsche Seekriegsleitung 1935–1945, 3 Bde, Frankfurt a.M., München 1970–1975

Salewski, Michael, Deutschland und der Zweite Weltkrieg, Paderborn 2005

Schabel, Ralf, Die Illusion der Wunderwaffen. Die Rolle der Düsenflugzeuge und Flugabwehrraketen in der Rüstungspolitik des Dritten Reiches, München 1994 (= Beiträge zur Militärgeschichte, 35)

Scheibert, Horst, Schaumanöver und andere Präsentationen der Wehrmacht 1934–1939, Wölfersheim-Berstadt 1996

Schottelius, Herbert, und Gustav-Adolf Caspar, Die Organisation des Heeres 1933–1939. In: Handbuch zur deutschen Militärgeschichte, Bd 4, Abschnitt VII, S. 289–399

Schreiber, Gerhard, Die italienischen Militärinternierten im deutschen Machtbereich 1943 bis 1945. Verraten – Verachtet – Vergessen, München 1990 (= Beiträge zur Militärgeschichte, 28)

Schreiber, Gerhard, Der Zweite Weltkrieg, München 2004

Schröder, Bernd Philipp, Irak 1941, Freiburg i.Br. 1980 (= Einzelschriften zur militärischen Geschichte des Zweiten Weltkrieges, 24)

60 Jahre Spanischer Bürgerkrieg. Dokumentation zum Fachtag des WIS am 11. November 1996. Hrsg. von Marita Lüning und Gabriele Reich, Bremen 1998

Seidel, Carlos Collado, Der Spanische Bürgerkrieg. Geschichte eines europäischen Konflikts, München 2006

Sowjetische Partisanen in Weißrußland. Innenansichten aus dem Gebiet Baranoviči 1941–1944. Hrsg. und eingel. von Bogdan Musial, München 2004 (= Schriftenreihe der VfZ, 88)

Taysen, Adalbert von, Tobruk 1941. Der Kampf in Nordafrika, Freiburg i.Br. 1976 (= Einzelschriften zur militärischen Geschichte des Zweiten Weltkrieges, 21)

Thamer, Hans-Ulrich, Verführung und Gewalt. Deutschland 1933–1945, Berlin 1986

Thomas, Hugh, The Spanish Civil War 1936–1939, Toronto 2001

Tippelskirch, Kurt von, Geschichte des Zweiten Weltkrieges, 2., neu bearb. Aufl., Bonn 1956

Ueberschär, Gerd R., Für ein anderes Deutschland. Der deutsche Widerstand gegen den NS-Staat, 1933–1945, Darmstadt 2004

Uhl, Michael, »Mythos Spanien«, Das Erbe der Internationalen Brigaden in der DDR, Bonn 2004

»Unternehmen Barbarossa«. Der deutsche Überfall auf die Sowjetunion 1941. Hrsg. von Gerd R. Ueberschär und Wolfram Wette, Paderborn [et al.] 1984

»Unternehmen Barbarossa«. Zum historischen Ort der deutsch-sowjetischen Beziehungen von 1933 bis Herbst 1941. Im Auftrag des Militärgeschichtlichen Forschungsamtes hrsg. von Roland G. Foerster, München 1993 (= Beiträge zur Militärgeschichte, 40)

Verbrechen der Wehrmacht. Bilanz einer Debatte. Hrsg. von Christian Hartmann, Johannes Hürter und Ulrike Jureit, München 2005

Vilar, Pierre, Der Spanische Bürgerkrieg 1936–1939, Berlin 2001

Völker, Karl-Heinz, Die deutsche Luftwaffe 1933–1939. Aufbau, Führung und Rüstung der Luftwaffe sowie die Entwicklung der deutschen Luftkriegstheorie, Stuttgart 1967 (= Beiträge zur Militär- und Kriegsgeschichte, 8)

Volkmann, Hans-Erich, Ökonomie und Expansion. Grundzüge der NS-Wirtschaftspolitik. Ausgewählte Schriften. Im Auftrag des Militärgeschichtlichen Forschungsamtes hrsg. von Bernhard Chiari, München 2003 (= Beiträge zur Militärgeschichte, 58)

Wegmüller, Hans, Die Abwehr der Invasion. Die Konzeption des Oberbefehlshabers West 1940–1944, 2. Aufl., Freiburg i.Br. 1986 (= Einzelschriften zur militärischen Geschichte des Zweiten Weltkrieges, 22)

Wegner, Bernd, Hitlers politische Soldaten. Die Waffen-SS 1933–1945, 6. Aufl., Paderborn 1999

Wegner, Bernd, Zwei Wege nach Moskau. Vom Hitler-Stalin-Pakt zum »Unternehmen Barbarossa«, München 1991

Die Wehrmacht. Mythos und Realität. Im Auftrag des Militärgeschichtlichen Forschungsamtes hrsg. von Rolf-Dieter Müller und Hans-Erich Volkmann, München 1999

Weinberg, Gerhard L., Eine Welt in Waffen. Die globale Geschichte des Zweiten Weltkrieges. Aus dem Amerikanischen übertragen von Helmut Dierlamm, Karlheinz Dürr und Klaus Fritz, Stuttgart 1995

Wendt, Bernd-Jürgen, Deutschland 1933–1945. Das »Dritte Reich«. Handbuch zur Geschichte, Hannover 1995
Wette, Wolfram, Stalingrad – Mythos und Wirklichkeit einer Schlacht, Frankfurt a.M 1993
Wette, Wolfram, Die Wehrmacht. Feindbilder, Vernichtungskrieg, Legenden, Frankfurt a.M. 2002
Widerstand gegen die nationalsozialistische Diktatur 1933–1945. Hrsg. von Peter Steinbach und Johannes Tuchel, Bonn 2004

Xylander, Marlen von, Die deutsche Besatzungsherrschaft auf Kreta 1941 bis 1945, Freiburg i.Br. 1989 (= Einzelschriften zur Militärgeschichte, 32)

Zeller, Eberhard, Oberst Claus Graf Stauffenberg. Ein Lebensbild. Mit einer Einführung von Peter Steinbach, Paderborn 1994
Zelnhefer, Siegfried, Die Reichsparteitage der NSDAP in Nürnberg, Nürnberg 2002
Zwei Wege nach Moskau. Vom Hitler-Stalin-Pakt bis zum »Unternehmen Barbarossa«. Im Auftrag des Militärgeschichtlichen Forschungsamtes hrsg. von Bernd Wegner, München 1991
Der Zweite Weltkrieg. Analysen, Grundzüge, Forschungsbilanz. Im Auftrag des Militärgeschichtlichen Forschungsamtes hrsg. von Wolfgang Michalka, München, Zürich 1989

Kalter Krieg/Konfrontation und Entspannung

Abenheim, Donald, Bundeswehr und Tradition. Die Suche nach dem gültigen Erbe des deutschen Soldaten, München 1989 (= Beiträge zur Militärgeschichte, 27)
Amerikanisierung und Sowjetisierung in Deutschland 1945–1970. Hrsg. von Konrad Jarausch und Hannes Siegrist, Frankfurt a.M., New York 1997
Andrew, Christopher, und Wassili Mitrochin, Das Schwarzbuch des KGB, 2 Bde, Berlin, München 1999, 2006
Anfänge westdeutscher Sicherheitspolitik 1945 bis 1956, Bd 1: Roland G. Förster, Christian Greiner, Georg Meyer, Hans-Jürgen Rautenberg und Norbert Wiggershaus, Von der Kapitulation bis zum Pleven-Plan;
Bd 2: Lutz Köllner, Klaus A. Maier, Wilhelm Meier-Dörnberg und Hans-Erich Volkmann, Die EVG-Phase;
Bd 3: Hans Ehlert, Christian Greiner, Georg Meyer und Bruno Thoß, Die NATO-Option;
Bd 4: Werner Abelshauser und Walter Schwengler, Wirtschaft und Rüstung, Souveränität und Sicherheit, München 1982–1997
Arendt, Joachim, Der Westen tut nichts! Transatlantische Kooperation während der zweiten Berlin-Krise (1958–1962) im Spiegel neuer amerikanischer Quellen, Frankfurt a.M. 1993

Bahr, Egon, Zu meiner Zeit, München 1990
Bailey, George, Die unsichtbare Front. Der Krieg der Geheimdienste im geteilten Berlin, Berlin 1997
Bald, Detlef, Die Atombewaffnung der Bundeswehr. Militär, Öffentlichkeit und Politik in der Ära Adenauer, Bremen 1994
Bald, Detlef, Die Bundeswehr. Eine kritische Geschichte 1955–2005, München 2005
Bald, Detlef, Militär und Gesellschaft 1945–1990. Die Bundeswehr der Bonner Republik, Baden-Baden 1994 (= Militär und Sozialwissenschaften, 13)
Bald, Detlef, Militärreform und Grundgesetz: Zum Konzept der »Inneren Führung«. In: APuZ, 21/2005, S. 22–26

Baudissin, Wolf Graf von, Soldat für den Frieden. Entwürfe für eine zeitgemäße Bundeswehr. Hrsg. und eingel. von Peter von Schubert, München 1969, 1970

Bender, Peter, Die »Neue Ostpolitik« und ihre Folgen. Vom Mauerbau bis zur Vereinigung, 3., überarb. und erw. Neuausgabe, München 1995 (= Deutsche Geschichte der neuesten Zeit)

Besatzungszeit, Bundesrepublik und Deutsche Demokratische Republik 1945–1969. Hrsg. von Merith Niehuss und Ulrike Lindner, Stuttgart 1998

Biermann, Harald, John F. Kennedy und der Kalte Krieg. Die Außenpolitik der USA und die Grenzen der Glaubwürdigkeit, Paderborn 1997

Buchholz, Frank, Strategische und militärpolitische Diskussionen in der Gründungsphase der Bundeswehr 1949–1960, Frankfurt a.M. [et al.] 1991

Die Bundeswehr und ihre Uniformen. 30 Jahre Bekleidungsgeschichte. Hrsg. von Jörg-Michael Hormann, Friedberg 1987

Das war die DDR. Eine Geschichte des anderen Deutschland. Hrsg. von Wolfgang Kenntemich, Berlin 1993

Deutsche Militärfahrzeuge. Bundeswehr und NVA. Hrsg. von Lutz-Rainer Gau, Jürgen Plate und Jörg Siegert, 2. Aufl., Stuttgart 2002

Deutscher, Isaac, Reportagen aus Nachkriegsdeutschland. Mit einem Vorw. von Tamara Deutscher, Hamburg 1980

Deutschland unter alliierter Besatzung. 1945–1949/55. Hrsg. von Wolfgang Benz, Berlin 1999

Diedrich, Torsten, und Rüdiger Wenzke, Die getarnte Armee. Geschichte der Kasernierten Volkspolizei der DDR 1952 bis 1956. Hrsg. vom Militärgeschichtlichen Forschungsamt, 2. Aufl., Berlin 2003 (= Militärgeschichte der DDR, 1)

Diedrich, Torsten, Waffen gegen das Volk. Der 17. Juni 1953 in der DDR. Hrsg. vom Militärgeschichtlichen Forschungsamt, 2. Aufl., München 2003

Doering-Manteuffel, Anselm, Die Bundesrepublik Deutschland in der Ära Adenauer. Außenpolitik und innere Entwicklung 1949–1963, 2. Aufl., Darmstadt 1988

Die doppelte Eindämmung. Europäische Sicherheit und deutsche Frage in den Fünfzigern. Hrsg. von Rolf Steininger, mit Beitr. von Rolf Badstübner, München 1993 (= Tutzinger Schriften zur Politik, 2)

Drei Jahrzehnte Außenpolitik der DDR. Bestimmungsfaktoren, Instrumente, Aktionsfelder. Hrsg. von Hans-Adolf Jacobsen, München 1979 (= Internationale Politik und Wirtschaft, 44)

Elchlepp, Friedrich, Die Volksmarine der DDR. Deutsche Seestreitkräfte im Kalten Krieg, 2. Aufl., Hamburg, Berlin, Bonn 2000

Ellwein, Thomas, Krisen und Reformen«. Die Bundesrepublik seit den sechziger Jahren, 2. Aufl., München 1993 (= Deutsche Geschichte der neuesten Zeit vom 19. Jahrhundert bis zur Gegenwart)

End, Heinrich, Zweimal deutsche Außenpolitik. Internationale Dimensionen des innerdeutschen Konflikts 1949–1972, Köln 1973

Das Ende der Kolonialreiche. Dekolonisation und die Politik der Großmächte. Hrsg. von Wolfgang J. Mommsen, Frankfurt a.M. 1990

Fingerle, Stephan, Waffen in Arbeiterhand? Die Rekrutierung des Offizierkorps der Nationalen Volksarmee und ihrer Vorläufer, Berlin 2001 (= Militärgeschichte der DDR, 2)

Fleckenstein, Bernhard, 50 Jahre Bundeswehr. In: APuZ, 21 (2005), S. 5–14

Flemming, Thomas, Der 17. Juni 1953, Berlin 2003

Frey, Marc, Geschichte des Vietnamkriegs. Die Tragödie in Asien und das Ende des amerikanischen Traums, 6. Aufl., München 2002

Froh, Klaus, und Rüdiger Wenzke, Die Generale und Admirale der NVA. Ein biographisches Handbuch, 5. Aufl., Berlin 2007

50 Jahre Innere Führung. Von Himmerod (Eifel) nach Pristina (Kosovo). Geschichte, Probleme und Perspektiven einer Führungsphilosophie. Hrsg. von Eckardt Opitz, Bremen 2001 (= Schriftenreihe des Wissenschaftlichen Forums für Internationale Sicherheit e.V., 17)

Gablik, Axel F., Strategische Planungen in der Bundesrepublik Deutschland 1955–1967: Politische Kontrolle oder militärische Notwendigkeit?, Baden-Baden 1996 (= Nuclear History Program, 5)

Gantzel, Klaus-Jürgen, und Torsten Schwinghammer, Die Kriege nach dem Zweiten Weltkrieg 1945–1992. Daten und Tendenzen, Münster 1995

Gasteyger, Kurt, Europa zwischen Spaltung und Einigung 1945 bis 1993, Bonn 1994

Die Geschichte der Bundesrepublik Deutschland, 5 Bde. Hrsg. von Wolfgang Benz, Frankfurt a.M. 1989

Giesecke, Jens, Mielke-Konzern. Die Geschichte der Stasi 1945–1990, Stuttgart, München 2001

Görtemaker, Manfred, Geschichte der Bundesrepublik Deutschland. Von der Gründung bis zur Gegenwart, München 1999

Gorbatschow, Michael, Perestroika. Die zweite russische Revolution. Eine neue Politik für Europa und die Welt, München 1987

Greiner, Bernd, Kuba-Krise. 13 Tage im Oktober: Analysen, Dokumente, Zeitzeugen, 2. Aufl., Köln 1998

Greiner, Christian, Klaus A. Maier und Heinz Rebhan, Die NATO als Militärallianz. Strategie, Organisation und nukleare Kontrolle im Bündnis 1949 bis 1959. Im Auftrag des Militärgeschichtlichen Forschungsamtes hrsg. von Bruno Thoß, München 2003 (= Entstehung und Probleme des Atlantischen Bündnisses bis 1956, 4)

Grinevskij, Oleg, Tauwetter, Entspannung, Krisen und neue Eiszeit, Berlin 1996

Hacke, Christian, Zur Weltmacht verdammt. Die amerikanische Außenpolitik von Kennedy bis Clinton, Berlin 1997

Hacker, Jens, Der Ostblock, Entstehung, Entwicklung und Struktur, 1939–1980, Baden-Baden 1983

Haftendorn, Helga, Kernwaffen und die Glaubwürdigkeit der Allianz: Die NATO-Krise von 1966/67, Baden-Baden 1994 (= Nuclear History Program, 4)

Haftendorn, Helga, Sicherheit und Stabilität. Außenbeziehungen der Bundesrepublik zwischen Ölkrise und NATO-Doppelbeschluß, München 1986 (= Deutsche Geschichte der neuesten Zeit)

Hagemann, Frank, Parteiherrschaft in der Nationalen Volksarmee. Zur Rolle der SED bei der inneren Entwicklung der DDR-Streitkräfte (1956 bis 1971). Hrsg. vom Militärgeschichtlichen Forschungsamt, Berlin 2002 (= Militärgeschichte der DDR, 5)

Hammerich, Helmut R., Dieter H. Kollmer, Martin Rink und Rudolf Schlaffer, Das Heer 1950 bis 1970. Konzeption, Organisation und Aufstellung. Unter Mitarb. von Michael Poppe, München 2006 (= Sicherheitspolitik und Streitkräfte der Bundesrepublik Deutschland, 3)

Hammerich, Helmut R., Jeder für sich und Amerika gegen alle? Die Lastenteilung der NATO am Beispiel des Temporary Council Committee 1949 bis 1954, München 2003 (= Entstehung und Probleme des Atlantischen Bündnisses bis 1956, 5)

Hardach, Gerd, Der Marshall-Plan. Auslandshilfe und Wiederaufbau in Westdeutschland 1948–1952, München 1994

»Hart und kompromißlos durchgreifen«. Die SED contra Polen 1980/81. Geheimakten der SED-Führung über die Unterdrückung der polnischen Demokratiebewegung. Hrsg. von Michael Kubina und Manfred Wilke. Unter Mitarb. von Reinhardt Gutsche, Berlin 1995

Heinemann, Winfried, Vom Zusammenwachsen des Bündnisses. Die Funktionsweise der NATO in ausgewählten Krisenfällen 1951 bis 1956, München 1998 (= Entstehung und Probleme des Atlantischen Bündnisses bis 1956, 1)

Heiße Kriege im Kalten Krieg. Hrsg. von Bernd Greiner, Hamburg 2006

Heitmann, Clemens, Schützen und Helfen? Luftschutz und Zivilverteidigung in der DDR 1955 bis 1989/90. Hrsg. vom Militärgeschichtlichen Forschungsamt, Berlin 2006 (= Militärgeschichte der DDR, 12)

Heuer, Gerd F., Die höchsten militärischen Führer der Bundeswehr von 1955-1990, Hamburg 1991

Hildermeier, Manfred, Geschichte der Sowjetunion 1917-1991. Entstehung und Niedergang des ersten sozialistischen Staates, München 1998

Die historische Meistererzählung. Deutungslinien der deutschen Nationalgeschichte nach 1945. Hrsg. von Konrad Jarausch und Martin Sabrow, Göttingen 2002

Höfner, Karlheinz, Die Aufrüstung Westdeutschlands. Willensbildung, Entscheidungsprozesse und Spielräume westdeutscher Politik 1945 bis 1950, München 1990 (= Deutsche Hochschuledition, 17)

Hoppe, Christoph, Zwischen Teilhabe und Mitsprache. Die Nuklearfrage in der Allianzpolitik Deutschlands 1959-1966, Baden-Baden 1993

Im Dienste der Partei. Handbuch der bewaffneten Organe der DDR. Im Auftrag des Militärgeschichtlichen Forschungsamtes hrsg. von Torsten Diedrich, Hans Ehlert und Rüdiger Wenzke, Berlin 1998

Innere Führung. Zum Gedenken an Wolf Graf von Baudissin. Hrsg. von Hilmar Linnenkamp und Dieter S. Lutz, Baden-Baden 1995 (= Demokratie, Sicherheit, Frieden, 94)

Das internationale Krisenjahr 1956. Polen, Ungarn, Suez. Im Auftrag des Militärgeschichtlichen Forschungsamtes hrsg. von Winfried Heinemann und Norbert Wiggershaus, München 1999 (= Beiträge zur Militärgeschichte, 48)

Isaacs, Jeremy, und Taylor Downing, Der Kalte Krieg. Eine illustrierte Geschichte 1945-1991, München 1991

Jarausch, Konrad H., Die Umkehr. Deutsche Wandlungen 1945-1995, Bonn 2004 (= Schriftenreihe der Bundeszentrale für Politische Bildung, 469)

Kielmansegg, Peter, Nach der Katastrophe. Eine Geschichte des geteilten Deutschland, Berlin 2000

Kleßmann, Christoph, Die doppelte Staatsgründung. Deutsche Geschichte 1945-1955, 5. Aufl., Bonn 1991 (= Schriftenreihe der Bundeszentrale für politische Bildung, 193)

Kleßmann, Christoph, Zwei Staaten, eine Nation. Deutsche Geschichte 1955-1970, 2. Aufl., Bonn 1997 (= Schriftenreihe der Bundeszentrale für politische Bildung, 265)

Knab, Jakob, Falsche Glorie. Das Traditionsverständnis der Bundeswehr, Berlin 1995

Koop, Volker, »Den Gegner vernichten«. Die Grenzsicherung der DDR, Bonn 1996

Kopenhagen, Wilfried, Hans Mehl und Knut Schäfer, Die NVA. Land-, Luft- und Seestreitkräfte, Stuttgart 2006

Kowalczuk, Ilko-Sascha, und Stefan Wolle, Roter Stern über Deutschland. Sowjetische Truppen in der DDR, Berlin 2001

Krieger, Wolfgang, General Lucius D. Clay und die amerikanische Deutschlandpolitik, 1945-1970, Stuttgart 1987

Krüger, Dieter, Das Amt Blank. Die schwierige Gründung des Bundesministeriums für Verteidigung, Freiburg i.Br. (=Einzelschriften zur Militärgeschichte, 38)

Lapp, Peter Joachim, Gefechtsdienst im Frieden. Das Grenzregime der DDR 1945–1999, Bonn 1999

Lapp, Peter Joachim, General bei Hitler und Ulbricht. Vincenz Müller – Eine deutsche Karriere, Berlin 2003

Large, David Clay, Germans to the Front. West German Rearmament in the Adenauer Era, Chapel Hill, NC 1996

Larres, Klaus, Politik der Illusionen. Churchill, Eisenhower und die deutsche Frage 1945–1955, Göttingen 1995

Laufer, Jochen, und Georgij P. Kynin, Die UdSSR und die deutsche Frage 1941–1948. Dokumente aus dem Archiv für Außenpolitik der Russischen Föderation, 2 Bde, Berlin 2004

Lemke, Bernd, Dieter Krüger, Heinz Rebhan und Wolfgang Schmidt, Die Luftwaffe 1950 bis 1970. Konzeption, Aufbau, Integration. Mit Beitr. von Hillrich von der Felsen [et al.], München 2006 (= Sicherheitspolitik und Streitkräfte der Bundesrepublik Deutschland, 2)

Loth, Wilfried, Helsinki, 1. August 1975. Entspannung und Abrüstung, München 1998

Loth, Wilfried, Die Teilung der Welt. Geschichte des Kalten Krieges 1941–1955, München 1980

Mählert, Ulrich, Kleine Geschichte der DDR, München 1998

Massenmedien im Kalten Krieg. Akteure, Bilder, Resonanzen. Hrsg. von Thomas Lindenberger, Köln 2006

Maizière, Ulrich de, Bekenntnis zum Soldaten. Militärische Führung in unserer Zeit, Hamburg 1971

Manig, Bert-Oliver, Die Politik der Ehre. Die Rehabilitierung der Berufssoldaten in der frühen Bundesrepublik, Göttingen (= Veröffentlichungen des Zeitgeschichtlichen Arbeitskreises Niedersachsen, 22)

Mastny, Vojtech, und Gustav Schmidt, Konfrontationsmuster des Kalten Krieges 1946 bis 1956. Im Auftrag des Militärgeschichtlichen Forschungsamtes hrsg. von Norbert Wiggershaus und Dieter Krüger, München 2003 (= Entstehung und Probleme des Atlantischen Bündnisses bis 1956, 3)

Militär in der DDR: Aufbau und Struktur der NVA. Alltag der Soldaten, Militärpolitik und Wehrdoktrin, vormilitärische Ausbildung und Propaganda, Bonn 1988 (= Seminarmaterial zur deutschen Frage)

Militär, Staat und Gesellschaft in der DDR. Forschungsfelder, Ergebnisse, Perspektiven. Im Auftrag des Militärgeschichtlichen Forschungsamtes hrsg. von Hans Ehlert und Matthias Rogg, Berlin 2004 (= Militärgeschichte der DDR, 8)

Mitter, Armin, und Stefan Wolle, Untergang auf Raten. Unbekannte Kapitel der DDR-Geschichte, München 1995

Moderne Handwaffen der Bundeswehr. Hrsg. von Rolf Abresch und Ralf Wilhelm, Frankfurt a.M. 2001

Morsey, Rudolf, Die Bundesrepublik Deutschland. Entstehung und Entwicklung bis 1969, 4. Aufl., München 2000 (= Oldenbourg Grundriss der Geschichte, 19)

Müller, Christian Th., Tausend Tage bei der »Asche«. Unteroffiziere in der NVA. Untersuchungen zu Alltag und Binnenstruktur einer »sozialistischen« Armee. Hrsg. vom Militärgeschichtlichen Forschungsamt, Berlin 2003 (= Militärgeschichte der DDR, 6)

Naimark, Norman M., Die Russen in Deutschland. Die sowjetische Besatzungszone 1945 bis 1949, Berlin 1999

Der neue Kurs. Amerikas Außenpolitik unter Kennedy 1961–1963. Hrsg. von Klaus Schoenthal, München 1964

Die neue Weltpolitik. Hrsg. von Karl Kaiser, Bonn 1995 (= Schriftenreihe der Bundeszentrale für politische Bildung, 334)

1953 – Krisenjahr des Kalten Krieges in Europa. Hrsg. von Christoph Kleßmann und Bernd Stöver, Köln 1999
Niemitz, Daniel, Das feldgraue Erbe. Die Wehrmachteinflüsse im Militär der SBZ/DDR. Hrsg. vom Militärgeschichtlichen Forschungsamt, Berlin 2006 (= Militärgeschichte der DDR, 13)
NVA. Anspruch und Wirklichkeit nach ausgewählten Dokumenten. Hrsg. von Klaus Naumann, 2. Aufl., Hamburg, Berlin, Bonn 1996

Pahs, Stephan, Beim Bund – Alltagserfahrungen und Gruppenkultur von Wehrpflichtigen, Münster 1993
Ploetz, Michael, Wie die Sowjetunion den Kalten Krieg verlor. Von der Nachrüstung zum Mauerfall, Berlin 2000

Rakowski, Mieczyslaw F., Es begann in Polen. Der Anfang vom Ende des Ostblocks, Hamburg 1995
Range, Clemens, Die geduldete Armee. 50 Jahre Bundeswehr, Berlin 2005

Sander-Nagashima, Johannes Berthold, Die Bundesmarine 1955 bis 1972. Konzeption und Aufbau. Mit Beiträgen von Rudolf Arendt, Sigurd Hess, Hans Joachim Mann und Klaus-Jürgen Steindorff, München 2006 (= Sicherheitspolitik und Streitkräfte der Bundesrepublik Deutschland, 4)
Schroeder, Klaus, Der SED-Staat. Partei, Staat und Gesellschaft 1949–1990, München 1998
Schulte, Ludwig, Sicherheit und Entspannung. Die Rolle der Bundeswehr in den siebziger Jahren, Frankfurt a.M. 1974
Searle, Alaric, Wehrmacht Generals, West German Society, and the Debate on Rearmament, 1949–1959, Westport, CT 2003
Sicherheit und Frieden. Handbuch der weltweiten sicherheitspolitischen Verflechtungen, Militärbündnisse, Rüstungen, Strategien, Analysen zu den globalen und regionalen Bedingungen unserer Sicherheit. Hrsg von Ortwin Buchbender, 3. Aufl., Herford 1992
Sicherheit und Zusammenarbeit in Europa (KSZE). Analyse und Dokumentation. Hrsg. von Hans-Adolf Jacobsen, Wolfgang Mallmann und Christian Meier, Köln 1973 (= Dokumente zur Außenpolitik, 2)
Simon, Gerhard, und Nadja Simon, Verfall und Untergang des sowjetischen Imperiums, München 1993
Sowjetisches Modell und nationale Prägung. Kontinuität und Wandel in Ostmitteleuropa nach dem Zweiten Weltkrieg. Hrsg. von Hans Lemberg, Marburg 1991
Sowjetsystem und demokratische Gesellschaft. Eine vergleichende Enzyklopädie, Bd 3: Ideologie bis Leistung. Hrsg. von Hans Lades, Freiburg i.Br. 1969
Spoerner, Oliver, Die Entwicklung der Nato-Strategien von 1949–1968 und ihre Auswirkungen auf den Kalten Krieg, Hamburg 2003
Staatsfeinde in Uniform? Widerständiges Verhalten und politische Verfolgung in der NVA. Im Auftrag des Militärgeschichtlichen Forschungsamtes hrsg. von Rüdiger Wenzke, Berlin 2005 (= Militärgeschichte der DDR, 9)
Staatsgründung auf Raten? Auswirkungen des Volksaufstandes 1953 und des Mauerbaus 1961 auf Staat, Militär und Gesellschaft in der DDR. Im Auftrag des Militärgeschichtlichen Forschungsamtes und der Bundesbeauftragten für die Unterlagen des Staatssicherheitsdienstes der ehemaligen DDR hrsg. von Torsten Diedrich und Ilko-Sascha Kowalczuk, Berlin 2005 (= Militärgeschichte der DDR, 11)
Staatspartei und Staatssicherheit. Zum Verhältnis von SED und MfS. Hrsg. von Siegfried Suckut und Walter Süß, Berlin 1997

Steininger, Rolf, Der Kalte Krieg, Frankfurt a.M. 2003

Stöver, Bernd, Die Befreiung vom Kommunismus. Amerikanische Liberation Policy im Kalten Krieg 1947–1991, Köln, Weimar, Wien 2002

Stöver, Bernd, Der Kalte Krieg. Geschichte eines radikalen Zeitalters 1947–1991, München 2007

Subok, Wladislaw, und Konstantin Pleschakow, Der Kreml im Kalten Krieg. Von 1945 bis zur Kubakrise, Hildesheim 1997

Sywottek, Arnold, Der Kalte Krieg – Vorspiel zum Frieden?, Münster 1994

Theiler, Olaf, Die Rezeption der NATO-Nuklearstrategie durch die Bundeswehr 1954 bis 1956. In: MGM, 54 (1995), S. 451–512

Thoß, Bruno, NATO-Strategie und nationale Verteidigungsplanung. Planung und Aufbau der Bundeswehr unter den Bedingungen einer massiven atomaren Vergeltungsstrategie 1952 bis 1960, München 2006 (= Sicherheitspolitik und Streitkräfte der Bundesrepublik Deutschland im Bündnis, 1)

Thoß, Hendrik, Gesichert in den Untergang. Die Geschichte der DDR-Westgrenze, Berlin 2004

Tradition und Reform in den Aufbaujahren der Bundeswehr. Im Auftrag des Militärgeschichtlichen Forschungsamtes hrsg. von Hans-Joachim Harder und Norbert Wiggershaus, Herford, Bonn 1985 (= Entwicklung deutscher militärischer Tradition, 2)

Tuschhoff, Christian, Deutschland, Kernwaffen und die NATO 1949–1967. Zum Zusammenhalt von und friedlichem Wandel in Bündnissen, Baden-Baden 2002

Tuschhoff, Christian, Die MC 70 und die Einführung nuklearer Trägersysteme in die Bundeswehr 1956–1959, Ebenhausen 1990

Umbach, Frank, Das rote Bündnis. Entwicklung und Zerfall des Warschauer Paktes 1955 bis 1991, Berlin 2005 (= Militärgeschichte der DDR, 10)

Die Ungarische Revolution 1956. Reform – Aufstand – Vergeltung. Hrsg. von Gyoergy Litvan, Wien 1994

USA – UdSSR, Dokumente zur Sicherheitspolitik. Hrsg. von Manfred Görtemaker und Gehard Wettig, Opladen 1987

Die USA und Deutschland im Zeitalter des Kalten Krieges 1945–1990. Ein Handbuch, 2 Bde. Hrsg. von Detlef Junker in Verbindung mit Philipp Gassert, Wilfried Mausbach und David B. Morris, München, Stuttgart 2001

Uschakow, Alexander, Der Warschauer Pakt und seine bilateralen Bündnisverträge. Analyse und Texte, Berlin 1987

Verteidigung im Bündnis. Planung, Aufbau und Bewährung der Bundeswehr 1950–1972. Hrsg. vom Militärgeschichtlichen Forschungsamt, München 1975

Vetter, Bernd, und Frank Vetter, Die Verbände der Bundesluftwaffe, Stuttgart 1996

Volksarmee schaffen – ohne Geschrei! Studien zu den Anfängen einer ›verdeckten Aufrüstung‹ in der SBZ/DDR 1947 bis 1952. Im Auftrag des Militärgeschichtlichen Forschungsamtes hrsg. von Bruno Thoß unter Mitarbeit von Wolfgang Schmidt, München 1994 (= Beiträge zur Militärgeschichte, 51)

Vom Kalten Krieg zur deutschen Einheit. Analysen und Zeitzeugenberichte zur deutschen Militärgeschichte 1945 bis 1995. Im Auftrag des Militärgeschichtlichen Forschungsamtes hrsg. von Bruno Thoß, München 1995

Vom Krieg zur Militärreform. Zur Debatte um Leitbilder in Bundeswehr und Nationaler Volksarmee. Hrsg. von Detlef Bald und Andreas Prüfert, Baden-Baden 1997

Vom Marschall-Plan zur EWG. Die Eingliederung der Bundesrepublik Deutschland in die westliche Welt. Hrsg. von Ludolf Herbst, Werner Bührer und Hanno Sowade, München 1990

Von Truman bis Harmel. Die Bundesrepublik Deutschland im Spannungsfeld von NATO und europäischer Integration. Im Auftrag des Militärgeschichtlichen Forschungsamtes hrsg. von Hans-Joachim Harder, München 2000 (= Militärgeschichte seit 1945, 11)

Wagner, Armin, Walter Ulbricht und die geheime Sicherheitspolitik der SED. Der Nationale Verteidigungsrat der DDR und seine Vorgeschichte (1953 bis 1971). Hrsg. vom Militärgeschichtlichen Forschungsamt, Berlin 2002 (= Militärgeschichte der DDR, 4)
Weber, Hermann, Geschichte der DDR, 2. Aufl., München 2000
Wehrpflichtig in der Bundeswehr. Hrsg. von Hans-Dieter Bastian, München, Wien, 1984
Westdeutschland 1945–1955. Hrsg. von Ludolf Herbst, München 1986
Die westliche Sicherheitsgemeinschaft 1948–1950. Gemeinsame Probleme und grundsätzliche Nationalinteressen in der Gründungsphase der Nordatlantischen Allianz. Im Auftrag des Militärgeschichtlichen Forschungsamtes hrsg. von Norbert Wiggershaus und Roland G. Foerster, Boppard a.Rh. 1988 (= Militärgeschichte seit 1945, 8)
Wettig, Gerhard, Entmilitärisierung und Wiederbewaffnung in Deutschland 1945-1955, München 1967
Wiener, Friedrich, Die Armeen der NATO-Staaten. Organisation, Kriegsbild, Waffen und Gerät, 2., überarb. und erg. Aufl., Wien 1968 (= Truppendiensttaschenbücher, 3)
Wolle, Stefan, DDR, Frankfurt a.M. 2004
Wolle, Stefan, Die heile Welt der Diktatur. Alltag und Herrschaft in der DDR 1971–1989, Bonn 1999

Ziebura, Gilbert, Die deutsch-französischen Beziehungen seit 1945. Mythen und Realitäten, Pfullingen 1970
Zwischen Kaltem Krieg und Entspannung. Sicherheits- und Deutschlandpolitik der Bundesrepublik im Mächtesystem der Jahre 1953 bis 1956. Hrsg. im Auftrag des Militärgeschichtlichen Forschungsamtes von Bruno Thoß und Hans-Erich Volkmann, Boppard a.Rh. 1988 (= Militärgeschichte seit 1945, 9)
Zwischen »Tauwetter« und neuem Frost. Ostmitteleuropa 1956–1970. Hrsg. von Hans Lemberg, Marburg 1993

Neuorientierung

Armee ohne Zukunft. Das Ende der NVA und die deutsche Einheit. Zeitzeugenberichte und Dokumente. Im Auftrag des Mililtärgeschichtlichen Forschungsamtes hrsg. von Hans Ehlert unter Mitarb. von Hans-Joachim Beth, Berlin 2002 (= Militärgeschichte der DDR, 3)
Der Auslandseinsatz deutscher Streitkräfte. Eine Dokumentation des AWACS-, des Somalia- und des Adria-Verfahrens vor dem Bundesverfassungsgericht, Hrsg. von Klaus Dau und Gotthard Wöhrmann, Heidelberg 1996

Bahrmann, Hannes, und Christoph Links, Chronik der Wende, 2 Bde, Berlin 1994/95
Beschloss, Michael, und Strobe Talbott, Auf höchster Ebene. Das Ende des Kalten Krieges und die Geheimdiplomatie der Supermächte 1989–1991, Düsseldorf [et al.] 1993 (= Geschichte und Historische Hilfswissenschaften, 63)
Biermann, Ralf, Deutsche Konfliktbewältigung auf dem Balkan: Erfahrungen und Lehren aus dem Einsatz, Baden-Baden 2002
Birnbaum, Michael, Krisenherd Somalia, München 2002

Böge, Volker, Muschelgeld und Blutdiamanten. Traditionelle Konfliktbearbeitung in zeitgenössischen Gewaltkonflikten, Hamburg 2004 (= Schriften des deutschen Übersee-Instituts, 63)

Clement, Rolf, und Paul Elmar Jöris, 50 Jahre Bundeswehr 1955–2005, Hamburg, Berlin, Bonn 2005

Creveld, Martin van, Die Zukunft des Krieges. Wie wird Krieg geführt und warum. Neuausg. mit einem Vorw. von Peter Waldmann. Aus dem Amerikan. von Klaus Fritz und Norbert Juraschitz, 3., überarb. dt. Ausg., Hamburg 2004

Daase, Christopher, Kleine Kriege – Große Wirkung. Wie unkonventionelle Kriegführung die internationale Politik verändert, Baden-Baden 1999

Davis, Robert W., Perestroika und Geschichte. Die Wende in der sowjetischen Historiographie, München 1991

Debiel, Thomas, UN-Friedensoperationen in Afrika. Weltinnenpolitik und die Realität von Bürgerkriegen, Bielefeld 2003

Die deutsche Vereinigung. Dokumente zu Bürgerbewegung. Annäherung und Beitritt. Hrsg. von Volker Gransow und Konrad Jarausch, Köln 1991

Enquete-Kommission »Überwindung der Folgen der SED-Diktatur im Prozeß der deutschen Einheit«, 4 Bde. Hrsg. vom Deutschen Bundestag, Frankfurt a.M. 1999

Entschieden für Frieden. 50 Jahre Bundeswehr 1955 bis 2005. Im Auftrag des Militärgeschichtlichen Forschungsamtes hrsg. von Klaus-Jürgen Bremm, Hans-Hubertus Mack und Martin Rink, Freiburg i.Br., Berlin 2005

Fiedler, Heinz, und Karl-Heinz Volkert, Deutschland, Europa und der Nahe Osten, Frankfurt a.M. 2003

Frauen im Militär. Empirische Befunde und Perspektiven zur Integration von Frauen in die Streitkräfte. Hrsg. von Jens-Rainer Ahrens, Maja Apelt und Christine Bender, Wiesbaden 2005

Frauen im militärischen Waffendienst. Rechtliche, politische, soziologische und militärische Aspekte des Einsatzes von Frauen in Streitkräften unter besonderer Berücksichtigung der Deutschen Bundeswehr und des Österreichischen Bundesheeres. Hrsg. von Armin A. Steinkamm, Baden-Baden 2001

Fröhling, Hans-Günther, Innere Führung und Multinationalität. Eine Herausforderung für die Bundeswehr, Berlin 2006

Gareis, Sven Bernhard, und Johannes Varwick, Die Vereinten Nationen. Aufgaben, Instrumente und Reformen, 2. Aufl., Opladen 2002

Heine, Peter, Terror in Allahs Namen. Extremistische Kräfte im Islam, Freiburg i.Br. 2001

Hersh, Seymour M., Die Befehlskette. Vom 11. September bis Abu Ghraib, Reinbek bei Hamburg 2004

Herspring, Dale, Requiem für eine Armee. Das Ende der Nationalen Volksarmee der DDR, Baden-Baden 2000

Hertle, Hans-Hermann, Chronik des Mauerfalls. Die dramatischen Ereignisse um den 9. November 1989, Augsburg 2003

Hertle, Hans-Hermann, Der Fall der Mauer. Die unbeabsichtigte Selbstauflösung des SED-Staates, Opladen 1996

Hoffman, Bruce, Terrorismus. Der unerklärte Krieg. Neue Gefahren politischer Gewalt, Frankfurt a.M. 2001
Hubel, Helmut, Das Ende des Kalten Krieges im Orient, München 1995
Huntington, Samuel P., Der Kampf der Kulturen. The Clash of Civilizations. Die Neugestaltung der Weltpolitik im 21. Jahrhundert, München 1996

Ignatieff, Michael, Virtueller Krieg. Kosovo und die Folgen, Hamburg 2001
Der ISAF-Einsatz: Die Bundeswehr in Afghanistan. Hrsg. von Rüdiger Hulin, Bonn 2004
Der Islam in der Gegenwart. Hrsg. von Werner Ende und Udo Steinbach, 5. Aufl., Bonn 2005 (= Schriftenreihe der Bundeszentrale für Politische Bildung, 501)

Kaldor, Mary, Neue und alte Kriege. Organisierte Gewalt im Zeitalter der Globalisierung, Frankfurt a.M. 2000
Der Krieg auf dem Balkan. Die Hilflosigkeit der Staatenwelt. Hrsg. von Angelika Volle und Wolfgang Wagner, Bonn 1994
Krieg – Instrument der Politik? Bewaffnete Konflikte im Übergang vom 20. zum 21. Jahrhundert. Hrsg. von Rüdiger Voigt, Baden-Baden 2002
Das Kriegsgeschehen: Daten und Tendenzen der Kriege und bewaffneten Konflikte. Zusammengestellt von der Arbeitsgemeinschaft Kriegsursachenforschung (AKUF), 23 Bde (1993–2005), Wiesbaden 1994–2006

Libero, Loretana de, Tradition in Zeiten der Transformation. Zum Traditionsverständnis der Bundeswehr im frühen 21. Jahrhundert, Paderborn 2006

Maier, Charles, Das Verschwinden der DDR und der Untergang des Kommunismus, Frankfurt a.M. 1999
Matthies, Volker, Kriege am Horn von Afrika. Historischer Befund und friedenswissenschaftliche Analyse, Berlin 2005 (= Bewaffnete Konflikte nach dem Ende des Ost-West-Konfliktes, 19)
Meyer, Georg Maria, und Sabine Collmer, Kolonisierung oder Integration? Bundeswehr und deutsche Einheit. Eine Bestandsaufnahme, Opladen 1993
Münkler, Herfried, Die neuen Kriege, Reinbek bei Hamburg 2002
Napoleoni, Loretta, Die Ökonomie des Terrors. Auf den Spuren der Dollars hinter dem Terrorismus, München 2004

Plato, Alexander von, Die Vereinigung Deutschlands – ein weltpolitisches Machtspiel, 2. Aufl., Bonn 2003

Rashid, Ahmed, Heiliger Krieg am Hindukusch. Der Kampf um Macht und Glauben in Zentralasien, München 2002
Reinhardt, Klaus, KFOR. Streitkräfte für den Frieden, Frankfurt a.M. 2002
Reuter, Christoph, Mein Leben ist eine Waffe. Selbstmordattentäter – Psychogramm eines Phänomens, München 2002
Rose, David, Guantanamo Bay. Amerikas Krieg gegen die Menschenrechte, Frankfurt a.M. 2004
Rotter, Gernot, und Schirin Fahti, Nahostlexikon. Der israelisch-palästinensische Konflikt von A bis Z, Heidelberg 2001
Der ruhelose Balkan. Die Konfliktregionen Südosteuropas.. Hrsg. von Michael W. Weithmann, München 1993

Russland unter neuer Führung. Politik, Wirtschaft und Gesellschaft am Beginn des 21. Jahrhunderts. Hrsg. von Hans-Hermann Höhmann und Hans-Henning Schröder, Bonn 2001

Schönbohm, Jörg, Zwei Armeen und ein Vaterland. Das Ende der Nationalen Volksarmee, Berlin 1992
Schreiber, Friedrich, und Michael Wolffsohn, Nahost. Geschichte und Struktur des Konflikts, Opladen 1995
Schreiber, Wolfgang, Kongo-Kinshasa (Kivu, Ituri). Bewaffnete Konflikte, Hamburg 2003
Seifert, Ruth, Militär, Kultur, Identität. Individualisierung, Geschlechterverhältnisse und die soziale Konstruktion des Soldaten, Bremen 1996
Sicherheitspolitik in neuen Dimensionen, Ergänzungsbd 1. Hrsg. von der Bundesakademie für Sicherheitspolitik, Hamburg, Berlin, Bonn 2004
Sicherheitspolitik in neuen Dimensionen. Kompendium zum erweiterten Sicherheitsbegriff. Hrsg. von der Bundesakademie für Sicherheitspolitik, Hamburg, Berlin, Bonn 2001
Sofsky, Wolfgang, Zeiten des Schreckens. Amok, Terror, Krieg, 3. Aufl., Frankfurt a.M., 2002
Stephan, Cora, Das Handwerk des Krieges, Berlin 1998

Tibi, Bassam, Die fundamentalistische Herausforderung. Der Islam und die Weltpolitik, 2. Aufl., München 1993

Urban, Klaus, Das heiße Erbe des Kalten Krieges: Hinterlassenschaften und Hinterbliebene, München 2000
Uzulis André, Die Bundeswehr. Eine politische Geschichte von 1955 bis heute, Hamburg, Berlin, Bonn 2005
Von Kambodscha bis Kosovo. Auslandseinsätze der Bundeswehr. Hrsg. von Peter Goebel, Frankfurt a.M., Bonn 2000

Wegweiser zur Geschichte. Afghanistan. Im Auftrag des Militärgeschichtlichen Forschungsamtes hrsg. von Bernhard Chiari, 2., durchgeseh. und erw. Aufl. Paderborn 2007 (= Wegweiser zur Geschichte, 2)
Wegweiser zur Geschichte. Bosnien-Herzegowina. Im Auftrag des Militärgeschichtlichen Forschungsamtes hrsg. von Agilolf Keßelring, 2., durchgeseh. und erw. Aufl., Paderborn 2007 (= Wegweiser zur Geschichte, 1)
Wegweiser zur Geschichte. Demokratische Republik Kongo. Im Auftrag des Militärgeschichtlichen Forschungsamtes hrsg. von Bernhard Chiari und Dieter H. Kollmer, Paderborn [et al.] 2006
Wegweiser zur Geschichte. Horn von Afrika. Im Auftrag des Militärgeschichtlichen Forschungsamtes hrsg. von Dieter H. Kollmer und Andreas Mückusch, Paderborn [et al.] 2007
Wegweiser zur Geschichte. Kosovo. Im Auftrag des Militärgeschichtlichen Forschungsamtes hrsg. von Agilolf Keßelring, Paderborn 2006 (= Wegweiser zur Geschichte, 3)

Wegweiser zur Geschichte. Naher Osten. Im Auftrag des Militärgeschichtlichen Forschungsamtes hrsg. von Bernhard Chiari und Dieter H. Kollmer, Paderborn 2006 (= Wegweiser zur Geschichte, 4)

Weißbuch 2006. Zur Sicherheitspolitik Deutschland und zur Zukunft der Bundeswehr. Hrsg. vom Bundesministerium der Verteidigung, Berlin 2006

Die weltweite Gefahr. Terrorismus als internationale Herausforderung. Hrsg. von Hans Frank und Kai Hirschmann, Berlin 2002

Wölfle, Markus, Die Auslandseinsätze und die Rolle der Bundesrepublik Deutschland im internationalen System, Bonn 2005

Abbildungsverzeichnis

Kalter Krieg
Archiv für Kunst und Geschichte (akg-images) 3-5, 10, 13 f., 23, 36-38, 41 f., 44 f., 50, 62 f.,70, 76, 78, 85, 91, 94, 96, 100-103, 107, 110, 146, 205 *AKG/AP:* 108 *AKG/RIA Nowosti:* 34 **ars liturgica/ Kloster Himmerod** 134 **Bundesarchiv (BA)** 8 f., 95, 145 **Bundesarchiv-Militärarchiv (BA-MA)** 2, 89, 182, 235 **Bundesministerium der Verteidigung (BMVg)** 72, 136, 166 *Julia Fassbender:* 133 *Anne Fischer:* 116-119, 122-125, 127-129, 152, 165, 167-169, 171 *Andreas Noll:* 176, 204 *Detmar Modes:* 130-132, 172, 175 **Bundesarchiv-Filmarchiv (BA-FA)** 30 **Bundesregierung** 139 *Doris Adrian:* 73 *Flink:* 147 *Simon Müller:* 154 *Rademacher:* 149 *Engelbert Reineke:* 156 *Egon Steiner:* 155, 161, 185 *Lothar Schaack:* 140, 150, 153, 164 *Teubner:* 6, 99, 115 *Rolf Unterberg:* 71, 120, 135 *Ludwig Wegmann:* 126 *Ulrich Wienke:* 157, 163 *Vogel:* 151 **Die Bundesbeauftragte für die Unterlagen des Staatssicherheitsdienstes der ehemaligen Deutschen Demokratischen Republik (BStU)** 113 **Deutsches Filminstitut** 25-27 **Deutsches Historisches Museum (DHM)** 29, 35, 40, 114, 179, 214 *Klaus Lehnartz:* 215 **Deutsche Presse-Agentur (dpa)** 80, 105, 106, 141, 197, 209, 232, 234 **General der Flugsicherheit** 201 **Heinrich Bauer Smaragd KG** 137 **Keystone Pressedienst** 121 **Gunnar Lucke, Aachen** 39, 43, 55 **Luftwaffenmuseum der Bundeswehr** 192, 195, 199, 223 **Militärgeschichtliches Forschungsamt (MGFA)** 58, 75, 77, 83 **Militärhistorisches Museum der Bundeswehr (MHM)** 7, 11 f., 15 f., 18-21, 46, 48 f., 51-54, 56 f., 59-61, 64-69, 74, 79, 81 f., 88, 97, 111 f., 143, 173, 177 f., 186, 193 f., 196, 206, 213, 216, 218, 220-222, 224-226, 229-231, 233, 236 *Harald Thiel:* 219 **Daniela Morgenstern, Berlin** 92 **Marineschule Mürwik** 210 **Museum der Stadt Hagenow** 227 **Knud Neuhoff, Berlin** 32 **picture-alliance/dpa** 159 **Presse- und Informationszentrum der Marine** 202 f., 207 f., 211 f. **Streitkräfteamt/Informations- und Medienzentrale der Bundeswehr (SKA/IMZBw)** 31, 87, 98, 144, 170, 174, 191, 217, 228 *Baumann:* 188 *Michael Mandt:* 138 *Munker:* 148 *Oed:* 189 *M. Rademacher:* 142 *Siwik:* 162, 184, 187, 198 **Der Spiegel** 160 **Staatsarchiv Nürnberg** 17 **Münchner Stadtmuseum** 86 **ullstein bild** 84, 90 *Leibing:* 1 *Wernicke:* 104 *Ullstein/ADN-Bildarchiv:* 22, 47 *Ullstein/AP:* 24, 109, 183 *Ullstein/dpa:* 93, 158 *ullstein/Keystone Pressedienst:* 33 **Wehrtechnische Studiensammlung/BWB Koblenz** 180, 200

Zwischen Konfrontation und Entspannung
Archiv für Kunst und Geschichte (akg-images) 5, 19, 20, 26, 35, 37-39, 41, 106 *Huynh Cong Ut:* 42 *akg-images/ap:* 3, 4 (Lipchitz), 31, 44, 52, 57, 60 (Fritz Reiss), 74 **Marc Berger, Berlin** 62, 108 **Bundesarchiv (BA)** 48, 125 *Koard:* 45 **Bundeministerium der Verteidigung (BMVg)** 84, 87 120, 127, 129 *Anne Fischer:* 93, 98 f., 102 f., 111 *Detmar Modes:* 29, 80, 92 **Bundesregierung** 12, 24, 33 *Bernd Kühler:* 97, 107 *Klaus Lehnartz:* 1,18, 23 *Engelbert Reineke:* 130 *Egon Steiner:* 128 *Wegmann:* 53, 86 **Deutsche Presse-Agentur (dpa)** 9, 50 *Martin Athenstüdt:* 94 *dpa/picture-alliance:* 81 (Andreas Altwein) **Barbara Klemm** 89 **Militärhistorisches Museum der Bundeswehr (MHM)** 43, 47, 61, 63, 66 f., 69-73, 76-78, 83, 85, 104, 109, 124, 126, 131, 133, 135-137, 139 f., 142, 146 f., 149 *Bredow:* 123 *Eicke:* 141 *Martin Friedrich:* 122 *Geißler:* 143 *Kluge:* 138 *Marineamt:* 117, 119 *Patzer:* 68, 148 *Reiche:* 64 *Edgar Tinnefeld:* 118 *Walzel:* 144 *Wehlisch:* 145 **Knud Neuhoff, Berlin** 32 **picture alliance/ dpa** 101 *Maurizio Gambarini:* 112 **Peter Rath** 95 **Der Spiegel** 14, 90 **Streitkräfteamt/Informations- und Medienzentrale der Bundeswehr (SKA/IMZBw)** 88, 113, 116 *Kahlenborn:* 91 *Oed:* 121

M. Rademacher: 115 *Patrick Rietz:* 49 *Schallenberg:* 105 *Matthias Zins:* 51, 56, 96, 110, 114 **Süddeutsche Zeitung Photo** 15 **ullstein bild** 17, 27, 36, 132 *Ullstein/ADN-Bildarchiv:* 13 *Ullstein/AP:* 6, 8, 25, 34, 40, 75 *Ullstein/bpa:* 11 *Brumshagen:* 2 *Ullstein/dpa:* 22, 28, 59 *Ullstein/Foto Press Hamburg:* 7 *B. Hiss:* 21 *Kersten:* 79 *Ullstein/PAI-Photo:* 134 *Ullstein/Poly-Press:* 16 *Ullstein/probst:* 30, 65 *ullstein/Reuters:* 82 *ullstein/röhrbein:* 58 *Sven Simon:* 10, 54 f. *Werek:* 100 **Inge Uebachs, Potsdam** 46

Neuorientierung
Archiv für Kunst und Geschichte (akg-images) *Wladimir Rodionow:* 11 **Associated Press (ap)** *Stringer:* 115 **Bundesarchiv (BA)** *Grimm:* 38 **Bundeministerium der Verteidigung (BMVg)** 66 *Julia Fassbender:* 81 *Anne Fischer:* 39, 41, 48, 65 *Kiesel:* 51 *Michael Maletz:* 113 *Detmar Modes:* 24, 26, 42, 63, 71 f., 74–77, 84, 89, 109, 112 *Andreas Noll:* 114 *Jörg Uwe Pauli:* 122 *F. Trepel:* 88 *Lorenz Wolf:* 25 **Bundesregierung** *Andrea Bienert:* 116, 121 *Bernd Kühler:* 091 *Engelbert Reineke:* 110 *Schambeck:* 33 **Militärgeschichtliches Forschungsamt (MGFA)** 43 **Militärhistorisches Museum der Bundeswehr (MHM)** 7 f., 37, 64, 101, 107 *Bestand Brandenburgisches Verlagshaus FOTAG/ Tessmer:* 35, 40 **picture-alliance/dpa** 129 **Presse- und Informationszentrum Heer** 94 **Presse- und Informationszentrum Marine** *Thorsten Swarg:* 80 **Presse- und Informationszentrum Luftwaffe** 78 **Streitkräfteamt/Informations- und Medienzentrale der Bundeswehr (SKA/IMZBw)** 29, 52, 69, 111 *Andrea Bienert:* 47, 79, 127 f. *Sandra Elbern:* 45, 86 f. *Eva Eisner:* 34 *Andreas Freude:* 90 *Fritsch:* 1 *Bernd Huster:* 13 *Hans Jeitner:* 23, 125 *Christian Kiesel:* 3, 85 *Michael Mandt:* 62, 67, 70 *Detmar Modes:* 4, 12, 49 f., 57, 68, 73, 82, 92, 95, 98 f., 102, 106, 123, *Oed:* 59 *Piz Kunduz:* 83 *Patrick Pödelt:* 117 *Matthias Raab:* 27 f. *Marcus Rott:* 44, 60, 118 *Martin Stollberg:* 53 f. *Helge Treybig:* 124 *Matthias Zins:* 36 **ullstein bild** 14, 21 (Roger Viollet) 30 *Ullstein/ap:* 6, 9 f., 15 f., 22, 104, 119 f. *Ullstein/ddp:* 18 *Ullstein/dpa:* 97 *Ullstein/Fotoagentur imo:* 100 *Ullstein/Lineair:* 126 *Ullstein/Meldepress:* 5 *Ullstein/ Press Hamburg:* 2 *Ullstein/Pusija:* 103 *Ullstein/Reuters:* 17, 19 (Ruth Fremson), 20, 31, 55 (Kevin Lamarque), 56, 58, 93, 93, 105, 108 *Ullstein/vario images:* 46, 96 *Ullstein/vision Photos:* 32 *Ullstein/ Becker&Bredel:* 61

Autoren

Bruno Thoß, Dr. phil., Leitender Wissenschaftlicher Direktor, MGFA, Potsdam

Reiner Pommerin, Prof. Dr. phil., Dipl.Päd., Technische Universität Dresden

Manfred Görtemaker, Prof. Dr. phil., Universität Potsdam

Helmut R. Hammerich, Dr. phil., Oberstleutnant, MGFA, Potsdam

Jörg Hillmann, Dr. phil., Fregattenkapitän, BMVg, Berlin

Bernd Lemke, Dr. phil., Wissenschaftlicher Rat, MGFA, Potsdam

Karl-Volker Neugebauer, Dr. phi., Wissenschaftlicher Direktor, MGFA, Potsdam

Rüdiger Wenzke, Dr. phil., Wissenschaftlicher Oberrat, MGFA, Potsdam

Irmgard Zündorf, Dr. phil., Zentrum für Zeithistorische Forschung, Potsdam

www.ingramcontent.com/pod-product-compliance
Lightning Source LLC
Chambersburg PA
CBHW062202150426
42814CB00027BC/343